V&R

T0107969

Abhandlungen zur Musikgeschichte

In Verbindung
mit Ulrich Konrad und Hans Joachim Marx
herausgegeben von Martin Staehelin

Band 7

JÜRGEN HEIDRICH

Protestantische Kirchenmusikanschauung in der zweiten Hälfte des 18. Jahrhunderts

Studien zur Ideengeschichte ›wahrer‹ Kirchenmusik

VANDENHOECK & RUPRECHT IN GÖTTINGEN

Die Deutsche Bibliothek – CIP-Einheitsaufnahme

Heidrich, Jürgen:
Protestantische Kirchenmusikanschauung in der zweiten Hälfte des 18. Jahrhunderts:
Studien zur Ideengeschichte ›wahrer‹ Kirchenmusik / Jürgen Heidrich. –
Göttingen: Vandenhoeck und Ruprecht, 2001
(Abhandlungen zur Musikgeschichte; Bd. 7)
Zugl.: Göttingen, Univ., Habil.-Schr., 1998/99
ISBN 3-525-27906-X

Gedruckt mit Unterstützung des Förderungs- und
Beihilfefonds Wissenschaft der VG WORT

© 2001 Vandenhoeck & Ruprecht in Göttingen
http://www.vandenhoeck-ruprecht.de
Printed in Germany. – Das Werk einschließlich aller seiner Teile
ist urheberrechtlich geschützt. Jede Verwertung außerhalb
der engen Grenzen des Urheberrechtgesetzes ist ohne
Zustimmung des Verlages unzulässig und strafbar.
Das gilt insbesondere für Vervielfältigungen, Übersetzungen,
Mikroverfilmung und die Einspeicherung und Verarbeitung
in elektronischen Systemen.
Druck: Hubert & Co., Göttingen

Inhalt

Abkürzungen

ADB	*Allgemeine Deutsche Bibliothek*, Berlin 1765ff.
AMl	*Acta Musicologica*
AMZ	*Allgemeine Musikalische Zeitung*, Leipzig 1798ff.
AfMw	*Archiv für Musikwissenschaft*
BC	*Bach Compendium. Analytisch-bibliographisches Repertorium der Werke Johann Sebastian Bachs*, hrsg. von Hans-Joachim Schulze und Christoph Wolff, 3 Bde., Frankfurt/M.-Leipzig 1985ff.
BJ	*Bach-Jahrbuch*
BWV	Wolfgang Schmieder, *Thematisch-systematisches Verzeichnis der musikalischen Werke von Johann Sebastian Bach.* Bach-Werke-Verzeichnis, Wiesbaden [2]1990
D	Otto Erich Deutsch, *Franz Schubert. Thematisches Verzeichnis seiner Werke in chronologischer Folge*, Neuausgabe in deutscher Sprache, Kassel etc. 1978
DDT	*Denkmäler Deutscher Tonkunst*
DMB	*Denkmäler Mitteldeutscher Barockmusik*
Dok	*Bach-Dokumente*, hrsg. vom Bach-Archiv Leipzig, vorgelegt und erläutert von Werner Neumann und Hans-Joachim Schulze, 3 Bde., Leipzig-Kassel 1963-1972
DVjs	*Deutsche Vierteljahresschrift für Literaturwissenschaft und Geistesgeschichte*
EitnerQ	Robert Eitner, *Biographisch-bibliographisches Quellenlexikon*, 10 Bde., Leipzig 1900-1904. Nachtrag Leipzig 1904
Fk	Thematisches Verzeichnis der Kompositionen Wilhelm Friedemann Bachs, in: Martin Falck, *Wilhelm Friedemann Bach* (= Studien zur Musikgeschichte, Bd. 1), Leipzig 1913
GerberATL	Ernst Ludwig Gerber, *Historisch-Biographisches Lexikon der Tonkünstler*, Tle. 1-2, Leipzig 1790-1792
GerberNTL	Ernst Ludwig Gerber, *Neues historisch-biographisches Lexikon der Tonkünstler*, Tle. 1-4, Leipzig 1812-1814
H	Eugene Helm, *Thematic Catalogue of the Works of Carl Philipp Emanuel Bach*, New Haven-London 1989
HMT	*Handwörterbuch der musikalischen Terminologie*, Stuttgart 1972ff.
HW	Hannsdieter Wohlfahrt, Neues Verzeichnis der Werke von Johann Christoph Friedrich Bach, in: Ders., *Johann Christoph Friedrich Bach. Ein Komponist im Vorfeld der Klassik* (= Neue Heidelberger Studien zur Musikwissenschaft, Bd. 4), Bern-München 1971
HWV	*Händel-Handbuch. Thematisch-systematisches Verzeichnis*, Bde. 1-3, Kassel etc. 1978-1985
JAMS	*Journal of the American Musicological Society*

KatGorke	*Katalog der Sammlung Manfred Gorke. Bachiana und andere Handschriften und Drucke des 18. und frühen 19. Jahrhunderts*, bearbeitet von Hans-Joachim Schulze (= Bibliographische Veröffentlichungen der Musikbibliothek der Stadt Leipzig, Bd. 8), Leipzig 1977
KmJb	*Kirchenmusikalisches Jahrbuch*
LThK	*Lexikon für Theologie und Kirche*, Freiburg/Br. ²1957ff.
Mf	*Die Musikforschung*
MGG	*Die Musik in Geschichte und Gegenwart*, Kassel 1949-1986
MGG2	*Die Musik in Geschichte und Gegenwart*, zweite neubearbeitete Auflage, Kassel-Stuttgart 1994ff.
MQ	*The Musical Quarterly*
NBA	*Neue Bach-Ausgabe*
NGroveD	*The New Grove Dictionary of Music and Musicians*, London 1980
NHdb	*Neues Handbuch der Musikwissenschaft*, 13 Bde., Laaber 1981-1995
NMwJb	*Neues Musikwissenschaftliches Jahrbuch*
NZfM	*Neue Zeitschrift für Musik*
R	Reprint
RISM	*Répertoire international des sources musicales*
SIM-Jb	*Jahrbuch des Staatlichen Instituts für Musikforschung Preußischer Kulturbesitz*
TVWV	Werner Menke, *Thematisches Verzeichnis der Vokalwerke von Georg Philipp Telemann*, 2 Bde., Frankfurt/M. 1982f.

....

Die verwendeten Bibliothekssigel entsprechen dem Verfahren von RISM; bei deutschen Bibliotheken ist das Länderkürzel (D) weggelassen.

Vorwort und Dank

Christian Friedrich Gottlieb Schwencke vertonte im Jahre 1789 anläßlich seiner Amtseinführung als Hamburger Musikdirektor (in der Nachfolge Carl Philipp Emanuel Bachs) einen Kantatentext Christoph Daniel Ebelings mit dem Titel *Lobgesang auf die Harmonie*. Die mit kommentierenden Anmerkungen versehene Dichtung Ebelings enthält einige für die zeitgenössische Kirchenmusikanschauung bemerkenswerte Aussagen:

> „[...]
> In allen Tempeln hört man sie erschallen
> Der hohen Lieder Macht.
> Bald in erhabner stiller Majestät, [1]
> Wenn nun die glaubende Gemeine
> Vor ihrem Gott anbetend steht,
> Dein tonvoll Wunderwerk [2] den Lobgesang erhöht,
> Den jener Sänger, [3] wenn ihn Kraft des Herrn durchdrang,
> Verschönert seinen Christen wiedersang;
> Da Gott ihm Wehr und Waffen in Gefahr
> Und eine feste Burg ihm war.–
> Bald demuthsvoll, wenn die gebeugte Seele
> Dem Gotte der Erbarmung fleht. [4]
> Dann, Freudengeberin sprichst du
> Der bangen Seele Tröstung zu.
> Lehrst ihn voll Andacht glühen
> Den Unerreichten, [5] der von Engelharfenklang
> Entzückt, Messias, dir sein Hallelujah sang;
> Beseelest ihn, der einst auf Golgatha
> Empor den Glanz des Tempels leuchten sah; [6]
> Beseelest ihn zu trauervollen Melodien,
> Der Jesu Tod beweint, [7]
> Und deinen Trauten, [8] der von aller deiner Kraft
> Erfüllt, den pries, des Allmachtsruf
> Der Welten Heere schuf,
> Der starb, und auferstand,
> Gen Himmel fuhr, ein Sieger überwand.
> Ihm sang dein Liebling [9] (ach
> In unsern Tempeln schallten seine Psalmen!)
> Sein heilig! heilig! heilig! nach.“[1]

Ebelings Text dokumentiert nicht nur eine kongruente Verwendung der Begriffe ‚Harmonie‘ und ‚Kirchenmusik‘, sondern er demonstriert, durch die Anmerkungen noch verstärkt, auf knappem Raum beispielhaft die Breite des Kirchenmusikverständnisses um 1780; zugleich benennt er wesentliche Kategorien dessen, was die

---

1 Wiedergegeben nach dem in B Mus. ms. 20564 beiliegenden Textbuch (1792?). Vgl. dazu: NBA II/1, Kritischer Bericht, 42f., 215 und 401-403. Dok III, Nr. 940; hier Hinweise auf Quellen und Editionen. Robert von Zahn, *Musikpflege in Hamburg um 1800* (= Beiträge zur Geschichte Hamburgs, Bd. 41), Hamburg 1991, 174f.

Zeitgenossen unter ‚wahrer' Kirchenmusik verstanden. Zum Ausdruck gebracht ist zunächst die Bedeutung des protestantischen Chorals [1] in bewußt konfessioneller Konzentration auf frühreformatorische Verhältnisse und das Wirken Martin Luthers [3] sowie die gottesdienstliche Funktion der Orgel [2]. Die Sicht wird indes sogleich über die konfessionellen Grenzen erweitert: Gregorio Allegris *Miserere* [4] ist jedenfalls kaum in die Tradition der protestantischen Kirchenmusikgeschichte einzuordnen, steht aber exemplarisch für solche wichtigen Ideen, die eine stilistische Orientierung am a-cappella-Klang- und Satzideal altitalienischer Kirchenmusik beinhalteten. Daß vor dem Hintergrund einer fortgeschrittenen deutschen Händel-Wiederentdeckung, die überdies von Hamburg, dem Umfeld Ebelings, ihren Ausgang nahm, der *Messias* [5] im unmittelbaren kirchenmusikalischen Zusammenhang genannt ist, verwundert nicht. In gleicher Weise über den liturgischen Rahmen hinaus weist die Erwähnung von prominenten oratorischen Kompositionen Johann Adolf Hasses [6] und Carl Heinrich Grauns [7], wobei namentlich der *Tod Jesu* Grauns Prototyp eines modernen protestantischen Oratoriums war. Und schließlich ist mit dem Rekurs auf Johann Sebastian Bach [8], Händel und Allegri an – wenn auch größtenteils verschüttete und allenfalls noch in Umrissen erkennbare – ältere, bisweilen gleichsam legendenhaft verklärte kirchenmusikalische Verhältnisse erinnert, denen mit Carl Philipp Emanuel Bachs [9] *Heilig* ein aktuelles Beispiel ‚wahrer' Kirchenmusik gegenübergestellt wird:[2] Schlagwortartig entwirft Ebeling Pfeiler einer protestantischen Kirchenmusiktradition, zu der sich der neu berufene Musikdirektor Schwencke im Sinne einer beziehungsreichen Wechselwirkung von Alt und Neu bekennt.

Denn die Interpretation der von Ebeling zitierten Beispiele läßt die ideengeschichtliche Vielfalt des zeitgenössischen Kirchenmusikbegriffs bereits anklingen: Liturgisches steht neben Ungebundenem, konfessionell Fixiertes neben Freireligiösem, historischer Rückgriff neben aktuellen Entwicklungen, Traditionsbindung neben radikalem Umbruch. Dieses weite, im Grunde jegliche Form geistlicher bzw. religiöser Musik umfassende Kirchenmusikverständnis nimmt auch die vorliegende Studie, in Anlehnung an die Verhältnisse des 18. Jahrhunderts, zum Ausgangspunkt.

Das ‚Nachdenken über Kirchenmusik' in der zweiten Hälfte des 18. Jahrhunderts darzustellen und auf diese Weise zum Verständnis ‚wahrer' Kirchenmusik beizutragen, ist Ziel dieser Studie. Nicht musikalisch-analytische Fragen mit der Absicht, Kontinuitäten oder Brüche von Gattungstraditionen aufzuzeigen, stehen daher im Zentrum, auch nicht solche Bemühungen, die der – nach wie vor zu leistenden – prinzipiellen Erfassung eines bestimmten, etwa lokalen oder gattungsbezogenen Repertoirebestandes gelten: Sondern auf der Grundlage des in der zweiten Jahrhun-

2 Ebelings Anmerkungen lauten wörtlich: [1]: „Der Choralgesang". [2]: „Die Orgel". [3]: „Luther". [4]: „Allegris Miserere". [5]: „Hendel". [6]: „Hasse, mit Beziehung auf seine erhabene malerische Arie: Nel Calvario già sorger le cime & c." (Arie des Draciliano aus Hasses Oratorium *Sant' Elena al Calvario*; Libretto von Metastasio). [7]: „Graun". [8]: „J. S. Bachs Credo, das Meisterstück dieses grösten aller Harmonisten". [9]: „C. P. E. Bach".

derthälfte enorm expandierenden musikalischen Schrifttums widmet sich die Studie der Reflexion kirchenmusikalischer Sachverhalte und deren Einordnung in ideengeschichtliche Zusammenhänge.

Dazu orientiert sie sich – wie auch Ebelings *Lobgesang* – an dem für die musikalische Publizistik des späteren 18. Jahrhunderts schlechthin charakteristischen Vorgang, aus der Konzentration auf das kunstanschauliche Einzelbeispiel die maßgeblichen Faktoren der allgemeinen Begriffsbildung abzuleiten: Nicht vollständige Œuvres, Werkgruppen oder auch bestimmte lokale Usancen standen im Zentrum der Kunstkritik, sondern die singuläre Komposition, bisweilen sogar nur Werkteile oder begrenzte musikalische Verläufe. In diesem Sinne bemüht sich das Folgende wesentlich um den Nachvollzug entsprechender Denkweisen des 18. Jahrhunderts, als deren Resultat die terminologisch bereits gleichsam manifeste Idee der ‚wahren' Kirchenmusik Konturen gewinnt.

Das weite Feld der Kirchenmusik in der zweiten Hälfte des 18. Jahrhunderts verlangt in dem gebotenen Rahmen eine sinnvolle Beschränkung, und so sind längst nicht alle in der Kirchenmusikdiskussion relevanten musikalischen Bereiche gleichmäßig behandelt: Etwa sind hymnologische oder die Orgelmusik betreffende Sachverhalte weitgehend ausgeklammert worden, ohne daß damit über deren Bedeutung geurteilt wäre; je nach Standpunkt eines kritischen Fragestellers wäre noch Weiteres zu nennen.

Die Auswahl der einzelnen Kapitel geschah in der Absicht einer möglichst breiten ideengeschichtlichen Darstellung. Wichtige Pfeiler der Studie sind die im modernen Geschichtsbewußtsein vielleicht am ehesten präsente Rezeption ‚altitalienischer' Vokalmusik, sodann eine prominente Komponistengestalt, die Bewertung konfessioneller und publizistischer Phänomene, schließlich die Untersuchung einer – zumal unter textspezifischen Gesichtspunkten – wichtigen Gattung. Jeweils ist der Bezug der zunächst vielleicht nicht unbedingt naheliegenden außermusikalischen, etwa frömmigkeits- oder bildungsgeschichtlich, konfessionell oder poetologisch ausgerichteten Themenfelder auf die Idee der ‚wahren' Kirchenmusik hergestellt. Auch hier begreift sich freilich die Arbeit als methodisch auf der Grundlage des Exemplarischen stehend.

*

Die vorliegende Studie wurde von der Philosophischen Fakultät der Georg-August-Universität Göttingen im Wintersemester 1998/99 als Habilitationsschrift angenommen; für den Druck wurde sie geringfügig überarbeitet. Nach 1998 erschienene Forschungsliteratur konnte nur noch eingeschränkt herangezogen werden.

Ohne die Hilfsbereitschaft und das Entgegenkommen etlicher Bibliotheken und Institutionen wäre die grundlegende umfangreiche Quellenauswertung nicht in diesem Umfang möglich gewesen: Ihnen allen, namentlich ihren Leitern, gebührt mein herzlicher Dank für gewährte Einsicht in ihre Bestände, Hilfe bei der Anfertigung von Reproduktionen oder sonstige Unterstützung. Besonders aufgeführt seien die Niedersächsische Staats- und Universitätsbibliothek Göttingen sowie die Staatsbibliothek zu Berlin Stiftung Preußischer Kulturbesitz, ferner die Hochschule der Künste Berlin, die Sächsische Landes- und Universitätsbibliothek Dresden, die Musikbibliothek, die Bibliothek des Stadtgeschichtlichen Museums und das Bach-Archiv zu Leipzig, die Landesbibliothek Hannover, die Staats- und Universitätsbibliothek Carl von Ossietzky Hamburg, die Universitätsbibliothek Kiel, die Bayerische Staatsbibliothek München und die Thüringische Landes- und Universitätsbibliothek Jena.

Zu danken habe ich ferner für ein Forschungsstipendium des Niedersächsischen Ministeriums für Wissenschaft und Kultur im Rahmen des Niedersächsischen Programms zur Förderung der Geisteswissenschaften an den wissenschaftlichen Hochschulen, das mir im Jahre 1992/93 ermöglichte, Vorstudien zur vorliegenden Abhandlung zu betreiben.

Nicht in Worte zu fassen ist schließlich der Dank, den ich meinem verehrten Lehrer Herrn Prof. Dr. Martin Staehelin schulde: Er hat durch stetes Interesse das Entstehen dieser Studie begleitet und in vielen konstruktiven Gesprächen manche wertvolle Anregung gegeben. Ihm, den Herren Professoren Hans Joachim Marx (Hamburg) und Ulrich Konrad (Würzburg) sowie Herrn Dr. Dietrich Ruprecht vom Verlag Vandenhoeck & Ruprecht in Göttingen danke ich schließlich dafür, daß die Studie in der Reihe *Abhandlungen zur Musikgeschichte* erscheinen kann.

Göttingen, im März 2001 Jürgen Heidrich

1. Einleitung: Protestantische Kirchenmusik zwischen 1750 und 1800 in der Historiographie des 19. und 20. Jahrhunderts

1.1. Vorbemerkung

Eine Orientierung über die Kirchenmusik der Zeit zwischen 1750 und etwa 1800 mit Hilfe der musikgeschichtlichen Standardwerke gestaltet sich nicht unproblematisch, denn schon ein erster Überblick macht deutlich, daß, im Vergleich mit den früheren oder späteren ‚Epochen', diesem Zeitraum eine nur geringe Aufmerksamkeit zuteil wurde: Man ist geneigt, geradewegs von einer permanenten Vernachlässigung zu sprechen. Eine Beschäftigung mit den musikalischen und geistesgeschichtlichen Phänomenen dieser Zeit, namentlich den Ideen zur ‚wahren' Kirchenmusik, hat sich daher vorab mit der Frage auseinanderzusetzen, warum es zu einer solchen Mißachtung gekommen ist, welche Faktoren dazu beigetragen haben, das bestehende Geschichtsbild, das zudem den fraglichen Abschnitt – oft ohne detaillierte inhaltliche Begründung – beinahe durchgängig als Zeit des „Verfalls" ausweist, zu prägen. Es liegt auf der Hand, daß diesbezügliche Überlegungen vor allem von zwei Fragestellungen auszugehen haben: Einerseits wäre die Aufmerksamkeit auf die Phänomene selbst zu richten und zu prüfen, ob spezifisch musikalische Gründe (etwa die mangelnde künstlerische Qualität) für das nur spärliche Interesse der Geschichtsschreibung verantwortlich seien. Eine Beantwortung dieser Frage erscheint indes auch heute nur bedingt möglich, denn zu gering sind noch immer die Repertoirekenntnisse: Das Kantaten- bzw. Motettenschaffen der zweiten Jahrhunderthälfte ist erst in Ansätzen erforscht, und auch der Oratorienbestand ist allenfalls in seinen Umrissen bekannt.[1] Daß Hans Joachim Moser um die Mitte des 20. Jahrhunderts vor dem Hintergrund dieser nur schmalen Werkkenntnis für die Epoche dennoch allenfalls „Nachhalle und Ausläufer von Gattungsgeschichten" feststellte, die entweder „Verherbstungsvorgängen" unterworfen oder bereits in „frostklamme Winterzustände" übergegangen seien[2], daß er darüber hinaus den kirchenmusikalischen „Unwert einer ganzen Epoche" konstatieren konnte[3], ist nicht nur bezeichnend für die unangemessen polemische Haltung der älteren Musikhistoriographie, sondern drängt zugleich auf, eine zweite Fragestellung, diejenige nach den Motiven der Historiographie selbst, methodisch vorrangig zu behandeln.[4]

---

1 In diesem Sinne wäre Friedhelm Krummachers Hinweis, daß die Symptome des Verfalls deutlich zu erkennen, die Kenntnis der Musik von Bachs Zeitgenossen voraussetze, noch zeitlich und inhaltlich zu erweitern. Vgl. *Kulmination und Verfall der protestantischen Kirchenmusik*, in: NHdb 5, Laaber 1985, 108.

2 Hans Joachim Moser, in: *Die Evangelische Kirchenmusik in Deutschland*, Berlin-Darmstadt 1954, 203.

3 Ebd., 211.

4 Auch Philipp Spitta wollte, „daß man an dieser Periode am liebsten geschlossenen Auges vorübereilt." Vgl. *Die Wiederbelebung protestantischer Kirchenmusik auf geschichtlicher Grundlage*, in: Zur Musik. Sechzehn Aufsätze, Berlin 1892, 31.

Prüft man das einschlägige Schrifttum, so wird augenfällig, daß in der Tat nicht primär innere musikalische Verhältnisse das Bild dieser Zeit prägen, sondern vor allem äußere, geistesgeschichtlich-kunstanschauliche Kategorien auf die Musikgeschichtsschreibung Einfluß ausgeübt haben.[5] Die Bandbreite solcher Einwirkungsmöglichkeiten ist, namentlich im Hinblick auf die Kirchenmusik, von vornherein denkbar mannigfach: Neben theologischen und theologiegeschichtlichen können liturgische, historische, politische, schließlich auch persönlich-individuelle Faktoren entscheidend sein: Je nachdem, ob beispielsweise im geistigen Umfeld der literarischen Romantik des früheren 19. Jahrhunderts oder der Bach-Wiederentdeckung um 1850 entstanden, fällt das Ergebnis gänzlich unterschiedlich aus.[6] Die folgende Auseinandersetzung mit der Kirchenmusikgeschichtsschreibung hat deshalb zum Ziel, die unterschiedlichen Kriterien, denen die Beurteilung dieser Zeit unterworfen war, zu akzentuieren und auf diese Weise Genese und Genealogie des etablierten Geschichtsbildes nachzuvollziehen.

Zu präzisieren ist indes, daß die Vernachlässigung der Zeit nach 1750 nicht allein für den Bereich der Kirchenmusik galt, sondern zunächst auch die übrigen musikalischen Genres betraf. Die Zeit wurde als qualitativ nachgeordneter Übergangs- oder Entwicklungszeitraum verstanden, als Bindeglied zwischen den großen musikalischen Leistungen des ausgehenden sogenannten Barockzeitalters und den vollendeten Beiträgen der Wiener Klassik. Prägnant etwa ist jene Vorstellung, daß unter Johann Sebastian Bach zum Höhepunkt geführte Entwicklungen infolge eines Stilwandels um die Jahrhundertmitte zugunsten neuer musikalischer Ideale aufgegeben wurden, daß aber dieses Neue erst nach einer Jahrzehnte dauernden Entwicklung in der Wiener Klassik zur Reife gekommen sei; den Produkten der Zwischenzeit haftete das Etikett des unfertigen Experimentierens an. Heute noch gebräuchliche Epochenbezeichnungen wie „Früh"- oder „Vorklassik" dokumentieren die vermeintliche Zielrichtung auf spätere Entwicklungen. Zwar hat die Forschung inzwischen zu einem angemesseneren Umgang mit den entsprechenden Phänomenen gefunden, und breit angelegte stilistische, bibliographische und quellenbezogene Bemühungen haben dieses musikgeschichtliche ‚Interim' aufhellen können: Zu resümieren bliebe aber, daß die heute noch spürbare Vernachlässigung der Kirchenmusik auch als Relikt einer offenbar zunächst weiter gefaßten Zurückhaltung angesehen werden kann.[7]

Bezeichnend ist schon, auf welche Weise versucht wurde, die Epoche überhaupt zu benennen, denn die aphoristische und auf Prägnanz bedachte Wahl von Epochennamen offenbart nicht selten wesentliche Grundzüge des dahinterstehenden Ge-

5 Vor diesem Hintergrund ist symptomatisch, daß schon E. T. A. Hoffmanns früher Entwurf *Alte und neue Kirchenmusik* (1814) an stilistisch disparatem, zufällig ausgewähltem Material seine Thesen entwickelt.

6 Vgl. dazu grundsätzlich die ideengeschichtliche Skizze von Bernhard Meier, *Die Musikhistoriographie des 19. Jahrhunderts*, in: Studien zur Musikgeschichte des 19. Jahrhunderts, Bd. 14, Regensburg 1969, 169-206.

7 Die protestantische Kirchenmusik hat an dem hier nur angedeuteten Aufschwung der Erforschung der „Vorklassik" nicht in vergleichbarer Breite partizipieren können: Aufschlußreich ist, daß das *Neue Handbuch der Musikwissenschaft* (1980ff.), als großangelegtes Kompendium musikwissenschaftlicher Forschung intendiert, in jenem Band, der das 18. Jahrhundert behandelt, den Gegenstand so gut wie gar nicht berührt.

schichtsbildes: Wie schon angedeutet, besteht in der Musikhistoriographie weitgehend Einigkeit darin, den hier interessierenden Zeitraum – oft unter reichhaltigem Gebrauch biologischer Metaphern – als Epoche des Niedergangs, des Verfalls zu beurteilen.[8] So widmet wiederum Hans Joachim Moser dem Gegenstand in seiner 1954 erschienenen Monographie *Die evangelische Kirchenmusik in Deutschland* ein eigenes, fünfzig Seiten umfassendes Kapitel unter dem Titel *Die Talsenke der Aufklärung und Romantik (1750-1850).* Was schon in dieser Kapitelüberschrift angedeutet ist, daß nämlich in der mit Martin Luther einsetzenden Geschichte der evangelischen Kirchenmusik die nachbachsche Zeit einen Tiefpunkt markiere, wird durch das an den Anfang der Ausführungen gestellte Zitat von Richard Benz, wonach es „seit Bachs und Händels Tode [...] eine protestantische Musik nicht mehr gegeben" habe, noch verstärkt.[9] In eine ähnliche Richtung weisen Benennungen wie „Verfall und Restauration" durch Georg Feder in der bisher wohl umfangreichsten und geschlossensten Darstellung[10], „Tiefstand im akkordischen Zeitalter" durch Arno Werner[11] oder „Kulmination und Verfall", wie Friedhelm Krummacher seinen Artikel von 1985 im *Neuen Handbuch der Musikwissenschaft* betitelte – freilich wesentlich im Zuschnitt auf Prozesse des Kantatenschaffens. Jeweils wird in der vergleichenden Gegenüberstellung das Urteil zuungunsten des hier zu behandelnden Zeitraums gesprochen.[12]

Die hauptsächlichen Ideenkomplexe dieses Verfallsdenkens lassen sich schlagwortartig wie folgt skizzieren: Erstens wurde der Durchbruch der musikalischen Empfindsamkeit als stilistisch für die Kirchenmusik unangemessen beurteilt; man liest etwa in der unbekümmert-naiv anmutenden Darstellung Mosers:

---

8 Vgl. dazu Tibor Kneif, *Forkel und die Geschichtsphilosophie des ausgehenden 18. Jahrhunderts. Ein Beitrag zu den Begriffen „Entwicklung" und „Verfall" in der Musikgeschichte*, in: Mf 16 (1963), 224-237. Walther Krüger, *Der Entwicklungsbegriff in der Musikgeschichte*, in: Mf 8 (1955), 129-138. Werner D. Freitag, *Der Entwicklungsbegriff in der Musikgeschichtsschreibung* (= Taschenbücher zur Musikwissenschaft, Bd. 30), Wilhelmshaven 1979. Ders., *Der Begriff der historischen Entwicklung am Beispiel der Musikgeschichte*, in: Musik und Bildung 11 (1979), 20-25. Im weiteren Sinn damit in Zusammenhang steht die Ausdehnung dieses Organismusmodells auf den Analyseprozeß; siehe: Werner Keil, *Beethovens Klaviersonaten als Demonstrationsobjekte musikalischer Analysen*, in: Augsburger Jahrbuch für Musikwissenschaft 1987, 173-192, bes. 178 Anmerkung 18.

9 Moser, *Evangelische Kirchenmusik*, 199. Die Aussage findet sich modifiziert schon bei Franz Brendel, *Geschichte der Musik in Italien, Deutschland und Frankreich*, Leipzig [5]1875, 335, und Spitta, *Wiederbelebung*, 31. Unnötig erscheint, in der Folge die teilweise absurden Argumentationen und Verdikte Mosers im einzelnen zurückzuweisen.

10 Im Rahmen der von Friedrich Blume herausgegebenen *Geschichte der evangelischen Kirchenmusik*, Kassel etc. [2]1965.

11 Arno Werner, *Vier Jahrhunderte im Dienste der Kirchenmusik*, Leipzig 1933.

12 Vergleichbar in der Exponierung des Verfallsgedankens sind sodann: Dorothea Beck, *Krise und Verfall der protestantischen Kirchenmusik im 18. Jahrhundert*, Diss. Halle 1951. Friedrich Blume, *Die evangelische Kirchenmusik* (= Handbuch der Musikwissenschaft), Potsdam 1931, 153ff. Wilhelm Stahl, *Geschichtliche Entwicklung der evangelischen Kirchenmusik*, Berlin [1920], 105ff., u. a.

> „Gegenüber der noch echt Luther-nah gefestigten Männlichkeit Bachs und Händels, die hierdurch zu letzter religiöser Tiefe vorstießen und in ihr lebten, herrscht bei vielen Vertretern der sich mit diesen Altmeistern noch z. T. nach Jahreszahlen überschneidenden, aber bereits die nächste Zukunft verkörpernden Stilphase eine Weichheit, die von der sanften Schwüle Berninis und Carlo Dolces gefärbt erscheint: der Empfindsamkeit. Kennzeichnend, wie Karl Heinrich Graun während der Komposition am „Tod Jesu“ zur Bestürzung seiner Frau trotz besten Wohlseins wochenlang weinte.“[13]

Zweitens wurde – als Folge der Aufklärung – etwa ab der Jahrhundertmitte ein Niedergang gottesdienstlicher, also nicht ursächlich kirchenmusikalischer Praxis beobachtet, der in vielfachen, hier nicht im Detail darzulegenden Erscheinungsformen zum Ausdruck kam.[14] Erinnert sei etwa an die Tendenz, Sakramentsmystik und traditionelle Glaubensfragen in Frage zu stellen, auch an die äußerlich formale Neugestaltung des Gottesdienstes als „homiletisches Kolleg“, in dem der Pfarrer in der Funktion eines „Kanzelredners“ die Predigt zu einem „nützlichen Unterricht in religiösen und moralischen Gegenständen“ (Forkel) veränderte.[15] Zu diesem modifizierten Gottesdienstverständnis gehörten auch die Aufhebung spezifisch liturgischer Traditionen und ein Wandel des hymnologischen Verständnisses, mithin des Gemeindegesangs. Auf der Grundlage dieser im eigentlichen Sinne theologisch-dogmatischen Veränderungen sei auch die Kirchenmusik, sofern sie als Bestandteil des Gottesdienstes angesehen wurde, einem analogen Wandel unterworfen gewesen. Zudem wurde für die Epoche allgemein eine zunehmende Tendenz zur Eigengesetzlichkeit der Kunst konstatiert, die sich letztlich auch auf die Kirchenmusik erstreckte. Der hier vorweggenommene Autonomie-Gedanke widersprach prinzipiell dem traditionellen Verständnis, daß die Kirchenmusik einen dienenden untergeordneten Charakter habe, also gerade nicht um ihrer selbst Willen da sei.

Die im scheinbar beiläufigen Vergleich mit dem ‚Ideal‘ der „echt Luther-nah gefestigten Männlichkeit Bachs und Händels“ entwickelte Anschauung ist überdies bestimmend nicht nur für die Mosersche Darstellung, sondern für die Erfassung der Epoche schlechthin geworden und steht für einen durch den vermeintlichen „Verfall“ ausgelösten und als zur „Rettung“ notwendig angesehenen Rückbezug auf ältere Stile. Und so handelte es sich drittens schließlich um den folgenreichen Vorgang, die protestantische Kirchenmusik der zweiten Hälfte des 18. Jahrhunderts am kirchenmusikalischen Werk Johann Sebastian Bachs, mit Einschränkung auch an demjenigen Händels zu messen. Auch etwa die erwähnten neueren Arbeiten Feders und Krummachers entwickeln ihr ‚Verfallsbild‘ weitgehend aus der Gegenüberstellung mit dem Schaffen des Leipziger Thomaskantors, und so ist die hier geprägte,

---

13 Moser, *Evangelische Kirchenmusik*, 200.

14 Vgl. dazu umfassend: Ulrich Leupold, *Die liturgischen Gesänge der evangelischen Kirche im Zeitalter der Aufklärung und der Romantik*, Diss. Berlin 1932. Paul Graff, *Geschichte der Auflösung der gottesdienstlichen Formen in der evangelischen Kirche Deutschlands*, 2 Bde., Göttingen 1921/39.

15 Johann Nikolaus Forkel, *Allgemeine Geschichte der Musik*, 2 Bde., Leipzig 1788/1801; hier: Bd. 2, § 50.

mit biologischen Termini geformte Vorstellung bis heute bestimmend geblieben: Auf die „Blüte“ der Bachzeit in der ersten Hälfte des 18. Jahrhunderts folgte der „Verfall“ in der zweiten Jahrhunderthälfte, bis schließlich in den ersten Jahrzehnten nach der Jahrhundertwende eine – hier auszuklammernde – Erneuerungsbewegung einsetzte; es ist ohne weiteres einsichtig, daß das so konstruierte Geschichtsbild allein aus der vergleichenden Betrachtung Bestand haben kann: Die sogenannte „Verfallsperiode“ erfährt keine ideengeschichtliche Wertung aus sich selbst, sondern sie gewinnt Konturen erst aus der Gegenüberstellung mit einer durch bestimmte geistesgeschichtliche und historiographische Traditionen legitimierten Epoche. Das Verdikt von der Verfallsepoche gründet sich also gleichermaßen auf liturgisch-dogmatische, auch hymnologische Kategorien, auf musikästhetische Entwicklungen und personalstilistische Verhältnisse.

1.2. Die ‚Epoche‘ in der rationalistischen Universalgeschichtsschreibung

Die im ‚Verfallsdenken‘ implizierte Vorstellung eines eigenständigen Epochenverständnisses für die kirchenmusikalischen Entwicklungen nach 1750 war in der Historiographie nicht von Anfang an gegenwärtig. Die freilich nur peripher auf protestantische Verhältnisse Bezug nehmenden Arbeiten Franz Stoepels (1821)[16] und Raphael Georg Kiesewetters (1834)[17] etwa verknüpften den fraglichen Zeitabschnitt durchaus mit früheren bzw. späteren Vorgängen im Sinne größer dimensionierter entwicklungsgeschichtlicher Kontinuität:[18]

> „[...] und fast schon war der Verfall derselben [italienischen(!) Kirchenmusik] da, [...] als in Deutschland mit deutscher Kraft Johann Joseph Fux dieser Sache sich annahm, und einen Reihen eröffnete, in dessen ehrwürdiger Folge unser hochherrlicher Händel, unser tiefsinniger Sebastian Bach, Stölzel, Hasse glänzen, die der frommgemüthliche Jos. Haydn und unser frommkindlicher C. A. W. Mozart beschließen; nicht zu gedencken der ewig unvergeßlichen Namen eines J. Christoph Bach, Graun, Homilius, Fasch, Schulze, Naumann u. a. m. Es ist unmöglich hier darzustellen, was jeder dieser Männer gewesen ist, zu erörtern, wie durch ihre Werke entweder höher die herrliche Kunst gefördert ward, oder ein Abnehmen derselben erkennbar werden möchte; ich muß mich begnügen, sie zu nennen, um damit es wenigstens zu belegen, wenn ich oben behauptete, daß die Musik in ihrer höchsten Würde, ihrer herrlichsten Bestimmung nach, seit dem achtzehnten Jahrhunderte uns Deutschen angehört, unter unserer Väter treuer Pflege, zum höchsten Ideal sich emporschwang, während Italien in dem frommen Durante und dem tieffühlenden Pergolese, wie es scheint, seine letzten Meister dieser Musikgattung sah.“[19]

16 Franz Stoepel, *Grundzüge der Geschichte der modernen Musik*, Berlin 1821.

17 Raphael Georg Kiesewetter, *Geschichte der europäisch-abendländischen oder unsrer heutigen Musik*, Leipzig 1834. Vgl. zu Leben und Werk Kiesewetters: Herfrid Kier, *Raphael Georg Kiesewetter (1773-1850). Wegbereiter des musikalischen Historismus* (= Studien zur Musikgeschichte des 19. Jahrhunderts, Bd. 13), Regensburg 1968.

18 Siehe in diesem Sinne auch Thomas Busby, *Allgemeine Geschichte der Musik von den frühesten bis auf die gegenwärtigen Zeiten*, 2 Bde., Leipzig 1821f.; hier: Bd. 2, 596ff.

19 Stoepel, *Geschichte*, 15f.

Und Kiesewetter stilisierte in der Vorstellung steter Weiterentwicklung und im Bewußtsein höchster Kunstblüte der zeitgenössischen Tonkunst den Verfallsgedanken sogar zum periodisch wiederkehrenden historiographischen Topos:

> „Blicken wir nun auf die Jahrhunderte zurück, welche seit der Entstehung der harmonischen Kunst verflossen sind, so ist es erfreulich, zu sehen, wie die schönste der Künste, durch eine Reihe von Epochen, stufenweise, anscheinend langsam, doch mit sicherem Schritte, zu jener Vollkommenheit empor gestiegen ist, welche wir (wie ich meine, mit Recht) glauben erreicht zu haben. Aber die Gränze dieser Tonkunst [...] hat Niemand gemaessen, und Frevel wäre es, die Producte unserer Zeit als das non plus ultra zu bezeichnen. Und doch drängen sich unwillkommen die Fragen auf: Ob nicht endlich auch die Tonkunst ihr gesetztes Ziel habe? [...] ob nicht etwa schon jetzt die leidigen Vorzeichen ihres Verfalles, vielleicht ihres nahen Verfalles, wahrzunehmen seyen? Der Historiker, der es nur mit der Vergangenheit zu thun hat, kann sich der Beantwortung so verfänglicher Fragen schicklich entschlagen; eben ihm aber steht es zu, in Erinnerung zu bringen, dass die Klagen über den Verfall, ja über den Verlust der ‚guten alten Musik', so weit die Urkunden zurück reichen, in jedem Zeitalter gehört worden sind, während doch zugleich jedes Zeitalter den höchsten Gipfel der Kunst erreicht zu haben glaubte."[20]

Historistische Stilkopien wurden – mit Blick auf die gleichzeitigen Palestrina-Bestrebungen – abgelehnt, ja als unnötig empfunden:

> „Im Fache der Kirchenmusik insbesondere, der edelsten und erhabensten Gattung (die wir zur Simplicität der Palestrina'schen Periode doch nimmer können zurückführen wollen), kann sich unsere letzte Epoche einer bedeutenden Zahl ausgezeichneter Werke des grossartigsten Styles rühmen."[21]

Allerdings setzten beide Autoren überhaupt nur diffuse Epochenbegriffe voraus: Insbesondere die Arbeit Stoepels mit ihrer Dreiteilung der gesamten abendländischen Musikgeschichte (*A. Von Pythagoras bis auf Ambrosius. B. Von Ambrosius bis auf Guido von Arezzo. C. Von Guido von Arezzo bis zum Ende des achtzehnten Seculi*) kann wegen der undifferenzierten Einteilung kaum befriedigen.[22] Etwas vertrauter erscheint Kiesewetters Epochendenken; das 18. Jahrhundert wird in vier Abschnitte eingeteilt: 1680-1725: *Epoche Scarlatti*. 1725-1760: *Die Epoche der neuen Neapolitanischen Schule von Leo und Durante*. 1760-1780: *Die Epoche Gluck*. 1780-1800: *Die Epoche Haydn und Mozart*. Die personengeschichtliche Anlage ist offensichtlich. Freilich kommen auch Bach und Händel in der Darstellung zu ihrem Recht, dieser als Meister des Oratoriums, jener aufgrund seiner Fugenkunst, nicht

---

20 Kiesewetter, *Geschichte*, 98f.

21 Ebd., 98.

22 Vergleichbar undifferenziert gliedert etwa auch noch Anton Friedrich Justus Thibaut in *Reinheit der Tonkunst* (1824). Johann Karl Friedrich Triest, *Bemerkungen über die Ausbildung der Tonkunst in Deutschland im achtzehnten Jahrhundert*, unterteilt das 18. Jahrhundert in drei Abschnitte: *1) Vom Anfange des Jahrhunderts (d. h. von Fux, Keiser, Telemann u. a.) bis zu Ioh. Seb. Bachs Tode. 2) Von Graun, Hasse, C. P. E. Bach u. a. bis zu J. Haydn und Mozart. 3) Von Mozart bis zum Schluß des Jahrhunderts.* Vgl. AMZ 3 (1801), 235. Die Disposition mutet bemerkenswert ‚modern' an.

aber wegen seines kirchenmusikalischen Œuvres. Beide Meister werden als „die deutschen Heroen“ dargestellt, deren Wirken in „Ewigkeit unübertroffen, ja unerreicht bleiben“ wird: „kein Land, keine Schule, keine Zeit hat Etwas [Vergleichbares] aufzuweisen.“[23] Bemerkenswert ist Kiesewetters Begründung, warum beide trotz ihrer herausragenden Stellung dennoch nicht als ‚epochestiftend‘ beurteilt werden: ihre gleichsam isolierte Position lasse nicht zu, das „Folgende als eine Vervollkommnung der ihrigen [Epoche]“ aufzufassen; „sie [Bach und Händel] haben eine eigene Periode begonnen und beschlossen.“[24] Die „neue“ Zeit, gleichwohl wiederum durch höhere Ausbildung der Musik geprägt, pflege nämlich andere, mehr dem Zeitgeschmack unterworfene Gattungen, die dann stets wieder der Verbesserung bedürfen, ja überhaupt auf eine Erneuerung angewiesen seien: Durch ihre zeitlose immerwährende Größe ist die „Periode“ Händels und Bachs gewissermaßen von jenem Fortschrittsdenken, dem Kiesewetters Darstellung im ganzen verpflichtet ist, ausgenommen. Die höchst brüchige Konstruktion offenbart nicht nur, daß das optimistische Modell der steten epochenweisen Weiterentwicklung hier versagt, sondern sie deutet in ersten Anklängen im Rahmen einer historischen Gesamtdarstellung jene Denkweise des Epocheneinschnitts an, die uns heute so vertraut geworden ist.

Nur knappe Informationen liefert Kiesewetter zur Kirchenmusik der zweiten Hälfte des 18. Jahrhunderts: Stölzel, Telemann und Graun werden als exponierte Vertreter der „geistlichen Cantate“ angesehen, Carl Philipp Emanuel Bach habe in der Kirchenmusik „schätzbare“ Arbeiten hinterlassen, „ohne der Schule des Vaters abzufallen“[25], und der „vortreffliche“ Johann Gottlieb Naumann habe namentlich mit seinem *Vater unser* ein Werk geschaffen, das „sich dem Besten seiner Zeit anreiht“. Ohne jeden historischen oder stilistischen Widerspruch werden die freilich nur einen schmalen Ausschnitt repräsentierenden Meister in eine kontinuierliche Entwicklung eingegliedert.

Hinter dieser Anschauung steht freilich nicht bloß zeitbedingte Unkenntnis historischer Sachverhalte, sondern vielmehr scheint in der Tat eine fortschrittsoptimistische Geisteshaltung Ursache dieser Argumentation zu sein; Kiesewetters Darstellung gilt nicht nur als „erste geschlossene Darstellung der europäisch-abendländischen Musikgeschichte“ (Kier), sondern auch als letzter großer ideengeschichtlicher Beitrag „evolutionistischer Geschichtsauffassung“ (Wessely).[26] Stoepels und Kiesewetters Arbeiten waren indes einem Vorläufer verpflichtet.

---

23 Kiesewetter, *Geschichte*, 90.

24 Ebd.

25 Ebd., 91 und 94. Auch das später topische Rezeptionsmuster, Phänomene der zweiten Hälfte des 18. Jahrhunderts auf das Schaffen Johann Sebastian Bachs zu beziehen, deutet sich hier an.

26 Kier, *Kiesewetter*, 115, vgl. auch schon Wilibald Gurlitt, *Hugo Riemann und die Musikgeschichte*, in: ZfMw 1 (1918/19), 579. Die von Tibor Kneif betriebene „Inanspruchnahme Kiesewetters für die Romantik“ hat Bernhard Meier mit Recht zurückgewiesen; vgl. Tibor Kneif, *Die Erforschung mittelalterlicher Musik in der Romantik*, in AMl 34 (1964), 130f., und Meier, *Musikhistoriographie*, 171, 173 und 176. Vgl. auch den Artikel *Kiesewetter* in MGG (Wessely).

Tatsächlich setzt die so akzentuierte musikhistoriographische Auffassung mit jener Darstellung ein, die der Göttinger Akademische Musikdirektor Johann Nikolaus Forkel (1749-1818) im Jahre 1801 dem zweiten Band seines Kompendiums *Allgemeine Geschichte der Musik* – entgegen der chronologischen und systematischen Disposition seines Geschichtswerks – vorangestellt hatte.[27] Obschon an prominenter Stelle plaziert, liegt dennoch kaum ein gesamtgeschichtlicher Entwurf im engeren Sinne vor, als vielmehr eine Bestandsaufnahme kirchenmusikalischer Verhältnisse zu Beginn des 19. Jahrhunderts.[28] Sein ausgesprochen kritischer, personenbezogene und personalstilistische Sachverhalte weitgehend ausklammernder Text konzentriert im wesentlichen häufig zur Sprache gebrachte Beschwerden gegen die zeitgenössische Kirchenmusikpraxis und trägt ausgesprochen visionär anmutende Veränderungs- und Verbesserungsvorschläge vor:[29] Nicht nur in diesem Sinne ist der Text der Denkweise des 18. Jahrhunderts verpflichtet. In der expliziten Ausprägung des Verfallsbegriffs, nicht in der Bestimmung seiner Inhalte, ist Forkel historiographischer Wegbereiter für spätere Anschauungen.[30] Denn sämtliche Konstanten des modernen Verständnisses fehlen bei Forkel noch. Dessen Reserven betreffen traditionelle Einwände: häufiger Gebrauch der Kirchenmusik als Ursache einer allgemeinen Übersättigung, Mangel an musikalischer Ausbildung der an der Kirchenmusik Beteiligten, damit einher gehende mißbräuchliche Verwendung der Figuralmusik und des Orgelspiels, schließlich soziale Mißstände (z. B. mangelhafte Besoldung der Kirchenmusiker). Der Niedergang der Kirchenmusik ist für Forkel somit gleichbedeutend mit dem Niedergang der für die Kirchenmusikpflege maßgeblichen

---

27 Band 1 behandelt nach allgemeinen systematischen Ausführungen – etwa zur physikalischen Klanglehre oder zur musikalischen Rhetorik – die Musik des Altertums bis in die Spätantike; Band 2 schließt mit der Darstellung der frühen christlichen Musik an, widmet sich in der Folge überwiegend dem Mittelalter und endet chronologisch im frühen 16. Jahrhundert. Forkels Geschichtswerk ist also Fragment geblieben, rund zweihundert Jahre Musikgeschichte sollten offenbar einem – nie erschienenen – dritten oder gar vierten Band zugewiesen werden.

28 Den gleichen Vorgang des Resümierens an diesem ‚Epocheneinschnitt' kennt man – beinahe gleichzeitig – auch von Triest, *Bemerkungen*, 225-235, 241-249, 257-264, 273-286, 297-308, 321-331, 369-379, 389-401, 405-410, 421-432, 437-445.

29 Vgl. dazu etwa gleichzeitig: Johann Friedrich Samuel Döring, *Etwas zur Berichtigung des Urtheils über die musikalischen Singe-Chöre auf den gelehrten protestantischen Schulen Deutschlands*, Görlitz 1801, sowie, in Konzentration auf das Gesangbuchwesen: Albrecht Georg Walch, *Ueber den religiösen Gesang der Christen*, Schleusingen 1800.

30 Der zweite Abschnitt heißt förmlich *Von den Ursachen des jetzigen Verfalls des gesammten kirchlichen Musikwesens*. Siehe dazu: Kneif, *Forkel und die Geschichtsphilosophie*, 302ff. Ferner: Heinrich Edelhoff, *Johann Nikolaus Forkel. Ein Beitrag zur Geschichte der Musikwissenschaft*, Göttingen 1935. Martin Staehelin, *Musikalische Wissenschaft und musikalische Praxis bei Johann Nikolaus Forkel*, in: Musikwissenschaft und Musikpflege an der Georg-August-Universität Göttingen (= Göttinger Universitätsschriften, Ser. A/3), Göttingen 1987, 9-26. Hans Joachim Hinrichsen, *Johann Nikolaus Forkel und die Anfänge der Bach-Forschung*, in: Ders./Michael Heinemann (Hrsg.), Bach und die Nachwelt. Band 1: 1750-1850, Laaber 1997, 193-254.

Träger und Organisationen, der Kantorate und Singechöre, der Organistenämter und Stadtmusikanten. Der „Verfall" ist ein institutionelles Phänomen, durch die Reorganisation der Einrichtungen wären die Verhältnisse positiv zu verändern.[31] Seine Ideen zur Verbesserung entwickelt Forkel auf der Grundlage aufklärerischer Geisteshaltung[32]; diese ist Antrieb für die Erneuerung, nicht aber – wie in der Sicht der späteren Historiographie – Ursache des Niedergangs:

> „Die größere Aufklärung in unseren Zeiten hat schon so manche Verbesserung in andern Stükken des öffentlichen Gottesdienstes hervorgebracht; warum soll die Kirchenmusik allein sich keiner ähnlichen Sorgfalt zu erfreuen haben? [...] Selbst das Predigen hat Verbesserungen erhalten, die es der neuern Aufklärung gemäß erbaulicher und nützlicher machen, als es in vorigen Zeiten seyn konnte. So ist in allen Stücken des öffentlichen Gottesdienstes für Verbesserungen gesorgt worden, nur in der Musik, diesem Hauptstück, ohne welches kein Gottesdienst feyerlich und prächtig seyn kann, nicht. Die alten schmutzigen ungesunden Kirchen sind gereinigt, die gemahlten und geschnitzten Carricaturen von Engeln und Aposteln sind weggeschaft, die Predigten sind zum nützlichen Unterricht in religiösen und moralischen Gegenständen umgeschaffen worden, aber die Musik ist und bleibt noch ein unverständliches Geräusch von schlecht gestimmten und noch schlechter gespielten Violinen, vom Singen eines Haufens aus vollem Halse durch einander schreyender Chorknaben, und vom Accompagnement eines Organisten, der bald zu früh bald zu spät dazwischen fällt."[33]

Aus dem Text spricht ungebrochener Fortschrittsoptimismus. Wie die Begriffe „reinlich", „erbaulich", „nützlich" nahelegen, verwendet Forkel einen Begriffskanon, der wesentlich vom Geist der letzten Jahrzehnte des 18. Jahrhunderts geprägt ist und im Zusammenhang mit der Vorstellung ‚wahrer' Kirchenmusik seine Ausprägung erfahren hat; Forkels Bezugssystem ist eindeutig: Der Kirchenstil ist „Quelle alles wahren Schönen, Großen, Erhabnen und Edlen", er ist ein „heiliger Styl", der sich auf reine moralische Gefühle und Gesinnungen gründet. Auch die „Simplizität des Styls", ebenfalls locus classicus bereits des vergangenen Jahrhunderts, spielt als Terminus noch eine zentrale Rolle. Er gewinnt an Aktualität da-

---

31 Grundsätzlich zustimmend zur Einrichtung von „Singe-Chören" auf Schulen äußert sich auch Döring, *Berichtigung*, passim, wobei allerdings weniger der innere Zustand untersucht, als vielmehr die unbedingte Zugehörigkeit zum schulischen Fächerkanon mit ihren Folgen (zeitliche Belastung, Beeinträchtigung des sonstigen Lernpensums etc.) diskutiert wird. Freilich sind auch gegenteilige Meinungen, die die Aufhebung dieser Institutionen fordern, wahrnehmbar: Der Berliner Inspektor Küster tritt mit einem förmlichen *Antrag auf gänzliche Aufhebung der Singechöre* an die Öffentlichkeit; vgl.: Annalen des preußischen Schul- und Kirchenwesens II (1800), 260-276. Klagen über die Beibehaltung des Gesangs als Unterrichtsdisziplin lassen sich laut Döring bis 1770 vor allem in Schulprogrammen fassen; weitere Literatur ebd., 4 (Anmerkung). Vgl. sodann flankierend mit Blick auf Göttinger Verhältnisse: Christian Gottlob Heyne, *Nachweis des verderblichen Einflusses der Currende in Göttingen*, in: Reichs-Anzeiger 1798, Nr. 217, 2479.

32 Wilhelm Ehmann erkennt einen Traditionszug zu den „humanistischen Gelehrten Tinctoris, Gafor, Glarean, Coclicus." Vgl.: *Das Schicksal der deutschen Reformationsmusik in der Geschichte der musikalischen Praxis und Forschung*, Göttingen 1935, 25.

33 Forkel, *Allgemeine Geschichte* II, §§ 50ff.

durch, daß Forkel ausdrücklich das Verfahren befürwortet, bereits vorhandene Kantatenjahrgänge durch das Auslassen veralteter Arien und Rezitative zu „simplifizieren". Völlig fehlen historisierende Elemente: Weder greift Forkel Reichardts früh entwickeltes Stilideal altitalienischer Kirchenmusik auf, noch orientiert er sich am kirchenmusikalischen Schaffen Johann Sebastian Bachs: Trotz glühender Verehrung[34] gilt ihm Bach noch nicht als jener Exponent einer idealen lutherischen Kirchenmusik, zu dem er in der Folge stilisiert wurde. Die Kraft zur Verbesserung der Kirchenmusik schöpft Forkel nicht aus einer – wie auch immer beschaffenen – Rezeption älterer Musik: Getreu seiner fortschrittsorientierten Auffassung liegt für ihn der Schlüssel in der Reorganisation maßgeblicher Institutionen der Gegenwart.[35]

1.3. Romantische Stilkritik E. T. A. Hoffmanns

Zeitlich zwischen Forkel und Stoepel, womit sich die Überlagerung unterschiedlicher historiographischer Tendenzen abzeichnet, veröffentlichte E. T. A. Hoffmann (1776-1822) im Jahre 1814 seinen Aufsatz *Alte und neue Kirchenmusik.*[36] Sein berühmter und rezeptionsgeschichtlich folgenreicher Beitrag war ein machtvolles Plädoyer für die Erneuerung der Kirchenmusik auf der Grundlage der Wiederentdekkung der alten Musik des 16. und 17. Jahrhunderts. Hoffmanns vor allem stilistische Vorbehalte gegen die Kirchenmusik der zweiten Hälfte des 18. Jahrhunderts sind ein wichtiger Beitrag zur nach und nach sich stärker artikulierenden Kritik an der „empfindsamen" Kirchenmusik. Darüber hinaus wird ein Zusammenhang zwischen religiösem bzw. liturgischem Verfall und vermeintlichen musikalisch-stilistischen Fehlentwicklungen hergestellt.

Das Phänomen selbst beschreibt Hoffmann als „jene Verweichlichung, jene ekle Süßlichkeit in der Kunst [die mit] der sogenannten, allen tieferen religiösen Sinn tötenden Aufklärerei gleichen Schritt haltend und immer steigernd, zuletzt allen Ernst, alle Würde aus der Kirchenmusik verbannte."[37] Welches Repertoire durch diese „Verweichlichung" bestimmt sei, wird indes nicht weiter charakterisiert; allein der „herrliche" Fasch als „Meister der frommen, alten Zeit"[38] (und seine sechzehnstimmige Messe) wird von den protestantischen Komponisten namentlich genannt, jedoch ausdrücklich von dem allgemeinen Niedergang ausgenommen. Besonders in

34 Vgl. dazu dessen frühen, für die Bach-Biographik bedeutsamen Beitrag *Ueber Johann Sebastian Bachs Leben, Kunst und Kunstwerke*, Leipzig 1802.

35 Daß Forkel zugleich seine konfessionellen Wurzeln nicht verleugnet, wird daran deutlich, daß er seine kirchenmusikalische ‚Erneuerungsvision' mit dem Abdruck von Luthers *Encomion musices* beschließt.

36 Der Text erschien in drei Teilen in der AMZ zwischen Ende August und Anfang September. Die folgenden bibliographischen Anmerkungen beziehen sich auf die moderne Ausgabe in: E. T. A. Hoffmann, Gesammelte Werke in Einzelausgaben, Bd. 9 (= Schriften zur Musik/Singspiele), hrsg. von Hans-Joachim Kruse, Berlin-Weimar 1988, 219-247.

37 Hoffmann, *Alte und neue Kirchenmusik*, 238.

38 Ebd., 228f.

den letzten zwanzig Jahren sei, was freilich in der Tendenz der Zeit im ganzen liege, ein „Leichtsinn ohnegleichen“[39] in die Kunst eingedrungen, wonach der Sinn für das Höhere, Wahrhaftige, Heilige, für das wahre Kunstwerk verloren gegangen sei: Die Epitetha sind die gleichen wie bei Forkel, freilich mit anderer Zielrichtung. Hatte nämlich der Göttinger noch geglaubt, durch die spezifisch aufklärerischen Kräfte der eigenen Epoche den Mißstand beheben zu können, so machte Hoffmann die aus Frankreich eindringenden ideengeschichtlichen Folgen eben der Aufklärung und der Revolution für die Fehlentwicklung verantwortlich. Seine Ideale sucht und findet er in Italien, wo die Wiege der Kirchenmusik zu finden sei: Die „heiligste Tiefe der echtchristlichen Kunst“ kam erst zur Wirksamkeit, „als in Italien das Christentum in seiner höchsten Glorie erstrahlte.“[40]

Hoffmann skizziert also die Kirchenmusik der zweiten Hälfte des 18. Jahrhunderts provokant als Verfallserscheinung, um die eigene (romantische) „Italiensehnsucht“ zu legitimieren. Anders als Forkel, der von betont norddeutsch-lutherischer Warte seine Ideen formulierte, ist Hoffmann bei der Entwicklung seiner Ideen zur ‚wahren‘ Kirchenmusik konfessionell ungebunden. Das wird nirgends deutlicher, als in der Vorstellung der Musik Palestrinas als kirchenmusikalisches Ideal:[41] „Mit Palestrina hub unstreitig die herrlichste Periode der Kirchenmusik (und der Musik überhaupt) an!“[42] Wiederum begegnen jene Attribute, die auch Forkel mit einer kirchenmusikalischen Idealvorstellung verknüpft hatte: Palestrinas Musik ist einfach, wahrhaft, kindlich, fromm, stark, würdig und mächtig, und sie ist es vor allem dort, wo der musikalische Satz nicht in komplexer kontrapunktischer Verknüpfung der Stimmen fortschreitet, sondern in gleichmäßigen konsonierenden, a cappella ausgeführten Akkorden; die Hoffmannsche Beschreibung dieses Satzprinzips und die Interpretation des Akkordbegriffs sind unverkennbar aus dem Geist der Romantik entwickelt:

> „Ohne allen Schmuck, ohne melodischen Schwung folgen meistens vollkommene, konsonierende Akkorde aufeinander, von deren Stärke und Kühnheit das Gemüt mit unnennbarer Gewalt ergriffen und zum Höchsten erhoben wird. – Die Liebe, der Einklang alles Geistigen in der Natur, wie er dem Christentum verheißen, spricht sich aus im Akkord, der daher auch erst im Christentum zum Leben erwachte; und so wird der Akkord, die Harmonie, Bild und Ausdruck der Geistergemeinschaft, der Vereinigung mit dem Ewigen, dem Idealen, das über uns thront

39 Ebd., 219.

40 Ebd., 229. Zu den ideengeschichtlichen Voraussetzungen dieser Anschauung vgl. Kap. 3. Plausibel erscheint, die betont deutsche Leistungen ins Licht rückenden Beiträge Stoepels und Kiesewetters als Reflex auf Hoffmann zu deuten.

41 Vgl. dazu die Bemühungen um eine historiographische Bewertung und lexikalische Darstellung Palestrinas in: Albrecht Riethmüller, *Zu den Bemühungen im 19. Jahrhundert um Palestrinas Platz in der Geschichte*, in: Winfried Kirsch (Hrsg.), *Palestrina und die Kirchenmusik im 19. Jahrhundert*, Bd. 1, Regensburg 1989, 43-52, und Carlernst Baecker, *Zum Palestrina-Bild in den deutschsprachigen Musikgeschichten um 1800*, ebd., 55-65; vgl. sodann auch die übrigen Beiträge in der genannten, von Winfried Kirsch herausgegebenen Aufsatzsammlung.

42 Hoffmann, *Alte und neue Kirchenmusik*, 224.

und doch uns einschließt. Am reinsten, heiligsten, kirchlichsten muß daher die Musik sein, welche nur als Ausdruck jener Liebe aus dem Innern aufgeht, alles Weltliche nicht beachtend und verschmähend. So sind aber Palestrinas einfache würdevolle Werke in der höchsten Kraft der Frömmigkeit und Liebe empfangen und verkünden das Göttliche mit Macht und Herrlichkeit.“[43]

Hoffmanns Entwurf ist allerdings weder formal noch inhaltlich originell. Etwa liest man bereits in der rund zehn Jahre älteren Abhandlung *Ueber den Verfall der Tonkunst* (Göttingen 1805) von Georg Christoph Grosheim Sätze vergleichbarer Diktion, wenn auch verkürzt und ohne Hinweis auf Palestrina (dafür mit entschieden gottesdienstlichem Bezug):

„So wie der Prediger auf der Kanzel nichts Gemeines reden darf, eben so verhalte es sich mit unserer Kirchenmusik! Heilig und rein müssen die Töne seyn, die dem Allmächtigen zu Ehren erschallen; ehrfurchtsvoll und flehend schreiten sie dahin wie die Worte unserer innigsten Andacht!“[44]

Und schon Wackenroder gebrauchte in den *Phantasien über die Kunst* (1799) vergleichbare Metaphern:

„[...] jeder neue Wechsel der Akkorde, auch der allereinfachste, wälzt in diesem schweren, gewichtigen Fortgange unser ganzes Gemüt um, und die leise vordringende Gewalt der Töne durchzittert uns mit bangen Schauern, und erschöpft den letzten Atem unsers gespannten Herzens.“[45]

Allen Versuchen, Hoffmanns Stellung in der romantischen Kirchenmusikästhetik zu beleuchten[46], hat daher die Einsicht vorauszugehen, daß einerseits dessen Text in

---

43 Ebd., 224f. Daß Hoffmann diese Gedanken auf der Grundlage solcher Kompositionen geformt hat, die im nachhinein gar nicht als Palestrina zugehörig erkannt worden sind, sondern offenbar von dessen Zeitgenossen Marc Antonio Ingegneri geschaffen wurden, ist für die weitere Wirkungsgeschichte des hier formulierten Satzideals wie auch der einsetzenden „Palestrina-Renaissance“ unerheblich. Zur Rezeption des Palestrina-Satzideals in der Musiktheorie vor E. T. A. Hoffmann vgl. jetzt: Peter Lüttig, *Der Palestrina-Stil als Satzideal in der Musiktheorie zwischen 1750 und 1900* (= Frankfurter Beiträge zur Musikwissenschaft, Bd. 23), Tutzing 1994. Es ist müßig, darüber zu spekulieren, ob Palestrina auch deshalb eine so exponierte Rolle im Zuge der sogenannten kirchenmusikalischen Restauration zufiel, weil dessen ‚Rettungsqualitäten‘ im Verlaufe der Musikgeschichte bereits erfolgreich erprobt waren.

44 Ebd., 28.

45 Wilhelm Heinrich Wackenroder, Sämtliche Werke und Briefe. Historisch-kritische Ausgabe, hrsg. von Silvio Vietta und Richard Littlejohns, 2 Bde., Heidelberg 1991; hier: Bd. 1, 212f. Sodann ist auch der Vorgang, Palestrina als „symbolischen Vertreter der gesamten alten Musik“ zu begreifen, ein Element der Kontinuität. Heinrich Besseler hat darauf hingewiesen, daß sich diese „Aufhöhung“ Palestrinas in „Symptomen“ wie Johann Joseph Fux' *Gradus ad Parnassum* oder auch Heinrich Schützens Wunsch nach einer Trauermotette im „praenestinischen Contrapunktstyl“ bereits ankündige; Heinrich Besseler, *Die Musik des Mittelalters und der Renaissance* (= Handbuch der Musikwissenschaft), Potsdam 1931, 5.

46 Carl Dahlhaus, *Klassische und romantische Musikästhetik*, 111ff. Karlheinz Schlager, *Kirchenmusik in romantischer Sicht: Zeugnisse des Musikjournalisten und des Komponisten E. T. A. Hoffmann* (= Eichstätter Hochschulreden, Bd. 87), Regensburg 1993. Ernst Lichtenhahn,

erheblichem Umfang ältere Denkweisen reflektiert, daß andererseits Hoffmanns Wissen um die italienischen Meister des 16./17. Jahrhunderts nicht auf der Grundlage umfassender Studien oder eigener praktischer Erfahrung zustande gekommen ist, sondern auf eine begrenzte, ‚reagenzglasartige' Repertoireauswahl zurückgeht, die ihm vom Leipziger Verlag Breitkopf erst zum Zwecke der Abfassung seines Aufsatzes zur Verfügung gestellt wurde:[47] Hoffmanns Kenntnis der von ihm behandelten Musik ist schmal und ausschnitthaft zufällig. Schwerer noch wiegt, daß Ideen seines Lehrers Johann Friedrich Reichardt nachwirken, der sich, neben anderen[48], schon in den 1780er Jahren im Musikalischen Kunstmagazin der altitalienischen Vokalmusik zuwandte[49]; Inhalte und Argumentation ähneln sich verblüffend, was etwa an Reichardts und Hoffmanns beinahe identischem Harmoniebegriff oder der jeweiligen Konturierung des a-cappella-Ideals deutlich wird. Auch das didaktische Verfahren der vergleichenden Gegenüberstellung von ‚wahrer' und untauglicher Kirchenmusik stammt von Reichardt, wobei interessant ist, daß Hoffmann, wie sein Vorgänger, nicht etwa deutsche protestantische Kompositionen (auf die sich das Verdikt der „allen tieferen religiösen Sinn tötenden Aufklärerei" doch primär beziehen müßte) heranzieht, sondern italienische ‚Verfallsprodukte'. Und daß Hoffmann gerade in der Person Carl Faschs und besonders in der genannten Messe seine Ideen verwirklicht sieht, erscheint in diesem Sinne ebenfalls beziehungsvoll, denn Faschs Messe geht auf eine italienische Vorlage Orazio Benevolis zurück.[50] Ziemlich sicher dürfte Hoffmann auch hier frühe Ideen Reichardts reflektiert haben: Dieser exponierte die Fasch-Messe mit erheblichem publizistischem Aufwand als kirchenmusikalisches Ideal.[51]

Wie Reichardt (und auch Forkel) sieht Hoffmann eine wichtige Ursache für den Niedergang der Kirchenmusik in der Verquickung von Kirche und Theater, wobei insbesondere über die Gattung des Oratoriums, das in der ganzen Anlage natürlich der Oper besonders nahesteht, die „theatralische" Musik in die Kirchenmusik eingedrungen sei.[52] Nicht von dieser reservierten Haltung betroffen sind – mit kaum ver-

---

Über einen Ausspruch Hoffmanns und über das Romantische in der Musik, in: Musik und Musikgeschichte, Leo Schrade zum 60. Geburtstag, Köln 1963, 178ff. Jürgen Kindermann, *Romantische Aspekte in E. T. A. Hoffmanns Musikanschauung*, in: Beiträge zur Geschichte der Musikanschauung im 19. Jahrhundert, Regensburg 1965, 51-59. Werner Keil, *Dissonanz und Verstimmung. E. T. A. Hoffmanns Beitrag zur Entstehung der musikalischen Romantik*, in: E. T. A. Hoffmann-Jb, Bd. 1, Berlin 1993, 119-132.

47 Hoffmann, *Alte und neue Kirchenmusik* (Kommentar in: Gesammelte Werke, Bd. 9), 644.

48 Vgl. Kap. 3.2.1.

49 Hoffmann beruft sich wiederholt auf das Kunstmagazin.

50 Näheres dazu in Kap. 4.1.

51 Freilich ist kaum erklärlich, warum Hoffmann diese nach 1783 entstandene Komposition mit dem differenzierten Stilideal älterer italienischer Musik in Einklang zu bringen vermag: Der Vorgang ist schlichtweg ein stilkritischer Lapsus, der das Urteilsvermögen Hoffmanns im ganzen relativiert. Vgl. zur Rezeptionsgeschichte der Messe Kap. 4.4.2.

52 Zur Tradition dieser Argumentation mit Blick auf die Kantate seit dem frühen 18. Jahrhundert siehe Jürgen Heidrich, *Der Meier-Mattheson-Disput. Eine Polemik zur deutschen protestanti-*

hüllter nationaler Intention – die Werke Händels: hier lebe der „Geist der Frömmigkeit und Wahrhaftigkeit“ weiter, und insbesondere über den *Messias* fällt Hoffmann das Urteil vom „Oratorium aller Oratorien.“[53] Trotz melodischen Reichtums und – bisweilen – musikalischer Malerei sei hier das „Theatralische“ weitgehend vermieden.[54] Ebenso wie in Forkels Beitrag fehlt auch bei Hoffmann der Verweis auf die Kirchenmusik Johann Sebastian Bachs beinahe völlig: Die beiläufige Erwähnung einer Messe für zwei Orchester, acht Haupt- und vier Ripienstimmen (BWV Anh. III 167), bei Breitkopf 1805 erschienen, kann hier kaum Relevanz beanspruchen; zudem handelt es sich auch hier um eine Fehlzuschreibung: Vielleicht ist der Meininger Komponist Johann Ludwig Bach (1677-1731) der Autor.[55]

Hinzuweisen ist noch auf die wichtige Abhandlung *Über Reinheit der Tonkunst* (1824)[56] des in Heidelberg wirkenden Juristen Anton Friedrich Justus Thibaut (1772-1840)[57]: Sie erreichte noch im 19. Jahrhundert sieben Auflagen. Thibaut bezieht sich klar auf Hoffmanns Schrift, wobei vielleicht der Gedanke vom Wesen der Stile und deren problematischer Vermischung, also des Kirchen-, Oratorien- und Opernstils, noch stärker konturiert erscheint. Nicht nur in der Auswahl des Probenrepertoires im Rahmen der je wöchentlichen Zusammenkünfte seines Singvereins, sondern auch in der hervorgehobenen Position Palestrinas ist Thibaut deutlich den Vorgaben Hoffmanns verpflichtet.[58] Für ein zunächst wenig rigoroses Stilideal spricht, daß in geringerem Umfang auch norddeutsch-protestantische Meister der „Verfallszeit“, etwa Gottfried August Homilius, Carl Heinrich Graun, Johann Philipp Kirnberger und Johann Friedrich Reichardt neben den altitalienischen Komponisten in den Programmen der Probenabende zu finden sind[59]; auffällig ist hingegen wiederum das fast völlige Fehlen Johann Sebastian Bachs. Die von Forkel und Hoffmann vorgeschlagene Reorganisation des Chorwesens zum Zwecke

---

schen Kirchenkantate in der ersten Hälfte des 18. Jahrhunderts (= Nachrichten der Akademie der Wissenschaften in Göttingen. I. Philologisch-Historische Klasse, Jg. 1995, Nr. 3), Göttingen 1995.

53 Hoffmann, *Alte und neue Kirchenmusik*, 237.

54 Auch hier sind die Gedanken aus einer nur begrenzten Repertoirekenntnis entwickelt, denn daß Hoffmann in der durch dramatisch-theatralische Elemente maßgeblich geprägten *Brockes-Passion* Händels manches „Herrliche und Unvergleichliche“ wiedererkennt, bedeutet wiederum einen offenen Bruch mit dem oben skizzierten Stilideal.

55 Hoffmann, *Alte und neue Kirchenmusik* (Kommentar in: Gesammelte Werke, Bd. 9), 649.

56 Hrsg. von Raimund Heuler, Paderborn 1907 (Text der ersten und zweiten Auflage).

57 Vgl. zum weiteren Verständnis: Rainer Polley, *Anton Friedrich Justus Thibaut (AD 1772-1840) in seinen Selbstzeugnissen und Briefen* (= Rechtshistorische Reihe, Bd. 13), 3 Bde., Frankfurt/M.-Bern 1982. Wilhelm Ehmann, *Der Thibaut-Behagel-Kreis. Ein Beitrag zur Geschichte der musikalischen Restauration im 19. Jahrhundert*, in: AfMw 3 (1938), 428-483 und 4 (1939), 21-67. Martin Staehelin, *Anton Friedrich Justus Thibaut und die Musikgeschichte*, in: Heidelberger Jahrbücher 34 (1990), 37-52. Karlheinz Schlager, *Wege zur Restauration*, in: Traditionen und Reformen in der Kirchenmusik. Festschrift für Konrad Ameln zum 75. Geburtstag, Kassel 1974, 9-24, bes. 21ff.

58 Staehelin, *Thibaut*, 44.

59 Homilius: *Hilf Herr* (6. Juli 1826; 22. Februar 1827; 5. Mai 1831; 21. März 1833). Graun: *Der Tod Jesu* (23. August 1827). Naumann: *Dixit Dominus* (2. April 1829). Kirnberger: *Erbarme dich* (5. Mai 1831). Hymnen von Graun, Reichardt u. a. (28. Juni 1828). Vgl. dazu Eduard Baumstark, *Ant. Friedr. Justus Thibaut. Blätter der Erinnerung für seine Verehrer und für die Freunde der reinen Tonkunst*, Leipzig 1841, 160ff.

der Kirchenmusikpflege ist hier, gleichwohl in zunächst elitärer Ausprägung und in Konzentration auf älteres Repertoire, durch Thibaut in konfessionsneutraler Weise realisiert worden.

E. T. A. Hoffmanns Aufsatz ist – gleich Forkels Beitrag – nicht selbständiger Geschichtsentwurf, sondern Reflex auf die kirchenmusikalische Situation des späten 18. und frühen 19. Jahrhunderts. Die hier entwickelten Gedanken sind zwar als Gegenposition zur Praxis der letzten Jahrzehnte formuliert, sie bemühen sich aber nicht um eine historische oder gar systematische Bestandsaufnahme. Deutlicher als in den Entwürfen Forkels und Hoffmanns lassen sich die Gegensätze von aufklärerischer und romantischer Anschauung kaum dokumentieren: Dort der optimistische Glaube an die aus der eigenen Zeit bezogenen, zum Zwecke einer institutionellen Erneuerung gebündelten Kräfte, hier die Suche nach dem Wesen der Kunst mittels Flucht in die Vergangenheit. Hoffmanns Verdienst liegt darin, auf dem Boden der romantischen Musikanschauung einen Ausweg aus dem so empfundenen kirchenmusikalischen Niedergang aufgezeigt zu haben, indem er im Rückgriff auf Ideen, die Reichardts Musikalisches Kunstmagazin rund dreißig Jahre zuvor bereits akzentuiert hatte, historisierende Elemente zur Grundlage seines Kirchenmusikideals machte.

Der Versuch allerdings, Hoffmann als zentralen Ideengeber für eine spezifisch die protestantische Figuralmusik betreffende Variante der Restauration (im Sinne der Konturierung eines Stilideals) zu vereinnahmen, muß scheitern.[60] Zum einen richten sich die Vorwürfe Hoffmanns auf die katholische Kirchenmusik – mit Ausnahme des positiv besprochenen Fasch ist kein weiterer protestantischer Meister der „Verfallszeit" genannt –, zum anderen kann infolge der bloß einmaligen peripheren schlagwortartigen Stellungnahme gegen die „Aufklärerei" als geistesgeschichtliche Bewegung nicht von einem breit angelegten Impuls gegen den „rationalistischen" Gottesdienst die Rede sein. Denn Hoffmanns Beitrag ist nicht – wie die etwa gleichzeitig einsetzenden liturgischen und hymnologischen Erneuerungen – konfessionell fixiert: Weder ist in seinem Text ein gottesdienstliches a-cappella-Ideal entwikkelt, noch verbirgt sich hinter dem Entwurf zur ‚wahren' Kirchenmusik ein gewandeltes protestantisches Gottesdienstverständnis.

1.4. Hymnologische Bestrebungen im 19. Jahrhundert als Reaktion

Eine adäquate Verwendung des Begriffs ‚Restauration' dürfte im Protestantismus insbesondere hymnologischen Entwicklungen gerecht werden. Denn wollte man den Begriff nicht eingeschränkt als historisierende Stilkopie von a-cappella-Satzbildern der älteren Musikgeschichte auffassen, erscheint er vor allem für die Rückbesinnung auf das Liedgut des 16./17. Jahrhunderts und dessen tatsächliche Reinstallation in die gottesdienstliche Praxis angebracht; nicht unproblematisch und bisher kaum

60 So geschehen durch Walter Blankenburg, *Entstehung, Wesen und Ausprägung der Restauration im 19. Jahrhundert*, in: Traditionen und Reformen in der Kirchenmusik. Festschrift für Konrad Ameln zum 75. Geburtstag, Kassel 1974, 33ff.

übersehbar ist dagegen seine Übertragung auf das Feld der protestantischen Figuralmusik.[61]

Die Schwierigkeiten lassen sich etwa an *Johannes Eccards Ernennung zum preußischen Palestrina* (Nowak) aufzeigen, einem gewissermaßen protestantischen Reflex auf die katholische Palestrina-Renaissance.[62] Die Analogie ist offensichtlich: So wie Palestrina die Tradition des lateinischen gregorianischen Chorals in der mehrstimmigen Kunstmusik zu einem Höhepunkt geführt habe, so gelte bei Eccard dasselbe für das deutsche lutherische Kirchenlied. Doch ist für dieses ‚preußische' Geschichtsmodell Carl von Winterfelds von 1843 der Begriff ‚Restauration' untauglich: Anders als Palestrina war Eccard (1553-1611) niemals in einer für die protestantische Kirchenmusik so herausragenden musikalischen, historischen und ideengeschichtlichen Stellung, daß eine ‚Restauration' seines Schaffens an vergangene Größe hätte anknüpfen können. Keinesfalls waren hier – wie im Falle Palestrinas – gleichsam bloß verschüttete Traditionen wieder ans Licht zu bringen.[63] Daß Winterfelds Wahl gerade auf Eccard fiel, erscheint vor diesem Hintergrund kaum zwangsläufig.[64]

Die Evidenz eines ganzen Bündels ideengeschichtlicher, nationalpolitischer und konfessioneller Voraussetzungen für die hymnologische Neuorientierung zu Beginn des 19. Jahrhunderts bedarf keiner weiteren Ausführung und sei allein durch einige Schlagworte skizziert: Zu erinnern ist an den Wiener Kongreß (1815) mit der Neuordnung der Territorien nach den Befreiungskriegen, an das Wartburgfest mit Gründung der deutschen Burschenschaft (1817), auch an das auf diesem geistigen Boden erwachsene nationale Geschichtsbewußtsein.[65] Eingebettet in diese politischen Zusammenhänge und von diesen ideell beeinflußt, wurde die Dreihundertjahrfeier des Thesenanschlags Luthers nicht nur zu einem betont konfessionellen, sondern auch

---

61 Walter Blankenburg konkretisierte den ‚Restaurationseffekt' im Hinblick auf die Figuralmusik an den Ideen Hoffmanns und Winterfelds, vgl. nachfolgend. Im gleichen Sinne hatte allerdings auch schon Wilhelm Ehmann (1935) argumentiert, vgl. Ehmann, *Schicksal*, 36ff. Siehe auch die Ausführungen in Georg Feder, *Verfall und Restauration*, in: Friedrich Blume (Hrsg.), Geschichte der evangelischen Kirchenmusik, Kassel etc. ^{2}1965, 259ff.

62 Adolf Nowak, *Johannes Eccards Ernennung zum preußischen Palestrina durch Obertribunalrat von Winterfeld*, in: Studien zur Musikgeschichte des 19. Jahrhunderts, Bd. 56, Regensburg 1980, 293-300.

63 Im gleichen Sinne lautet die Definition des Restaurationsbegriffs durch Gerhard Schumacher, *Versuch über Tradition, Restauration und Erneuerung*, in: Traditionen und Reformen in der Kirchenmusik. Festschrift für Konrad Ameln zum 75. Geburtstag, Kassel 1974, 72.

64 Zu bedenken ist überdies, daß selbst im katholischen Bereich die praktische Wiederbelebung der Musik Palestrinas (und seiner Zeitgenossen) nur ganz eingeschränkt, v. a. in „elitären" Kreisen (Fétis, Kiesewetter), Bedeutung besaß; vgl. Friedrich Wilhelm Riedel, *Hat Palestrina in der kirchenmusikalischen Praxis des 19. Jahrhunderts eine Rolle gespielt?*, 195-198. Siehe ferner: Gabriela Krombach, *Aufführungen von Werken Palestrinas am Wiener Hof in der zweiten Hälfte des 19. Jahrhunderts*, 199-214, sowie Manfred Schuler, *Zur Palestrina-Pflege im Kloster Einsiedeln*, 227-230. Sämtliche drei Aufsätze sind erschienen in: Winfried Kirsch (Hrsg.), Palestrina und die Kirchenmusik im 19. Jahrhundert, Bd. 1, Regensburg 1989.

65 Hinzuweisen ist in diesem Zusammenhang auf die explizite Ausprägung des Restaurationsbegriffs durch den Staatsrechtler Carl Ludwig von Haller, *Restauration der Staats-Wissenschaft oder Theorie des natürlich-geselligen Zustands; der Chimäre des künstlich-bürgerlichen entgegengesetzt*, 6 Bde., Winterthur 1816-1834.

exponiert nationalen Ereignis. Parallel zu den einsetzenden historisch-philologischen Bemühungen Rankes, Mortimers u. a.[66] ist die idealisierende Verklärung des „Altertums" in einem irrational-romantischen Sinne wahrnehmbar: Aus beidem ist eine Hinwendung zur Hymnologie als eine unter mehreren Formen der Besinnung auf die eigene Nationalliteratur hervorgegangen.[67]

Vor diesem ideengeschichtlichen Hintergrund hatte sich bereits im 19. Jahrhundert die Auffassung eines konfessionellen Epocheneinschnitts um 1817 herausgebildet. Besonders anschaulich wird dies etwa in der demonstrativen ‚Wiederholung' von Luthers ‚Thesenanschlag' durch Claus Harms, der in seiner Schrift *Das sind die 95 theses oder Streitsätze* [...] (Kiel 1817) in vergleichbarer Weise gegen die rationalistische Kirche zu Felde zog, wie einst Luther gegen die römisch-katholische.[68] In Rücksicht auf das Kirchenlied der zweiten Hälfte des 18. Jahrhunderts setzte mit dem geschichtsträchtigen Lutherjahr eine Entwicklung ein, die zunehmend eine konfessionelle und nationale Akzentuierung hymnologischer Verhältnisse zur Folge hatte und das reformatorische Liedgut wieder stärker in den Vordergrund rückte.[69]

Folgt man in groben Zügen der Skizze Walter Blankenburgs, so sind vier wichtige Vorgänge festzuhalten: (1.) die Herausstellung der Bedeutung Luthers für das Kirchenlied (Rambach)[70], (2.) die Exponierung des Kirchenliedanliegens als nationale Aufgabe (Arndt)[71], (3.) der Versuch einer analogen Interpretation hymnologischer und figuralmusikalischer Sachverhalte (Winterfeld)[72], (4.) die Entwicklung eines Geschichtsbildes mit entsprechend modifizierter Epochengliederung (Cunz).[73]

---

66 Blume, *Evangelische Kirchenmusik*, 157ff.

67 Vgl. als Zeugnisse dieser Denkweise etwa: Hoffmann von Fallersleben, *Geschichte des deutschen Kirchenliedes bis auf Luthers Zeit*, Breslau 1832; Philipp Wackernagel, *Das Deutsche Kirchenlied von Martin Luther bis auf Nicolaus Herman und Ambrosisus Blaurer*, Stuttgart 1841. Zum gesamten Ideenkomplex: Franz Schnabel, *Deutsche Geschichte im 19. Jahrhundert*, Bd. 4, Freiburg i. Br. 1937, 279ff. besonders 361ff. Thomas Nipperdey, *Auf der Suche nach der Identität: Romantischer Nationalismus. Nachdenken über die deutsche Geschichte. Essays*, München 1990. Friedrich Meinecke, *Die Entstehung des Historismus*, München ^{2}1946. Erich Doflein, *Historismus in der Musik*, in: Studien zur Musikgeschichte des 19. Jahrhunderts, Bd. 14, Regensburg 1969, 9-40.

68 Vgl. *Claus Harms. Ausgewählte Schriften und Predigten*, hrsg. von Peter Meinhold, 2 Bde., Flensburg 1955, hier: Bd. 1, 211-225. Vgl. auch die spätere Epochengliederung durch Franz August Cunz, *Geschichte des deutschen Kirchenliedes*, 2 Bde., Leipzig 1855.

69 Gleichwohl sind bis in das dritte Jahrzehnt des 19. Jahrhunderts etliche, wesentlich durch Neuschöpfungen bestimmte Gesangbücher nachweisbar; vgl. etwa die umfangreiche Benennung von Restaurationsschrifttum und Gesangbuchausgaben in Moser, *Evangelische Kirchenmusik*, 225ff.

70 August Jacob Rambach, *Über D. Martin Luthers Verdienst um den Kirchengesang*, Hamburg 1813.

71 Ernst Moritz Arndt, *Von dem Wort und dem Kirchenliede*, Bonn 1819.

72 Carl von Winterfeld, *Der evangelische Kirchengesang und sein Verhältnis zur Kunst des Tonsatzes*, 3 Bde., Leipzig 1843-47.

73 Cunz, *Geschichte*, gliedert wie folgt: *1523-1560: Die Saatzeit des deutschen Kirchenliedes. – 1560-1620: Die Wartezeit. – 1620-1680: Die Blüthezeit. – 1680-1757: Endezeit des deutschen*

Gleichzeitige Bestrebungen einer allgemeinen Gottesdienst- bzw. Agendenreform unterstreichen, daß die Reformierung des Kirchenlieds in konkrete gottesdienstliche Erneuerungsprozesse eingebettet war: Liturgisch-praktische Belange standen im Vordergrund, nicht etwa historisches Interesse.[74]

So radikal, wie die Historiographie schon des 19. Jahrhunderts in sinnfälliger wirkungsvoller Fixierung auf das Epochenjahr 1817 den Beginn einer Neuorientierung angesetzt hatte, gestalteten sich die Verhältnisse indes nicht.[75] Einerseits verliefen die Restaurationsentwicklungen keineswegs geradlinig und unangefochten[76], andererseits ist zu konstatieren, daß die Erneuerung und Modifizierung von Liedtexten-, melodien und Choralbüchern in der zweiten Hälfte des 18. Jahrhunderts keinesfalls ausgesetzt hatte. Im Gegenteil ist eine erstaunliche Kontinuität unterschiedlicher Veränderungsprozesse erkennbar: Das Bild einer gegenüber hymnologischen Belangen gleichgültigen Epoche bedarf jedenfalls der Korrektur. Allerdings sind entsprechende Bemühungen von der Forschung entweder weitgehend ignoriert oder im Zuge einer undifferenzierten Betrachtung kaum angemessen gewürdigt worden: Ein Vakuum, wie es die konfessionell geprägte ‚nachrestaurative' Geschichtsschreibung vermittelte, hat es nicht gegeben.

Hinzuweisen ist zunächst auf die umfassende Praxis ein- und mehrstimmiger Gesangbuch- bzw. Choralbuch-Editionen mit zum Teil bewußt historischer Akzentuierung.[77] Das Spektrum reicht von der bloßen Bereitstellung älteren Materials bis

---

Kirchenliedes. – 1757-1817 Revolutionszeit. – 1817 bis jetzt: Reformzeit. Fatal erscheint die Wiedergabe dieses Epochenbildes durch Walter Blankenburg, der die *Revolutionszeit* in seinen Schriften wiederholt unterschlägt und den Eindruck eines darauffolgenden „Vacuums" erweckt, das Cunz in seiner Geschichte so niemals entwickelt und gemeint hat. Vgl. Blankenburg, *Entstehung*, 29, und ders., *Das Spannungsfeld zwischen Gottesdienst und Kunst im Zeitalter der Restauration*, in: Bericht über den Internationalen musikwissenschaftlichen Kongreß Bayreuth 1981, Kassel 1984, 244. Blankenburgs Absicht ist offenbar, die Kirchenlied-Epoche nach 1757, die Winterfeld und andere noch in Gestalt des „Gellertschen Sängerkreises" – wenn auch negativ – in ein historiographisches Bezugssystem eingeordnet hatten, radikal zu nivellieren.

74 Belege dafür und weiterführende Literatur bei Blume, *Evangelische Kirchenmusik*, 159f.; Feder, *Verfall*, 250ff.; Blankenburg, *Spannungsfeld*, 244ff., und Blankenburg, *Entstehung*, 26ff.

75 In gleicher Weise etwa auch Feder, *Verfall*, 252ff. Dort eine sukzessive Zusammenstellung und knappe Kommentierung der wichtigsten hymnologischen Publikationen der Restaurationszeit.

76 Ebd., sowie Blankenburg, *Entstehung*, 30ff., und Blankenburg, *Spannungsfeld*, 244ff.

77 Vgl. dazu etwa RISM B/VIII/1, Das deutsche Kirchenlied (DKL) I,1. Bezeichnend sind die mitunter heftigen kritischen Reaktionen auf die Einführung neuer bzw. Beibehaltung älterer Gesangbücher; vgl. beispielsweise die scharfe Kritik Hillers an Gruners neuem Choralbuch (AMZ 3 [1803], Intelligenz-Blatt, Nr. IX), den Widerspruch zum Leipziger Gesangbuch von 1796 durch Gottlob Jacob Wolf/Gottfried Siegmund Jaspis, *Kritik der neuen Liedersammlung für die Stadkirchen in Leipzig nebst allgemeinen Winken für künftige Sammler kirchlicher Gesänge*, Dresden 1797, Reichardts Einwände gegen Johann Kühnaus *Vierstimmige alte und neue Choralgesänge*, Berlin 1786 (Kunstmagazin II, 30ff.) sowie die umfängliche Auseinandersetzung um die Einführung des Berliner Gesangbuchs von 1780 durch Teller, Spalding und Diterich (z. B. Berlinische Monatsschrift, September 1786, 242; Deutsches Museum I [1781], 345-360, sowie ausführlich: Johann Friedrich Bachmann, *Zur Geschichte der Berliner Gesangbücher*, Berlin 1856, 210ff.). Vorausgegangen war teilweise heftige Kritik am alten, sogenannten

hin zur konkreten Präsentation und Wahrnehmung historischer, stilistischer und hymnologischer Besonderheiten: Während sich etwa die Vorreden zu den von Friedrich Wilhelm Birnstiel und C. Ph. E. Bach initiierten Editionen der ‚enttexteten', deshalb kirchenmusikalisch ambivalenten Choräle Johann Sebastian Bachs (1765/69 und 1784-87)[78] auf allgemein-technische Bemerkungen reduzieren, liturgisch-hymnologische Sachverhalte ausklammern und den Choralsatz allenfalls als harmonisches Problem begreifen „den Liebhabern der Orgel und des Claviers zu gefallen"[79], widmet Johann Friedrich Doles die einleitenden Sätze seiner Choraledition von 1785 explizit den „alten Tonarten", somit den Melodien schlechthin, und zwar in bemerkenswerter Annäherung an den Begriffsapparat der späteren ‚Restauration': „Dank sey es dem Alterthume, daß sich diese Art von Melodien bis itzt erhalten haben." Es „ist zu wünschen, daß man diese Melodien in Kirchen und Schulen nach ihrer natürlichen Reinigkeit und Fortschreitung erhalten möge. Denn der männliche Ernst in einer solchen Melodie begleitet jede Fortschreitung und hat Vorzüge vor vielen neuern Melodien."[80] Und Johann Kühnau schließt die Vorrede seines Choral-

---

Porstschen Gesangbuch; vgl. etwa: *Schreiben von Verbesserung des Kirchengesangs, an den Herrn *** vom Herrn S. von Sydow*, in: Historisch-kritische Beyträge IV, 289-312.

78 *Johann Sebastian Bachs vierstimmige Choralgesänge*; vgl. die einzelnen Teile der beiden Editionen nach RISM B/VIII/1: 1765^{01}, 1769^{01}, 1784^{01}, 1785^{02}, 1786^{03} und 1787^{02}. Vgl. zu dem von der Forschung breit reflektierten Phänomen dieser Editionen: Arnold Schering, *Joh. Phil. Kirnberger als Herausgeber Bachscher Choräle*, in: BJ 15 (1918), 141-150. Hans-Joachim Schulze, *„150 Stück von den Bachischen Erben". Zur Überlieferung der vierstimmigen Choräle Johann Sebastian Bachs*, in: BJ 69 (1983), 81-100. Friedrich Smend, *Zu den ältesten Sammlungen der vierstimmigen Choräle J. S. Bachs*, in: BJ 52 (1966), 5-40. Gerd Wachowski, *Die vierstimmigen Choräle Johann Sebastian Bachs. Untersuchungen zu den Druckausgaben von 1765 bis 1932 und zur Frage der Authentizität*, in: BJ 69 (1983), 57-79. Christoph Wolff, *Bachs vierstimmige Choräle. Geschichtliche Perspektiven im 18. Jahrhundert*, in: SIM-Jb 1985/86, Berlin 1989, 257-263. Heinrich Poos, *Johann Sebastian Bach. Der Choralsatz als musikalisches Kunstwerk* (= Musik-Konzepte 87), 1995.

79 Gleiches gilt für Johann Adam Hillers Choraleditionen; vgl. *Fünf und zwanzig neue Choralmelodien zu Liedern von Gellert*, Leipzig 1792 (RISM 1792^{08}) und *Allgemeines Choral-Melodienbuch für Kirchen und Schulen, auch zum Privatgebrauche, in vier Stimmen gesetzt* [...], Leipzig [1793] (RISM 1793^{10}). Hier sind in den Vorworten Verzierungsfragen, Probleme der „harmonischen Ausschweifungen", Wortwiederholungen, Melodievarianten, Stimmführung, Metrik, Transposition etc. angesprochen. Ausdrücklich wird übrigens die Mehrfachverwendung der Melodien mit verschiedenen Texten befürwortet, um die Masse der Melodien zu beschränken.

80 Johann Friedrich Doles, *Vierstimmiges Choralbuch oder harmonische Melodiensammlung* [...], Leipzig 1785, Vorrede (RISM 1785^{06}). Übrigens wendet sich Doles mit seiner Vorrede an Chorschüler, Kantoren, Organisten und Instrumentisten gleichermaßen, damit an jene Zielgruppe, deren institutionelle Erneuerung Forkel fünfzehn Jahre später nachdrücklich forderte. Auch Doles' zehn Jahre später erschienener Sammlung *Singbare und leichte Choralvorspiele* wurde von der Kritik eine konservative Haltung bescheinigt: die Kompositionen enthielten sich „jeder Modehaftigkeit". Vgl. Journal der Tonkunst, 141ff. Und schließlich sei darauf verwiesen, daß der Rang des Chorals in Doles' kirchenmusikalischem Schaffen dadurch zum Ausdruck gebracht ist, daß er seine Ideen zur ‚wahren' Kirchenmusik anhand der Choralkantate „über das Lied des seel. Gellert" *Ich komme vor dein Angesicht* entwickelte; vgl. dazu das Schlußkapitel.

buchs von 1786, das eine frühe Apologie der lutherischen Melodien enthält, mit der gewiß nicht indifferent-gleichgültigen, sondern bekenntnishaften und um 1780 keineswegs selbstverständlichen Fürbitte: „Gott, der Vater unsers Herrn Jesu Christi, dem allein Lob, Preis und Ehre gebühret, lasse auch dieses Werk zur Verherrlichung seines Namens gereichen.“

Sodann schlägt sich das Interesse am Melodiengut auch der frühen Reformationszeit in etlichen bibliographisch-historischen Unternehmungen nieder: Vor allem der *Beitrag zur Geschichte der Kirchenlieder* (Stuttgart 1784) von Christian Gottlieb Göz ist ein wichtiges Beispiel für eine kritische Sicht der Kirchenliedpraxis während des Rationalismus, zugleich Beleg dafür, daß zentrale Argumentationen der Restauration auch im 18. Jahrhundert bereits begegnen. So ist in der Vorrede (Verfasser: J. E. F. Bernhard) die Notwendigkeit betont, die originale Gestalt der Lieder der Reformationszeit zu erhalten, wenig zu verändern und nach Möglichkeit überhaupt keine neuen Melodien einzuführen. Unverständliche Begriffe berechtigten zur Modifikation, nicht aber die „alte“ Sprache. Differenziert wird sodann die Rolle Luthers als Liederschöpfer gesehen[81]; dessen Wirkung beschränke sich vor allem auf die Kompilation und Herausgabe. Schließlich liefert der Verfasser im Anhang eine umfängliche Bibliographie zur Liedgeschichte mit einer Liste etlicher Privatsammlungen[82]; eine förmliche Chronik der Gesangbucherneuerung im 18. Jahrhundert setzt sich kritisch mit der Welle von neuen Ausgaben nach 1770 auseinander.[83] Mit vergleichbarer Zielsetzung verfaßte auch Ernst Ludwig Gerber 1806 ein *Alphabetisches Verzeichnis der merkwürdigsten Komponisten allgemein gebräuchlicher Choralmelodien*, dem er eine knappe Skizze zum Kirchenlied im Reformationszeitalter vorausschickte.[84] Und daß sich das zeitgenössische Kirchenliedverständnis auch in den letzten Jahrzehnten des 18. Jahrhunderts bereits als Akt konfessioneller Abgrenzung artikulieren konnte, ist etwa daran erkennbar, daß Johann Michael Weissbeck

---

81 Vgl. in diesem Sinne auch Karl Spazier, *Freymüthige Gedanken über die Gottesverehrungen der Protestanten*, Gotha 1788, 234ff., besonders 246ff.

82 Göz, *Beitrag*, lxxiv. Eine Aufzählung älterer Sammlungen findet sich auch schon in Johann Riederers *Abhandlung von Einführung des teutschen Gesangs in die evangelischlutherische Kirche*, Nürnberg 1759, 291ff., sowie in Christian Gottlieb Steinbergs *Betrachtungen über die Kirchen-Music und heiligen Gesänge derer Rechtgläubigen und ihrem Nutzen*, Breslau-Leipzig 1766, 99ff. Vgl. auch Musikalische Korrespondenz 1792, 225ff. (Ankündigung einer „Sammlung von in evangelischen Kirchen üblichen alten und neuen Choralmelodien nach dem Alphabet, und beigefügten kritischen Anmerkungen“), sodann Gottlob Friedrich Bekuhrs, *Ueber die Kirchen-Melodien. Einem hochwürdigen Oberconsistorio zu Berlin und dem zu Halberstadt unterthänigst zugeeignet*, Halle 1796 (knappe Kirchenlied-Bibliographie), schließlich Johann Jacob Adlung, *Anleitung zu der musikalischen Gelahrtheit*, Erfurt 1758, §§ 324-349. Zumindest hingewiesen sei in diesem Zusammenhang auf den frühen Versuch einer ästhetischen Kategorisierung des Chorals in: Ernst David Adamis *Philosophischmusikalische Betrachtung über das göttlich Schöne der Gesangsweise in geistlichen Liedern bei öffentlichem Gottesdienste*, Breslau 1755.

83 Göz, *Beitrag*, lx und lxv. Offenbar ist in diesem Zusammenhang das Wirken Gellerts von Bedeutung; vgl. Blume, *Evangelische Kirchenmusik*, 155.

84 Vgl. AMZ 9 (1806), 161ff. und 177ff.

in der *Kurpfälzische*[n] *Tonschule* des Katholiken Georg Joseph Vogler eine „Methode" von den „Melodien und Modis" der evangelischen Gesänge und Lieder vermißte und gleichzeitig Kritik am Kurpfälzisch evangelisch-lutherischen Konsistorium zu Heidelberg äußerte, das Voglers *Tonschule* zur Verbesserung des Kirchengesangs uneingeschränkt empfohlen hatte.[85] Das Bild eines sich erst mit dem dreihundertjährigen Reformationsjubiläum verbindenden spontanen Aufbruchs[86] – gleichsam wie Phoenix aus der Asche – trifft deshalb kaum zu. Dies läßt sich sogar anhand des eigentlichen Restaurationsschrifttums zeigen: August Jakob Rambachs 1813 erschienene Abhandlung *Über D. Martin Luthers Verdienst um den Kirchengesang*, die in kenntnisreicher Darstellung und unter Auswertung der erreichbaren Quellen die Person Luthers in den Blickpunkt rückte, beruft sich mehrfach auf bis ins 18. Jahrhundert zurückreichende Traditionen.[87]

---

85 Johann Michael Weissbeck, *Protestationsschrift oder exemplarische Widerlegung einiger Stellen und Perioden der Kapellmeister Voglerischen Tonwissenschaft*, Erlangen 1783, 7ff. Vgl. den Abdruck dieses Empfehlungsschreibens (betitelt als *Generale*) in Georg Joseph Vogler, *Kuhrpfälzische Tonschule*, Mannheim 1778, iii und iv. Übrigens hatte Joseph Martin Kraus 1777 geurteilt, daß die katholische Kirchenmusik dem „alten Gebrauch, was ihre Koräle betrifft" treuer geblieben sei als diejenige der Protestanten; deren Kompositionen seien durch das Prinzip der ständigen Variierung (Choralbearbeitung) „verkünstelt". Vgl. *Etwas von und über Musik fürs Jahr 1777*, Frankfurt/M. 1778, 94 und 97.

86 Kurz nach 1800 erschienen etwa Choralsammlungen von Johann David Gruner, Johann Friedrich Christmann/Justin Heinrich Knecht, Johann Friedrich Samuel Döring und Carl Gottlieb Umbreit, um nur einige wenige, in der AMZ angezeigte oder rezensierte Editionen zu nennen. Nebenbei bemerkt hatte der Bückeburger Konsistorialrat Horstig in AMZ 2 (1800), 337ff., ein für die Gesangspädagogik nicht unbedeutendes Chiffernsystem, also ein Art Tabulatur für Choralbücher vorgeschlagen; vgl. zum musikpädagogischen Kontext: Reinhold Weyer, *Bernhard Christoph Ludwig Natorp* (= Beiträge zur Geschichte der Musikpädagogik, Bd. 3), Frankfurt/M. 1995, 142ff.

87 Rambach nennt an Vorgängerschriften: [anon.], *Luther über Tonkunst*, in: AMZ 6 (1804), 497ff. und 629ff. (im wesentlichen eine Zusammenstellung der Äußerungen Luthers zur Musik, also Quellentexte). Johann Nikolaus Anton, *D. Martin Luthers Zeitverkürzungen*, Leipzig 1804. G. W. Burmann, *Luthers Kirchenmelodien betreffend*, in: Wochenschrift für Litteratur und Herz 1775, 35. Stück. Dieser Text findet sich – zusammen mit einer kurzen Erläuterung *Von den Tonarten der Alten* – wieder abgedruckt im Nachtrag zu Kühnau, *Choralgesänge*, vgl. vorstehend; siehe auch die Rezension in Musikalische Real-Zeitung 1790, 191f. Wie das Vorwort ausweise, habe sich Kühnau, ein Schüler Kirnbergers, durch „Gegeneinanderhaltung vieler alten und neuen Choralbücher [bemüht], die ächten ursprünglichen Melodien" zu finden; Kunstmagazin II, 31.
Die Bedeutung Luthers für die Entwicklung des Kirchenliedes findet sich im Schrifttum des späteren 18. Jahrhunderts auch sonst herausgestellt; neben verstreuten, gleichwohl nachhaltigen Publikationen Johann Friedrich Reichardts sei an dieser Stelle nur auf die schon im Titel einen klaren Bezug herstellenden *Tischgespräche über Kirchenmusik* erinnert; vgl. Berlinisches Archiv der Zeit und ihres Geschmacks 1795, I, 584ff. und II, 355ff., sowie Kap. 4.3. Auch Herder bezieht sich in seinen hymnologischen Ideen deutlich auf Luther: „Lesen Sie die Vorreden Luthers zu seinem Gesangbuch und was er sonst bei aller Gelegenheit von der Musik spricht, wie er sie nächst der Theologie, als eine zweite Theologie preiset." Zuvor hieß es: „Die Gesänge Luthers [...] sind voll Melodie und Herzensprache." *Briefe das Studium der Theologie betreffend* (= Herder, Sämmtliche Werke 11, 63ff.).

Ebenfalls ein durchaus differenziertes Bild vermittelt das zeitgenössische Schrifttum mit Blick auf hymnologische Epochenvorstellungen: Rambachs erster umfassender Versuch der konfessionell geprägten Rückbesinnung auf das lutherische Kirchenlied begriff die zweite Hälfte des 18. Jahrhunderts noch keineswegs als Verfallszeit, sondern sah namentlich im Schaffen Gellerts bereits eine Wiedergeburt.[88] Im Gegenzug erkannte Rambach schon in Luthers Liedern durchaus unzeitgemäße Elemente, die zu modifizieren waren:

> „Es läßt sich begreifen, daß manches, was damals eine sehr wahre und wichtige Beziehung hatte, jetzt diese Beziehung und mithin seine Anwendbarkeit verloren, manches, was damals richtig und unanstößig gesagt war, jetzt das Ansehen der Härte oder der Unschicklichkeit bekommen, manches, was damals in Ermangelung besserer Arbeiten als erbaulich galt, sich jetzt entbehrlich und überflüssig gemacht hat.“[89]

Und auch die nach 1817 betont nationale Färbung der Argumentation findet sich zunächst keineswegs durchgängig, schon gar nicht geht sie zwangsläufig einher mit einer einheitlichen lutherisch-konfessionellen Haltung. Ernst Moritz Arndts folgenreiche Abhandlung *Von dem Wort und dem Kirchenlied nebst geistlichen Liedern* wurde schon im 19. Jahrhundert unter die maßgeblichen Programmschriften der Kirchenliedrestauration gezählt. Erstaunlich an Arndts Text sind weniger der explizite Bezug auf Martin Luther, auch nicht die Erkenntnis, daß „der rechte ächte Kern des Protestantismus in Wort Klang und Kraft sich in unsern geistlichen Liedern niedergelegt hat“[90], sondern die widersprüchlichen, teilweise noch älteren Denkweisen verpflichteten Ausführungen zum Liedschaffen nach 1750, damit zum Erscheinungsbild der angeblichen Verfallsperiode. Einerseits sei das meiste von den „kümmerliche[n] und geistlose[n] Liedern“ dieser Zeit zu tilgen, andererseits werden ein-

---

88 Blankenburg, *Spannungsfeld*, 244, und Blankenburg, *Entstehung*, 29.

89 Rambach, *Kirchengesang*, 171. In der Konsequenz schließt sich Rambach hier an Denkweisen der Jahrhundertwende an, wie sie etwa durch Forkel ausgesprochen worden sind: „Unsere alten Gesangbücher enthielten manche Lieder, die unsern durch eine bessere Cultur fast aller Wissenschaften entstandenen gereinigtern Begriffen über das Wesen einer würdigen Gottesverehrung als zweckwidrig und wohl gar ungereimt vorkamen. Man hat die Gesangbücher deßwegen nicht abgeschafft, auch nicht in ihrer zweckwidrigen Gestalt bloß beybehalten, sondern verbessert. Man hat das Ungereimte ausgemerzt, und an dessen Stelle vernünftige und erbauliche Gedanken gebracht.“ Forkel, *Allgemeine Geschichte* II, § 50. Und Albrecht Georg Walch schreibt im Jahre 1800, fern jeglicher Rückbesinnung auf die Verhältnisse der Reformationszeit: „Gesangbücher, wenn sie gleich durch obrigkeitliche Verfügung in einem Ort und Lande eingeführt wurden, können doch, ihrer Natur nach, keinen Anspruch auf symbolisches Ansehen oder auf den Charakter der Unveränderlichkeit machen: und so wie sie, durch das Bedürfnis eines frühern Jahrhunderts veranlaßt, nach dem Geschmack desselben eingerichtet wurden: eben so können sie nach dem feinern Bedürfnis und reinern Geschmack eines spätern Zeitraums verändert werden.“ Walch, *Ueber den religiösen Gesang*, [4]. Änderungsgründe seien: Widersprüche zur „Natur des Gesanges“, Unvollständigkeit, Verstöße gegen die Gesetze der Sprache, „mystische“ Ausdrücke, unangemessenen Gewichtung von Nebendingen des Glaubens, „fromme Unwahrheiten“.

90 Arndt, *Von dem Wort*, 26.

schlägige Autoren durchaus in die Tradition des reformatorischen Liedschaffens gestellt: „Luther ist der Vater des evangelischen Kirchenliedes oder geistlichen Liedes bei dem teutschen Volke, ja nicht allein bei den Teutschen sondern selbst bei den Fremden, die das protestantische Bekenntniß angenommen haben, und von ihm abwärts bis auf Gellert Klopstock Lavater und Novalis ist dieser fromme Klang in der evangelischen Kirche nie verstummt."[91] Noch bemerkenswerter ist, daß Arndt ein „christliches teutsches Gesangbuch" [...] ohne Unterschied des besonderen Bekenntnisses"[92] von ausgesprochen konfessionell unprofilierter Prägung fordert: „Was Katholiken Lutheraner Zwinglianer Kalvinisten Methodisten Böhmianer und Zinzendorfianer und wie die verschiedenen Namen weiter lauten mögen, die doch alle in dem Einen Namen Jesus Christus selig zu werden hoffen, in einem Sinn worin alle Eins sind, Gottseliges und Christliches gesungen und geklungen haben, das sollte dieses christliche Gesangbuch enthalten und allen Christen zur Erquickung und Erbauung übergeben."[93]

Beispielhaft für eine betont mit Argumenten des 18. Jahrhunderts operierende Schrift mag auch die Abhandlung Bernhard Christoph Ludwig Natorps stehen, des Oberkonsistorialrats und Pfarrers der evangelischen Gemeinde zu Münster, der seine Abhandlung *Ueber den Gesang in den Kirchen der Protestanten*[94] der in Hagen tagenden „Provinzialsynode der protestantischen Geistlichkeit" widmete; ausdrücklich ist auch hier das Refomationsjubiläum zum Anlaß hymnologischer Neubesinnung genommen. Natorp versteht seinen Text als Anregung, entstanden aus dem „Bedürfniß einer Verbesserung der Liturgie" bzw. der Notwendigkeit einer „Veredelung des musikalischen Teils unsers Cultus." Die Schrift ist eine im engeren Sinne gottesdienstlich-musikalische Bestandsaufnahme und sucht neben Orgel und Figuralmusik auch das gesamte Spektrum hymnologischer Mißstände zu erfassen, angefangen von rein technisch-aufführungsspezifischen Mängeln (Verschnörkelung der Töne, Vernachlässigung der musikalischen Interpunktion, falsche Tonhöhe und Tempowahl, Verfehlung des rechten Ausdrucks) über strukturelle musikalisch-textliche Vorbehalte (Versbau, Mehrfachverwendung bzw. Variantenbildung der Melodien, falsche Verwendung der Kirchentonarten, willkürliche Transposition) bis hin zu prinzipiellen, historisch bedingten Unzulänglichkeiten (Aufgabe älterer Choralmelodien, Aufgabe der Alternatimpraxis). Den Verfallsbegriff bezieht Natorp indes – und zwar in enger Anlehnung an Forkels Vorgang – ausdrücklich auf institutionelle Defizite im Zusammenhang mit Sängerchor, Figural- und Instrumentalmusik: Namentlich als soziales Problem erscheint der Verfall der Singechöre.

---

91 Ebd., 25. Auch in der Folge war die Tendenz keineswegs einheitlich, vgl. etwa das Bewußtsein der Bereicherung durch „treffliche[r] Lieder" zwischen 1778 und 1828, also kontinuierlich über die ‚Verfallszeit' hinweg, ausgesprochen im Vorwort zum *Neuen Gothaischen Gesangbuch für die öffentliche Gottesverehrung* von 1828, zitiert nach Blankenburg, *Entstehung*, 31. Einen gewissen Abschluß der Kirchenlied- bzw. Gesangbuchrestauration hatte zuvor der Eisenacher *Entwurf eines allgemeinen Gesangbuchs* von 1852 markiert, der 150 Kernlieder in „gereinigter" Gestalt in vermeintlich originalen Melodiefassungen vorgelegt hatte.

92 Arndt, *Von dem Wort*, 50.

93 Ebd., 51. Daß im übrigen der Bezug auf das Liedschaffen der Lutherzeit nicht primär wichtig ist, belegt der Anhang, in dem ausschließlich Liedtexte aus Arndts eigener Feder abgedruckt sind.

94 Erschienen 1817 in Essen. Zur Ausrichtung an älteren musikästhetischen Ideen vgl. Weyer, *Natorp*, 104ff.

Was zunächst für den Bereich des Kirchenliedes galt, weitete sich allerdings bald auch auf die kirchenliedgeprägte Figuralmusik aus. Es ist plausibel, daß mit wachsender Bedeutung des reformatorischen Choralgutes dessen künstlerische Bearbeitung zum Beurteilungskriterium werden mußte. Die Restaurationsbemühungen zielten primär auf die Kanonisierung konkreter Satzprinzipien. Vor allem der große Entwurf Carl von Winterfelds *Der evangelische Kirchengesang und sein Verhältnis zur Kunst des Tonsatzes* muß letztlich als Versuch gelten, echte und „unechte" Kirchenmusik durch diese choralbezogene Gattungsdefinition abzugrenzen.[95] Geradezu beispielhaft kommt das Kriterium der Abhängigkeit figuraler Kirchenmusik von Kirchenliedvorlagen im Bach-Bild Winterfelds zum Ausdruck.[96]

Ausgehend von den Chorälen, in denen Bach sowohl als „Melodienerfinder" als auch in der bloßen Aussetzung vorhandener Melodien in Erscheinung trete, in denen sich also die Wirksamkeit auf dem „Gebiete des Gemeindegesangs" am klarsten widerspiegele, schlägt Winterfeld einen Bogen zum „Kunstgesang" der Motetten und Kantaten. Anhand zum Teil ausführlicher Beschreibungen wird deutlich, daß die Systematisierung wesentlich Qualität und Quantität des Choralbezugs zugrunde legt.[97] Gerühmt wird etwa die, im Vergleich mit den Zeitgenossen Stölzel und Telemann größere, formale Mannigfaltigkeit, auch die insgesamt stärkere Gewichtung des Chorals. Besonders betont wird schließlich die Fähigkeit Bachs, eine je nach Anlaß notwendig unterschiedliche Grundstimmung einer Komposition genau zu treffen: „Und wie sicher weiß er den Ton auch äußerlich laut werden zu lassen, der in seinem Innern anklingt bei jedem Feste, die seine Kunst verherrlichen soll! bei der Verkündigung geht ihm der Morgenstern einer neuen Zeit auf in jenem frommen Liede Philipp Nicolai's [*Wie schön leuchtet der Morgenstern*, BWV 1], bei der Heimsuchung erklingen zu dem frühesten der christlichen Lobgesänge die demütig ernsten Laute des uralten Pilgertons [*Meine Seel erhebt den Herrn*, BWV 10]; in den Gesängen mit denen er die Geburt des Erlösers begrüßt [Weihnachtsoratorium, BWV 248, Choralmelodie *O Haupt voll Blut und Wunden*], wird nicht allein kindliche Freude, heller Jubel laut, sondern ahnungsvoll mahnen die von ihm gewählten Weisen, wie er sie entfaltet, auch an die Selbstentäußerung, an das künftige Opfer des ewigen Sohnes."[98]

Demgegenüber formuliert Winterfeld jedoch auch entschiedene Reserven. Zum einen lenke die kunstvolle Faktur[99] die Aufmerksamkeit vom eigentlichen Zweck ab. Dadurch, daß es sich um eine Kunst bloß für Kenner handele, sei überdies dem größten Teil der Gemeinde der Zugang versagt: im evangelischen Sinne sei Bachs Kunst deshalb nicht kirchlich.[100] In dieser

95 Blankenburg, *Spannungsfeld*, 245.

96 Vgl. dazu grundlegend und kritisch: Bernhard Stockmann, *Bach im Urteil Carl v. Winterfelds*, in: Mf 13 (1960), 417-426.

97 So findet etwa die Motette *Jesu meine Freude* (BWV 227), die sich durch das Alternieren von Choralstrophen und Bibeltexten auszeichnet, eine günstige Beurteilung: hier sei in besonderer Weise ein „lebendiges Verhältnis" des „Gemeindegesangs" und des „Kunstgesangs" erreicht. Gleiches gelte auch für die ähnlich angelegte Kantate *Christ lag in Todesbanden* (BWV 4). Winterfeld, *Kirchengesang* III, 314ff. und 316f. Ungeachtet sonstiger künstlerischer Kriterien führt schon der Umstand, daß sämtliche Choralstrophen zur Verarbeitung gelangen, zu einer positiven Aufnahme.

98 Ebd., 397f.

99 Darunter dürfte das gleiche verstanden worden sein, wie unter Scheibes zeitgenössischem Vorwurf der „Verworrenheit".

100 Es bedurfte des langen Prozesses der Wiedereingliederung Bachscher Musik in den Gottesdienst auf Grundlage der hymnologischen Restauration des 19. Jahrhunderts, bevor Julius

Vorstellung wirkt die Simplizitätsvorstellung des 18. Jahrhunderts fort, freilich fixiert auf den „wahrhaften“ Choralsatz nach Satzmodellen Eccards, der mit nationalen (sogar „preußischen“) und konfessionellen Implikationen als Gegenpol zu Palestrina konstruiert, das Stilideal des römischen Kapellmeisters gleichwohl aufgreift. Zugleich sind solche philantropisch-volkserzieherischen Gedanken weiterhin aktuell, wie sie im Blick auf den Belehrungsauftrag des Gottesdienstes schon Johann Friedrich Reichardt und August Herrmann Niemeyer ausgesprochen hatten.[101]

Andererseits erkennt Winterfeld eine starke zeittypische Verwurzelung von Bachs Musik, was sich in dem Phänomen der Durchdringung von Geistlich und Theatralisch sowie letztlich der Hintanstellung des Kirchlichen äußere. Es ist erstaunlich zu sehen, wie die Argumentation Winterfelds, eines für die Anschauung der Restauration grundlegenden Autors (Blankenburg), im Blick auf die stilistische Kategorisierung ‚wahrer‘ Kirchenmusik auch hier vollumfänglich Forderungen aufgreift, die in ihren Hauptgedanken bereits um 1780 – etwa durch Johann Friedrich Reichardt – als Wesen des Kirchenmusikbegriffs konturiert worden waren.[102] Winterfeld kommt zu dem Urteil, daß Bach „in der heiligen Schrift, in dem geistlichen Lieder- und Melodienschatze der evangelisch-lutherischen Kirche, der in voller Treue er anhing, einen unversieglichen Quell ächter Freude und Erbauung gefunden, daß er durch seine geistlichen Tonwerke vielfach bestätiget habe, wie sehr in beiden er auf heimathlichem Boden sich befinde [...].“ Doch: „Daraus folgt aber nicht die unbedingte Kirchlichkeit dieser Werke.“[103] Zuvor hatte es geheißen: „[...] ob sie aber, Bachs Werke bei aller kirchlichen Frömmigkeit ihres Urhebers [...] in einer gereinigten, neu gekräftigten und erstarkten evangelischen Kirche unserer Tage eine dauernde Stelle finden könnten, müssen wir bezweifeln.“[104] Für die Musikgeschichte im allgemeinen wird Bach eine durchaus herausragende unvergängliche Bedeutung zuerkannt; eine andauernde „kirchliche Gültigkeit“ wird seiner Musik freilich, auf der Grundlage der vorstehend referierten Einwände und vor dem Hintergrund des durch den Satzstil Johann Eccards vertretenen Ideals, abgesprochen.

Zweifellos war das in den Erneuerungsbestrebungen seit dem zweiten Jahrzehnt des Jahrhunderts gestärkte Bewußtsein für die historische und hymnologische Bedeu-

Smend die Matthäus-Passion als „volkstümlich“ und „größte Schöpfung evangelisch-kirchlichen Geistes“ bezeichnen konnte; vgl. Julius Smend, *Der evangelische Gottesdienst*, Göttingen 1904, 187.

101 Vgl. dazu Kap. 5.4. und Kap. 6.2.2.

102 Vgl. den Beitrag *Kirchenmusik* in Kunstmagazin I, 179.

103 Winterfeld, *Kirchengesang* III, 426.

104 Ebd., 408. Freilich stand Winterfeld mit dieser kritischen Bach-Bewertung nicht allein; etliche, in der Nachfolge Winterfelds stehende Autoren bedienten sich einer ähnlichen Argumentation: Bezeichnenderweise traten hier namentlich Hymnologen oder Liturgiker in Erscheinung, wie beispielsweise Ludwig Schoeberlein (1881) oder auch Rochus von Liliencron, der noch um 1880 eine heftige Ablehnung der Kantate formulierte. Schoeberlein, Gottfried von Tucher und Johannes Zahn schlossen sich überdies der von Winterfeld betriebenen Favorisierung Eccards als Prototyp eines protestantischen Kirchenmusikers an; Blankenburg, *Entstehung*, 35f. Umgekehrt folgt schlüssig die Beurteilung Eccards als ein „liebenswürdige[s], zarte[s], aber eng begrenzte[s] Talent“ sowie die Einordnung der Bachschen Kantaten als „protestantische Kirchenmusik in ihrer reinsten und vollendetsten Blüthe“ durch Spitta, *Wiederbelebung*, 43 und 54. Das Problem dieser Diskrepanz (einerseits die von den strengen Dogmatikern geforderte „Stilreinheit“ des a-cappella-Gesangs, andererseits das Schaffen Bachs, dessen „ganzes Lebenswerk [...] in unserem Choral wurzelt , in dem, was Luther uns gab“) und seine Konsequenzen für die kirchenmusikalische Praxis diskutiert sodann Julius Smend in seinem Aufsatz *Was ist Kirchenmusik?* In: Julius Smend, Vorträge und Aufsätze zur Liturgik, Hymnologie und Kirchenmusik, Gütersloh 1925, 131-140.

tung des ‚originalen' lutherischen Kirchenlieds eine Voraussetzung für Winterfelds Abhandlung.[105] Mit seiner systematischen Ausrichtung auf ein musikalisches Kompositionsprinzip betrat Winterfeld historiographisches Neuland und leistete einen ersten wichtigen Beitrag zur Geschichte der protestantischen Choralbearbeitung seit dem 16. Jahrhundert. Zwar bestimmen auch weiterhin personengeschichtliche Ordnungsprinzipien die Disposition des Stoffes: Bemerkenswert ist jedoch jener gattungssystematische Überbau, der nicht nur die Kirchenmusik zum zentralen Gegenstand der Darstellung macht, sondern darüber hinaus in konfessioneller Fixierung das evangelische Kirchenlied zur entscheidenden Kategorie erhebt. Winterfeld vertritt damit eine betont konfessionelle Gegenposition zum überkonfessionell motivierten, aus dem Umfeld des italienischen Katholizismus seinen Antrieb beziehenden romantischen Bild E. T. A. Hoffmanns. Diese prinzipielle, auf die geschichtlichen Wurzeln der protestantischen Kirchenmusik rekurrierende Haltung kommt auch in der neun Jahre älteren Gabrieli-Biographie zum Ausdruck. Sie trug maßgeblich dazu bei, daß der Gabrieli-Schüler Heinrich Schütz wieder ins musikgeschichtliche Bewußtsein rückte und schon bald als ‚Vater der deutschen Musik', als würdiger Vertreter der sogenannten ‚deutschen protestantischen Kantorentradition' begriffen wurde.[106]

Im Blick auf die zweite Hälfte des 18. Jahrhunderts erkennt Winterfeld, anders als Kiesewetter, der das Zeitalter Händels und Bachs als eine abgeschlossene, gewissermaßen entwicklungsspezifisch wirkungslose Periode angesehen hatte, einzelne, von dort weiterwirkende schmale Traditionsstränge: Auf insgesamt drei „Schüler", auf die Söhne Wilhelm Friedemann und Carl Philipp Emanuel, sodann auch auf Gottfried August Homilius sei die Kunst Johann Sebastian Bachs „auf dem Felde des geistlichen Kunstgesanges" weitervererbt worden.[107] Ein auf Bachs kompositorische Tradition fixiertes und daran gemessenes Geschichtsverständnis ist hier bereits deutlich formuliert: Gänzlich negative Urteile treffen dabei Friedemann Bach, der allein durch „einseitig krankhafte Ausbildungen einzelner Sonderthümlichkeiten seines großen Vaters merkwürdig" sei, und auch Gottfried August Homilius wird die Anerkennung als geistiger Nachfolger Johann Sebastian Bachs versagt.[108] Eine differenziertere Beurteilung erfährt allein Carl Philipp Emanuel; dessen Erwähnung geschieht in dem Abschnitt „Der Gellertsche Sängerkreis", womit eine Reihe von Komponisten (neben Bach noch Doles, Hiller und Quantz) gemeint ist, die sich der Vertonung geistlicher Liedtexte Christian Fürchtegott Gellerts widmeten.[109]

---

105 Vgl. dazu: Bernhard Stockmann, *Carl von Winterfeld*, Diss. Kiel 1957.

106 Carl von Winterfeld, *Johannes Gabrieli und sein Zeitalter*, 2 Tle., Berlin 1834.

107 Winterfeld, *Kirchengesang* III, 431.

108 Ebd., 434.

109 Vgl. dazu ergänzend: Carl von Winterfeld, *Marpurgs Melodien zu Gellerts Liedern*, in: Zur Geschichte heiliger Tonkunst, Leipzig 1850, 137-139. Bis weit ins zwanzigste Jahrhundert stand übrigens der „Gellertsche Sängerkreis" stellvertretend für das Choralschaffen des späteren 18. Jahrhunderts; vgl. etwa noch Stahl, *Geschichtliche Entwicklung*, 102ff.

> Gellerts Sprache der Einfachheit und Natürlichkeit vollzog den Bruch mit der Barockdichtung, wobei rationalistische Motive der „Zweckmäßigkeit" und „Nützlichkeit", dazu ein bisweilen über die Maßen moralisierendes Pathos prägend waren. Die hauptsächlich vertonte Sammlung *Geistliche Oden und Lieder* von 1757 leitete in der Verbindung von Rationalismus und religiöser Orthodoxie gleichsam eine neue Epoche des Chorals ein. Intention war, „die Erbauung zu befördern, den Geschmack an der Religion zu vermehren und die Herzen in fromme Empfindungen zu setzen" (Vorwort Gellerts).[110]

Gellerts Liederdichtungen sind im Verständnis Winterfelds der Versuch, das geistliche Lied bzw. den Gemeindegesang neu zu beleben. Ausgehend von solchen textspezifischen Voraussetzungen hätte nun – vor allem durch den „Gellertschen Sängerkreis" – auch die kirchliche Kunstmusik von diesen, dem herrschenden empfindsamen Geschmack entsprechenden Kirchenlieddichtungen entscheidende Impulse erfahren sollen, mit dem Ziel einer „Erfrischung und Erneuung kirchlichen Kunstgesanges". Während aber Gellerts Textbeitrag als verdienstlich angesehen wird, sieht Winterfeld die musikalischen Leistungen des „Gellertschen Sängerkreises" kritisch. Zwar hätten etliche der neuen Melodien Eingang in die Gesangbücher gefunden: die erhoffte „Erfrischung" auf dem Gebiet der liedbezogenen Kirchenmusik sei aber dennoch nicht eingetreten. Winterfeld begründet das Versagen – übrigens wiederum mit gelegentlich vergleichendem Blick auf die übermächtige Größe Johann Sebastian Bachs – je individuell, zugleich aber mit zeittypischen „Verfalls"-Phänomenen: Doles' Stil sei zu stark durch die italienische Oper geprägt, damit zu sehr der Empfindsamkeit und Gefühlsschwelgerei ergeben, Carl Philipp Emanuels Vertonung hingegen richte sich mehr auf die fromme häusliche Erbauung; seine ganze Lebensentwicklung sei indes zunächst in höfisch-weltlichen „Bahnen" verlaufen, so daß man hier den „Geist des Widerspruchs" verspüre. Ähnlich lauten die Urteile über Quantz und Hiller, so daß es zur abschließenden Einschätzung kommt:

> „Der kirchliche Kunstgesang, weder der Grenzen seines Gebietes mehr recht sicher, noch der Mittel womit er zu schaffen habe, noch durch den Glauben an eine große Vergangenheit gehalten, ging seinem Verfalle entgegen."[111]

Winterfelds choralbezogenes, freilich allein auf Gellert konzentriertes und die „heilige" Kunst „ob ihres inneren, geistigen, spezifisch christlichen Gehaltes" erfassendes Geschichtsbild[112] belegt die zweite Hälfte des 18. Jahrhunderts unverkennbar mit dem Attribut des Niedergangs, wobei sich das Verdikt vor allem auf die ver-

---

110 Die insgesamt vierundfünfzig Dichtungen, wovon dreiunddreißig auf schon bekannte Melodien adaptiert sind, haben schon bald nach ihrem Erscheinen vielfach Aufnahme in die zeitgenössischen Gesangbücher gefunden und sind häufig zur Vertonung herangezogen worden, neben den genannten vier Meistern des „Gellertschen Sängerkreises" etwa auch von Johann Friedrich Gräfe, Johann Heinrich Rolle, Joseph Haydn, Ludwig van Beethoven, selbst noch Carl Loewe.

111 Winterfeld, *Kirchengesang* III, 482.

112 Meier, *Musikhistoriographie*, 179f., bes. 180 Anmerkung 20, mit Verweisen auf die zeitgenössischen Implikationen des Musica-sacra-Terminus. Vgl. zudem den Beitrag von Jürg Stenzl in HMT.

meintlich ungenügende kirchenmusikalische Behandlung hymnologischer Vorgaben bezieht. Es ist zu registrieren, daß sich von diesem zunächst auf satztechnische und gattungsbezogene, auch formale Kriterien gründenden Vorbehalt in der Folge eine die ganze Breite der Kirchenmusik erfassende Kritik entwickelte, denn von der besonderen Akzentuierung des Chorals als maßgebliche Kategorie – der durch Spitta als zweite Säule später die Orgelmusik zur Seite gestellt wurde – nahm das übermächtige kirchenmusikalische Bachverständnis seinen Ausgang.

1.5. Brendels Gesamtdarstellung

Franz Brendel war es vorbehalten, die zuvor skizzierten Ansätze und Vorstellungen zu bündeln und dem noch bis ins 20. Jahrhundert gültigen Geschichtsbild ein ideengeschichtliches Fundament zu geben.

> Brendel nahm eine Schlüsselposition in der musikalischen Publizistik des mittleren 19. Jahrhunderts ein. In Stolberg/Harz geboren, studierte er zunächst Philosophie in Leipzig, wechselte dann, mit mehr naturwissenschaftlicher Ausrichtung, an die Bergakademie Freiberg/Sa., wo er sein Studium mit einer medizingeschichtlichen Dissertation abschloß. Nach der Rückkehr nach Leipzig übernahm er im Jahre 1844 die Schriftleitung der von Robert Schumann im Jahre 1834 begründeten Neuen Zeitschrift für Musik und avancierte in dieser Stellung bald zum einflußreichen Kritiker und Publizisten; seit 1846 hielt er sogenannte *Vorlesungen über musikalische Gegenstände.* Während sich Brendel zunächst von der Musik Robert Schumanns angezogen fühlte, war es in späteren Jahren die Neudeutsche Schule um Franz Liszt und Richard Wagner, der sein Interesse galt und für deren Werke er leidenschaftlich eintrat

Brendels 1851 erstmals erschienene *Geschichte der Musik in Italien, Deutschland und Frankreich* erhebt mit dem Untertitel *Von den ersten christlichen Zeiten bis auf die Gegenwart* den Anspruch einer Gesamtdarstellung der abendländischen Musikgeschichte, unter ausdrücklicher Einbeziehung auch der Neuzeit; insgesamt neun Auflagen, davon die letzte noch 1906, belegen die enorme Verbreitung der Schrift. Ein Blick auf die äußere Disposition veranschaulicht das Spezifische von Brendels Musikgeschichte: Sie folgt mit der Unterteilung in fünfundzwanzig Vorlesungen weitgehend einem Vortragszyklus, den Brendel wiederholt in Leipzig veranstaltet hat, und zwar, wie es im Vorwort heißt, „vor einem zugleich aus Dilettanten und Laien bestehenden Publikum"; die Behandlung des Stoffs sei demgemäß durch eine „populäre Haltung" bestimmt: Absicht sei, eine „praktische Aesthetik" vorzulegen und die „Geschichte der Musik unter den grossen durch die Wissenschaft und das Leben der Neuzeit gewonnenen Gesichtspuncten [...] zu betrachten, um dem nichtmusikalischen, aber wissenschaftlich und künstlerisch gebildeten Leser Gelegenheit zu bieten, zu einer Orientierung von dem ihm näher Liegenden seinen Ausgangspunct zu nehmen."[113] Brendels Programm ist danach klar: Seine Schrift richtet sich

113 Franz Brendel, *Geschichte der Musik in Italien, Deutschland und Frankreich*, Leipzig ^{5}1875, vf. Die nachfolgend genannten Belegstellen beziehen sich auf diese Auflage.

an ein breites Publikum mit der Absicht, wesentliche geistes- und ideengeschichtliche Phänomene einzubeziehen; die Behandlung der hier interessierenden Themenfelder geschieht in den Kapiteln sechzehn und siebzehn.

Mit Hilfe breit angelegter theologischer und philosophischer Argumentationen formt Brendel, soweit zu sehen erstmals im Zusammenhang einer umfassenden musikhistoriographischen Darstellung, jenes Erklärungsmodell der Kirchenmusikanschauung, das weitgehend bis heute besteht: Die Kirchenmusik fällt in der zweiten Hälfte des 18. Jahrhunderts von ihrer bisherigen Höhe ab[114], ursächlich dafür seien zwei, allerdings außermusikalische geistige Entwicklungen. Gemeint ist einerseits die Aufklärung, deren Folge ein gewandeltes Weltbild und der Rückgang der Glaubensfestigkeit bei den Protestanten gewesen sei:

> „Alle Wissenschaften und Künste emancipirten sich von dem Einfluss der Kirche, und ein neuer Weltzustand bereitete sich vor. Die philosophische Forschung begann zu der Höhe emporzusteigen, welche sie jetzt als die höchste geistige Errungenschaft der bisherigen Weltentwicklung überhaupt erscheinen lässt. Die philosophische Forschung aber, indem sie Alles ihrer Prüfung unterwirft und Nichts für wahr annimmt, was nicht diese Prüfung bestanden hat, ist zunächst, ist anfänglich die Gegnerin des Glaubens. Die insbesondere von Berlin ausgehende Aufklärung begann nach und nach in Deutschland sich zu verbreiten. Gleichzeitig gelangten die Naturwissenschaften zu immer grösserer Ausbildung und Anerkennung. Aber auch diese sind dem Glauben, sind zunächst dem inneren, höheren geistigen Leben überhaupt feind. Wie die Philosophie nur Das anerkennt, was sie selbst gefunden hat, so sind die Naturwissenschaften nur allzu gern geneigt, allein das sinnlich Wahrnehmbare, Das, was sich durch Beobachtung erfassen lässt, gelten zu lassen. Innerhalb desselben Zeitabschnitts traten die grössten Dichter Deutschlands auf; allein auch sie waren ausschliesslich dem Weltlichen zugekehrt, und standen mit jener alten Zeit des Glaubens in keinem inneren Zusammenhang mehr. Weimar wurde der Mittelpunkt dieser weltlichen Bestrebungen auf poetischem und künstlerischem Gebiet, die ihre Folgen zugleich auch auf das sociale Leben erstreckten. In der Sphäre des Staats regte sich ebenfalls ein neues, ungekanntes Leben, in Frankreich insbesondere, wo die grossen Schriftsteller der die moderne Welt umgestaltenden Revolution vorgearbeitet hatten. Rousseau predigte das Evangelium der Natur. Somit war ein gedeihlicher Boden für die kirchliche Kunst nicht mehr vorhanden."[115]

Die zweite Ursache des Niedergangs – gleichwohl mit der ersten eng verknüpft – erkennt Brendel in den Auswirkungen des Rationalismus. Obgleich bereits bei Luther angelegt, blieb es – nach Auffassung Brendels – Immanuel Kant vorbehalten, das bisherige, auf mittelalterlichen Grundlagen stehende „Weltgebäude" endgültig zu stürzen, was namentlich durch dessen Schrift *Die Religion innerhalb der Grenzen der Vernunft* zum Ausdruck komme:

> „Der grosse weltgeschichtliche Fortschritt dieser Richtung war, dass Das, was man früher in gutem Glauben angenommen hatte, geprüft werden sollte, dass Nichts für wahr gehalten wer-

114 Gegenüber Italien und Frankreich habe sich in Deutschland immerhin das Oratorienschaffen einige Bedeutung erhalten: Brendel konturiert auffällig die deutsche, zumal aus dem Protestantismus entwickelte Musik.

115 Brendel, *Geschichte*, 326f.

den durfte, was nicht diese Prüfung bestanden. Der denkende Geist erkannte seine unendliche Berechtigung und begann von dieser Berechtigung den ausgedehntesten Gebrauch zu machen.“

Später heißt es:

„Das für die gegenwärtige Betrachtung wichtigste Resultat, welches wir aus diesen Zuständen hervorgehen sehen, ist dies, das die frühere Verklärung der Welt durch das Ueberirdische verloren ging, dass man in das platte Diesseits herabstürzte. Der frühere Glaube hatte Erde und Himmel zu einer Einheit verknüpft; das Diesseits war aufgenommen in jene Unendlichkeit, der Mensch wurzelte mit seinem tiefsten Inneren in derselben, sie durchdrang und verklärte das Irdische. Jetzt nahm man Wohnung im Diesseits, auf der Erde, baute sich hier wohnlich an und war unbekümmert um den Himmel. Die alte Zeit zeigt uns eine solche innere Unendlichkeit der Gesinnung, dass alles Aeussere, Irdische, nur verschwindendes Moment darin ist. [...] Die Neuzeit hängt ihr Herz an das Irdische [...].[116]

Schon anhand dieser ausschnitthaften Textpartie wird Brendels Bekenntnis zu den geschichtsphilosophischen Ideen Georg Wilhelm Friedrich Hegels (1770-1831) deutlich.[117] Ohne hier weiter die komplexe theoretische Ideenwelt des Hegelianismus zu vertiefen, sei aber etwa auf solche Argumentationsgänge verwiesen, mit denen Brendel die, gegenüber der Aufklärung und dem Rationalismus wiederum veränderten religiösen Verhältnisse seiner eigenen Zeit schildert, wonach eine aus dem gewaltigen „Weltgeist“ stammende Kraft das „unermessliche Bewußtsein“ eröffnet habe, daß das Christentum, gleichsam auf höherer synthetischer Ebene „eine Offenbarung des Geistes sei, nichts jenseitiges, sondern etwas dem Menschen Eingeborenes.“[118] Auch die gehäufte Verwendung gleichnishafter biologischer Termini für die Erklärung geschichtlicher Veränderung weist auf Hegel.

Nachdem auf diese Weise die ideengeschichtlichen Grundlagen bereitet sind, läßt Brendel in der anschließenden Vorlesung die Darstellung der eigentlichen musikhistorischen Sachverhalte folgen. Bemerkenswert ist zunächst das gegenüber allen bisherigen Darstellungen differenziertere Epochenbewußtsein; eine Formulierung und Periodisierung, wonach der Zeit nach Bach und Händel ein abgegrenzter Epochenstatus zugewiesen wird, läßt aufhorchen, verwundert aber eingedenk des beschriebenen geistesgeschichtlichen Vorbaus nicht.

Seine Aufteilung füllt Brendel durch verschiedene Einzelbeobachtungen: Als Folge der nachlassenden Glaubensfestigkeit der Protestanten sei in dem betreffenden Zeitraum ein Profilverlust zu beobachten, so daß zwischen protestantischer und katholischer Kirchenmusik nicht mehr unterschieden werde: es herrsche ein Indifferentismus, der kaum den unterschiedlichen ideellen, liturgischen und stilistischen Voraussetzungen der beiden Konfessionen gerecht werde. Zweifelsohne zielt Bren-

---

116 Ebd., 328f.

117 Vgl. dazu umfassend: Johannes Besser, *Die Beziehungen Franz Brendels zur Hegelschen Philosophie. Ein Beitrag zur Musikanschauung des Schumann-Kreises*, in: H. J. Moser/E. Rebling (Hrsg.), Robert Schumann. Aus Anlaß seines 100. Todestages, Leipzig 1956, 84-91.

118 Brendel, *Geschichte*, 331f.

del mit dieser Kritik – wenn auch nicht explizit – auf die rückläufige Bedeutung jenes Kompositionsverfahrens, das seit Winterfeld als Paradigma protestantischer Kirchenmusik galt: der Choralbearbeitung. Nach dieser Einschätzung waren es weniger satztechnische, stilistische oder formale Sachverhalte, in denen sich die Eigenständigkeit gegenüber der katholischen Kirchenmusik erwies, als vielmehr die Besinnung auf die unmittelbar aus dem Umkreis Luthers hervorgegangenen Urmelodien der Reformation.

Die Ausführungen Brendels münden in eine wesentlich personenbezogene Darstellung ein, wobei je charakteristische, in der Regel die bekanntesten Werke der einzelnen Meister knapp beschrieben werden.[119] Brendel behandelt die Söhne Johann Sebastian Bachs, ferner Gottfried Heinrich Stölzel, Carl Heinrich Graun, Johann Heinrich Rolle, Gottfried August Homilius, Johann Friedrich Doles, Johann Adam Hiller u. a., dies ausgesprochen kritisch, zum Teil nicht nur aus der Perspektive des Historikers sondern auch als unmittelbar Rezipierender. Zu Carl Heinrich Grauns *Tod Jesu*, dem meist verbreiteten kirchenmusikalischen Werk der zweiten Hälfte des 18. Jahrhunderts, das noch weit bis ins 19. Jahrhundert einen ähnlichen Platz im Musikleben behauptete wie später die Passionen Johann Sebastian Bachs, schreibt Brendel, das Werk verdiene die ihm noch immer zuerkannte Verehrung nicht; seine Größe sei bloß noch traditionell bedingt:

> „Deutlich prägt sich darin der Charakter der zweiten Hälfte des vorigen Jahrhunderts aus. Es ist eine weinerliche süsse Musik. Gerade diese Eigenthümlichkeit aber erklärt den ungeheuren Beifall. Bach und Händel führen den Hörer über sich selbst hinaus, er wird, gehoben durch diese Mächte, geistig grösser. Hier, bei Graun, sowie bei vielen anderen ihm verwandten Männern, fühlt sich der gewöhnliche Hörer heimisch, er wird nicht über sich selbst hinausgeführt, sondern findet im Gegenteil sich selbst und sein alltäglich Empfinden wieder. Diese Richtung, bemerkte ich schon, entspricht der damaligen Aufklärung. Wie der Geist überhaupt aus der früheren Unendlichkeit herabstieg, sich im Diesseits, im Endlichen festsetzte, so erblicken wir auch diese gemüthliche Häuslichkeit in der Kirchenmusik. Fast möchte man sagen, es sei ein wollüstiges Ergehen im Schmerz, wozu auch der prosaische, in der Schilderung des Leidens verweilende Text beiträgt. Der Tonsetzer giebt sich als eine liebenswürdige, weiche Natur zu erkennen, der aber Kraft und Schwung fern liegen. Gut und charakteristisch – soweit möglich – sind immer die Motive erfunden, die Abgeschmacktheit der Coloraturen verdirbt aber dann wieder Alles. Winterfeld bezeichnet Graun als den Gipfelpunct der durch Keiser angebahnten Richtung geistlichen Kunstgesanges, und hat damit jedenfalls das Richtige getroffen."[120]

---

119 Ebd., 339ff.

120 Ebd., 341. Zur Auseinandersetzung um Grauns Passionskantate ab dem zweiten Jahrzehnt des 19. Jahrhunderts und deren ‚Ablösung' durch Bachs Matthäus-Passion siehe Ingeborg König, *Studien zum Libretto des „Tod Jesu" von Karl Wilhelm Ramler und Karl Heinrich Graun* (= Schriften zur Musik, Bd. 21), München 1972, 19ff. Zu diskutieren wäre in jedem Fall, ob der Vorgang, ausgerechnet Graun als Exponenten einer stark durch Koloraturen geprägten, also nach dem Verständnis der Zeit theatralisch angelegten Kirchenmusik sehen zu wollen, eine überzeugende Beurteilung ist: Gerade der *Tod Jesu* zeichnet sich durch eine bemerkenswerte Zurückhaltung und spürbar intendierte „Simplizität" aus; in gleicher Weise benennt Brendel jedenfalls noch weitere Hauptwerke der Zeit, etwa Rolles *Der Tod Abels* oder Carl Philipp Emanuel Bachs berühmtes *Heilig*.

Indessen wäre Brendels Geschichtsentwurf ohne den ideellen Hintergrund der Bach-Wiederentdeckung kaum vorstellbar. Erschien die wohl bekannteste und in der Breite wirksamste Unternehmung, die Wiederaufführung der Matthäus-Passion durch Felix Mendelssohn Bartholdy in Berlin von 1829, noch als ein singuläres Projekt, das primär die Wiedergewinnung Bachs für den Konzertsaal zum Ziel hatte, so gab es bereits etwa zum Zeitpunkt des Erscheinens der Winterfeldschen Trilogie über den „evangelischen Kirchengesang" auch Stimmen, die eine Miteinbeziehung der Kantaten in den Gottesdienst forderten, somit die liturgiegerechte Beschaffenheit, die exegetische Dimension und den adäquaten Kirchenstil konstatiert hatten. Soweit zu sehen, war es der in Breslau wirkende Musikdirektor Johann Theodor Mosewius, der sich in seiner Schrift *Johann Sebastian Bach in seinen Kirchen-Cantaten und Choralgesängen* (Berlin 1845) als erster in dieser Weise äußerte. Obschon die Schrift Carl von Winterfeld gewidmet ist, nimmt sie in der Bachbeurteilung eine gegensätzliche Position ein und unterbreitet differenzierte Vorschläge zur Wiedereinführung in die gottesdienstliche Praxis. Mosewius formulierte im Kern die noch heute gültige Anschauung, daß Bach es verstand, „allen Regungen des Gemüthes den wahrsten Ausdruck zu geben; dadurch tritt in seinen religiösen Werken seine Subjectivität in den Hintergrund, und er wird der Verkündiger christlicher Gesinnung und Anschauung aller Bekenner des Evangeliums."[121] In dieser Deutung ist vorweggenommen, was, durch die Bemühungen vor allem Philipp und Friedrich Spittas, Julius Smends, Georg Rietschels und anderer weiterentwickelt, im frühen 20. Jahrhundert als Folge breitangelegter theologischer Bemühungen zur verhängnisvollen und mißverständlichen Okkupierung Bachs als „Erzkantor", als Prototyp des protestantischen Kirchenmusikers schlechthin beigetragen hat, ja gewissermaßen zur ‚Heiligsprechung' und Erhebung zum „fünften Evangelisten" (Söderblom) führen sollte:[122] Im Jahre 1906 hatte die Bachgesellschaft die Einführung der kirchenmusikalischen Werke Bachs in den Gottesdienst ausdrücklich als Ziel formuliert.

Die Konsequenzen dieser gebündelten Anstrengungen zu einer Bach-Wiedererweckung sind für die historiographische Bewertung der nachbachschen Zeit offensichtlich: Vor dem Hintergrund prononciert theologischer Rezeptionskonstanten erlangte Bachs kirchenmusikalisches Werk eine solche theologische Autorität, daß die zunächst aus satztechnischen Gründen eingeschränkte Geltung (Winterfeld) abgelöst wurde durch ein universales, wesentlich gesamtkünstlerisch-theologisch geprägtes Bachbild:[123] Diese Entwicklung zur gleichsam allmächtigen Größe und – auch theologischen – Autorität war in Verbindung mit dem unbestritte-

121 Mosewius, *Bach*, 7.

122 Die auf den Erzbischof von Uppsala Nathan Söderblom zurückgehende Bemerkung hat Julius Smend in seiner Predigt im Festgottesdienst des 10. Deutschen Bachfestes am 8. Oktober 1922 in Breslau aufgegriffen; vgl. BJ 1922, 7.

123 Vgl. dazu die Darstellung dieses Prozesses durch Ulrich Siegele, *Johann Sebastian Bach – ‚Deutschlands größter Kirchenkomponist'. Zur Entstehung und Kritik einer Identifikationsfigur*, in: Publikationen der Hochschule für Musik und Theater Hannover, Bd. 1), Laaber 1988, 59-86.

nen künstlerischen Rang eine wesentliche Voraussetzung dafür, daß die Konstruktion einer Epoche des Verfalls und Niedergangs für die zweite Hälfte des 18. Jahrhunderts in der entsprechenden Dimension möglich wurde.[124]

Vielleicht erstmals in der Musikgeschichtsschreibung begegnet bei Brendel eine derart enge Verknüpfung von geistesgeschichtlicher Voraussetzung und daraus resultierender musikgeschichtlicher Konsequenz, wonach die ideengeschichtlichen Implikationen stets maßgeblich für das Wirken des Individuums sind:

> „Alle Erscheinungen einer Zeit stehen im inneren Zusammenhange, alle tragen das Gepräge derselben, so dass es für den Einzelnen nicht möglich ist, sich von ihr loszureissen. Keiner vermag es, aus seiner Zeit vollständig herauszutreten; die Epoche, in die seine Existenz fällt, setzt ihm Schranken, und die höchste Aufgabe kann nur darin bestehen, das Wahre und Berechtigte dieser zum Ausdruck zu bringen und darzustellen."[125]

Es verwundert nicht, daß Brendel vor dieser Maxime ein eigenes, in seiner differenzierten Anlage bisher nicht gekanntes Epochenverständnis entwickelte, dies wesentlich auf der Grundlage der Geschichtsphilosophie Hegels. Die Deutung der Kirchenmusik der zweiten Hälfte des 18. Jahrhunderts als „Verfallsepoche" orientiert sich nachdrücklich an der Vorstellung, daß einer geschichtlichen Epoche notwendig ein Niedergang folgen müsse, um sodann in einem gleichsam synthetischen Prozeß zu einer neuen Blüte zu gelangen. Das so gewonnene Epochenbild belebt Brendel durch Methoden der Darstellung, die bemerkenswert modern anmuten, wobei die Ansätze zu einer kritischen Werkbetrachtung besonders auffällig sind. Noch in der Musikhistoriographie des 20. Jahrhunderts sind die hier eingeführten Begriffe und Deutungsmuster wirksam.

---

124 Bezeichnenderweise leitet Arno Werner seine Epochengliederung der kirchlichen Figuralmusik ausschließlich vom Wirkungszeitraum Bachscher Musik ab: Der „Tiefstand im akkordischen Zeitalter, 1750-1829" wird durch Mendelssohns Berliner Wiederaufführung der Matthäus-Passion beendet. Werner, *Vier Jahrhunderte*, 29.

125 Brendel, *Geschichte*, 336.

2. Rezeption ‚altitalienischer' Vokalmusik im protestantischen Deutschland

2.1. Italiensehnsucht und bürgerliche Reisekultur als Voraussetzung

„Die Kapellmusik ist undenkbar schön."
(Goethe in Rom, 22. März 1788)

Schon eine erste Prüfung der im späten 18. Jahrhundert in norddeutsch-protestantischen Kreisen diskutierten Ideen zur ‚wahren' Kirchenmusik läßt erkennen, daß diese maßgeblich durch italienische Einflüsse geprägt wurden. In welcher Weise diese Einflüsse genau wirksam waren, welche Motive, Rezeptionsformen und -wege Bedeutung erlangten, will das folgende Kapitel an ausgewählten Beispielen aufzeigen. Ziel ist einerseits, einen wichtigen Aspekt des zeitgenössischen Kirchenmusikbegriffs zu erhellen, andererseits, einen ideengeschichtlichen Beitrag zur bisher kaum untersuchten Vorgeschichte der sogenannten kirchenmusikalischen Restauration zu leisten; bekanntlich hatte sich diese Bewegung im frühen 19. Jahrhundert vor allem auf altitalienische Vokalmusik gegründet, namentlich mit der Wiederentdeckung der Musik Palestrinas.

Ein bemerkenswertes kulturhistorisches Phänomen ist die seit dem Mittelalter ausgeprägte Tradition der Italienbegeisterung, in deren Verlauf sich die Menschen in großer Zahl von diesseits der Alpen nach Süden wandten und der mannigfaltigen Anziehungskraft Italiens folgten.[1] Waren es zunächst Handelsbeziehungen und Pilgerreisen, die die Verbindung nach Italien bestimmten, so traten spätestens im 15. und 16. Jahrhundert andere, nämlich kulturelle Motive hinzu. Etwa waren, freilich im Zuschnitt auf eine eng begrenzte soziale Gruppe, die vielen reichen Fürstenhöfe der Malatesta, Gonzaga, Sforza, Este, Medici u.a. Zentren der *Kultur der Renaissance in Italien*, damit Anlaufstellen für zahlreiche Künstler aus dem Norden, die sich hier, in einem kunstsinnigen, natürlich auch materiell freigiebigen Klima um eine Anstellung bemühten: Man denke nur – um die Überlegungen auf den Bereich der Musik einzuengen – an den nahezu endlosen Zug jener Komponisten aus dem burgundisch-flämisch-niederländischen Gebiet, die heute als Repräsentanten der

---

1 Zur Kulturgeschichte des Reisens vgl.: Peter J. Brenner, *Der Reisebericht in der deutschen Literatur* (= Internationales Archiv für Sozialgeschichte der deutschen Literatur, 2. Sonderheft), Tübingen 1990. Hans Bauer, *Wenn einer eine Reise tut. Eine Kulturgeschichte des Reisens von Homer bis Baedeker*, Leipzig 1973. Wolfgang Griep/Hans-Wolf Jäger (Hrsg.), *Reise und soziale Realität am Ende des 18. Jahrhunderts* (= Neue Bremer Beiträge, Bd. 1), Heidelberg 1983. Dies. (Hrsg.), *Reisen im 18. Jahrhundert* (= Neue Bremer Beiträge, Bd. 3), Heidelberg 1986. Instruktiv ist auch das Kapitel „Archenholtz als bürgerlicher Reisender des 18. Jahrhunderts" in: Ute Rieger, *Johann Wilhelm von Archenholtz als ‚Zeitbürger'. Eine historisch-analytische Untersuchung zur Aufklärung in Deutschland* (= Quellen und Forschungen zur Brandenburgischen und Preußischen Geschichte, Bd. 4), Berlin 1994, 60ff. Ludwig Schudt, *Italienreisen im 17. und 18. Jahrhundert* (= Römische Forschungen der Bibliotheca Hertziana, Bd. 15), Wien-München 1959.

franko-flämischen Vokalpolyphonie des 15./16. Jahrhunderts gelten. Neben das Bemühen um Broterwerb trat freilich schon bald, wenn auch zuerst in nur vereinzelten individuellen Fällen, als weiteres Motiv dasjenige der Italienreise zu Ausbildungszwecken: Erinnert sei etwa an Heinrich Schützens Lehrzeit bei Giovanni Gabrieli ab dem Jahre 1609. Damit ist der Beginn einer Entwicklung angedeutet, die im 18. Jahrhundert einen geradezu ungestümen Aufschwung nahm: die Reise nach Italien zum Zwecke des Selbststudiums des gehobenen Bildungsbürgertums auf der Grundlage des in Italien überlieferten reichen kultur- und kunstgeschichtlichen Fundus. Vor allem zwei grundsätzliche ‚Reisetypen' sind in diesem Zusammenhang entstanden, die „Kavaliertour" der Adligen[2] sowie die mit im weitesten Sinne wissenschaftlichen Interessen motivierte „gelehrte Reise".[3]

Das Interesse galt unterschiedlichen Gebieten: Man bemühte sich um die klassische römische Literatur bzw. um die bildende Kunst der Antike und der Neuzeit ebenso wie um geographische, landeskundliche oder sonstige wissenschaftliche Erkenntnisse; die neu gewonnenen persönlichen Eindrücke und Erfahrungen wurden als notwendig und günstig angesehen für das weitere Berufs- und Gesellschaftsleben nach der Rückkehr in den Norden. Vor dem Hintergrund der besonderen Gewichtung des Selbstbildungsgedankens läßt sich somit der erziehungsspezifisch-programmgebundene Charakter der Reisen des 18. Jahrhunderts als typische Folge des Aufklärungsdenkens begreifen, als „genuine Form" der dem (deutschen) Aufklärer „adäquaten Welterfahrung".[4] Etlichen zeitgenössischen Überlegungen zufolge, die sich im Kern auf die von Montesquieu entwickelte dreifache Natur der Erziehung gründeten, wurde das Reisen (bzw. der durch Welt und Umwelt bewirkte Bildungsprozeß) als letzter, eben weitgehend selbstgesteuerter Schritt eines dreistufigen Ausbildungsprogramms verstanden.[5] Und namentlich Rousseau war es, der dem reisespezifischen Bildungsbedürfnis mit der Schrift *Emile ou de l'éducation* von

2 Vgl. zur Entwicklung bürgerlicher, ausdrücklich gegen die „galante Kavalierreise" gerichteter und das Bildungsprinzip akzentuierender Reisekultur in der ersten Hälfte des 18. Jahrhunderts: Wolfgang Martens, *Zur Einschätzung des Reisens von Bürgersöhnen in der frühen Aufklärung (am Beispiel des Hamburger „Patrioten" 1724-26)*, in: Griep/Jäger, Reisen im 18. Jahrhundert, 34ff.

3 Vgl. dazu besonders das Kapitel „Von der Bildung junger Herren. Die Kontinuität der Erziehung in der europäischen Adelswelt", in: Ludwig Fertig, *Die Hofmeister. Ein Beitrag zur Geschichte des Lehrerstandes und der bürgerlichen Intelligenz*, Stuttgart 1979, 31ff. Hans Erich Bödeker, *Reisebeschreibungen im historischen Diskurs der Aufklärung*, in: Ders. u. a. (Hrsg.), Aufklärung und Geschichte. Studien zur deutschen Geschichtswissenschaft im 18. Jahrhundert, Göttingen 1986, 276ff.

4 Hans Erich Bödeker, *Reisen – Bedeutung und Funktion für die deutsche Aufklärungsgesellschaft*, in: Griep/Jäger, Reisen im 18. Jahrhundert, 91ff., hier 98.

5 Die beiden ersten Abschnitte betreffen die durch Eltern bzw. Lehrer vorgenommene Erziehung. Siehe etwa Franz Posselt in seiner Schrift *Apodemik oder die Kunst zu reisen*, 2 Bde., Leipzig 1795; vgl. dazu: Rainer S. Elkar, *Reisen bildet. Überlegungen zur Sozial- und Bildungsgeschichte des Reisens während des 18. und 19. Jahrhunderts*, in: A. Krasnobaev/G. Robel/H. Zeman (Hrsg.): Reisen und Reisebeschreibungen im 18. und 19. Jahrhundert als Quellen der Kulturbeziehungsforschung, Berlin 1980, 51ff.

1762 gewissermaßen den Unterbau der zeitgemäßen bürgerlichen Legitimation verliehen hatte[6], so daß der Aufklärer Johann Wilhelm von Archenholtz, der seine Bildungsreise auf zahlreiche Länder Europas und über einen Zeitraum von nicht weniger als sechzehn Jahren ausdehnte, den Effekt eines solchen Unternehmens pointiert umschreiben konnte:

> „Das Studium der Sitten naher und ferner Völker ist eine der großen Eigenheiten unseres Jahrhunderts, würdig eines erleuchteten Zeitalters und aufgeklärter Nationen. [...] Die höchst wohlthätigen Wirkungen dieser Kenntnisse äußern sich durch Weisheit, Edelmuth und Philantropie in zahllosen Handlungen [...]."[7]

Spiegel der ausgedehnten Reisepraxis ist eine reichhaltige zeitgenössische Literatur, die sich entweder zur Theorie des Reisens, zur „Reisekunst" selbst äußert oder – in weiter ausgreifender Reflexion – die pädagogische Bedeutung diskutiert.[8]

Gegen Ende des 18. Jahrhunderts trat zu diesen, hier nur skizzierten bildungsspezifischen Intentionen unverkennbar ein weiteres Moment: Die Italienreise war jetzt verschiedentlich auch der Versuch, durch Entrückung aus den gewohnten Bahnen die eigene Lebenskrise zu bewältigen: Goethe, Herder, Moritz oder Seume sind als prominente Vertreter in diesem Zusammenhang zu nennen.[9] Und noch eine Differenzierung verdient angemerkt zu werden: Hatten die durch das geistige Umfeld der Aufklärung geprägten Italienfahrer der ersten Jahrhunderthälfte im Sinne ihrer universalistisch und normativ ausgerichteten Geisteshaltung stets das Gemeinsame zwischen Italien und Deutschland betont, mithin eine Eigenständigkeit des Südens geleugnet, so wurde nach 1750 eine andere Auffassung deutlich: ein entschiedener

---

6 William E. Stewart, *Die Reisebeschreibung und ihre Theorie im Deutschland des 18. Jahrhunderts*, Bonn 1978, 223ff., bes. 227ff.; siehe zur Auseinandersetzung Herders mit dem Rousseauschen Modell ebd., 228ff.

7 Johann Wilhelm von Archenholtz, *Annalen der Brittischen Geschichte des Jahres 1789*, 206. Zitiert nach Rieger, *Archenholtz*, 60.

8 Siehe dazu: Justin Stagl, *Apodemiken. Eine räsonnierte Bibliographie der reisetheoretischen Literatur des 16., 17. und 18. Jahrhunderts*, Paderborn 1983. Albrecht von Haller, *Vom Nutzen der Reisebeschreibungen*, in: Ders., *Tagebuch seiner Beobachtungen über Schriftsteller und über sich selbst*, Theil 2, Bern 1787, 133-139. Joseph Röckl, *Pädagogische Reise durch Deutschland*, Dillingen 1805. Christoph Martin Wieland, *Ueber die Rechte und Pflichten der Schriftsteller in Absicht ihrer Nachrichten, Bemerkungen, und Urtheile über Nationen, Regierungen, und andere politische Gegenstände*, in: Der Teutsche Merkur 1785, 193ff. Daß gerade der Philantropismus das Reisen als Erziehungsmittel in Anspruch genommen hat, wird etwa deutlich durch: Christian Gotthilf Salzmann (Co-Autor: Johann Wilhelm Ansfeld), *Reisen der Zöglinge zu Schnepfenthal*, Schnepfenthal 1799/1803. Ders./Christian Carl Andre/Johann Christoph Friedrich Guths-Muths, *Reisen der Salzmannischen Zöglinge*, 6 Bde., Leipzig 1784-1793. Vgl. dazu: Wolfgang Griep, *Die lieben Zöglinge unterwegs. Über Schulreisen am Ende des 18. Jahrhunderts*, in: Griep/Jäger, Reisen im 18. Jahrhundert, 152ff.; hier noch weitere Literatur zum Thema Reisen als Erziehungsmittel zwischen 1780 und 1815, vgl. 179f.

9 Albert Meier/Heide Vollmer (Hrsg.), *Johann Gottfried Herder. Italienische Reise*, München 1988, 625f. Julius Amann, *Allegris Miserere und die Aufführungspraxis in der Sixtina nach Reiseberichten und Musikhandschriften* (= Freiburger Studien zur Musikwissenschaft, Bd. 4), Regensburg 1935, 22.

Dualismus, der dem sinnlich-heiteren „Arkadien" das vermeintlich kunstfeindlich-düstere „Cimmerien" gegenüberzustellen suchte.[10] Als Hauptvertreter dieser sensualistischen, vor allem also die sinnliche Italienerfahrung akzentuierenden Denkweise gilt natürlich Goethe[11], doch hatte etwa schon Laurence Sterne in seinem programmatischen Roman *A Sentimental Journey through France and Italy* aus dem Jahre 1768 einem solchen Kunst- und Landschaftserlebnis literarische Gestalt verliehen.[12] Die Italiensehnsucht war also kein auf Deutschland allein beschränktes Phänomen, sondern sie hat ebenso Frankreich, in besonderem Maße aber England erfaßt.[13]

Die Liste der reisenden Künstler, Literaten, Maler, Philologen, Naturwissenschaftler und Altertumsforscher allein des 18. Jahrhunderts ist umfänglich, und mit Johann Wolfgang von Goethe, Johann Gottfried Herder, Johann Joachim Winckelmann, Johann Bernoulli, Wilhelm Heinse, Johann Georg Sulzer, Karl Philipp Moritz, Johann Joachim Quantz, Friedrich Leopold von Stolberg, Raffael Mengs, Angelika Kauffmann oder Friedrich Matthisson sei hier nur an einige wenige Prominente erinnert. Die ununterbrochene Wanderung nach Italien, insbesondere nach Rom hatte zur Folge, daß sich dort regelrechte deutsche Quartiere ausbildeten, in denen sich die zumeist für längere Zeit verweilenden Reisenden trafen und einen regen kulturellen Austausch pflegten.[14] Niedergeschlagen haben sich deren Eindrükke in verschiedener Weise, in zahlreichen Reisebeschreibungen, auch in Briefen und Tagebüchern: Alle diese Texte sind wichtige Quellen nicht nur zur zeitgenössischen italienischen Kultur und Lebensform, sondern häufig geben sie auch wertvollen Aufschluß über das individuelle Empfinden des Berichtenden.[15] Geprägt durch die genannten geistes- und bildungsgeschichtlichen Vorgänge, namentlich die betont sensualistische Wahrnehmung, nimmt die Beschreibung kirchenmusikalischer Verhältnisse in diesem Schrifttum einen wichtigen Platz ein; entscheidende Impulse sind von hier auf die norddeutsch-protestantische Kirchenmusikanschauung ausgegangen.

---

10 So etwa durch Goethe; vgl. Meier/Vollmer, *Italienische Reise*, 628f.

11 Vgl. in diesem Zusammenhang: Paul Winter, *Goethe erlebt Kirchenmusik in Italien*, Hamburg 1949.

12 Zum Typus der empfindsamen Reise vgl. Gerhard Sauder, *Sternes „Sentimental Journey" und die „empfindsame Reise" in Deutschland*, in: Griep/Jäger, Reise, 302-319.

13 Gelegentlich werden die Engländer als die ‚klassischen' Reisenden überhaupt angesehen: Zwischen 1760 und 1770 sollen mehr als vierzigtausend Engländer den Kontinent besucht haben; vgl. Wilhelm Treue, *Illustrierte Kulturgeschichte des Alltags*, München 1952, 169; siehe auch Schudt, *Italienreisen*, 77ff., und John Ingamells (Hrsg.), *A Dictionary of British an Irish Travellers in Italy. 1701-1800*, New Haven-London 1997.

14 Friedrich Noack, *Deutsches Leben in Rom. 1700 bis 1900*, Stuttgart/Berlin 1907.

15 Eine Bibliographie dieser Reiseberichte von Lucia Tresoldi, *Viaggiatori tedeschi in Italia 1452-1870*, 2 Bde., Rom 1975.

2.2. *Miserere*-Aufführungen in der Cappella Sistina

Eine Untersuchung der Quellen erweist, daß sich das kirchenmusikalische Interesse der nordländischen Reisenden, unabhängig von Herkunft und Konfession, auf Rom und hier deutlich auf die Praxis der päpstlichen Cappella Sistina konzentrierte: Vor allem die Teilnahme an den verschiedenen gottesdienstlichen Feiern in der Woche vor Ostern galt als Höhepunkt jedes Italienbesuchs schlechthin, und einzelne Quellen belegen, daß der kunstsinnige Bildungsreisende seine Route eigens so einzurichten suchte, daß er sich eben während der Karwoche in Rom aufhielt: „Ich habe dem Reiz, die Charwoche in Rom zuzubringen, nicht widerstehen können, und bin deswagen [sic] seit 14 Tagen hier."[16] Daß das Spektakel der römischen Karwoche bewußt gemieden wurde, ist tatsächlich die Ausnahme. Dies gilt etwa für Johann Gottfried Seume, der in seinem *Spaziergang nach Syrakus* entschieden sozialkritisch auf die päpstliche Neigung zu Prunk und Selbstdarstellung reagierte:

> „Die Strassen sind nicht allein mit Bettlern bedeckt, sondern diese Bettler sterben wirklich daselbst vor Hunger und Elend. Ich weiss, dass bey meinem Hierseyn an einem Tage fünf bis sechs Personen vor Hunger gestorben sind. Ich selbst habe Einige niederfallen und Sterben sehen. Rührt dieses das geistliche Mastheer? Der Ausdruck ist empörend, aber nicht mehr als die Wahrheit. Jedes Wort ist an seiner Stelle gut, denke und sage ich mit dem Alten. Als die Leich Pius des Sechsten prächtig eingebracht wurde, damit die Exequien noch prächtiger gehalten werden können, erhob sich selbst aus dem gläubigen Gedränge ein Fünkchen Vernunft in dem dumpfen Gemurmel, dass man so viel Lärm und Kosten mit einem Todten mache und die Lebendigen im Elende verhungern lasse. Rom ist oft die Kloake der Menschheit gewesen, aber vielleicht nie mehr als jetzt."[17]

Das musikalische Interesse richtete sich vor allem auf den mehrstimmigen Vortrag des fünfzigsten Psalms *Miserere* durch die Sänger der Cappella Sistina am Donnerstag, Freitag und Samstag der Karwoche, je in Anwesenheit des Papstes und der Kardinäle, als Abschluß der Matutina tenebrarum.[18] Wenn auch diese in der römi-

---

16 Georg Arnold Jacobi, *Briefe aus der Schweiz und Italien*, Lübeck-Leipzig 1796f., Bd. 1, 344.

17 Seume, *Der Spaziergang nach Syrakus*, Braunschweig-Leipzig 1803, 364. Wenn auch nicht explizit ausgesprochen, richtet sich Seumes Kritik in letzter Konsequenz auch auf kirchenmusikalische Veranstaltungen. Zweifellos unterscheidet sich die hier erkennbare sozialkritische Sicht grundsätzlich von derjenigen, vor allem auf das Bildungserlebnis ausgerichteten der meisten Italienfahrer des 18. Jahrhunderts. Übrigens liegt auch von Karl Philipp Moritz keine Beschreibung der Karwochenmusik vor, obschon er 1787 und 1788 zu Ostern in Rom weilte; vgl. Karl Philipp Moritz, *Reisen eines Deutschen in Italien in den Jahren 1786 bis 1788*, 3 Tle., Berlin 1792/93.

18 Die Verwendung des wichtigsten Bußpsalms *Miserere mei Deus, secundum magnam misericordiam tuam* war innerhalb des Ritus der katholischen Kirche weitgefächert. Aufgrund des hier ausgesprochenen zentralen Motivs der Buße mit der Bitte um Vergebung behauptete er einen Platz nicht nur in den offiziellen Stundengebeten, sondern auch in der Totenliturgie bzw. in eher außerliturgischen, etwa privaten Andachten. Eine herausgehobene Stellung nahm er freilich in der Liturgie der Sixtinischen Kapelle in der Matutin und den Laudes der Karwoche ein: Diese ursprünglich am frühen Morgen abgehaltenen Stundengebete wurden bereits im 13./14.

schen Liturgie exponierte Stellung des *Miserere* bewirkte, daß sich, häufig direkt aus der Praxis der Papstkapelle hervorgehend, seit dem frühen 16. Jahrhundert ein umfangreiches mehrstimmiges Repertoire ausbildete[19], so fühlten sich die Reisenden des 18. Jahrhunderts namentlich von der *Miserere*-Vertonung Gregorio Allegris (1582-1652) angezogen und umgaben diese schon früh mit einer gleichsam mystifizierend-verklärenden Aura.[20]

Eine vertiefende Auseinandersetzung mit der eigentlichen Berichterstattung hat die spezifische Motivation der Quellen zu berücksichtigen. Die relative Dichte der Mitteilungen gestattet eine regelrechte Kategorisierung; deutlich zerfällt die Überlieferung in zwei zunächst gegensätzliche, in einzelnen Punkten einander freilich auch durchdringende Typen.

2.2.1. Aufgeklärt-rationalistische Berichterstattung

Die Texte der Kenner und Sachverständigen, mithin der eigentlichen Repräsentanten der „gelehrten Reise" suchten spezifisch musikalische Sachverhalte ins Zentrum zu rücken, indem etwa musikhistorische, bisweilen auch analytische Erkenntnisse vorgetragen wurden, dies in deutlichem Bemühen um kritische und distanzierte Auseinandersetzung mit dem Ziel der „Aufklärung" des Lesers; die so beschaffenen Quellen sind allerdings weit in der Minderzahl. Als beispielhaft kann der folgende Text eines anonymen Verfassers aus dem Jahre 1782 angesehen werden, der sein *Miserere*-Erlebnis im Bemühen um Objektivität in ziemlich kühler, rationaler Weise schilderte:[21]

> „[...] Darauf folgt der Psalm Miserere; in den Zwischenräumen der Versikeln antwortet der ganze Chor in einem Canto firmo. Das Miserere ist bloß vierstimmig, ohne alle weitere Begleitung. Die drey Oberstimmen werden von drey Castraten gesungen, und den Baß singt ein Tenorist. Die ganze Musik besteht nur aus fünf oder sechs Accorden; kaum eine andere Modulation hört man, als abwechselnde C moll und F moll-Accorde. Ferner enthält es lauter ganze Noten. In Absicht auf Ausführung dieses Stücks verdient bemerkt zu werden, 1) die ausseror-

---

Jahrhundert in die Abendstunden des Vortages verlegt, eine Praxis, die auch im 18. Jahrhundert beibehalten wurde.

19 Vgl. dazu Magda Marx-Weber, *Römische Vertonungen des Psalms „Miserere" im 18. und 19. Jahrhundert*, in: Hamburger Jahrbuch für Musikwissenschaft, Bd. 8., Laaber 1985, 7-44. Klaus Fischer, *Die Psalmkompositionen in Rom um 1600 (ca. 1570-1630)* (= Kölner Beiträge zur Musikforschung, Bd. 98), Regensburg 1979.

20 Nicht eingegangen zu werden braucht hier und im folgenden auf die divergierenden Fassungen und Umarbeitungen sowie auf den quellenkritischen Wert der einzelnen, seit Burney greifbaren Editionen; vgl. Amann, *Allegris Miserere*, 1 und 107ff., desgl. Marx-Weber, *Römische Vertonungen*, 10f. Auch die verschiedentlich diskutierten Theorien zur Entstehung dieser eigentümlichen Gesangskultur mögen hier außer acht bleiben. Nebenbei ist erwähnenswert, daß die Tradition der *Miserere*-Beschreibung auch in Reiseberichten des späteren 19. Jahrhunderts nicht abreißt, wie die nachhaltigen Mitteilungen Otto Nicolais, Felix Mendelssohn Bartholdys oder Charles Gounods belegen; vgl. Julius Amann, *Allegris Miserere und seine Abwandlungen*, in: Musica sacra 63 (1933), 189-191, sowie ders., *Allegris Miserere*, 102f. und passim.

21 Forkel, Almanach 1782, 123ff. Wiederabdruck in: Magazin der Musik I,1, 157ff.

> dentlich reine Intonation; 2) die Delicatesse der Stimmen; 3) das unnachahmliche Crescendo; 4) das beynahe durchgehends herrschende pianissimo; 5) Das Tempo, welches Largissimo ist; 6) die erstaunliche Höhe, indem fast alles in der zweygestrichenen Oktave liegt. Keine Stimme fällt tiefer, als in das einmal gestrichene c; nur in sehr wenigen Stellen erreicht der Baß das kleine c. Diese angeführte Umstände geben der Ausführung dieses berühmten Stückes so viel eigenthümliches, und unnachahmliches, daß es an jedem andern Orte in der Welt gewiß eine höchst unnütze Bemühung seyn würde, diese Musik aufführen zu wollen. In der päbstlichen Kapelle wird die eigenthümliche Art der Ausführung blos per traditionem fortgepflanzt. – Aus den angeführten Umständen werden Sie nun leicht schließen können, woher es komme, daß dieses Stück auf alle Menschen, die es hören, so sehr wirke. Denken Sie sich noch einige Nebenumstände hinzu, z. B. daß die Gattung natürlicherweise an sich schon sehr traurig ist; daß sie in der päbstlichen ganz schwarz behängten Kapelle aufgeführt wird; daß dabey jedermann auf den Knien liegt; daß die Aufführung Abends um 7 Uhr geschieht, und alle Lichter dabey ausgelöscht werden."

Neben der differenzierten Beschreibung musikalischer Verläufe ist hier zum Ausdruck gebracht, was auch andere Quellen immer wieder hervorheben: Schon die Tatsache des bloßen, zumeist qualitativ als außerordentlich beschriebenen a-cappella-Gesangs erscheint den meisten Berichterstattern als sensationell und einzigartig.[22] Der Bericht betont sodann, daß nicht bloß immanent musikalische Sachverhalte, also etwa der künstlerische Rang der Komposition, für die ungewöhnliche Wirkung verantwortlich waren, sondern daß mindestens zum gleichen Teil auch außermusikalische Eindrücke, vor allem die Aufführungsumstände, nachhaltig gewirkt haben. Damit sind allerdings nicht solche Vorgänge angesprochen, die auf den liturgischen Kern des Dargebotenen, also die im engeren Sinne theologischen Inhalte abzielten: Vielmehr waren die – häufig protestantischen – deutschen Berichterstatter vor allem durch die äußere Feierlichkeit, durch das meditative Procedere ergriffen. Gerade die einer einzigartigen Dramaturgie folgenden Rahmenhandlungen haben die Empfindungen der Rompilger in besonderem Maße angesprochen: die ganz mit schwarzem Tuch verkleidete Sixtinische Kapelle, sodann das allmähliche Verlöschen der Lichter während der Zelebration der Lamentationen, der Kniefall des

---

22 Vgl. übereinstimmend: Johann Wilhelm von Archenholtz, *England und Italien*, Theile 1-5, Leipzig 1787; hier: Tl. 5, 133f. Friederike Brun, *Tagebuch über Rom*, 2 Tle., Zürich 1800/01, 396ff. Johann Heinrich Eichholz, *Neue Briefe über Italien (Oder Schilderung der Einwohner von Venedig, Rom, Neapel und Florenz, in Hinsicht auf Charakter, Cultur des Geistes und Industrie derselben; nebst beigefügten Bemerkungen über Alterthümer und Kunst)*, 4 Bde., Zürich 1806-1811; hier: Bd. 4, 145ff. Carl Ludwig Fernow, *Sitten- und Kulturgemälde von Rom*, Gotha 1802, 75ff. Heinse an Gleim; Brief aus Rom vom 30. Juni 1782 (= Wilhelm Heinse. Sämtliche Werke, 10 Bde., hrsg. von Carl Schüddekopf, Leipzig 1902-1925; hier: Bd. 10, 195f.). Jacobi, Briefe I, 352ff. Friedrich Graf Leopold zu Stolberg, *Reise in Deutschland, der Schweiz, Italien und Sizilien*, 4 Bde., Königsberg 1794; hier: Bd. 2, 77. Johann Jacob Volkmann, *Historisch-kritische Nachrichten von Italien, welche eine genaue Beschreibung dieses Landes, der Sitten und Gebäude, der Regierungsform, Handlung, Oekonomie, des Zustands der Wissenschaften, und insonderheit der Werke der Kunst nebst einer Beurtheilung derselben enthalten*, 3 Bde., Leipzig 1770/71; hier Bd. 2, 698f. Die *Miserere*-Praxis in Neapel oder Mailand rechnet dagegen prinzipiell mit einer instrumentalen Besetzung; vgl. Magda Marx-Weber, *Neapolitanische und venezianische Miserere-Vertonungen des 18. und 19. Jahrhunderts*, in: AfMw 43 (1986), bes. 40ff. und 157ff.

Papstes und der Kardinäle vor dem Altar in beinahe völliger Dunkelheit: Alle diese Faktoren waren geeignet, die Spannung nach und nach auf den Höhepunkt zu treiben: „eine lautlose Stille herrscht in der dunkelnden Kirche, bis mit leisem Ton, der nur stellenweise zum Forte anwächst, das erste Versett erklingt.“[23]

Solche äußeren Erlebnisse vom eigentlichen musikalischen Geschehen zu abstrahieren, gelang nur wenigen Autoren. Dazu gehörte etwa Charles Burney, der das *Miserere* ohne Umstände als „simpel“ – und zwar nicht etwa im Sinne des ästhetischen Simplizitäts-Ideals – beurteilte und die Wirkung ausschließlich der spannungsvollen Stimmung zuschrieb.[24] Freilich war dieses Urteil schon aufgrund anderer Umstände naheliegend, denn Burney hielt sich im September in Rom auf, urteilte also allein auf der Grundlage des ihm in Rom vorgelegten Notentextes sowie nach Mitteilungen Dritter.[25] Auch der Berichterstatter in Karl Ludwig Junkers Almanach von 1784 unterschied klar nach individuellen Raumverhältnissen, der besonderen Aufführungspraxis und der Qualität der musikalischen Komposition, wonach er das Werk selbst als wenig bedeutend einordnete, die von ihm ebenfalls präzise katalogisierten Effekte aber nicht einfach als vordergründiges Blendwerk abtat, sondern vielmehr anregte, diese auch auf die modernen deutschen Oratorien zu übertragen.[26] Und nach rationalen, beinahe naturwissenschaftlichen Erklärungen für das Phänomen suchte 1787 auch der bereits erwähnte Johann Wilhelm von Archenholtz, indem er die Wirkung des *Miserere* vor allem auf örtliche akustische Gegebenheiten zurückführte; Archenholtz konstatierte:

> „Man schreibt es der Bauart zu, allein diese hat nichts äußerlich auszeichnendes. Diese Kapelle ist daher ein wahres Pendant zum Theater von Parma, das auch bis jetzt allen Baumeistern ein Rätsel geblieben. Die Entzifferung von beiden ist unsern Nachkommen vorbehalten, wenn sie mit den Gesetzen des Schalls bekannter als wir seyn werden.“[27]

---

23 Amann, *Allegris Miserere*, 25, dort zitiert aus: Eduard Schelle, *Die päpstliche Sängerschule in Rom*, Wien 1872, xiv.

24 *Carl Burney's der Musik Doctors Tagebuch einer Musikalischen Reise durch Frankreich und Italien welche er unternommen hat um zu einer allgemeinen Geschichte der Musik Materialien zu sammlen. Aus dem Englischen übersetzt von C. D. Ebeling*, Hamburg 1772, 206ff.

25 Burney, *Tagebuch*, 195ff. Mit mindestens zwei Abschriften, die ihm von Padre Martini in Bologna sowie vom „Kapellmeister seiner Päpstlichen Heiligkeit“ Giuseppe Santarelli neben weiteren Stücken von Palestrina, Benevoli oder Marenzio zugänglich gemacht worden waren, kehrte er nach London zurück und legte bald darauf die erste Edition des *Miserere* vor. Der Titel lautet: *La Musica che si canta la settimana santa*, London 1771. Enthalten sind Werke von Allegri, Palestrina, und Baj. Editionsgeschichtlich reiht sich Burneys Unternehmung in die frühen, besonders in England betriebenen Denkmäler-Ausgaben ein.

26 Junker, Almanach 1784, 104.

27 Archenholtz, *Italien* V, 60f.; gleichermaßen auf physikalische Phänomene zielt in gewissem Sinne auch die von Charles Burney mitgeteilte Anekdote betreffend die Übersendung des *Miserere* an Kaiser Leopold; vgl. Burney, *Tagebuch*, 209ff. und unten. Goethe hatte indes keine gute Meinung von Archenholtz' Bericht insgesamt: „Zufällig habe ich hier Archenholzens Italien gefunden. Wie so ein Geschreibe am Ort selbst zusammenschrumpft, eben als wenn man das Büchlein auf Kohlen legte, daß es nach und nach braun und schwarz würde, die Blätter sich krümmten und in Rauch aufgiengen. Freilich hat er die Sachen gesehen; aber um eine großthui-

Betont (musik-)kritisch und nicht selten konträr zu sonstigen Berichterstattern äußerte sich schließlich Johann Friedrich Reichardt; er empfand grimmige Verachtung für die Inszenierung in der Cappella Sistina, für die, wie er es nannte, „mannichfaltigen Verhunzungen alter Meisterwerke".[28] Im Zentrum der Kritik standen vermeintlich aufführungspraktische Mängel (unreine Intonation, Unangemessenheit der Crescendi, „widrige Wirkung" der Rezitationabschnitte), die er auf die Zusammensetzung des Chors aus „verunglückten oder invaliden Castraten" zurückführte, da „itzt [...] die unzähligen Theater alle schönen Stimmen" verschlingen.[29] Auch von der feierlichen Darbietung selbst zeigte sich Reichardt unbeeindruckt: „Was die Sage übrigens von den feierlichen Zubereitungen und dem imposanten Costume bei diesem Miserere erzählt, ist blosse Aufschneiderei." Den wirklichen Genuß finde er selbst vor allem beim zurückgezogenen gelehrten Studium „alter Meisterwerke": nur [...] „in glücklicher Einsamkeit" und in bloßem „Gedenken an die vollkommne Ausführung" könne sich sein „Inneres [...] der höchsten allgemeinen Wirkung" sicher sein.[30] Reichardts Vorbehalte sind prinzipiell, wie vergleichbare Reaktionen im Zusammenhang kirchenmusikalischer Aufführungen in Mailand, Venedig oder Rom belegen: Konsequenz dieser Haltung ist die spätere Dokumentation des vermeintlichen Verfalls der Kirchenmusik anhand italienischer Beispiele bei gleichzeitiger Bevorzugung deutscher „Meisterwerke".[31]

2.2.2. Literarisch-poetische Berichterstattung

Weit überwiegt die Zahl der Berichte eines zweiten Typus, in dem sich jene Reisenden artikulieren, die offenbar aus weitergefaßtem, nicht spezifisch musikalischem Interesse die kulturhistorische Schatzkammer Italien aufsuchten und die kirchenmusikalischen Attraktionen gewissermaßen zunächst peripher erlebten; das zuvor konturierte rezeptionsästhetische Phänomen des sensualistischen Italienerlebnisses ist in erster Linie hier greifbar. Übrigens war den Zeitgenossen eine solche zweigeteilte Differenzierung des Rezeptionsverhaltens gegenwärtig. Johann Friedrich Reichardt jedenfalls unterschied in genau dieser Absicht zwischen „empfindsamen Seelen, die mit gespannter Imagination hinkamen, und die im Grunde, oft ohne es zu wissen, in allem Grossen und Kleinen, nur süssen wollüstigen Genuss suchen" und dem „unbe

ge, verachtende Manier geltend zu machen, besitzt er viel zu wenig Kenntnisse und stolpert lobend und tadelnd." Vgl. Johann Wolfgang von Goethe. Sämmtliche Werke. Vollständige Ausgabe in zehn Bänden, hrsg. von Karl Goedeke, Stuttgart 1885; hier: Bd. 6, 723f. Zu Archenholtz insgesamt vgl. Rieger, *Archenholtz*, passim.

28 *Briefe aus Rom*. Achter Brief, in: Musikalisches Wochenblatt, 84.

29 Schon Burney hatte den Vorgang der Abwanderung guter Sänger an die Theater als Grund für den Qualitätsverlust genannt; vgl. Burney, *Tagebuch*, 205.

30 *Briefe aus Rom*. Achter Brief, in: Musikalisches Wochenblatt, 84.

31 Etwa Carl Philipp Emanuel Bachs *Heilig*. In dieselbe Richtung geht der von Reichardt initiierte Anstoß zur Berliner Benevoli-Rezeption, der im Grunde ebenfalls auf eine Verbesserung des italienischen Originals durch Carl Fasch abzielt.

fangene[n] Künstler, der mit Unwillen ganz etwas anders darinnen als er zu hören hofte", fand.[32]

Abgesehen, von der im ganzen sachlich weniger profilierten musikalischen Schilderung fällt auf, daß die zustimmenden, begeisterten, ja emphatischen *Miserere*-Eindrücke nahezu ausschließlich aus diesem Kreis stammen.[33] Der Charakter dieser Mitteilungen ist nicht rational-analytisch, sondern aus diesen Texten spricht vielmehr ein ganz der zeittypischen Geisteshaltung verpflichteter, die individuellen Empfindungen ausdrückender und das Geschehene verklärender Ton. Wie ein roter Faden durchzieht diese schwärmerischen Schilderungen die Idee der Einzigartigkeit des Erlebten, das Gefühl, dem höchsten vorstellbaren Kunstgenuß überhaupt beigewohnt zu haben.[34] Auch hierzu sei ein Beispiel ausführlicher vorgestellt: Die deutsche Dichterin Friederike Brun beschreibt ihr *Miserere*-Erlebnis vom 23. März 1796, indem sie in ihr Tagebuch notiert:

> „Dies ist der erste Genuss des neuen Roms, der dem Geiste genügt! O Harmonie, himmelanflügelnde Tochter der Andacht, wie hebst du mein Herz! Diese Ströme des Wohllauts, diese Chöre tröstender Geister, die, unsichtbar hallend, wie auf Schwanenflügeln getragen, melodisch mich umsäuseln, heben mich empor in eine Höhe, von der ich mit geschlossenen Augen, als nun langsam die himmlischen Töne verhallten, mit einem schmerzlichen Gefühl hinabsank, und plötzlich aus dem Himmelstraum, aus der gänzlichen Entzückung erwachend, mein Antlitz mit Thränen bedeckt fand [...]."

---

32 *Briefe aus Rom*. Siebenter Brief, in: Musikalisches Wochenblatt, 83. An anderer Stelle beklagt Reichardt, daß die Masse der Romreisenden aus „blos sinnlichen, von Natur zum Aberglauben geneigten Menschen [bestehe], die sich bei all den sinnblendenen und berauschenden Vorstellungen und glänzenden Spielereien wirklich wohl befunden haben." Deutschland III, 426. Vergleichbar heißt es bei Forkel: „Der Verfall der heiligen Musik hat daher auch den Verfall des höhern, edlern Kunststyls außer der Kirche nach sich gezogen, und die Zahl derjenigen unendlich vermehrt, welche in der Kunst nichts als einen zerstreuenden Sinnengenuß suchen." Forkel, *Allgemeine Geschichte* II, § 52. Die sinnliche Kunstauffassung im Rahmen der „sensualistischen" Reisekultur erzeugt danach einen Konflikt, wenn sie zugleich das musikalisch-stilistische Ideal ‚wahrer' Kirchenmusik anvisiert.

33 Reichardt hat ausdrücklich die Haltung der „hiesigen jungen deutschen Künstler" moniert, die in ihrer häufig kritiklosen Zustimmung etwa zu mittelmäßigen römischen *Stabat-Mater*-Aufführungen zum Ausdruck komme; vgl. *Briefe aus Rom*. Sechster und Siebenter Brief, in: Musikalisches Wochenblatt, 76f. und 83. Besonders pointiert hat sich Reichardt dazu im fünften Brief geäußert, wo es in ironischem Tonfall heißt: „Was mich heute am meisten kränkte war, zu sehen, dass viele angesehene und auch sonst gescheute Deutsche aus Wien, Berlin, Braunschweig, Bareuth [sic], Manheim die elende Musik glaubten schön finden zu müssen, weil sie in Rom gegeben wurde. Es war gewiss Keiner unter ihnen, der nicht in seiner Vaterstadt Musikaufführungen gehört hatte, die in ganz Italien durchaus nicht mehr zu veranstalten wären, und nun eine solche Stümperei! –" *Briefe aus Rom*. Fünfter Brief, in: Musikalisches Wochenblatt, 75.

34 Brun, *Tagebuch*, 396ff. Archenholtz, *Italien* V, 60f. Junker, Taschenbuch 1784, 101. Elisa von der Recke, *Tagebuch einer Reise durch einen Theil Deutschlands und durch Italien, in den Jahren 1804 bis 1806*, 4 Bde., Berlin 1815-1817; hier: Bd. 2, 422ff. Jacobi, *Briefe* I, 352ff. Heinse an Gleim. Brief aus Rom vom 30. Juni 1782 (= Heinse, Sämmtliche Werke 10, 197f.). Magazin der Musik I,2, 989f.

Eine Intensivierung dieser Gedanken findet sich in dem mit „Nachgefühle des gestern gehörten Miserere" überschriebenen Eintrag der Brun vom folgenden Tag:

> „Wie von fernen Gestaden seliger Inseln hallen die mitleidig klagenden, dann sanft tröstenden Stimmen herüber! Allmählig schwellen sie an, zum vollern Einklange sanft verhallend, wie Frühlingslüfte im hohen Haingewölbe. Aufs neue beginnt der Chor in immer steigender Fülle, Kraft und Begeistrung! Jubeltöne folgen den tröstenden, beruhigenden, schwebenden Akkorden – der immer vollere Chor steigt, steigt, steigt (jener Himmelfahrt Correggio's zu Parma vergleichbar) bis die immer zartern, doch stets hellen Töne plötzlich im unermesslichen Aetherraum zu verschwinden scheinen. Meinem geschlossenen Blick öfneten sich neue Sinnen – der Gesang ward zur Erscheinung, und ich sah die musicierenden Glorien höher schweben und höher, über die abendröthlichen Gewölke, bis, im Gebiet des Aethers, das Bild mit den Stimmen sich verlor."

In der individuellen Offenbarung differenziert, begegnen solche emphatischen, mit den typischen Topoi romantischen Empfindens angereicherten Texte besonders gegen Ende des 18. und im frühen 19. Jahrhundert. Das *Miserere*-Ereignis wird begriffen als „himmlische Sphären Musik", als „Engelsgesang"[35], man vergißt „bey diesen melodischen Tönen der Erde, man wird von der Zeit in die Unendlichkeit entrückt, und glaubt die Chöre der Seligen zu hören."[36] Überirdisch mutet auch die Vorstellung der unbestimmten Herkunft an: „Niemand weiss mir zu sagen, von wem diese Musik componiert ist [...]."[37] In gleicher Weise spielt die Entrückung der mitleidenden Seele eine Rolle: „Es bleibt ein unaussprechlicher Eindruck in der Tiefe der Seele zurück, und im Gemüthe [wird] die selige Begeisterung wiederholt, die uns dem Erdeleben entrücket, und uns mit dem Vorgefühl der Vollendung erfüllt, in der diejenigen wandeln, welche das Ziel ihres Laufes erreicht [haben]."[38] Zudem klingt ein Trost- und Erlösungsgedanke an, der sich in solchen Formulierungen artikuliert wie den „Chören tröstender Geister", die „von fernen Gestaden" als „sanft tröstende Stimmen erklingen"[39], bis schließlich das „Gemüth von dem Mißklang des irdischen Lebens zu den Harmonien einer bessern Welt" erhoben wird.[40] Daß auf eine solche verklärte Vision des Jenseitigen das schmerzliche Bewußtsein der Verhaftung im Gegenwartselend folgt, das jähe Erwachen „nach dem süssen Traum himmlischer Klarheit, in trübe Dämmrung"[41], der Kontrast des „Niederdruck[s] des Lebens"[42], gehört ebenfalls zu den Topoi romantischen Empfindens, zumal dann, wenn das Diesseits noch besonders durch eigenes Mit-Leiden beschwert ist: Das *Miserere* „erschöpft" sich „in allen wehmütigen Tönen", ja, die Seele wird „in langanhalten-

35 Heinse in Briefen aus Rom an Gleim (30. Juni 1782) und Jacobi (16. März 1782), vgl. Heinse, Sämmtliche Werke 10, 195f. und 155.
36 Magazin der Musik I,2, 989f.
37 Brun, *Tagebuch*, 396ff.
38 Recke, *Tagebuch* IV, 91ff.
39 Brun, *Tagebuch*, 329 und 396.
40 Recke, *Tagebuch* II, 434f.
41 Brun, *Tagebuch*, 396ff.
42 Recke, *Tagebuch* IV, 91ff.

dem Ton von tiefem Schmerz durchschnitten"; und verstärkt wird der subjektive Seelenschmerz noch dadurch, daß „alles was die Seele je Schwermüthiges und Schmerzhaftes empfand, alle Erinnerungen vergangener Freuden und vergangenen Grams [...] in ihr geweckt, und alle Schleusen des individuellen Kummers (wie Göthe irgendwo so schön sagt) gleichsam auf einmal aufgezogen [werden]."[43] Alles was sie „Tiefes und Schmerzvolles aus der Seele hervor zu zaubern wussten", hätten die „Musiker, die solche Miserere's componirten" in ihr Stück gewissermaßen hinein projiziert.[44] Als semantisch behaftet wird schließlich das langsame Verklingen des Schlußakkords empfunden, indem hier besonders sinnfällig die Idee des „allmähligen Hinsterbens" ausgedrückt sei.[45]

Romantisch sind, neben dem grundsätzlichen Vorgang der Entblößung innerer Empfindung mittels einer gefühlsbetonten Sprache, vor allem irrationale, etwa die Geisterwelt beschwörende Motive und Metaphern, die sich mit solchen der nur bedingt möglichen Weltflucht verbinden. Dabei richtet sich die Sehnsucht mehrheitlich auf das Überirdisch-Ätherische, seltener spielt die Verklärung des Vergangenen eine Rolle, obschon das die Entrückung vermittelnde Medium, nämlich die Musik der ‚Alten', eine solche Ausrichtung grundsätzlich anbieten würde. Anklänge daran, freilich ohne klares historisches Bewußtsein[46], zugleich eine Synthese beider Perspektiven, formuliert noch am deutlichsten wiederum Friederike Brun; ihr zufolge sei die Musik „sehr alt", sie wurde in „einer jener seligen Stunden, wo die Bande des Körpers gelöst zu seyn scheinen, einem hochschwebenden Engelchor abgelauscht."[47] Die geradezu emphatische Suche nach Transzendenz, die Sehnsucht nach dem Jenseitigen ist jedenfalls mit der ursprünglichen Motivation der bürgerlichen Bildungsreise des 18. Jahrhunderts kaum mehr vereinbar und dokumentiert den offenen Widerspruch von rationalistischer Aufklärung und irrationaler Verklärung.

Bedeutsam ist, daß die vorstehend konturierten *Miserere*-Empfindungen – etwa in Gestalt der Tagebuchaufzeichnungen Friederike Bruns schon von 1796 – nach Diktion und Inhalt in Wilhelm Heinrich Wackenroders *Phantasien über die Kunst*

---

43 Eichholz, *Briefe* IV, 145ff. Das erwähnte Goethe-Zitat stammt aus *Wilhelm Meisters Lehrjahre*, 5. Buch, 16. Kapitel (erschienen 1796). Im Zusammenhang mit der dort geschilderten Theateraufführung von Lessings *Emilia Galotti* heißt es: „[...] Aurelie hatte die Rolle der Orsina auf eine Weise gespielt, wie man sie wohl niemals wieder sehen wird. Sie war mit der Rolle überhaupt sehr bekannt und hatte sie in den Proben gleichgültig behandelt; bei der Aufführung aber zog sie, möchte man sagen, alle Schleusen ihres individuellen Kummers auf, und es ward dadurch eine Darstellung, wie sie sich kein Dichter in dem ersten Feuer der Erfindung hätte denken können." Vgl. Goethe, Sämmtliche Werke 4, 729.

44 Eichholz, ebd.

45 Junker, Almanach 1784, 108.

46 Bemerkenswert ist die rezeptionspsychologisch interessante, gegen das bloß rationale Erfassen gerichtete Idee, daß derartige „alte" Musik auf rein analytischem Wege gar nicht zu verstehen sei, indem „wir die Wirkung derselben uns nicht mit der Einbildungskraft vorstellen können, sondern die Musik in treflicher Aufführung p. mit dem leibhaften Sinn des Ohres hören müssen." Brief Heinses an Zulehner aus Aschaffenburg, Mai 1796; vgl. Heinse, Sämmtliche Werke 10, 303f.

47 Brun, *Tagebuch*, 396ff.

von 1799 wiederkehren, einer Schrift, die als Manifest romantischer Musikästhetik verstanden wird.[48] Abstrahiert von der Form des realen oder fiktiven Reiseberichts[49] und verdichtet zum kunstanschaulich-ideengeschichtlichen Entwurf, findet sich im Kapitel „Von den verschiedenen Gattungen in jeder Kunst, und insbesondre von verschiedenen Arten der Kirchenmusik“[50] eine dreigeteilte Klassifizierung, deren Ausprägungen als einfach-heiter, prunkvoll-majestätisch bzw. demütig-still charakterisiert werden können. Folgerichtig entwickelt Wackenroder die dritte Variante anhand „jene[r] alte[n], choralmäßige[n] Kirchenmusik [...], die wie ein ewiges ‚Miserere mei Domine!‘ klingt, und deren langsame, tiefe Töne gleich sündenbeladenen Pilgrimmen in tiefen Thälern dahinschleichen.“ Die meisten jener romantischen, aus den Reiseberichten bekannten Metaphern begegnen auch hier: die „wehmüthige[n] Sehnsucht nach den Gütern der reinen Engel“, die Vorstellung eigenen Leidens, Weltflucht, Trostsuche, und zuletzt „windet sich die innige Demuth in mannichfachverschlungenen Beugungen herum, und kann sich von der schönen Bußübung nicht trennen, – bis sie endlich ihre ganze aufgelöste Seele in einem langen, leiseverhallenden Seufzer aushaucht.– –“[51]

Eine vergleichbare – bezeichnenderweise aber doch anders akzentuierte und angeordnete – Dreiteilung findet sich auch in Ludwig Tiecks etwas späterem *Phantasus*: „Von dreierlei Art kann die geistliche Musik hauptsächlich sein. Entweder ist es der Ton selbst, der durch seine Reinheit und Heiligkeit die Andacht erweckt, durch jene einfache edle Sympathie, welche har-

---

48 Vgl. dazu an Auswahlliteratur: Dahlhaus, *Musikästhetik*, 30ff., 93ff., 111ff. und passim; sodann: Hans Hartmann, *Kunst und Religion bei Wackenroder, Tieck und Solger*, Diss. Erlangen 1916. Martin Bollacher, *Wackenroders Kunst-Religion. Überlegungen zur Genesis der frühromantischen Kunstanschauung*, in: Germanisch-romanische Monatsschrift N. F. 30 (1980), H. 4, 377-394. Rita Köhler, *Poetischer Text und Kunstbegriff bei Wilhelm Heinrich Wackenroder. Eine Untersuchung zu den „Herzensergießungen eines kunstliebenden Klosterbruders“ und den „Phantasien über die Kunst“*, Frankfurt/M. 1990. Ladislao Mittner, *GALATEA. Die Romantisierung der italienischen Renaissance-Kunst und -dichtung in der deutschen Frühromantik*, in: DVjs 27 (1953), 556. Ruth E. Müller, *Erzählte Töne. Studien zur Musikästhetik im späten 18. Jahrhundert* (= Archiv für Musikwissenschaft, Beihefte, Bd. 30), Stuttgart 1989. Hinzuweisen ist in diesem Zusammenhang auch auf die Musikästhetik Wilhelm Heinses, vor allem in seinem Roman *Hildegard von Hohenthal*. Die musikästhetisch-literarische Ausformung geschieht auf der Grundlage eines realen italienischen Reiseerlebnisses, wobei die kunstanschaulichen Bemerkungen über weite Passagen bloße Kompilation von Tagebuchaufzeichnungen sind. An weiterführender Literatur zu Wilhelm Heinse wäre zu nennen: Manfred Koller, *Die poetische Darstellung der Musik im Werk Wilhelm Heinses*, Diss. Graz 1968. Ruth Gilg-Ludwig, *Heinses ‚Hildegard von Hohenthal‘*, Diss. Zürich 1951.

49 Vgl. Amann, *Allegris Miserere*, 22.

50 In: *Zweyter Abschnitt. Anhang einiger musikalischen Aufsätze von Joseph Berglinger*, Kapitel 3; vgl. Wackenroder, Sämtliche Werke I, 209ff.

51 Ebd., 212f. Vgl. auch die Rezension in AMZ 2 (1800), 401ff., bes. 404, als Dokument für die Einbeziehung von Wackenroders Schrift in die aktuelle Diskussion. Sodann ist auch im Blick auf die Musik Händels die Rezeption von Wackenroders *Phantasien* schon früh belegbar, und zwar durch Johann Andreas Gleichmann im Kontext seiner Parodiefassung zum *Funeral Anthem*; vgl. Jürgen Heidrich, *Georg Friedrich Händels Funeral Anthem „The Ways of Zion do mourn“ und Heinrich Schütz. Zur Rezeptionsgeschichte einer Trauermusik*, in: NMwJb 3 (1994), 68.

monisch die befreundeten Klänge verbindet und miteinander ausstrahlen läßt [...]. Dieser Gesang, ausgehalten, ohne rasche Bewegung, sich selbst genügend, ruft in unsre Seele das Bild der Ewigkeit, so wie der Schöpfung und der entstehenden Zeit: Palestrina ist der würdigste Repräsentant dieser Periode. Oder die Musik ist dem Menschen und der Schöpfung schon von dieser heiligen reinen Bahn gewichen: alles verstummt; da ergreift die Sehnsucht aus dem Innersten hervor den Ton, und will in jene alte Unschuld zurück stürmen und das Paradies wieder erobern. Leo, und vielleicht Marcello, so wie viele andre, charakterisieren diese Epoche. An diese schon mehr leidenschaftliche Kunst schlossen sich nachher die weltlichen Musiker. Drittens kann die geistliche Musik ganz wie ein unschuldiges Kind spielen und tändeln, arglos in der Süßigkeit der Töne wühlen und plätschern, und auf gelinde Weise Schmerz und Freude vermischt in den lieblichsten Melodien ausgießen. Der oft von den Gelehrten verkannte Pergolese scheint mir hierin das Höchste erreicht zu haben."[52]

In Wackenroders Texten ist die „Geburtsstunde der deutschen Romantik" faßbar, in Form einer „klosterbrüderlich-sympathetischen Verehrung der zum Sehnsuchtsbild verklärter alter Zeiten, nämlich der im göttlichen Raffael kulminierenden italienischen Renaissancekunst" (Bollacher).[53] Die Motive der Wackenroderschen Anschauung begegnen, in der Diktion analog, dabei chronologisch früher, in den römischen *Miserere*-Berichten – übrigens auch schon in der noch früheren deutschen Pergolesi-Rezeption.[54] Denn bereits diese kennen die gleiche „Interdependenz von poetischem Taumel und prosaischem Leben, von ätherischem Enthusiasmus und dem niedrigen Elend dieser Erde" (Bollacher): Der sehnsuchtsvollen Hinneigung zu Raffael entspricht das emphatische Bekenntnis zum römischen *Miserere.* Bezeichnenderweise ist auch der Erfahrungsrahmen analog: So wie Wackenroder während seiner Reise 1799 nach Nürnberg, Bamberg und Pommersfelden die maßgeblichen Eindrücke seiner Kunstanschauung und -religion gewonnen hatte, so war die Italienreise die bildungsspezifische Voraussetzung für das *Miserere*-Erlebnis: Jeweils öffnete sich dem „kunstfrommen Pilger" eine neue – katholische – Welt.

2.3. Sonstige römische Kirchenmusik

Nur eine untergeordnete Rolle spielt in den Reiseberichten des 18. Jahrhunderts die zeitgenössische italienische Kirchenmusik. Die Vertreter beider zuvor skizzierten

---

52 Ludwig Tieck, *Phantasus* (= Ludwig Tieck. Schriften in zwölf Bänden, hrsg. von Manfred Frank, hier: Bd. 6, Frankfurt/M. 1985), 356, sowie den Kommentar, ebd., 1325f., wonach die Auseinandersetzung Tiecks mit Renaissance-Musik auf den Aufenthalt in Ziebingen, einem Gut des Grafen Finckenstein in der Neumark, zurückgehe (1802). Vgl. auch die Kommentare ebd., 1374ff. sowie 1458ff.

53 Die zweite Wurzel der Wackenroderschen Musikanschauung, die in „Dürers ‚Realismus' beschworene altdeutsch-spätmittelalterliche Kunstfrömmigkeit" (Bollacher) spielt für die Kirchenmusikanschauung keine Rolle. Immerhin verwiesen sei an dieser Stelle auf die in ihrer ideengeschichtlichen Verknüpfung mit den hier beschriebenen Vorgängen noch zu untersuchende spätere, in mancherlei Hinsicht Parallelen markierende Bewegung der Nazarener in der Malerei; vgl. dazu: Winfried Kirsch, *„Nazarener in der Musik" oder „Der Caecilianismus in der Bildenden Kunst"*, in: Hubert Unverricht (Hrsg.), Der Caecilianismus. Anfänge – Grundlagen – Wirkungen, Tutzing 1988, 35-74.

54 Vgl. etwa die Vision des Friedrich Freiherrn von Dalberg; siehe Kap. 2.5.5.

Rezeptionsauffassungen reagieren sowohl in der Beurteilung der eigentlichen Kompositionen, als auch hinsichtlich der Qualität der Aufführungen reserviert. Die Kritik richtet sich vor allem auf äußeren Prunk, auf vordergründige, auch opernhaft-weltliche Präsentation (von der Recke); wiederholt wird auf die zum Teil außerordentlichen, als unangemessen empfundenen Dimensionen der Besetzungen verwiesen. So ist über eine Musik in der Peterskirche, wahrscheinlich von Niccolò Jommelli, zu lesen, daß in der Vesper „Acht Orgeln, 16 Contrabässe, 64 Violoncelle und Fagotte [...] 180 Sänger [...] accompagniren"; freilich bekennt der Verfasser, daß dieser „erstaunliche Chor für die Kirche noch zu klein [sei], und man [...] beynahe nur ein bloßes Gesause" hörte. Kritik wird auch an den Aufführungsumständen laut, wenn beklagt wird, daß die „römischen Damen" bei einer solchen Kirchenmusik „gleichgültig, wie bey einer Buffa-Arie, Orangen und andre Bonbons, die beym Eingang der Kirche feil geboten werden, verzehrten."[55] Explizit konfessionell geprägte Kritik an den katholischen Zeremonien findet man nur gelegentlich: „Die Segnung der Palmen an dem Palmensonntage, die Fusswaschung an dem grünen Donnerstage, die Speisung der Armen u. d. g. sind Dinge, um derentwillen ich ein andersmal keinen Schritt thun würde. Ceremonien an ihrem Platz thun auf mich wie auf einen andern ihre Wirkung; wenn aber alles zum blossen Schauspiel herabsinkt, und es blos darauf ankommt, dass ein Jeder wohl gelernt habe seine Lection, so werde ich unwillig", schreibt Georg Arnold Jacobi. Auch bei Friederike Brun ist auffällig, wie stark das verklärte *Miserere*-Erlebnis von dem zumeist negativ beschriebenen liturgischen Procedere abstrahiert wird.[56] Bisweilen ist eine merkwürdige Diskrepanz zwischen einer gegenüber dem Katholizismus selbstbewußt-aufgeklärten Haltung wahrnehmbar, mit der die rituellen Handlungen etwa auch des Papstes kommentiert werden, und jener bedingungslosen, beinahe rauschhaften Hingabe, mit der andererseits das *Miserere* in allen seinen Bestandteilen rezipiert wird. Jacobi schreibt an anderer Stelle:

> „O, der unbeschreiblichen Harmonie, wie da Alles in einander fliesst und stimmt! Bald hört man nur den leisen klagenden Jammer des einen, dann greifen die andern wieder ein, und so wallt der Trauergesang, bis am Ende jeder Strophe alle Stimmen sich vereinigen. [...] Nie hat mich etwas so ergriffen und bewegt, wie dieser Gesang."[57]

---

55 Forkel, Almanach 1782, 123ff. Junker, Almanach 1784, 112. Der Gegensatz von rationalistischer und romantischer Auffassung ist indes nochmals belegt durch einen Text Wilhelm Heinses, der in einem Brief an Gleim die exakt gleiche Aufführung beschreibt, wenn auch entschieden zustimmend; vgl. Heinse, Sämmtliche Werke 10, 197f.

56 Ein Hochamt in der Peterskirche wird als „geräuschvolle, sinnarme Musik" und „empörendes Possenspiel" bezeichnet, die „rein zusammenstimmenden Chöre" wurden „aufs Barokkeste von den Psalmodien der Mönche unterbrochen, die ohne Scheu ihr rauhes elendes Geplärr dazwischen herleierten" [...]; Brun, *Tagebuch*, 395f.

57 Der Durchdringung von verstandesmäßigen und schwärmerisch-irrationalen Momenten erliegt selbst der sachliche Kommentator aus Forkels Almanach von 1782 (vgl. oben), indem er zum einen Unvergleichbares (Oratorium/a-cappella-Psalm) nebeneinander stellt, zum anderen vor dem ungelösten ‚Geheimnis' des *Miserere*-Effekts kapituliert: „Grauns Tod Jesu ist gewiß besser gearbeitet, und weit mehr werth: aber an dem sonderbaren Effekt, den dieses Miserere

Nur gelegentlich gipfelt die Beschreibung in einem Vergleich mit der deutschen protestantischen Kirchenmusik, etwa wiederum bei Friederike Brun:

> „Allein die neue italienische Musik ist für uns Nordländer, deren Ohr durch Bach's, Glucks und Schulzens, Benda's, Naumanns, Reichards, Kunzens, seelenvolle Töne verwöhnt sind, eitel Klingklang, und geht, ohne Eindruck zu machen, zu einem Ohr herein, und gerade zum andern hinaus. Gute Exekution geistloser Töne! Die geschmackvollern Italiener, welche die alten Meister ihrer Nation zu schätzen wissen, bekennen selbst, dass die Tonkunst über die Alpen nach Wien, Berlin und Dresden gezogen sey. Ich mochte es ihnen nicht verrathen, dass sie auch dort nicht mehr gefunden wird; dass auch dort geistloser Tonluxus die hohe Einfalt verdrängt hat, und dass die ernste Muse ohne festen Wohnort zwischen Himmel und Erde schwebt."

Der Eindruck eines tieferen katholischen Frömmigkeitserlebnisses entsteht freilich nur selten, so daß die im Zusammenhang der späteren sogenannten „kirchenmusikalischen Restauration" sich in vielfältigen Erscheinungen artikulierende ‚Attraktion des Katholischen' allenfalls in einem veräußerlichten Sinne wirksam wäre. Das geistliche Erleben steht dem sinnlichen deutlich nach. Obschon in feste liturgische Vorgänge eingebettet, wird das *Miserere* nicht in seiner theologischen Bedeutung rezipiert, sondern seiner ästhetischen Wirkung wegen: In erster Linie der empfindsame Mensch sucht den Zugang zum *Miserere*-Erlebnis, nicht aber der religiöse. Gleichwohl sind mit diesen rezeptionsästhetischen Erscheinungen auch solche Phänomene angesprochen, die beinahe gleichzeitig in Friedrich Schleiermachers „Kunstreligion" ihre endgültige Ausformung erfahren haben. In dessen – nicht im Hegelschen – Verständnis meint der Begriff eine Religion, „die darauf vertraute, daß nichts ihr Wesen, die innige sehnsüchtige Andacht des Unendlichen, so machtvoll belebe wie die Kunst und unter den Künsten keine so wirksam wie die Musik."[58] Aus den Berichten der Eichholz, Heinse, Brun oder von der Recke spricht Schleiermachers Vorstellung von der „Anschauung des Unendlichen im Endlichen" ebenso wie jene „romantische Religiosität" und „subjektive Seelenbewegung" (Seidel), die als Voraussetzung für das Verständnis von „Kunstreligion" um 1800 gelten.[59]

2.4. *Miserere*-Rezeption in Deutschland

Zahlreiche Implikationen der zeitgenössischen Kirchenmusikanschauung sind aus dem Vergleich mit italienischen Verhältnissen abgeleitet, sei es, um einmal die extremen Pole zu benennen, in Gestalt nachahmenswerter Idealvorstellungen, sei es in

---

macht, reicht alle Wirkung, die jenes treffliche Stück macht, noch lange nicht." Vgl. dazu den an anderer Stelle angestellten Vergleich des *Stabat Mater* mit dem *Tod Jesu*; siehe unten.

58 Wilhelm Seidel, *Absolute Musik und Kunstreligion um 1800*, in: Helga de la Motte-Haber (Hrsg.), Musik und Religion, Laaber 1995, 92.

59 Friedrich Schleiermacher, *Über die Religion. Reden an die Gebildeten unter ihren Verächtern*, hrsg. von H.-J. Rothert (= Philosophische Bibliothek, Bd. 255), Hamburg 1958, 157. Vgl. ferner: Friedhelm Krummacher, *Kunstreligion und religiöse Musik im 19. Jahrhundert. Zur ästhetischen Problematik geistlicher Musik*, in: Mf 32 (1979), 365-393.

Form strikter Ablehnung.[60] Einige Beispiele mögen die Vielschichtigkeit und Variabilität dieses Rezeptionsprozesses veranschaulichen:

– Johann Friedrich Reichardt setzt 1791 zur Konturierung eines ‚wahren' Kirchenmusikstils Carl Philipp Emanuel Bachs *Heilig* als „deutsches Meisterwerk" den in ‚weltlicher' Rondoform gehaltenen italienischen angeblichen Verfallserscheinungen entgegen.[61]

– Der Stettiner Prediger Johann Karl Friedrich Triest erklärt in einem historiographischen Entwurf aus dem Jahre 1801 Palestrina und Luther gleichermaßen zu „Schutzengeln der Tonkunst" im 16. Jahrhundert: So wie jener für die katholische Kirche, sei dieser für die protestantische wirksam geworden.[62] Deutlich ist in Triests konfessionell motivierter Konstruktion die später von Carl von Winterfeld entworfene Gegenüberstellung Palestrina/Eccard vorweggenommen.[63]

– Johann Adam Hiller vergleicht 1787 den Stil Hasses mit demjenigen Jommellis.[64] An anderer Stelle behandelt er *Te-Deum*-Vertonungen Händels und Jommellis weitgehend ausgewogen und neutral, doch ist namentlich Händels „Singart" von „ächter deutscher Art": was Homer unter den Dichtern sei Händel unter den Komponisten (1791).[65] Demselben Autor dienen die italienischen kirchenmusikalischen Verhältnisse als Anhaltspunkte für eine Epochengliederung der Musikgeschichte: der zweigeteilte jüngere, als der „melodische" bezeichnete Abschnitt sei durch Meister wie Pergolesi, Vinci und Leo ausgebildet worden.[66]

– Laut Johann August Eberhard, Professor der Philosophie in Halle, der sich auf eine Meinung Johann Philipp Kirnbergers beruft, verhalte sich Pergolesi gegen Graun so, wie der populäre und asketische Gellert zu dem erhabenen Klopstock (1800).[67]

– Georg Joseph Vogler stellt ebenfalls, vor dem Hintergrund seiner Kritik am Kirchenstil, Hasse und Jommelli gegenüber; desgleichen entwickelt er mit Blick auf Italien einen spezifischen a-cappella-Begriff.[68]

---

60 Vgl. dazu grundsätzlich: Hans Engel, *Deutschland und Italien in ihren musikgeschichtlichen Beziehungen*, Regensburg 1944.

61 Kunstmagazin II, 18 und 57.

62 AMZ 3 (1801), 231f.

63 Winterfeld, *Kirchengesang* I, 433ff. Nowak, *Johannes Eccards Ernennung*, 293-300. Christine Böcker, *Johann Eccard. Leben und Werk* (= Berliner musikwissenschaftliche Arbeiten 17), München-Salzburg 1980, 164ff.

64 Johann Adam Hiller, *Ueber Alt und Neu in der Musik. Nebst Anmerkungen zu Händels grossen Te Deum, und einem andern von Jommelli*, Leipzig [1787], 10f.

65 Johann Adam Hiller/Johann Adolph Hasse, *Beyträge zu wahrer Kirchenmusik*. Zweyte vermehrte Auflage, Leipzig 1791, 11, 18 und 25.

66 Hiller, *Ueber Alt und Neu*, 3ff.

67 AMZ 2 (1800), 875. Eberhard war übrigens auch als scharfer Kritiker des Melodramas hervorgetreten; vgl. Kap. 6.3.2.4.

68 Georg Joseph Vogler, *Betrachtungen der Mannheimer Tonschule*, 4 Bde., 1778-81; hier Bd. 1, 163. Hier und im folgenden bezieht sich die bibliographische Angabe auf die korrigierte Paginierung des 1974 bei Olms (Hildesheim) erschienenen Faksimile-Nachdrucks.

– Wilhelm Heinse wägt in *Hildegard von Hohenthal* die Wirkung von Händels *Messias* und Palestrinas Musik ab.[69]

– Ein Anonymus H. versucht – in einer Gegenüberstellung von deutschen und italienischen kirchenmusikalischen Meisterwerken – zu erklären, warum Pergolesis *Stabat mater* eine größere Wirkung auf ihn gehabt habe, als Grauns *Tod Jesu.*[70]

Eingebettet in eine so nur skizzierte, aus der Konfrontation mit italienischen Verhältnissen geborene Musikanschauung, war der Aufstieg von Allegris *Miserere* in den ‚Olymp klassischer Kirchenkompositionen'[71], sogar die regelrechte Ausbildung eines, über die bloße Wahrnehmung des Allegri-Satzes hinausgehenden ‚*Miserere*-Mythos', die Folge der Cappella-Sistina-Berichterstattung: Kompositionen dieses Bußpsalms prägten nicht nur die abstrakte kunstästhetische Auseinandersetzung, sondern auch die kirchenmusikalische Praxis nachhaltig; häufig wurde gerade anhand konkreter *Miserere*-Sätze versucht, das stilistische Ideal ‚wahrer' Kirchenmusik – bisweilen auch in kritischer Abgrenzung von italienischen Vorbildern – darzustellen.

Die praktischen Auswirkungen auf das Konzertleben waren vielgestaltig: Dazu gehörte die Wiederaufführung von Allegris Komposition in Deutschland – gewissermaßen der Versuch der ‚Verpflanzung' des Cappella-Sistina-Effekts – ebenso, wie der Vorgang, das *Miserere*-Repertoire entweder durch andere italienische Stükke oder sogar protestantische Neuschöpfungen zu erweitern. Eine ergänzende Erklärung für diese Präferenz könnte sein, daß zusätzlich zu den römischen Rezeptionsvorgängen auch die ‚variable Neutralität' des sich weitgehend jeder konfessionellen, liturgischen und funktionalen Festlegung entziehenden Textes eine Rolle gespielt hat. Einerseits entspricht der Bußpsalm genau jener Grundstimmung, die auch in zahlreichen anderen neu verfaßten Kirchenmusiktexten begegnet: Damit ist ein zeitgenössisches Bedürfnis nach solchen Sujets erfüllt, die mit den Themen Reue, Buße, Trauer, Zerknirschung, insbesondere auch der Passion Christi, in Verbindung stehen.[72] Zum anderen ist er, in seiner Eigenschaft als Psalm – wie übrigens auch Vertonungen des Meßordinariums – der Textdiskussion enthoben. Nicht also bloße Cappella-Sistina-Emphase, sondern auch die Vorstellung, daß die Psalmen, im weiteren Sinne das Bibelwort überhaupt, die am besten geeigneten Kirchenmusiktexte seien, dürfte sich befördernd auf den in Deutschland einsetzenden *Miserere*-Kult ausgewirkt haben: Samuel Christlieb Fiedler etwa hat ausdrücklich allsonntägliche Aufführungen von Psalmen (in den Kompositionen z. B. von Doles, Bach, Graun,

---

69 Heinse, *Hildegard von Hohenthal* I, 146f.

70 Musikalische Real-Zeitung 1788, 188ff. und 194ff.

71 Karl Ludwig Junker stellt in seinem Almanach eine kleine Bibliothek ausgesuchter musikalischer Preziosen vor; an Kirchenmusik ist genannt: „Das Requiem, Das Laudamus te Deum, die letzte Messe von Jommelli, das Stabat Mater von Pergolese, das Miserere von Allegri, Tod Jesu von Graun, Händels und Hasses Werke." Junker, Almanach 1782, 109.

72 Vgl. dazu die Ausführungen zum Passionsoratorium, Kap. 6.3.

Wolf und Reichardt) gefordert[73], und auch Johann Adam Hiller hat die Bedeutung des Psalms als Textgrundlage deutlich ausgesprochen:

> „Die Psalmen haben ehemals die Stelle der Kirchenmusik im Salomonischen Tempel vertreten; sie sind voll von frommen Regungen, von heiligen Empfindungen, und pathetischen Ausdrükken, daß sie die Musik zu allen Zeiten, als ihr eigenthümliches Feld wird ansehen, und ein Componist seine Geschicklichkeit an ihnen zeigen können; und wir wissen nicht, ob wir nicht einen und den anderen Psalm mit Empfindung und Nachdruck in Musik gesetzt in der Kirche weit lieber hören würden, als sehr viele unserer Kirchencantaten, die von Seiten der Poesie oft eben so schlecht, ja mehrentheils noch schlechter sind, als von Seiten der Composition.“[74]

Schließlich hat Johann Nikolaus Forkel ausdrücklich das von Doles vorgeschlagene Verfahren befürwortet, im Sinne einer kantatenhaften Anlage Psalmen mit Chören, Solostellen und kurzen Rezitativen zu durchsetzen.[75]

2.4.1. Gregorio Allegris *Miserere*

Spätestens seitdem Charles Burney eine sanktionierte Abschrift direkt aus den Händen des „Kapellmeisters Seiner Päpstlichen Heiligkeit“ Giuseppe Santarelli erhalten und im Jahre 1771 eine Edition in die Wege geleitet hatte[76], standen einer außerrömischen Aufführung und Verbreitung von Allegris *Miserere* im europäischen Norden zumindest keine überlieferungstechnischen Hindernisse mehr entgegen: Das bekannte, mit etlichen Legenden behaftete Kopierverbot der päpstlichen Kapelladministration, das für die strikte Exklusivität des Repertoires gesorgt hatte, war wirkungslos geworden.[77] Wenn nicht schon durch diese Publikation, so war die Komposition dem deutschen musikalischen Publikum schließlich durch jenen Abdruck, den Johann Friedrich Reichardt in seiner Zeitschrift *Deutschland* im Jahre 1796 vorlegte, ohne weiteres zugänglich.[78]

---

73 Samuel Christlieb Fiedler, *Zufällige Gedanken über den wahren Werth* [...] *einer harmonischen und zweckmässigen Kirchenmusik* [...], Friedrichstadt 1790, 11. Die Bedeutung der Psalmen für die Entstehung der kanonisierten „Lieder“ *Veni redemptor gentium* (Ambrosius) und *A solis ortus cardine* (Sedulius) wird von Steinberg, *Betrachtungen*, 8, herausgestellt.

74 Wöchentliche Nachrichten und Anmerkungen I, 397. In diesen Zusammenhang gehört ferner die anonyme Abhandlung *Ueber den Werth der Mendelssohnschen Psalmübersetzung*, in: Deutsches Museum I, 1788, 442-450, sowie die Herausstellung des „Ebräische[n] Psalmbuch[s]“ als Grundlage für den „christlichen Hymnus“ durch Herder in *Caecilia* (= Herder, Sämmtliche Werke 16, 257ff.).

75 Forkel, *Allgemeine Geschichte* II, § 69.

76 Das in der Person Burneys greifbare Interesse am Sammeln von Quellen älterer Musik ist für etliche andere Rompilger ebenfalls bezeugt – darunter Reichardt, Heinse, Kayser – und kann als wichtiger Effekt der durch das „Italienfieber“ ausgelösten Begegnung mit alter Vokalpolyphonie gelten.

77 Bekannt ist die auf Mozart bezogene Anekdote, wonach der vierzehnjährige Knabe Wolfgang Amadé das angebliche Reproduktionsverbot dadurch umging, daß er das Stück hernach aus dem Gedächtnis niederschrieb. Briefe Leopold Mozarts vom 14. April und 19. Mai 1770. Gleichwohl kursierten schon seit den dreißiger Jahren Abschriften.

78 Deutschland, III. Stück, Anhang.

Nach einem mißglückten Wiener Versuch des Jahres 1770[79] hat die deutsche ‚Erstaufführung' des *Miserere* vielleicht in den Jahren zwischen 1773 und 1778 in Schwerin durch die dortige Hofkapelle stattgefunden.[80] Von dieser wie auch der Wiener Aufführung wird allerdings eine nur begrenzte Öffentlichkeitswirkung ausgegangen sein. An anderer Stelle jedoch hat das *Miserere* Allegris deutliche Spuren in der norddeutschen Kirchenmusikpraxis hinterlassen: in den Abonnementskonzerten des Leipziger Musikers, Komponisten, Dirigenten, Schriftstellers, Verlegers und Konzertunternehmers Christian Gottfried Thomas (1748-1806), die dieser nicht nur in Leipzig sondern in zahlreichen anderen mittel-, nord- und ostdeutschen Städten veranstaltete.

Thomas war eine merkwürdige Figur, ein „Gemisch von Idealisten, Renommisten und Geschäftsmann" (Schering)[81], eitel, gelegentlich in Intrigen verstrickt, rastlos umgetrieben, mit teilweise exzentrischen Ideen und einer Neigung zum Bombastischen ebenso wie zum Impulsiven.[82] Zusammen mit Johann Adam Hiller, Johann Nikolaus Forkel und Christian Friedrich Gottlieb Schwencke hatte er sich übrigens 1789 um die Amtsnachfolge des verstorbenen Carl Philipp Emanuel Bach beworben, mußte aber Schwencke den Vortritt lassen. Im gleichen Jahr begann Thomas öffentliche Konzerte zu veranstalten, die nicht nur eine Bereicherung des Leipziger Musiklebens bedeuteten, sondern ein wichtiger Beitrag zur Geschichte des bürgerlichen Konzerts schlechthin sind. In diesen Konzerten hat Thomas planvoll und mit gewisser Regelmäßigkeit über die Jahre hinweg auch Stücke altitalienischer Meister zu Gehör gebracht, und zwar neben einem *Sanctus* Orazio Benevolis[83] eben auch das *Miserere* Gregorio Allegris. Sicher hat Thomas die Edition Burneys gekannt, denn er führte das *Miserere* nicht nur bereits vor Erscheinen des Reichardtschen Abdrucks auf, sondern er bezog sich in einem Begleittext auch ausdrücklich auf den Engländer.[84]

---

79 Vgl. unten. Siehe auch den Bericht Pietro Metastasios in: *Lettere dell'Abate Pietro Metastasio*, Bd. 1, Triest 1795, 79.

80 Amann, *Allegris Miserere*, 100.

81 Arnold Schering, *Johann Sebastian Bach und das Musikleben Leipzigs im 18. Jahrhundert* (= Musikgeschichte Leipzigs, Bd. 3: Das Zeitalter Johann Sebastian Bachs und Johann Adam Hillers [von 1725 bis 1800]), Leipzig 1941, 597.

82 So vertonte Thomas den 117. Psalm für sieben Vokalchöre in sieben Sprachen, mit einem vier, acht, zwölf und sechzehnstimmigen Fugensatz und Begleitung eines vierfachen Instrumentalorchesters; der Aufführung in der Berliner Garnisonkirche am 11. März 1802 folgte eine vernichtende Kritik. Vgl. AMZ 4 (1802), 479f., sowie Thomas' Replik in AMZ 4 (1802), Intelligenz-Blatt XVII.

83 Vgl. die Benevoli-Rezeption Gottlob Harrers (Kap. 3: Exkurs); möglicherweise hat Thomas von dort die Anregung und das Notenmaterial bezogen.

84 Vgl. Christian Gottlieb Thomas, *Nachtrag der Texte zur großen religiösen Musik in der Universitäts-Kirche zu Leipzig*, Leipzig 1794. Unter Berufung auf Charles Burney spricht aus den Ausführungen ein gewisses historisches Bewußtsein, wonach etwa die italienischen Vorbilder Allegri, Palestrina und Benevoli deutschen Musikern (Johann Sebastian Bach und Carl Fasch[!]) den vierfachen Kontrapunkt vermittelt hätten. Das Stadtgeschichtliche Museum Leipzig (Bibliothek) bewahrt in einem Konvolut zahlreiche Programme, Texthefte, auch Karikatu-

Erwähnenswert ist zunächst, daß das *Miserere* wie auch das *Sanctus* Benevolis nicht in einem bürgerlichen Konzertsaal erklangen, sondern in der Kirche im Rahmen einer Veranstaltung mit ausschließlich religiöser Musik unter dem Titel *Musikalische Academie spirituelle*; die Anregung dürfte von Reichardts Berliner *Concerts spirituels* ausgegangen sein, wobei die Reichardtschen Vorgängerunternehmungen allerdings gerade nicht die Kirche als Veranstaltungsraum nutzten. Belege für derartige Veranstaltungen unter Thomas' Leitung liegen unter anderem aus Leipzig (Paulinerkirche), Magdeburg (Klosterliebfrauenkirche) und Berlin (Garnisonkirche) vor. Das *Miserere* gelangte zumindest am 13. März 1790 sowie am 15. September 1798 in Magdeburg zur Aufführung, am 12. Oktober 1794 auch in der Paulinerkirche zu Leipzig.[85] Klarer Beleg für die Rezeption italienischer Vorbilder ist, daß Thomas in seinen je ausgeteilten konzerteinführenden Texten – auch dies erinnert an Reichardt – mit Erklärungen aufwartete, die mit Blick auf das *Miserere* ein klares Bekenntnis zur Aufführungstradition der Cappella Sistina ablegten. Dazu gehörte namentlich das Wissen um die vielgerühmte dynamische Gestaltung durch die Römer, ja, Thomas erkannte der Behandlung der dynamischen Kontraste eine geradezu substantielle Funktion zu.[86] Dies mag zunächst, vor dem Hintergrund der Topoi der literarischen *Miserere*-Überlieferung, kaum mehr als die Wiederholung eines vielfach kolportierten Allgemeinplatzes bedeuten, greift aber in der Tat weiter aus, indem Thomas auf die Kritik, die Wirkung des *Miserere* sei unmittelbar an die römischen Aufführungsumstände gebunden und ein adäquater Effekt nur in diesem Zusammenhang zu erreichen, unmittelbar reagierte.[87] Er tat dies in einer verblüffenden Weise, indem er äußere Bedingungen herzustellen suchte, die offensichtlich den

ren und sonstiges Material zu Thomas' Konzertunternehmungen auf; vgl. LEsm I N 236. Übrigens hat Reichardt mindestens einmal dem Thomasschen Konzert beigewohnt; vgl. die Nachricht vom 13. September 1794.

85 Ob auch Hiller das Stück aufführte, ist nicht ganz klar: Für den neunten Sonntag nach Trinitatis 1791 ist zwar ein lateinisches *Miserere* genannt, eine Komponistenangabe fehlt aber. Vgl. *Erstes [Zweytes, Drittes] Jahr der geistlichen Musiktexte in der Thomaskirche zu Leipzig*, Leipzig 1789ff.; vorhanden in: LEm I B 4a-c .

86 Thomas, *Nachtrag*.

87 Wie erwähnt, hatten aufgeklärte Kritiker die musikalische Qualität stark in Frage gestellt und die bekannte Wirkung allein auf die Aufführungsumstände zurückgeführt, vgl. etwa schon Burney, dann Junker (Almanach 1784, 101), schließlich auch Reichardt (Deutschland III, 414ff., und Almanach 1796, 64f.). Bezeichnend ist in diesem Zusammenhang die zunächst durch Charles Burney überlieferte Anekdote, wonach Kaiser Leopold [lt. Amann korrekt: Joseph II.] auf empirischem Wege diese Erfahrung hatte machen müssen; es heißt, daß dieser für den Gebrauch in der eigenen Kapelle eine Abschrift erbeten habe, die, vom Papst persönlich bewilligt, durch den päpstlichen Kapellmeister angefertigt und unverzüglich nach Wien versandt worden sei. Die Aufführung daselbst durch „einige von den größten Sängern" der Zeit geriet jedoch zum Desaster, so daß der Kaiser in einem erbosten Protest an den Heiligen Stuhl argwöhnte, man habe ihm, um nach wie vor das Geheimnis zu wahren, eine fremde Komposition statt des Allegri-*Miserere* untergeschoben; der Papst war indigniert, der Kapellmeister wurde streng gerügt, und erst die Intervention eines verständigen Kardinals, der um den besonderen Effekt der Aufführungssituation in der Sixtinischen Kapelle wußte, vermochte allseits die Wogen wieder zu glätten. Vgl. Junker, Almanach 1784, 109; auch in: Amann, *Allegris Miserere*, 97.

in der Cappella Sistina herrschenden nachempfunden waren: In einer Nachricht über die Aufführung im Magdeburger Kloster Unserer Lieben Frauen vom 15. September 1798 begründete Thomas die Wahl gerade dieses Aufführungsortes damit, daß hier eine natürliche Simplizität und Dunkelheit herrschte, was seinen Absichten eher entgegen käme, als die Verhältnisse in der Magdeburger Ullrichskirche. Noch bestehende Zweifel an der Vorbildfunktion der römischen *Miserere*-Aufführung lassen sich durch die anschließende Aussage ausräumen, wonach Thomas zusätzlich „Emporkirchen, Orgel und Orchester mit schwarzem Tuch ausschlagen ließ." Man mag diesen bemerkenswerten Versuch der Herstellung eines gleichen Aufführungskontexts als Grille des in der Tat etwas kuriosen Konzertimpresarios Thomas abtun; ohne Zweifel ist aber hierin ein praktischer Versuch der Verpflanzung des römischen *Miserere*-Effekts ins protestantische Deutschland zu sehen. Daß dieser Versuch eine Entwurzelung aus den eigentlichen liturgischen, konfessionellen, auch sozialen Traditionen bedeutete, bedarf keiner näheren Erläuterung.[88]

2.4.2. Reichardts Berliner Concerts spirituels

Eine andere Erscheinung des zeitgenössischen Konzertlebens, die bereits erwähnten, in Berlin durch Reichardt offenbar nach Pariser Vorbild veranstalteten Concerts spirituels, war ebenfalls um die Pflege des *Miserere*-Repertoires bemüht: In Reichardts Programmen nahmen entsprechende Vertonungen von Jommelli, Sarti, Leo und Bertoni eine zentrale Stellung ein.[89] Vor allem aber lieferten diese Veranstaltungen

88 Ein vergleichbarer, die Wirkung der römischen Aufführungen imitierender Vorgang ist die kirchenmusikalische Präsentation in pittoresk-veräußerlichtem, liturgisch-katholischem Kontext in Heinses *Hildegard von Hohenthal*, vgl. I, 182f. Instruktiv ist ferner ein Bericht aus Kassel anläßlich einer Aufführung von Haydns *Stabat mater*: „Diese Sänger sassen an einem weiß überhängten und mit schwarzen Flor gezierten Tisch, auf dem vier grosse Wachskerzen brannten. Ueber demselben hieng an der Wand zwischen sechs Wandleuchtern und unter einer Verzierung von schwarzen Flor ein Gemählde des hiesigen Herrn Raths Tischbein, die heilige Maria vorstellend, welche den erblaßten Heiland auf ihrem Schoosse liegend beweint, welches die Empfindung der Zuhörer unendlich erhöhete." Magazin der Musik I,1 596; siehe auch, mit Hinweis auf vergleichbare Aufführungsumstände: Musikalische Real-Zeitung 1788, 189f. Die pittoreske Aufführungs-Szenerie erweckt gleichermaßen Assoziationen an Leonardos *Abendmahl* wie an Niccolò Jommellis *Miserere*-Vertonung *Pietà, pietà Signore*; vgl. unten. Hinzuweisen ist schließlich auf eine feierliche Aufführung eines *Stabat mater* schon 1758/59 in der Berliner Hedwigskirche, am sogenannten „heiligen Grabe"; vgl. AMZ 2 (1800), 572f. Schließlich ist noch auf einen anderen Cappella-Sistina-Effekt zu verweisen, das gewissermaßen ‚unsichtbare' Klangereignis: „Oberhalb an dieser Wand, für die Sänger, eine mit Fenstern versehene Loge, die nur wenig hervortritt, so daß sie gewissermaßen verborgen sind, und die Töne wie aus einer unsichtbaren Region kommen." Recke, *Tagebuch* II, 422ff. Zur Deutung dieser etwa auch in den Concerts spirituels Ludwigs des Frommen, des Herzogs von Mecklenburg-Schwerin, nachgeahmten Praxis durch Herder vgl. Franziska Seils, *Johann Friedrich Reichardt und das Ideal von der „wahren Kirchenmusik"*, in: Johann Friedrich Reichardt (1752-1814). Komponist und Schriftsteller der Revolutionszeit (= Schriften des Händel-Hauses in Halle, Bd. 8), Halle 1992, 70f.

89 Die Concerts stehen danach ganz unter dem Eindruck einer einseitigen Auseinandersetzung mit italienischer Musik: Bemerkenswert ist insbesondere das Fehlen deutscher Meister.

einen Beitrag zur kunstanschaulichen Reflexion, denn zweifellos war Reichardts Konzertprojekt als Ergänzung seiner im Kunstmagazin vorgestellten Ideen zur ‚wahren' Kirchenmusik zu verstehen. Wenn auch Reichardt wiederholt kritisch zum *Miserere*-Kult der Cappella Sistina Stellung bezogen hatte, so war die gehäufte Präsentation solcher Sätze zweifellos Reflex auf und Tribut an die allgegenwärtige Italienrezeption, deren Auswirkungen er sich kaum entziehen konnte.[90] Der kirchenmusikalische Anteil der einzelnen Veranstaltungen war nicht selten einzig durch eine *Miserere*-Komposition bestimmt, eine Tendenz, die sich im zweiten Zyklus des Jahres 1784 noch verstärkte.[91] Durch diese Konzentration wurde der im 18. Jahrhundert durchaus als eigenständig aufgefaßten ‚Gattung'[92] nicht nur eine prominente Stellung im öffentlichen Konzertbetrieb des ‚protestantischen' Nordens zugewiesen, sondern durch die im Zusammenhang mit den Konzerten publizierten Einführungstexte (und deren propädeutischen Ausrichtung) hat Reichardt auch erheblichen Einfluß auf die Kirchenmusikästhetik genommen. So verwundert nicht, daß sämtliche Begriffskategorien des von Reichardt im Kunstmagazin skizzierten Ideals ‚wahrer' Kirchenmusik in diesen Besprechungen wiederkehren: Einzelne der aufgeführten Sätze werden geradewegs in den Rang von exempla classica erhoben.[93]

Die Verbindung zur modernen Kirchenmusikanschauung wird im Zuge der personalstilistischen Beschreibung der einzelnen *Miserere* hergestellt, indem der bekannte Kategorienapparat auf die vorgestellten Stücke angelegt wird: Das im Kunstmagazin theoretisch Skizzierte ist damit in die zeitgenössische Konzertpraxis umgesetzt; Reichardts Kommentare erheben den – freilich nicht immer eingelösten – Anspruch eines „Exposé über den artistischen Wert". Rein äußerlich unterscheiden sich sämtliche aufgeführten *Miserere* von demjenigen Allegris dadurch, daß sie eine Instrumentalbesetzung aufweisen. An Jommellis Beitrag[94] wird der „Mangel [an] großgedachter, kühn und edel geführter Harmonie" beklagt, während sich Sartis Komposition, ein Beispiel für die „neuesten und gerühmtesten Kunsterscheinungen in Italien", vollständig dem „üppigsten, ausschweifendsten neuern Operngesange überlassen" habe, obschon sich der Komponist zumindest teilweise bemühte, „die große edle Simplicität der ältesten Meister seiner Nation

90 Daß sodann Reichardt schon seine Beispielsammlung im Kunstmagazin mit dem bereits erwähnten zweiten Abschnitt *Cor mundum* aus Leos *Miserere* eröffnet, fügt sich gut in dieses Bild. Kunstmagazin I, 180 und 193.

91 So waren folgende *Miserere*-Sätze zu hören: 25. März 1783 von Jommelli, 1. April 1783 von Sarti, 11. und 18. März 1784 von Leo und Bertoni; vgl. Magazin der Musik I,1, 565ff. und II,1, 132ff.

92 Vgl. dazu Helmut Hucke, *Vivaldi und die vokale Kirchenmusik des Settecento*, in: Antonio Vivaldi. Teatro musicale, cultura e società, Florenz 1982, 196. Sodann: Marx-Weber, Art. *Miserere* in MGG2, 6, 322.

93 Der Schlußchor des ersten Teils von Leos *La morte di Abele* etwa wird förmlich als „Muster eines wahren erhabnen Chors im Kirchenstil" beschrieben. Überhaupt ist das Oratorium als Ganzes von „schöne[r] edle[r] Simplicität", zugleich „wahre Music" mit „Tiefen der Weisheit im edeleinfältigen Gewande, jedem empfänglich und vollendet." Vgl. dazu nachfolgend.

94 Es dürfte sich um das *Miserere* in g-Moll gehandelt haben, vgl. Marx-Weber, *Neapolitanische und venezianische Miserere-Vertonungen*, 41, und Wolfgang Hochstein, *Die Kirchenmusik von Niccolò Jommelli (1714-1774)* (= Studien zur Musikwissenschaft, Bd. 1), 2 Bde., Hildesheim etc. 1984; hier: Bd. 2, 273. Vgl. auch Hoffmann, *Alte und neue Kirchenmusik*, 235f.; dem Stück ist die italienische Textübertragung „Pietà, pietà Signore" unterlegt.

nachzuahmen." Gerade die außerordentliche Wirkung, die „Ergötzung des äussern Sinnes" ist aber markanter Beleg für den „Verfall der wahren Kirchenmusik", einen Verfall der um so schneller herbeizuführen sei[!], als „man [...] dadurch desto eher bewogen werden [muß], zurückzusehen und zur schönen edlen Simplicität zurückzukehren." Zweifelsohne werden Simplizität und ‚wahre' Kirchenmusik als Phänomene des musikhistorischen Rückgriffs aufgefaßt.

Besonders anschaulich wird der kunstanschauliche Erkenntnisprozeß infolge der unmittelbaren Gegenüberstellung, ja teilweisen Vermischung zweier kontrastierender Stücke, nämlich der *Miserere* von Leonardo Leo und Fernando Bertoni, in derselben Konzertveranstaltung.

Angesichts der publizistischen Bedeutung Reichardts mag es instruktiv sein, dessen grundlegende Argumentation (und Diktion) wenigstens an einem Beispiel in größerem Umfang zu verfolgen: Eindrucksvoll ist, mit welcher Emphase der Personalstil Leonardo Leos beschrieben wird; diesbezüglich heißt es im Magazin der Musik:[95] „Leonardo Leo ist einer der edelsten und größten italiänischen Componisten; er lebte zu Anfange dieses Jahrhunderts, und die geliebtesten Componisten unsrer Zeit sind seine Schüler, wie z.B. Pergolesi, Piccini, Sacchini, Hasse u.a.m. Er kannte die innersten Tiefen der Kunst, und konnte so das Schöne, Sangvolle, Ausdrückende, worinnen der italiänische Componist schon durch seine Natur jeden andern übertrift, das konnte er mit der Gründlichkeit, dem Fleisse und der Correctheit vereinen, worinnen sonst der deutsche Componist nur vollkommen zu seyn pflegt, und so Werke liefern, die durch Schönheit, Wahrheit, Ordnung und Vollendung den Kunstfreund, ergötzen, und den Künstler selbst ganz befriedigen. Er schließt gewisser maassen die grosse Periode der italiänischen Music, und hebt die schöne an. Nach ihm kam kein Italiäner, der so edel und groß für die Kirche und für die Heldenoper arbeitete, und vor ihm war keiner, der so reizend schrieb. Er ist einer von den seltnen Genies, die durch ihre Werke ihr Zeitalter entzücken und alles so überwältigen, daß fast jeder Nebenkünstler in blinder Nachahmung ihnen nachstrebt: und da solche Nachahmung gemeinhin nur die Form des Urbildes erjagt, so können daraus auch nur schwache einseitige Werke, oder gar Mißgeburten – freylich oft auch schöne Mißgeburten – entstehen.

In diesen ausgewählten Stücken aus seinem Oratorium Abel und Cain, wird so leicht niemand den schönen, einfachen, ausdrückenden Gesang verkennen, und Kunstverständige werden sich, dem Vergnügen des bloßen Kunstfreundes unbeschadet, der vortreflichen Arbeit gewiß erfreuen.

Die Ouverture hat etwas ganz eignes, durch die Abwechslung des erhabnen und strengen Hauptsatzes mit dem angenehmen singenden Zwischensatz, dem es wieder gar nicht an seiner harmonischer Bearbeitung fehlt, und durch den kleinen Pastoralzwischensatz, der gewissermaassen den Character des Ganzen andeutet, und dadurch einen sehr feinen Wink giebt, daß es kein heiterer, sondern ein elegischer Pastoralsatz ist.

Man kann sich fast nichts einfacheres und doch edlers und kräftigers für die Kirche denken, als dieses erste Chor: ich kenne mehr als ein schönes, rührendes, altes Volkslied, das in der Melodie denselben Gang hat, selbst die Wiederholung einzelner Schlußtacte ist eine Lieblingsstelle in alten Volksliedern. Und wie edel diese Melodie durch die reine und mannigfaltige Harmonie wird, und durch den angehaltenen gleichförmigen Gang der Bewegung! Es ist wahrlich ein Muster im Ausdruck andächtiger Bitte.

Die erste Arie hat den einfachsten edelsten Gesang, in dem der Sänger freylich nicht Gelegenheit findet, die Geschwindigkeit seiner Kehle zu zeigen: desto lieblicher erklingt aber darinnen eine so liebe, schöne Stimme, die zum Herzen spricht, und der Gesang giebt sich so ganz dem schönen, rührenden Vortrage, in welchen die Italiäner in ihrer schönsten Epoche das höchste Verdienst des Sängers setzen. Im zweiten Theil scheinen die frappanten Modulationen

95 Magazin der Musik I,1, 570ff.

nicht in den Character der Arie zu passen; allein das war Geschmack des Zeitalters, im zweyten Theil der Arien durch harmonische Wendungen zu frappiren. Aber doch wie sanft hat auch hier der Componist die entfernten Ausweichungen geführt.

In der zweyten Arie ist das innere Wühlen der Quaal des neidischen Kains durch Tonart, Ton, durch schwere und schnelle Fortschritte der Singstimme, durch raschen Gang und Fülle der Harmonie und andre Mittel mehr vortreflich ausgedrückt.

Das Duett ist meisterhaft dialogirt und die Verschiedenheit der Charactere und Gemüthslagen durch abwechselnde Tonart, durch reinere und vermischtere melodische Fortschreitungen höchst glücklich ausgedrückt.

In der Arie Adams herrscht Ernst und Majestät und wahrer mahlerischer Ausdruck in der größten Manier. Der kleine fugirte Zwischensatz in der Begleitung konnte nicht glücklicher angebracht werden. Auch ist die Arie ein Muster wahrer Baßarien, so wie der letzte Chor Muster der schönsten Vereinigung durchgedachter reiner und künstlicher harmonischer Bearbeitung mit Ausdruck und Klarheit: Muster eines wahren erhabnen Chors im Kirchenstil. Ueberhaupt ist Klarheit ein ganz vorzügliches Verdienst dieses Componisten, das sich auch in der Begleitung der Arien und überall ganz auffallend zeigt."

Während Bertonis *Miserere* als Beispiel der „tändelnden" neuen Kirchenmusik angeführt wird, gilt dasjenige Leos als Muster einer „ächten, dem Kunstverständigen ausserordentlich schönen Kirchenmusik".[96] Tatsächlich wird Leo als zentrale Figur der älteren italienischen Musik verstanden, in deren Schaffen sich eine Schnittstelle der Kunstentwicklung abzeichne: Mit ihm „schließt gewisser maaßen die grosse Periode der italiänischen Music, und hebt die schöne an." Der Bevorzugung Allegris im sonstigen zeitgenössischen Schrifttum tritt Reichardt jedenfalls dezidiert entgegen, indem er eben Leonardo Leo in vergleichbarer Weise profiliert.[97] Freilich bleiben Reichardts Ausführungen auch diesmal nicht frei von Widersprüchen und Unschärfen: Etwa wird der Eingangschor aus *La morte di Abele* mit exakt denselben

96 Leos *Miserere* ist für zwei vierstimmige Chöre und Orgel, dasjenige von Bertoni für vierstimmigen Chor, Solisten (SSAA), 2 Violinen, Viola und Baß besetzt. Marx-Weber, *Neapolitanische und venezianische Miserere-Vertonungen*, 41 und 158.

97 Es scheint, als finde die kritische Haltung Reichardts zu den Vorgängen in der Cappella Sistina ihre Fortsetzung in der spezifisch musikalischen Beurteilung von Allegris *Miserere*. Eine ausführliche Besprechung liegt vor im Rahmen der Rezension von Heinses *Hildegard von Hohenthal*; vgl. Deutschland III, 420ff. Danach könne man Allegri für „keinen guten gründlichen Harmoniker" halten, er habe die Möglichkeiten der Doppelchörigkeit nicht zu nutzen gewußt, sodann auch versäumt, durch satztechnische Mittel der „höchsteinfachen" Melodie den „großen und erhabnen Charakter" zu verleihen. Überhaupt formuliert Reichardt seine Kritik auf der Grundlage dezidiert satztechnischer Beobachtungen und kommt insgesamt zu der Einsicht, daß Allegris Komposition als nicht „kunstmäßig", als „unwichtige Arbeit" zu beurteilen sei. Die Wirkung führt Reichardt allein auf die bekannten äußeren Umstände der Aufführung zurück und unterstellt zudem, daß Allegri aufgrund eines besonders frommen Lebenswandels durch den „heiligen Vater und seinen geistlichen Hofstaat" bevorzugt behandelt wurde, seine Kompositionen also durch persönliche Protektion in das Repertoire der Papstkapelle gelangt seien, nicht aber aufgrund ihrer künstlerischen Qualität. Im Vergleich mit den größten Meisterwerken damaliger Zeit könne die Komposition nicht bestehen, obschon sie von „großer Simplicität" sei; ähnlich äußert sich Reichardt auch in: Almanach 1796, 64f. Übrigens hat auch E. T. A. Hoffmann Leonardo Leo bevorzugt; vgl. Hoffmann, *Alte und neue Kirchenmusik* (Kommentar in Gesammelte Werke, Bd. 9), 649: in der Novelle *Rat Krespel* sei Leo als einer von Hoffmanns Lieblingskomponisten erwähnt.

Worten beschrieben[98], wie der Psalm-Ausschnitt *Cor mundum* im Kunstmagazin.[99] Die gleich formulierte Beurteilung unterschiedlicher Stücke relativiert natürlich den Wert der Einzelbeschreibung,[100] wie überhaupt eine gewisse stereotype Diktion die Reichardtschen Erläuterungen durchzieht, dies vor allem durch einen aufgesetzten, sich verselbständigenden und kaum weiter differenzierten Kategorienapparat. In dem Rekurs auf die „edel geführte Harmonie“ und die „große edle Simplicität“ einerseits, in der Klage andererseits um den „üppigsten, ausschweifendsten neuern Operngesang“, der bloß einer „Ergötzung des äussern Sinnes“ diene und den „Verfall der wahren Kirchenmusik“ beschleunige, wird deutlich, daß hier eine stabile Begrifflichkeit ihre im ganzen statische Anwendung findet. Die spezifische Diktion dieser Texte wie auch ihr Kontext machen deutlich: ‚Wahre‘ Kirchenmusik ist als ästhetische und stilistische Kategorie mit bestimmten musikalischen Parametern und psychologischen Wirkungen aufzufassen; sie ist im Sinne Reichardts weder religiös, noch christlich oder konfessionell motiviert, sondern Kriterium und Bestandteil der Kunstbetrachtung und -klassifizierung. Die Intention ‚wahrer‘ Kirchenmusik ist nicht, individuelle Bedürfnisse der Gläubigen anzusprechen oder dogmatische Notwendigkeiten einzulösen, auch nicht christliches oder konfessionelles Bekenntnis abzulegen, sondern genau abgegrenzte ästhetische Vorgaben des musikalischen „Kenners“ zu erfüllen: der „Kunstfreund“ ist auf das „wahre Wesen“ der Kirchenmusik aufmerksam zu machen, der „Kunstkenner“ in seinen „ächten Grundsätzen und Gefühlen [zu] bevestigen“: ‚Wahre‘ Kirchenmusik ist Kunst.[101]

---

98 Magazin der Musik I,1, 572.

99 Kunstmagazin I, 193.

100 Freilich ist dadurch nochmals die besondere Affinität von theoretischem Entwurf im Kunstmagazin und praktischer Exekution in den Concerts bekräftigt.

101 Magazin der Musik II,1, 149. An ergänzenden Beispielen für die Favorisierung von *Miserere*-Sätzen in kunstanschaulichen Fragen sei wenigstens erwähnt, daß Wilhelm Heinse seine diesbezüglichen Gedanken in der *Hildegard von Hohenthal* auf der Grundlage beinahe derselben *Miserere*-Kompositionen wie Reichardt (neben Allegri noch Leo, Jommelli und Sarti) entwikkelt, wobei der Bezug auf das eigene Rom-Erlebnis deutlich ausgesprochen ist; vgl. Heinse, *Hildegard von Hohenthal* I, 18ff. und 149ff. „Miserere und nichts als Miserere!“ läßt Heinse seinen Protagonisten Lockmann auf die Frage nach dem zu probenden Repertoire antworten; ebd. 149. Allerdings hat es den Anschein, als liege hier ein unmittelbares Plagiat der Reichardtschen Verbindung von Werkbesprechung, ästhetischer Wertung und praktischer Aufführung (in literarischer Umsetzung) vor: Nicht nur sind die Besprechungen hier ebenfalls auf *Miserere*-Sätze konzentriert, sondern auffällig ist auch die beinahe identische Argumentation; vgl. Heinse, *Hildegard von Hohenthal* I, 164. Vergleicht man ferner die von Heinse formulierten Vorschläge zur „Verbesserung“ des Konzertwesens (Vermischung von Altem [Palestrina] und Neuem), die klar auf Reichardts Praxis bezug nehmen, so dürfte die Quelle der Anschauung Heinses eindeutig benannt sein. Reichardts scharfe Reaktion ist auch von daher erklärbar; vgl. Deutschland I, 127ff. und III, 413ff., sowie Lyceum der schönen Künste I,1, 169ff. und I,2, 170ff.

Sodann vergleicht Johann Adam Hiller den Charakter von Gesang und Begleitung der *Miserere* Johann Adolph Hasses und Niccolò Jommellis und kommt beinahe erwartungsgemäß zu der Einsicht, daß dem natürlich leichten, einer jungen, schönen „Nymphe“ vergleichbaren Hasseschen Stil der wie eine „reich geschmückte Dame“ beschaffene, gezwungen-schwerfällige und gesucht-gekünstelte Jommellis gegenüberstehe: Das *Miserere* Jommellis sei „zu alten Zeiten

2.4.3. Protestantische Aneignung

Die Bemühungen, das *Miserere*-Repertoire im Zuge der zeitgenössischen Aktualität des Genres zu erweitern, haben zu etlichen, auch protestantischen, freilich kaum auf das Vorbild Allegris Bezug nehmenden Neuschöpfungen geführt.

Das große konfessionsübergreifende Interesse an neuen *Miserere*-Sätzen kommt auch dadurch zum Ausdruck, daß ein entsprechender Kompositionswettbewerb ausgeschrieben wurde[102], der seinerseits in der Nachfolge eines bereits 1790 unter anderem in Bosslers Musikalische Korrespondenz annoncierten *Magnificat*-Wettbewerbs stand; aus diesem gingen ein anonymer Verfasser (Georg Joseph Vogler?) sowie Justin Heinrich Knecht als Preisträger hervor.[103] Der *Miserere*-Wettbewerb mußte freilich wegen Kriegswirren abgesagt werden.[104]

Erinnert sei etwa an das großbesetzte *Miserere* Johann Christoph Friedrich Bachs, entstanden um 1770 und bemerkenswert deshalb, weil es sich offenbar um dessen einzige lateinische Kirchenmusik handelt[105]; hinzuweisen ist auch auf das offenbar zu musikerzieherischen Zwecken komponierte *Miserere* Faschs.[106] Das Stück ist für zwei vierstimmige a-cappella-Chöre angelegt, zumindest darin der Komposition Allegris ähnlich. Im weiteren Verlauf findet sich aber eine ähnlich variable Behandlung und Freiheit der Stimmendisposition wie in der sechzehnstimmigen Messe; auch die musikalischen Mittel sind ähnlich: Das Spektrum reicht von tatsächlich doppelchörigen Satzmustern über motettische Abschnitte mit reduzierter Stimmenzahl bis hin zu förmlichen solistischen Koloraturpartien (mit Begleitfunktion der

---

ein Meisterstück" gewesen, gleichwohl wirke es trocken und steif. Hiller, *Ueber Alt und Neu*, 10f. Und schließlich macht noch E. T. A. Hoffmann einige Stücke dieses Genres zur Grundlage seines berühmten Kirchenmusikartikels; Hoffmann, *Alte und neue Kirchenmusik*, 226ff. In der Gegenüberstellung bezieht er sich auf die *Miserere* Leos, Allegris, Jommellis und Sartis; auch diese Vergleiche sind letztlich auf Reichardts Vorgang zurückzuführen.

102 Vgl. Musikalische Korrespondenz 1792, 63f.

103 Knecht erhielt zwanzig Dukaten Preisgeld, vgl. Musikalische Korrespondenz 1792, ebd. Die autographe Partitur ist in Berlin erhalten; vgl. B Mus. ms. autogr. J. H. Knecht 1.

104 Ein vergleichbarer Kompositionswettbewerb ist schließlich auch im Jahre 1799 nachweisbar: Der Kopenhagener Musikalienhändler Haly hatte fünfzig Dukaten für die Komposition eines *Dixit Dominus* (mit Doxologie) ausgelobt. AMZ 2, Intelligenzblatt Nr. V. Danach waren für die Komposition gefordert: die Vertonung von insgesamt sieben Versetten, der Einsatz zweier vierstimmiger Chöre, Mitwirkung von Solisten sowie sämtlicher Orchesterinstrumente; Bedingung war ferner die Einbeziehung zweier vierstimmiger Fugen und der Gebrauch des „reinen Satzes".

105 Vgl. Ulrich Leisinger (Bearb.), *Johann Christoph Friedrich Bach (1732-1795). Ein Komponist zwischen Barock und Klassik* (= Veröffentlichungen der niedersächsischen Archivverwaltung, Inventare und kleinere Schriften des Staatsarchivs in Bückeburg 4), Bückeburg 1995, 121. Ders., *Die geistlichen Vokalwerke von Johann Christoph Friedrich Bach – Aspekte der Entstehungs- und Überlieferungsgeschichte*, in: BJ 1995, 131f. Neuausgabe im Carus-Verlag (Wolfgang Wiemer).

106 Vgl. Gottfried Eberle, *200 Jahre Sing-Akademie zu Berlin. „Ein Kunstverein für die heilige Musik"*, Berlin 1991, 26. Edition in: *Sämmtliche Werke von Karl Christian Friedrich Fasch*, herausgegeben von der Singakademie in Berlin, Sieben Lieferungen, Berlin 1837-39; hier: 6. Lieferung.

übrigen Stimmen).[107] Zu erwähnen sind weiterhin, neben der Bearbeitung des Allegri-Satzes durch Carl August Friedrich Westenholz (u. a. Hinzufügung einer Orchester-Ouvertüre), deutsche *Miserere*-Vertonungen Johann Joachim Christoph Bodes sowie Johann Philipp Kirnbergers: Diese existiert darüber hinaus noch in einer Bearbeitung Georg Druschetzkys aus dem Jahre 1802[108]; verloren ist dagegen eine Komposition des 51. Psalms von Nathanael Gottfried Gruner.[109]

Dem Umfeld der protestantischen *Miserere*-Neukompositionen zumindest nahe stehen C. Ph. E. Bachs *Zwey Litaneyen aus dem Schleswig-Holsteinischen Gesangbuche* (H 780), erschienen in Kopenhagen 1786. Nicht nur in der Betonung des Bußgedankens[110], sondern auch in der Exponierung des *Miserere*-Anrufs und der prinzipiellen formalen Anlage mit der sich wiederholenden Bitte um Erbarmen besteht eine klare Analogie zu Allegris Komposition. Und nicht zuletzt erinnert die Verteilung des musikalischen Geschehens auf zwei vierstimmige Chöre an das *Miserere* der Cappella Sistina, zumal ausdrücklich eine räumlich getrennte Aufstellung gefordert wird (Vorrede). Auch die eigentlichen musikalischen Verhältnisse, von denen die Kunstkritik die Kategorie des Harmonischen als ein Exempel für die „Würkungen" hervorgehoben hatte[111], besonders aber die Motive der kunstanschaulichen Betrachtung ähneln derjenigen der *Miserere*-Rezeption, indem jeweils nicht nur das psychologisierende Moment betont, sondern auch mit beinahe derselben Begrifflichkeit argumentiert wurde: Die *Litaneien* wurden verstanden als „wahre Kunst", als „Meisterstück der tiefsten Einsichten in alle Geheimnisse der Harmonie". Um die „Würde des Ausdrucks" zu wahren, verlangen die *Litaneien* – wie das römische *Miserere* – ein „äußerst sicher intonirendes geübtes Chor"[112], und schließlich wird – ebenfalls analog Allegris Vertonung – der einzigartige Kunstrang betont: „Und wenn C. P. E. Bach nichts geschrieben hätte, als die gegenwärtige Bearbeitung der Litaney; so würde sein Name von allen Kennern der wahren Kunst mit Ehrfurcht genannt zu werden verdienen."[113]

Schließlich ist noch auf die frühe *Miserere*-Rezeption Klopstocks hinzuweisen. Seine 1776 publizierte Ode *Warnung* ist, zumindest in Teilen, als Travestie der Komposition Allegris angelegt; der Untertitel lautet: „Nach Stellen aus den Komponisten

---

107 AMZ 4 (1801), 77ff., berichtet über eine Aufführung des *Miserere*; das Journal des Luxus und der Moden 1794, 91ff., zählt das Werk unter die prominenten Kompositionen Faschs.

108 Anläßlich einer „Kirchenmusik" in Berlin wurde jedenfalls der fünfzigste Psalm von Kirnberger aufgeführt; vgl. AMZ 8 (1806), 555f.

109 Vgl. NGroveD und GerberNTL, jeweils Art. *Gruner*.

110 Vgl. dazu Bach im Vorwort; Abdruck in: *Carl Philipp Emanuel Bach. Briefe und Dokumente*. Kritische Gesamtausgabe, hrsg. von Ernst Suchalla (= Veröffentlichung der Joachim Jungius-Gesellschaft der Wissenschaften Hamburg, Nr. 80), 2 Bde., Göttingen 1994, 1145ff.

111 Bach hatte seine Komposition selbst „zum Nutzen und Vergnügen Lehrebegieriger in der Harmonie" betitelt; siehe Ute Ringhandt, *Die Litaneien C. Ph. E. Bachs als „musikalische Lehrgedichte"*, in: Studien zur Aufführungspraxis und Interpretation der Musik des 18. Jahrhunderts, H. 39, Michaelstein/Blankenburg 1989, 64ff.

112 Beyträge von gelehrten Sachen zu der Hamburger Neuen Zeitung, 1786, 7. Stück, 28; zitiert nach: *Carl Philipp Emanuel Bach im Spiegel seiner Zeit. Die Dokumentensammlung Johann Jacob Heinrich Westphals*, hrsg. von Ernst Suchalla (= Studien und Materialien zur Musikwissenschaft, Bd. 8), Hildesheim etc. 1993, 160.

113 Beilage zum Hamburgischen Correspondenten Nr. 80 vom 20. Mai 1786; zitiert nach: Bach, *Westphal*, 158. Vgl. ferner Forkel, Almanach 1789, 32. Emphatisch auch: Kunstmagazin II, 29f.; man vgl. dagegen Reichardts kritische Stellungnahme zum römischen *Miserere*.

Baj, Allegri und Palestrina."[114] Es dürfte sich danach um eine Art Pasticcio gehandelt haben, denn das „Verzeichniß der Gedichte" am Schluß der Ausgabe erläutert: „Die Stellen der Musik, welchen der Dichter diese Worte unterlegt hat, sind so zusammengesetzt, daß sie ein Ganzes ausmachen." Die Überlegung Oswald Kollers, wonach Charles Burney selbst während seines Hamburger Aufenthaltes 1773 Klopstock die Kompositionen zugänglich machte, ist nicht stichhaltig, denn bereits 1772 hatte man in Hamburg Kenntnis von Burneys Edition von 1771, wie eine Anmerkung des Burney-Übersetzers Ebeling belegt:

> „Dieß Miserere von Allegri, nebst einem Stabat mater von Palestrina, einem Fratres, ego enim accepi, einem Miserere von Thomas Bay, und einem Populus meus, quid feci tibi von Petrus Alloysius Prenestinus hat Herr Burney vor kurzem in London unter dem Titul: La Musica che si canta la settimana santa: in Partitur herausgegeben, und Kennern damit ein wichtiges Geschenk gemacht."

Bezeichnend für die nur begrenzte Kenntnis Palestrinas zu Beginn der siebziger Jahre in Hamburg ist, daß Ebeling Palestrina und „Petrus Alloysius Prenestinus" offenbar für zwei verschiedene Komponisten hält.[115] Es dürfte sich um genau jene Kompositionen handeln, die Klopstock bei seiner Parodie berücksichtigte. So charakteristisch der Vorgang der Umformung katholischer Textvorlagen im Sinne eines spezifisch protestantischen Verständnisses auch ist, als so wenig wirkungsvoll – wiederum im Vergleich mit dem *Stabat mater* – erwies sich dieser isolierte Versuch Klopstocks.

2.4.4. Georg Joseph Vogler

Selbstverständlicher erscheint dagegen die Komposition von *Miserere*-Sätzen im katholischen Deutschland. Bemerkenswert ist, daß die Rezeption und kunstanschauliche Beurteilung römischer Vorgänge hier durchaus vergleichbare Resultate hervorbrachte wie im protestantischen Norden; wenigstens ein Beispiel sei zum Vergleich angeführt: Die am klarsten vernehmbare katholische Stimme ist zweifellos diejenige des Abbé Vogler, der seine Kunstanschauung wesentlich aus der starken Fixierung auf historische italienische Vorbilder ableitete. Berührungspunkte mit der protestantischen Haltung ergeben sich etwa durch seine Reaktion auf das kritische, freilich auch polemische Italienbild in der anonymen Schrift *Wahrheiten die Musik betreffend*, die, zumindest in Teilen, Ernst Wilhelm Wolf zum Verfasser hat.[116]

---

114 *Musenalmanach für das Jahr 1776. Von den Verfassern des bish. Götting. Musenalm. herausgegeben von I. H. Voss* (= Poetische Blumenlese. Für das Jahr 1776. Von den Verfassern der bisherigen Göttinger Blumenlese, nebst einem Anhange die Freymaurerey betreffend), Lauenburg o. J., 174f.

115 Burney, *Tagebuch*, 203, und Oswald Koller, *Klopstockstudien*, Schulprogramm Kremsier 1889, 34.

116 Dieser hatte lapidar geurteilt, daß ein „teutscher Musikus" in Italien schlechterdings kaum Möglichkeiten der künstlerischen Weiterentwicklung vorfinde, allenfalls in der Singkunst be-

Voglers Antwort zeichnet ein emphatisches, vor allem die Musiktheorie sowie ältere Kirchenmusik einbeziehendes Italienbild:

> „Allein, wer sieht nicht ein, daß wir Deutsche in einem vom Stolze verblendeten süssen Wahne dahin geschlummert haben – schnaubend nach dem Beifall unserer Landesleuten, bauten wir einen eigenen Parnassus – unbekümmert, ob noch auch bei den wollüstigen Schwelgern nicht die Heiligthümer und die Altäre des göldenen Jahrhunderts begraben liegen, wandelten wir getröst unsers Wegs fort – eben, als wenn Deutschland, und Welt eins wär. Oefnet also ein wenig die Augen, schaut euch um die citirten Uhrbilder um! – Liebe Landesleute, beseht euch im Spiegel, ob auch ihr dergleichen Meister oder Produkten zählet – Reiset nach Italien – aber nicht – um die neuen Moden wie die Krämer von der Messe, jene Verkappungen der verjüngten Helden heraus mitzubringen – sondern sucht die Alterthümer, stellt Vergleiche an [...].“[117]

In der a-cappella-Gesangskultur habe Deutschland ein beklagenswertes Defizit aufzuweisen, Italien sei hierin der Präzeptor Deutschlands, von dem auch Bach und Händel ihre Lehren gezogen hätten.[118] Vogler selbst versteht sich als Repräsentant der deutschen, also nicht explizit katholischen a-cappella-Kunst, indem er seine Kompositionen gleichsam als Vorbilder „gemeinnützig“ zu machen anstrebt, um „unserm Vaterlande den wichtigsten Dienst [zu] leisten.“

> Vergleichbar frühe Reflexionen über das a-cappella-Ideal hat es allerdings auch schon im protestantischen Bereich gegeben. In der weitverbreiteten Ebelingschen Übersetzung von Burneys *Tagebuch* (1772) heißt es: „Aus diesem und vieler andern Schriftsteller Zeugnisse sieht man, daß die Harmonie in der päbstlichen Kapelle der Vollkommenheit am nächsten gebracht wurde. Denn so, wie in derselben keine Fehler durch künstliche Töne bedeckt wurden, so wurden auch keine Schönheiten versteckt oder verderbt; und jene kleinen gelegentlichen Schönheiten, für welche die Sprache der Töne keine Charaktere hat, und welche allein die Biegsamkeit der Stimmen ausdrücken kann, wurden nicht durch Instrumente gestört, deren Töne unwandelbar bestimmt sind. Man schätzte und belohnte die Würde der Schreibart an dem Komponisten, und Anstand und Simplicität an dem Ausüber, und gab der Eitelkeit und Thorheit nicht den mindesten Anlaß, durch eine unschickliche Prahlerey mit Talenten nach Beyfall zu streben, die auf einem Theater noch so sehr bezaubern mögen, aber für den erhabnen Inhalt des geistlichen Gesanges sich sehr übel schicken. Bey dem Vortrage der Musik in Stimmen, unter denen die Melodie auf gleiche Art vertheilt ist, muß der einzige Ehrgeitz eines Jeden auf die glückliche Ausführung des Ganzen gerichtet seyn. Der Starke sollte dem Schwachen aufhelfen, der Geschwinde dem Langsamen; und so verschieden die Stimmen auch immer sind, so sollte doch das Ganze von einer anscheinenden Einheit nicht viel mehr unterschieden seyn, als die harmonischen Akkorde von einem einzelnen Tone, oder die prismatischen Farben von einem einzelnen Lichtstrahl verschieden sind, aus welchem sie entstehen, und welche, zusammengenommen, Eins

---

haupte Italien einen gewissen Rang. Wiedergegeben in: Vogler, *Tonschule* II, 294ff. Zur Verfasserschaft der *Wahrheiten* vgl. Dok III, Nr. 825.

117 Vogler, *Tonschule* I, 299f.

118 Vogler benennt umfangreiches, freilich stilistisch kaum einheitliches italienisches Repertoire: Messen von Perti und Martini, *Miserere* von Allegri und Baj, ein 16stimmiges *Dixit dominus* von Pittoni, Motetten von Palestrina, „Charwochsmusik“ von Carpani, 12chörige und 48stimmige Messen von Ballabene. Vogler, *Betrachtungen* II, 295. An anderer Stelle wird noch auf die Improperien Palestrinas, Psalmvertonungen Marcellos und Motetten Vallottis verwiesen, Vogler, *Tonschule* I, 297.

ausmachen. Aristoteles beschrieb die Freundschaft, als eine Seele in zwey Leibern; und ein Chor sollte nichts anders zu seyn scheinen, als viele Töne, die aus einem Organe herkämen."[119]

Mit Blick auf italienische Verhältnisse und die Komposition Allegris hat Vogler ebenfalls eine *Miserere*-Komposition vorgelegt.[120] In einer umständlichen *Erklärung des Voglerischen wesentlich vierstimmigen Sazes vom Psalmen Miserere*[121] beurteilt ein anonymer Verfasser – vermutlich Vogler selbst – die historischen, ästhetischen und musikalischen Zusammenhänge, die im wesentlichen mit der norddeutsch-protestantischen Anschauung übereinstimmen und auch in Begrifflichkeit und Form der Legitimation unverkennbare Ähnlichkeiten aufweisen: „Musik mit Singstimmen ist die älteste, reineste und erhabenste", sie „trägt ewige schauerliche Wahrheiten vor, die das Herz in die Höhe zum Schöpfer [...] erheben".[122]

2.5. Giovanni Battista Pergolesis *Stabat mater*

Die Untersuchung italienischer Einflüsse auf die protestantische Kirchenmusikanschauung nach 1750 kann nicht unterlassen, die Rezeption des wohl bedeutendsten italienischen ‚Exportartikels' zu beleuchten: Gemeint ist das *Stabat mater* Giovanni Battista Pergolesis (1710-1736).[123] Die Komposition galt – nicht nur in enger Sicht

119 Burney, *Tagebuch*, 310f. Siehe ferner: Theodor Kroyer, *Das A-cappella-Ideal*, in: AMl 6 (1934), 152-169.

120 Abdruck in: Vogler, *Tonschule* IV, 353ff. Vogler erachtet aus intonationstechnischen Gründen den Basso continuo für notwendig. Vogler, *Tonschule* III, 123.

121 Vogler, *Tonschule* III, 121ff.

122 Nur am Rande sei auf die in ihrer Konsequenz durchaus problematischen, keineswegs etwa – wie in vorstehender Selbsteinschätzung formuliert – nur uneigennützigen und allein dem hohen Ideal nationaler Einheit verpflichteten Vorstellungen Voglers zu einer deutschen ‚Nationalmusik' verwiesen: Maßgeblich war die Haltung des Mannheimers durch starke konfessionelle Ressentiments, vor allem aber durch persönliche Eitelkeiten geprägt, wie die überaus scharfen Auseinandersetzungen mit Vertretern der norddeutschen Musiktheorie, insbesondere mit Johann Philipp Kirnberger, bezeugen. Vogler fühlte sich durch die „hochtrabenden" Berliner Publizisten ungerecht behandelt, doch zahlte er mit gleicher Münze heim: Über eine abfällige Rezension seiner *Kuhrpfälzischen Tonschule* schrieb er, es sei „zu verwundern, daß man in Berlin, dem Size der schönen Wissenschaften und Künsten in Deutschland, solche elenden Geburten der Dummheit und des Unverstands in eine öffentliche Zeitung einrücken läßt." Vogler, *Tonschule* II, 357. Teil dieser Polemik ist Johann Nikolaus Forkels Bewertung, wonach das *Miserere* Voglers „die leersten und ekkelhaftesten Modulationen" enthalte. Vgl. Forkel, Almanach 1789, 141. Hingewiesen sei noch darauf, daß Vogler in einer späteren Vertonung des Bußpsalms ebenfalls einen deutschen Text verwendet: *Utile dulci. Davids Buss-Psalm. Nach Moses Mendelssohns Uebersetzung im Choral-Styl zu vier wesentlichen und selbständigen Singstimmen doch willkürlichem Tenor*, München 1807. Der Satz, beinahe durchgängig homorhythmisch in Halbenoten gestaltet, ist zum „allgemeinen Gebrauche der Landchöre" bestimmt. Den Abschluß bildet die deutsche Übersetzung des *Requiem*-Introitus, wodurch die Komposition sich zum „fromm wandelnden Leichenkondukt" eigne, um „entseelte Hüllen zur Grabstätte zu begleiten".

123 Vgl. zum Gattungskontext: Jürgen Blume, *Geschichte der mehrstimmigen Stabat-mater-Vertonungen*, München 1992; sodann: Paul Mies, *Stabat mater dolorosa. Probleme und Grundlagen für eine Untersuchung über das Verhältnis von textlicher und musikalischer Struktur*, in: KmJb 27 (1932), 146-153. Ders., *Stabat mater dolorosa. Das Verhältnis von textli-*

auf die Kirchenmusik – als dessen eigentlicher Schaffenshöhepunkt und zählte in Frankreich, England sowie besonders in Deutschland zu den am meisten aufgeführten Kirchenstücken der zweiten Hälfte des 18. Jahrhunderts; schon die dutzendfachen zeitgenössischen Editionen[124] sind Beweis für die Wertschätzung, die man diesem Werk entgegenbrachte: Das *Stabat mater* Pergolesis dürfte das am häufigsten gedruckte Einzelwerk des 18. Jahrhunderts überhaupt gewesen sein.[125] Entsprechend umfänglich war die kunstanschauliche Diskussion.

2.5.1. Formen der deutschen *Stabat-mater*-Kritik

Noch vor der Jahrhundertmitte beginnt die Auseinandersetzung mit dem *Stabat mater* in Deutschland: In der Leipziger Thomaskirche wird, wohl zwischen 1745 und 1747, in der musikalischen Bearbeitung und Neutextierung durch Johann Sebastian Bach als *Tilge, Höchster, meine Sünden* (BWV 1083/243a) – somit einer Paraphrase des *Miserere*-Psalms(!) – die früheste deutsche Aufführung greifbar[126]; der Verfasser des Textes ist unbekannt.[127] Etwa gleichzeitig beginnen auch die kontroversen analytischen Diskussionen. Für die deutsche Rezeption insgesamt war von Anfang an charakteristisch, das Werk nicht in seiner Originalgestalt, sondern sowohl in musikalischer als auch textlicher Umgestaltung der musikalischen Praxis dienstbar zu machen.

Die Spannbreite der ästhetischen Pergolesi-Beurteilung in Deutschland war erstaunlich:[128] Der massiven, auf elementare handwerkliche Fehler abzielenden Kritik, auch dem Vorwurf des stilistischen Fehlgriffs, stehen Versuche gegenüber, das *Stabat mater* als exponiertes Beispiel ‚wahrer' Kirchenmusik zu begreifen und demgemäß in der Praxis zu etablieren. Bereits im Jahre 1756 wägt Friedrich Wilhelm Marpurg die – offenbar schon zu diesem frühen Zeitpunkt divergierenden – Beurteilungen zu Pergolesis Kirchenstil gegeneinander ab und kommt zu dem Ergebnis, daß

---

cher und musikalischer Struktur im Wandel der Zeiten, in: KmJb 28 (1933), 35-76. Carl Heinrich Bitter, *Eine Studie zum Stabat mater*, Leipzig 1883.

124 Zuerst London 1749; am häufigsten wurde das Stück wohl in Frankreich ediert; vgl. die Nachweise in RISM.

125 Helmut Hucke, *Pergolesi in der Musikgeschichte oder: Wie groß war Pergolesi?* In: Studi Pergolesiani/Pergolesi Studies 2, Scandicci/Firenze 1988, 17.

126 Vgl. dazu: BC I/3, B 26. Sodann: Emil Platen, *Eine Pergolesi-Bearbeitung Bachs*, in: BJ 1961, 35-51. Alfred Dürr, *Neues über Bachs Pergolesi-Bearbeitung*, in: BJ 1968, 89-100. Kirsten Beißwenger, *Johann Sebastian Bachs Notenbibliothek* (= Catalogus musicus, Bd. 13), Kassel etc. 1992, 367f.; Jürgen Blume, *Ach, neige, Schmerzensreiche... Pergolesis Stabat mater und seine Bearbeitungen*, in: NZfM 145 (1984), H. 10, 4-8; ders., *Stabat-mater-Vertonungen* I, 100ff.

127 Textabdruck bei Platen, *Pergolesi-Bearbeitung*, 36f., dort wird Bach selbst als Autor in Erwägung gezogen, ebd., 40.

128 Vgl. dazu jetzt umfassend: Jacob de Ruiter, *Wahre Kirchenmusik oder Heuchelei? Zur Rezeption des „Stabat mater" von Pergolesi in Deutschland bis 1820*, in: Mf 43 (1990), 1-15; dort auch weitere Literaturhinweise.

die Meinung, Pergolesi habe wegen seines frühen Todes keine eigentliche künstlerische Reife entwickeln können, die angemessene sei:

> „Ein gewisser Schriftsteller nennt den Pergolese göttlich, und sagt poetisch, daß er schon völlig ausgebildet aus dem Gehirn des wahren musikalischen Geschmacks hervorgekommen sey. Ein anderer Schriftsteller sagt von ihm, er habe zwar einen hervorragenden Geist spüren lassen, und große Hofnung gegeben; er habe zum schmeichelnden, zärtlichen und angenehmen viel Naturell gehabt, und einen guten Willen zur arbeitsamen Composition gezeiget; er sei aber frühzeitig abgestorben und nicht völlig zur Reife gekommen. Diese beyden Urtheile scheinen sich zu widersprechen; das letzte aber ist das gegründeste; man darf nur das Salve Regina, welches eines seiner besten Stücke ist, ansehen, um es zu glauben."[129]

Eine Auswahl zunächst der kritischen Stimmen veranschaulicht die Argumentation. Auf einen zentralen Punkt protestantischen Kirchenmusikverständnisses zielt 1766 Christian Gottlieb Steinberg, indem er den „theatralischen" Charakter der Komposition mißbilligt. Der traditionell an die Kirchenmusik herangetragene Vorwurf der „Opernhaftigkeit"[130], der sich hier freilich allein auf das Musikalisch-Stilistische, nicht aber auf das Grundsätzliche der Textanlage (wie in der Oratorientheorie) bezieht, wird von Steinberg unmittelbar am *Stabat mater* exemplifiziert und in konfessionell begründeter Reserve als prinzipieller Fehler der „Catholiquen" bezeichnet; mit Blick auf eine Karfreitagsaufführung in einer katholischen Kirche heißt es:

> „Ich beobachtete, daß, außer einem sehr zärtlichen Duette und ein paar dergleichen Arien ausgenommen, das übrige in einem solchen Styl aufgeführt wurde, der sich nur für die Oper, und nicht für die Kirche, schickt."[131]

Daß auch der katholische Padre Giovanni Battista Martini dem *Stabat mater* einen „theatralischen" Charakter vorgeworfen hatte (1774), entbindet immerhin die in gleicher Weise argumentierende protestantische Kritik von dem Vorwurf der bloß konfessionellen Motivation.[132]

---

129 Marpurg, Historisch-kritische Beyträge II, (§ 35), 195f.; in etwa ähnlichem Sinne äußern sich andere Autoren. Johann Friedrich Reichardt vermutet später sogar eine enge Verbindung zwischen der unvollkommen gebliebenen künstlerischen Entwicklung und dem frühen Tod: indem Pergolesi die „hohe Schule der damaligen Zeit vernachläßigte", stattdessen allzu früh den „Beyfall der Menge suchte" und „aus der Quelle der Vergnügungen [...] in vollen Zügen trank", habe er seine Gesundheit derart ruiniert, daß „der Tod ihn im sechs und dreyssigsten[!] Jahre schon reif und abgeblüht fand." Kunstmagazin II, 122f. Reichardt stellt also der Vorstellung von der schicksalhaften Fügung die These des selbstverschuldeten, mitverantworteten frühen Todes entgegen. Zum *Salve regina* vgl.: Marvin E. Paymer, *Giovanni Battista Pergolesi. A Thematic Catalogue of the Opera Omnia*, New York 1977, Nr. 76.

130 Vgl. dazu Heidrich, *Meier-Mattheson-Disput*, passim.

131 Steinberg, *Betrachtungen*, 89.

132 Beleg bei de Ruiter, *Wahre Kirchenmusik*, 3. Burney hatte der Ansicht Martinis enorme Autorität verliehen, indem er diese in seiner *General History* lancierte. Abdruck der Eschenburg-Übersetzung in: Musikalisches Wochenblatt, 122.

Überaus kritisch hat sich auch Johann Nikolaus Forkel geäußert. In dem Bemühen einer historischen Gesamtbewertung gelangt der Göttinger zu einer schroffen, in Teilen sogar unverhüllt abfälligen Beurteilung Pergolesis, die sich sowohl auf konkrete Mängel als auch – und im Kern – auf den gesamten Habitus der Komposition richtet. Pergolesis „Verdienste" seien „kaum der Rede werth", das Stück trage zwar vordergründig eine „fromme, andächtige Miene" zur Schau, „hintergieng" aber im übrigen „die unerfahrnen Liebhaber wie eine frömmelnde Heuchlerin"; Forkel begründet seine Kritik besonders mit technischen Mängeln[133] und stützt sein Verdikt auf den von Johann Abraham Peter Schulz verfaßten Artikel „Verrükung" (= Synkope) in Sulzers *Allgemeine Theorie der schönen Künste*, einen vor allem die musiktheoretische Pergolesi-Rezeption maßgeblich prägenden Beitrag.[134]

Der offene Vorwurf übertriebener Sinnlichkeit ist schließlich aus einem Beitrag des Berliner Publizisten Karl Spazier (1799/1800) herauszulesen; zudem ist man an einschlägige Rezeptionsvorgänge im Zusammenhang mit Allegris *Miserere* erinnert:

> „Das Weichliche, Süße, Schmelzende, Melodieuse ist aber grade das, was ungebildete Ohren am leichtesten anreizt, und insonderheit weibliche (man kann auch wohl sagen, weibische Männer-) Herzen gewinnt."[135]

Folgerichtig erscheinen vor diesem Hintergrund die beiden wichtigen Tendenzen der deutschen Pergolesi-Auseinandersetzung: das Bestreben, dem Stück deutsche Texte zu unterlegen sowie die Neigung, das von der Kritik teilweise als fehlerhaft eingestufte Werk durch Eingriffe in den Satz im Sinne eines Gelehrsamkeitsanspruches zu „verbessern".[136]

---

133 Forkel formuliert seine Pergolesi-Kritik vor allem in der deutschen Übersetzung der Operngeschichte Esteban de Arteagas: *Geschichte der italiänischen Oper von ihrem ersten Ursprung an bis auf gegenwärtige Zeiten*, 2 Bde., Leipzig 1789; hier: Bd. 2, 18; siehe auch die im ganzen gemäßigtere Darstellung in: Forkel, Almanach 1783, 109ff.

134 Gegen die bei Sulzer zu lesende angebliche „Herabwürdigung" Pergolesis wendet sich übrigens in einer Apologie Ditters von Dittersdorf, der wiederum Schulz, der Verfasser des Sulzer-Artikels, entschieden entgegentritt; vgl. AMZ 1 (1798), 204ff., und AMZ 2 (1800), 257ff. sowie 273ff. Vgl. schließlich die ähnlich reservierte Haltung auch bei Joseph Martin Kraus, *Etwas von und über Musik*, 97.

135 Karl Spazier, *Einige Worte zur Rechtfertigung Marpurgs, und zur Erinnerung an seine Verdienste*, in: AMZ 2 (1800), 553f. sowie 569ff. und 593ff. Daß im übrigen diese Neigung zur Betonung des Sinnlichen auch in anderen Disziplinen kritisch beurteilt wurde, belegt im Blick auf die bildenden Künste etwa ein Beitrag in: Miscellaneen artistischen Inhalts III, 1779, 3ff.; in einer Abhandlung *Ueber das Kunstgefühl. Ursachen seines Mangels und seiner Verstimmung* heißt es: „Hiernächst ist der Hang zur gröbern Sinnlichkeit – diejenige Art des Luxus, welche die Menschheit herabwürdigt – dem Geschmack an den feinern Vergnügungen der Künste sehr nachtheilig. Rauschende Ergötzlichkeiten und moralische Erschlaffung gehen fast immer in gleichen Schritten." Ebd., 14.

136 Sulzers (= Schulz') Text gilt als Hauptquelle für den Vorgang, das *Stabat mater* als fehlerhaft zu beurteilen; vgl. de Ruiter, *Wahre Kirchenmusik*, 12f. Freilich weist schon die frühe Bearbeitung Bachs beide beschriebenen Tendenzen der „Verbesserung" auf. Vgl. BC I/3, B26.

2.5.2. Parodie als Ausweg

Selbst die gegenüber der Komposition Pergolesis wohlmeinenden Stimmen werfen dem *Stabat-mater*-Text ausgesprochene Schwächen vor: Johann Joachim Eschenburg etwa, Teil-Übersetzer von Burneys Musikgeschichte und des darin enthaltenen Pergolesi-Artikels, nimmt zwar in einem extra verfaßten Zusatz das Werk gegen Forkel ausdrücklich in Schutz, schreibt aber über die Sequenz selbst, daß der Text wenig „Würde, wenig aechte Frömmigkeit, geschweige denn Andacht und Inbrunst" habe, dafür von „abgöttischen Ideen und unnatürlichen Bildern" bestimmt sei, „die in dieser leoninischen Ausgeburt der Dichtkunst im Mittelalter so häufig vorkommen."[137] Auffällig ist allerdings, daß textliche und damit auch konfessionelle Vorbehalte von protestantischer Seite nicht zur grundsätzlichen Ablehnung geführt haben, wie man es bei einer so stark im Katholizismus verwurzelten Dichtung vielleicht hätte erwarten können. Stattdessen hat eine ‚Adaption durch Entkatholisierung des Textes' schon früh zu einer Verankerung des Werks in protestantischen Institutionen geführt. Daß nicht einfach die Latinität einer vorbehaltlosen Anerkennung im Wege gestanden hat, erweist die gleichzeitige Akzeptanz des *Miserere* oder auch des Meßordinariums mit dem originalen Text: Im Falle des *Stabat mater* indessen ist die deutsche Parodie – nicht bloße Übersetzung –[138] Voraussetzung der kunstanschaulichen Aneignung. Das mag zunächst seine Ursache darin haben, daß die zeitgenössische Beschäftigung mit lateinischen Texten aus rein literarischem Antrieb überhaupt nur ausnahmsweise bezeugt ist: Als einer der wenigen hat sich etwa Johann Gottfried Herder den Originalen zugewandt[139] und in diesem Zusammenhang – aus Sicht des protestantischen Theologen – die vorteilhafte Verbindung von lateinischem (Bibel-) Text und angemessener Vertonung herausgestellt:

---

137 Musikalisches Wochenblatt, 123.

138 Vgl. Magda Marx-Weber, *Parodie als Beispiel dichterischer Anpassung. Klopstocks deutscher Text zu Pergolesis „Stabat mater"*, in: G. Busch/A. J. Harper (Hrsg.), Studien zum deutschen weltlichen Kunstlied des 17. und 18. Jahrhunderts (= Cloe, Bd. 1), Amsterdam-Atlanta 1992, 269f. Der Begriff „Parodie" versteht sich hier und im folgenden prinzipiell im Sinne der Definition Heinrich Christoph Kochs von 1802: „Wenn zu einem schon vorhandenen Singstücke ein anderer Text, es sey nun in der derselben Sprache, oder in einer andern, verfertigt, und dem Tonstücke untergelegt wird, so nennt man diesen dem Tonstücke aufs neue untergelegten Text eine Parodie." *Musikalisches Lexikon*, Frankfurt/M. 1802, 1136; weitere Literatur zu Begriff und Sache vor allem: Nicole Schwindt-Gross, *Parodie um 1800 – Zu den Quellen im deutschsprachigen Raum und ihrer Problematik im Zeitalter des künstlerischen Autonomie-Gedankens*, in: Mf 41 (1988), 16ff.; sodann: Robert Falck, *Parody and Contrafactum: A Terminological Classification*, in: MQ 65 (1979), 1ff.; ders., Art. *Contrafactum*, in: HMT; vgl. auch Art. *Parodie und Kontrafaktur seit 1600*, in: MGG, Bd. 10, 826ff. und MGG2, Bd. 8, 1403ff.; schließlich Wolfgang Steinecke, *Die Parodie in der Musik*, Wolfenbüttel und Berlin 1934.

139 Vgl. das zweite Fragment *Christliche Hymnen* (= Herder, Sämmtliche Werke 18, 13ff.). Immerhin zu erwähnen wäre noch das Fuldaer Gesangbuch des Benediktiners Erthel, das aber nur Übersetzungen lateinischer Hymnen enthält; vgl. MGG2, Bd. 3, 1156, sowie Wilhelm Bäumker, *Das katholische deutsche Kirchenlied in seinen Singweisen*, 4 Bde., Freiburg/Br. 1886-1911; hier: Bd. 3, 9.

„Wer Händels Meßias, einige Psalmen von Marcello, und Allegri's, Leo, Palästrina Compositionen der simpelsten biblischen Worte gehört hat und dann die lateinische Bibel, christliche Epitaphien, Paßions- Grab- Auferstehungslieder lieset, der wird sich Trotz aller Solöcismen und Idiotismen in dieser christlichen wie in einer neuen Welt fühlen.“[140]

Offensichtlich bedurfte es also der Komposition Pergolesis und der Verklärung seiner Person in der späteren Rezeption, um den weiteren literaturhistorischen Zugang zur *Stabat*-Sequenz zu ebnen. Bereits im Titel bringt diese Abhängigkeit Johann Kaspar Lavater zum Ausdruck, der seine Textbearbeitung *Nach dem lateinischen Stabat mater des Pergolesi* benennt. Und in Ludwig Tiecks beiden späteren Sonetten *Pergolese*, die ja die eigene *Stabat*-Paraphrase einleiten, erscheint, zudem überhöht durch die poetisierende Form, die Verknüpfung des *Stabat mater* als Kunstwerk mit dem Individuum Pergolesi als geradezu zwangsläufige, gleichsam schicksalhaft-künstlerische Konsequenz der Vita des Komponisten.[141]

Deutsche Übertragungen zum *Stabat mater* stammen etwa von Franz Xaver Riedel (im Kohlbrennerschen Landshuter Gesangbuch), Christoph Martin Wieland[142], einem Professor Braun, Pastor an St. Andreas zu Erfurt[143], Johann Kaspar Lavater[144], Ludwig Tieck[145], Wilhelm Heinrich Wackenroder[146], vor allem aber von

---

140 Ebd., 21f. Herder teilt in diesem Zusammenhang etliche prominente lateinische Texte mit, darunter die Sequenz *Dies irae* sowie die Hymnen *Lauda Sion*, *Pange lingua* und *Ave maris stella*; auch Teile des *Stabat mater* werden abgedruckt. Vgl. zum Komplex der Auseinandersetzung des 18. Jahrhunderts mit mittelalterlichen lateinischen Texten: Ingrid Schürk, *Deutsche Übertragungen mittellateinischer Hymnen im 17. und 18. Jahrhundert*, Tübingen 1963, 97ff.

141 Tieck legt Pergolesi die folgenden Worte in den Mund; vgl. Tieck, *Phantasus*, 698:
„Erquicklich war und nicht umsonst mein Wallen,
Maria Mutter, Sohn und ewge Liebe,
Ich kann in Tönen sagen wie ich liebe,
In schönen Weisen soll mein Preisen schallen.

Bist, Jesus, du vergessen denn von allen?
Mein Herz, mein Schmerz treibt mich zu deiner Liebe,
Die Mutter, Sohn, weiß wohl wie ich dich liebe,
Laß dir gefallen denn mein kindlich Lallen.

O sende du aus deinem lichten Himmel
Die kindlichsten der Englein zu mir nieder,
Mein Herz ist offen, tu es, Gott, mein Vater!

Wir zünden an das rauschende Getümmel,
Ich sterbe gern am Schluß der süßen Lieder,
Denn viel' entzückt nach mir mein Stabat mater.“

142 *Der alte Kirchengesang: Stabat mater*, in: Der Teutsche Merkur 1781, I, 97ff. Siehe dazu: Roman Zeilinger, *Wort und Ton im deutschen „Stabat mater“*, Diss. (masch.-schr.), Wien 1961.

143 Abdruck in: Musikalische Real-Zeitung 1788, 194f.

144 In: *Johann Caspar Lavater's vermischte Gereimte Gedichte vom Jahr 1766 bis 1785. Für Freunde des Verfassers*, Winterthur 1785, 68ff.

145 In: Tieck, *Phantasus*, 699ff. Mehr als in allen anderen Bearbeitungen mutet der *Stabat-mater*-Text Tiecks nicht als Gegenstand im engeren Sinne liturgischer, konfessioneller oder heilsgeschichtlicher Deutung an, sondern als akzidentielles Medium romantischer Verklärung.

Friedrich Gottlieb Klopstock (1767), dessen Übersetzung die am meisten verbreitete[147], wenn auch nicht unumstrittene war.[148]

Die Diskussion des *Stabat mater* mit dem originalen lateinischen Text an prominenter Stelle erfolgt in Wilhelm Heinses *Hildegard von Hohenthal*. Heinse beurteilt das Schaffen Pergolesis im ganzen reserviert, dabei allerdings kaum einheitlich. So wird das *Salve Regina* Majos demjenigen Pergolesis vorgezogen: dieses sei „kleinlich und ängstlich" und bleibe an „Ausdruck" hinter jenem zurück, das überall „mehr Schönheit" und „Würde des Menschen [...] athmet"; das *Stabat mater* freilich steht als „Meisterstück" in „seiner Art" gewissermaßen außerhalb der sonstigen Diskussion, und in einem Seitenhieb auf Forkel urteilt Heinse: „Man mag aus Neid und jugendlichem Uebermuth sagen was man will: das *Stabat mater* gehört unter die klassischen Werke der Kirchenmusik, und ist ganz gemacht für ungeheuchelte Christen. Es liegt wunderbar viel christliches Gefühl darin."[149] Die explizite Betonung des christlichen Gehalts ist bemerkenswert.

Das Spektrum der deutschen Nachdichtungen reicht in der formalen Gestaltung von der direkten Übernahme der *Stabat*-Strophe (Wieland) über die Differenzierung nur der Endreime (Lavater) bzw. die Disposition einer Mischform (Klopstock) bis zur frei organisierten Anlage (Tieck). Die gleiche Mannigfaltigkeit zeigt sich auch in der inhaltlichen Ausrichtung: Man findet die relativ genaue Übertragung/Übersetzung (Wieland), sodann eine stärkere Akzentuierung des individuellen Mitleidens (Lavater), schließlich jene Tendenz der „Entkatholisierung" bei Klopstock bzw. die weitgehende Loslösung vom Passionsgeschehen.[150] Unter Verwendung zahlreicher Bi-

---

146 Als sehr freie und verkürzte Paraphrase in den *Herzensergießungen*; vgl. Wackenroder, Sämtliche Werke I, 135ff., siehe auch Helmut Hucke, *Pergolesi in der Musikgeschichte*, 17f. Verwiesen sei in diesem Zusammenhang auch auf die bisweilen spekulativen Deutungen von Christine Lubkoll, *Mythos Musik: poetische Entwürfe des Musikalischen in der Literatur um 1800* (= Rombach Wissenschaft: Reihe Litterae, Bd. 32), Freiburg/Br. 1995, 149ff.

147 Hiller hatte seiner weitverbreiteten und auch im 19. Jahrhundert noch überwiegend gebräuchlichen *Stabat-mater*-Bearbeitung die Klopstocksche Paraphrase zugrunde gelegt; vgl. de Ruiter, *Wahre Kirchenmusik*, 11; zu deren Entstehungsgeschichte siehe Marx-Weber, *Parodie*, passim.

148 Georg Peter Weimar beschreibt den Text selbst als „ungemein schätzbar", der Musik im ganzen jedoch nicht „gänzlich angemessen". Musikalische Real-Zeitung 1788, 191.

149 Heinse, *Hildegard von Hohenthal* I, 168ff., und II, 52ff.

150 Als charakteristisch für diese letzte Variante sei hier Wackenroders *Caecilia*-Paraphrase aus der Berglinger-Erzählung genannt, die, durch die Form der *Stabat*-Strophe auf die Mariensequenz rekurrierend, zugleich als deren Metamorphose erscheint (Lubkoll):

„Siehe wie ich trostlos weine
In dem Kämmerlein alleine,
Heilige Cäcilia!

Sieh mich aller Welt entfliehen,
Um hier still vor dir zu knien:
Ach ich bete, sei mir nah!"

Die vierte Strophe ist übrigens explizit der Kirchenmusik gewidmet:

„Möcht ich einst mit lautem Schalle
In des Tempels voller Halle
Ein erhabnes Gloria

belstellen exponiert Klopstock nicht so sehr – wie im Original – die Gottesmutter als „Mittlerin", sondern durch deren Eliminierung wird das Erlösungsgeschehen selbst stärker in das Zentrum gerückt.[151] Der Ersatz originaler Begriffe und Metaphern durch die für die eigene Religiosität typische Terminologie führt zu einer stark durch das Moment der Lehrhaftigkeit geprägten Paraphrase[152], und es erscheint vor diesem Hintergrund folgerichtig, daß genau die Klopstocksche *Stabat*-Bearbeitung Eingang in die protestantische Kirchenmusik gefunden hat: Wie am Beispiel ihres Vordenkers Reichardt deutlich wird, ist die zeitgenössische Kirchenmusikanschauung wesentlich von propädeutischen, auch philantropischen Ideen durchzogen, und so dürfte die Klopstocksche Interpretation der Sequenz auch aus diesem Grunde eine so große Anerkennung gefunden haben und nicht nur aufgrund der Autorität ihres Verfassers bzw. der literarischen Qualität der Umsetzung. Daß mit dem vielschichtigen Vorgang der *Stabat-mater*-Paraphrase zugleich das allgemeine Problem „geeigneter" Kirchenmusiktexte berührt ist, bedarf keiner weiteren Erläuterung.[153]

Es scheint, als überwiege – wie im Falle des *Miserere* – die kunstanschauliche Diskussion gegenüber dem praktischen Nach-Schaffen, also der am italienischen Vorbild sich unmittelbar orientierenden Neukomposition. Es mutet eigentümlich an, daß die zahlreichen deutschen, mit unterschiedlichem literarischen Anspruch verfaßten Paraphrasen, so weit zu sehen, nur in sehr wenigen Fällen zur Vertonung angeregt haben.[154] Am bekanntesten im protestantischen Raum ist die Komposition Johann Philipp Kirnbergers mit der deutschen Paraphrase *Bei dem Kreuz mit nassen Wangen*, deren Text (nicht hingegen die Melodie) offensichtlich dem – katholischen – Landshuter Gesangbuch entnommen ist.[155] Die Anlage der Komposition als Strophenlied und deren Aufnahme in Johann Kühnaus Sammlung *Vierstimmige alte und neue Choralgesänge* (Berlin 1786) waren die Voraussetzung dafür, daß das *Stabat mater*, wenngleich stark modifiziert, „dem protestantischen Gottesdienst zugänglich gemacht" wurde (Blume).[156] So wie

---

Dir und allen Heil'gen weihen,
Tausend Christen zu erfreuen:
Heilige Cäcilia!"

Eine vergleichbare Gegenüberstellung des *Stabat-mater*-Textes mit einem „Sonett, welches die Musik selbst spricht", liefert später Ludwig Tieck in seinem *Phantasus* (1812/16); offenbar geht beides schon auf das Jahr 1802/03 zurück. Vgl. Tieck, *Phantasus*, 1460 (Kommentar).

151 Marx-Weber, *Parodie*, 274ff.

152 Dies wurde bereits von den Zeitgenossen so verstanden; vgl. Der Teutsche Merkur 1781, I, 98 (Wieland), wo, mit Blick auf Klopstocks Übertragung, von einer „Umbildung des Originals nach protestantischen Lehrbegriffen" die Rede ist.

153 Vgl. dazu im weiteren Kap. 6.

154 Vgl. Blume, *Stabat-mater-Vertonungen* I, 273ff. Einzig Franz Schubert hatte seiner *Stabat-mater*-Vertonung in f-Moll (D 383) ebenfalls die Paraphrase Klopstocks zugrunde gelegt: Neben dem *Lazarus* (D 689), Text von August Hermann Niemeyer, handelt es sich um ein zweites Beispiel einer betont auf eine norddeutsch-protestantische Vorlage zurückgreifenden kirchenmusikalischen Komposition im Schaffen Schuberts.

155 B Mus. ms. 30179. Zur weiteren Verwendung dieses Gesangbuchs durch Kirnberger und den konfessionellen Implikationen dieses Vorgangs vgl. die Ausführungen zum Proselytenstreit (Kap. 4.3.2.2.).

156 Blume, *Stabat-mater-Vertonungen* I, 166 und II, 109. Eine Vertonung des gleichen Textes liegt noch von Norbert Hauner vor.

Klopstock deutsche Parodien sowohl zum *Miserere* wie auch zum *Stabat mater* verfaßte, hat Kirnberger beide Gattungen vertont, wenn auch mit anderen deutschen als den Klopstockschen Texten.[157]

Das Bewußtsein der Verbesserung der Originalvertonung durch den Klopstockschen Text spricht jedenfalls aus etlichen Zeugnissen: Während in Pergolesis Komposition „durch und durch der Text zum Ausdrucke genotzüchtigt" ist[158], war es Klopstock bestimmt, „der Musik Gerechtigkeit widerfahren [zu] lassen".[159] Geradezu emphatisch äußerte sich Johann Adam Hiller, der Herausgeber der wichtigsten, sich auf Klopstocks Textfassung gründenden Bearbeitung; er war „mit der Wahl der Gedancken und Worte zu jedem Ausdrucke der Musick, ungemein zufrieden, und gesteht, daß letztere auf diese Art unendlich gewonnen hat." An anderer Stelle heißt es:

„Dank sey es dem großen Sänger des Messias, der den Ausdruck der Pergolesischen Musik so tief, so richtig, einsahe, und Worte und Gedanken dazu fand, welche den italiänischen Komponisten [...] in Verwunderung setzen würden".[160]

Exkurs: Parodie und ‚wahre' Kirchenmusik im Verständnis Johann Adam Hillers

Charakteristisch für die *Stabat-mater*-Bearbeitungen ist, daß sich die mannigfachen Nachtextierungen offensichtlich an einer einzigen musikalischen Vorlage orientierten: Es handelte sich je um die geistliche Parodie eines geistlichen Textes, wie sie in vergleichbarer Tendenz, nämlich der Fixierung auf einen ‚Normtext', etwa auch in etlichen *Te-Deum*-Parodien vorliegt.[161] Die am Beispiel des *Stabat mater* beschrie-

157 Vgl. Jackson Lewis Hammitt, *Sacred Church Music in Berlin 1740 to 1786*, Diss. University of Michigan 1970, 207ff., dort Beschreibungen von beiden Stücken.

158 Kraus, *Etwas von und über Musik*, 97.

159 Johann Joachim Eschenburg in: Musikalisches Wochenblatt, 123.

160 Beides abgedruckt in: Marx-Weber, *Parodie*, 278.

161 Vgl. beispielsweise Hillers relatinisierte Fassung des *Utrechter Te Deum* Händels: *Georg Friedrich Händels Te Deum Laudamus zur Utrechter Friedensfeyer ehemals in Engländischer Sprache componirt, und nun mit dem bekannten lateinischen Texte herausgegeben von Johann Adam Hiller*. Siehe ferner Basedows Eingriffe in Grauns *Te Deum*; vgl. Johann Friedrich Borchmann, *Briefe zur Erinnerung an merkwürdige Zeiten, und rühmliche Personen, aus dem wichtigen Zeitlaufe, von 1740, bis 1778*, Berlin 1778, 254f. Außerdem ist an C. A. H. Clodius' spätere deutsche Fassung zu Haydns Vertonung zu erinnern; vgl. AMZ 5 (1803), 241ff., und AMZ 6 (1803), 191ff. Die allgemeine Verehrung einer prominenten kirchenmusikalischen Komposition – wie dargestellt, das Movens für die *Stabat-mater*-Parodien – ist allerdings im Falle der *Te-Deum*-Umdichtungen nicht in dem Maße evident. Vgl. Schwindt-Gross, *Parodie*, 37, wonach die „Verewigung" des Genies bzw. von ‚klassischem' Repertoire der Hauptgrund für die Parodiepraxis sei: Die „Schaffung neuer Funktionsbereiche [sollte] in philantropischem Sinne dem großen Werk ein Überleben in verändertem historischen oder religiös-kulturellen Zusammenhang garantieren." Ferner: Marx-Weber, *Parodie*, 269-286.

benen Vorgänge einer Parodie geistlich-geistlich repräsentieren indes nicht den Hauptstrom: Wesentlich häufiger war das Verfahren, weltliche Vorlagen später mit geistlichen Texten zu versehen, damit einen genau entgegengesetzten Prozeß in Gang zu setzen: Nicht „Entliturgisierung" bzw. „Entkatholisierung" durch Umdeutung und Paraphrase war hier primäre Absicht, sondern im weiteren Sinne neues Kirchenmusikrepertoire zu gewinnen. Als hauptsächliches Verbreitungsgebiet geistlicher Parodie zwischen 1760 und 1860 gilt der süddeutsch-österreichische Raum, wobei um und nach 1800 besonders Kompositionen Mozarts, mit Abstrichen auch Haydns, in den Mittelpunkt des Interesses rückten.[162]

Gleichwohl finden sich auch wichtige Belege dieser Parodiepraxis im Norden; als zentrale Figur muß zweifelsohne Johann Adam Hiller gelten.[163] In seiner Haltung werden offenbar zwei Einflüsse wirksam: Einerseits stehen seine Parodien im Zusammenhang mit einer intensiven Händel-Beschäftigung, andererseits ausdrücklich im Kontext der Kirchenmusikdiskussion. Denn in seinen Schriften *Kirchenmusik*[164] und *Beyträge zu wahrer Kirchenmusik* formuliert Hiller nicht nur exponiert seine diesbezüglichen Anschauungen, sondern er teilt an gleicher Stelle auch Parodietexte zu Arien, Duetten und Chören mit: Parodiepraxis ist für Hiller unmittelbar mit der Idee ‚wahrer' Kirchenmusik verknüpft.[165]

Geboren ist Hillers Motivation zu parodieren aus einem zentralen Aspekt der Kirchenmusikästhetik: der Kritik an den Kantatentexten, die Ursache für die „Verachtung" der Kirchenmusik seien. Interessanterweise benennt Hiller zunächst einen formalen Grund für die Text-Misere, nämlich den übermäßigen Gebrauch des Reims. Vor allem wird der Versuch kritisiert, durch Reime sinnleere Texte zu verbessern: „frostige Anspielungen und Wörterkram scheinen bey den meisten geistlichen Cantatendichtern die Stelle des Denkens und Empfindens zu vertreten"[166]; häufig seien allein Dictum und Choral brauchbar. Damit sind freilich ganz traditionelle, seit Bestehen des Kantatentyps Neumeisterscher Prägung gegen diesen vorgebrachte

---

162 Schwindt-Gross, *Parodie*, 17f.; zum Vorrang der Proprien, insbesondere des Offertoriums als funktionales Ziel parodistischer Tätigkeit siehe ebd.,19.

163 Über die zuvor und unten genannten ist noch auf folgende größere Parodiearbeiten Hillers hinzuweisen: *Cantata Davidde penitente, con l'Orchestra composta da W. A. Mozart. Parte I. Partitura. Osterkantate mit einer Parodie von J. A. Hiller, komponiert von W. A. Mozart*, Leipzig 1791. *Des Herrn J. Haydns Passionsmusik des Stabat Mater mit einer deutschen Parodie*, Leipzig 1781. *Der Tag des Gerichts. Parodie des Requiem von Herrn Kapellmeister Hiller in Leipzig, als Anhang zu W. A. Mozarti Missa pro defunctis. Requiem. W. A. Mozarts Seelenmesse mit unterlegtem deutschen Texte*, Leipzig o. J. Ferner hat Hiller lt. AMZ 9 (1807), 669f., Chöre aus J. A. P. Schulz' *Athalia* parodiert.

164 Formuliert als Vorrede zu: *Erstes Jahr der geistlichen Musiktexte in der Thomas-Kirche zu Leipzig*, Leipzig 1789. Veränderter Nachdruck in: Berlinische Musikalische Zeitung II (1806), 190ff.

165 Hiller/Hasse, *Beyträge*. Abdruck auch in: Neues deutsches Museum 1791, 4. Bd., 362ff.

166 Hiller/Hasse, *Beyträge*, 4f.; als Beispiel für „geschmacklose" Reimereien nennt Hiller: „Kommt ihr Schäflein, laßt euch weiden/ Eßt mit Freuden/ Von des Heils gesundem Klee." Vermutlich ist eine Komposition Telemanns gemeint, vgl. TVWV 1:1010.

Gravamina angesprochen, Einwände, die im Kern bereits die nachhaltige publizistische Auseinandersetzung des Meier-Mattheson-Disputs nach 1726 prägten.[167] Unmögliche Textvorlagen ließen es, so Hiller weiter, nicht zu, den „Kirchenstyl" adäquat zur Geltung zu bringen, als besonders ungeeignet werden Allegorien, Bildhaftigkeit der Sprache, auch „hochfliegende Phantasien" und übermäßiges Pathos angesehen.[168] Als Ausweg wird, wie schon siebzig Jahre zuvor, die Beschränkung allein auf das Bibelwort, ja sogar nur auf Psalmen bzw. einzelne Psalmverse in sinnvoller Kompilation gefordert. Neu ist, daß jetzt in der Textfrage die aktuelle Rezeption des Händelschen *Messias* eine wichtige Rolle spielt: Dies ist sicher auch eine Folge des publizistischen Engagements Herders und Reichardts, denn Hiller hat den Herderschen Text mit dem Plädoyer gegen „schön-gereimte" Kantaten und für die Verwendung des reinen Bibeltextes sicher gekannt[169], und so erscheint vor dem Hintergrund der eigenen Händelpflege und -begeisterung folgerichtig, daß Hiller gleichfalls den Vorschlag unterbreitet, für das Kantatenlibretto „geistliche Lieder" oder einzelne Psalmstellen zu einem „bequemen" Ganzen (ohne Rezitative) zu verbinden.[170]

Wenn auch seine berühmte Berliner *Messias*-Aufführung im Jahre 1786 in italienischer Sprache stattfand, so hat sich Hiller in der Folge dezidiert für die Verwendung deutscher Texte im Zuge des Parodieverfahrens ausgesprochen, dies aus zwei Gründen: Zum einen wird – in traditioneller Auffassung – die Fremdsprachigkeit als ungünstig für die Wahrnehmung musikalischer Empfindungen beurteilt[171], zum anderen sind – Reichardt vergleichbar – auch in Hillers Musikbegriff, zumal in der Fixierung auf Händel, nationale Töne feststellbar, die etwa in der Bevorzugung deutschsprachiger Kirchenmusiktexte zum Ausdruck kommen. Denn die in Deutschland nur schleppende Händel-Rezeption führt Hiller wesentlich auf die in dessen Oratorien verwendete englische Sprache zurück: Das Bedauern Hillers ist um

167 Vgl. dazu Heidrich, *Meier-Mattheson-Disput*, passim.

168 Auch der Einwand Hillers, daß Rezitative – als unmittelbar aus der Oper entlehnte Gattung – ungeeignet für die Kirchenmusik seien, ist aus dem Meier-Mattheson-Disput längst bekannt.

169 Vgl. Johann Adam Hiller, *Der Messias, nach den Worten der heiligen Schrift, in Musik gesetzt von George Friedrich Händel. Nebst angehängten Betrachtungen darüber*, Leipzig 1787; abschließend ist Herders Beurteilung nochmals wiedergegeben.

170 Hiller/Hasse, *Beyträge*, 8f. Schon in Wöchentliche Nachrichten I (1767), 395ff., hatte Hiller übrigens die Bedeutung der Psalmen als Grundlage der Kirchenmusik betont. Vgl. dazu auch Kap. 2.4.

171 Johann Adam Hiller, *Fragmente aus Händels Messias. Nebst Betrachtungen über die Aufführung Händelscher Singcompositionen*, Leipzig [1787], 3, sowie Hiller/Hasse, *Beyträge*, 11. In gewissem Widerspruch dazu steht, daß Hiller das original englisch textierte Utrechter *Te Deum* Händels mit lateinischem und den *Messiah* mit italienischem Text parodiert. Siehe dazu *Nachricht von der Aufführung des Händelschen Messias in der Domkirche*, Berlin 1786. Dabei handelt es sich freilich um für die Zeit um 1780 singuläre Beispiele im norddeutsch-protestantischen Gebiet. Im Gegensatz dazu sind im süddeutsch-österreichischen Raum – natürlich im Blick auf eine liturgischen Verwendung – Parodien etwa italienischer Vorlagen durch lateinische Texte gebräuchlich; vgl. die von Schwindt-Gross, *Parodie*, im Anhang wiedergegebenen Sammlungen.

so größer, als diese „kraftvollen Meisterwerke [...] der Erguß eines wahren, ächten, deutschen Geistes sind." An anderer Stelle heißt es, daß Händels Singart „von ächter deutscher Art" sei.[172]

Vor dem Hintergrund dieser Überlegungen und um einen Grundstock geeigneter Kirchenmusiken zu erhalten, schlägt Hiller vor, einzelne Sätze aus Johann Adolf Hasses italienischen Opern und Oratorien zu parodieren; im Anhang der *Beyträge* finden sich entsprechende Texte zu zweiunddreißig Arien, sieben Duetten und fünf Chören; dabei handelt es sich allerdings nicht um biblische Texte, sondern, nach Diktion und Inhalt deutlich erkennbar, um eigene Schöpfungen, deren konkrete Zuordnung zu Hasses Kompositionen geplant, aus der vorgelegten Zusammenstellung aber nicht im Einzelnen erkennbar ist.[173] In größerem Umfang legte Hiller sodann Parodien ausschließlich Hassescher Opernarien in seiner im gleichen Jahre erschienen Sammlung *Meisterstücke des italiänischen Gesanges* vor. Nicht nur weil Hillers stilistische Vorstellungen hier – im auffälligen Widerspruch zum Schaffen des in gleichem Zusammenhang hochgerühmten Händel – merkwürdig indifferent anmuten, ist diese Edition erstaunlich:[174] Bemerkenswert ist vor allem, daß sich der Vorgang etlichen sonstigen Versuchen, ,wahre' Kirchenmusik stilistisch zu konturieren, zu widersetzen scheint: Wie angesprochen, gehört seit jeher der Vorwurf der Opernhaftigkeit, des Eindringens „theatralischer" Elemente in die Kirchenmusik, zum festen Repertoire der Kritiker: Reichardt, um den publizistisch wirkungsvollsten Zeitgenossen zu nennen, und andere hatten die damit verbundene, als negativ empfundene „Entweihung" geradewegs zum Ausgangspunkt ihrer kirchenmusikalischen Reformideen gemacht.[175]

Zwangsläufig wurde Kritik laut.[176] Aus Georg Joseph Voglers Äußerung geht nicht nur die Beliebtheit der Parodiepraxis hervor, sondern zugleich wird, nicht ohne ironischen Unterton, das Szenario vom Ende jeglicher ,ernsthafter' Kirchenmusik entworfen:

> „Eine galante Menuet, wenn das Kyrie von einer wirklichen Opern Ouverture vorbereitet wird, oder gar munter daher tänzelt, das Dona nobis einem Steurischen Sprunge gleichet, und die

---

172 Hiller, *Fragmente*, 3ff., und Hiller/Hasse, *Beyträge*, 11. Folglich wird Händels *Messias* als das „vielleicht größte und erhabenste Werk der Musik" verstanden; Hiller, *Messias*, 18ff.

173 Offenbar plante Hiller eine mehrbändige Auswahlausgabe von Sätzen des kürzlich verstorbenen und von ihm bewunderten Hasse; vgl. Hiller/Hasse, *Beyträge*, ebd.

174 Hiller selbst ordnet wertfrei die beiden Meister in seinem musikhistorischen Entwurf verschiedenen ,Epochen' zu: Dem älteren Abschnitt, bestimmt durch einen harmonischen Musikbegriff, gehört Händel an, während Hasse (kurioserweise auch Pergolesi, Vinci und Leo) in den jüngeren, melodisch geprägten Zeitabschnitt fällt. Hiller, *Ueber Alt und Neu*, 3ff. Der Begriff „Alte Musik" ist übrigens der Antike vorbehalten; die neuere Musik beginne um das Jahr 950, zur Zeit des „Bichofs Dunstan" mit der Praxis, „in vier Stimmen zu componieren." Aus der folgenden knappen musikgeschichtlichen Skizze wird deutlich, daß Hiller Komponisten wie etwa Obrecht, „Ockenheim" oder „Josquinus" ein Begriff sind.

175 Kunstmagazin I, 179.

176 Steinecke, *Parodie*, bes. 113-118.

Operette der Deserteur durch die untergelegten geistlichen Worte der Messe eine Chimär, ein geistliches Heiligthum vorstellet, wenn das Spiel des Orpheus aus dem Ballet gleichen Namens, dort, wo er die wilden Thiere zähmet, und die Bäume belebet, dem Opfertische des neuen Testaments zur heidnischen Hochzeitsmusik dienet, wenn die Jagdstücke der Forsthorne und die Feldstöse der Kriegsinstrumenten ein eignes Werk ausmachen, das von geistlichen Worten des hier und dar klumpenweis einfallenden Zedergeschreis unsinnig behandelter Singstimmen begleitet wird – dort lauft man hin – Hiezu gibts Anhänger und Herolden, aber die Kirchenmusik wird aus den Kirchen verbannt."[177]

Ausdrücklich auf protestantische Verhältnisse bezieht sich ein Anonymus in der Musikalischen Real-Zeitung des Jahres 1788, indem er Klagen über etliche Kantaten-Jahrgänge vorträgt, die „blos in einer Sammlung italienischer Opernarien" bestehen", denen „teutsche Texte" unterlegt sind: „Welch ein geschmakloses Unternehmen! Opernmusik in Kirchenmusik zu verunstalten [...]." Wie Hiller wendet er sich gegen untaugliche parodierende, der Erbauung abträgliche Kantatentexte „voll von spielenden, kindischen Begriffen der Lämmleinstheologie" die den Hörer „keine Triebe fühlen [lassen], als die des bloßen Lachens."[178] Im Gegensatz zu diesem setzt der Verfasser aber auf die eigenschöpferische Kraft der Dichtkunst und appelliert an die notwendige Einsicht der Poeten, unter Hinweis auf die um 1788 gewiß nicht mehr sonderlich zeitgemäße de-tempore-Tradition:

„Wir haben noch lange nicht das, was wir haben sollten, nemlich einen ganzen Jahrgang warheitsvoller, lyrischer, erbaulicher, geschmakvoller poetischer Texte. [...] Dichter! warum wagt ihr euch nicht ins Heiligthum? warum betretet ihr zur Verherrlichung eurer Talente nicht eine Bahn, die noch so unbetretten ist? warum sucht ihr nicht statt der sinnlichen Freude, die eure Frühlingsgedichte auf einige Stunden verursachen, den edlern Dank gerührter Christen und die Hochachtung jedes Erbauten zu verdienen?"

Auch in der Vorstellung einer stilistisch eigenständigen und profilierten Kirchenmusik hebt sich der Anonymus entschieden von Hiller ab, denn der „Opern- und Kammersezer, er, der bisher seinen Stil ans blumigte, geschmükte, eitle und prächtige

177 Vogler, *Tonschule* I, 399f.

178 Musikalische Real-Zeitung 1788, 177ff. und 185ff. Mit beißendem Spott überzieht der Verfasser die folgende Parodie-Dichtung: Choral: „Wer da dürstet der komme! und nehme das Wasser des Lebens umsonst." Rezitativ: „Ich bin ein dürres Land/ Dem aller Nahrungssaft entwandt,/ Wo alle Fruchtbarkeit verschwunden./ Hier lieg ich mir zur Last/ Hart aufgeborstet und erblaßt./ Und Niemand jammert meine Wunden./ Der strenge Durst läßt mich nicht ruhn;/ Was soll ich, ach, was soll ich thun?" Choral: „Wer da dürstet, der komme." Rezitativ: „Der komme? ja, wohin?/ Da ich zugleich so dürftig bin./ Ich bin bereit bis an das lezte Meer zu laufen./ Allein was mach ich da?/ Die Mittel fehlen ja/ Ich bin zu arm, ein Labsal mir zu kaufen." Choral: „Wer da dürstet der nehme das Wasser des Lebens umsonst." Rezitativ: „Umsonst? o süsser Trost/ Soll ich umsonst den Lebensstrom empfangen?/ Kommts nur aufs Wollen an,/ So werd ich warlich was erlangen./ So viel ich merken kann/ Ists mir ein Ernst, des Himmels theure Gaben/ In meinem Durst zu haben./ Seht meine Seufzer, gehet hin/ Sagt Jesu, daß ich willig bin!" Vermutlich ist die Vertonung Johann Georg Hoffmanns gemeint. Es dürften solche „sinnleeren" Reimereien, zumal in den Rezitativen, gewesen sein, gegen die sich Hiller wandte. Hiller/Hasse, *Beyträge*, 4ff.

gewöhnt, [...] darf sich also schlechterdings nicht ins heilige Gebiet der Kirchenmusik wagen [...]." Hingegen besteht mit Hiller Einigkeit darüber, daß die Kirchenmusik eine nationale Aufgabe und überhaupt ein spezifisch deutsches Anliegen sei:

> „Keine Nation ist zum Kirchensaz geschikter, als die teutsche; und dies liegt in ihrer ursprünglichen Stimmung. [...] Der Kirchenkomponist sei also ein Mann von teutscher Kraft, von teutschem Tiefgefühl, von teutschem Ernst."[179]

Schließlich ist erwähnenswert, daß demgegenüber schon bald auch Stimmen laut wurden, die, trotz des für Protestanten problematischen Zugangs, lateinischen Originalfassungen aus künstlerischen Gründen den Vorzug gaben. An einer deutschen (offenbar nicht Hillers) Textierung von Mozarts *Requiem* wird kritisiert, daß

> „gerade das Gigantische seiner [Mozarts] Bilder, das Düstre seiner Ideen, das Aecht-Gothische in deren Zusammenstellung – ja selbst das mit Worten nicht zu Schildernde im Klange der barbarischen Vulgaten-Diktion [wirkt], Etwas, das wohl in keiner neuern lebenden Sprache ganz wiedergegeben werden kann. Jene Unterlegung ist gewiss sehr schätzbar; ist anständig, nicht kraftlos, fliessend, thut der Musik keine Gewalt an u.s.w. aber – wir können es nicht anders ausdrücken – sie ist eine in's Protestantische (oder, wenn man lieber will: in's Aufgekärte) übersezte Parodie."[180]

Das von Hiller nachdrücklich befürwortete Parodiewesen ignoriert also völlig den andernorts wahrnehmbaren Versuch musikalisch-stilistischer Fixierung und Abgrenzung ‚wahrer' Kirchenmusik von ungeeigneten Einflüssen oder Gattungen: Es provoziert vielmehr durch bewußte Verschmelzung, durch die Inanspruchnahme funktionaler Ambivalenz selbst über konfessionelle Grenzen hinweg eine Vereinheitlichung und Vermischung der Gegensätze.[181] Hillers eigentliche Motive sind danach

---

179 Musikalische-Real-Zeitung 1788, 177ff. und 185ff. Merkwürdig moderat fällt auch eine Rezension der *Beyträge* Hillers in der Musikalischen Monathsschrift aus, obschon der Text unter der Ägide des Herausgebers Reichardt, damit eines vehementen Gegners opernhafter Kirchenmusik, verfaßt wurde. Der Beitrag nimmt mit keinem Wort Stellung zum prinzipiellen Vorgang der Vermischung der Gattungen; es wird lediglich bezweifelt, „dass Hasse selbst damit hätte zufrieden seyn können, dass seinen theatralischen Werken [sic], die sich doch überall sehr charakteristisch von seinen Kirchenarbeiten unterscheiden, durch neu untergelegte geistliche Texte von ihrem wahren Existenzpunkte in die Kirche versetzt werden." Musikalische Monathsschrift 1792, 101.

180 AMZ 3 (1801), 478.

181 Ausdrücklich schlägt Hiller die Verwendung seiner Parodien zu Hasse-Arien auch für „catholische Chorregenten" vor; vgl. *Meisterstücke des italienischen Gesangs*, Leipzig 1791, viii. Freilich leuchtet dieser Vorschlag einer katholischen Adaption ein, da die Praxis, weltliche (Opern-) Musik zu parodieren, in Süddeutschland/Österreich die Regel war und massenhaft belegt ist; natürlich wird auch die größere Absatzmöglichkeit eine Rolle gespielt haben; Schwindt-Gross, *Parodie*, 17. Die (katholischen) Augsburger Drucke *PRAECLARI VIRI DOMINI DITTERS, NOBILIS DE DITTERSDORF XII. ARIE* (1795) und *XXVIII. ARIAE SELECTISSIMAE PRAECLARUM VIRORUM* (1798) sowie die Hillersche Edition sind die wichtigsten Beiträge zur Parodiepraxis gegen Ende des Jahrhunderts, zugleich ein ausgesprochenes Spätstadium. Inhaltsangabe der Augsburger Drucke in Schwindt-Gross, *Parodie*, 43ff.

andere: Hierin dem Wirken Reichardts oder Faschs vergleichbar, sind seine Bemühungen um historisches Repertoire Ausdruck einer ausgesprochen konservativen Haltung. Zu bedenken ist, daß um 1791, dem Jahr des Erscheinens der *Meisterstükke*, nicht nur Händels Musik längst vergangenen Zeiten angehörte und überdies durch einen musikalisch-stilistischen Paradigmenwechsel den Zeitgenossen in weite Ferne gerückt erschien: Sondern auch die zur Parodie ausgewählten Kompositionen Hasses waren fast ein halbes Jahrhundert alt.[182] Ein wesentliches Moment der süddeutsch-österreichischen Parodiepraxis, nämlich ‚modernes' Repertoire für die Kirche zu gewinnen, entfällt damit. Hiller bekennt selbst, daß einige „seiner [Händels] melodischen Phrasen und Figuren" vielleicht unmodern seien: „und doch sind sie gut, weil sie zweckmäßig sind."[183] Im Sinne der besonders auch an Stücken Händels vorgenommenen sonstigen Eingriffe (Kürzung der Arien wie der Gesamtdimension, erweiterte Instrumentation durch Zufügung von Bläsern) begreift Hiller ‚Parodie' ausdrücklich als konservierenden Akt, als notwendigen Prozeß der Modernisierung.[184] Sein Anliegen gilt in erster Linie dem musikalischen Kunstwerk selbst, erst danach dessen funktionaler Einbindung, zuletzt der Sorge um eine der zeitgenössischen Anschauung adäquate, stilistisch autonome Kirchenmusik. Diese Interpretation wird durch Hillers Text *Kirchenmusik* bestätigt. Zwar finden sich auch hier die üblichen Forderungen nach Zweckmäßigkeit, Ernsthaftigkeit, Feierlichkeit, nach edelster „Simplicität", zwar wird auch hier „alles eitle Geräusch", alle unangemessene Prätention individueller Geschicklichkeit zurückgewiesen. Deutlich sind aber auch Lizenzen formuliert, die dazu dienen, die eigene Parodiepraxis zu rechtfertigen: die Kirchenmusik habe sich nach der Zeit und den Umständen zu richten, sie dürfe dem Genie nicht zu enge Grenzen setzen, sie müsse sich, unbeschadet der Würde, dem herrschenden Geschmack anpassen.[185]

2.5.3. Musikalische Eingriffe

Die satztechnischen Manipulationen an Pergolesis *Stabat mater* galten entweder der mangelhaft beurteilten kontrapunktischen Behandlung oder der Satzanlage schlecht-

182 Die in den *Meisterstücken* publizierten Stücke stammen aus: *La caduta di Gerico* (1743), *La spartana generosa, ovvero Archidamia* (1747), *Leucippo* (1747), *La desposizione dalla croce di Gesu Cristo, salvatore nostro* (1744), *S. Petrus et S. Magdalena* (1730) und *S. Elena al Calvario* (1746). Eine geistliche Parodie zur Arie *Quando penso, oh figlio amato* aus *Leucippo* ist schon aus den fünfziger Jahren belegt (Ulber): „Ach wie muß ich großer Sünder/ Nun des Meineyds Stachel lecken,/ Ach hier steh ich voller Schrecken/ Ganz erstarrt und fühl den Tod./ Gerne flöh ich von der Erde,/ Doch du Heyland deiner Kinder!/ Daß ich nicht verlohren werde;/ So erbarm dich meiner Noth." Vgl. Adami, *Philosophischmusikalische Betrachtung*, 96.

183 Hiller, *Messias*, 19.

184 In diesem Sinne wird auch von anderer Seite über Hillersche Parodien geurteilt: Laut Fiedler, *Zufällige Gedanken*, 11, besteht kein Zweifel, daß Hillers *Te-Deum*-Parodie „die alten bestaubten geschmacklosen Mönchsmagnificats verdrängen wird."

185 Hiller, *Kirchenmusik*, 5ff.

hin: Befremden hat bei etlichen deutschen Theoretikern der reduzierte Satz Pergolesis hervorgerufen, und so richten sich „Verbesserungen“ hauptsächlich darauf, den Satz zur Vollstimmigkeit zu erweitern. Im Gegensatz zu Frankreich und England, wo im Laufe des Jahrhunderts zahlreiche Ausgaben des *Stabat mater* in der originalen Fassung publiziert wurden, sind in Deutschland während dieses Zeitraums überhaupt nur Bearbeitungen erschienen.[186]

Neben den frühen, ziemlich umfassenden Eingriffen Johann Sebastian Bachs, stehen die förmlich als „Verbesserungen“ herausgebrachten Versuche Georg Joseph Voglers[187], sodann auch eine weniger verbreitete Version Johann Friedrich Doles'[188]; entschieden die größte Bedeutung aber hat die insgesamt maßvolle, gleichwohl „entneapolitanisierende“ Umarbeitung (Marx-Weber) Johann Adam Hillers gehabt: *Johann Baptist Pergolese vollständige Passionsmusik zum Stabat Mater mit der Klopstockischen Parodie; in der Harmonie verbessert, mit Oboen und Flöten verstärkt, und auf vier Singstimmen gebracht* von 1774/1776. Seine Neufassung, die neben der orchestralen Erweiterung und Hinzufügung von Männerstimmen auch kleinere Veränderungen in der Stimmführung (Viola) vornahm, galt, zusammen mit der unterlegten Klopstock-Paraphrase, bis weit ins 19. Jahrhundert hinein als die maßgebliche praktische Ausgabe.[189] Hiller begründete indes seine „Verbesserungen“ nicht mit der angeblichen Fehlerhaftigkeit der Vorlage, sondern mit den erwähnten

186 Siehe aber die vergleichbar frühe Textunterlegung von Alexander Popes *The Dying Christian to his Soul* von 1745/1761; vgl. Marx-Weber, *Parodie*, 271, bes. Anm. 11. Vgl. dazu: Johann Freiherr von Dalberg, *Der sterbende Christ an seine Seele* (RISM A/I/2 D 675-677); erinnert sei auch an die Vertonung desselben Textes durch Franz Schubert; vgl. Maximilian und Lily Schochow, *Franz Schubert. Die Texte seiner einstimmig komponierten Lieder und ihre Dichter*, 2 Bde., Hildesheim etc. 1974; hier: Bd. 1, 164f.

187 Schulmeisterlich rechtfertigt Vogler seine in zahlreichen Fortsetzungen vorgetragenen Beurteilungen und Eingriffe; er war es auch vor allem, der die Fugen Pergolesis förmlich zu „verbessern“ unternahm; vgl. Vogler, *Tonschule* I, 35ff., 107ff., 360ff; *Tonschule* II, 129ff., 139ff.; *Tonschule* III, 206ff., 294ff., 331ff. Vgl. dazu ausführlich: Floyd K. Grave, *Abbe Voglers' Revision*, in: JAMS 30 (1977), 46f. Siehe zudem: Joachim Veit, *Abt Voglers „Verbesserungen“ Bachscher Choräle*, in: Dietrich Berke/Dorothee Hanemann (Hrsg.), Alte Musik als ästhetische Gegenwart. Bach – Händel – Schütz. Bericht über den internationalen musikwissenschaftlichen Kongreß Stuttgart 1985, Kassel etc. 1987, 500ff. Hermann Jung, *„Der pedantisch geniale Abt Vogler“. Musiktheorie und Werkanalyse in der zweiten Hälfte des 18. Jahrhunderts*, in: Musiktheorie 3 (1988), 99ff. Übrigens verband Vogler seine Kritik mit grundsätzlichen Vorwürfen auch gegen die aktuelle katholische Kirchenmusik, die im Vergleich mit dem „herrlich gebundenen Stile eines Palästrina, Porta, Marcello, Martini, Vallotti“ stark abfalle; die Analogie zu gleichartigen Vorgängen im protestantischen Deutschland ist deutlich. Wie im Falle des *Miserere* bringt Vogler im vierten Teil seiner Tonschule eine Edition des „verbesserten“ *Stabat mater*. Vogler, *Tonschule* IV, 6ff., 14ff., 52ff., 108ff., 182ff. und 312ff.

188 Elisabet J. Luin, *Fortuna e influenza della musica di Pergolesi in Europa* (= Quaderni dell' Accademia Chigiana, Bd. 6), Siena 1943, 31. Von einer eigenen vierstimmigen Umarbeitung berichtet ferner Georg Peter Weimar; vgl. Musikalische Real-Zeitung 1788, 191.

189 Offenbar hatte auch Reichardt die Herausgabe eines Klavierauszuges mit Klopstocks Text geplant; Hiller war ihm aber zuvor gekommen, vgl. Reichardts Autobiographie in: Berlinische Musikalische Zeitung I (1805), 280.

historischen Motiven; er habe sich der „kleinen Mühe“ unterzogen, dem Werk diejenige Gestalt zu geben, die es „nach unserer Verfassung haben soll“, damit das „vorhergegangene Gute“ nicht vergessen werde. Die Ursachen für Hillers Modernisierung sind danach die lateinische Sprache sowie die „eingeschränkte Gestalt“, in der der Komponist schreiben „mußte“.[190]

2.5.4. Wirkung

Ungeachtet aller analytischen und ästhetischen Einwände muß der aufführungspraktische Effekt der wie auch immer beschaffenen Fassungen überragend gewesen sein.[191] Dies dokumentiert, um ein Beispiel zu nennen, ein in der zeitgenössischen Publizistik beschriebener kurioser Vergleich, der das *Stabat mater* – nicht ohne nationale Implikationen – in den unmittelbaren Zusammenhang des nordeutsch-protestantischen Kirchenmusikbegriffs und einer seiner ‚Vorzeigekompositionen‘ stellt: Der Erfurter Musikdirektor Johann Georg Weimar berichtet über ein Concert spirituel, in dem, im Anschluß an das *Stabat mater*, noch Grauns *Tod Jesu* gegeben wurde:[192]

---

190 1768 hatte sich Hiller freilich noch zurückhaltend, eher im Sinne Marpurgs, zu Pergolesis Komposition geäußert: „Ueberlegung, Einsichten und Uebung“ hätten dem „jungen Manne“ noch gefehlt, und unzweifelhaft seien ihm „Hasse und Graun, anderer guten deutschen Componisten zu geschweigen an guter Melodie, richtigem Ausdrucke, glücklicher Erfindung und kraftvoller Harmonie überlegen.“ Wöchentliche Nachrichten und Anmerkungen III (1768), 57f. Voglers Argumentation geht übrigens in eine ähnliche Richtung, indem er das Impulsive, das Regellose, den „flatterhaften Saz“ kritisiert und diese Beschwerden ebenfalls auf die Unvollkommenheit zurückführt, der Pergolesis noch „rohes Genie“ unterworfen war: er habe den „ächten Punkt der Wahrscheinlichkeit im Stabat mater elendig verfehlt.“ Vogler, *Tonschule* I, 296.

191 Ausdrücklich für die Aufnahme des *Stabat mater* („in der Parodie Hillers“) in die zeitgenössische Kirchenmusikpraxis spricht sich etwa auch Samuel Christlieb Fiedler aus, nachdem er die Situation der Kirchenmusik wie folgt beschrieben hatte: „Wie hoch ist diese göttliche Kunst im Seraphimflug gestiegen, seit dem sie als Realitätswissenschaft, theoretisch behandelt worden, daß nun Theaterrollenspielerey und maiestätischer Kirchenkompositionsstil ganz abgesonderte Musikfächer ausmachen, und täglich höher sich emporschwingen!“ Vgl. Fiedler, *Zufällige Gedanken*, 8. Fiedler tritt somit der Einschätzung, Pergolesis *Stabat mater* sei theatralisch, entgegen.

192 Musikalische Real-Zeitung 1788, 188ff. und 194ff.; der Anfang der von Weimar verwendeten Parodie lautet:

„Weinend und mit schwerem Herzen
Stand die Mutter, voller Schmerzen
Da ihr Sohn am Kreuze hing;

Daß, (wie dorten der Betagte
Simeon im Tempel sagte,)
Ihr ein Schwerdt durchs Herze gieng.“

Der Text stammt vom Erfurter Professor Braun. Die Motive Weimars sind nicht völlig klar, doch ist – vergleichbar den Reichardtschen Berliner Konzerten – eine absichtsvolle Gegenüberstellung verschiedener kirchenmusikalischer Beispiele (hier der berühmtesten italienisch-katholischen und der prominentesten deutsch-protestantischen Kirchenmusik) zum Zwecke der

> „Allein, welcher Abstand, welches Leere empfand da mein ganzes Auditorium und ich zugleich mit! Kurz, er [der *Tod Jesu*] wollte Niemanden nach dem ersteren schmeken, und der Unterschied war unbeschreiblich auffallend. Es käme darauf an, daß es andere auch versuchten. Vielleicht läßt sich hernach bestimmen; ob ich mit meinem ganzen Auditorio mich damals geirrt, oder ob unsere Ohren und Empfindungen nicht in gehöriger Stimmung und Richtung gewesen sein mögen? Vorurtheil war es sicher nicht, und dieser Erfolg ist mir bis jetzt noch unbegreiflich, so oft ich ihn auch nachero aufzusuchen in beiden Stüken mich bemühet habe."

Eine wenig später erscheinende anonyme Antwort (Verfasser: H.) sucht den Sachverhalt zu analysieren; als Erklärungen für den Vorgang werden angeführt: die Überforderung des Publikums infolge zu langer Aufführungsdauer, auch die zwangsläufig nachlassende Konzentration der Musiker: In beiden Fällen trete „Ueberdruß und Ekel [...] an die Stelle der Theilnehmung mit ganzer Seele [...]." Schließlich und vor allem aber wird auf den grundsätzlich unterschiedlichen Charakter der beiden Stücke hingewiesen: Das *Stabat mater* entspreche einem „historischen Gemälde[s]", das eine „große tragische Handlung [...] bloß erzählt", wodurch sich die Komposition „weit rührungsvoller" gestalte; ein lyrisches „Gewebe von Reflexionen und moralischen Anwendungen" hingegen bestimme den *Tod Jesu*, der durch Ramlers Dichtung weit mehr „dogmatisirt oder moralisirt": „simpler" sei das *Stabat mater*, „kunstvoller" der *Tod Jesu*. Schließlich würden auch die in Grauns Komposition vorkommenden Rezitative einen Spannungsverlust gegenüber dem ‚rezitativfreien' *Stabat mater* bewirken. Implizit ist in dieser Gegenüberstellung die in der zeitgenössischen Oratoriendiskussion wichtige Polarisierung von lyrisch-reflektierender und dramatisch-erzählender Textgestalt angelegt.[193]

2.5.5. *Miserere* und *Stabat mater* als kunstanschauliche Pole

Ein Vergleich der *Stabat-mater-* mit der *Miserere*-Rezeption drängt sich auf: Hier wie dort steht einer mehr analytisch-praktischen, zumeist kritischen Sicht eine poetisch-literarische, dabei romantisch-verklärende Wahrnehmung gegenüber; es scheint, als würde diese letzte Richtung das *Stabat mater* nicht bloß als musikalisches Kunstwerk berücksichtigen, sondern auch die Vita des Komponisten wesentlich einbeziehen, sich somit ganzheitlich auf das Phänomen ‚Pergolesi' erstrecken. Neben Wilhelm Heinse, der Pergolesis *Stabat mater* in seinen werkspezifischen poe-

---

ästhetischen Beurteilung nicht unwahrscheinlich; daß eine solche Neigung in der norddeutschen Musikästhetik latent oder auch offen vorhanden war, bestätigt nicht nur die publizistische *Miserere*-Diskussion, sondern auch Schulz' Verteidigung seines gegen Pergolesi gerichteten Artikels in Sulzers *Allgemeine Theorie*. Darin ist ebenfalls Grauns *Tod Jesu* als beispielhaftes Gegenstück hingestellt; vgl. AMZ 2 (1800), 257ff. und 273ff. Und auch der Aperçu Kirnbergers, wonach sich Pergolesi gegen Graun so verhalte, wie der populäre und „ascetische" Gellert zu dem „erhabenen" Klopstock, zielt unmittelbar auf den Vergleich der beiden Werke; siehe AMZ 2 (1800), 875.

193 Musikalische Real-Zeitung 1789, 166ff. und 182ff. Vgl. auch unten das Oratorienkapitel.

tischen Betrachtungen in der *Hildegard von Hohenthal* aufnimmt[194], und Wilhelm Heinrich Wackenroder, der der Komposition eine entwicklungspsychologische Schlüsselstellung in seiner Berglinger-Erzählung zuweist[195], sei hier noch auf die weniger bekannten Ausführungen des in Trier als Domkapitular wirkenden Johann Friedrich Hugo Freiherr von Dalberg verwiesen. Dieser, Komponist, Theoretiker, Jurist, Naturwissenschaftler, Reisebegleiter Herders in Italien, schließlich auch Verfasser von kunstästhetischen Abhandlungen, die mit Blick auf die metaphysische Deutung der Musik erst in der Romantik sich voll entfaltendes Ideengut vorwegnehmen, trägt 1787 in seiner Schrift *Blicke eines Tonkünstlers in die Musik der Geister* die folgenden, in Gestalt eines Traums gekleideten Gedanken, wenn auch nicht explizit zum *Stabat mater*, so doch zu Pergolesi vor; Begriffsapparat und Metaphern sind indes beliebig anwendbar:[196]

> „[...] Da lag auf einmal, wie von einem Engel gesandt, Pergolesis Salve Regina vor mir; ich sang es, und das himmlischste o Dulcis o Pia erfüllte meine Seele mit einem so hohen Gefühl der Andacht, und sanften Wehmut, dass ich in Thränen zerschmolz; es ward mir leichter, die gespannten Fiebern liessen nach, ich sank in eine erquickende Ruhe, nicht heiter, aber wohl ward mir's. [...] Der irdische Schleyer entfiel meinen Augen, ich verliess die Erde, und schwebte plötzlich im unermesslichen Raume des Weltalls."[197]

Folglich wird „unsere irdische Musik nur [als] Bild, Hülle, Emblem der ewig geistigen" verstanden.[198] Bemerkenswert ist sodann Dalbergs, an mittelalterliche Vorstellungen der musica coelestis erinnernde Idee der „himmlischen Harmonie", nach der alle Seelen ausgerichtet seien: Sämtliche Bereiche des Lebens, das Verhältnis

194 Heinse, *Hildegard von Hohenthal* II, 50ff.

195 Besonders eindrücklich erscheint die poetische Ausgestaltung auch bei Ludwig Tieck, wo nach einleitender verklärender Erzählung ein ‚Gedicht-Triptychon' *(Pergolese – Stabat mater – Die Musik spricht)* folgt. Siehe: *Phantasus*, 695ff. Jacob de Ruiters Auffassung, wonach Heinse mit seiner Idee, das *Stabat mater* gehöre „unter die klassischen Werke der Kirchenmusik", in der Rezeptionsgeschichte „relativ isoliert" dastehe, kann nicht richtig sein, siehe dazu Wackenroders *Stabat-mater*-Reflexion als Teil seiner Kirchenmusikästhetik oder Junkers „ausgesuchte" kirchenmusikalische Bibliothek; vgl. oben. Auch Eschenburgs Rettungsversuch gegen Forkel belegt das Gegenteil.

196 Auch Reichardt urteilte, daß das *Salve Regina* „fast eben so" aussehe, wie das *Stabat mater*; vgl. *Briefe eines aufmerksamen Reisenden die Musik betreffend. An seine Freunde geschrieben*, Frankfurt/M.-Leipzig, Tl. 1 (1774), Tl. 2 (1776); hier: Briefe (1774), Siebter Brief, 135. Vgl. zu Dalberg insgesamt: Michael Embach/Jocelyn Godwin, *Johann Friedrich Hugo von Dalberg (1760-1812). Schriftsteller – Musiker – Domherr* (= Quellen und Abhandlungen zur mittelrheinischen Kirchengeschichte, Bd. 82), Mainz 1998; hier: 315ff.

197 Johann Freiherr Hugo von Dalberg, *Blicke eines Tonkünstlers in die Musik der Geister*, Mannheim 1787, 5f. Die Schrift war ziemlich verbreitet und wurde 1806 in der Aufsatzsammlung *Fantasien aus dem Reiche der Töne* nochmals aufgelegt. Siehe auch die Rezensionen in: AMZ 8 (1806), 577ff.; Kunstmagazin II, 61; Forkel, Almanach 1789, 29; Musikalische Real-Zeitung 1788, 33ff. und 41ff. Die letztgenannte Besprechung reflektiert vor allem Dalbergs Vorstellungen zur Musik im Jenseits.

198 Dalberg, *Blicke*, 7.

des Menschen zu Gott, zur Gesellschaft, „zu sich selbsten, oder seiner innerern Natur“ sei von solchen „Gesezen“ bestimmt, die sich in der Tonkunst wiederfinden.[199]

Anders als im Falle der *Miserere*-Deutung, in der das unmittelbare sinnliche, als Bestandteil der römischen Pilgerfahrt Erlebte maßgeblich war und zunächst als Antrieb für die poetische Behandlung gedient hatte, scheint die *Stabat*-Rezeption ihre Motive zu einem gewichtigen Teil aus der legendenhaften Überlieferung der Lebensumstände Pergolesis zu beziehen.[200] Denn es ist auffällig, daß die Pergolesi-Rezeption schon sehr früh das – zweifellos tragische – Schicksal des jung Verstorbenen mit einer postumen Verklärung außerordentlichen Ausmaßes belegt hat, die in mancherlei Hinsicht an die späteren Vorgänge um Mozart erinnert: Pergolesi, gezeichnet durch die verhängnisvolle Krankheit und todgeweiht, wandte sich in einer letzten großen Kraftanstrengung einer, offenbar von der adligen Bruderschaft „della Vergine de'Dolori“ in Auftrag gegebenen, in das Umfeld der Begräbnisliturgie gehörigen kirchenmusikalischen Komposition, dem „Stabat Mater zu, erschöpfte sich bei demselben so, und sank von neuem so sehr in seine Schwermuth zurück, das er bald darauf, wie Raphael, in der Blüte seiner Jahre starb.“[201] Eingedenk der biographischen Umstände war der Mythos des jung verstorbenen, unvollendet gebliebenen Genies vorgeprägt.

Bemerkenswert ist schließlich die gelegentliche Parallelisierung Pergolesis mit älteren italienischen Malern vor allem des 16. und 17. Jahrhunderts; auffällig ist die ebenfalls für Mozart charakteristische Gleichsetzung mit Raffael:[202] Bekanntlich hat die Adaption der analog tragischen biographischen Umstände des ‚klassischen‘ Re-

---

199 Die Formulierung kirchenmusikalischer Idealvorstellungen in Gestalt eines Traums findet sich übrigens auch in Reichardts Tischgesprächen (vgl. Kap. 5.3.), sodann in Wackenroders bereits erwähnter Berglinger-Erzählung (Erstes Hauptstück), schließlich schon in Kritische Briefe I, 327ff. (42.-44. Brief vom 5., 12. und 19. April 1760): Hier beschreibt ein mit Enypniosophos [= Marpurg selbst?] zeichnender Verfasser idealtypische Verhältnisse bürgerlich-städtischer Musikpflege, darunter auch eine Kantaten- und Oratorienaufführung. Die Vorstellungen des „Träumers“ zielen zunächst auf die erforderliche charakterliche Voraussetzung des Musikers, auf dessen korrekte Ausbildung und die Beschränkung auf nur eine musikalische Gattung, sodann auf das angemessene Verhalten des Publikums während der Darbietung, schließlich auf die Beschaffenheit von Musik und Text.

200 Der Versuch, Abhängigkeiten der Berglinger-Novelle von der Vita Pergolesis herauszuarbeiten, findet sich in: Claudia Albert, *Zwischen Enthusiasmus und Kunstgrammatik: Pergolesi als Modell für Wackenroders Berglinger Erzählung*, in: Gabriele Brandstetter (Hrsg.), Ton-Sprache. Komponisten in der deutschen Literatur (= Facetten der Literatur. St. Galler Studien, Bd. 5, 1995), 5ff.

201 Eichholz, *Briefe* IV, 145ff.

202 Vgl. dazu ideengeschichtlich: Jürgen Heidrich, *‚Zwischen Pergolese und Correggio, welche Familien Aehnlichkeit!–‘. Zur Verbindung von Musik und Malerei im kunsttheoretischen Schrifttum des 18. Jahrhunderts*, in: Johann Dominicus Fiorillo. Kunstgeschichte und die romantische Bewegung um 1800, hrsg. von Antje Middeldorf Kosegarten, Göttingen 1997, 420ff. Singulär, freilich in ideengeschichtlichem Kontext der Raffael-Rezeption, erscheint dagegen eine Beurteilung in AMZ 2 (1800), 563f.: Anläßlich einer Pariser *Stabat-mater*-Aufführung wird eine Parallelisierung mit Anton Raffael Mengs vorgenommen.

naissancemalers für die Wirkungsgeschichte Mozarts im frühen 19. Jahrhundert eine wichtige Rolle gespielt.[203] Das Phänomen des interdisziplinären Vergleichs erstreckt sich gleichermaßen auf kirchliche wie weltliche Gattungen: Gegenüber Jommellis *Olimpiade* „gleicht die Komposizion von Pergolesi einem schönen Gemählde von Raphael", das darin enthaltene *Se cerca* sei ganz „Raphaelitisch, so recht die Natur in ihrer nackten Unschuld"; *Quando corpus morietur* aus dem *Stabat mater* kann man zu den „Magdalenen und Johannes von Raphael, Correggio und Guido stellen", *Ostende Jesum* aus dem *Salve Regina* erscheint „wie eine Madonna von Raphael", und mit dem gleichen Attribut wird *Et Jesum benedictum*, wiederum aus dem *Stabat mater*, versehen, während der gleiche Vers bei Majo „wie eine Madonna von Correggio mit allem Zauber des Kolorits und Helldunkeln" gesehen wird; eine ähnliche Beurteilung erfährt schließlich der Vers *O clemens*: „er [Pergolesi] ist hier gleichsam Mantegna [...]."[204] Daß Wackenroder in diesem Sinne Pergolesi und das *Stabat mater* in seine Kunstanschauung einbezog, erscheint vor dem Hintergrund der Ausrichtung der *Phantasien* und *Herzensergießungen* besonders auf die bildenden Künste, namentlich die ältere Malerei, folgerichtig.

Allegris *Miserere* und Pergolesis *Stabat mater* repräsentieren in der zeitgenössischen Kirchenmusikanschauung – durch Wackenroders Kirchenmusikästhetik maßgeblich verstärkt – ein ausgesprochenes Polaritätsverhältnis:[205] Der eine Pol ist gekennzeichnet durch die im ganzen utopische, jedenfalls im zeitgenössischen Musikleben kaum ohne weiteres realisierbare Vision des (altitalienischen) a-cappella-Stils, der andere durch die Auseinandersetzung um die moderne Praxis orchesterbegleiteter Gattungen mit allen textlichen und musikalisch-stilistischen Implikationen.[206]

Beiden Werken gemeinsam ist das Phänomen einer Mythosbildung, und beide Kompositionen gehörten – an je unterschiedlichem sozialem Ort – zum musikalischen Kernrepertoire der römischen Karwoche.[207] Die Rezeption beider Stücke gestaltete sich allerdings völlig verschieden. Indem Pergolesis *Stabat mater* schon früh gedruckt (London 1749) vorlag, hat sich dessen Verbreitung weitgehend autonom, jedenfalls abstrahiert von allen Umständen eines hermetischen Aufführungskontex-

---

203 Zur vor allem von Friedrich Rochlitz lancierten Parallelisierung Mozart – Raffael siehe: Martin Staehelin, *Mozart und Raffael. Zum Mozartbild des 19. Jahrhunderts*, in: Schweizerische Musikzeitung, Bd. 117 (1977), 322ff. Auch die bisweilen kolportierte Legende der Ermordung Pergolesis hat bekanntlich eine Entsprechung bei Mozart; vgl. Forkel, Almanach 1783, 114.

204 Heinse, *Hildegard von Hohenthal* I, 169ff. und II, 50ff.

205 Vgl. in den *Herzensergießungen* die *Stabat-mater*-Episode, in Wackenroder, Sämtliche Werke I, 135ff., und die bereits beschriebene *Miserere*-Deutung in den *Phantasien über die Kunst*, ebd. 212f. Eine offene Parallelisierung von *Miserere* und *Stabat mater* auch in: Eichholz, *Briefe* IV, 145ff.

206 Die frühe Parodie Bachs in Form einer *Miserere*-Paraphrase wirkt wie eine anachronistische Synthese der beiden Pole.

207 Reichardts römisches Erlebnis der beinahe allabendlichen *Stabat-mater*-Aufführungen innerhalb privater Zirkel während der Karwoche erscheint allerdings eher als negativer Beitrag zur Rezeption; vgl. Musikalisches Wochenblatt, 67, 75ff., 83 und oben.

tes vollzogen: Das für die *Miserere*-Rezeption wichtige Moment der exklusiven Teilnahme am Vortrag der Cappella Sistina – mit allen psychologischen Begleiterscheinungen – fehlte gänzlich.[208] Die Beurteilung des *Stabat mater* geschah demzufolge mehr auf der Grundlage konkreter musikpraktischer, auch analytischer Auseinandersetzung, während das *Miserere* in viel stärkerem Maße in der mittelbar-verklärenden Betrachtung gegenwärtig war. Dabei wurden im Falle des *Miserere* ausschließlich musikalisch-stilistische Kategorien diskutiert, während im Blick auf das *Stabat mater* auch Textfragen eine Bedeutung hatten. Eben deshalb war Pergolesis Vertonung zwangsläufig auch der gleichzeitigen, sich namentlich an Kantate und Oratorium entzündenden Auseinandersetzung um die angemessene Textwahl ausgesetzt.

208 Vgl. jedoch die Anekdote des Barons von Jung, der unter ähnlichen Voraussetzungen wie denjenigen der Cappella Sistina in Mailand (1765) das *Stabat mater* hört und unter diesem Eindruck dieses nach Deutschland mitbringt; Musikalische Real-Zeitung 1788, 189f.

3. Carl Friedrich Christian Fasch: Rezeptionskategorien eines ‚wahren' Kirchen-Komponisten

3.1. Zeitgenössische Reputation

In der Berlinischen Monatsschrift findet sich in der Oktoberausgabe des Jahres 1795 die nachfolgend auszugsweise wiedergegebene, „An den Hrn. Karl Fasch, Königl. Kammermusikus in Berlin" gerichtete Dichtung:

> „[...]
> Du, der weder um Gold noch um das Bravo der Menge
> Je Dich kümmerst, o Fasch! der Du die Tugend und Kunst
> (Beide reichen bei dir sich wie Geschwister die Hände)
> Nur um ihrer selbst willen zu lieben beschworst
> Und zwölf Lustern lang den Schwur hast treulich gehalten;
> Beide flechten Sie einst Deinen nicht welkenden Kranz!
> [...]
> Werde nicht müd', o Fasch! der Göttin länger zu dienen,
> Und an ihrem Altar Jüngling und Mädchen zu weihn.
> Jedes Opfer verschönert ihr Herz: sie lernen durch Töne,
> Sonst der Zerstreuung geweiht, stärken der Jugend Entschluß,
> Fühlen wie lieblich es ist, dem danken der die Natur schuf;
> Denn des Trostes bedarf glücklich ihr Veilchenmond nicht.
> [...]
> Wandle noch lange, mit Zelter, die Bahn des stillen Verdienstes!
> Selbst die längst', o Fasch, dünket den Freunden zu kurz.
> Haben mit Trauergesang wir einst zur Ruhe geleitet,
> Der durch sanften Ton Herzen beruhiget hat:
> O so wird doch nicht der Dank wie die Töne verhallen,
> Nicht verdorren der Stamm den er zum Blühen gebracht.
> Früchte reifen auf ihm, trotz diesem rauheren Klima,
> Groß und süß wie kaum Rom und Neapel erzeugt."[1]

Die dem Komponisten Carl Friedrich Christian Fasch (1736-1800) zugedachten, pathetisch deklamierten elegischen Distichen des Berliner Oberfinanzrats, Dichters und zeitweiligen Herausgebers des Göttinger Musenalmanachs Leopold Friedrich Günther von Göckingk sind mehr als eine stereotype Anhäufung panegyrischer Allgemeinplätze. Wer die zeitgenössische Diskussion um die ‚wahre' Kirchenmusik, ihre Inhalte, Begriffe und Metaphern kennt, wird mehr aus den Zeilen herauslesen: In ihnen sind mit dem Ideal der Vereinigung von Tugend und Kunst (bei gleichzeitiger Zurückweisung veräußerlichten Beifalls bzw. materieller Bereicherung), mit dem Anspruch allgemeiner volksbildnerischer Wirksamkeit sowie mit der Vorstellung einer neuen, auf zumindest gleicher Stufe mit italienischen Vorbildern stehenden kirchenmusikalischen Kunstblüte wesentliche Phänomene des ‚wahren' Kirchenmusikbegriffs mehr oder weniger deutlich benannt, und zwar hier als Reflex

1 Berlinische Monatsschrift, Oktober 1795, 285.

einer adäquaten Geisteshaltung des Komponisten: Nicht nur in seinem künstlerischen Schaffen, sondern auch durch seinen tadelsfreien Charakter habe Fasch die Forderung des visionären Kirchenmusikideals erfüllt. Freilich hat die hier poetisch zum Ausdruck gebrachte, beinahe abgöttisch anmutende Verehrung der Zeitgenossen die Zeitläufte nicht überdauert: Nicht nur ist dessen Musik aus den Aufführungsrepertoires verschwunden, sondern auch als musikhistorische Größe ist Fasch weitgehend aus dem Bewußtsein gedrängt. Geradezu symptomatisch erscheint, daß die in musikwissenschaftlichen Publikationen allenfalls periphere gelegentliche Erwähnung sogleich das Risiko einer Verwechslung mit dem Vater in sich birgt, dem am Zerbster Hof wirkenden Kapellmeister Johann Friedrich Fasch (1688-1758).[2] Die an die Person des jüngeren Fasch geknüpfte und mit seinem Œuvre sich verbindende Kirchenmusikanschauung kann in gleicher Weise als verschüttet angesehen werden; gleichwohl spiegeln sich maßgebliche Strömungen zumindest in Teilen seines Schaffens wider.

Weitere, an das Gedicht Göckingks sich anschließende Belege zeitgenössischer Wertschätzung offenbaren noch klarer eine ausgesprochen tendenziöse Ausrichtung: Sie beziehen sich ganz einseitig auf das Wirken als Komponist von Kirchenmusik und rühmen vor allem den Schöpfer jener berühmten und in der Kirchenmusikanschauung wichtigen Messe zu sechzehn Stimmen, mit der überdies die Gründung der Berliner Sing-Akademie eng verknüpft ist; zudem sind beinahe alle Nachrichten aus der Feder der Fasch nahestehenden Johann Friedrich Reichardt und Karl Friedrich Zelter geflossen, stammen somit aus dem engeren Berliner Wirkungskreis des Komponisten.[3] Und auch das postume Bemühen um Fasch und sein Œuvre durch

---

2 So geschehen in: NHdb 3,1, 2. An Forschungsliteratur wäre zu nennen: Roderich Fuhrmann, *Carl Friedrich Christian Fasch. Ein Komponist zwischen Rokoko und Historismus (1736-1800)*, in: Fasch und die Musik im Europa des 18. Jahrhunderts (= Fasch-Studien, Bd. 4), Weimar-Köln-Wien 1995, 151-216; hinzuweisen ist ferner auf die teilweise älteren Sammelbände und Festschriften zur Geschichte der Sing-Akademie: Gottfried Eberle, *200 Jahre Sing-Akademie zu Berlin*, Berlin 1991. Werner Bollert (Hrsg.), *Sing-Akademie zu Berlin*, Berlin 1966. Georg Schünemann, *Die Sing-Akademie zu Berlin*, Regensburg 1941. Martin Blumner, *Geschichte der Sing-Akademie zu Berlin*, Berlin 1891. [Heinrich Lichtenstein], *Zur Geschichte der Sing-Akademie in Berlin*, Berlin 1843. Hilfreich ist die jüngst erschienene, von Susanne Oschmann zusammengestellte *Bibliographie des Schrifttums zu Carl Friedrich Fasch (1736-1800)*, Internationale Fasch-Gesellschaft, Zerbst 1999. Schließlich und vor allem ist der Tagungsband *Carl Friedrich Christian Fasch (1736-1800) und das Berliner Musikleben seiner Zeit* zu nennen, der die Referate der Zerbster Konferenz vom April 1999 präsentiert (= Fasch-Studien, Bd. 7), Dessau 1999.

3 Aus zunächst vereinzelten musikalischen Zusammenkünften im Jahre 1790, deren Teilnehmer mit großer Begeisterung Singübungen unter der Leitung Faschs abhielten, entwickelte sich bald jene berühmte Institution, die für das bürgerliche Chor- und Konzertwesen von großer Bedeutung werden sollte; als Stiftungstermin gilt der 24. Mai 1791. Wie eng diese Chorgründung von Anfang an mit der Fasch-Messe verknüpft war, bringt der von Fasch über genau dieses Stück in sein Protokollbuch notierte Satz zum Ausdruck: „Den 24 May bey Mad. Voitus zum ersten mahl", und auch der Eintrag vom Winter 1791, wonach „Herr Zelter das Quoniam aus der 16st. Messe einstudiert", belegt klar deren Bedeutung. Eberle, *Sing-Akademie*, 26ff.

praktische wie publizistische Aktivitäten unterstreicht seine Rezeption vor allem in Berlin. Ein Bericht etwa über das Anniversarium zum Tode von Zelters Frau, wonach zu diesem Anlaß das *Et in terra* sowie das *Cum sancto* aus der Messe erklungen sei, bestätigt noch für das Jahr 1807 die ungebrochene, geradezu charismatische Verehrung, die dem Meister seitens der von ihm ins Leben gerufenen Institution entgegengebracht wurde, freilich in praktischer Fixierung wiederum auf sein opus magnum.[4]

Wichtiger für das Nachwirken sind indes zwei andere, publizistische Unternehmungen: die schon bald nach dem Tode Faschs von Zelter, dem Amtsnachfolger als Leiter der Sing-Akademie, verfaßte Biographie *Karl Friedrich Christian Fasch* von 1801, sowie die von der Sing-Akademie 1837 initiierte und 1839 abgeschlossene ‚Gesamtausgabe' der musikalischen Werke.[5]

Zelter hatte dem Lehrer und Freund mit seiner Schrift ein literarisches Denkmal gesetzt[6], zugleich vermochte er die Fasch-Rezeption in dem Sinne zu steuern, daß er – nach dem Willen des Verstorbenen – allein das Bild des Kirchen-, eigentlich sogar nur Messenkomponisten Fasch profilierte:

> „So wie sich die Gewißheit seines Todes immer mehr bestätigte, fing er an, seine Schränke auszuleeren, alle seine Briefe und solche Compositionen, die er bis zur sechzehnstimmigen Messe gemacht hatte, sorgfältig verbrennen zu lassen."[7]

Fasch wollte der Nachwelt als Schöpfer allein der sechzehnstimmigen Messe bzw. der noch darauf folgenden Kirchenmusiken in Erinnerung bleiben, und die Stabilisierung dieses Bildes hat Zelter nachhaltig gefördert. Daß knapp vier Jahrzehnte später(!) in der siebenbändigen Edition unter dem Titel *Sämmtliche Werke von Karl Christian Friedrich Fasch* dann tatsächlich ausschließlich Kirchenmusik vorgelegt wurde, bestätigt den Erfolg dieser ‚Imagepflege'.

---

4 Vgl. AMZ 10 (1807), 85. Daß zwei von Johann Gottfried Schadow angefertigte Büsten in den Räumen der Singakademie (1800) sowie im Konzertsaal des Königlichen Schauspielhauses (1820) Ehrenplätze erhielten, sei am Rande erwähnt. Vgl. dazu Hans Mackowsky, *Die Bildwerke Gottfried Schadows*, Berlin 1951, Nr. 76 und 254, sowie AMZ 10 (1807), 85; ferner: *Johann Gottfried Schadow. Kunstwerke und Kunstansichten. Ein Quellenwerk zur Berliner Kunst- und Kulturgeschichte zwischen 1780 und 1845*, hrsg. von Götz Eckardt, 3 Bde., Berlin 1987; hier: Bd. 1, 142.

5 Faksimileausgabe von Zelters Schrift in: Studien zur Aufführungspraxis und Interpretation von Instrumentalmusik des 18. Jahrhunderts, Heft 21, Blankenburg/Harz 1983. *Sämmtliche Werke von Karl Christian Friedrich Fasch, herausgegeben von der Singakademie in Berlin*, Sieben Lieferungen, Berlin 1837-1839.

6 Rezension mit ausführlicher biographischer Skizze in AMZ 3 (1801), 571ff. und 581ff; der Text betont ebenfalls die enge Berliner Wirkung.

7 Zelter, *Fasch*, 38. Vgl. zudem Kunstmagazin II, 123, und Musikalisches Wochenblatt, 129f., das bereits 1791/92(!) die Absicht Faschs mitteilt, „seine ehrenvolle musikalische Laufbahn mit einer solchen bestmöglichst gearbeiteten sechzehnstimmigen Messe zu beschließen"; siehe ferner AMZ 3 (1801), 583.

Gleichwohl war Fasch in seiner frühen Berliner Zeit zunächst durchaus mit ,weltlichen' Aufgaben betraut, denn er hatte unter anderem die allabendlichen Flötenkonzerte des Königs zu accompagnieren; auch widmete er sich musiktheoretischen Studien. Die Wende in Faschs Komponistenlaufbahn und damit der Beginn jener künstlerisch kirchenmusikalisch geprägten Schaffensphase fiel in das Jahr 1783: Reichardt brachte von seiner Italienreise neben weiterem eine Abschrift der sechzehnstimmigen Messe *In diluvio aquarum multarum* Orazio Benevolis (1605-1672) mit.[8] Das Werk erschien Fasch als Offenbarung, als Schlüsselwerk für den Aufbruch in neue kompositorische Dimensionen, wobei ein ähnliches Moment religiös-künstlerischer Emphase bereits den Knaben ergriffen haben muß, und zwar anläßlich der Aufführung einer Messe Zelenkas im katholischen Dresdner Gottesdienst:

> „Als die Messe geendigt war, fragte der Vater: wie ihm die Musik und der Gottesdienst gefallen habe? und bemerkte, da er keine Antwort erhielt, daß der junge Mensch in Thränen schwamm, und vor Rührung kein Wort sprechen konnte. Er bat den Vater, ihm zu erlauben, alle Tage in die Messe gehen zu dürfen, aber es wurde nicht gestattet. Der Vater, ein eifriger und religiöser Lutheraner, hatte an seinem Sohn mehr Gefallen am katholischen Gottesdienst bemerkt, als er wünschte."[9]

3.2. ,Wahre' Kirchenmusik als Kulmination des Wirkens

Tatsächlich gipfelt das Schaffen Faschs in der sechzehnstimmigen Messe. Zu den wichtigen Quellen zeitgenössischer Rezeption und ästhetischer Wertung gehört jener emphatisch-bekenntnishafte Text, den Reichardt an exponierter Stelle am Schluß des Kunstmagazins seiner Vorabedition „zum lieblichen Vorschmack" der „Kenner" beigegeben hatte. Nicht ganz abwegig ist die Vorstellung, daß Reichardt mit dieser Disposition eine zielgerichtete Absicht nach Art eines Entwicklungsprogramms verfolgte, denn es fällt auf, daß das Kunstmagazin durch den visionären Beitrag *An junge Künstler* eröffnet wird und mit der Fasch-Messe als exemplum classicum ,wahrer' Kirchenmusik schließt.[10] Aus der italienischen Vorlage, die „nicht mit der

8 Unter anderem: Zelter, *Fasch*, 25. Uneinigkeit besteht in der Literatur darüber, welches die eigentliche durch Reichardt vermittelte Vorlagenmesse sei: Die Information von Friedemann Milz, wonach es sich um die Missa *Maria prodigio* handele, ist unwahrscheinlich und läßt sich auch anhand des Berliner Quellenbestandes nicht stützen; vgl. Friedemann Milz, *Zur Ästhetik der Berliner Sing-Akademie*, in: Werner Bollert (Hrsg.), Sing-Akademie zu Berlin. Festschrift zum 175jährigen Bestehen, Berlin 1966, 52; dagegen, in Favorisierung der Missa *In diluvio*: Friedrich Welter, *Die Musikbibliothek der Sing-Akademie*, ebd, 40. Aus der Unsicherheit der Vorlagenidentifizierung wird schon deutlich, wie grundlegend Fasch sein Modell umgestaltet hat. Edition der Missa *In diluvio* in: *Orazio Benevoli. Opera Omnia* (= Monumenta liturgiae polychoralis sanctae ecclesiae romanae), hrsg. von Laurence Feininger, Trient 1966ff., Bd. 2.

9 Zelter, *Fasch*, 12.

10 *Anmerkungen zu den Merkwürdigen Stücken verschiedener Meister*, in: Kunstmagazin II, 122. Reichardt äußert zudem die Absicht, demnächst eine vollständige Edition vorzulegen. Sein Beitrag im Lyceum der schönen Künste II, 129ff. (mit Abdruck eines Fasch-Portraits) beruft

vollkommnen Reinigkeit, Strenge und feinen Critik gearbeitet ist, die die höhere Theorie und rafinirte Critik den deutschen Componisten jetzt zur Pflicht macht", habe Fasch ein „Heiligthum" von historischer Größe geschaffen:

> „Die Kenner darf ich wohl nicht erst mit Worten aufmerksam machen auf den schönen gedachten kräftigen Gang der Harmonie, auf die natürliche überall leichte und oft sehr bedeutenden Fortschreitungen in jeder Stimme, auch die bedeutenden Eintritte der Stimmen, die die Hauptmelodie führen und auf die sehr zweckmäßige Vertheilung derselben durch alle vier Chöre, so daß keines das dominirende Chor wird, sondern alle immer meisterlich in einander greifen und so ein Ganzes bilden, das bey der großen Mannigfaltigkeit eine gar schöne hohe Einheit hat. Jedem einzelnen Theile folgt das Ohr gar leicht und die große Deutlichkeit und Klarheit in allen Theilen erleichtert dem innern Sinne das Fassen, Ueberblicken und Beherzigen des Ganzen so sehr, daß daraus ein so angenehmer behaglicher und vollständiger Kunstgenuß entspringt als die Kunst in der Art vielleicht nur je gewährt hat."[11]

Vom selben Verfasser dürfte auch die Rezension dieser ‚Edition' stammen[12], wonach folgerichtig „diese beiden Stücke [...] an Effekt, Präcision des Ausdrucks, Schönheit des Geschmacks, Reinigkeit des Stils und wahrer Kritik vielleicht das Merkwürdigste [sind], was die Musik in dieser Art aufweisen kann."[13] Beide Texte zählen – in der Form standardisiert – die üblichen kirchenmusikalischen Qualitätsmerkmale ‚wahrer' Kirchenmusik auf, und wiederum begegnet die bekannt reservierte Haltung Reichardts gegenüber den italienischen Kompositionen mit der Intention, „etwas Besseres in dieser Art", das heißt: genuin Deutsches zu schaffen.[14] Abgesichert durch ein Konstrukt kirchenmusikalisch-kunstanschaulicher Kategorien handelt es sich einmal mehr um den Versuch, die eigene Überlegenheit gegenüber der italienischen Kirchenmusik zu demonstrieren.

Aufschlüsse über Rezeptionszusammenhänge und die historische Bewertung durch die Zeitgenossen vermitteln Berichte über die Aufführung des *Quoniam* „unter blosser Bass- und Pianoforte-Begleitung" im Rahmen eines Berliner Concert spirituel. Die Zustimmung ist auch hier ungeteilt, Faschs Komposition wird als bedeutende historische Leistung in die Tradition berühmter älterer, gleichwohl, wie es scheint, willkürlich ausgewählter deutscher und italienischer Meister gestellt:

---

sich wesentlich auf den Text des Kunstmagazins, bringt aber darüber hinaus noch eine allgemeine Würdigung der Messe sowie der Sing-Akademie-Gründung.

11 Kunstmagazin II, 123.

12 Musikalisches Wochenblatt, 2. Herausgeber sind Reichardt und Friedrich Ludwig Aemilius Kunzen.

13 Derselbe Text erscheint außerdem in Musikalische Korrespondenz, Jg. 1792, 82, freilich mit dem anschließenden Hinweis der Herausgeber: „Dem Herrn Einsender dieses und einiger anderer Aufsäze geben wir hiermit zu verstehen, er möge uns in Zukunft mit dergleichen verschonen. D. H." Ob diese Bemerkung auf inhaltliche Vorbehalte der Herausgeber und Mitarbeiter der Korrespondenz (darunter Justin Heinrich Knecht und der verschiedentlich gegen die Berliner Musik zu Felde ziehende Georg Joseph Vogler) zurückgeht oder allein die Unterschiebung eines bereits an anderer Stelle veröffentlichten bzw. zur Veröffentlichung angebotenen Textes kritisiert wird, muß unentschieden bleiben.

14 Vgl. auch die Rezension der Fasch-Biographie Zelters in: AMZ 3 (1801), 583.

> „Was würden sich die Manen eines Orlando Lasso, Jocquin [sic], Morales, Cifra, Leo, Palestrina, Benevoli, und die eines deutschen Rosenmüller, Theile und Joh. Christoph Bach, über solche Arbeit dieses ihres würdigen Nachfolgers im vielstimmigen Satze freuen, der ihnen an Kunstfleiss gleich kommt, und sie in Absicht der Melodie und des geschmackvollen Gesanges bei weitem übertrifft."[15]

Weniger gut wird freilich die Aufführung selbst besprochen, die noch „reiner und tadelfreier" sein müßte, um die „edle Simplicität ganz vollkommen zu treffen." Auffällig ist, wie durchgängig aufführungspraktische, vor allem auf eine technisch „reine" Darbietung abzielende Kriterien die Beurteilung des Œuvres von Anfang an begleiten:[16] Offenbar spielte hier auch die Orientierung am legendären Cappella-Sistina-Klangideal – in bürgerlichem Umfeld und ohne liturgisch-rituellen Kontext – eine Rolle.[17]

Schließlich sind die in den Quellen übereinstimmenden Aussagen zur Persönlichkeit bemerkenswert: Immer wieder wird die gebrechliche Konstitution, die oftmals angegriffene und kränkelnde Befindlichkeit des Meisters betont.[18] Faschs morbide Verfassung, zusammen mit der schon zu dessen Lebzeiten geradezu emphatisch gerühmten Humanität und Integrität, fügt sich natürlich vorzüglich in das Idealbild eines zeitgenössischen Empfindungsmenschen ein; von Göckingks Verse belegen dies exemplarisch. Während der Vater Fasch durch eine „protestantisch-pietistische, fanatische Religiosität" (Fuhrmann) geprägt war[19], nahm der Sohn später eine in konfessionell-religiösen Belangen betont liberale Haltung an.[20] Auffällig häufig be-

---

15 Musikalisches Wochenblatt, 190.

16 So wird die Darbietung der Sing-Akademie anläßlich des Auszugs aus der Petri-Kirche am 14. Oktober 1801 entschieden besser beurteilt: Faschs *Miserere* sowie dessen *Aerndtekantate* wurden mit „Genauigkeit, Sicherheit und Gleichheit im Vortrage" intoniert; vgl. AMZ 4 (1801), 77ff. Und auch schon im Mai 1800 konnte man lesen, daß die beinahe nur aus „Dilettanten" sich zusammensetzende Sing-Akademie „die schwersten Gesänge mit einer Reinheit und Präcision, [ausführt] welche allen Glauben übertrifft", wie überhaupt in Berlin nur dieses Institut zur Aufführung guter Kirchenmusiken in der Lage sei; siehe AMZ 2 (1800), 587. Gleichermaßen auf die Leistungen der Sing-Akademie zielt Reichardts Beitrag in: Berlinische Musikalische Zeitung I, 29ff.

17 Neue Berlinische Monatsschrift, Juli 1805, 129: Die „Briefe eines Deutschen aus Rom, in Auszügen" berichten auch über das *Miserere* Allegris, die Berliner Sing-Akademie agiere aber überzeugender.

18 Vgl. Zelter, *Fasch*, 34ff., auch Kunstmagazin II, 123.

19 Vgl. dazu die Briefe an Ludwig Nikolaus von Zinzendorf, in: Rüdiger Pfeiffer (Hrsg.), *Johann Friedrich Fasch (1688-1758). Eine Briefauswahl* (= Dokumente und Reprints, hrsg. von der Kultur- und Forschungsstätte Michaelstein, Institut für alte Musik), Blankenburg 1988.

20 Für diese Einschätzung spricht etwa, daß die Erstaufführung seines Metastasio-Oratoriums *Il Giuseppe riconosciuto* in „der neuen katholischen Kirche" zu Berlin stattfand. Vgl. dazu Reichardts Bericht über diese Aufführung im fünften seiner *Briefe eines aufmerksamen Reisenden* von 1774 an den Rigaer Verleger Hartknoch; siehe besonders auch unten zum ‚Proselytenstreit'. Karl Ludwig Woltmanns späterer Aufsatz, der besonders die Verbindung mit Friedrich dem Großen heraus arbeitet, akzentuiert gleichfalls Nachgiebigkeit, Anpassungsfähigkeit und Untertänigkeit als die vornehmsten Charaktereigenschaften Faschs, wobei zudem die unbeirrbare Loyalität dem schwierigen Monarchen gegenüber betont wird: Fasch habe, „mit dem herr-

gegnen jedenfalls selbst noch im 19. Jahrhundert solche sprichwörtlichen Epitheta wie: „der brave Fasch“, „der würdige Fasch“[21], „der fromme Fasch“[22], „der edle Fasch“[23], „der herrliche Fasch“[24] oder auch „der vortreffliche Fasch“; daß Fasch trotz dieser im ganzen bieder-beschaulichen Charakterzüge dennoch nicht als unintellektuell angesehen wurde, ja geradezu als „denkender Künstler“ betitelt wurde, legt zwar ein Beitrag von Theodor Heinsius aus dem Jahre 1797 nahe[25], erscheint aber, gemessen an der publizistischen Wirkung Reichardts und anderer, übertrieben.

Gerade diese Eigenschaften machten aber den jüngeren Fasch zum gewissermaßen idealen Repräsentanten der nach 1780 in Berlin diskutierten ‚wahren‘ Kirchenmusik: Als Folge der persönlichen Bekanntschaft mit Reichardt – und sicher durch diesen kunstanschaulich beeinflußt – vermochte Fasch, musikalisch wie charakterlich gleichermaßen befähigt, dessen Ideen Gestalt zu verleihen. Es mutet an, als seien in Wesen und Schaffen Faschs die Forderungen Reichardts konzentriert eingelöst: Fasch erscheint als Modellfall, der, einmal durch die Idee der ‚wahren‘ Kirchenmusik überzeugt, als deus ex machina konsequent mit den übrigen musikalischen Gattungen, sogar mit seinem gesamten bisherigen Œuvre bricht und sich in demutsvoller, karger Entsagung, weltabgeschieden und abseits aller glanzvoll-eitlen Prätention (das „Bravo der Menge“ verachtend) ausschließlich in den Dienst der neuen Aufgabe stellt, ohne durch andere Pflichten in Anspruch genommen zu sein. In der als notwendig erachteten individuellen Selbstbeschränkung vollzieht sich die Entwicklung zum „reinen“ Kirchenmusik-Komponisten im doppelten Sinne: in der

---

lichsten Enthusiasmus für die Würde seiner Kunst erfüllt, nie den König zu beleidigen und nie von ihm beleidigt zu werden“, erreicht; freilich stützt sich der Text wesentlich auf Zelters gedruckte Biographie, vgl. Geschichte und Politik, 1803, 2. Bd., 371ff. Gleichwohl scheint Fasch einen Hang zum Skurrilen, Eigenbrötlerischen gehabt zu haben; laut Schletterer „vergingen ihm [Fasch] Jahre im finstern Grübeln und Sinnen, in thatloser Muthlosigkeit und im Ausklügeln künstlicher, aber werthloser musikalischer Probleme.“ Vgl. Hans Michael Schletterer, *Johann Friedrich Reichardt. Sein Leben und seine musikalische Tätigkeit*, Augsburg 1865, 230f., Fußnote 2. Und Zelter berichtet: „Bei seiner natürlichen Beständigkeit für alles, was er einmal ergriff, konnte er in seinen Nebenstunden Jahre lang an einem Kartenhause von drei Etagen arbeiten, welches in seiner Art ungeheuer groß und aus vielen hundert Spielen Karten zusammengesetzt war, worin alle Stuben, Kammern, Küchen, Thüren, Fenster, Schornsteine, Feuerheerd, Rauchfänge und Röhren, kurz jeglicher Theil eines großen Wohnhauses, aus unzerschnittenen Karten zusammengesetzt, aber nicht geleimt oder mit Nägeln oder sonst befestigt waren. Die Karten waren blos gekniffen, und konnten ebenso leicht von ihm auseinander genommen als wieder zusammengesetzt werden. Noch als ich ihn im Jahre 1780 einmahl besuchte, war er trotz einem Blutsturz, woran er krank war, unaufhörlich mit der Erfindung eines möglichen Daches von unzerschnittenen Karten auf diesem Hause beschäftigt, welches er heraus zu bringen wirklich nach zwei Jahren glücklich genug war [...]“; Zelter, *Fasch*, 16f.

21 Journal des Luxus und der Moden 1794, 379ff.

22 Vgl. etwa abseits der im engeren Sinne musikalischen Publizistik den späten Hinweis in: Schadow, *Kunstwerke*, 14.

23 AMZ 3 (1801), 426.

24 Hoffmann, *Alte und neue Kirchenmusik*, 228f.; Hoffmann beklagt in diesem Zusammenhang, daß die Fasch-Messe von der „leichtsinnigen Menge“ gänzlich vernachlässigt wurde.

25 Journal des Luxus und der Moden 1797, 12. Bd., 297f.

stilistischen Anpassung an die Forderungen der ‚wahren' Kirchenmusikästhetik sowie in der Hintanstellung, ja Aufgabe sämtlicher übriger kompositorischer Ambitionen. Dem häufigen Vorwurf der Durchdringung von Opern- und Kirchenstil begegnet Fasch von vornherein durch radikale Konzentration: Seine Kirchenmusik wird nicht durch gleichzeitig entstehende weltliche Gattungen konterkariert, wie etwa im Falle Hillers (Oper) oder Carl Philipp Emanuel Bachs (Instrumentalmusik) – um zwei ebenfalls durch „Beyträge zur wahren Kirchenmusik" hervorgetretene Musiker zu nennen –, und sie wird auch nicht durch massenhafte, aus bloßer Amtsverpflichtung hervorgegangene Produktionen verwässert, wie im Falle der Doles oder Homilius (Kantate, Motette). In diesem Sinne bewahrt die Fasch-Edition von 1839 ein sonst kaum mehr in gleicher Weise kompakt faßbares Œuvre im Geiste der ‚wahren' Kirchenmusik des ausgehenden 18. Jahrhunderts.

3.3. Schaffen

Bevor auf die nach 1783 entstandene vierchörige und sechzehnstimmige Messe näher eingegangen werden soll, die vor allem jenen, den wechselvollen Zeitläuften der Musikgeschichtsschreibung ausgesetzten „frommen" Fasch aus seiner bis dahin eher zweitrangigen Stellung in das Licht der Öffentlichkeit treten und für die Kirchenmusikanschauung bedeutsam werden ließ, sei wenigstens kursorisch auf das sonstige kirchenmusikalische Schaffen Faschs hingewiesen.[26]

Die erste Lieferung der ‚Gesamtausgabe' enthält zwölf Choräle für vier- bis sechsstimmigen Chor a cappella.[27] Bemerkenswert ist hier die je unterschiedliche Vertonung der einzelnen Strophen, wobei das Prinzip der Veränderung zudem durch das Alternieren von Tutti- und Solo-Strophen unterstrichen wird. Während sich die Chor- bzw. Tuttipartien zumeist im homorhythmisch-akkordischen Satz präsentieren, neigen die solistisch ausgeführten, gelegentlich in der Stimmenzahl reduzierten Verse zu einer gewissen freieren, beweglicheren Gestaltung.

Breiten Raum nehmen sodann deutsche Psalmvertonungen in der zweiten, vierten und fünften Lieferung ein, darunter die *Mendelssohniana* und *Davidiana*.[28] Der oben beschriebene Vorgang, wechselnden a-cappella-Besetzungen solistische

---

26 Vgl. dazu ergänzend: Fuhrmann, *Fasch*, 169ff.

27 I. *Was mein Gott will, gescheh' allzeit*. II. *Lass mich des Menschen wahren Wert*. III. *Wer bin ich ?* IV. *Durch dich, o grosser Gott*. V. *Der Herr ist Gott und keiner mehr*. VI. *Wer dieser Erde Güter hat*. VII. *Von allen Himmeln tönt dir, Herr*. VIII. *Voll reger Dankbegier*. IX. *Erhebe dich, mein Lobgesang*. X. *Dich soll mein Lied erheben*. XI. *Zu Gott, o Seele, schwing dich auf*. XII. *Du Gott bist über alles Herr*.

28 Vollständige Titel: 2. Lieferung: *Mendelssohniana, Psalm XXX nach der Übersetzung von Moses Mendelssohn*. 4. Lieferung: *Davidiana aus den Psalmen nach Luthers Übersetzung*. 5. Lieferung: *Der Hundert und Neunzehnte Psalm: Heil dem Manne der rechtschaffen lebet*; das Stück ist übrigens als Begräbnismusik für Friedrich Nicolai aufgeführt worden; Karl Aner, *Der Aufklärer Friedrich Nicolai* (= Studien zur Geschichte des neueren Protestantismus, Bd. 6), Gießen 1912, 45.

Partien gegenüberzustellen, begegnet auch hier. An lateinischen Werken liegen das schon erwähnte doppelchörige *Miserere* vor[29], ein auf die Anfangsakklamation des Introitus begrenztes achtstimmiges *Requiem*, schließlich die Motette *Inclina Domine*.[30] Die Ausgabe vervollständigen die Trauermotette *Selig sind die Toten* in der dritten, und die sechzehnstimmige Messe in der letzten Lieferung. Das so zusammengestellte schmale Werk wirkt in einer ganz bestimmten Weise konturiert, denn es fällt auf, daß als Folge der ausschließlichen Aufnahme von a-cappella-Sätzen (gelegentlich mit Basso continuo) die traditionellen, ‚eigentlichen' kirchenmusikalischen Gattungen, nämlich „Kantate" und „Oratorium", gänzlich fehlen:[31] Neben einigen wenigen lateinisch-liturgischen Texten erscheinen tatsächlich vor allem Psalmvertonungen und Choräle.[32]

Allerdings sind in der siebenbändigen Ausgabe längst nicht alle Kirchenkompositionen Faschs erfaßt. Wie sehr die Edition ein mit bestimmten Absichten gelenktes Unternehmen ist, zeigt schon ein Blick auf das heute noch in der Berliner Staatsbibliothek Preußischer Kulturbesitz Erhaltene: Autograph überliefert sind dort nicht nur der Psalm *Docebo iniquos* (Mus. ms. autogr. K. F. Ch. Fasch 5) sondern auch die Kantaten *Die mit Thränen säen*, *Harre auf Gott*, *Was mein Gebote hat* und *Es ist dem Himmel nichts verhaßter* (sämtlich in: Mus. ms. autogr. K. F. Ch. Fasch 3).[33] Darüber hinaus sind die Motetten *Jauchzet dem Herrn* (Mus. ms. 30297) und *Ich will dich, Ewiger, erheben* (Mus. ms. 30269/Mus. ms. 30371) zu nennen, sodann ein Chor für sieben Stimmen *Gütig ist der Ewige* (Mus. ms. 6003:2); dazu kommen noch etliche, hier im einzelnen nicht näher anzuführende Choräle unter den Signaturen Mus. ms. 6002, 6008, 6009 und 38041 sowie möglicherweise auch noch weitere Kantaten, für deren Autorschaft bis zum Resultat eingehender stilistischer Untersuchungen allerdings auch der Vater Johann Friedrich Fasch in Betracht gezogen werden muß.[34]

---

29 Vgl. dazu Kap. 2.4.3.

30 3. Lieferung: *Inclina Domine, Requiem*, sodann 6. Lieferung: *Der 51ste Psalm, Miserere für zwei Chöre.*

31 Das frühe Oratorium *Il Giuseppe riconosciuto* hat Fasch bekanntlich weitgehend vernichtet; vgl. Zelter, *Fasch*, 37f. Das daraus stammende Terzett *Non pensate* ist in der Quelle B Mus. ms. autogr. K. F. Ch. Fasch 3 bewahrt.

32 Vgl. dazu die schon an anderer Stelle angesprochene Bedeutung der Psalmen als ideale Textgrundlagen.

33 *Die mit Thränen säen* enthält ein Rezitativ von C. Ph. E. Bach, *Was mein Gebote hat* weist zahlreiche Zusätze und Korrekturen von dessen Hand auf. Vgl. dazu: Barbara Reul, *„Die mit Thränen säen" und „Harre auf Gott" – ein Beitrag zu den frühen Kantaten Carl Friedrich Christian Faschs*, in: Carl Friedrich Christian Fasch (1736-1800) und das Berliner Musikleben seiner Zeit (= Fasch-Studien, Bd. 7), 49-71.

34 Vgl. B Mus. ms. 6005:5 und Mus. ms. 6000. Laut EitnerQ haben sich in Berlin insgesamt einunddreißig Kirchenkantaten befunden; diese gelten bisher als verloren wie auch die vormals in der Bibliothek der Sing-Akademie aufbewahrten drei weiteren Messen: Vermutlich wird aber die Sichtung der jüngst in Kiew wieder zum Vorschein gekommenen Bibliothek der Sing-Akademie weitere Kompositionen der Fasche zutage fördern.

Exkurs: Benevoli-Rezeption in Deutschland

Schon die zeitgenössische Literatur betont den Zusammenhang zwischen der Italienrückkehr Reichardts und der Bekanntschaft Faschs mit der Komposition Benevolis, wodurch der Vorgang in das Umfeld der ab den siebziger Jahren wahrnehmbaren breiten Rezeption altitalienischer Musik gehört.[35] Mit Blick auf protestantische Neukompositionen jedenfalls ist der – im Reichardtschen Sinne gesteuerte – italienische Einfluß nirgends so klar exponiert im Zuge der ‚wahren' Kirchenmusikanschauung nachvollziehbar, wie im Zusammenhang mit Faschs Messe. Klar ist indes, daß die Messe bereits vorher in Deutschland bekannt war und auch in weiteren Kreisen rezipiert wurde:[36] Schon im Jahre 1719 hatte Jan Dismas Zelenka die Missa *In Diluvio* zum Gebrauch für die (katholische) Dresdner Hofkirchenmusik erworben; er trug das Werk als „Nr. 6" in das von ihm angelegte Inventar ein, hat diesen Eintrag jedoch später wieder getilgt, offenbar deshalb, weil sich das Stück wegen seiner großen Besetzung für die Dresdner Praxis als unbrauchbar, vielleicht auch bloß als unzeitgemäß erwiesen hatte.[37]

Wenn auch die Messe Benevolis im Rahmen der Dresdner Hofkirchenmusik vermutlich niemals erklungen ist, so läßt sich dennoch eine von dort ausgehende interessante Wirkungsgeschichte rekonstruieren: Offenbar während seiner Dresdner Zeit hat der spätere Leipziger Thomaskantor Gottlob Harrer nicht nur eine Abschrift der Benevoli-Messe angefertigt[38], sondern diese auch bearbeitet, indem er einzelnen Teilen eine umfängliche Orchesterbegleitung hinzufügte: Die Quelle B Mus. ms. 9411 enthält neben sonstigen Kompositionen Harrers (Messensätze, *Magnificat*) auch das *Sanctus* sowie das *Dona nobis* aus Benevolis Messe, instrumentiert mit zwei Trompeten, Pauken, zwei Oboen, zwei Violinen, Viola und Orgel.

---

35 Zelter, *Fasch*, 25, darauf aufbauend auch Carl von Winterfeld, *Über K. Chr. Fr. Fasch's geistliche Gesangwerke*, Berlin 1839 (Vorwort zur Gesamtausgabe). Siehe außerdem Kunstmagazin II, 123.

36 Auch der Sachverhalt per se, nämlich die Begeisterung für eine sechzehnstimmige Messe römischer Provenienz hat Vorläufer in der musikalischen Publizistik: Schon Charles Burney rühmte – im klaren Bewußtsein der Historizität des Phänomens – den außerordentlichen Kunstrang einer entsprechenden Komposition des (vom Padre Martini so genannten) „Palestrina des 18. Jahrhunderts" Pasquale Pisari (um 1728-1778): „Nie habe ich eine gelehrtere, sinnreichere Komposition dieser Art gesehen. [...] Vor ein Paar Jahrhunderten wären dem Verfasser einer solchen Komposition Ehrensäulen errichtet worden; allein itzt würde es eben so schwer seyn, sechszehn Leute zu finden, die Geduld genug hätten, sie anzuhören, als so viele gute Sänger an einen Orte, die sie aufführen könnten." Burney, *Tagebuch*, 282.

37 Wolfgang Horn, *Die Dresdner Hofkirchenmusik 1720-1745. Studien zu ihren Voraussetzungen und ihrem Repertoire*, Kassel etc. 1987, 71 und 149f. In dem über achtzig Messeneinträge aufzählenden Inventar sind neben Benevolis Komposition nur noch zwei weitere a-cappella-Messen von Johann Joseph Fux genannt (Januar 1726). Das von Zelenka inventarisierte Manuskript mit Benevolis Messe befindet sich heute in Dl Mus. 1705-D-1.

38 Heute in Berlin, vgl. B Mus. ms. 1450: *Missa/ detta/ In Diluvio multarum/ aquarum/ a quattro Cori Reali./ di/ Orazio Benevoli./ Maestro di Capella della Basilica/ di San Pietro in Roma./ circa L'anno 1740. rac/ colta cola/ da Gottlob Harrer.* Das *Dona nobis* fehlt.

Harrers Instrumentationsprinzip sieht keine durchgängige Begleitung vor, sondern folgt dem Verfahren, nur gelegentlich ‚Akkordtupfen', häufig in Gestalt von blockhaften colla-parte-Einwürfen hinzuzufügen; diese sind allerdings nicht gänzlich mit den entsprechenden Chorblöcken identisch, sondern verstärken zumeist nur die Schlußtakte klanglich: Es entsteht der Eindruck, als habe Harrer der wechselchörigen Anlage durch seine Instrumentation Rechnung tragen wollen. Lange Haltetöne in den Vokalstimmen werden häufig in Repetitionen aufgelöst, bisweilen werden continuoartige Spielfiguren unterlegt.[39]

Bevor dieses Notenmaterial aus dem Nachlaß Harrers über den Verleger Breitkopf nach Berlin gelangte[40], ist eine Weitergabe zumindest des *Sanctus* an den Leipziger Verleger, Komponisten und Konzertunternehmer Christian Gottlieb Thomas wahrscheinlich, denn, wie bereits angedeutet, taucht das Stück wiederholt und über einen längeren Zeitraum in den Programmen seiner etwa in Leipzig, Magdeburg, Berlin oder Halberstadt veranstalteten Konzerte auf.[41] Zumeist wird das *Sanctus* in zwei Fassungen geboten, nämlich im lateinischen Original und in deutscher Parodie. Die Zusammensetzung der Programme, in denen durchweg mit Chor und Orchester besetzte Werke erscheinen, wie auch die Plazierung des *Sanctus* zumeist am Ende der Veranstaltung belegt, daß die von Harrer repräsentativ instrumentierte, nicht aber die a-cappella-Fassung durch Thomas aufgeführt wurde.[42] Ein Zusammenhang mit der Berliner Benevoli-Rezeption Faschs ist unwahrscheinlich. Allerdings hat Thomas den Berliner Fasch gekannt: In Verbindung mit der Bewerbung um die Hamburger Nachfolge C. Ph. E. Bachs hatte er u. a. eine Komposition des Ps 149 vorgelegt, „für zweystimmige bloße Vokalmusik, nebst Begleitung der Orgel und eines besonderen Positivs, mit einem achtstimmigen Fugensatze, und vierfachen Contrapunkt, im Zir-

---

39 Ein gänzlich anderes Instrumentierungsverfahren verfolgt beispielsweise – um im Umfeld der Leipziger Thomasschule zu bleiben – Johann Sebastian Bach im Falle der von ihm bearbeiteten Missa *Sine nomine* von Palestrina: Hier sind im *Kyrie* und *Gloria* die Instrumente colla parte geführt und die Continuostimmen als Basso seguente notiert; vgl. Beißwenger, *Bachs Notenbibliothek*, 305f.; dort weitere Literatur.

40 Vgl. Breitkopf, *Verzeichnis 1764*, 10f. Dort läßt sich die heutige Berliner a-cappella-Fassung (Mus. ms. 1450) ebenso nachweisen wie die durch Harrer instrumentierte Bearbeitung (Mus. ms. 9411); beides wird 1769 nochmals angeboten. Vgl. auch Andreas Glöckner, *Handschriftliche Musikalien aus den Nachlässen von Carl Gotthelf Gerlach und Gottlob Harrer in den Verlagsangeboten des Hauses Breitkopf*, in: BJ 1984, 109. Zum Überlieferungsweg Harrer-Breitkopf-Voß-Buch siehe außerdem: Friedrich Wilhelm Riedel, *Musikgeschichtliche Beziehungen zwischen Johann Joseph Fux und Johann Sebastian Bach*, in: Anna Amalie Abert/Wilhelm Pfannkuch (Hrsg.), Festschrift Friedrich Blume zum 70. Geburtstag, Kassel etc. 1963, 296ff. Ferner erklärte Reichardt, daß außer der Messe noch ein sechzehnstimmiges *Gloria* sowie ein *Sanctus* Benevolis in seinem Besitz seien; beide Stücke seien auch im „Breitkopfischen Musikvorrathe" zu finden. Musikalisches Wochenblatt, 129f.

41 Beispielsweise wären zu nennen: Musikalische Academie spirituelle in der Magdeburger Ulrichskirche am 6. Juni 1789, desgl. am 18. März 1789 in der Dresdner Neustädter Kirche; sodann in der Martinikirche Halberstadt am 7. Februar 1790, in der Garnisonkirche Berlin am 19. Mai 1790, in der Universitätskirche Leipzig am 12. Oktober 1794.

42 Zweifelsfrei bestätigt dies ein Programmzettel vom Jahre 1794: „Sanctus aus der berühmten Missa von Benevoli, so aus 1 Instrumentenorchester und vier verschiedenen Singechören bestehet"; vgl. Schering, *Leipzig* III, 614.

kel durch alle 12 Tonarten bearbeitet.“ In diesem Zusammenhang verweist Thomas auf die Herkunft des vierfachen Kontrapunkts aus Italien und benennt neben Allegri, Palestrina und Benevoli auch die Deutschen Johann Sebastian Bach und Carl Fasch als bedeutende Kontrapunktiker.[43]

3.4. Die sechzehnstimmige Messe

3.4.1. Überlieferung und Fassungen

Welches waren aber die musikalischen Gründe, die das Werk in den Brennpunkt der Kirchenmusikdiskussion rückten und eine Konfrontation der in der abendländischen Mehrstimmigkeit vielleicht am längsten tradierten musikalischen Gattung mit den Ideen ‚wahrer‘ Kirchenmusik provozierten?

Grundsätzlich ist zunächst auf den in der Forschungsliteratur kaum beachteten Umstand zu verweisen, daß die Fasch-Messe in verschiedenen Fassungen vorliegt: Die Erstedition der vollständigen Komposition durch die Berliner Singakademie von 1839 unterscheidet sich erheblich von den frühen, zu Lebzeiten Faschs entstandenen handschriftlichen Fassungen, denen auch die erste auszugsweise Druckausgabe in Reichardts Kunstmagazin von 1791 zuzuordnen ist.[44]

An frühen Berliner Quellen liegen vor:
B Mus. ms. autogr. K. F. Ch. Fasch 2, darin enthalten:
– *Kyrie à 4 Cori reali et Christe eleison à otto voci Soli. Partitur, von der Hand des Kapellmeisters Reichardt.* [= Fassung B]
– *Quoniam tu solus sanctus für 6 Solostimmen aus der sechzehnstimmigen Messe. Partitur der vorletzten Bearbeitung.* [= Fassung B]
– *Cum sancto spiritu etc. Fuge für 16 Realstimmen, nach der vorletzten Bearbeitung in eigenhändiger Partitur.* [= Fassung A][45]
B Mus. ms. 5794, darin enthalten:
– *Kyrie et Gloria/ a 4 Cori/ con Voci concertante/ da/ Carlo Fasch/ 1793.* [= Fassung C][46]

---

43 In Hamburg hat das Stück bekanntermaßen nicht zum gewünschten Erfolg geführt; weitere Aufführungen sind indes für Braunschweig, Halberstadt, Hannover, Berlin und Leipzig belegt; vgl. Thomas, *Nachtrag*.

44 Die folgende Liste spiegelt die in der Forschung bekannten vier Fassungen wider; ein vollständiges Quellenverzeichnis (mit sämtlichen späteren Abschriften) hier wiederzugeben, ist nicht nötig, es findet sich in: Raymond Dittrich, *Die Fasch-Quellen in der Bischöflichen Zentralbibliothek Regensburg – zugleich ein Beitrag zur Quellenlage der 16-stimmigen Messe von Carl Fasch*, in: Fasch-Studien, Bd. 7, 223. Vgl. zudem Eberle, *Sing-Akademie*, 136f.

45 Das Konvolut enthält außerdem eine Partitur von Faschs fünffachem Kanon, einen Choral für drei Chöre *Preis ihm er schuf und er erhält* („Für die Singacademie“) sowie eine vierstimmige Singfuge von Johann Gottlieb Graun nach Pietro Metastasios *La Passione* (*A confidar nella celeste*).

46 Das Frontispiz zeigt eine Muse[?] mit Leier, am Ende findet sich die Tuschezeichnung einer Marmorbüste Carl Faschs (mit Angabe der originalen Maße) und der Legende: „Carl Fasch/ stiftet die Singacademie/ zu Berlin MDCCLXXXXI.“ Das Manuskript enthält ebenfalls ein Blatt mit dem fünfundzwanzigstimmigen Kanon mit genauen Bezeichnungen der einzelnen

B Mus. ms. 5799, enthält:
– Kyrie der 16stg. Messe, Stimmensatz. [= Fassung B]
Musikalisches Kunstmagazin 1791, enthält:
– Kyrie I und Christe der 16stg. Messe. [= Fassung B][47]

Einen kritischen Bericht zu den verschiedenen Fassungen vorzulegen, ist hier nicht der Ort; anhand des *Kyrie* I und des *Christe*[48] sei aber beispielhaft und in aller Kürze auf charakteristische, vielleicht auf Zelter zurückgehende Bearbeitungsvorgänge hingewiesen. Eine erste Modifikation betrifft das Schriftbild: Während die Druckfassung von 1839 die Viertelnote als Grundmaß annimmt, arbeiten die älteren Quellen – der Benevoli-Vorlage wie überhaupt der älteren Notationspraxis gemäß – mit ‚weißen Noten' und verwenden die halbe Note als Tactus: Das Erscheinungsbild wirkt schon dadurch altertümlicher.[49] Überdies neigen die Frühfassungen deutlich zur rhythmischen Angleichung und zu fließenden Übergängen, wo die Spätfassung die in allen Stimmen markant akzentuierende Artikulation bevorzugt; viel öfter finden sich in dieser Durchgänge, Wechselnoten, Punktierungen kleinerer Notenwerte, zudem auch große Intervalle (Oktavsprünge). Auffällig ist auch ein weitgehend durchgängiger Orgelcontinuo in der Frühfassung, während die Gesamtausgabe gelegentliche Unterbrechungen aufweist. Zu diesen eher geringen Differenzen treten freilich auch gewichtigere, die in die Disposition des Gesamtsatzes eingreifen; markant sind vor allem zwei Abschnitte des *Kyrie* I: Gleich zu Beginn ist in der Druckfassung von 1839 der Tutti-Einsatz aller Chöre um zwei Takte zugunsten eines stär-

---

Stimmverläufe (Umkehrungen u. ä.). Datierungen erscheinen auch innerhalb der Satzfolge: *Laudamus* und das doppelt notierte *Gratias* weisen je die Jahreszahl 1793 auf; das *Quoniam* fehlt. Im *Domine* sind die drei Chöre durch die Farben Orange, Violett und Gelb bezeichnet, was auf den Gebrauch der Quelle durch die Sing-Akademie unter Zelter hindeutet. Am Schluß des *Cum sancto* findet sich die Eintragung „den 28. Okt. 1798."

47 Vgl. Kunstmagazin II, 106ff. Anhaltspunkte im Blick auf die verschiedenen Umarbeitungsvorgänge liefert ein handschriftlicher Katalog B Mus. ms. theor. k. 551: *C. F. Fasch's Werke nach ihrer Entstehung und Umgestaltung*; vgl. besonders Abt. VII. Die Edition der Sing-Akademie von 1839 wird von der Forschung als „Fassung D" bezeichnet; vgl. Dittrich, *Fasch-Quellen*, 223.

48 Kaum Abweichungen bieten die Quellen in den Sätzen *Laudamus*, *Gratias*, *Quoniam*; das *Cum sancto* weicht in B Mus. ms. autogr. K. F. Ch. Fasch 2 gegenüber der Gesamtausgabe stark ab, während B Mus. ms. 5794 mit dieser etwa übereinstimmt. Vgl. ausführlich: Dittrich, *Fasch-Quellen*, 222ff.

49 Daß das Schriftbild mit überwiegend weißen Noten den Zeitgenossen durchaus ‚exotisch' und aufführungstechnisch problematisch erschien, belegt eine auf die Münchner Lasso-Quellen bezogene Bemerkung Christian Friedrich Daniel Schubarts: „Ich wünschte nichts mehr, als diese ehrwürdigen Denkmale der alten Musik bekannt gemacht zu sehen, noch mehr sie aufführen zu hören. Aber wie würden sich unsere Musiker, die an fünf, sechs und mehr geschwänzte Noten gewöhnt sind, entsezen, wenn sie diese, wie Quadersteine ▭ daliegende Noten, die nicht wie Mükenfüsse Krabeln, sondern wie Elefantenhufe Drängen ausdrüken sollten! – Und unsere Porzelänmännchen und Marzipanpuppen, was würden die sagen? – O Lasso, Lasso, bleib' liegen, bis dich die bessere Nachwelt entmodert! –" Aus: *Schubart's Leben und Gesinnungen. Von ihm selbst, im Kerker aufgesezt. Erster Theil*, Stuttgart 1791, 277f.

ker exponierten (und damit wirkungsvolleren) solistischen Beginns verzögert. Noch gravierender erscheint der Vorgang in T. 22ff., wo nicht nur durch Hinzunahme auch des Chores I eine anders gewichtete Chor-Architektur geschaffen wird, sondern zudem in T. 26ff. durch Einfügung von drei zusätzlichen blockhaften Choreinsätzen (Chor II/Chor II, III, IV/Chor I) eine nicht unwesentliche Ausdehnung der Dimension des Gesamtsatzes erreicht wird.

Nicht weniger instruktiv für das Verständnis des Entstehungsprozesses sind Beobachtungen am *Christe*.[50] Der Satz präsentiert sich in beiden Fassungen weitgehend in identischer Dimension, auch die notationstechnischen Verhältnisse sind gleich; die Unterschiede liegen hier auf der Ebene der Choranordnung: Die ältere Fassung kommt mit einer auf zwei Chöre reduzierten Besetzung aus, während die Gesamtausgabe auch hier sämtliche vier Chöre fordert. Die Verteilung des Materials auf diese Chöre ist indes kurios: Während die Solisten-Chöre I und IV in wechselnder Beteiligung das eigentliche musikalische Geschehen vortragen, ist den Chören II und III, gleichsam in Ripieno-Funktion und zudem musikalisch identisch, an insgesamt nur zwei, bloß je zwei Takte umfassenden Stellen eine „eleison"-Anrufung zugewiesen, und zwar in ruhig deklamierenden Halbenoten. Die ältere zweichörige Fassung ist in der musikalischen Substanz etwa gleich, verteilt das Material aber ökonomischer.[51]

3.4.2. Musikalische Gestalt

Die Komposition Faschs ist nicht, wie die Vorlage, ein weitgehend akkordisch bestimmter, vor allem auf Echowirkung als Folge der kontrastierenden Gegenüberstellung von Klanggruppen angelegter Satz. Vielmehr bedient sich Fasch unterschiedlicher kompositorischer Mittel zur klanglichen Ausnutzung der durch vier Chöre gebotenen Möglichkeiten. Neben Partien, die die ursprüngliche Besetzung verwenden und vor allem den chorischen Klangkontrast erzeugen – zu finden in den kurzen akklamatorischen Einwürfen des *Kyrie* –, stehen solche Abschnitte die in erfindungsreicher Weise Umgruppierungen vornehmen. So vereinigt etwa das *Gratias* die Chöre II-IV zu einer Ripieno-Gruppe, die dem jetzt aus Solisten gebildeten Chor I sowie einem „Tenore concertato" gegenübergestellt wird, wobei der häufig reduzierte, sehr variabel operierende Chor I mit dem im Stile einer Koloraturarie agierenden Solotenor in ein regelrecht konzertierendes Verhältnis tritt. Die verei-

50 Ältere Fassung nach: Musikalisches Kunstmagazin II, 117.

51 Vielleicht eine Zwischenstufe markiert die Fassung B Mus. ms. 5794, die, real vierchörig notiert, allerdings an den zuvor besprochenen Abschnitten gegenüber der Gesamtausgabe eine vermittelnde Lösung bringt, so daß Chor II und III sowie Chor I und Chor IV jeweils zu einem einzigen Chor ‚zusammenaddiert' werden; eine zusätzliche „eleison"-Anrufung liegt T. 17f. (Chor IV) vor.

nigten Chöre II-IV sind funktional nichts anderes, als der Ersatz für ein begleitendes Orchester.[52]

Ähnliche Reduktionen finden sich auch im *Domine Deus*, wo nur drei, überdies spärlich zu einem Tutti vereinigte Chöre beteiligt sind, oder im *Quoniam*, das in seiner sechsstimmigen Anlage eher an den traditionellen Motettensatz erinnert, als an ein mehrchörig gearbeitetes Werk. Die an diesen Beispielen dargestellte Spannbreite der musikalischen Formen und Gestaltungen deutet schon an, daß kaum einheitliche stilistische Verhältnisse im Verständnis eines ‚wahren' Kirchenmusikideals vorliegen bzw. die Komposition Benevolis nur im weitesten Sinne als modellhafte Vorlage gelten kann: Abgesehen von der abschließenden traditionellen *Cum-sancto-spiritu*-Fuge mit Durchführung des Themas durch alle sechzehn Stimmen, verfolgt der Berliner andere Ziele, als eine Nachbildung der römischen Vorlage. Es ist offensichtlich, daß ihm der Klangapparat von vier mal vier Vokalstimmen dazu dient, Elemente des zeitgemäßen empfindsamen Oratorien-, vielleicht sogar Opernstils in origineller Weise zu einem für protestantische Meßkompositionen neuen Klangbild zu verbinden. Offensichtlich sind Verfahrensweisen der sogenannten Kantatenmesse angewandt, wobei einzelnen Teilen des Textes verschiedene, zumal gegeneinander kontrastierende Klangapparate zugewiesen sind: Das eigentümliche an Faschs Schöpfung ist freilich, daß dieses Formprinzip nicht im Rahmen einer Missa concertata, also einer instrumental begleiteten Messe zum Einsatz gelangt, sondern in einem weitgehend a-cappella-geprägten Satz. Die historische Leistung Faschs liegt danach in dem Vorgang, barocke römische Mehrchörigkeit und Polyphonie zu einer neuen Form umgebildet zu haben, die den äußeren vierchörigen/sechzehnstimmigen Rahmen übernimmt, in diesen aber sowohl Elemente der protestantischen Missa brevis als auch des homophon-melodischen empfindsamen Stils einfügt. Das Werk ist keine vordergründig mit historischen Satzmustern operierende, sich etwa in melodischer oder harmonischer Gestaltung an Benevoli anlehnende Stilkopie. Sie ist ein allenfalls bedingter Reflex auf die *Miserere*-Begeisterung im Sinne nicht stilistischer, sondern rein äußerlicher Analogien und Rezeptionsmuster, und sie ist keinesfalls ein Wegbereiter jenes emphatischen Interesses für altitalienische Vokalmusik, das im frühen 19. Jahrhundert in die ‚Palestrina-Renaissance' einmündete. Faschs Messe steht außerhalb jeder liturgischen Intention: Es handelt sich um Musik für den Konzertsaal und damit um einen Vorläufer der bedeutenden, auch protestantischen Beiträge des 19. Jahrhunderts.[53]

52 Vergleichbare Satzbilder, die in motettischen a-cappella-Stücken eine konzertierende Solostimme verwenden, begegnen in anderen Kompositionen Faschs ebenso wie in Sätzen anderer Meister; exponiert ist dieses Verfahren etwa auch in der Motette *Herr, wer bin ich?* von Johann Friedrich Doles; vgl. Dl Mus. 3036-E-522.

53 Vgl. dazu Ulrich Konrad, *Der Beitrag evangelischer Komponisten zur Messenkomposition im 19. Jahrhundert*, in: KmJb 71 (1987), 65-92.

3.5. Zum Gattungskontext der Fasch-Messe: Formen protestantischer Meßvertonung in der zweiten Hälfte des 18. Jahrhunderts

Zwar wendet sich Fasch mit dem Ordinarium missae der vielleicht traditionsreichsten kirchenmusikalischen Gattung überhaupt zu, doch haben die Komponisten protestantischer Kirchenmusik diese seit jeher nur zurückhaltend berücksichtigt. Zudem konnte im aufgeklärten Berlin der 1780er Jahre die Beschäftigung mit diesem Genre kaum als aktuell gelten, ja, sie mußte vor dem Hintergrund des ‚Proselytenstreits' geradezu als provokant erscheinen.[54] Zweifelsohne richtete sich also das Interesse Faschs auf eine aus ihren vormaligen liturgischen Funktionen längst entwurzelte Gattung.[55] Um dessen Leistung in einen größeren Zusammenhang musikalischer Entwicklungen zu stellen, wird im folgenden ein vergleichender skizzierender Blick auf einige jener Beiträge gerichtet, die im Rahmen protestantischen Kirchenmusikschaffens einen – wenn auch schmalen – Platz in der Gattungsgeschichte des späten 18. Jahrhunderts behaupteten. Dazu sei in Erinnerung gebracht, daß in nicht wenigen Fällen die konfessionelle Zuordnung des Materials Probleme bereitet. Denn gelegentlich fertigten protestantische Komponisten vollständige Messordinarien für katholische Auftraggeber an, erinnert sei nur an den nachmaligen Thomaskantor Harrer, der während seines Wirkens in Dresden komplette Messen und Messenteile für den dortigen (katholischen) Hof komponierte.[56] Und die vor allem für den Protestantismus in Anspruch genommene Praxis, bloß aus *Kyrie/Gloria* bestehende „lutherische" Kurzmessen zu vertonen, ist demgegenüber auch im Katholizismus verbreitet. Wie Wolfgang Horn – ebenfalls für Dresden – nachgewiesen hat, stand im Repertoire etwa der katholischen Hofkirche die *Kyrie/Gloria*-Kurzmesse dem Typus des vollständigen Ordinariums gleichberechtigt zur Seite.[57]

Gleichwohl finden sich im protestantischen Bereich vor allem Kurzmessen, sogenannte Missae breves:[58] Auch Faschs sechzehnstimmige Messe gehört diesem

---

54 Vgl. Kap. 4.

55 Ein weiteres berühmtes Beispiel für dieses Praxis ist die Aufführung nur des *Credo* aus Johann Sebastian Bachs h-Moll-Messe durch Carl Philipp Emanuel Bach in Hamburg (April 1786).

56 Lateinische Kirchenstücke Harrers finden sich in den Berliner Handschriften B Mus. ms. 9408, 9410, 9411 und 9412, darunter etwa *Domine ad adjuvandum*, *Dixit dominus*, *Missa* (tota) a 4 a cappella, *Missa* a 13, *Kyrie* a 10, *Sanctus*, *Beatus vir* a 10, *Magnificat* sowie einzelne Messensätze.

57 Vgl. Horn, *Hofkirchenmusik*, 204. Berühmt ist die Überreichung einer solchen Kurzmesse durch Johann Sebastian Bach an den sächsischen König. Es scheint, als sei für den Fall der Aufgabe der vollständigen Ordinariumsvertonung, namentlich aber für die Verwendung bloß von Einzelsätzen (vgl. unten) eine genaue konfessionelle Abgrenzung kaum möglich; das gilt um so mehr für anonym überlieferte Stücke. Zur formalen Gestalt katholischer Meßvertonungen im späten 18. Jahrhundert siehe besonders: Franz Lederer, *Untersuchungen zur formalen Struktur instrumentalbegleiteter Ordinarium-Missae-Vertonungen süddeutscher Kirchenkomponisten des 18. Jahrhunderts*, in: KmJb 71 (1987), 23-54.

58 Über das bei Emilie Schild, *Geschichte der protestantischen Messenkomposition im 17. und 18.*

Typus an.[59] Der vollständig vertonte *Kyrie/Gloria*-Text[60] ist auf insgesamt neun Sätze verteilt, mit der Disposition: I. Kyrie – II. Christe – III. Kyrie – IV. Gloria in excelsis Deo. Et in terra pax hominibus bonae voluntatis. – V. Laudamus te. Benedicimus te. Adoramus te. Glorificamus te. – VI. Gratias agimus tibi propter magnam gloriam tuam. – VII. Domine Deus, Rex coelestis, Deus Pater omnipotens. Domine fili unigenite, Jesu Christe, Domine Deus, Agnus dei, Filius patris. Qui tollis peccata mundi, miserere nostri. Qui tollis peccata mundi, suscipe deprecationem nostram. Qui sedes ad dexteram patris, miserere nobis. – VIII. Quoniam tu solus Sanctus. Tu solus Dominus. Tu solus Altissimus, Jesu Christe. – IX. Cum Sancto Spiritu in gloria Dei Patris. Amen.

Anhand der Verteilung der Texte auf die einzelnen Abschnitte wird deutlich, daß Fasch, abgesehen von der weniger häufig anzutreffenden Variante, das *Domine* und das *Qui tollis* in einem Satz zu vereinigen[61], ältere Traditionen aufgreift, die dem Typus der sogenannten Kantatenmesse oder, wie Raymond Dittrich vorge-

---

Jahrhundert, Wuppertal-Elberfeld 1934, aufgeführte Material hinaus, sei, ohne den Bestand hier vollständig zu erfassen, nur noch verwiesen auf einschlägige Kompositionen W. F. Bachs (Fk 98), J. F. Doles' (Banning Nr. 209-215), J. W. Hertels (in seiner Autobiographie ist eine „vierstimmige aus lauter Contrapunkt bestehende Messe, alla Papale" erwähnt), J. A. Hillers (B Mus. ms. autogr. J. A. Hiller 3; B Mus. ms. 10630; Dl Mus. 3263-D-3), C. H. Grauns (GSV 63-67) und J. L. Krebs' (LEm Ms. III, 2.114); etliches dürfte zudem verloren sein, darunter offenbar Beiträge J. K. F. Rellstabs und J. Ph. Kirnbergers. Die Auflistung deutet an, daß die Zusammenstellung von Emilie Schild eine verzerrte Vorstellung vermittelt: Die als „Das letzte Stadium der liturgischen Verwendung der Messe" bzw. als „Die kultische Entwurzelung des protestantischen Meßordinariums" bezeichneten Entwicklungsstufen sind offenbar doch durch ein breiteres und vielfältigeres Repertoire geprägt, als die Werkzusammenstellung zunächst glauben macht. Vgl. dazu: Helmut Banning, *Johann Friedrich Doles. Leben und Werke*, Leipzig 1929. John W. Grubbs, *The sacred Vocal Music of the Graun Brothers: A Bio-Bibliographical Study*, 2 Bde., University of California, Los Angeles 1972 (GVS). Erich Schenk (Hrsg.), *Johann Wilhelm Hertel. Autobiographie* (= Wiener musikwissenschaftliche Beiträge, Bd. 3), Graz-Köln 1957.

59 Reichardts Mitteilung im Zuge seiner „Berichtigungen und Zusätze zum Gerberschen Lexicon", daß Fasch „nicht blos ein Kyrie und Gloria [...] für 16 Singstimmen komponirt [habe], sondern eine ganze Messe", dürfte nicht ein vollständiges Ordinarium meinen, sondern den je vollständigen Text. Vgl. Musikalische Monathsschrift, 66.

60 Entgegen gelegentlicher anders lautender Informationen in der Sekundärliteratur handelt es sich nicht um eine a-cappella-Komposition: Das Stück besitzt – wie die Vorlage – eine Continuo-Orgelbegleitung.

61 Auffällig an der Disposition der Fasch-Messe ist, daß die Möglichkeit preisgegeben wird, die inhaltlich gewichtige und musikalisch effektvoll ausdeutbare *Qui-tollis*-Partie selbständig darzustellen. Die unten erwähnten Messen Tags disponieren dagegen einheitlich: *Domine Deus – Qui tollis – Quoniam – Cum sancto*; in Messe Nr. 4 ist überdies der Textabschnitt *Suscipe* separat als Baß-Solo gestaltet. Ähnlich versteckt wie bei Fasch erscheint aber das *Qui tollis* auch in BWV 236. Die Missae breves Bachs gliedern übrigens im ganzen weniger reichhaltig und fassen stets *Gloria* und *Laudamus*, in zwei Fällen (BWV 233/234) zudem noch das *Gratias* zu einem Satz zusammen, wobei freilich durchaus noch musikalische Binnengliederungen erkennbar sind; vgl. NBA II/2 (BWV 233-236). Zu bedenken ist hierbei allerdings, daß die diesbezüglichen Werke Bachs weitgehend Parodiekompositionen sind und sich vielleicht aus diesem Grunde eine je individuelle Textverteilung ergeben hat.

schlagen hat, der „konzertierenden Nummernmesse" zugehören.[62] Jedenfalls folgt Fasch in diesem Punkt nicht der Missa *In Diluvio* Benevolis: Diese gliedert das *Kyrie* in der üblichen dreiteiligen Anlage, behandelt das *Gloria* allerdings, einer bereits seit dem Mittelalter bestehenden Praxis gemäß, bloß einsätzig; einzelne Textabschnitte (Domine Fili unigenite Jesu Christe – Domine Dei Agnus Dei, qui tollis peccata mundi, miserere nobis – Quoniam tu solus sanctus, tu solus dominus, tu solus altissimus) sind – auch dies ein älteres Verfahren – durch Tripeltakt hervorgehoben. Die sechzehnstimmige Messe Faschs stimmt dagegen in der Gliederung mit etlichen protestantischen Messen der zweiten Hälfte des 18. Jahrhunderts überein; auf zwei Autoren sei, unter dem Gesichtspunkt der formalen Anlage, näher eingegangen.

Die sechs in Berlin[63] überlieferten Beiträge Christian Gotthilf Tags verfahren in derselben schematischen Weise wie Faschs Messe: *Et in terra*, *Laudamus* und *Gratias* sind flexibel gestaltet, wobei vor allem die Entscheidung für oder gegen eine eigenständige Behandlung des *Laudamus* zur Disposition steht: In den Messen Nr. 1 (D), 2 (F) und 3 (B)[64] wird auf eine besondere Profilierung verzichtet, vielmehr ist in der F-Dur-Messe die Tendenz erkennbar, sogar das *Et in terra* und das *Gratias* aneinander zu binden; in den Messen Nr. 4 (G), 5 (D) und 6 (D) liegt dagegen das *Laudamus* selbständig vor, wobei in Nr. 4 und Nr. 6 solistische bzw. duettierende Einlagen den Eindruck kleingliedriger Disposition noch verstärken.

Entschieden freier in der Anlage präsentieren sich dagegen zwei orchesterbegleitete Kurzmessen Johann Adam Hillers. In der autograph erhaltenen D-Dur-Messe[65] ist schon im *Kyrie* die traditionelle Dreiteiligkeit, die durch Da-capo-Übereinstimmung von *Kyrie* I und II häufig noch symmetrisch wirkt[66], aufgegeben, zugunsten einer durchkomponierten, auf fließende Übergänge abzielenden Verfahrensweise: Der *Christe*-Abschnitt ist so gebaut, daß auf die dreifache, vom Sopran und Alt entweder solistisch oder im Duett vorgetragene *Christe*-Anrufung der Chor jeweils mit der *-eleison*-Antwort folgt; das *Kyrie* II greift dieses Verfahren unvermittelt auf, wonach der Chor mit einer zur Schlußsteigerung ausgeweiteten *Kyrieleison*-Antwort endet. Die Neigung zur Aufsplitterung des Textes findet sich noch ausgeprägter im *Gloria*: Insgesamt nur zweiteilig disponiert[67], erfährt die wechselnd solistisch (Teil 1)[68] und solistisch-chorisch geprägte Binnengliederung eine differen-

62 Raymond Dittrich, *Die Messen von Johann Friedrich Fasch (1688-1758)*, 2 Bde. (= Europäische Hochschulschriften XXXVI/84), Frankfurt/M. 1992; hier Bd. 1, 79.

63 B Mus. ms. 30185; Parallelüberlieferungen in B Mus. ms. 30308, 21600, 21601 und 21602.

64 Die Numerierung folgt nach Schild, *Messenkomposition*, 139.

65 B Mus. ms. autogr. J. A. Hiller 3; das Manuskript trägt die Datierung „inv. 1790 reform. 1792."

66 Auch dieses Verfahren ist seit langem üblich. Die Tag-Messen wiederholen mit Ausnahme der Messe Nr. 5 ebenfalls stets den ersten *Kyrie*-Teil und weisen im *Christe* die bereits in spätmittelalterlichen Meßvertonungen anzutreffende reduzierte Stimmenzahl auf.

67 *Gloria* bis *Miserere nostri* und *Quoniam* bis Schluß.

68 Sämtliche Solisten sind beteiligt und tragen sukzessive den Text vor, ehe der Chor die Ausführung des abschließenden *Qui-tollis*-Abschnitts übernimmt.

zierte musikalische Ausarbeitung (Teil 2)[69]. Die zweite Messe Hillers, ebenfalls in D-Dur[70], liegt im *Kyrie* traditionell dreiteilig vor, freier ist wiederum das *Gloria* angelegt. Dessen Text verteilt sich auf drei Sätze: Nach der vom Chor vorgetragenen *Gloria*-Akklamation wird der zweite Satz (*Laudamus*) wie in der zuvor besprochenen Messe Hillers sukzessive durch die Solisten gestaltet; die Aufteilung folgt – bei allerdings fließenden Übergängen – etwa der Praxis Tags.[71] Bemerkenswert ist die stark chromatisch gefärbte und mit instrumentalen Zwischenspielen ausgestattete *Qui-tollis*-Chorfuge. Den dritten Satz, zugleich Abschluß der Messe, bildet der traditionell kontrapunktisch gearbeitete *Cum-sancto-spirito*-Text.

Möglichkeiten der Abweichung von diesen nur beispielhaft vorgestellten, gewissermaßen „typischen" Beiträgen eröffnen sich dort, wo satztechnisch-formale oder textbedingte Sachverhalte von vornherein eine andersartige Anlage fordern: Erinnert sei einerseits an Messen mit mehr oder weniger strenger Cantus-firmus-Bindung, zum anderen an Vertonungen in deutscher Übersetzung oder Paraphrasierung. Ohne daß der Bestand hier einer eingehenden Untersuchung unterzogen werden könnte, seien zwei charakteristische Verfahren immerhin angedeutet[72], um die stilistische und formale Vielfalt der zeitgenössischen protestantischen Messenproduktion zu skizzieren. Zugleich sei auf das Geflecht aus traditioneller Formbindung einerseits und „Entwurzelung" (Schild) bzw. „Auflösung" (Leupold) andererseits hingewiesen, in dem die Gattung, damit auch der Beitrag Faschs, angesiedelt ist.

3.5.1. Cantus-firmus-Messen

In der eindeutig zur Orchestermesse tendierenden Messenkomposition der zweiten Hälfte des 18. Jahrhunderts kann die altertümliche Cantus-firmus-Einbeziehung kaum als aktuell gelten. Als letzter bedeutender Vertreter dieses Kompositionsprinzips mit immerhin elf Beiträgen gilt Georg Philipp Telemann; namentlich die Zugrundelegung von Kirchenliedmelodien findet sich in dessen Œuvre bevorzugt.[73]

---

69 Akklamatorische *Quoniam*-Einwürfe des Chores gliedern den durch den Solo-Sopran und -Alt gestalteten Abschnitt.

70 B Mus. ms. 10630. Auffällig ist die große Besetzung: SATB, 2 Trp, Timp, 2 Hr, 2 Fg, 2 Ob, 2 Fl, 2 Vl, Va, Bc.

71 Messen Nr. 5 und 6.

72 Weniger ein dispositionsbezogenes als vielmehr ein individuelles liturgisches Phänomen dürfte der etwa bei Johann Daniel Pucklitz, einem zwischen 1737 und 1764 in Danzig als „Ratsmusicus" nachgewiesenen Meister, anzutreffende Vorgang sein, die *Gloria*-Teile bereits nach dem *Gratias* zu beenden; vgl. Schild, *Messenkomposition*, 141, sodann: Ulrich Leupold, *Die liturgischen Gesänge der evangelischen Kirche im Zeitalter der Aufklärung und der Romantik*, Würzburg 1933. Vgl. zu Pucklitz: Rauschning, *Danzig*, 349. Der Vorgang der *Gloria*-Kürzung begegnet auch bei Johann Gottfried Krebs; siehe Schild, *Messenkomposition*, 140f.

73 Vgl. TVWV 9:1-11. Siehe auch Andreas Glöckner, *Frühe Leipziger Telemann-Quellen*, in: Georg Philipp Telemann – Werküberlieferung, Editions- und Interpretationsfragen. Bericht über die Internationale Wissenschaftliche Konferenz anläßlich der 9. Telemann-Festtage der DDR, Magdeburg, 12. bis 14. März 1987, 2 Tle., Köln 1991; hier: Tl. 1, 61ff.; sodann Günter Fleisch-

Gleichwohl sind noch einige spätere Kompositionen des 18. Jahrhunderts überliefert.[74] Das wohl bekannteste diesbezügliche Stück ist die Missa brevis *Es woll uns Gott genädig seyn*[75] von Johann Ernst Bach (1722-1777). Dieser äußerte sich als Verfasser des Vorworts zu Johann Jacob Adlungs *Anleitung zu der musikalischen Gelahrtheit* von 1758 auch zur Kirchenmusikanschauung[76], wobei er freilich seine Vorstellungen weitgehend aus der 1750 erschienenen Schrift *Abhandlung von dem Verderben des Geschmacks* des Louis Bollioud de Mermet (zuerst französisch, Paris 1746) bezogen hatte. An Ernst Bachs Ausführungen ist zunächst bemerkenswert, daß über dessen Vermittlung Gedankengut französischer Ästhetiker in die deutsche Kirchenmusikanschauung Eingang fand, sodann aber noch mehr, daß außerordentlich früh nach Sebastian Bachs Tod eine ausdrücklich mit Blick auf dessen Œuvre vorgenommene[77] Akzentuierung der Vorstellung vom ‚Verfall der Kirchenmusik' an prominenter Stelle erfolgt.[78]

Bachs Messe erinnert in seiner geradezu elementaren Behandlung der reinen Choralmelodie in langen Pfundnoten an vergleichbare Satztypen des 16./17. Jahrhunderts. Von besonderem formalem Interesse ist das *Gloria* in seiner außergewöhnlichen viersätzigen Anlage.[79] Beinahe durchgängig ist das altertümliche Verfahren angewandt, nach der verkürzten, teilweise als Vorausimitation gestalteten Vorstellung der jeweiligen Choralzeile zum Satzbeginn, den Choral in der Pfundnotengestalt sukzessive ein oder zweimal als Cantus firmus durchzuführen. Ausgenommen von diesem Verfahren ist der zweite Teil, der – auch dies durchaus ein konservativer Zug – den textreichen Abschnitt von Laudamus bis miserere nobis weitgehend choralfrei und homorhythmisch-akkordisch präsentiert; bisweilen erinnert das Verfahren sogar an den spätmittelalterlichen Cantus-fractus-Satztyp. Offenbar ist die eigentümliche Textverteilung das Resultat der retrospektiven Cantus-firmus-Anlage, denn die Bewältigung textreicher *Gloria*- oder *Credo*-Partien in der beschriebenen Weise ist ein beliebtes und ökonomisches, in zahlreichen Fällen erprobtes Verfahren. Johann Ernst Bachs Missa wurde gelegentlich als letzte nachweisbare Liedmesse des 18. Jahrhunderts bezeichnet[80], freilich ist die Datierung des Berliner Manuskripts unsicher: Die insgesamt konservative Anlage findet eine schlüssige Entsprechung in der Besetzung mit vier Singstimmen und Generalbaßbe-

---

hauer, *Annotationen zu Werken Telemanns in den Katalogen des Verlagshauses Breitkopf in Leipzig*, ebd., 52; danach wurden TVWV 9:1, 4-7 und 10 oder 11 in Breitkopf, *Verzeichnis 1764* angeboten.

74 Vgl. Schild, *Messenkomposition*, 162ff.

75 B Mus. ms. Bach P 5.

76 Vgl. Dok III, Nr. 691.

77 Ebd., Anmerkung.

78 Zur Tradition des Verfallsgedankens insgesamt vgl. Beck, *Krise*, passim.

79 I. *Et in terra* – II. *Laudamus* – III. *Quoniam* – IV. *Cum sancto*.

80 Schild, *Messenkomposition*, 143.

gleitung; eine Entstehung nicht allzu weit in der zweiten Jahrhunderthälfte ist zu vermuten.[81]

Diesem Verfahren geradezu entgegengesetzt erscheint ein zweites Beispiel: Hier ist der Kirchenlied-Cantus-firmus in eine Komposition eingearbeitet, die in Besetzung und Disposition durchaus dem zeitgemäßen Typus der Missa concertata entspricht: Gemeint ist die Missa brevis in G-Dur von Johann Friedrich Doles.[82] Der knappen dreiteiligen Da-capo-Anlage des *Kyrie* folgt – ähnlich den betrachteten Hillerschen Messen – ein weitgehend durch die Solisten vorgetragenes *Gloria*, wobei durchweg eine Kopplung zweier Solostimmen (Sopran/Alt und Tenor/Baß) zu Terzparallelen erfolgt. Der Cantus firmus – auch hier ein Kirchenlied – ist allerdings nicht, wie im Falle der Ernst-Bach-Messe, mehrfach und gleichmäßig über den größten Teil des *Kyrie/Gloria*-Textes verteilt, sondern er findet sich allein in dem Abschnitt *Domine Deus Rex coelestis, Deus Pater omnipotens*: Zu dem allein vom Solo-Tenor vorgetragenen Text stimmt der Solo-Sopran tropierend-kommentierend den Choral *Straf mich nicht in deinem Zorn* an:[83] Zusätzlich zum deutschen Text überliefert das Autograph die lateinische Textierung *Ne me punias in tuo furore*; aufgrund der zumeist alternierenden Einsätze ist allerdings eine wirklich synchrone Doppeltextigkeit weitgehend vermieden. Besonderheiten der Disposition ergeben sich insofern, als die Barform des Chorals mit seiner zu wiederholenden Kopfzeile unmittelbare Konsequenzen für die formale Gesamtanlage des *Gloria* hat.[84]

3.5.2. Messen mit deutschen Texten

Besondere formale Eigenheiten stellen sich naturgemäß bei der Verwendung deutscher Texte ein; die Spannweite der Möglichkeiten orientiert sich vor allem daran, welche Freiheiten sich die neuen Textfassungen gegenüber dem Original gestatten. Das Spektrum reicht von der unmittelbaren Anlehnung an den lateinischen Text auch in der deutschen Fassung bis hin zur völlig freien Paraphrase, die zwangsläufig

---

81 Vgl. dazu auch die entsprechende Komposition Telemanns über dasselbe Kirchenlied. Die Anwendung älterer Cantus-firmus-Verfahren ist überdies auch in Johann Ernst Bachs *Magnificat* greifbar.

82 B Mus. ms. autogr. J. F. Doles 1. Vgl. dazu Banning, *Doles*, Nr. 210, sowie ebd., 161f. Vgl. auch die Parallelüberlieferung in B Mus. ms. 5100.

83 Dem Text liegt Ps 6 zugrunde.

84 Auf einen Parallelfall bei Doles verweist Banning, *Doles*, 161f., wonach eine vormals in der Königsberger Universitätsbibliothek aufbewahrte F-Dur Messe ähnlich aufgebaut sei: Ebenfalls zum *Domine Deus, Rex coelestis*, hier allerdings solistisch vom Baß vorgetragen, stimmen die übrigen Stimmen den Choral *Christe, du Lamm Gottes* an; denselben Choral hat J. S. Bach übrigens in seiner F-Dur-Messe BWV 233, freilich im *Kyrie*, verwendet, vgl. vor allem auch die Frühform BWV 233a. Eine Partiturabschrift davon – enthalten in dem Konvolut B Mus. ms. Bach P 70 – stammt aus dem Besitz Johann Adam Hillers: Vielleicht ist Doles durch die Hillersche Quelle zu seiner Komposition angeregt worden. Kurze Beschreibung der Messenpraxis in Leipzig sowie einiger Doles-Messen in Schering, *Leipzig* III, 371ff.

in formaler Hinsicht eigene Wege geht und in Richtung der strophischen Meßlieder tendiert.[85] Das Phänomen sei an zwei unterschiedlichen Beispielen erläutert.

Die Textierung zu Wilhelm Friedemann Bachs *Deutscher Messe*[86] in d (Fk 98)[87] hält sich eng an die lateinische Vorlage:[88] Einige Abschnitte des *Gloria* fehlen zwar[89], das Übrige kann aber als beinahe wörtliche Übersetzung angesehen werden. Folglich orientiert sich die formale Anlage – unter Zusammenziehung der Abschnitte *Laudamus/Gratias* und *Quoniam/Cum sancto* – an bekannten Mustern.[90]

Gänzlich anders, gewissermaßen das andere Ende des Spektrums repräsentierend, verfährt eine ältere, auf den 4. September 1754 datierte *Deutsche Messe*[91] jenes Johann Friedrich Drobisch, der im Jahre 1755 als Bewerber um das Kantorat der Dresdner Kreuzkirche in Erscheinung trat. Dessen Komposition für Solo-Baß legt eine in Strophenform angelegte, gereimte Meßparaphrase zugrunde, wobei je drei Strophen auf den *Kyrie*- und *Gloria*-Teil entfallen. Der anspruchslose Text lautet:

> „Kyrieleison.
> Herr erbarm dich deiner Herde,
> Schau vom Himmel auf die Erde,
> Und erhör den tiefen Thon.
> Kyrieleison.
>
> Kyrieleison.
> Christe tritt du in die Mitten,
> Hör nicht auf für mich zu bitten,
> Du bist ja der Gnaden-Thron.
> Kyrieleison.

85 Vgl. Kap. 4.3.2.2.

86 Außerdem existiert ein weiteres *Kyrie* (Fk 100); vgl. Peter Wollny, *Studies in the Music of Wilhelm Friedemann Bach: Sources and Style*, Diss. (masch.-schr.), Harvard University 1993, 487.

87 Einzige die Missa brevis vollständig überliefernde Quelle ist B Mus. ms. Bach P 324; für Parallelüberlieferungen des Schlußsatzes siehe Wollny, *Friedemann*, 486f. und unten. Das Manuskript trägt die Aufschrift *Kyrie,/ a/ Soprano,/ Alto,/ Tenore,/ Basso,/ Violino 1mo./ Violino 2do./ Viola e/ Fondamento,/ da Friedemann Bach./ Von Haeselers in Erfurdt, Hand.*

88 „Kyrieleison, Herr erbarm dich über uns. Christeleison, erbarm dich. Kyrie da capo. – Und auf Erden Friede und den Menschen ein Wohlgefallen. – Wir loben dich, wir beten dich an, wir preisen dich, wir sagen dir Dank um deiner großen Ehre willen. – Herr Gott, himmlischer König, Gott, allmächtiger Vater, Herr eingebohrner Sohn, Jesu Christe, du allerhöchster Herr Gott, Lamm Gottes, ein Sohn des Vaters, der du hinnimmst die Sünden der Welt, nimm an unser Gebet, du sitzt zur Rechten des Vaters, erbarm dich unser! – Du bist allein der Höchste, Jesu Christe, mit dem Heiligen Geiste in der Ewigkeit des Vaters, Amen."

89 *Gloria in excelsis Deo* (Intonation) – *Benedicimus te* – *Qui tollis peccata mundi miserere nostri* – *Quoniam tu solus sanctus.*

90 Das *Kyrie* liegt in dreiteiliger Da-capo-Form vor. Bemerkenswert ist außerdem, daß, gemäß dem bei Friedemann Bach häufigen Parodieverfahren, das *Agnus* mit der *Gloria*-Fuge *Du bist allein der Höchste* übereinstimmt. Die von Martin Falck formulierten Echtheitszweifel im Blick auf die Mittelsätze hält Peter Wollny für unbegründet.

91 Quelle: B Mus. ms. autogr. J. F. Drobisch M 15. Das Manuskript trägt die Aufschrift *Deutsches Kyrie mit 2 Flaut Trav: 2 Viol. und Orgel di Drobisch.*

Kyrieleison.
Vater, Sohn und Geist erhöre,
Rette deines Nahmens Ehre,
Laß den Thon für deinen Thron.
Kyrieleison.

Gloria.
Der den Frieden läßt auf Erden,
Zwischen Gott und Menschen werden,
Kömmt mit seinem Reiche nah.
Gloria.

Gloria.
In der Höhe bey dem Throne
Und den hier auf Erden wohnen,
Stehe mit Lob und Ruhme da.
Gloria.

Gloria.
Gott sah an uns Wohlgefallen
Darum soll Hertz und Mund erschallen
Hier und dort Halleluja.
Gloria."

Die im ganzen höchst simpel gearbeiteten ‚Strophen' sind immerhin musikalisch je unterschiedlich gestaltet. Es ist klar, daß mit dieser Form der ‚Messvertonung' ein Endstadium der Verselbständigung und Entfernung von den ursprünglichen liturgischen Intentionen erreicht ist, indem sowohl der kanonische Messentext, als auch die gottesdienstliche Bindung aufgehoben ist: Drobischs Arbeit erinnert stark an die spätere katholische Singmessen-Praxis, denn es liegt eine vergleichbare Umgestaltung zu einem lied-/choralähnlichen Zyklus vor, wenn auch in Beschränkung auf die der Missa brevis entsprechenden Teile.

3.6. Messen-Einzelsätze: Funktion und Gestalt

Ein anderes wichtiges Verfahren, Elemente der Meßkomposition in der zeitgenössischen protestantischen Kirchenmusik zu bewahren, ist die Verwendung von Einzelsätzen: Entsprechende Stücke kennt man von Johann Adam Hiller, Carl Philipp Emanuel und Friedemann Bach, Johann Christoph Altnickol, Johann Adolph Scheibe, Johann Friedrich Doles, Johann Ludwig Krebs und anderen.[92] Während *Kyrie-*

92 Über das in Schild, *Messenkompositionen*, 150ff., Zusammengetragene wäre noch das Folgende in Auswahl zu nennen; teilweise liegen die Sätze mit deutschem Text vor:
Gloria: W. F. Bach, *Du bist allein der Höchste* (Teil einer *Gloria*-Paraphrase), B Mus. ms. Bach P 1179; es handelt sich um Nr. 5 der d-moll-Messe (Fk 98), siehe oben; die Titelblattaufschrift „Kyrie/ per/ due Violini, Viola, S. A. T. B./ e/ Continuo,/ da/ Guil: Friedemann Bach" ist irrig. Für weitere Parallelüberlieferungen siehe Wollny, *Friedemann*, 486f. Ch. G. Thomas, *Gloria* für 18 (oder 22 bzw. 24) Instrumentalstimmen und drei Vokalchöre (verschollen?).

und *Agnus*-Sätze seltener sind und *Credo*-Vertonungen vor allem in deutscher Übersetzung in musikalisch anspruchsloser Strophenform bei weitgehend homophonem Note-gegen-Note-Satz (als sogenannte *Credo*-Lieder) vorliegen, begegnen in ambitioniert-künstlerischer Ausgestaltung vor allem *Sanctus*-Kompositionen. Zweifellos unterliegen solche Einzelsätze einer veränderten Funktion. Die Verselbständigung aus dem vormaligen, mit klaren liturgischen Implikationen versehenen Ordinariumszyklus dürfte vor allem die konfessionsübergreifende Rezeption begünstigt haben, da im freien Gebrauch konfessionelle Zuordnungen ohne Belang sind: Verfolgt man beispielsweise die Unternehmungen Johann Adam Hillers, so vollzieht sich in dessen Programmen eine Durchdringung von katholischem und protestantischem Repertoire besonders anschaulich im Gebrauch einzelner Messensätze. Hiller hatte zu Beginn seiner Amtszeit als Thomaskantor (1789) in seinem ‚kirchenmusikalischen Manifest‘[93] nicht nur die Absicht der Verwendung deutscher Texte bekundet, sondern auch die Praxis älterer lateinischer Kompositionen, namentlich der Messe, festgeschrieben:

> „So bekannt auch die Worte des Kyrie eleison, des Gloria in excelsis, des Credo, Sanctus und Agnus Dei durch den häufigen Gebrauch in den hiesigen Kirchen, selbst dem gemeinen Mann geworden seyn können; so ein großer Schatz musikalischer wahrer Kostbarkeiten sich auch über diese Worte sammeln läßt: so trage ich doch Bedenken, mich bloß auf diese einzuschränken. Es ist billig von deutschen Gemeinden größtentheils in deutscher Sprache zu singen und zu musiciren, ohne jedoch jene, durch ihr hohes Alterthum, durch ihre erhabene Simplicität ehrwürdigen lateinischen Texte ganz auszuschließen.“[94]

Gut dokumentiert ist Hillers konfessionsübergreifendes Interesse etwa für Johann Christian Bachs *Gloria*, für Einzelsätze von Brixi, Jommelli, für Messen von Hasse,

---

Credo: Sammelhandschrift B Mus. ms. 38164, darin: *Wir gläuben all'* von Doles, Hiller (2), anonym (2). Ferner: J. A. Hiller, *Drey Melodien zu: Wir gläuben all' an einen Gott; zwo neue, und die alte verbessert*, Leipzig, o. J.

Sanctus: C. Ph. E. Bach, *Heilig* (H 827); *Sanctus* (H 828). W. F. Bach: *Heilig* (Fk 78a), vgl. auch die Parodie als *Lobet Gott unsern Herrn Zebaoth* (Fk 78b) in B Mus. ms. Bach P 332. J. L. Krebs, zwei *Sanctus*, B Mus. ms. 30190. J. Chr. Altnickol, zwei *Sanctus*, B Mus. ms. autogr. Altnickol 1. J. A. Scheibe, zwei *Sanctus*, B Mus. ms. 19764:2/3. Ch. E. Weinlig, *Sanctus*, Dl Mus. 3494-D-500 (datiert 1785, in C); *Sanctus*, Dl Mus. 3493-D-501 (in D). J. F. Doles, *Sanctus*, Banning Nr. 215. J. A. Hiller, *Sanctus* (und *Agnus*, doch offenbar nicht zusammengehörig), Dl Mus. 3263-D-2.

Agnus: W. F. Bach, B Mus. ms. Bach P 678 (Fk 98b: entspricht der *Gloria*-Paraphrase in B Mus. ms. Bach P 1179; vgl. auch Fk 99, dort: Parodie als Amen-Fuge; siehe dazu: Wollny, *Friedemann*, 487). J. A. Hiller, B Mus. ms. autogr. J. A. Hiller 3 („ad S. Vincentium Wratisl. 1788“); Dl Mus. 3263-D-1 und Mus. 3263-D-2 (vgl. oben, unter *Sanctus*).

93 Vorrede zu: *Erstes Jahr der geistlichen Musiktexte in der Thomas-Kirche zu Leipzig*, Leipzig 1789.

94 Wie aus den *Geistlichen Musiktexten* deutlich wird, verwendete Hiller einzelne Ordinariumssätze nur an besonderen Festtagen (im Jahre 1789: z. B. Michaelis, Reformationstag, Weihnachten). *Agnus dei* und *Sanctus* werden gern sub communione gebraucht (z. B. Jubilate 1790). Häufiger finden sich Zusammenstellungen nach folgendem Muster: *Kyrie* – Psalm – Choral, oder: *Kyrie* – Chor – Arie – Choral – *Agnus*, oder: *Kyrie* – Arie – Choral.

Galuppi u.v.a.[95] Zudem hatte Hiller im Zusammenhang seiner eigenen, 1794 unter dem Titel *Vierstimmige Chor-Arien* [...] *nebst vier lateinischen Sanctus zu den Präfationen* erschienenen Kompositionen (einfache, meist akkordische Stücke knapper Dimension), den allenfalls noch semi-liturgischen Charakter dieser Sätze dadurch zum Ausdruck gebracht, daß er eine autonome Verwendung vorschlug: „eigentlich zu den Fest-Präfationen" (Einleitungen zum Abendmahl) bestimmt, seien sie auch als freie Motetten aufführbar. Und gänzlich abseits der ursprünglichen Funktion, allenfalls noch in ideellem Bezug zum vormaligen Meßzyklus, stehen schließlich Verfahren der paraphrasierenden Umgestaltung von Ordinariums-Textbausteinen. Erinnert sei einerseits an kantatenhafte Vertonungen, wie man sie etwa von Homilius[96] und Rolle[97] kennt, andererseits an die Plazierung eines *Heilig* als Einleitungssatz einer freien oratorischen Komposition, wie in Rosettis *Hallelujah* von 1791.[98] Die Entwicklung ließe sich also charakterisieren als Tendenz zur Aufhebung sowohl liturgischer als auch konfessioneller Bindung.

Deutsche Übersetzungen und Paraphrasen finden sich besonders bei Einzelsätzen. Wenn auch wiederholt der Ersatz originaler Texte durch deutsche Nachdichtungen vordergründig als Prozeß der ‚Entkatholisierung' bzw. als Artikulation rationalistischen Widerstands gegen „Aberglauben und Mystizismus" (Leupold)[99] gedeutet worden ist, so ist festzuhalten, daß die Neigung zu deutschsprachigen Messen ebenso im katholischen Gebiet begegnet. Erwähnt sei hier nur der Beitrag Georg Joseph Voglers, der im Jahre 1777 unter dem Titel *Deutsche Kirchenmusik* nichts anderes als eine mit deutschem paraphrasierendem Text versehene sogenannte „Singmesse" nach modifizierten Texten des Landshuter Gesangbuchs vorlegte.[100]

---

95 Vgl. Bettina Faulstich, *Die Musikaliensammlung der Familie von Voß: Ein Beitrag zur Berliner Musikgeschichte um 1800* (= Catalogus musicus, Bd. 16), Kassel etc. 1997; sodann etwa auch schon: Johann Adam Hiller, *Texte zur Musik in der Universitätskirche zu Leipzig auf das Kirchenjahr 1780* (vorhanden in B E 3300 rara). Nachgewiesen ist die Aufführung einzelner Messensätze u. a. von Gassmann, Haydn und Graun. Gut zu dieser Haltung paßt auch das auffällige Interesse an etlichen (katholischen) *Sanctus*-Sätzen Joseph Bengrafs in den neunziger Jahren. Faulstich, *Musikaliensammlung*, Nr. 860ff.

96 B Mus. ms. 10804:33 [Kantate] *Festo s. S. Trinitatis/ Heilig ist unser Gott, der Herr/ a/ 4. Tromboni/ 2. Violini et Oboi et Flauti/ Viola/ Violono/ Soprano/ Alto/ Tenore/ Basso/ coll/ Organo supposito/ di Homilius/ Possess./ J. G. Strohbach*; sodann: B Mus. ms. 10804:34 [Kantate] *Auf Pfingsten/ 2 Trompeten/ Paucken/ 2 Oboen/ 2 Violinen/ Bratsche/ 4. Singestimmen/ Instrumentalbässe und Orgel./ Heilig ist unser Gott ec. / Homilius.* Vgl. dazu Schwencke, *Nachlaß-Verzeichnis*, Nr. 373. Siehe auch Dl Mus. 3031-D-7.

97 Vgl. die als „Gelegenheitsstück" betitelte Kantate „besonders auf Trinitatis; Heilig ist der Herr Gott Zebaoth etc./ Fuga Alle Lande." Darauf folgen noch Rezitativ, Arie und Choral; vgl. Kat Gorke 569.

98 Die Dichtung stammt vom Schweriner Prediger Heinrich Julius Tode. Vgl. B Mus. ms. 18010.

99 In Leupold, *Gesänge*, 41ff., ist eine Reihe von zeitgenössischen Argumenten für die Verwendung der deutschen Sprache mitgeteilt. Vgl. auch oben, Kap. 3.5.2.

100 Vgl. Wilhelm Kurthen, *Zur Geschichte der deutschen Singmesse*, in: KmJb 26 (1931), 80f. Eine Analyse der *Deutschen Kirchenmusik* Voglers in: *Tonschule* II, 191ff.; in den Zusammenhang gehört ferner eine *Deutsche Messe* Theodor Grünbergers sowie der *Deutsche Kirchengesang*

Ein Überblick über die zahlreichen nach 1750 erschienenen deutschen Missalien – sowohl Voll- wie Teilübersetzungen – macht schlagend deutlich, daß es populäre Bestrebungen zur Einrichtung deutschsprachiger Meßbücher auch im katholischen Bereich gegeben hat; nachgewiesen sind für den Zeitraum bis etwa 1800 mehrere Dutzend Ausgaben und Auflagen. Als Verfasser der besonders ab den siebziger Jahren sich häufenden Übersetzungen treten auch Johann Michael Sailer und Johann Dreykorn in Erscheinung.[101]

> Auch im deutschsprachigen Katholizismus verstand man die Forderung nach volkssprachlichen Messen als Ausdruck des aufgeklärten, eigentlich josephinischen Zeitgeistes. Voglers Bemühungen um die deutsche Sprache, die sich auch auf sonstige Felder erstreckten[102], stehen indes noch mit einem anderen, spezifisch mit der Mannheimer Wirkungsstätte Voglers verknüpften Phänomen in Verbindung, das als „Revolution der Deutschheit" (Kurthen) bezeichnet worden ist und über eine nur liturgische Reform weit hinausgeht. Die entsprechenden lokalen Bestrebungen waren mannigfaltig und kamen in der Gründung einer Deutschen Gesellschaft zur „Hebung des deutschen Schrifttums" (1775) ebenso zum Ausdruck wie in der Entlassung französischer Komödianten (1770) und der Gründung eines Deutschen Nationaltheaters (1776); auch die Komposition der „Nationaloper" *Günther von Schwarzburg* (1777) sowie ebenfalls einer *Deutschen Messe* (1779) durch Ignaz Holzbauer steht in diesem Zusammenhang.[103]

Differenziert ist also die landläufige Vorstellung zu behandeln, daß der Rückzug auf Einzelsätze gewissermaßen als Reflex der „planvolle[n] Auflösung der bis dahin gültigen liturgischen Formen" in der zweiten Jahrhunderthälfte zu verstehen ist. Zwar ist, wie Ulrich Leupold anhand etlicher Beispiele belegt hat, die Tendenz zur Verkürzung des Gottesdienstes auf die Bestandteile Gebet, Predigt, Lied unübersehbar: Ein von Leupold beispielhaft mitgeteilter „Entwurf für die öffentlichen Gottesverehrungen in Halle", der allein aus „Morgenlied, Ehre sei Gott in der Höhe (vom Prediger deutsch gesungen, aber nur an Festtagen), Vorbereitungslied, feierlichem Gebet oder Perikope sowie Predigt" besteht, stützt diese Annahme ebenso wie die vielfach bezeugten Beschneidungen des Ordinariums.[104] Dem ist freilich entgegen-

---

zur heiligen Messe Lambert Knittelmaiers; vgl. AMZ 6 (1803), 193ff., sowie AMZ 5 (1803), 560. Ein prinzipiell anderes Verfahren ist die Parodie von zuvor lateinisch-katholischen Messen oder Messenteilen – etwa Mozarts – im protestantischen Gebiet; siehe ergänzend: Karl Gustav Fellerer, *Geschichte der katholischen Kirchenmusik*, 2 Bde., Kassel etc. 1976; hier: Bd. 2, 180ff.

101 Vgl. dazu Kap. 4.3.2. Siehe insgesamt: Angelus Albert Häußling OSB, *Das Missale deutsch* (= Liturgiewissenschaftliche Quellen und Forschungen, Bd. 66), Münster 1984, Nr. 176-286.

102 Den allgemeinen Gebrauch deutscher Termini propagiert der Beitrag *Ob man sich in der Musik auch mit deutschen Kunstwörtern ausdrücken könne? Antwort. Besser als in je einer!* In: *Tonschule* II, 170ff.

103 Vgl. Kurthen, *Singmesse*, 77.

104 Leupold, *Gesänge*, 27f., besonders auch 42ff., wo über verschiedene lokale Veränderungen berichtet wird. Daß namentlich auch das *Gloria* der Kürzung zum Opfer fallen sollte, ist belegt durch Johann August Ephraim Goeze, *Einige Vorschläge zur Verbesserung des öffentlichen Gottesdienstes* von 1786: „Freilich ist es noch immer eine Art des Mißbrauchs und der Unbequemlichkeit, daß beym öffentlichen Gottesdienste zu viel gesungen wird. Ich pflege daher öf-

zuhalten, daß solche Einzelsätze nicht erst aus der liturgischen „Verfallszeit" sondern auch aus der ersten Jahrhunderthälfte[105], in beträchtlicher Anzahl sogar schon aus dem 17. Jahrhundert bekannt sind.[106]

3.6.1. Zwischen Tradition und Originalität: Carl Philipp Emanuel Bachs *Heilig* (H 778) in der kunstanschaulichen Bewertung

Auch von den (Messen-)Einzelsätzen soll ein zentrales und prominentes Werk in einem größeren gattungsspezifischen Zusammenhang untersucht werden: das berühmte sogenannte doppelchörige *Heilig* Carl Philipp Emanuel Bachs aus dem Jahre 1776, eine Komposition, die bei den Zeitgenossen in außergewöhnlichem Ansehen stand und nicht wenigen Autoren als Inbegriff des ‚wahren' Kirchenstils galt, somit die Musikanschauung erkennbar prägte.[107]

Erste zustimmende Kommentare verweisen auf die führenden Köpfe der hamburgischen literarischen Zirkel. In einem Brief vom 9. Oktober 1776 an Johann Wilhelm Ludwig Gleim in Halberstadt schwärmt Johann Heinrich Voß voll emphatischer Begeisterung über „ein neues Heilig von Bach, ein wahrer Engelsgesang, voll Kühnheit, Feier, und Einfalt!"[108] Zwei Tage später teilt derselbe Autor seiner Braut Maria Christiana Ernestine Boie mit: „Ich kenne von ihm nichts kühners, edlers und hinreißenders, als der Gesang der Engel u Völker: heilig, heilig etc. etc."[109] Auch Matthias Claudius aus Wandsbeck findet die Komposition „ganz vortrefflich"[110], doch besonders beeindruckt, zugleich fachlich kompetenter hat sich der Komponistenkollege Georg Benda geäußert:

---

ters gute, aber lange Lieder zu theilen. Auch das Gloria & c. mögte ich nach gerade gern in etwas Verstaendlicheres verwandeln." Abdruck in: Wolfgang Herbst (Hrsg.), *Evangelischer Gottesdienst. Quellen zu seiner Geschichte*, Göttingen ^{2}1992, 166-169, hier: 169. Vgl. zudem Schild, *Messenkomposition*, 136ff., und Moser, *Evangelische Kirchenmusik*, 203, der die Messenkomposition der zweiten Jahrhunderthälfte als „Schwundstufe" mit „ausgehöhlter Glaubensposition" bezeichnet.

105 Bekannt sind etwa die *Sanctus*-Abschriften Johann Sebastian Bachs (BWV 237-241); selbst komponiert hat er offenbar nur das D-Dur-*Sanctus* BWV 238.

106 Vgl. etwa schon die Zusammenstellung in Schild, *Messenkomposition*, 154ff., mit zahlreichen Einzelsätzen von Selle, Ahle, Capricornus, den beiden Krieger, Zeutschner, Gerstenbüttel u. a.

107 *Heilig, mit zwey Chören und einer Ariette zur Einleitung, von Carl Philipp Emanuel Bach*, Hamburg 1779. Für sonstige *Sanctus/Heilig*-Sätze Emanuels siehe H 827 und H 828.

108 Bach, *Briefe und Dokumente*, 608, dort auch Angaben über Quellen und Editionen.

109 Zitiert nach Dok III, 303. Nur als „Schatten gegen jene Engelsmusik" erschienen Voß dagegen „zwey entzückendschöne Arien von Benda und eine Fuge von dem alten Sebastian Bach", die in der Hamburger Nikolaikirche im Rahmen der gleichen Michaelismusik wie das *Heilig* erklangen; zur Identifizierung dieser Stücke durch Ulrich Leisinger vgl. unten.

110 Brief an Heinrich Wilhelm von Gerstenberg vom 19. Oktober 1778; Bach, *Briefe und Dokumente*, 700f.

„Neulich mein Bester! bin ich hier in der Vesper auf die angenehmste Art überrascht worden. Ich gieng hin, die Bachische Michaelis Musik zu hören. Sie können sich vorstellen, ob ich etwas Mittelmäßiges erwartete, da ich wußte, daß Bach die Musik componiert hatte. Allein, so groß meine Erwartung war, so sehr ward sie übertroffen. Ich will Ihnen nichts von Bachs Manier sagen. Sie kennen sie, und wissen, was dieser grosse Mann durch sein Genie und seine gründliche Kenntniß der Harmonie auszurichten im Stande ist. Aber in dieser Musik kam ein Heilig etc. vor, in dessen Composition Bach sich selbst übertroffen hat. Es ist ein Doppel-Chor, davon der erste Theil von den Engeln, und der zweyte von den Völkern gesungen wird. [...] Was zu einer solchen Arbeit für ein Meister gehört, das wissen Sie als Kenner. In der Fuge hört man den großen Bach vom Anfange bis zum Ende; in dem Heilig aber hat er eine andere Manier angenommen. Er hat in diesem Gesange die größte Simplizität mit der tiefsten Kunst vereinigt. Die Engel, sagte er zu mir, müssen in ihrem Anbetungsgesang keine Künsteleyen anbringen; edle Simplicität muß der Haupt-Charakter desselben seyn. Diese Idee hat den Mann auf eine so glückliche Art begeistert, daß dadurch der Gesang ohne Chromatik eine solche Wirkung hervorbringt, die ich Ihnen nicht beschreiben kann."[111]

Vor dem Hintergrund allgemeiner Zustimmung erscheint zwangsläufig, daß Bachs Komposition bald zum Ausgangspunkt weitergefaßter musikanschaulicher Überlegungen wurde: Mit erkennbarem Bemühen um ästhetische Einordnung reagiert eine Rezension auf die Edition von 1779 im Neuen gelehrten Altonaischen Merkur; der apologetische Ton wendet sich explizit an Rousseau und dessen Beurteilung der „Harmonie" als eine „gothische und barbarische Erfindung" und schlägt im Gegenzug gleichfalls nationalpatriotische Töne an, indem das *Heilig* gegen das „betäubende vielstimmige Geschrey der französischen Opern-Chöre" gestellt wird.[112]

Johann Friedrich Reichardt brachte die Komposition mit weitergehenden Überlegungen zur zeitgenössischen Kirchenmusik in Verbindung, indem er nicht nur eine ausführliche Besprechung in das Kunstmagazin (1782) einrückte[113], sondern die Anfangspartie des Chores auch in seine im zweiten Band veröffentlichte Sammlung von Beispielsätzen für „ächte edle Kirchenmusik" aufnahm, wobei ebenfalls nationale Akzente anklangen:[114] Den Qualitäten dieses „deutschen Meisterwerk[s], das den Schöpfer und die Menschheit ehrt" werden gleichzeitige italienischen ‚Verfallsprodukte' – die in Rondoform gearbeitete Arie *D'ogni pianta* aus einem Oratorium von Prati – gegenübergestellt. Tatsächlich profilieren besonders die Rezensionen Carl Philipp Emanuel Bach als zentralen Vertreter ‚wahrer' Kirchenmusik „deutschen" Zuschnitts: An anderer Stelle beschreibt Reichardt die *Zwei Litaneyen* als eines der „merckwürdigsten und dauerndsten Denckmahle deutscher Art und Kunst."[115]

---

111 Hamburgischer Correspondent vom Jahre 1778, Nr. 184, 29f.; vgl. Bach, *Briefe und Dokumente*, 701ff.

112 Bach, *Briefe und Dokumente*, 696f.

113 Kunstmagazin I, 84f.; den gleichen Text hat Reichardt allerdings mehrfach, auch in anderem Zusammenhang, verwendet, vgl. ADB 33 (1778), 162ff., und Deutsches Museum II (1781), 355f.

114 Kunstmagazin II, 57. Erinnert sei daran, daß die Fasch-Messe im gleichen Sinne beurteilt wurde.

115 Kunstmagazin II, 29. Vollständiger Titel: *Zwei Litaneyen aus dem Schleswig=Holsteinschen*

Kurios wirkt Reichardts Parallelisierung bestimmter Abschnitte des *Heilig* mit der Musik Palestrinas („bey den Uebergängen von den Gesängen der Engel, zu den Gesängen der Völker"): Der Vorgang bestätigt die Präsenz eines höchst instabilen und undifferenzierten, aus einer nur geringen Werkkenntnis heraus verklärten Palestrinabildes. Dieses konturiert vor allem harmonische Verläufe, freilich kaum in der Auseinandersetzung mit historischen Satztechniken: Die „kühne Folge von konsonirenden Akorden" ist besonders im Blick auf die psychologische Wirksamkeit von Interesse.[116] Gemäß dem an anderer Stelle ausgesprochenen Verdikt, wonach sich „weder Arien noch Recitative in die Kirche [...] schicken"[117], lehnt Reichardt die einleitende Ariette ab.[118]

Schließlich hatte auch Carl Philipp Emanuel selbst eine hohe Meinung von dem Stück, denn er hat sich gleichsam bekenntnishaft seinem Verleger gegenüber erklärt:

> „Hierin habe ich den meisten und kühnsten Fleiß bewiesen zu einer guten Ausnahme. Dies soll (vielleicht) in dieser Art das lezte seyn, damit ich einstens nicht so bald vergeßen werde. [...] Was dürfte eine Auflage von 500 Stücken wohl betragen?"[119]

In dieselbe Überlegung der absichtsvollen Schaffung eines opus ultimum von vermächtnishaftem Charakter zielt auch die spätere Aussage, das *Heilig* sei

> „ein Versuch, durch ganz natürliche und gewöhnliche harmonische Fortschreitungen eine weit stärkere Aufmerksamkeit und Empfindung zu erregen, als man mit aller ängstlichen Chromatik nicht im Stande ist zu thun. Es soll meyn Schwanen Lied, von dieser Art, seyn, und dazu dienen, daß man meiner nach meinem Tode nicht zu bald vergeßen möge."[120]

Gesangbuche mit ihrer bekannten Melodie für Acht Singstimmen in Zwei Chören, und dem dazu gehörigen Fundament in Partitur gesezt und zum Nutzen und Vergnügen Lehrbegieriger in der Harmonie bearbeitet von Carl Philipp Emanuel Bach, Kopenhagen 1786. Historisch-nationales Bewußtsein ist sodann auch aus der Anzeige der Kirnbergerschen Edition Johann Sebastian Bachscher Choräle herauszulesen (durch den Hinweis auf die Choräle als „höchstes Werk deutscher Kunst" und ihren Setzer als „größte[n] Harmoniker aller Zeiten und Völker"). Vgl. Kunstmagazin I, 51.

116 Kunstmagazin II, 57.

117 ADB 33 (1778), 162ff., und Deutsches Museum II (1781), 355f.

118 Entsprechende Kritik übten, im Anschluß an Reichardt, auch Zelter, der die Ariette zu einem dritten Chor umarbeitete, sowie Carl von Winterfeld; siehe Winterfeld, *Kirchengesang* III, 461; vgl. Heinrich Miesner, *Philipp Emanuel Bach in Hamburg. Beiträge zu seiner Biographie und zur Musikgeschichte seiner Zeit*, Leipzig 1929, 93ff. Zur Aufführungsgeschichte von Ariette und Chor vgl.: Ulrich Leisinger, *„Es erhub sich ein Streit" (BWV 19). Carl Philipp Emanuel Bachs Aufführungen im Kontext der Hamburger Michaelismusiken*, in: BJ 1999, 105-126.

119 Brief Bachs an den Verleger Johann Gottlob Immanuel Breitkopf vom 28. Juli 1778, zitiert nach: Bach, *Briefe und Dokumente*, 686f. Daß Bach von vornherein die relativ große Auflage von 500 Exemplaren anvisiert, unterstreicht die große Beliebtheit des Stückes; vgl. dazu Klaus Hortschansky, *Pränumerations- und Subskriptionslisten in Notendrucken deutscher Musiker des 18. Jahrhunderts*, in: AMl 40 (1968), 154-174. In einem weiteren Brief an Breitkopf schlug Bach sogar die Erhöhung der Erstauflage um weitere 50 Exemplare vor; vgl. *Bach, Briefe und Dokumente*, 709. Gedruckt wurden später tatsächlich 555 Exemplare; vgl. ebd., 739ff.

120 An Breitkopf vom 16. September 1778, zitiert nach: *Bach, Briefe und Dokumente*, 694f.

Ein Bekenntnis zur „ächten" oder ‚wahren' Kirchenmusik hat Bach offensichtlich vermieden.

Wie aus den Vorgängen um die Drucklegung des *Heilig* ersichtlich ist, war die Nachfrage unglaublich groß: Die Pränumeranten haben den Komponisten jedenfalls massiv angemahnt[121], selbst von der Prinzessin Anna Amalia in Berlin war Bach „außerordentlich" bedrängt worden, und wie eine Bemerkung Breitkopfs verrät, hat auch Johann Adam Hiller eine Abschrift angefordert, um eine Aufführung des Stükkes in der „Paulinerkirche zu Weynachten" 1778 ins Werk zu setzen, also noch vor dem Erscheinen der Edition; dies jedoch hat Bach ausdrücklich untersagt.[122] Am 31. Juli 1779 endlich kündigt der Hamburgische unpartheyische Correspondent das Erscheinen an[123], und innerhalb weniger Monate kann Bach sämtliche Exemplare verkaufen „wie warme Semlen, bey der Börse auf dem Naschmarkte."[124]

3.6.1.1. Musikalische Gestalt im gattungsspezifischen Vergleich

Die Komposition ist zweiteilig angelegt: Einer durchkomponierten, frei gedichteten Einleitungsariette[125] folgt die eigentliche Chorpartie, die neben dem deutschen *Sanctus*-Text zusätzlich die Anfangsverse des deutschen *Te Deum* vertont.[126] Das

121 Vgl. Bach, *Briefe und Dokumente*, 751ff. Liste der Pränumeranten ebd., 1475.

122 Ebd., 711 und 716ff.; Hiller zog danach die Aufführung von Homilius' *Heilig* in Betracht; vgl. ebd., 722. Es dürfte sich um die ähnlich angelegte Kantate *Heilig ist unser Gott* (Dl Mus. 3031-D-7), entstanden vor 1761, gehandelt haben; vgl. Hans John, *Der Dresdner Kreuzkantor und Bachschüler Gottfried August Homilius: Ein Beitrag zur Musikgeschichte Dresdens im 18. Jahrhundert*, Tutzing 1980, 231; siehe auch unten.

123 Bach, *Briefe und Dokumente*, 761. Eine in derselben Zeitschrift am 20. September erscheinende Rezension hebt nochmals die glückliche Vereinigung von „Simplicität und Kunst" hervor, geht sodann kurz auf den Einleitungssatz ein, der – im Gegensatz zur Meinung Reichardts – „für eine der besten Arietten [...], die je ein Tonkünstler gesetzt haben mag" gehalten wird, gibt in der Folge aber vor allem den Beitrag Bendas wieder. Ebd., 772ff.

124 Ebd., 786.

125 Der Text lautet: „Herr, werth daß Schaaren der Engel dir dienen, und daß dich der Glaube der Völker verehrt, ich danke dir, Herr! Sey mir gepriesen unter ihnen! ich jauchze dir! und jauchzend lobsingen dir Engel und Völker mit mir." Bei den ersten Aufführungen erklang allerdings eine Komposition Bendas, für die Drucklegung hat Bach den Text neu vertont, vgl. Leisinger, *Michaelismusiken*, 111f. bes. 121ff.

126 Vgl. dazu auch das sogenannte Michaelis-Quartalsstück (HW XIV/6) von Johann Christoph Friedrich Bach, B Mus. ms. Bach St 266. Der Text dieser achtteiligen Kantate stammt zum Teil von Herder. Als Nr. 6 und 7 erscheint der Text (Einleitungsariette und Chor) von Emanuels *Heilig*, wobei freilich zu Nr. 7 nur eine Textmarke vorliegt. Vgl. Beverly Jung Sing, *Geistliche Vokalkomposition zwischen Barock und Klassik. Studien zu den Kantatendichtungen Johann Gottfried Herders in den Vertonungen Johann Christoph Friedrich Bachs* (= Sammlung musikwissenschaftlicher Abhandlungen, Bd. 83), Baden-Baden 1992, 192ff. und 386ff. Plausibel erscheint die These Karl Geiringers, daß hier mit der Einfügung einer Komposition Philipp Emanuels zu rechnen ist. Ob es sich, wie dort vorgeschlagen, um das einchörige *Heilig* (H 827) oder doch – wofür die Textübereinstimmung der Ariette spräche – um das doppelchörige handelt, muß offenbleiben. Vgl. Karl Geiringer, *Die Musikerfamilie Bach*, München 1958, 443, und Leisinger, *Michaelismusiken*, 120.

Ganze ist also eine Kombination aus freier Andachtsdichtung und liturgisch gebundenen, kanonisierten Texten. Die vorgeschaltete Ariette bereitet nicht nur paraphrasierend auf den *Heilig*-Text vor, sondern sie besitzt auch eine formale Funktion: Es entsteht eine eigenständige, sich noch weiter aus dem liturgischen Kontext lösende zweiteilige Satzverbindung, die zugleich die Isolation des Messenseinzelsatzes vermeidet und das Verständnis erleichtert.[127] Zudem erfolgt eine erkennbare Subjektivierung.

In Bachs wie auch anderen einzelnen *Sanctus*-Vertonungen ist der ursprüngliche Ordinariumstext um das *Osanna* und das *Benedictus* verkürzt[128], wodurch der verbliebene Text eine inhaltliche Zweiteilung in einen ersten akklamatorischen und einen zweiten, die eigentliche Aussage formulierenden Abschnitt erfährt. Daran richtet sich auch Bachs Chordisposition aus, die bestimmt ist durch die wechselseitigen Einwürfe der „Chöre der Engel“ und „Chöre der Völker“, wobei die Engel allein durch die Streicher (colla parte), die Völker durch das Orchester-Tutti begleitet werden: Zwangsläufige Folge dieser Instrumentation sind den Wechsel der Klanggruppen nachhaltig prägende, extreme dynamische Kontraste: Melodie und Text sind der vor allem dominierenden harmonischen Gewalt untergeordnet.

Ein Abweichen von der zweigeteilten Textauffassung liegt etwa in zwei älteren, aus dem Jahre 1748 stammenden *Sanctus*-Sätzen Johann Christoph Altnickols vor.[129] In der ersten Komposition „in unisono omnes voci“ tragen alle Chorstimmen die fast durchweg in Pfundnoten unbearbeitet im Tenor notierte chorale *Sanctus*-Melodie vor, während die übrigen – instrumental auf der Orgel auszuführenden – Stimmen diese durch kontrapunktische, allerdings motivisch-melodisch einförmige, dabei häufig sequenzierend angelegte Spielfiguren umranken. Ein zweites *Sanctus alio modo Canto fermo in Tenore* ist ein vierstimmiger Chorsatz, der dieselbe Melodie wie *Sanctus* I in identischer ‚Pfundnotenfaktur‘ im Tenor präsentiert; gleichwohl finden sich hier ausgeprägtere Ansätze motivisch-kontrapunktischer Arbeit, die zuweilen auch das chorale Material in die kanonische Verarbeitung einbeziehen. Beide Stücke wirken altertümlich; sie verzichten bei sparsamster Anlage mit Ausnahme der Orgel auf jegliche instrumentale Ausgestaltung. Eine Binnengliederung ist unterblieben zugunsten eines sich streng am Choral orientierenden Verlaufs: Bei beiden Stücken handelt es sich um insgesamt anspruchslose, doch liturgisch verwendbare Sätze.

Der prinzipiellen inhaltlichen Zweiteilung des *Sanctus*-Textes entsprechend, fällt in der Regel auch die musikalische Gestaltung unterschiedlich aus. Deutlich ist die Neigung, den ersten (akklamatorischen) Textabschnitt in homophon-akkordischer Gestalt zu vertonen, während das *Pleni sunt coeli* beinahe traditionell als Fuge erscheint. Charakteristisch ist auch die Besetzung allein durch den Chor, unter Verzicht auf teilweise oder vollständige Übernahme einzelner Abschnitte durch Solisten.

---

127 Noch offensichtlicher dürfte diese Absicht im Falle der instrumentalen Einleitung zum h-Moll-*Credo* Johann Sebastian Bachs sein, vgl. unten.

128 Vertont wird in der Regel nur noch: „Sanctus Dominus, Deus Zabaoth/ Pleni sunt coeli et terra, gloria tua.“

129 B Ms. mus. autogr. Altnickol 1.

Die Schlußfuge des Bachschen *Heilig* ist bemerkenswert durch die eingeschobenen, ebenfalls fugierten Instrumentalpartien, zu denen der Chor unisono die *Te-Deum*-Melodie vorträgt, ein Verfahren, das in dieser Form vielleicht durch Gottfried August Homilius' Kantate *Heilig ist unser Gott* (vor 1761?) angeregt wurde: Auch hier findet sich im Einleitungssatz die charakteristische Kombination von polyphon-instrumentalen Partien (Vorspiel), Chor-Unisono (ebenfalls von der *Te Deum*-Melodie abgeleitet, doch mit *Heilig*-Text) und Chorfuge (*Heilig*-Text).[130] Erstaunlich ist die auch hier exponierte Kontrapunktik.[131]

In anderer Weise verfährt Johann Adolph Scheibe in seinem frühen, wohl von 1732 stammenden F-Dur-*Sanctus*.[132] Obschon auch hier die zweiteilige Anordnung von akkordischer Einleitung (Andante) und virtuoser Koloraturfuge (Vivace) beibehalten ist, weicht die Anlage insofern ab, als die Fuge den *Sanctus-Dominus*-Text nochmals aufnimmt; das Stück endet mit dem in breiten Haltetönen skandierten *Gloria eius* (Andante). Ein zweites von Scheibe komponiertes *Sanctus* in G-Dur richtet sich dagegen nach der konventionellen Textdisposition.[133]

Es erscheint angebracht, an dieser Stelle knapp über Scheibes Vorstellungen zur Textbehandlung nachzudenken, die sich – ex negativo – aus der berühmten Attacke auf Johann Sebastian Bach ableiten lassen.[134] Jüngere Untersuchungen haben herausgearbeitet, daß die Vorwürfe des als Anhänger Gottscheds geltenden Scheibe vor allem auf die Vokalmusik Bachs, namentlich auf dessen oftmals rücksichtslose Zurichtung des Textes abzielten.[135] Entgegen der

---

130 Siehe dazu John, *Homilius*, 173; vgl. Dl Mus 3031-D-7. Laut Zelter habe C. Ph. E. Bach etliche Kirchenmusiken von Homilius besessen und einiges in seine Werke eingegliedert; siehe John, *Homilius*, 168. Man ist ferner erinnert an ähnliche prominente Unisono-Chorbehandlungen, etwa in Händels Funeral Anthem *The Ways of Zion do mourn* oder J. S. Bachs Kantate *Herr Gott, dich loben wir* (BWV 16).

131 Vgl. dazu die deutliche Bezugnahme der Bewerbungskomposition Chistian Gottlieb Thomas' um die Amtsnachfolge Bachs im Jahre 1789. Sein Ps 149 akzentuiert von allen im *Heilig* anklingenden Phänomenen vor allem das kontrapunktische Element: Der achtstimmige Fugensatz wurde augenscheinlich deshalb eingefügt, um die kontrapunktische Fertigkeit im Vergleich mit Bachs *Heilig*-Fuge zu erweisen bzw. diese gar zu übertreffen. Offenbar erschien mit Blick auf die Bewerbung um ein kirchenmusikalisches Amt die Zurschaustellung kontrapunktischer Fähigkeiten nach wie vor erfolgversprechend. Dies galt besonders, wenn eine Orientierung an dem weithin Reputation genießenden *Heilig* erfolgte. Zu vergleichbaren Schlußfolgerungen kommt Günther Wagner, *Die Bach-Rezeption im 18. Jahrhundert im Spannungsfeld zwischen strengem und freiem Stil*, in: SIM-Jb 1985/86, Berlin 1989, 224, im Blick auf die – um die Jahrhundertmitte artikulierte – Kirchenmusikanschauung Johann Adolph Scheibes. Martin Falck, *Wilhelm Friedemann Bach* (= Studien zur Musikgeschichte, Bd. 1), Leipzig o. J., 166, konstatiert indes, daß dem Stück „der wahre Fugengeist fehlt"; die *Heilig*-Fuge Friedemann Bachs (Fk 78) übertreffe die Komposition des Bruders bei weitem.

132 Stimmensatz in: B Mus. ms. 19764:3; Partitur in B Mus. ms. 30187; bemerkenswert ist die Besetzung: SATB, 2 Corni da caccia, 2 Ob, 2 Vl, Va, Bc, Org. Vgl. auch Andreas Glöckner, *Die Musikpflege an der Leipziger Neukirche zur Zeit Johann Sebastian Bachs* (= Beiträge zur Bach-Forschung, Bd. 8), Leipzig 1990, 124f.

133 Vgl. B Mus. ms. 19764:2/Mus. ms. 30187; auch die Instrumentierung ist hier weniger außergewöhnlich (SATB, 2 Ob, 2 Vl, Va, Bc, Org).

134 Vgl. Scheibe, *Critischer Musicus*, 6. Stück, vom 14. Mai 1737.

135 Vgl. vor allem Günther Wagner, *J. A. Scheibe – J. S. Bach: Versuch einer Bewertung*, in: BJ 68 (1982), 33ff.; ders., *Bach-Rezeption*, 221-238, sowie ders., *Instrumental-vokal als Problem der Bach-Bewertung im 18. Jahrhundert*, in: BJ 73 (1987), 7-17.

älteren Auffassung, in Scheibe einen bedingungslosen Apologeten für das Ideal der natürlichen, ‚kontrapunktfreien' Sprachbehandlung zu sehen, erweisen die beiden hier behandelten *Sanctus*-Sätze ihre Verwurzelung in traditionellen kontrapunktischen Kompositionsmustern in dem Sinne, daß in der Fugenkomposition das „Moment der qualitativen Legitimation" wie auch der „Faktor der Rückbesinnung" bzw. des „Traditionsbezuges" nach wie vor wirksam bleibt (Wagner). Beide Sätze wenden explizit „barocke" Stilmittel an, wie das Verfahren der imitatorischen Choral-Cantus-firmus-Behandlung (*Sanctus* II) oder der Koloraturfuge (*Sanctus* I); freilich transportiert Scheibe in seinen Koloraturen kaum Text: Bei ohnehin schon textarmem Satz ist weitgehend der Vokal -a- unterlegt.[136]

Die mehrheitlich anzutreffenden *Pleni*-Fugen können die unterschiedlichsten Formen annehmen. Man findet freie, durchaus instrumental empfundene Soggetti wie im erwähnten F-Dur-*Sanctus* Scheibes oder in Wilhelm Friedemann Bachs *Heilig* (Fk 78), aber auch solche, die sich in rhythmischer und melodischer Gestalt offensichtlich an choralen Vorlagen orientieren, wie Scheibes parallele G-Dur-Komposition.

Mit Scheibe einen eigenständigen Weg in der Behandlung des zweiten Textabschnitts beschreitet Johann Ludwig Krebs, indem er in seinen beiden in Berlin überlieferten *Sanctus*-Sätzen[137] zwar den zweiten Abschnitt erkennbar absetzt (3/4 Takt, Vivace), zugleich aber auf den Einsatz einer Fuge verzichtet.[138]

Daß sich in der beinahe normierten Plazierung der Fuge eine konservative Tendenz abzeichnet, kann noch durch eine zweite, weniger in das Blickfeld des Interesses gerückte einchörig-fünfstimmige *Heilig*-Vertonung (H 827) Carl Philipp Emanuel Bachs veranschaulicht werden: Nach einer nur 15 Takte langen konventionell-akkordischen Einleitung folgt – wie im großen doppelchörigen *Heilig* – eine Fuge auf den Text „Alle Lande sind seiner Ehre voll": Es handelt sich um die mit drei Trompeten und Pauken effektvoll instrumentierte „Sicut locutus"-Fuge aus dem *Magnificat* des Vaters (BWV 243). Erst recht aber dürfte im Einsatz des Pfundnoten-Cantus-firmus ein retrospektiver Zug, gewissermaßen ein locus classicus, zu sehen sein: Er findet sich in den einfach gebauten Sätzen Altnickols ebenso wie im G-Dur-*Sanctus* Scheibes oder dem doppelchörigen *Heilig* Emanuels, hier freilich in Gestalt des – zusätzlich einbezogenen – deutschen *Te Deum*; schließlich wendet

136 Nur ein Bruchteil der von Scheibe selbst in Mattheson, *Ehren-Pforte*, 315, angegebenen 150 Kirchenstücke ist heute noch greifbar; vgl. die Angaben in EitnerQ bzw. NGroveD, insbesondere aber Glöckner, *Neukirche*, 119ff.

137 In B Mus. ms. 30190, einer Sammelhandschrift, die sonst nur noch Orgelstücke enthält.

138 Trotz der je knappen Anlage weisen beide Stücke eine große Besetzung auf: Neben je SATB, 2 Ob, 2 Vl, Va, Bc, Org, verwendet *Sanctus* I 2 Corni da caccia (siehe die gleiche Besetzung in Scheibes F-Dur-*Sanctus*), während *Sanctus* II zusätzlich drei Trompeten und Pauken einsetzt. Auch Hillers D-Dur-*Sanctus* (Dl Mus. 3263-D-2, Besetzung: SATB, 2 Vl, Va, 2 Fl, 2 Ob, 2 Hr 2 Trp, Timp, Bc) bringt keine Fuge. Als extremes Gegenbeispiel muß schließlich Christian Ehregott Weinligs D-Dur-*Sanctus* gelten (Dl Mus. 3494-D-501), das den *Pleni*-Abschnitt weitgehend homorhythmisch-deklamatorisch gestaltet; vgl. noch BWV Anh. 27 sowie Glöckner, *Neukirche*, 116f.

auch die dritte *Sanctus*-Vertonung Emanuel Bachs (H 828) dieses Verfahren an, wenngleich schon in den eröffnenden *Sanctus*-Akklamationen.[139]

3.6.1.2. **‚Wahre' Kirchenmusik: zwischen Gottesdienst und Konzertsaal**

Das von Benda besonders gerühmte Ideal der „Simplicität" kann indes nach zeitgenössischem Verständnis uneingeschränkt nur für die majestätischen Akklamationsabschnitte in Anspruch genommen werden, während die Fugenteile als „tiefste Kunst" durchaus kritisch beurteilt wurden: Bezeichnenderweise verzichtete Reichardt in seiner ästhetische Normensetzung beanspruchenden Beispielsammlung ‚wahrer' Kirchenmusik auf den Abdruck des Fugenteils. Es überwiegt nicht so sehr der Eindruck stiller, demütiger Kontemplation, als vielmehr derjenige extrovertierten Gotteslobs, das, folgte man Wackenroders ‚Systematik', in dessen zweite Kategorie einzuordnen wäre; es heißt dort, daß nur „wenigen auserwählten" (man möchte ergänzen: originalen) „Geistern" diese Richtung eigen sei, wonach die Musik „feuriger und prachtvoller unter den Stimmen des vollen Chors wie ein majestätischer Donner im Gebirge umher rollt, mit lauter stolzen Trompetenstimmen die Größe des Höchsten der Erde zu verkündigen."[140] Die Formulierung Wackenroders scheint unmittelbar auf das Bachsche *Heilig* bezogen. Die zwischen Tradition und Originalität angesiedelte Komposition vereint einstimmige und akkordische Passagen, Homophones und Polyphones, Simples und Virtuoses, schließlich auch solche formalen Elemente, die aus den verschiedensten Gattungen, nämlich der Fuge, der Arie, der französischen Ouvertüre, dem Choral entlehnt sind, und so klingt an vielen Stellen „Bachs Originalgenie in einem großen gewaltigwirkenden Zuge" (Reichardt) an: Wie in etlichen vergleichbaren Fällen vermag Bach auch im *Heilig* scheinbar Unvereinbares, Gegensätzliches, zuweilen Bizarres über die Gattungsgrenzen hinaus miteinander zu kombinieren.[141]

Zur Relativierung der Vorstellung, daß diese Vereinzelung der Messensätze ausschließlich den vermeintlichen „liturgischen Verfall" der zweiten Jahrhunderthälfte reflektiere, kann abschließend am Beispiel des *Sanctus* auf eine gut dokumen-

---

139 Quelle in Brüssel, Conservatoire Royal de Musique, Bibliotheque, 87 MSM; vgl. Ulrich Leisinger/Peter Wollny, *Die Bach-Quellen der Bibliotheken in Brüssel* (= Leipziger Beiträge zur Bach-Forschung, Bd. 2), Hildesheim etc. 1997, 260. Laut Miesner, *Emanuel Bach*, 98, diente dieser Komposition das oben genannte Berliner *Sanctus* Georg Philipp Telemanns im Blick auf formale Disposition und Instrumentation als Vorbild; freilich weisen alle drei Emanuel Bachschen *Sanctus* die gleiche instrumentale Besetzung auf: 2 Ob, 2 Vl, Va, 3 Trp, Timp, Bc; in H 778 ist, bei doppelter Orchesterbesetzung, lediglich noch ein Fagott hinzugefügt.

140 Wackenroder, Sämtliche Werke I, 211f.

141 Daß dieses Phänomen offenbar zeittypisch und nicht nur auf die Musik bezogen war, belegt zudem eine Bemerkung Goethes, wonach „wir Modernen die Genres so sehr zu vermischen geneigt sind, ja daß wir gar nicht einmal imstande sind, sie voneinander zu unterscheiden." Brief an Schiller vom 23. Dezember 1797; vgl. dazu Staehelin, *Thibaut*, 45.

tierte, lange Hamburger Praxis verwiesen werden, wonach eine liturgische Verwendung solcher Sätze im Gottesdienst vorgesehen war, hier also durchaus ein Moment der Kontinuität wirkt. Bekanntlich hatte schon Emanuel Bachs Amtsvorgänger Georg Philipp Telemann entsprechende Kompositionen angefertigt. Neben einzeln überlieferten Sätzen[142] findet sich die Vertonung des regulären *Heilig*-Textes (wie bei C. Ph. E. Bach, ohne Ariette) etwa auch als Schlußsatz seiner Kantate *Die Gbot all uns gegeben sind* (TVWV 1:338), aufgeführt u. a. „am Feste der heil. Dreyeinigkeit 1755“ (St. Katharinen), während eine Paraphrase beispielsweise in die Kantate *Lobet den Herren, ihr seine Engel* (TVWV 1:1063) aufgenommen ist.[143] Zudem ist auf das in letzter Zeit stärker in den Blickpunkt der Forschung gerückte Gutachten der Hamburger Hauptpastoren Johann Jacob Rambach (St. Michaelis) und Georg Heinrich Berkhan (St. Katharinen) von 1789 zu verweisen.[144] Die mit der Erstellung von Vorschlägen für eine Neuordnung der Kirchenmusik nach Emanuel Bachs Tod beauftragten Verfasser äußern sich in der wünschenswerten Klarheit; genau ist die Stellung im Verlauf des Gottesdienstes fixiert:

> „Auch würde es vielleicht rührend und erbaulich seyn, wenn anstatt der Musik nach der Predigt gleich auf den Gesang, der nach der Predigt gesungen wird, so wie bisher in der St. Petrus Kirche gebräuchlich ist, ein in simpel erhabnen Styl gesetztes Heilig, das aber wenig Zeit wegnehmen müsste, folgte [...]“.[145]

Daß Bachs *Heilig* zunächst für eine im engeren Sinne liturgische Verwendung geschaffen wurde, geht aus dem Hinweis hervor, wonach das *Heilig* für alle „Son= u. Festtage gemacht“ sei[146]; die Verwendung als Michaelismusik ist mehrfach bezeugt,

142 Dem in B Mus. ms. 21744:5 bewahrten *Sanctus* in D-Dur (TVWV 9:16) ist neben dem lateinischen noch ein deutscher Text unterlegt, der laut Miesner, *Emanuel Bach*, 98, von Carl Philipp Emanuel Bach stammt; dieser habe das Stück mehrfach aufgeführt. Hinzuweisen ist ferner auf das *Heilig* TVWV 14:3 (2:6) sowie ein *Sanctus* in F-Dur (TVWV deest), das sicher aus der frühen Leipziger Zeit (um 1705) stammt; siehe Glöckner, *Telemann-Quellen*, 66. Für TVWV 14:3 (2:6) vgl. zudem die aufschlußreichen Anmerkungen zur Wiederverwendung und dynamischen Gestaltung bei Werner Menke, *Thematisches Verzeichnis der Vokalwerke von Georg Philipp Telemann*, 2 Bde., Frankfurt/M. 1982f.; hier: Bd. 2, 57; zum Verlust weiterer *Sanctus*-Sätze, die sich in Zerbst und Dresden befunden haben müssen, siehe ebd., 38.

143 Der Text lautet: „Unendliches All/ Nimm diese frohen Lieder/ Heilig ist unser Gott,/ Der Herre Zebaoth!/ Der ganze Ball/ Der Erde schalle wieder!/ Heilig ist unser Gott,/ Der Herre Zebaoth!/ Unendliches All etc.“ Die Komposition wurde an Michaelis 1756 (St. Petri) sowie am sechzehnten (St. Nicolai), siebzehnten (St. Katharinen) und neunzehnten („für die Michaelitische Gemeine, in St. Marien Magdalenen“) Sonntag nach Trinitatis aufgeführt; vgl. das Konvolut mit Textdrucken in B Mus. T 77 rara, sowie Menke, *Verzeichnis* I, 284f. Erinnert sei daran, daß auch Emanuel Bachs *Heilig* zunächst im Rahmen einer Michaelismusik erklungen ist; vgl. Dok III, 303, und Bach, *Briefe und Dokumente*, 701ff.

144 Hamburg, Senatsarchiv Cl VIII, Lit He 2, Vol. 8b, fasc. 6.

145 Zitiert nach Stephen Louis Clark, *The Occasional Choral Works of C. P. E. Bach*, Phil. Diss. Princeton 1984, 343. Vgl. auch Robert von Zahn, *Musikpflege in Hamburg um 1800* (= Beiträge zur Geschichte Hamburgs, Bd. 41), Hamburg 1991, 122ff., und Miesner, *Emanuel Bach*, 94.

146 Vgl. den Brief an Breitkopf vom 12. Dezember 1778, vgl. Bach, *Briefe und Dokumente*, 717.

und Bach selbst hat die Komposition später noch in Stücke zu anderen gottesdienstlichen Anlässen eingefügt.[147] Erschien für die sechzehnstimmige Messe Faschs eine liturgische Intention prinzipiell ausgeschlossen, weil das Werk von vornherein zugleich als Konzertstück, als stilistisches exemplum sowie als propädeutisches Repertoire der bürgerlichen Singbewegung angelegt war, so ist für entsprechende Einzelsätze wie das *Heilig* eine sukzessive Loslösung von der Liturgie nachvollziehbar. Eine Notiz im Hamburgischen unpartheyischen Correspondenten vom 23. Oktober 1776[148], wonach das „Heilig seit einigen Sonntagen in unsern Hauptkirchen" erklinge, läßt noch auf eine zunächst kontinuierliche, sonntäglich-gottesdienstliche Aufführungsfolge schließen.[149] Doch schon bald ist durch etliche, auch auswärtige Aufführungen das Vordringen des *Heilig* in den Konzertsaal, damit die ästhetische Akzentuierung allein des Kunstcharakters belegt: Beispielhaft zu nennen wären Vorstellungen am 9. Januar 1780 durch den Kantor Roemhild in Güstrow (zusammen mit Rolles *Tod Abels*)[150], durch Hiller und Doles in Leipzig zwischen dem 18. September und dem 2. Dezember 1780 „zum Besten der [durch eine Feuersbrunst heimgesuchten] armen Geraer"[151], auch eine Vorstellung durch Johann Samuel Hartmann

147 Clarke, *Occasional Choral Works*, 157 (Table 9), und Leisinger, *Michaelismusiken*, passim.

148 Bach, *Briefe und Dokumente*, 697f.; lt. Bach, *Westphal*, 99, wird dieselbe Notiz auch durch die Hamburger Neue Zeitung am 24. Oktober 1776 abgedruckt.

149 Dieselbe Quelle unterrichtet zudem über die räumlich getrennte Aufstellung der beiden Chöre in der Michaeliskirche.

150 Bach, *Briefe und Dokumente*, 697.

151 Ebd., 872f. In einer anderen Leipziger Aufführung am Sonntag Kantate des Kirchenjahrs 1780 in der Universitätskirche nahm Hiller erhebliche Eingriffe in Textgestalt und Aufführungsfolge vor. Der mit „Eine Stimme im Chore der Völker" überschriebenen Alt-Arie folgte, nachdem der Text einmal durchlaufen war, gewissermaßen im Bemühen um inhaltliche und formale Balance, „Eine Stimme im Chore der Engel" mit folgendem Text:

„Selig seyd ihr meine Brüder,
Ihr der Erde schwächre Söhne,
Wenn der Jubel Eurer Lieder
Sich mit unserm Lied vereint!

Laßt dem Herrn zum Wohlgefallen
Euren jauchzenden Gesang
Noch einmal zum Himmel schallen
Noch einmal singt mit uns Dank."

Danach folgt noch einmal der *Heilig*-Text ab „Herr Gott, dich loben wir" im „Chor der Völker". Und am ersten Sonntag nach Ostern 1790 präsentierte Hiller noch eine weitere Variante, eine einzelne Arie mit dem Text: „Herr, dem dort Schaaren der Engel nun dienen, Den hier der Glaube der Völker verehrt, Sey ewig mein Lied! Du hast dein großes Werk vollendet: Erlöst sind wir, du lebst, und wir, Wir leben einst ewig mit dir." Vgl. Hiller, *Geistliche Musiktexte*. Bearbeitungen des *Heilig* stammen von Schwencke im Rahmen seines *Lobgesang auf die Harmonie* (vgl. von Zahn, *Musikpflege*, 173ff., auch Schwencke, *Verzeichnis*, Nr. 120), sowie Zelter, der, wie erwähnt, die Einleitungsariette zu einem dritten Chor umgestaltete. Johann Wilhelm von Königslöw sodann hat die Komposition in sein für die Lübecker Abendmusiken komponiertes Oratorium *Jojada, der Hohepriester* (1786) vor dem Schlußchor eingefügt. Schließlich sind wir auch über unterschiedliche aufführungspraktische Auffassungen unterrichtet: Für eine Leipziger Veranstaltung 1779 hatte Bach lobende Worte gefunden, während

vom 23. November 1783 in Hamburg im „Concertsaal auf dem Kamp“[152], schließlich die Aufführung durch Philipp Emanuel selbst in jenem Hamburger Wohltätigkeitskonzert vom April 1786, in dem auch die bekannte Wiederaufführung von Sebastian Bachs *Credo* aus der h-moll-Messe (BWV 232) auf dem Programm stand: Bekanntlich hatte Philipp Emanuel dazu eine selbständige instrumentale Einleitung komponiert und somit auch für dieses Stück eine rein ‚konzertmäßige‘ Einrichtung vorgenommen.[153]

Exemplarisch läßt sich also an diesem prominenten kirchenmusikalischen Werk zeigen, wie es sich schon sehr bald aus einer zunächst engeren gottesdienstlichen und durch liturgische Vorgaben bestimmten Verwendung gelöst und als repräsentatives Konzertstück gedient hat: Flankierende Belege einer solchen Entwicklung im späten 18. Jahrhundert sind die Konzertveranstaltungen des Christian Gottlieb Thomas, der in seinen Academien neben den erwähnten Aufführungen des einzelnen *Sanctus*-Satzes Orazio Benevolis gelegentlich auch ein eigenes isoliertes *Gloria* zu Gehör brachte:[154] Vor allem aber dokumentieren die Programme der Hillerschen Veranstaltungen in Leipzig ein großes, nicht nur liturgisch begründbares Interesse an ganzen Messen oder einzelnen Ordinariums-Sätzen auch älterer und nichtprotestantischer Meister. Das Bachsche *Heilig* verkörperte besonders anschaulich den ambivalenten Charakter solcher Kompositionen, zugleich eine im protestantischen Gebiet einsetzenden Entwicklung, die als Voraussetzung für die im frühen 19. Jahrhundert populären konzertanten Aufführungen von Messen und Einzelsätzen der Wiener Klassiker Mozart und Haydn zu gelten hat.[155] Bezeichnend vor diesem Hin-

---

eine Berliner Aufführung des gleichen Jahres seinen Unwillen dadurch erregte, daß die Fuge statt der von ihm verlangten drei Minuten eine Dauer von elf Minuten hatte; vgl. den Bericht Kirnbergers an Johann Nikolaus Forkel in Göttingen vom Dezember 1779, wo ebenfalls konstatiert wird, daß die Fuge in solch langsamen Tempo „garnicht vor Ekel anzuhören“ sei; Bach, *Briefe und Dokumente*, 790ff. und 802f.

152 Ebd., 995.

153 B Mus. ms. Bach P 22. Dok III, Nr. 910. Faksimile der Partitur in: *„Er ist Original!“ Carl Philipp Emanuel Bach.* Ausstellung in Berlin zum 200. Todestag des Komponisten (= Staatsbibliothek Preußischer Kulturbesitz, Ausstellungskataloge, Nr. 34), Wiesbaden 1988, 67. Vgl. ferner: Bernhard Stockmann, *Der bezifferte Generalbaß von C. Ph. E. Bach zum Credo der h-Moll-Messe J. S. Bachs*, in: Hans Joachim Marx (Hrsg.), Carl Philipp Emanuel Bach und die zeitgenössische Musikkultur des mittleren 18. Jahrhunderts (= Veröffentlichung der Joachim Jungius-Gesellschaft der Wissenschaften in Hamburg, Nr. 62), Göttingen 1990, 451-458. Belegt sind außerdem noch (wahrscheinlich gottesdienstlich gebundene) Hamburger Aufführungen des *Heilig* am 18. und 25. Oktober 1778 sowie am 23. Oktober 1785 in St. Michaelis, übrigens in Anwesenheit Elisa von der Reckes, siehe Bach, *Briefe und Dokumente*, 701 und 1118f. Ein nachlassendes Interesse an seinem „Schwanen Lied“ konstatiert Bach allerdings in einem Brief vom 21. September 1787. Ebd., 1128f.

154 Der deutsche Text des zumeist zweimal (deutsch und lateinisch) aufgeführten Benevoli-*Sanctus* lautete: „Heilig ist Gott, der Herr, Herr Zebaoth! – Himmel und Erde lobsingen den Schöpfer in der Höhe; und er giebt den Völkern Friede.“

155 Man vgl. nur die stark zunehmenden Nachrichten über entsprechende Konzertveranstaltungen in der AMZ; siehe umfassend: Klaus Kropfinger, *Klassik-Rezeption in Berlin (1800-1830)*, in: Studien zur Musikgeschichte des 19. Jahrhunderts, Bd. 56, Regensburg 1980, 301-380. Sodann:

tergrund ist, daß die Wertschätzung von Emanuel Bachs *Heilig* auch noch in der Historiographie des mittleren 19. Jahrhunderts fortwirkt, obschon die sonstige Kirchenmusik als ‚Verfallsprodukt' angesehen wird: Allerdings ist das Qualitätskriterium nicht selten eingeengt auf die vermeintliche kompositorisch-stilistische Abhängigkeit vom Schaffen Johann Sebastians, wonach das *Heilig* als „edelste Blüthe der von seinem Vater auf ihn fortgeerbten reichen Kunst" verstanden wird.[156]

Monika Lichtenfeld, *Zur Geschichte, Idee und Ästhetik des historischen Konzerts*, ebd., Bd. 14, Regensburg 1969, 41-55.

156 Winterfeld, *Kirchengesang* III, 461; in gleicher Weise auch Brendel, *Geschichte*, 340.

4. Konfessionelle Spannungen im Berlin der 1780er Jahre: der ‚Proselytenstreit'

Wer vor dem Hintergrund der Ideen zur ‚wahren' Kirchenmusik die Frage nach dem Verhältnis zwischen Katholiken und Protestanten im vorletzten Jahrzehnt des 18. Jahrhunderts stellt, hat zweierlei Voraussetzungen zu berücksichtigen: Zum einen wird aus der Vielzahl der publizistischen Quellen deutlich, daß die Zeit – entgegen der schematischen Vorstellung eines allgemeinen Verfalls religiösen Bewußtseins – in gewissem Rahmen durchaus für konfessionelle Fragen sensibilisiert war[1]; zum anderen ist feststellbar, und dies mag zunächst nicht mehr als ein konfessionsgeschichtlicher Allgemeinplatz sein, daß auf der Grundlage eines konfessionellen Selbstverständnisses beträchtliche Spannungen zwischen dem vermeintlich aufgeklärten (norddeutschen) Protestantismus und dem scheinbar dogmatisch-konservativen (süddeutschen) Katholizismus bestanden. Daß folglich Studien, die sich um eine geistesgeschichtliche und kunstanschauliche Differenzierung der protestantischen Kirchenmusikanschauung bemühen, partiell auch das Verhältnis zur katholischen Kirchenmusik, wenn nicht zum Katholizismus selbst mit einbeziehen, bedarf keiner Rechtfertigung; daß sich diese vergleichenden Betrachtungen im Rahmen der vorliegenden Studie auf ausgewählte Phänomene konzentrieren müssen, liegt ebenso auf der Hand.

Es bietet sich an, solche Untersuchungen im Umfeld der zeitgenössischen Meßkomposition anzustellen, weil im dogmatischen Verständnis der Messe gewissermaßen der Schnittpunkt der beiden großen Konfessionen begründet liegt: Erinnert sei daran, daß sich zentrale Ideen der Reformation Martin Luthers auf ein gewandeltes Meßverständnis bezogen. Unter Berücksichtigung auch außermusikalischer Verhältnisse soll das Augenmerk daher den geistigen und religiösen Bedingungen gelten, unter denen Carl Friedrich Fasch ziemlich spektakulär mit seiner sechzehnstimmigen Messe – die zudem prononciert auf eine römisch-katholische Vorlage Bezug nahm – an die Berliner Öffentlichkeit trat; es erscheint damit geboten, die Untersuchungen auf Berlin und das dortige Geistesleben zu konzentrieren.[2] Denn sieht man einmal von Faschs Exemplum ‚wahrer' Kirchenmusik ab, wird deutlich, daß die sonstigen protestantischen zeitgenössischen Meßkompositionen publizistisch kaum wahrgenommen wurden und in der gleichzeitigen Kirchenmusikdiskussion keine

---

1 Vgl. dazu grundsätzlich: Hans Erich Bödeker, *Die Religiosität der Gebildeten*, in: Karlfried Gründer/Karl Heinrich Rengstorf (Hrsg.), Religionskritik und Religiosität in der deutschen Aufklärung (= Wolfenbütteler Studien zur Aufklärung, Bd. 11), Heidelberg 1989, 145-195. Sodann: Gerhard Alexander/Johannes Fritsche, *„Religion" und „Religiosität" im 18. Jahrhundert. Eine Skizze zu Wortgeschichte*, ebd., 11-24.

2 Vgl. dazu einführend: Ludwig Geiger, *Berlin 1688-1840. Geschichte des geistigen Lebens der preußischen Hauptstadt*, 2 Bde., Berlin 1893-95. Ernst Kaeber, *Geistige Strömungen in Berlin zur Zeit Friedrichs des Großen*, in: Forschungen zur Brandenburgischen und Preußischen Geschichte 54 (1943), 257-303.

Rolle spielten; allenfalls periphere Stellungnahmen lassen sich belegen.[3] Die Gründe dafür sind vielgestaltig: Neben der fehlenden gattungsspezifisch-liturgischen Aktualität ist vor allem zu konstatieren, daß genau jene Komponenten, die als Kernpunkte der Diskussion um die zeitgenössische Kirchenmusikanschauung galten, in der Messe kaum Relevanz besaßen: Weil beispielsweise Rezitative prinzipiell fehlten, also jene Gattung, die traditionell zumindest mitverantwortlich für das Eindringen der sogenannten „theatralischen" Musik in die Kirche gemacht wurde[4], entzog sich die Messe der Auseinandersetzung[5] ebenso wie durch den Umstand, daß eine Diskussion der Textgestalt wegen des kanonischen, zugleich sakrosankten Normtextes nicht möglich war. Das etwa am gleichzeitigen Oratorium oder an der Kantate nachvollziehbare Ringen um die Wahl des angemessenen Sujets, um dramatische oder lyrische Behandlung des gewählten Stoffes bzw. um dessen anteilige Zusammensetzung aus Bibelwort oder freier Dichtung, damit die Erörterung zentraler kunstanschaulicher Fragen, mußte zwangsläufig ausbleiben. Ebenso fehlten stilistische Normierungen: Eine regelrechte ästhetisch-kunsttheoretische Auseinandersetzung zu Form und Gestalt der protestantischen Meßvertonung hat – mit Ausnahme der Vorgänge um Fasch – allenfalls in dem Sinne stattgefunden[6], daß die Messe als exponiertes Bei-

---

3 Vgl. etwa Kraus, *Etwas von und über Musik*, 95f.: „Wenn die Musik zur Begeisterung und volle Andacht zu erwecken, das ihrige beitragen soll, so ist es nicht möglich, solches mit Missen von heutigen Meistern zuwegezubringen." Die Messe steht hier synonym für „rauschende" Konzertmusik mit klarer Nähe zu weltlichen Gattungen: „Sezt andre Worte darunter, so könnt ihr Operettchen draus machen." Unter betont nationalsprachlichen Gesichtspunkten steht sodann Voglers Vertonung der Kohlbrennerschen Meßparaphrasen; vgl. *Tonschule* II, 191ff., auch 170ff.; siehe dazu unten. Vgl. auch: Friedrich Nicolai, *Beschreibung einer Reise durch Deutschland und die Schweiz im Jahre 1781*, 12 Bde., Berlin-Stettin 1783ff.; hier: Bd. 1, 128ff., wonach eine Meßfeier in Bamberg durch fremde eingeschobene Bravourarien ausgestaltet wurde. Eine vergleichbare Idee verfolgt schließlich Karl Spazier: „Alten und neuen Missen, wovon viel meisterhafte vorhanden sind, so auch alten, vortrefflichen Motetten ließe sich ein deutscher, passender Text sehr gut unterlegen u. s. w." Spazier, *Freymüthige Gedanken*, 95.

4 Vgl. die Darstellung der langen Diskussion um diesen Streitpunkt in Beck, *Krise*, passim, sowie jüngst, mit Blick auf die protestantische Kantate des Neumeister-Typus: Heidrich, *Meier-Mattheson-Disput*, passim. Freilich beurteilen einzelne Stimmen schon die katholische Meßfeier per se als „theatralisch": „Solche Handlung ist nichts anders als eine theatralische Vorstellung, und kommet eben so heraus, als wenn eine Komödie gespielt würde. [...] Der Priester macht wunderliche Stellungen und Geberden, bald küßt er den Altar, bald nimmt er mit seinen Händen ein Spielwerk vor, daß er sie erst wieder ausstreckt, oder wieder zusammenlegt, oder über das Brod und den Wein hält. [...] Er bedient sich dabey der lateinischen Sprache, und da murmelt er bisweilen etwas her, zuweilen aber fängt er an laut zu reden, und was dergleichen abgeschmakte Ceremonien noch sind." Vgl. Neue Beyträge zur Litteratur besonders des sechszehnten Jahrhunderts, Bd. I/2, Nürnberg-Altdorf 1790, 5f.: *Die kranke und sterbende Messe, ein satyrisches Gespräch* (Vorbemerkung), mit Bezug auf: Johann Georg Walch, *Einleitung in die Religions-Streitigkeiten der Evangelisch-Lutherischen Kirchen*, 5 Bde., Jena 1733-1739, hier: Bd. 2, 637ff.

5 Vgl. Kap. 3.5.

6 Erinnert sei an die – vielleicht als Folge dieser Situation – vergleichsweise starke Traditionsbindung der zeitgenössischen Messenkomposition.

spiel für mißbräuchliche, zugleich implizit katholische Kirchenmusik in Anspruch genommen wurde.

Wenn auch eine wichtige Voraussetzung für die Fasch-Messe die allgemeine konfessionsübergreifende Italienbegeisterung und die damit verbundene Rezeption katholischer Phänomene auch durch Protestanten war, so ist demgegenüber darauf aufmerksam zu machen, daß sich, gewissermaßen flankierend dazu, vor allem in Berlin und von Berlin ausgehend ein geistiges Klima entwickelte, das die Unterschiede gegenüber dem Katholizismus herauszustellen suchte und geradezu den Geist konfessioneller Eigenständigkeit beschwor; diese Entwicklung gelangte zu einem ersten Höhepunkt um die Mitte der 1780er Jahre, damit also etwa zu der Zeit, als Fasch seine Messe schuf, und erreichte in Kreisen des Bildungsbürgertums eine erhebliche Resonanz. Im Effekt ist diese Bewegung durchaus als Gegenreaktion auf die vielfach sinnliche Aspekte berührende, in Teilen ‚katholizismusfreundliche‘ Italienrezeption zu interpretieren. Den Problemkomplex geistesgeschichtlich-philosophischer und religionsgeschichtlich-dogmatischer Inhalte insgesamt zu durchdringen, ist hier nicht möglich: Verwiesen sei in der Folge auf einige exponierte und charakteristische Erscheinungen.

Instruktiv sind jene Vorgänge und Diskurse, die ab dem Jahr 1785 in der Berlinischen Monatsschrift publiziert wurden, also jenem Organ, das im Dezember 1784 Immanuel Kants epochalen programmatischen Aufsatz *Was ist Aufklärung?* veröffentlicht hatte[7]; daß das von dem Berliner Königlichen Bibliothekar Johann Erich Biester sowie dem ebenfalls in Berlin wirkenden Oberkonsistorialrat Friedrich Gedike[8] herausgegebene Periodikum demzufolge klare geistesgeschichtliche Positionen bezog, bedarf keiner besonderen Betonung: Beide Herausgeber gelten als exponierte Vertreter der Berliner Spätaufklärung.

4.1. Inhalte und Schrifttum

Die Diskussion erlebte den entscheidenden Anschub durch einen anonymen *Beitrag zur Geschichte itziger geheimer Proselytenmacherei*[9], der die Erscheinungsformen

---

7 Ursula Schulz, *Die Berlinische Monatsschrift (1783-1796) – Eine Bibliographie* (= Bremer Beiträge zur freien Volksbildung, Bd. 11, zugl. Bibliographien zur Zeit- und Kulturgeschichte, Bd. 3), Bremen 1968. Übrigens publizierte Karl Wilhelm Ramler, dessen Textvorlagen in der protestantischen Kirchenmusikanschauung einen zentralen Rang behaupteten, eifrig in der Berlinischen Monatsschrift; siehe Heinz Ischreyt (Hrsg.), *Die beiden Nicolai: Der Briefwechsel zwischen Ludwig Heinrich Nicolay in St. Petersburg und Friedrich Nicolai in Berlin (1776-1811)* (= Schriftenreihe Nordost-Archiv, Bd. 28), Lüneburg 1989.

8 Zu Friedrich Gedike siehe: Harald Scholtz, *Friedrich Gedike (1754-1803). Ein Wegbereiter der preußischen Reform des Bildungswesens*, in: Jahrbuch für die Geschichte Mittel- und Ostdeutschlands, Bd. 13/14 (1965). Ders., *Friedrich Gedike: Über Berlin. Briefe „Von einem Fremden" in der Berlinischen Monatsschrift 1783-1785* (= Wissenschaft und Stadt – Publikationen der Freien Universität Berlin aus Anlaß der 750-Jahr-Feier Berlins, Bd. 4), Berlin 1987.

9 Berlinische Monatsschrift 1785, 5. Bd., 59-80. Der Anonymus meldet sich nochmals zu Wort, vgl. ebd., 6. Bd., 104-164: *Noch über den Beitrag zur Geschichte itziger Proselytenmacherei.*

des zeitgenössischen Katholizismus in scharfer Polemik attackierte und diesen einer umfänglichen Reihe von Übergriffen beschuldigte; die Diktion des Beitrages erinnert bisweilen an radikale Kampfschriften im Zuge konfessioneller Auseinandersetzungen vergangener Jahrhunderte. Die hier vorgebrachten Gravamina hatten eine grundsätzliche Bedeutung für die folgende Auseinandersetzung, sie traten in abgewandelter Form immer wieder auf und formulierten in der Hauptsache Befürchtungen im Hinblick auf eine vermeintliche katholische Vereinnahmung. Im Kern handelte es sich um den Vorwurf, daß sich der Katholizismus durch latente Bestrebungen, gewissermaßen in geheimer und verdeckter Mission, in den protestantischen Ländern neu zu etablieren suche, ja, daß durch heimliche Agitation mit „mystischen“ und „dunklen“, sogar betrügerischen Argumenten, die sich inhaltlich gegen Vernunft und aufklärerischen Geist richteten, eine schließliche Wiedervereinigung der beiden Konfessionen angestrebt werde: Konzentriert fassen lassen sich diese Phänomene in dem von protestantischer Seite geradewegs zum Schlagwort erhobenen Terminus der „Proselytenmacherei“[10]; nach zeitgenössischem Verständnis handelte es sich damit um solche Vereinnahmungsbestrebungen, die vor allem von katholischer Seite ausgingen.[11] Der streitbare Text suchte seine Thesen durch einen umfassenden Katalog bisweilen widersprüchlich und kurios anmutender, zudem im einzelnen kaum nachprüfbarer Belege zu stützen.[12]

Tatsächlich waren die von dem Anonymus vorgebrachten, weitgehend polemischen Einlassungen – wie die zahlreichen und zum Teil heftigen Reaktionen belegen – Teil einer breiten geistigen Auseinandersetzung; diese wurde vorangetrieben ei-

---

10 Bereits zuvor hatten sich vereinzelte Beiträge mit dem Gegenstand befaßt, vgl. etwa die Stats-Anzeigen, wo über Proselytenmacherei in der Pfalz (Jg. 1782, 1. Bd., 187-190) bzw. Proselytenmacherei im Jahre 1782 (Jg. 1784, 6. Bd., 484f.) oder auch über Jesuiten und Exjesuiten in Bayern (Jg. 1782., 1. Bd., 257ff.) berichtet wird; der tendenziöse Bericht über einen – späten – „Immaculaten Prozeß“ in Innsbruck (1781) gehört ebenfalls im weiteren Sinne in den Zusammenhang, vgl. Jg. 1782, 248ff. Zur prinzipiellen Einordnung solcher und vergleichbarer Vorgänge aus dem späten 18. Jahrhundert in größere historische und soziale Dimensionen siehe: Johannes Rogalla von Bieberstein, *Die These von der Verschwörung 1776-1945: Philosophen, Freimaurer, Juden, Liberale und Sozialisten als Verschwörer gegen die Sozialordnung*, Frankfurt/M. 1978.

11 Im Deutschen Museum, Jg. 1786, 1. Bd., 460-471, findet sich eine regelrechte Aufzählung von Argumenten *Warum die Protestanten so wenig Proseliten machen.* Der Verfasser Johann Moritz Schwager diskutiert in diesem Zusammenhang: die bessere Organisation und finanzielle Ausstattung der katholischen Kirche, sodann das Selbstverständnis der Protestanten, daß ihre Kirche nicht die allein „seligmachende“ sei, ferner den Verzicht der Protestanten auf Zwangsmittel bei der „Bekehrung“, schließlich auch den Umstand, daß die katholische Kirche in Form der Beichte eine attraktive, leicht wiederholbare Möglichkeit der Sündenvergebung bereithält.

12 So wird etwa von einer – nicht näher bezeichneten – geheimen Gesellschaft berichtet, die mit zweifelhaften Methoden einen protestantischen Diakon habe „bekehren“ wollen: Über den Wahrheitsgehalt der Episode, die auch in den Folgeschriften noch ausgiebig diskutiert wird, kann nur spekuliert werden; ein anderes Beispiel für kuriose und verwickelte, dabei verdeckte katholische Bemühungen, den Religionsübertritt zu forcieren, findet sich im Journal von und für Franken, 1792, 4. Bd., 341-350: F...z, *Eine Geschichte aus der Mitte Frankens vom Jahr 1791.*

nerseits durch etliche, ebenfalls in der Berlinischen Monatsschrift erscheinende Texte, zum anderen durch anderweitig, zum Teil separat publizierte gewichtige Beiträge.[13] An äußeren Gründen für dieses in der Folge geradezu fanatische antikatholische Engagement der Berliner Aufklärer sind vor allem drei Motive ins Feld geführt worden: (1.) die Erinnerung an die Koalitionsbildung (Frankreich/Österreich als katholische gegen England/Preußen als protestantische Mächte) des Siebenjährigen Krieges mit vermeintlich, aber nicht tatsächlich ursächlich konfessionellen Implikationen; (2.) der Einfluß der Gold- und Rosenkreuzer auf den preußischen Thronfolger Wilhelm II. und die daraus resultierende akute Gefährdung der Aufklärung[14]; (3.) die Bedrohung der noch instabilen Reformen Josephs II. in Österreich.[15]

Mit der ebenfalls anonym unter dem Kürzel T...y [= Paul Twardy?] offenbar von katholischer Seite lancierten Apologie gewinnt der Streit erste Konturen[16], ohne daß die vermeintlichen Vorwürfe und Anschuldigungen bestätigt noch wirkungsvoll entkräftet worden wären: Immerhin bereinigt der konservative, an die „Herren Aufklärer“ gerichtete Text die Fronten. Im weiteren Verlauf ist allerdings bemerkenswert, daß sich die Auseinandersetzung nicht etwa zu einer Kontroverse zwischen katholischen und protestantischen Meinungsvertretern entwickelte: Die katholischen Beiträge stehen gegenüber den protestantischen an Gewicht und Umfang deutlich zurück.[17] Erstaunlich ist vielmehr, daß der ‚Proselytenstreit‘ – richtet man den Blick

---

13 Es ist hier nicht der Ort einer vollumfänglichen Auswertung dieses Schrifttums; in Auswahl wären zu nennen: Johann Christian Gottfried Dressel, *Neuer Beytrag zur Geschichte der geheimen Proselytenmacherei in protestantischen Ländern*, 2 Bde., Berlin 1788. [Hieronim Zahorowsky], *Vorlaeufige Darstellung des heutigen Jesuitismus, der Rosenkreuzerey, Proselytenmacherei und Religionsvereinigung*, Deutschland(!) 1786. Justus Möser, *Schreiben an den V. J. K. in W. . . über die künftige Vereinigung der evangelischen und katholischen Kirche*, in: Berlinische Monatsschrift 1786, 7. Bd., 489-503. *Die Kirchenvereinigung. Eine Fabel. Vom Herrn Hofrath Pfeffel*, in: Berlinische Monatsschrift 1786, 8. Bd., 330. [anon.], *Geglaubte Neigung der Protestanten zum Katholizismus*, in: Berlinische Monatsschrift 1786, 8. Bd., 183f. Johann August Starck, *Ueber Krypto-Katholicismus, Proselytenmacherey, Jesuitismus, geheime Gesellschaften: und besonders die ihm selbst von den Verfassern der Berliner Monatsschrift gemachte Beschuldigungen mit Acten-Stuecken belegt*, Frankfurt 1787f.; vgl. auch die Materialsammlung von Norbert Hinske (Hrsg.), *Was ist Aufklärung? Beiträge aus der Berlinischen Monatsschrift*, Darmstadt 1973.

14 Vgl. Horst Möller, *Die Gold- und Rosenkreuzer. Struktur, Zielsetzung und Wirkung einer antiaufklärerischen Geheimgesellschaft*, in: Peter Christian Ludz (Hrsg.), Geheime Gesellschaften (= Wolfenbütteler Studien zur Aufklärung, Bd. V/1), Heidelberg 1979, 153-202.

15 Horst Möller, *Aufklärung in Preussen. Der Verleger, Publizist und Geschichtsschreiber Friedrich Nicolai*, Berlin 1974, 112f.

16 T...y [= Paul Twardy?], *Ueber den Beitrag zur Geschichte itziger geheimer Proselytenmacherei*, in: Berlinische Monatsschrift 1785, 5. Bd., 316-391.

17 Naturgemäß finden sich katholische Stellungnahmen eher in süd- und westdeutschen Periodika; im folgenden seien einzelne Motive und Erscheinungsformen wenigstens knapp angedeutet. Allgemein auf das Verhältnis zu den Protestanten bezieht sich: Karl Anton Amerbach, *Abhandlung aus Anlasse der Duldung der Protestanten in Köln* [...], angezeigt in: Mainzerische Monatsschrift, 4. Jg., 1788, 81; vgl. auch ebd., 168f. Grundsätzliche Fragen, nämlich den vermeintlichen Verfall der protestantischen Religion als Folge der Aufklärung, behandelt ein ande-

auf die Hauptakteure Johann Erich Biester und besonders Friedrich Nicolai einerseits sowie Christian Garve andererseits – eine weitgehend innerprotestantische Auseinandersetzung war; die hauptsächlichen Implikationen seien im folgenden angeführt.

Bezeichnend ist erstens, daß die Kontroverse in etlichen Punkten durch alte konfessionelle Ressentiments geprägt war. Nicht nur der in der Folge sich als Wortführer der ‚protestantischen' Seite exponierende Johann Erich Biester argumentierte mit älteren historischen Begriffen:[18] Im Sinne der Wiederbelebung eines konturierten konfessionellen Bewußtseins auf historischer Grundlage erörtern etliche Beiträge zum Teil Grundsätzliches zum Selbstverständnis der Protestanten.

Beispielhaft seien genannt: *Vereinigungsprojekt die Evangelischen Deutschen Fürsten wieder zur Römischen Kirche zu bringen; entworfen zu Rom in dem Jahre 1640, bzw. Vorschlag, auf was Art und Weise ganz Deutschland zur Catholischen Religion wieder zu bringen sey, auch aus Rom; vom Jahr 1614*[19]; einen freilich allein Reformierte und Lutheraner betreffenden und eher liberale Grundsätze verfolgenden als konfessionelle Spannungen weckenden *Vereinigungsplan aus dem Anfang des Jahrhunderts* teilt die Berlinische Monatsschrift unter Bezug auf Johann Josef Winkler mit: *Arcanum Regium: das ist ein königlich Geheimniß für einen regierenden Landesherrn, darinnen Ihm entdeckt wird, wie er sich bey seinen über die Religion*

---

rer Text, ebd., 169f.; in diesem wird berichtet, daß mit Blick auf ein „Regiment, welches in Berlin steht, [...] von Hrn. Regimentsfeldprediger Mörschel, und unter demselben vom Regimentsschullehrer Hrn. Brand die Bibel ganz abgeschafft worden [sei]". Die gleiche Zeitschrift berichtet ebd., 249, über Intoleranz der Protestanten in Schornsheim, die nicht dulden wollen, daß der Schulmeister eine „beständige Wohnung" durch – katholische – „Collectengelder" erhält. Wie auf der protestantischen Seite stehen auch hier polemische Beiträge neben besonnenen und gemäßigten; beispielhaft für diese sei die Darstellung eines „Katholicus Fuldensis" genannt, der sich einsichtig äußert und Verständnis für die Befürchtungen der Protestanten hat, indem er die Proselytenmacherei sowie das jesuitische „herrschsüchtige planvolle System der Bosheit" verurteilt; Berlinische Monatsschrift 1788, 12. Bd., 378-392. Über landesherrliche Freimütigkeit berichtet das Patriotische Archiv für Deutschland 1785, 2. Bd., 355ff.: „Merkwürdiges Beispiel von Toleranz in dem jeztlaufenden Jahr-Zehend. Die von dem regierenden Herrn Herzog Carl zu Württemberg den 4ten Nov. 1780 auf eigene Kosten geschehene Stiftung einer neuen evangelischen Kirche zu Bürkach. Mit Urkunden; und durch Acten- und Verfassungsmäßige Anmerkungen erläutert." Schließlich atmet der in der Mainzerischen Monatsschrift, 4. Jg., 1788, 223f., abgedruckte Kommentar zu einer protestantischen Predigtsammlung (*Predigten über die ganze christliche Moral aus den Werken der besten deutschen Redner gesammelt*, Gießen 1787) toleranten Geist und regt eine entsprechende Sammlung auch katholischer Predigten an: „Ein herrlicher und gemeinnütziger Gedanke, die besten Predigten über die Pflichten der christlichen Sittenlehre in einem Zusammenhange und Systeme zu sammeln!"

18 Von Biester stammen zahlreiche Artikel in der Berlinischen Monatsschrift; vgl. dazu Jg. 1785, 5. Bd., 316ff. (Vorrede und Stellungnahme zum Text von [Twardy?]); ebd., 6. Bd., 68ff. (Erste Antwort an Garve); ebd., 6. Bd., 530ff. (Zweite Antwort an Garve), desgleichen die Fortsetzung 1786, Bd. 7, 30ff. Sodann: Ebd., 436ff. (Über die Verbreitung des Katholizismus in Pommern und Danzig mit Hilfe jesuitischer Verschwörungen); Jg. 1789, 14. Bd., 580ff. (An Forster in Mainz). Eine Zusammenfassung der Vorgänge findet sich in dem Aufsatz *Von den Päpstlichen Missionsanstalten und Vikariaten in Protestantischen Ländern*, Berlinische Monatsschrift 1793, 21. Bd., 9-62.

19 Mitgeteilt in: Patriotisches Archiv für Deutschland, Jg. 1787, 6. Bd., 361ff.

zertheilten Unterthanen nach Gottes Willen zu verhalten hat, damit Er eine Gott wohlgefällige Vereinigung bei seinem Volke unvermerket stifte [...], Magdeburg 1703.[20] Ferner wäre, in eigentlicher Konzentration auf das Wesen des Protestantismus, die Diskussion um den *Ursprung des Namens, Protestanten* zu nennen[21], außerdem: *Ueber Glaubenseinigkeit. Eine Einladungsschrift zur Gedächtnisfeier der Augsburgischen Konfession auf den 26. Jul. 1788, von Hern Prof. Schütz in Jena, aus dem lateinischen übersetzt.*[22] Inhaltlich gleichgerichtet ist ein ebenfalls in der Berlinischen Monatsschrift[23] erschienener Beitrag unter dem Titel *Der ächte Geist des Protestantismus*, der freilich im wesentlichen Gedanken aus Georg Rosenmüllers Abhandlung *Warum nennen wir uns Protestanten?* (Leipzig 1790) referiert.[24] Die Selbständigkeit betont schließlich: *Ueber den wesentlichen Unterschied des Protestantismus und Katholizismus.*[25]

Eine zentrale Rolle spielte zweitens die Kritik an dem aus protestantischer Sicht umstrittenen missionarischen Wirken der Societas Jesu, des Jesuitenordens, der, um ein Beispiel zu nennen, für die zahlreichen Konversionen protestantischer Regenten und Fürsten in der Vergangenheit verantwortlich gemacht wurde, damit für konsequenzenreiche Verschiebungen landesherrlicher Religionshoheiten. Ein interessanter Gesichtspunkt der Diskussion war der Umstand, daß der 1534 durch Ignatius von Loyola (1491-1556) in Paris gestiftete und neun Jahre später durch Papst Paul III. offiziell bestätigte Orden nach fast 250jähriger Wirksamkeit soeben erst, nämlich im Jahre 1773, durch Papst Clemens XIV. aufgelöst wurde, nachdem zuvor in verschiedenen europäischen Ländern Unterdrückungen und Verbote zu Einschränkungen geführt hatten; einzig in Rußland hielt Zarin Katharina II. die Societas Jesu am Leben.[26] Erhebliche Befürchtungen der Protestanten bestanden darin, daß die Jesuiten – trotz der offiziellen Aufhebung des Ordens – weiterhin eine latente ‚Zersetzungstätigkeit‘ betrieben, wie überhaupt den aufgeklärten Zeitgenossen die Möglichkeit der Existenz geheimer Orden und Gesellschaften ein erheblicher Anlaß zur Sorge war.[27]

---

20 Berlinische Monatsschrift 1792, 19. Bd., 30-35 (Biester).

21 Bunzlauische Monatsschrift zum Nutzen und Vergnügen, 7. Jg., 1780, 144f.

22 Braunschweigisches Journal 1788, 1. Bd., 257ff.

23 Jg. 1791, 18. Bd., 103-115.

24 Siehe ebenso die historische Ableitung des Begriffes: *Ueber Protestantismus*, in: Deutsche Monatsschrift, April 1790, 355-369.

25 Braunschweigisches Journal 1788, 3. Bd., 8-12, 129-140 und 152-172.

26 Gegenbeispiele, die den Fortbestand des Ordens außerhalb Rußlands belegen sollen, zählt allerdings Nicolai auf: *Eine Untersuchung der Beschuldigung, die Herr Prof. Garve wider diese Reisebeschreibung vorgebracht hat*, Berlin 1786, 66ff. Zur vermeintlichen Tolerierung der Jesuiten in Preußen siehe Deutsches Museum 1786, 1. Bd., 563ff., wo von angeblich jesuitischer Seite behauptet wird, daß „ein großer König von Preussen, auf den ganz Europa aufmerksam ist, uns in Schlesien frei lehren und wirken läßt.“

27 Allerdings sind die diesbezüglichen Informationen naturgemäß wenig stichhaltig: Immerhin nimmt Biester für sich in Anspruch, die Diskussion um die geheimen Gesellschaften überhaupt erst in Gang gebracht zu haben; ausdrücklich ausgenommen von dessen Kritik sind die Freimaurer. Laut Biester sind die Jesuiten noch immer das hauptsächliche Instrument der päpstlichen Missionierungspraxis, vgl. Berlinische Monatsschrift 1785, 5. Bd., 316ff. *Ueber die Verbreitung des Katholizismus und den Einfluß der Jesuiten in die Gesellschaft der Protestanten* wird im Deutschen Museum 1787, 2. Bd., 66-86, raisoniert, dies wiederum unter Heranziehung

Schließlich ist drittens signifikant, daß Biesters Einlassungen auch auf jene Erscheinungen abzielten, die im Zusammenhang mit dem ‚sensualistischen Italienererlebnis' standen[28]; dies veranschaulicht die mehrfache Weigerung, protestantische Kirchen für gelegentliche katholische Gottesdienste zur Verfügung zu stellen[29]: Biester spricht offen von der „Gefahr der Beförderung der Liebe zum Sinnlichen", die wegen des „prunkvollen Schauspiels des ceremonienreichen katholischen Gottesdienstes" gegeben sei.[30] Nicht nur würde das protestantische Bemühen um eine „gereinigte Liturgie" hierdurch erschwert, sondern Folge einer solchen Durchdringung sei auch ein gefährlicher Identifikationsverlust des protestantischen Kultus.[31]

älterer Argumentationen, durch Berufung auf die Schrift *Theodosius Gibellini Caesareo Pagia Romana darinne die Begebnisse, Gelegenheiten und Geheimnisse des päpstlichen Stuhls zu Rom, durch welche sich der Papst zum Herrn der Christenheit gemacht* [...], Frankfurt/Leipzig 1691; zugleich findet sich aber auch ein Verweis auf Publikationen jüngeren Datums: [Karl Friedrich Trost], *Nachricht von der wahren Beschaffenheit des Instituts der Jesuiten*, Berlin-Stettin 1785. Ein scheinbar eine katholische Reaktion repräsentierender, vielleicht aber doch fingierter Beitrag erscheint als Zusammenfassung im Deutschen Museum 1786, 1. Bd., 563-580: *Angenehme Hofnungen der Jesuiten. Eine Rede im Jesuitenkollegio zu M. am 23. Sept. 1786 vom Pater Hilario gehalten den Protestanten zur Warnung herausgegeben.* Vgl. dazu, offenbar in direktem Bezug: *Die angenehme Hoffnung der Protestanten, daß sie Gott nicht werde in den Schoß der römischen Kirche zurückführen lassen. Eine Predigt zum Reformationstage über die Epistel am 22ten Sonntag Trinitatis 1787, gehalten von M. J. David Riepke, Diakonus an der Stadtkirche zu Schleußingen.* Der Kommentar in Mainzerische Monatsschrift 1788, 4. Jg., 408f., unterstellt dem Verfasser „keine andere Absicht, als den Haß und den Widerwillen in den Herzen der Protestanten gegen die Katholiken entweder zu vergrößern, oder, wo er etwa abgenommen, auf ein neues aufzuflammen." Auf die vermeintlich organisierte Missionstätigkeit im Norden Deutschlands zielt der bereits erwähnte Beitrag Biesters aus dem Jahre 1793, der *Von den Päpstlichen Missionsanstalten und Vikariaten in Protestantischen Ländern* berichtet und Belege für die angebliche (Neu-)Organisation der Jesuiten liefert, dies vor allem mit Bezug auf einen Text von J. F. Le Bret, *De Missione Septemtrionali et Vicariata Hannoverano* [...] von 1792, vgl. Berlinische Monatsschrift, 21. Bd., 9-62. Eine Vision, die die bevorstehende „Wiederherstellung" des Jesuitenordens heraufbeschwört, findet sich schließlich in: Neue Berlinische Monatsschrift 1801, 6. Jg., 400-435.

28 Vgl. Kap. 2.2.2.

29 Berlinische Monatsschrift 1785, 6. Bd., 530-554; vgl. außerdem: *Gegenbild der lutherischen Gefälligkeit in Einräumung der Kirchen*, Berlinische Monatsschrift 1786, 7. Bd., 265-270: Danach habe das bischöfliche Vikariatsamt Breslau die – notfallbedingte – Benutzung katholischer Kirchen durch Protestanten untersagt. Freilich wurden auch Fälle von Kooperation bekannt, vgl. den Beitrag *Einräumung einer katholischen Kirche zum Gottesdienste der Protestanten. Vom Herrn Prediger Triesch in Xanten*: Der lutherisch-reformierten Gemeinde in Xanten wird mit höchster Genehmigung des Erzbischofs von Köln die St.-Michael-Kirche zur Abhaltung ihrer Gottesdienste überlassen; vgl. ebd., 511-522.

30 In die gleiche Richtung gehen Bedenken eines Verfassers T. in den Schlesischen Provinzblättern, Jg. 1785, 2. Bd., 98ff., wonach die Gefahr bestünde, daß sich eine derzeit diskutierte Vereinigung der Kirchen zu wenig auf das innere Wesen, nämlich die dogmatischen Unterschiede bezöge, als vielmehr bloß Äußeres berührte.

31 Berlinische Monatsschrift 1785, 6. Bd., 530ff.

4.2. Christian Garve und Friedrich Nicolai

Eine neue philosophische Qualität und den eigentlichen Höhepunkt erreichte die Diskussion durch die Schriften des in Breslau wirkenden Popularphilosophen Christian Garve sowie seines Hauptwidersachers Friedrich Nicolai. Garve trat mit zwei Beiträgen *Ueber die Besorgnisse der Protestanten in Ansehung der Verbreitung des Katholicismus* an die Öffentlichkeit.[32] Die umfänglichen Abhandlungen, je von Biester ebenso ausführlich beantwortet[33], waren bemerkenswert deshalb, weil sie sich um eine ausgewogene und konfessionell neutrale Bewertung bemühten. Garves Haltung ist durch eine umsichtige und tolerante, dabei in der Argumentation häufig nüchterne und klare, zudem fortschrittsoptimistische Anschauung geprägt.[34] Zu Recht kritisiert er Biesters Bezugnahme auf die Inquisition, auf heimliche Gerichtsprozesse der Vergangenheit oder auch die Billigung der Pariser „Bluthochzeit“ von 1572 durch den Papst als nicht zeitgemäß und verweist auf gewandelte Dogmen und Machtverhältnisse im Hinblick auf dessen Befehlsgewalt. Relativiert wird auch die von Biester und Nicolai dramatisch empfundene Bedrohung durch katholische Missionierung; auffällig erscheint besonders die Bemühung, die auf die Jesuiten abzielenden Vorwürfe zu entkräften. Daß in der katholischen Kirche ein Bekehrungsgeist wirksam sei – wie in jeder anderen Religion oder Religionspartei auch –, wird nicht bestritten, wohl aber, daß diese Neigung zur Missionierung auf das von Biester immer wieder in das Zentrum der Kritik gerückte Dogma zurückgehe, daß die katholische Kirche die „alleinseligmachende“ sei.[35] Wie namentlich die aktuelle Diskussion belege, finde sich diese Anschauung ebenso bei den Protestanten. Der gegenüber der hitzigen Polemik Biesters mehr durchdachte Pragmatismus Garves hält schließlich auch die angeblichen Versuche der *Deutschen Gesellschaft zur Wiedervereinigung der christlichen Parteien* für ebenso wirkungs- und aussichtslos, wie mögliche vereinzelte und verdeckte Bemühungen isoliert, ohne den einst mächtigen organisatorischen Rückhalt operierender Jesuiten. Garve äußert sich differenziert; seine Haltung

---

32 Ebd., 19-32 und 488-529.

33 Ebd., 68ff. und 530ff. Garves und Biesters Beiträge sind leicht greifbar in: Hinske, *Was ist Aufklärung?*, passim.

34 Günther Schulz, *Christian Garve im Briefwechsel mit Friedrich Nicolai und Elisa von der Rekke*, in: Wolfenbütteler Studien zur Aufklärung, Bd. 1, Bremen/Wolfenbüttel 1974, 222ff.

35 In aktueller Bezugnahme auf den Proselytenstreit und im Widerspruch zu Garve teilt ein – protestantischer – Verfasser Sz. aus München eine *Vater-unser*-Paraphrase mit, entnommen aus: *Tägliche Andachtsübungen zum Gebrauche Ihro. Kaiserl. Majestät der Königin zu Hungarn und Böheim*, Augsburg [9]1784. Dort heißt es:

> „[...]
> Das altkatholisch Christenthum
> Das ist Dein Reich auf Erden!
> Der nicht darin, und kehrt nicht um,
> Der kann nicht selig werden.
> [...]“

Vgl. Berlinische Monatsschrift 1792, 19. Bd., 536ff.

zielt – im Vertrauen auf die Wirksamkeit der Aufkärung – auf Mäßigung und Beruhigung der protestantischen Befürchtungen ab.[36]

Mit ähnlich maßvollen Argumenten hat sich übrigens auch Georg Forster aus Mainz in den Streit eingeschaltet.[37] Wie Garve erkennt auch Forster die Neigung der Katholiken zur Bekehrung als gewissermaßen ‚systemimmanente' Pflicht an, die in letzter Konsequenz katholische Glaubensfragen berühre; auf gewissensfreiheitlicher Grundlage müsse die legitime Möglichkeit gewährleistet sein, der eigenen Meinung die Zustimmung anderer zu verschaffen. Forster fügt demgegenüber innere Schwächen des Protestantismus für mögliche missionarische Erfolge des Katholizismus ins Feld: fehlende Glaubensfestigkeit sowie Mangel an Einsicht und moralischem Gefühl. Eine Reflexion dieser von Forster angesprochenen innerprotestantischen (Verfalls-) Erscheinungen findet im Zuge des Proselytenstreits nur am Rande statt:[38] Immerhin räumen die bereits erwähnten *Angenehmen Hoffnungen der Jesuiten*[39] das Bedürfnis des „gemeinen Haufens" nach sinnlichen Empfindungen in Form eines prunkvollen Gottesdienstes ein; ebenso wird die Neigung des „gemeinen" Mannes zu Aberglauben und Mystik betont: Zahlreiche Anhänger der Vernunftsreligion seien deshalb bereit, „nach und nach zum Schosse der allgemeinen Mutterkirche" zurückzukehren, mithin sei der Boden für eine Missionierung vorbereitet.

Interessante, freilich mehr allgemeine, überkonfessionelle Gründe für den Verfall der Religion formuliert etwas später ein mit „Philaleth"[40] zeichnender Autor[41]; dazu werden die „Vernunftreligion" prägende Faktoren angeführt: Fortschritt der „physischen Wissenschaften" und der „Kritik", namentlich der Textkritik (Philologien), die Erkenntniserweiterung durch Reisebeschreibungen(!), eine von der „spekulativen Philosophie abgeleitete Moral" (Kant) oder auch ein „vollständiges Polizeisystem"; Verfasser ist vermutlich der Herausgeber Ignaz Aurelius Feßler. Eine gewisse Sorglosigkeit der Protestanten gegenüber der Religion hatte auch Garve konstatiert; nach dessen Meinung biete aber diese Entwicklung einem vermeintlichen jesuitisch-katholischen Missionsbegehren eine nur geringe Angriffsfläche.

---

36 Gerade dieses Vertrauen in die – nach seiner Meinung stagnierende – Aufklärung bezweifelt Biester in seiner Antwort. Daß gerade aus dem rückständigen Schlesien ein solcher Aufklärungsoptimismus verbreitet wird, kritisiert zudem ein mit V. zeichnender Autor an anderer Stelle: Schlesische Provinzblätter 1785, 2. Bd., 545ff. Beistand erhält Garve hingegen von dem Breslauer Theologen Anton Steiner, der sich dessen Argumentation anschließt und Garves humanen und toleranten „Geist der Duldung, der allgemeinen Liebe und Verträglichkeit für den Geist des wahren Christentums" nochmals hervorhebt; der Vorgang entbehrt nicht einer gewissen Delikatesse, weil Steiner offenbar selbst Jesuit war oder doch zumindest jesuitischen Kreisen nahegestanden hat; vgl. entsprechende Vorwürfe in Nicolai, *Untersuchung*, 55ff. und 65ff., sowie Schlesische Provinzblätter, Jg. 1785, 2. Bd., 231ff.; zumindest hingewiesen sei noch auf die in dem Biester-Garve-Streit erkannte sozialpolitische Implikation; vgl. dazu Hans-Otto Rößer, *Bürgerliche Vergesellschaftung und kulturelle Reform. Studien zur Theorie der Prosa bei Johann Gottfried Herder und Christian Garve* (= Gießener Arbeiten zur Neueren Deutschen Literatur und Literaturwissenschaft, Bd. 9), Frankfurt/M. 1986, 214ff.

37 Berlinische Monatsschrift 1789, 14. Bd., 543ff.; eine unnachgiebige Antwort Biesters ebd., 580f.

38 Zu nennen wäre etwa die Schrift *Der Kirchen-Geist des jetzigen Protestantismus. In der Rede des Herrn Superintendenten V. bei der Ordination des Hrn. R. im Jahre 1779*, Berlin 1780.

39 Deutsches Museum 1786, 1. Bd., 563-580.

40 Als „Philalethen" bezeichnet Friedrich Nicolai die Pariser Anhänger Cagliostros; vgl. *Beschreibung* VII, Anhang: *Untersuchung der Beschuldigung*, 87f.

41 Eunomia, Jg. 1802, 2. Bd., 150-171.

Konträr zu Garve ist die Rolle Friedrich Nicolais im Proselytenstreit zu sehen. Dieser hatte vor allem in seinen Reisebeschreibungen[42], die sich als Beitrag zur Aufklärung des protestantischen Nordens über den katholischen Süden verstanden[43] und somit in ideengeschichtlicher Ausrichtung, Intention und Diktion den sensualistischen Italienreisen geradewegs entgegengesetzt erscheinen, nicht nur übertrieben kritisch, zumeist sogar unverständig über Brauchtum und kirchliche Praxis in katholischen Gegenden berichtet[44], sondern in Appendices und Beilagen auch zahlreiche Fälle vermeintlicher katholischer Proselytenmacherei mitgeteilt.[45] Zweifellos befand sich Nicolai zum Zeitpunkt der Auseinandersetzungen auf der Höhe seines Einflusses, mächtig gleichermaßen als Autor, Zeitschriftenverleger und Buchhändler, so daß etwa der junge Schiller 1782 seiner Schwester Christophine berichten konnte, Nicolai sei „gleichsam der Souverain der Litteratur, [der] alle Leute von Kopf sorgfältig anzieht.“[46] Die Frage nach Nicolais Kirchenbegriff ist rasch geklärt:[47] Die Institution ‚Kirche‘ ist „eine Gesellschaft, die sich zum Gottesdienst zusammentut“[48], eine förmliche Lehranstalt auf staatsrechtlicher Grundlage, die, ganz im aufklärerisch-philantropischen Sinne, „durch Überzeugungen und mit Gründen aus Schrift und Vernunft“[49] operiert.[50]

Mit der Stellungnahme gegen die Beiträge Biesters war Garve auch gegen Friedrich Nicolai angetreten, den wichtigsten Repräsentanten der ‚anti-katholischen‘ Partei. Das besondere Engagement Nicolais kommt etwa schon dadurch zum Aus-

---

42 Die Reisebeschreibungen haben, wie die außerordentlich hohe Zahl der Subskribenten verrät, eine enorme Verbreitung gefunden und eine entsprechende Wirksamkeit entwickelt; vgl. Möller, *Aufklärung*, 112.

43 Ebd., 111.

44 Vgl. in diesem Zusammenhang die besonders auch aus musikalischer Sicht aufschlußreiche, bereits erwähnte Beschreibung einer Meßfeier in Bamberg; *Beschreibung* I, 128ff., sowie die Bemerkungen zur katholischen Kirchenmusik bzw. zur Händelrezeption in Wien, *Beschreibung* IV, 544ff. bzw. 534. Übrigens hatte Karl Spazier der Schilderung katholischer Verhältnisse durch Nicolai entschieden zugestimmt; vgl. *Freymüthige Gedanken*, 29f.

45 Beispielhaft seien genannt: *Beschreibung* I, 47ff.: *Geheime Vergabe von Bischofsstiften in protestantischen Ländern durch die Katholiken*; *Beschreibung* II, 298ff.: *Zum gegenwärtigen Vereinigungswesen*; *Beschreibung* VII, Beilage B: *Auszug eines Schreibens; aus — vom 17ten Oktober 1785* ; Beilage G: *Beytrag zur Geschichte der Toleranz und Proselytenmacherey im Katholischen Schlesien, von S. v. G.*; Beilage H: *Glaubensbekenntnis eines nach Wahrheit ringenden Katholiken* u. v. a. m.

46 Schillers Werke. Nationalausgabe, begründet von Julius Petersen. Fortgeführt von Lieselotte Blumenthal. Hrsg. im Auftrag der Stiftung Weimarer Klassik und des Schiller National-Museums in Marbach von Norbert Oellers, Weimar 1949ff.; hier: Bd. 23: Briefe 1772-1785 (Weimar 1956), 49.

47 Vgl. Aner, *Aufklärer*, 84.

48 Nicolai, *Beschreibung* VII, 22.

49 Nicolai, *Beschreibung* VIII, 107.

50 Ebd., 113. Aufschlußreich zu Nicolais Religionsverständnis ist auch: Georg Pfeilschmidt, *Friedrich Nicolais Briefwechsel mit St. Blasien. Ein Beitrag zu seiner Beurteilung des Katholizismus auf Grund seiner süddeutschen Reise von 1781* (= Sitzungsberichte der Bayerischen Akademie der Wissenschaften, Phil.-Hist. Abt., Jg. 1935, Heft 2), München 1935.

druck, daß er – durch Ankauf des Nachlasses von Johann Valentin Andreae – eine umfassende Spezialbibliothek von achthundert Bänden zu den Themen ‚Geheime Gesellschaften', ‚Jesuiten', ‚Tempelherren', ‚Rosenkreuzer' u.a. erworben hatte.[51] Folge dieser, zum Teil nur schwer nachvollziehbaren irrationalen Ereiferung war eine durch Nicolai besonders forcierte und bisweilen die Grenzen des angemessenen Umgangs überschreitende Auseinandersetzung, die in der Abhandlung *Eine Untersuchung der Beschuldigungen, die Herr Prof. Garve wider diese Reisebeschreibung vorgebracht hat*[52] sowie Garves Gegenschrift *Schreiben an Herrn F. Nicolai ... ueber einige Aeusserungen des ersten in seiner Schrift, betitelt: Untersuchungen der Beschuldigungen des P. G. gegen meine Reisebeschreibung/von Christian Garve* (Breslau 1786) ihren publizistischen Niederschlag fand.

Die gesamte Kontroverse hier detailliert zu untersuchen, ist nicht notwendig. Eine überzeugende ideengeschichtliche, auch psychologische Interpretation dieses Streits, dem zwangsläufig die „Exekution" Nicolais in der „Gelehrtenrepublik"[53] folgte – besonders nachdrücklich durch das etwa ein Dutzend Xenien[54] in Goethe/Schillers Musenalmanach von 1797 belegt –[55], hat Wilhelm Schmidt-Biggemann vorgelegt. Danach bewege sich Nicolai in dem (selbstverschuldeten) „Dilemma" von ideologiekritischer Argumentation (im Blick auf die unverstandenen religiösen Riten und Gebräuche der katholischen Kirche) und unbeirrbarer Lernunfähigkeit,

---

51 Vgl. Peter-Jörg Becker/Tilo Brandis/Ingeborg Stolzenberg (Bearb.), *Friedrich Nicolai. Leben und Werk. Ausstellung zum 250. Geburtstag, 7. Dezember 1983 – 4. Februar 1984* (= Ausstellungskataloge/Staatsbibliothek Preußischer Kulturbesitz, Bd. 21), Berlin 1983, 93.

52 Erschienen in Berlin (1786) sowohl im Anhang des siebten Bandes der Reisebeschreibungen als auch im genannten Separatdruck. Der Text bemüht sich um eine chronologische und systematische Darstellung der bisherigen Kontroverse; eine Rezension der Schrift findet sich in: Der Teutsche Merkur, April 1786, xlix-li. Nach Meinung des Rezensenten, der damit deutlich seine Position zu erkennen gibt, biete Nicolais Abhandlung das „Vollständigste und Gründlichste, was bisher über diese Angelegenheit geschrieben worden." Der Streit zwischen Garve und Nicolai läßt sich auch in der privaten Korrespondenz weiterverfolgen; vgl. Möller, *Aufklärung*, 112.

53 Wilhelm Schmidt-Biggemann, *Nicolai oder vom Altern der Wahrheit*, in: Bernhard Fabian (Hrsg.), Friedrich Nicolai 1733-1811. Essays zu seinem 250. Geburtstag, Berlin 1983, 234ff.

54 Zusammenstellung ebd., 235f.

55 Von den den zahlreichen an Nicolai gerichteten Spottversen sei der folgende zitiert:
„Nicolai.
Nicolai reiset noch immer, noch lang wird er reisen
Aber in's Land der Vernunft findet er nimmer den Weg."
Vgl. *Goethes Werke. Herausgegeben im Auftrage der Grossherzogin Sophie von Sachsen*, Weimar 1887ff.; hier: I, 5/1, Nr. 184. Als Reaktion auf die Angriffe in den Xenien verfaßte Nicolai eine umfängliche Antwort: *Anhang zu Friedrich Schillers Musen-Almanach für das Jahr 1797*, Berlin-Stettin o. J. [1797]. Irrational, wie vieles, was aus der Feder Nicolais geflossen ist, mutet der darin formulierte Anspruch an, „die ganze deutsche Literatur" zu verteidigen und „zu ihrer [sc. Goethes und Schillers] poetischen Besserung beitragen" zu wollen. Abdruck von Auszügen und Kommentar in: Wolfgang Albrecht (Hrsg.), *„Kritik ist überall, zumal in Deutschland, nötig". Friedrich Nicolai. Satiren und Schriften zur Literatur*, München 1987, 345ff., 504ff. und 537ff.

die, auf der Grundlage „paranoischer Argumentation“ zur publizistischen Hinrichtung führen mußte: „Das Insistieren auf den untereinander verschränkten Leitbegriffen Humanität, Selbstdenken, Wahrheit und Überzeugung verhinderte in einer fremden intellektuellen Umgebung eben das, was es garantieren sollte, vorurteilsfreie Erfahrung“[56]; daß diese Deutung ihren Wert für die prinzipielle Beurteilung der Argumentationsformen der antikatholischen Partei behält, braucht nicht eigens betont zu werden.[57]

4.3. Auswirkungen

Drei in der Auswirkung jeweils verschieden akzentuierte Fallbeispiele seien in der Folge vorgeführt; an ihnen läßt sich demonstrieren, auf welche Weise sich Sympathie, offene Parteinahme für katholische Positionen oder sogar der Verdacht publizistischer katholischer Infiltration unter dem Einfluß dieser Konfrontation gerierten; bedeutsam ist auch hier, daß besonders innerprotestanische Vorgänge zu registrieren sind. Behandelt werden der Casus Johann August Starck sowie die für die Kirchenmusikanschauung instruktiven Vorgänge um Johann Dreykorn und Johann Kaspar Lavater.

4.3.1. Der ‚Abfall‘ des innerhalb der protestantischen kirchlichen Hierarchie etablierten Theologen Johann August Starck

Knapp anzusprechen ist die umfängliche, letztlich sogar gerichtliche Auseinandersetzung der Herausgeber der Berlinischen Monatsschrift mit dem – protestantischen – Fürstlich Hessen-Darmstädtischen Oberhofprediger und Konsistorialrat Johann August Starck. Dieser hatte bereits etliche Schriften zur Verteidigung des Freimaurerordens verfaßt[58] und galt aufgrund verschiedener Vorkommnisse, die immer wieder wechselnde Anstellungsverhältnisse zur Folge hatten, in konfessionellen Fragen als durchaus umstritten. Es war vor allem dessen bereits genannte Hauptschrift *Ueber Krypto-Katholicismus, Proselytenmacherey, Jesuitismus, geheime Gesellschaften: und besonders die ihm selbst von den Verfassern der Berliner Monatsschrift gemachte Beschuldigungen mit Acten-Stuecken belegt* (Frankfurt 1787, ein Nachtrag erschien 1788), auf die Biester/Gedike ihren Vorwurf bezogen, Starck sympathisiere offen mit dem Katholizismus und sei diesem in so bedenklicher Weise verbunden, daß er sogar die Tonsur empfangen habe und überzeugter Jesuit der vierten Klasse

---

56 Schmidt-Biggemann, *Nicolai*, 228.

57 Vgl. zu Nicolai weiterhin: Rudolf Vierhaus, *Friedrich Nicolai und die Berliner Gesellschaft*, in: Bernhard Fabian (Hrsg.), Friedrich Nicolai 1733-1811. Essays zu seinem 250. Geburtstag, Berlin 1983, 87-98. Marie-Luise Spiekermann, *Bibliographie der Werke Friedrich Nicolais*, ebd., 257-304. Es überrascht nicht, daß zwischen Nicolai und Biester freundschaftliche Bindungen bestanden; vgl. Ischreyt, *Die beiden Nicolai*, 41 und 177.

58 Vgl. etwa: *Apologie des Ordens der Frey Maurer*, Königsberg 1770, Berlin ^{2}1783.

sei.[59] Der Bitte um eine Klarstellung des Sachverhaltes kam der protestantische Theologe freilich nicht in der erwünschten Form nach, strengte aber stattdessen einen gerichtlichen Injurienprozess an, aus dem die Herausgeber der Berlinischen Monatsschrift in allen Punkten als Gewinner hervorgingen[60]; tatsächlich hat sich Starck auch in der Folge, obschon er seine einflußreiche Stellung in Darmstadt behaupten konnte, niemals wirklich von dem Vorwurf des „Kryptokatholizismus" freimachen können: Noch etwa in seiner 1809 herausgegebenen Schrift *Theoduls Gastmahl* wird eine deutliche Empfehlung des Katholizismus ausgesprochen und eine Vereinigung der Religionsparteien befürwortet.

4.3.2. Johann Dreykorns Verteidigung der katholischen Messe

Als ungeheuerliche Agitation und offene Apologie der katholischen Meßpraxis hat man sodann von seiten der Berliner Aufklärer die von dem in Nürnberg wirkenden protestantischen Diakon Johann Dreykorn verfaßte Schrift *Die römisch-katholische Messe, lateinisch und deutsch, mit Bemerkung der dabei vorkommenden Ceremonien, nebst der an vielen Orten eingeführten Meßliedern, nach dem evangelischen Sinn der ersten christlichen Kirche, unparteyisch und freimüthig erläutert* vom Jahre 1785 verstanden.[61] Mit Dreykorns Publikation führen die Überlegungen in den Umkreis der protestantischen Meßvertonung zurück, wenn auch weniger in Abwägung kunstanschaulicher oder stilistischer Fragen, als vielmehr im Sinne einer Vergegen-

59 *Noethige Gegenerklärung gegen des Oberhofprediger Stark öffentliche Erklärung. Von den Herausgebern der Berl. Monatsschrift*, Berlinische Monatsschrift 1787, 9. Bd., 87-99, und *Ueber Hrn. Oberhofprediger Starcks neueste Erklärung in drei Zeitungen. Von den Herausgeb. der Berl. Monatsschrift*, ebd., 395-408. Auch Nicolai hat sich übrigens später in den Streit eingeschaltet: *Letzte Erklaerung ueber einige neue Unbilligkeiten und Zunoethigungen in dem den Herrn Oberhofprediger Stark betreffenden Streit*, Stettin 1790, und: *Oeffentliche Erklaerung ueber seine geheime Verbindung mit dem Illuminatenorden, – Nebst beiläufigen Digressionen betreffend Joh. Aug. Starck und Joh. Kasp. Lavater*, Berlin 1788. Vgl. schließlich die aus der Starckschen Invektive gegen Elisa von der Recke (in der Schrift über den *Krypto-Katholicismus*, wonach die Dichterin „das ganze Nicolaitisch-Biestersche Jesuiten-Gespenst adoptiert" habe) hervorgehenden Streitschriften: Elisa von der Recke, *Etwas ueber Starcks Vertheidigung*, Berlin 1788, und Johann August Starck, *Auch Etwas: wider das Etwas der Frau von der Recke ueber des Oberhofprediger Starcks Vertheidigungsschrift*, Leipzig 1788.

60 Friedrich Gedike, *Ueber den starkischen Prozeß gegen die Herausgeber der Berlinischen Monatsschrift*, in: Berlinische Monatsschrift 1787, 10. Bd., 365; siehe auch: *Process ueber den Verdacht des heimlichen Katholicismus zwischen dem Darmstaedtischen Oberhofprediger D. Stark als Klaeger, und den Herausgebern der Berlinischen Monatsschrift, Oberkonsistorialrath Gedike und Bibliothekar D. Biester als Beklagten/ vollstaendig nebst der Sentenz aus den Akten herausgegeben von den losgesprochenen Beklagten*, Berlin 1780; *Entscheidung des K. Gerichts in Berlin in Sachen des D. Starck wider Gedicke und Biester*, Berlin 1787.

61 Das Buch erschien anonym; die Verfasserschaft Dreykorns ist erst durch eine kritische Stellungnahme des in Nürnberg an St. Sebald amtierenden Diakons Seidel in der Nürnbergischen gelehrten Zeitung aufgedeckt worden; vgl. die Berlinische Monatsschrift 1787, 9. Bd., 57ff.; die Umstände der Publikation waren freilich dazu angetan, von vornherein den Verdacht der Konspiration zu wecken.

wärtigung konfessionsbezogener Sachverhalte. Zwangsläufig mußte ein wie im Titel der Dreykornschen Schrift formuliertes Anliegen heftiges Mißtrauen der Berliner Aufklärer erregen, und tatsächlich meldete sich Johann Erich Biester unverzüglich mit einer gewohnt giftigen Kritik zu Wort[62]. Es entwickelte sich eine umfängliche Kontroverse[63], in deren Verlauf dem Nürnberger die Übernahme zentraler katholischer Dogmen im Blick auf „das sinnliche und zum Theil sinnlose Meßritual" vorgeworfen wurde. Wesentlichen Anstoß nahm Biester daran, daß die vermeintlich auf das Zentrum protestantischen Glaubens abzielenden Einlassungen Dreykorns offenbar eine institutionelle Unterstützung erfuhren: durch die *Deutsche Gesellschaft zur Beförderung reiner Lehre und wahrer Gottseligkeit.* Besorgnis hat erregt, daß die zunächst in Basel[64] ansässige Gesellschaft auch in Berlin etliche Anhänger hatte, wie deren Beteiligung an dem Streit um die Einführung des neuen Berlinischen Gesangbuches bewies.[65] Die Vereinigung, der auch Dreykorn angehörte[66], stand für die Berliner in dem Verdacht, eine förmliche Wiedervereinigungsorganisation zu sein, verdächtig des Krypto-Katholizismus, der geistigen Nähe zu den etwa in Franken nach wie vor wirksamen Rosenkreuzern sowie der Beförderung des Vereinigungswesens: Dreykorns Buch sei „eine von den vielen Angelruthen [...] die itzt ausgehängt werden, um den unbesorgten gutmüthigen Protestanten zu fangen." Dreykorn freilich bestritt sämtliche Vorwürfe, namentlich diejenigen der Übernahme katholi-

---

62 Berlinische Monatsschrift 1786, 7. Bd., 324-339: *Ueber die Vertheidigung der katholischen Messe von einem protestantischen Theologen und Mitgliede der Gesellschaft der reinen Lehre.*

63 Vgl. zu den hier genannten noch folgende, häufig mit gleichen Argumenten operierende Beiträge: Berlinische Monatsschrift 1787, 10. Bd., 281-288: *Noch etwas über die Vertheidigung der katholischen Messe von einem protestantischen Theologen. Von den Herausgebern*; dort Hinweis auf periphere Beiträge in den Leipziger Apologien und dem Intelligenzblatt zur Litteraturzeitung. Vgl. ferner die spätere Rezeption in Berlinische Monatsschrift 1789, 14. Bd., 475ff., wo von „Dreikorns leidiger Meßgeschichte" die Rede ist. Bezeichnenderweise erwähnt auch die bereits genannte jesuitische Programmschrift in Deutsches Museum 1786, 1. Bd., 563ff., die Affäre.

64 Dort wurde sie nach Aufruf des vormaligen Augsburger Pfarrers Johann August Urlsperger (1728-1806) 1779/80 gegründet; ab 1804 wurde sie in *Deutsche Christentumsgesellschaft* umbenannt, ihr erster Präsident war der Theologieprofessor Johann Wernhard Herzog (1726-1825). Die Ziele der Gesellschaft werden beschrieben als Kampf gegen Rationalismus, Unglauben, Verfall der Christenheit im Zeitalter der Aufklärung und Einsatz für wahre Frömmigkeit bzw. die Überwindung konfessioneller und ständischer Schranken; vgl. Emil Erne, *Die schweizerischen Sozietäten. Lexikalische Darstellung der Reformgesellschaften des 18. Jahrhunderts in der Schweiz*, Zürich 1988, 250ff.; Ernst Staehelin, *Die Christentumsgesellschaft in der Zeit der Aufklärung und der beginnenden Erweckung. Texte aus Briefen, Protokollen und Publikationen* (= Theologische Zeitschrift, Sonderband 2), Basel 1970. Zur Verbindung Johann Kaspar Lavaters mit der Christentumsgesellschaft siehe Horst Weigelt, *Lavater und die Stillen im Lande – Distanz und Nähe: die Beziehungen Lavaters zu Frömmigkeitsbewegungen im 18. Jahrhundert*, Göttingen 1988, 107ff.

65 Berlinische Monatsschrift 1786, 7. Bd., 324ff.

66 Die Behauptung Biesters, daß Dreykorn sogar als Provinzialdirektor in führender Position für die Gesellschaft tätig gewesen sei, weist dieser allerdings ebenso zurück wie die Vermutung, die Gesellschaft insgesamt stehe hinter seiner Publikation.

scher Hauptlehren[67] (gemeint sind etwa: die wiederholte Aufopferung Christi, die gänzliche Brotverwandlung, die bloße Kommunion des Priesters): allein von dem Motiv der „Beförderung einer ächten Duldung und Liebe der in Religionsvorstellungen verschieden denkenden Christen gegen einander“ habe er sich leiten lassen, mit der Absicht die Interpretation der Messe nach dem „Sinn der ältesten Kirchenlehrer“ vorzunehmen.[68]

4.3.2.1 Faschs Messe im Kontext konfessioneller Spannungen

Ohne daß die weiteren Argumentationen und polemischen Verästelungen des Proselytenstreits noch vertieft werden müßten, sei der Blick nunmehr zurückgelenkt auf die sechzehnstimmige Messe Carl Friedrich Faschs. Die Komposition dieses Stükkes just zu dem Zeitpunkt, als die Proselytendiskussion, namentlich aber der Dreykornstreit ihren Höhepunkt erreichte, erstaunt und bedarf eines Kommentars. Vor dem Hintergrund der Ereignisse erscheint notwendig, eine Wertung und Einordnung der insbesondere durch Reichardt mit erheblichem publizistischem Aufwand betriebenen Präsentation der Messe vorzunehmen; daß auch Fasch Kenntnis von den konfessionellen Streitereien besaß, kann aufgrund der großen Resonanz als sicher angenommen werden.

Denkbar ist, daß Fasch seine Messe (mit der einerseits exponiert römisch-katholischen Bezugnahme und andererseits der Rückbesinnung auf den formalen Rahmen des hauptsächlich protestantischen Messentypus der zweiteiligen Missa brevis) in der Folge des Proselytenstreits als konfessionsübergreifenden Beitrag verstand, im Sinne einer Vermittlung zwischen den Positionen, vielleicht sogar ausdrücklich im Widerspruch zu der von Biester und Nicolai vertretenen unnachgiebigen Haltung. Mehrere Gründe sprechen für diese Einschätzung: Zunächst weiß man aus den Umständen früherer kirchenmusikalischer Unternehmungen Faschs, daß dieser offenbar eine sehr auf Ausgleich und Toleranz angelegte, überkonfessionelle Anschauung vertreten hat. So berichtet ausgerechnet Friedrich Nicolai in seiner *Beschreibung der königlichen Residenzstädte Berlin und Potsdam* von 1779: „Er [Fasch] hat des Metastasio Oratorium Giuseppe riconosciuto vollstimmig in Musik gesetzt, welches 1774 von der K. Kapelle zum Besten der Armen aller Religionen in der katholischen Kirche aufgeführt ward“[69], und eine andere, anonyme Stimme hält vor diesem Hintergrund überhaupt für möglich, daß auch die sechzehnstimmige Messe „wohl zum künftigen Kirchengebrauche in römisch-katholischen Ländern bestimmt“ sei.[70]

---

67 Berlinische Monatsschrift 1787, 9. Bd., 57-86: *Ueber und für die Vertheidigung der katholischen Messe von einem protestantischen Theologen und Mitgliede der Gesellschaft der reinen Lehre. Replik und Duplik.*

68 Allgemeine Litteraturzeitung 1785, Nr. 227 vom 24. September.

69 *Friedrich Nicolai. Sämtliche Werke, Briefe, Dokumente.* Kritische Ausgabe mit Kommentar, hrsg. von P. M. Mitchell, Berlin etc. 1991ff.; hier: Bd. 8/II, 842f.

70 Journal des Luxus und der Moden 1794, 9. Stück, 91ff.

Sodann wäre auf die Rolle Johann Friedrich Reichardts bei der Entstehung der Messe zu verweisen: Dieser, ein erklärter Lavaterianer[71], hatte bekanntlich die Messe überhaupt erst angeregt[72], zugleich aber auch eine allgemeine Rezeption – unter konkreten kunstanschaulichen Voraussetzungen – in Gang gesetzt, am nachdrücklichsten im Musikalischen Kunstmagazin:[73] Es ist offensichtlich, daß Faschs Messe in Reichardts Kirchenmusikideal, das durch die Hinwendung zu Lavater und die gleichzeitige Abwendung von der konfessionellen Enge Nicolai/Biesters geprägt ist, einen zentralen Platz einnimmt. Schließlich bestätigen auch die Wesenszüge Faschs diese These: Dieser erscheint stets als milder, gütiger, humaner sowie toleranter Charakter und weist damit Eigenschaften auf, die nicht nur eine auffällige Parallele zu Christian Garve bedeuten, sondern auch eine Grundbedingung überkonfessioneller Geisteshaltung sind.

4.3.2.2. Einfluß der katholischen deutschen Singmesse

Die Befürchtung der Berliner Aufklärer, daß geheimbündlerisches bzw. katholisches Ideengut höchste Adels- und Regierungskreise, sogar das Königshaus infiltrieren könnte, erscheint angesichts der nachweisbaren Verbindung Wilhelms II. mit den Gold- und Rosenkreuzern nicht unbegründet. Und auch für das weitergefaßte Feld der Kirchenmusikanschauung läßt sich ein zumindest partielles Interesse an konfessionsübergreifenden Phänomenen belegen: Gemeint ist die zunächst vor allem im katholischen[74] Gebiet angesiedelte sogenannte ‚Deutsche Singmesse'. Dabei handelt es sich um strophisch-paraphrasierende Texte, die sich in Gestalt von Chorälen allenfalls noch sinnhaft auf die Meßfeier beziehen. Zu einem Zyklus zusammengestellt, werden sie als Äquivalent für den kanonischen lateinischen Meßtext angesehen; die Ausführung war der Gemeinde zugedacht. Soweit zu sehen, reicht die Tradition bis in die erste Hälfte des 18. Jahrhunderts zurück: Die erste Singmesse stammt offenbar aus dem *Christ Catholischen Gesangbuch*, Paderborn 1726.[75] Im weitesten Sinne führen damit die Überlegungen zur Praxis zeitgenössischer ‚Meßvertonung' zurück. Freilich handelt es sich um eine weitgehend von traditionellen

71 Vgl. Kap. 4.2. Zur Bewertung des Vorgangs im Kontext des Wöllnerschen Religionsedikts vgl. Jürgen Heidrich, *Berlin um 1785: Zum ideengeschichtlichen Umfeld der sechzehnstimmigen Messe von Carl Fasch*, in: *Carl Friedrich Christian Fasch (1736-1800) und das Berliner Musikleben seiner Zeit* (= Fasch-Studien, Bd. 7), 208-216.

72 Die enge persönliche Beziehung der beiden Männer unterstreicht ein Text im Journal des Luxus und der Moden 1794, 379ff., wonach Reichardt von Fasch „innigst hochgeschätzt" wurde.

73 Kunstmagazin II, 123.

74 Wie Josef Gotzen angibt, ist nur das Eingangslied vereinzelt auch in protestantische Gesangbücher eingegangen. Vgl. *Das katholische Kirchenlied im 18. Jahrhundert, insbesondere in der Aufklärungszeit*, in: KmJb 40 (1956), 71.

75 Gotzen, *Kirchenlied*, 70.

Kompositionen losgelöste freie Modifikation, womit das Spektrum bereits behandelter Paraphrasierungspraktiken noch erweitert ist.[76]

Die wichtigste und am weitesten verbreitete[77] dieser Singmessen findet sich erstmals in dem von dem Münchner „Hofkammer-, Mauth- und Commercienrat" Johann Franz Seraph Edler von Kohlbrenner herausgegebenen sogenannten „Landshuter Gesangbuch" von 1777[78], einer durchaus als Produkt aufklärerischen Denkens aufgefaßten Sammlung; es handelt sich um den einstimmigen, von Norbert Hauner mit Orgelbegleitung versehenen Zyklus *Hier liegt vor deiner Majestät.*[79]

Die rasche Rezeption der Kohlbrennerschen Texte im katholischen Gebiet ist durch Vertonungen und Bearbeitungen etwa von Georg Joseph Vogler (1778) und Ignaz Holzbauer (1779) schon in den Folgejahren belegt[80]; eine förmliche Neufassung und Modifikation der Texte erscheint bereits 1785 in den Bonner Beiträgen zur Ausbreitung nützlicher Kenntnisse[81], unmittelbar im Anschluß an Ferdinand d'Antoines Text *Wie muß die Kirchenmusik beschaffen seyn, wenn sie zur Andacht erheben soll?*. Die Veränderung des Textes in späteren Fassungen zielt in der Tendenz darauf ab, die ursprünglich strenge strophische Anlage im Landshuter Gesangbuch zugunsten einer mehr freien, lyrischen Gestalt aufzugeben.[82]

Die Rezeption dieses Vorgangs im aufgeklärten Berlin ist erstaunlich und geschieht im Brennpunkt der Vorstellung von ‚wahrer' Kirchenmusik, konfessionellem Disput und Gattungstradition der Meßvertonung, und zwar zu einem außerordentlich frühen Zeitpunkt schon bald nach Erscheinen des Landshuter Gesangbuchs.[83] Es mutet an, als hätte die Singmesse namentlich im Umkreis Johann Philipp Kirnbergers Beachtung gefunden, denn von diesem existiert ein neunteiliger Zyklus[84] von vierstimmig gesetzten Chorälen, denen mit Ausnahme der beiden letzten Stücke förmliche Titel vorangestellt sind. Es handelt sich um fast genau dieselben

---

76 Vgl. Kap. 3.5.2. Siehe zur Singmesse: MGG2, Bd. 3, 1156, Art. *Gemeindegesang*. Angaben zur Tradition der Gattung sowie Nachweise in: Gotzen, *Kirchenlied*, passim; zwecks Ergänzung siehe MGG, Bd. 9, 187. Weitere Literatur: Karl Gustav Fellerer, *Zur deutschen Singmesse um die Wende des 18./19. Jahrhunderts*, in: KmJb 33 (1939), 87-94. J. Hacker, *Die Singmesse der Aufklärungszeit*, in: Musik und Altar 9 (1956).

77 Vgl. noch die vergleichbar populäre ‚Messe' *Wir werfen uns danieder*, Bruchsal 1770.

78 Der eigentliche Titel lautet: *Der heilige Gesang zum Gottesdienste in der römisch-katholischen Kirche.* Laut Gotzen, *Kirchenlied*, 71, hat Kohlbrenner Gesangbücher aus Brix (1767), Mergentheim und Würzburg (1777) als Vorlage benutzt.

79 Kurthen, *Singmesse*, passim. Vergleichbar damit dürfte die anonyme *Missa germanica* für Singstimme und Cembalo, vormals Danzig, Ms. 4179, gewesen sein, offenbar ein Odenzyklus, dessen einzelne Teile in gleicher Weise nach den Sätzen der Messe benannt sind; lt. Schild, *Messenkomposition*, 145f., hätten seinerzeit moderne Melodien zugrunde gelegen, darunter *Die Sach ist dein, Herr Jesu Christ.*

80 Besprechung der Kompositionen in Kurthen, *Singmesse*, 85ff.

81 Ebd., 80ff.

82 Ebd., 82f. Danach stammt die Bonner Fassung „aus der Feder" des Dichters selbst.

83 Vgl. die autographe Datierung „1778" in B Am. B. 604.1; siehe unten.

84 B Mus. ms. 30179. Die Sammelhandschrift enthält zudem Werke von Homilius, Kerll, Kirnberger, Theile u. a.

Texte wie in der Kohlbrennerschen Erstveröffentlichung von 1777, während die Melodien sämtlich abweichen; im einzelnen heißt es:[85]

[I] *Das Kyrie: Hier liegt vor deiner Majestät im Staub die Christenschaar*
[II] *Gloria: Gott soll gepriesen werden, seyn Ruhm gebenedeyt*
[III] *Credo: Allmächtiger! vor dir im Staube bekennt dich deine Kreatur*
[IV] *Offertorium: Nimm an, o Herr, die Gaben aus deines Priesters Hand*
[V] *Nach der Wandlung: Sieh Vater! von dem höchsten Throne, sieh gnädig her auf den Altar*
[VI] *Zum Beschluß der heiligen Messe: Nun ist das Lamm geschlachtet, das Opfer ist vollbracht*
[VII] *Sanctus: Singt Heilig, Heilig, Heilig, ist unser Herr und Gott*
[VIII] *Wir singen froh zusammen, von ganzer Seel erfreut*
[IX] *Herr großer Gott! Dich loben wir, bekennen dich und dancken dir.*[86]

Eine breitere Berliner Rezeption dieser katholischen Singmessen ist insofern bezeugt, als sich in den Unterlagen der Prinzessin Anna Amalia von Preußen, einer Schülerin Kirnbergers, entsprechende Aufzeichnungen in Gestalt von eigenen Kompositionsversuchen erhalten haben. Ein Autograph[87] überliefert „Mess-Choräle (auf Worte zur deutschen Messe) comp. d. 22. Nov. 1778", die in der Textauswahl genau mit der Zusammenstellung Kirnbergers übereinstimmen, musikalisch aber abweichen. Die Kompositionen selbst sind – wie auch diejenigen Kirnbergers – in einfachstem vierstimmigen Note-gegen-Note-Satz gehalten.[88] Auf einem Beiblatt findet sich die Notiz: „Einige Nothwendige Veränderungen, in denen Gesängen, welche ich nicht habe unterlaßen können." Es handelt sich offenbar um eine Liste der gegenüber dem Kohlbrennerschen Gesangbuchtext abweichenden Stellen.[89] Trotz die-

85 Der Singmesse im Manuskript vorangestellt ist ein in Strophen gefaßtes deutsches *Stabat mater*, dessen Text ebenfalls aus dem Landshuter Gesangbuch stammt: „Bei dem Kreuz mit nassen Wangen/ Wo ihr lieber Sohn gehangen/ Stand sie trostlos und allein./ Und in dem beklemmten Herzen/ Drangen sich des Todes Schmerzen/ Gleich dem Dolche blutend ein." Das Stück liegt gedruckt vor in: Kühnau, *Choralgesänge*, Berlin 1786; vgl. sodann Blume, *Stabat-mater-Vertonungen* I, 164 bzw. 166.

86 Teil [IX] ist offensichtlich eine deutsche *Te-Deum*-Paraphrase.

87 B Am. B. 604.1; vgl. ergänzend Eva Renate Blechschmidt, *Die Amalien-Bibliothek. Musikbibliothek der Prinzessin Anna Amalia von Preußen (1723-1787)* (= Berliner Studien zur Musikwissenschaft, Bd. 8), Berlin 1965, 323f. Fritz Bose, *Anna Amalie von Preußen und Johann Philipp Kirnberger*, in: Mf 10 (1957), 129-135.

88 Voglers Vertonung, explizit als *Deutsche Messe* bezeichnet, liegt übrigens in vergleichbar einfacher Gestalt vor wie die Berliner Sätze, „so daß sie in allen armen Dörfern füglich können abgesungen werden". Die ebenfalls für vier Singstimmen und Orgel gearbeiteten Stücke weisen allerdings infolge des Aufbrechens des simplen akkordischen Satzes und der Einfügung von Soloabschnitten eine größere Variabilität auf; vgl. Kurthen, *Singmesse*, 87f. Vgl. ferner den Kommentar zu einem anderen Satz zu *Hier liegt vor deiner Majestät* (Mieg), in: AMZ 9 (1807), 443f.

89 In dem Konvolut Am. B. 604 sind sonst enthalten: Anna Amalias Entwürfe zu einem *Hiskias*-Oratorium (604.12, undatiert, vgl. dazu Forkels Beitrag im Oratorienkapitel), „Vierstimmige Choräle meist comp. 1780" (604.2), „Text zu einer Kirchenmusic über Tod und Ewigkeit: O Ewigkeit, du Donnerwort" (604.11, datiert 28. Juni 1785) mit knappen Skizzen.

ser Einschränkung atmet der gesamte Vorgang unverkennbar den gleichen Geist wie Dreykorns Publikation, die ja bereits im Titel auf die „an vielen Orten eingeführte[n] Meßlieder[n]" Bezug nimmt, somit katholische Usancen tradiert.

4.3.3. Vom ‚Proselytengeist' beseelte Predigten: Johann Kaspar Lavater

Unmittelbare Folgen für die Kirchenmusikanschauung hatten sodann jene Vorwürfe, die – namentlich von Biester und Nicolai formuliert – den besonders auch im nördlichen Deutschland überaus populären Predigten des Zürcher reformierten Theologen Johann Kaspar Lavater galten.

Dieser übte als Seelsorger, Prediger und Schriftsteller großen Einfluß aus, dabei in mancherlei Hinsicht merkwürdig ambivalente Haltungen vertretend, indem er etwa einerseits das Christentum gegen rationalistische Anfechtungen verteidigte, andererseits aber zur Begründung Motive auch des Rationalismus aufgriff und umdeutete; der unkritische Umgang mit mystischen und spiritistischen Phänomenen wie auch das wechselhafte geistige Verhältnis zur Französischen Revolution erschweren zusätzlich seine ideengeschichtliche Fixierung.[90] Kritiker warfen dem Zürcher vor, er habe durch seine emphatischen, nicht selten unreflektiert scheinenden und oft unklaren Formulierungen einer Entwicklung Vorschub geleistet, die eine erhöhte Empfänglichkeit für diffuse Glaubenssachverhalte schaffe[91]; eine im Deutschen Museum[92] abgedruckte, vielleicht aber doch von protestantischer Seite als solche fingierte jesuitische Programmschrift scheint diesen Befund zu bestätigen, indem Lavater förmlicher „Synchretismus" nachgesagt wird: Dieser [Lavater] sei zufrieden, „wenn nur Christus gepredigt wird, es sei auf welche Art er wolle." Mit diesem Vorwurf des konfessionellen Indifferentismus bezieht sich der Text auf ein zuvor schon in einer Sammlung veröffentlichtes[93], im Zusammenhang mit der konfessionellen Positionsfrage aber besonders in den Mittelpunkt gerücktes Gedicht Lavaters[94], das in der Tat aus protestantisch-orthodoxem Blickwinkel erstaunliche

90 Zu Leben und Werk Lavaters insgesamt vgl. Paul Wernle, *Der schweizerische Protestantismus im 18. Jahrhundert*, 3 Bde., Tübingen 1923-25; hier: Bd. 3, 221ff. Siehe außerdem: Karl Pestalozzi/Horst Weigelt (Hrsg.), *Das Antlitz Gottes im Antlitz des Menschen* (= Arbeiten zur Geschichte des Pietismus, Bd. 31), Göttingen 1994. Horst Weigelt, *Johann Kaspar Lavater. Leben, Werk und Wirkung*, Göttingen 1991. Ders., *Lavater und die Stillen im Lande*, passim.

91 Bereits der oben als ‚Initiationsschrift' der Proselytendiskussion herausgestellte anonyme Beitrag in Berlinische Monatsschrift 1787, 5. Bd., 64, hatte Lavaters Wirken in ähnlicher Weise angegriffen; eine knappe Verteidigung hatte Twardy(?) in seiner Replik folgen lassen, vgl. ebd., 316ff.

92 Jg. 1786, 1. Bd., 563ff.

93 *J. C. Lavaters vermischte gereimte Gedichte vom Jahr 1766 bis 1785. Für Freunde des Verfassers*, Winterthur 1785, 61ff.: *Wenn nur Christus verkündigt wird! oder: Empfindungen eines Protestanten in einer katholischen Kirche von J. C. Lavater. (Den 2ten März 1781).*

94 Leicht zugänglich war der Text den Zeitgenossen überdies im Abdruck Biesters in: Berlinische Monatsschrift 1786, 8. Bd., 348ff.; sodann: Nicolai, *Beschreibung* VIII, Anhang, 32ff. (Auszü-

Gedanken formuliert und von der Berliner Kritik zwangsläufig als emphatische Apologie dezidiert katholischer Positionen gewertet werden mußte; es heißt darin unter anderem:

> „[...]
> Was ist es, das ich um mich sehe?
> Was ist es, das ich höre hier?
> Spricht nichts in der gewölbten Höhe,
> In dieser Tiefe nichts von dir?
> Das Kreuz, dein Bild, dort, übergüldet,
> Ists nicht zu Ehren dir gebildet?
> Das Rauchfaß links und rechts geschwungen,
> Das Gloria, im Chor gesungen,
> Des ewgen Lichtleins stiller Schein,
> Der Kerzen Licht, meint dich allein.
>
> Warum wird, als um dich zu loben,
> Den Tod der Liebe, Jesus Christ,
> Die Hostie, empor gehoben?
> Weil sie nicht mehr, weil Du sie bist!
> Dir beugt die glaubende Gemeine
> Das Knie; dir macht, nur dir, die kleine
> Schon früh belehrte Schaar der Jungen
> Das Kreuz, regt Lippen dir und Zungen;
> Schlägt dir, mit Andacht und mit Lust,
> Mit kleiner Hand dreimal die Brust.
>
> Geküßt wird, dir zu Lieb, die Stelle,
> Die trug dein angebetet Blut;
> Der Chorknab klingelt dir die Schelle,
> Dir thut der Küster, was er thut.
> Vereinter Reichthum ferner Länder,
> Die schwere Pracht der Meßgewänder,
> Der Schnörkel an des Ritters Schilde,
> Das Flittergold am Mutterbilde,
> Am Hals die falsche Perlenschnur,
> Meint dich doch, Jesus Christus, nur!
> [...]"

Die Reaktionen reichten von der Veröffentlichung einer bissigen Parodiefassung des führenden Vertreters der historisch-kritischen Aufklärungstheologie Johann Salomo Semler[95] bis hin zur giftigen, wie gewohnt unbeugsam an protestantische Grundfe-

---

ge); siehe ferner den thematisch gefaßten Separatdruck *Lavaters drey Lobgedichte auf den kathol. Gottesdienst und auf die Klosterandachten, mit Anmerkungen zweyer Protestanten*, Leipzig 1787.

95 Vgl. die November-Ausgabe 1786 der Berlinischen Monatsschrift, 456ff., wo die entsprechenden Verse der Parodie Semlers synchronoptisch zum Original abgedruckt sind:

> „[...]
> Was ist es, das ich um mich sehe?
> Was ist es, das ich höre hier?
> Was spricht in der gewölbten Höhe?

sten gemahnenden Glossierung ausgewählter Abschnitte durch Friedrich Nicolai; dieser hatte zur Predigt- und Publikationstätigkeit Lavaters bereits in der gegen Garve gerichteten *Untersuchung der Beschuldigungen*[96] kritisch Stellung bezogen und vor allem das Wirken des Lavaterschen Sekretärs Johann Jacob Pfenninger, insbesondere dessen undurchsichtige Rolle bei der Abfassung und Verteilung der sogenannten Zirkelbriefe, moniert.[97] Diese waren ursprünglich eingeführt worden, um Neuigkeiten zu Person und Wirken Lavaters einem größeren, aber doch eingeweihten Kreis zugänglich zu machen. Unmittelbar aus dem Lavaterschen Hause stammend und offenbar unter der Ägide Pfenningers verfaßt, wurden sie im Kreise der Lavateranhänger kopiert und weitergereicht, einzelne Exemplare erreichten eine erstaunliche Verbreitung bis nach England oder Rußland. Verdächtig schon wegen ihres geheimbündlerischen, exklusiven Charakters, argwöhnte man in den Zirkel-

---

In lauter Schatten sprichts von Dir!
Das Kreuz, dein Bild dort, übergüldet,
Heißt dir zu Ehren so gebildet!
Das Rauchfaß, links und rechts geschwungen,
Das Gloria – latein! – gesungen,
Des ewgen Lichtleins armer Schein,
Die Kerz – soll Christi Ehre sein.

Im Schatten wirst du (so dich loben,
Ist Licht zuwider!) Jesus Christ
Als Hostie empor gehoben.
Ach! wer nicht glaubt, daß du sie bist,
Dem flucht die glaubende Gemeine
Im Wahrheits Wahn. Es macht die kleine
Zum Wahn erzogne Schaar der Jungen
Das Kreuz, regt Lippen, regt die Zungen,
Schlägt – wider Kätzer! – schon mit Lust
Mit kleiner Hand dreimal die Brust.

Christo zu Lieb küßt man die Stelle,
Die trug sein – angebetet? – Blut?
Bloß Christo klingelte die Schelle?
Ihm thut der Küster was er thut? – –
Liebt Christus Reichthum ferner Länder?
Befahl die Pracht der Meßgewänder? –
Der Schnörkel an des Ritters Schilde,
Das Flittergold am Mutterbilde,
Am Hals die falsche Perlenschnur?
Ehrt das dich Jesus Christus nur?
[...]“

Das Verfahren machte offenbar Schule, denn in einem Separatdruck erschien noch eine weitere Parodiefassung: [anon.], *Noch eine Parodie eines Protestanten auf Lavaters Empfindungen in einer katholischen Kirche, nebst einem Anhange*, Berlin-Leipzig 1787. Zu Semler vgl. sodann: Hans-Eberhard Hess, *Theologie und Religion bei Johann Salomo Semler. Ein Beitrag zur Theologiegeschichte des 18. Jahrhunderts*, Diss. Berlin 1974.

96 Vgl. a. a. O.

97 In der Tat waren Nicolai und Lavater zuvor befreundet, vgl. Becker, *Nicolai-Katalog*, Nr. 15.

briefen im Effekt dieselben Methoden der latenten Ideenverbreitung, die dem aufklärerisch engagierten Zeitgenossen etwa auch im Hinblick auf das vermeintliche Wiedererstarken der Jesuiten so überaus suspekt erschienen.[98]

Als Stein des Anstoßes erschien Nicolai die vermeintliche Annäherung, ja geistige Einheit des Zürchers in Tat und Schrift mit dem in Dillingen wirkenden katholischen Theologieprofessor und späteren Bischof von Regensburg (1829) Johann Michael Sailer (1751-1832)[99], dies schon deshalb, weil Nicolai die planvolle Verbreitung des Sailerschen „christkatholischen" Gebetbuches auch unter den norddeutschen Protestanten argwöhnte.[100] Der Vorgang wurde als um so verwerflicher angesehen, als man hierin unverhüllte katholische Aktivitäten wahrzunehmen glaubte.[101]

> Das Verhältnis zwischen Lavater und Sailer war in der Tat freundschaftlich: Beide Männer schätzten einander sehr – unter Respektierung der je individuellen Anschauungen. Beide verstanden sich auch als gemeinsame Verbündete in der Auseinandersetzung gegen Nicolai[102], als gemeinsames „Mitziel der schnaubenden Intoleranzgeister unsers bittergiftigen Jahrzehnts" (Lavater an Sailer, 18. September 1786). Beider Überzeugungen waren bestimmt durch eine „glühende Christenliebe, [den] heilige[n] Eifer für die Sache des Christentums und die unbeirrbare Ehrfurcht vor der Unantastbarkeit ehrlicher Überzeugung."[103] In jedem Falle dürfte Lavaters Position unter den norddeutschen Protestanten auch dadurch erschüttert worden sein, daß Sailer beinahe ausschließlich Lieder auf Lavater-Texte in sein Gebetbuch aufnahm.[104]

Als Beleg für seine These führt Nicolai zwei Textstellen an, die nicht nur die große Sympathie Lavaters für das erwähnte Gebetbuch bezeugen, sondern auch dessen aktives Eingreifen bei der Verbreitung nahelegen[105]; stärker noch kritisiert Nicolai

98 Sonderbar mutet an, daß Nicolai nicht nur Mitglied des Freimaurer-Loge *Zu den drei Weltkugeln* sondern auch im exklusiven Berliner Montagsclub sowie der ebenfalls geheimbündlerisch organisierten Mittwochsgesellschaft gewesen ist. Im Montagsclub finden sich als Mitglieder Sulzer, Ramler, Quantz, Abbt, Mylius, Engel, Reichardt, Gedike, Biester u. a., zur Mittwochsgesellschaft gehörten etwa Göckingk, Gedike, Biester, Diterich und Teller; vgl. Vierhaus, *Nicolai und die Berliner Gesellschaft*, 87ff.

99 Vgl. dazu: Hubert Schiel, *Sailer und Lavater* (= Görres-Gesellschaft zur Pflege der Wissenschaft im katholischen Deutschland 1928/I), Köln 1928, sowie ders., *Johann Michael Sailers Briefe*, Regenburg 1952.

100 Der vollständige Titel lautet: Johann Michael Sailer, *Vollständiges Lese- und Gebetbuch für katholische Christen*, 2 Tle., München 1783. Offenbar hat auch Dreykorn das Sailersche Gebetbuch begrüßt; vgl. Berlinische Monatsschrift 1786, 7. Bd., 324ff.

101 Über Sailers theologische Positionen unterrichtet Manfred Probst, *Gottesdienst in Geist und Wahrheit: Die liturgischen Ansichten und Bestrebungen J. M. Sailers*, Regensburg 1976.

102 Nach Schmidt-Biggemann, *Nicolai*, 277, operiert Sailer in seiner Argumentation gegen Nicolai – anders als dieser – in „genauer, scholastischer dialektischer Prozeßführung."

103 Vgl. Schiel, *Sailer und Lavater*, 65: hier eine Auswahl von vierundsechzig Briefen.

104 Vgl. Gotzen, *Kirchenlied*, 76. Zur Beziehung Lavaters zu Sailer sowie anderen Theologen aus dem ‚Sailer-Kreis' vgl. Weigelt, *Lavater und die Stillen im Lande*, 140ff. sowie 146ff.

105 So heißt es angeblich in einem Zirkelbrief: „Der liebe Sailer in Ingolstadt, Verfasser des vortrefflichen Gebetbuchs für Katholiken, das ich jedem meiner Korrespondenten um doppelten Preis wieder abkaufen will, wenn ers gekauft zu haben bereut; der in der katholischen Schweiz der ‚katholische Lavater' genannt wird." Ein Korrespondent berichtet aus Zürich: „P. Sailers katholisches Gebetbuch ist durch Lavaters Sorge in Zürich und in der Gegend ein allgemeines

diese überkonfessionelle Zusammenarbeit in seinem umfangreichen Aufsatz *Anmerkungen über das zweyte Blatt von Herrn J. C. Lavaters Rechenschaft an seine Freunde, und über Herrn P. J. M. Sailers zu Dillingen Märchen.*[106]

Johann Kaspar Lavater gewinnt freilich nicht allein dadurch Konturen, daß er den Berliner Aufklärern zu einem Hauptziel ihrer Angriffe wurde, sondern auch wegen seines Einflusses auf den zeitgenössischen Kirchenmusikbegriff. Denn der Hauptanreger der Idee ‚wahrer' Kirchenmusik hatte zentrale Motive des Zürchers an exponierter Stelle in sein ‚kirchenmusikalisches Manifest' aufgenommen: Gemeint ist der zur Zeit des Proselytenstreites ebenfalls in Berlin als Königlicher Kapellmeister, Komponist und Publizist wirkende Johann Friedrich Reichardt. Dieser war schon in den vorangehenden Kapiteln verschiedentlich als zentrale Figur der zeitgenössischen Kirchenmusikdiskussion benannt worden, als derjenige, der an den Brennpunkten der Entwicklung in Theorie und Praxis zur Meinungsbildung maßgeblich beigetragen hatte; erinnert sei nur an dessen wichtige Rolle im Zuge der Rezeption (alt-)italienischer Musik oder als Initiator der Fasch-Messe. Wie kaum jemand hatte er einerseits durch zahlreiche Veröffentlichungen seine ästhetischen Vorstellungen konturiert, andererseits durch direktes Einwirken auf das Musikleben eine auch praktische Umsetzungen dieser Ideen versucht. Aufgrund dieser wichtigen Stellung erscheint es geboten, die Frage nach den geistesgeschichtlichen Positionen und Grundlagen der Reichardtschen Kirchenmusikanschauung zu stellen. Dies ist um so mehr notwendig, als schon eine oberflächliche Prüfung eine erstaunliche Diskrepanz zwischen dem musikalischen Œuvre und den eigenen kunstanschaulichen Maximen offenbart: Was ist das für eine Persönlichkeit, die einerseits in der Bevorzugung der Gattungen ‚Lied' und ‚Oper' eher konventionelle Wege beschritt und andererseits ausgesprochen visionäre kirchenmusikalische Ideen zu formulieren vermochte?

Andachtsbuch geworden, indem eine große Menge davon heimlich und umsonst ausgetheilet worden ist." Vgl. a. a. O., 90ff. Eine Rechtfertigung von Pfenninger selbst im Hinblick auf die Zirkelbriefe liegt vor in: *Die bedenklichen Zirkelbriefe des Protestanten Joh. Konrad Pfenningers in Natura. Mit nöthigen Vor- und Nacherinnerungen*, Breslau 1787.

106 Anhang zu: *Beschreibung* VIII, Berlin und Stettin 1787. Vorausgegangen war die Schrift Lavaters *Rechenschaft an meine Freunde. Zweytes Blat. Ueber Jesuitismus und Catholizismus an Hern Professor Meiners in Göttingen*, Winterthur 1786, sowie Sailers Verteidigungsschrift *Das einzige Märchen in seiner Art: Eine Denkschrift an Freunde der Wahrheit für das Jahr 1786*, München 1787. Vgl. ferner: Nicolai, *Oeffentliche Erklaerung*, passim. Die Schrift richtet sich wesentlich gegen Johann August Starcks Behauptung, Nicolai sei Mitglied des Illuminaten-Ordens gewesen, ein Vorwurf übrigens, dem auch Sailer später ausgesetzt war und der schließlich (1794) zu dessen Amtsenthebung führte. In ironischer Anlehnung an Lavaters *Physiognomische Fragmente* druckt Nicolai sodann „Jesuitische Physiognomien" als Karikatur ab; siehe *Beschreibung* VI, 542f. Harsche Kritik gegen Lavater, darunter den Vorwurf abergläubischer Behauptungen und Handlungen, formulieren auch Biester/Gedike in der Berlinischen Monatsschrift 1787, 9. Bd., 353-395: *Ueber das itzige Streiten mancher Schriftsteller, besonders Lavaters, gegen die Berliner.* Schließlich wäre noch zu nennen: Heinrich Corrodi, *Lavaters Geist, aus dessen eigenen Schriften gezogen*, Berlin 1786.

5. Zwischen Klopstock und Lavater: Johann Friedrich Reichardt

„Sie, die edle, die erhabene, die göttliche Kunst, die mit ihrer Allgewalt so sicher den Menschen bessern und veredeln kann."
(Kunstmagazin I, 179)

5.1. Das Reichardtbild in der älteren Forschung

Die Musikhistoriographie hat Johann Friedrich Reichardt nahezu durchgängig eine wichtige Rolle als Mitinitiator der „kirchenmusikalischen Erneuerungsbewegung der Goethezeit" (Müller-Blattau) zugewiesen und dessen zentrale Rolle in der Diskussion um die ‚wahre' Kirchenmusik unterstrichen.[1] Grundlage für diese Beurteilung waren vor allem Reichardts publizistische Beiträge: Auffällig ist allerdings die Tendenz der Forschung, Reichardts Äußerungen in bestimmte geistesgeschichtliche Strömungen einzuordnen und diesen als einen Autor zu konturieren, der an anderer Stelle Vorgedachtes bereitwillig aufnimmt, eine Adaption oder Umformung vollzieht und so, gewissermaßen als Katalysator, für musikgeschichtliche Entwicklungen Bedeutung erlangt.[2]

Begründet wurde dieses Sichtweise vor allem mit der scheinbar erwiesenen Ausrichtung Reichardts auf einige so aufgefaßte ‚Programmschriften' Hamanns, Herders und Claudius', häufig allerdings, ohne daß deren Inhalte in der nötigen Breite reflektiert worden wären.[3] Nicht selten ist eine genauere Prüfung des vermeintlichen Rezeptionsprozesses unterblieben, bisweilen wurde schon die Chronologie des entsprechenden Schrifttums und der darin vorgetragenen Ideen nur unzureichend bedacht.[4] In diesem Sinne ist Reichardt nicht nur als Teilhaber einer vom

1 Vgl. dazu die in der Folge sukzessive genannten Arbeiten von Joseph Maria Müller-Blattau, Willi Kahl, Georg Feder, Walter Salmen, Franziska Seils und vor allem Günter Hartung, der die umsichtigste, um kritische Würdigung bemühte Studie vorgelegt hat.

2 Vgl. noch jüngst: Seils, *Reichardt*, 68.

3 Kritik an dieser Haltung der „bürgerlichen" Forschung hat allein Günter Hartung formuliert und auf die Eigenständigkeit der Ideen Reichardts verwiesen; vgl. *Johann Friedrich Reichardt (1752-1824) als Schriftsteller und Publizist*, Diss. (masch.-schr.) Halle 1964, 75ff.; vgl. dort besonders auch Kapitel 2, Fußnote 104. Der Dissertation von Günter Hartung verdanken die folgenden Überlegungen nützliche Anregungen.

4 Ein Beispiel für vermeintliche Herder-Rezeption sei angeführt: Laut Joseph Maria Müller-Blattau, *Die Idee der „wahren Kirchenmusik" in der Erneuerungsbewegung der Goethezeit*, in: Musik und Kirche 2 (1930), 157, formulierte Herder „als Zusammenfassung seiner Berufserfahrungen [...] die eigentlichen Leitsätze der Erneuerung der Kirchenmusik" in *Caecilia* (1793); einer von fünf Punkten dieses „eigentliche[n] Manifest[s]" lautet: „Die Basis der heiligen Musik ist Chor." Reichardt hatte indessen bereits 1778, im Verlauf seiner Rezension zu Pergolesis *Stabat mater*, diesen Gedanken ausgesprochen: „Die Chöre scheinen sich allein für die Kirche zu schicken." ADB 33 (1778), 162ff. In gleicher Weise argumentiert Willi Kahl, *Johann Friedrich Reichardt und die Idee der „wahren Kirchenmusik"*, in: Zeitschrift für Kirchenmusik 21 (1951), 65.

„deutschen Nordosten“ ausgehenden „Erneuerung des religiösen Bewußtseins“ (Müller-Blattau)[5] verstanden worden, mit der die „Hingabe an das puristisch gereinigte religiöse Kunstwerk und die erneuernde Vertiefung in die Mysterien der Musik“ ihren Anfang nahm (Salmen), sondern auch als Vorläufer, ja schon Ausformer[6] der sogenannten kirchenmusikalischen Restauration im Sinne einer Wiederbelebung altitalienischer Vokalpolyphonie, insbesondere der Palestrina-Renaissance (Kahl).[7] Und schließlich ist aus diesem Verständnis auch die Einschätzung hervorgegangen, Reichardt sei es gewesen, bei dem eine frühe kirchenmusikalisch-romantische Anschauung am klarsten zum „Durchbruch“ gelange (Feder).[8]

Besonders zur Argumentation Joseph Maria Müller-Blattaus ließe sich Kritisches anmerken: So ist die hier propagierte Bedeutung des deutschen Nordostens, namentlich Königsbergs, für die deutsche Musikgeschichte überschätzt, zumal in der Beurteilung von Johann Georg Hamanns programmatisch verstandenem *Klaggedicht in Gestalt eines Sendschreibens über Kirchenmusik; an ein geistreiches Frauenzimmer außer Landes* von 1762.[9] Nicht nur läßt die metaphorische und unzugängliche Sprache des *Sendschreibens* eine breitere Rezeption von vornherein problematisch erscheinen, sondern überdies gehen die nur wenigen, peripheren Anspielungen auf musikalische Sachverhalte kaum über bekannte und traditionelle Einwände gegen die Kirchenmusik hinaus. Hamanns krauser, offenbar zunächst von französischen kirchenmusikalischen Verhältnissen angeregter Text hat jedenfalls weder bei Reichardt noch im sonstigen Schrifttum einen erkennbaren Reflex im Blick auf die zeitgenössische Kirchenmusikanschauung ausgelöst.[10] Deshalb ist nur schwer nachvollziehbar, daß Hamann als „Verkünder der Herzensmächtigkeit des alten reformatorischen Kirchenliedes“ (Müller-Blattau) gewirkt haben soll: Von einer programmatisch-visionären Konzeption kann in diesem Sinne kaum die Rede sein.

Müller-Blattaus Vorstellung vom „Ende der Kirchenmusik“[11] nach Bachs Tod bedarf keiner expliziten Zurückweisung mehr. Daß aber suggeriert wird, die Kategorien „Kontrapunkt“, „Motette“ und „Orgelmusik“ als zentrale Phänomene der älteren Kirchenmusik seien nicht nur kongruent mit dem Schaffen Johann Sebastian Bachs,

---

5 Müller-Blattau, *Idee*, 156ff.

6 Walter Salmen, *Johann Friedrich Reichardt. Komponist, Schriftsteller, Kapellmeister und Verwaltungsbeamter der Goethezeit*, Freiburg/Br. und Zürich 1963, 285.

7 Nach dieser Vorstellung wird Reichardt als Bindeglied einer von J. J. Fux über E. T. A. Hoffmann bis zu Carl von Winterfeld, Caspar Ett und Carl Proske reichenden Entwicklung verstanden; vgl. Kahl, *Reichardt*, 65ff., und Salmen, *Reichardt*, 285.

8 Feder, *Verfall*, 223f. Vgl. zur Differenzierung dieser Vorstellung Kap. 2.

9 Edition in: *Johann Georg Hamann. Sämtliche Werke*, hrsg. von Josef Nadler, 6 Bde., Wien 1949-57; hier: Bd. 2, 144ff. Siehe sodann: Müller-Blattau, *Idee*, 156, und Müller-Blattau, *Hamann und Herder in ihren Beziehungen zur Musik* (= Schriften der Königlichen Deutschen Gesellschaft zu Königsberg/Pr., Heft 6), Königsberg 1931, 26ff.

10 In seiner Autobiographie äußert sich Reichardt zwar zu seiner frühen Königsberger Beziehung zu Hamann, doch findet sich an keiner Stelle ein Hinweis auf irgendeine kirchenmusikalische Anregung, ja selbst die bloße Lektüre der „dunklen und mystischen“ Schriften Hamanns wurde gelegentlich in Frage gestellt, siehe Hartung, *Reichardt*, 191. Reichardts Autobiographie ist in mehreren Teilen abgedruckt in AMZ 15 (1813), 601ff., 633ff., 665ff. sowie AMZ 16 (1814), 21ff. Vgl. ferner Reichardts Aufsatz *Kant und Hamann*, in: Urania. Taschenbuch für Damen auf das Jahr 1812, 257ff. Abdruck in: Müller-Blattau, *Hamann und Herder*, 35ff.

11 Müller-Blattau, *Idee*, 155.

sondern auch einem theozentrischen Kirchenmusikbegriff verpflichtet (die „Motette als Abglanz und Spiegelung himmlischer Chöre"), stimmt bedenklicher, zumal sich eben diese fragwürdigen historischen Vorstellungen als besonders langlebig erwiesen haben.[12] Indes werden ohne weiteres die Wurzeln dieser Anschauung offensichtlich: Sie liegen bei Philipp Spitta. Dessen wichtiger Aufsatz *Die Wiederbelebung protestantischer Kirchenmusik auf geschichtlicher Grundlage* (1882)[13] hatte, in freilich brillantem visionärem Entwurf, den Boden für die Wiedergewinnung Bachs als Kirchenkomponist bereitet, somit einen wichtigen Impuls seiner Theologisierung gegeben. Spittas überaus eng gefaßter Kirchenmusikbegriff, der wesentlich auf den Säulen „Choral" und „Orgelmusik" ruht, wirkt bei Müller-Blattau modifiziert fort, womit die Tendenz der Argumentation deutlich wird: eine vermeintlich durch Hamann, Herder, auch Goethe(!)[14] initiierte Erneuerungsbewegung (die beiden Letztgenannten waren zeitweilig begeisterte Anhänger des Ersten) bezöge ihre ideengeschichtliche Grundlage aus dem kirchenmusikalischen Wirken Johann Sebastian Bachs.[15]

Gleichfalls verbietet es sich, Matthias Claudius' isolierte Bemerkung über ‚Palestrina als Retter der Kirchenmusik' zum Vorboten der Palestrina-Renaissance des 19. Jahrhunderts zu stilisieren. Claudius' Hinweis stammt aus einer knapp gefaßten historischen Reflexion *Ueber die Musik* von 1783, in der neben zahlreichen Verweisen auf antike Autoren auch die Palestrina/Marcellus-Legende erwähnt wird, freilich allein als historischer Sachverhalt, ohne weitere ästhetische und theologische Deutung.[16] Ohne daß hier bereits ein kirchenmusikalisches „Ideal" der Erneuerung

12 Kahl etwa übernimmt diese Anschauung kritiklos; vgl. Kahl, *Reichardt*, 64.

13 Abdruck in: Zur Musik. Sechzehn Aufsätze, Berlin 1892, 30ff.

14 Walter Salmen, *Herder und Reichardt*, in: Herder-Studien (= Marburger Ostforschungen, Bd. 10), Würzburg 1960, 105f.; sodann: Müller-Blattau, *Idee*, 158.

15 Vgl. Kap. 1.4.

16 Abdruck in: Herder, Sämmtliche Werke 12, 251ff; der Text ist Herders *Geist der Ebräischen Poesie* beigegeben. Die maßgebliche Stelle lautet: „Beym Gottesdienste in Rom versuchte die Musik von Zeit zu Zeit muthwillig zu werden, daß auch verschiedene Päbste sich gemüßigt fanden, ihrem Muthwillen Schranken zu setzen. Pabst Marcellus II. wollte sie aus der Ursache gar vom Altar verbannen, aber Palestrina versöhnte ihn noch durch eine Messe wieder, die ohne allen Muthwillen langsam und andächtig einher geht, ihr Auge unbeweglich gen Himmel richtet, und in jedem Schritt das Herz trift." Damit sind Konstanten der Palestrina-Rezeption angesprochen, die sich beispielsweise in den Musikgeschichten von Hawkins und Burney (je 1776) bereits ebenso finden, wie – in spezifisch deutscher Reflexion – bei Friedrich Wilhelm Marpurg (1759): „Er [Salinas] lebt ungefähr zu den Zeiten des Pränestino, welcher durch hellere und der guten Declamation mehr gemässere Fugen, die er an die Stelle dunklerer und verworrenerer, und der guten Declamation weniger gemässe Fugen setzte, die Kirchenmusik vom Untergang rettete." Kritische Briefe I, 384. Zur Palestrina-Rezeption bei Hawkins und Burney siehe Peter Lüttig, *Das Palestrina-Bild bei Hawkins und Burney*, in: Winfried Kirsch (Hrsg.), Palestrina und die Kirchenmusik im 19. Jahrhundert, Bd. 1, 65-76. Der bei Claudius kaum mehr als im Keim angedeutete ‚Akkordbegriff' kommt erst in der Formulierung Reichardts in ganzer Breite zum Tragen, ist aber von diesem, wie Peter Lüttig gezeigt hat, offensichtlich aus der englischen Historiographie bezogen; vgl. Kunstmagazin II, 55f. Auch Hartung, *Reichardt*, Kap. 2, Anmerkung 104, verneint eine Anregung Reichardts durch Claudius' knappen Text.

(Müller-Blattau) formuliert wäre, referiert Claudius die Argumentation des Tridentinums, die, allerdings unter veränderten ästhetischen Vorzeichen, erst für die Kirchenmusikanschauung des 19. Jahrhunderts bestimmend werden sollte.

Seit 1774 kannten sich Reichardt und Claudius persönlich[17], mehrere Aufenthalte in Norddeutschland nutzte Reichardt zu Besuchen in Hamburg und Wandsbeck[18]: Wie Caroline Herder in einem Brief an Karl Ludwig von Knebel ausführt (1780), liebte die „treue, warme Seele" Reichardt den Wandsbecker „gar innig":[19] Seine auf einen in der zeitgenössischen literarischen Diskussion nicht unumstrittenen[20] Claudius-Text komponierte *Weihnachts-Cantilene* bezeichnete Reichardt im Widmungs-Vorwort des Drucks von 1786 sogar als „kleines Denkmahl meiner herzlichen Liebe für Sie."[21] Gleichwohl bekannte Reichardt auch, daß ihm „jene besondere Religiosität, die einen Hauptzug in seinem [Claudius'] Leben und Charakter, wie in seinen Schriften ausmacht", fehle. Zwar ist eine respektable Musikalität Claudius' bezeugt, doch finden sich keine Anhaltspunkte, daß von hier spezifische Ideen für die Kirchenmusik ausgegangen seien. Andererseits hat sich Claudius zu Reichardts Vertonung des 65. Psalms klar ablehnend geäußert: „Ihre Komposition des Motetts ist zwar wohl nicht übel und hat gewisse Dinge besser getroffen als einige andre Kompositions, die ich erhalten habe; aber genügen tut sie mir doch, die Wahrheit zu sagen, nicht."[22]

Die zweifellos wesentliche Herder-Rezeption Reichardts hat bereits Günter Hartung chronologisch in das richtige Licht gerückt und ist somit der Vorstellung, Reichardt sei bloßer „Populisator" Herderscher Ideen ohne eigenen Anteil gewesen, entgegengetreten; Spezifisches dazu wird unten erörtert.[23]

Welches sind nun die wesentlichen geistigen Grundlagen zu Reichardts kirchenmusikalischen Vorstellungen, die freilich in allen ihren Verzweigungen kaum zu durchdringen, überdies auch widersprüchlich sind? Zu einer Klärung dieser Frage wird nötig sein, auch bisher seltener beachtete Kategorien in das Blickfeld zu rükken, um die Verankerung des Reichardtschen Kirchenmusikbegriffs in zeitgenössi-

17 Jörg-Ulrich Fechner, *Claudius – Bach – Reichardt – Schlabrendorf: Zur Notwendigkeit einer wissenschaftlichen Ausgabe der Briefe von und an Matthias Claudius*, in: Friedhelm Debus (Hrsg.), Matthias Claudius. 250 Jahre Werk und Wirkung (= Veröffentlichung der Joachim Jungius-Gesellschaft in Hamburg, Nr. 66), Göttingen 1991, 132.

18 Salmen, *Reichardt*, 50f. Reichardt trat zudem als Vermittler im Zusammenhang einer jährlichen Pension von 200 Reichstalern auf, die der schlesische Graf Gustav von Schlabrendorf für Claudius ausgesetzt hatte. Fechner, *Claudius*, 131.

19 Salmen, *Reichardt*, 50f.

20 Karl Spazier hatte den Text als „tändelnde[s], religieuse[s] Gedicht" bezeichnet; zitiert nach Andrea Palent, *Johann Friedrich Reichardts „Weihnachts-Cantilene" von 1784 – Eine werkgeschichtliche, analytisch-ästhetische Standortbestimmung*, in: Johann Friedrich Reichardt (1752-1814). Komponist und Schriftsteller der Revolutionszeit (= Schriften des Händel-Hauses in Halle, Bd. 8), Halle/S. 1992, 74. Beschreibung der Komposition und Anmerkungen zur zeitgenössischen Rezeption ebd.

21 Ebd. Zudem hatte Reichardt auch das Claudius-Gedicht *Der Mensch lebt und bestehet* vertont; eine spätere Komposition durch Zelter wurde übrigens von Friedrich Mann, zumindest in Teilen, als Ideal einer neuen Motettenkunst bezeichnet; Berlinische Musikalische Zeitung I, 105ff.

22 Hans Jessen/Ernst Schröder, *Matthias Claudius. Briefe an Freunde*, 2 Bde., Berlin 1938; hier: Bd. 1, 314f.

23 Vgl. Hartung, *Reichardt*, Kap. 2, Anmerkung 104.

schen religionsgeschichtlichen, hymnologischen, pädagogischen und poetologischen Entwicklungen zu beleuchten. Prägender und folgenreicher als die Anlehnung an jene ‚Programmschriften' des ‚Dreigestirns' Hamann, Herder und Claudius scheinen indes die geistigen und persönlichen Bindungen Reichardts an zwei andere Zeitgenossen gewesen zu sein: an Johann Kaspar Lavater und Friedrich Gottlieb Klopstock. Mit deren Wirken verbinden sich solche Phänomene wie irrationale Religiosität und naive Frömmigkeit einerseits, sowie pathetische Artifizialität und hymnisch-weihevolle Erhabenheit andererseits, damit geistige Motive, durch die Reichardts Kirchenmusikanschauung unverkennbar beeinflußt ist.

5.2. Reichardt und Lavater

Mit Blick auf die Ausbildung des Kirchenmusikbegriffs nur kursorisch untersucht wurde bisher die zeitweilige enge Bindung Reichardts an den Zürcher Prediger und Schriftsteller Johann Kaspar Lavater. Dieser geistigen und persönlichen Anlehnung vorausgegangen war eine grundsätzliche Neuorientierung Reichardts: Er wandte sich vom Kreis der norddeutschen Aufklärer etwa um Friedrich Nicolai, Johann Jacob Engel, Johann Erich Biester oder Moses Mendelssohn ab und sympathisierte mit der ‚Gegenpartei' der Stürmer und Dränger; der Umschwung dürfte maßgeblich durch die Lektüre Rousseauscher Schriften angeregt worden sein.[24]

Literarisch manifestiert sich dieser geistige Wandel vor allem im Musikalischen Kunstmagazin von 1782. Obschon dieses bereits wesentlich durch Lavatersche Ideen geprägt ist, datiert die persönliche Bekanntschaft aus späterer Zeit: Erst 1783 kam es in Heidelberg zu einer ersten Begegnung.[25] In der Folge weilte Reichardt mehrfach im gastfreundlich gesinnten Hause Lavaters, und die beiden Männer unternahmen wiederholt größere gemeinsame Reisen[26]; ein umfänglicher Briefwechsel legt

24 Hartung, *Reichardt*, 191. Über zunächst freundschaftliche Beziehungen Reichardts zu dem im Proselytenstreit engagierten Johann Erich Biester berichtet dieser in einem Brief vom 13. Oktober 1778 an Klopstock: „[...] Ich gehe izt mehr, als sonst, mit Reichardt um. Sein ausserordentlicher Reichthum an Melodien u. sein sehr gefühlvoller Ausdruk in der Komposizion hat mich nie mehr entzückt, als neulich, wie er mir eine von ihm in Musik gesezte Stelle des Messias vorspielte." Vgl. *Friedrich Gottlieb Klopstock. Werke und Briefe.* Historisch-kritische Ausgabe. Hrsg. von Horst Gronemeyer, Elisabeth Höpker-Herberg, Klaus Hurlebusch und Rose-Maria Hurlebusch, Berlin-New York 1974ff.; hier: Bd. VII/1, Nr. 91. Siehe dazu unten. Auch mit Nicolai war Reichardt zunächst befreundet. Dies bezeugt unter anderem ein Brief vom 16. März 1775 an Nicolai, in dem sich Reichardt zustimmend über Nicolais problematischen, gegen Goethe gerichteten „Anti-Werther" äußerte; vgl. dazu Becker, *Nicolai-Katalog*, Nr. 133. Reichardt hatte in Nicolais Haus verkehrt, wo übrigens „meistens merkwürdige alte Musik" gespielt wurde, und auch im Montagsclub der Aufklärer traf man sich zunächst noch; vgl. Salmen, *Reichardt*, 26 und 46f. Daß Reichardt später zum erbitterten Gegner Nicolais wurde, erscheint verständlich: Der Bruch war im Jahr 1781 erfolgt.

25 Vgl. dazu: *Johann Kaspar Lavaters Lebensbeschreibung von seinem Tochtermann Georg Gessner*, Bd. 2, Winterthur 1802, 328.

26 So beispielsweise von Heidelberg nach Norddeutschland während der Rückreise Reichardts aus Paris im Juni 1786.

Zeugnis ab von der freundschaftlichen Bindung.[27] Reichardt, der Lavater als einen seiner „edelsten herzlichsten Freunde" bezeichnete[28], las mit Begeisterung in dessen *Physiognomischen Fragmenten*, schätzte besonders die Gedichte und war im ganzen stark ergriffen von dem „erklärten eifrigen Christenleben" Lavaters.

Ohne daß hier sämtliche Einzelheiten dieser Freundschaft vorgetragen werden müßten[29], ist bemerkenswert, daß die innige Freundschaft und schwärmerische Hinneigung zu den Texten und Predigten Lavaters so weit ging, daß der Berliner Kapellmeister auch öffentlich in Wort und Schrift für diesen einzutreten bereit war, am deutlichsten wohl in der ‚Anti-Mirabeau-Schrift' von 1786.[30] Ein solches theologisch-weltanschauliches Bekenntnis[31] zu Lavater erschien allerdings im Berlin der 1780er Jahre keinesfalls unumstritten und mußte im aktuellen Proselytenstreit[32] als eindeutige Parteinahme verstanden worden sein: Daß Reichardt Ideen des durch die Proselytendiskussion stark belasteten Lavater in seinem wichtigen programmatischen Artikel *Kirchenmusik* plakativ in den Mittelpunkt stellte, ja von hier seine

---

27 Heute vor allem in Zürich, Zentralbibliothek, FA Lavater, Ms. 524; Zusammenstellung in: Rolf Pröpper, *Die Bühnenwerke Johann Friedrich Reichardts*, 2 Bde., Göttingen 1961; hier: Bd. 2, 63.

28 Salmen, *Reichardt*, 53.

29 In den Motiven dargestellt bei Hartung, *Reichardt*, 213ff.

30 *Schreiben an den Grafen Mirabeau, von Johann Friedrich Reichardt, Königl. Preuss. Capellmeister Lavater betreffend*, Berlin 1786; dieses richtete sich gegen die bissige, mit Argumenten aus Kreisen der Berliner Aufklärer gespeiste Schrift *Lettre du Comte de Mirabeau à *** sur M. M. de Cagliostro et Lavater a Berlin* [...], 1786; vgl. dazu Hartung, *Reichardt*, 209ff. Schon hier sei festgehalten, daß sich das enge Verhältnis Reichardt/Lavater ziemlich bald wieder abkühlte. Neben persönlicher Enttäuschung über unverständliche Reaktionen Lavaters auf die bissigen Attacken Nicolais spielte auch die erneute ideelle Annäherung des Kapellmeisters an die Berliner Aufklärer eine Rolle. Befördert wurde diese Entfremdung auch durch das veränderte politische und geistige Klima nach der Thronbesteigung Friedrich Wilhelms II., das etwa im Wöllnerschen Religionsedikt vom 5. Juli 1788 zum Ausdruck kam; siehe dazu den historischen Hintergrund in: Wolfgang Gericke, *Von Friedrich II. zu Wöllner*, in: Günther Wirth (Hrsg.), Beiträge zur Berliner Kirchengeschichte, Berlin 1987, 87ff. Auch mißverstandene Äußerungen zur französischen Revolution haben das Verhältnis belastet: 1793 war der Bruch endgültig. Nicht nur mit Reichardt hat Lavater indes in der zweiten Hälfte der achtziger Jahre einen Vertrauten verloren, auch die freundschaftlichen Verbindungen mit Goethe und der Fürstin Luise von Anhalt-Dessau sind zerbrochen, ferner hat sich Lavater von einer ganzen Reihe weiterer Freunde getrennt; vgl. Weigelt, *Lavater*, 49ff., der besonders dessen Neigung zu Indiskretionen und das hartnäckig verfolgte, irrationale „Drängen nach Transzendenzerfahrung" als Gründe benennt.

31 In ähnlich apologetischer Tendenz ist ein Text verfaßt, der zu dem Streit zwischen Lavater und jener zunächst anonymen Gruppe von Zürcher Gelehrten Stellung bezog, die später als Johann Jacob Hottinger, Leonhard Meister und Johann Jacob Steinbrüchel identifiziert werden konnten: Diese hatten ein giftiges und despektierliches *Sendschreiben an den Verfasser* [Lavater] *der Nachricht von den Zürcher Gelehrten* schon zum Ende des Jahres 1774 publiziert; nach einer Stellungnahme Hottingers im Zusammenhang mit der rund zehn Jahre späteren Proselytendiskussion (Berlinische Monatsschrift 1786, 8. Bd., 575ff.) kam es zwischen diesem und Reichardt zu einem knappen Schriftwechsel (Berlinische Monatsschrift 1787, 9. Bd., 191ff.): *Gegenseitige Erklärung und Gegenerklärung der Herren Reichardt und Hottinger*.

32 Siehe Kap. 4.

Kirchenmusikanschauung überhaupt entwickelte, brachte den Entwurf nicht nur mit dieser Auseinandersetzung in Verbindung, sondern rückte zugleich den Kirchenmusikbegriff insgesamt in die Nähe der Lavaterschen irrationalen Emphase: Reichardts eigene religiöse Position ist als „christlich gefärbter Deismus" aufgefaßt worden, und offensichtlich diente die Präsentation im Kunstmagazin dazu, dieser Haltung öffentlich Nachdruck zu verleihen.[33] Im Hinblick auf kirchenmusikalische Anschauungen war also die Aufbietung Lavaters im Zuge einer kunstanschaulich-religiösen Vision sowie das offene Bekenntnis zu dessen Positionen keineswegs ein gleichsam approbierter und selbstverständlicher Vorgang (wie etwa die im norddeutschen Gebiet konfessionell unverdächtige Berufung auf Martin Luther), sondern sie setzte in der Diskussion ein Zeichen förmlichen Widerstands gegen die Berliner Spätaufklärung um Nicolai und Biester.[34] Daß Reichardt in der Folge tatsächlich als Berliner Statthalter Lavaters angesehen wurde und sich folgerichtig ebenfalls dem Vorwurf der „Proselytenmacherei" ausgesetzt sah, verwundert eingedenk der Schärfe der Konfrontation nicht.[35]

An zentraler Stelle also bezieht Reichardts Kirchenmusikauffassung Lavatersches Ideengut ein. Aufschlußreich ist vor allem der erwähnte Beitrag *Kirchenmusik* des Musikalischen Kunstmagazins[36], damit jenes Periodikums, das als wichtigster Beitrag für die Ausbildung von Reichardts Kirchenmusikbegriff gilt und dessen hauptsächliche Nachwirkung ebenfalls auf dem Gebiet der Kirchenmusik zu sehen ist.[37] Daß schon einzelne Zeitgenossen das gesamte Kunstmagazin als in der „lavaterisch-unbestimmten Schreibart" verfaßt beurteilten, belegt überdies, wie sehr Reichardt seine Zeitschrift unter den Einfluß des Zürcher Predigers gestellt hatte.[38]

Der höchste Sinn allen menschlichen „Thuns und Strebens" überhaupt, so die Einleitung, sei die „Veredlung" und „Erhöhung des Gefühls", wobei Gotteslob in Verbindung mit der Kirchenmusik das dazu am besten geeignete Mittel sei: die

---

33 Günter Hartung, *Händel und seine Werke im musikalischen Denken Johann Friedrich Reichardts*, in: Händel-Jb 10/11 (1964/65), 152.

34 Reichardt dürfte über die Vorgänge um Nicolai und Garve bestens informiert gewesen sein. In seinem Nachlaßverzeichnis sind Garves *Schreiben* (1786) und Nicolais *Untersuchung* (1786) aufgeführt.

35 Vgl. dazu: [Julius Friedrich Knüppeln], *Büsten berlinischer Gelehrter und Künstler*, Berlin 1787, 259f.: „[...] aber so groß auch Herrn Reichardts Talente immer sind, so wünschten wir doch: daß er nie aus seinem Fach herausgehen möchte, und daß seine Wärme für Leute, deren Wertschätzung ihm niemand verübeln kann, nicht das Ansehen gewinne, als wolle er auf Proselytenmacherei ausgehen [...]". Der Vorwurf wiegt um so schwerer, als sich die *Büsten* insgesamt um eine ausgewogene und neutrale Beurteilung bemühen. In der Auseinandersetzung Biester/Garve etwa ergreifen sie eindeutig Partei für die besonnene Argumentation Garves; vgl. ebd., 28f. Vgl. überdies Hartung, *Reichardt*, 203.

36 Kunstmagazin I, 179. Zu erwähnen ist überdies, daß Reichardts knapper Entwurf einer „Stimmphysiognomik" durch Lavaters *Physiognomische Fragmente* angeregt wurde, freilich ohne direkten Bezug zur Kirchenmusik; vgl. Kunstmagazin I, 94 sowie 152, und II, 84f.

37 Dies insbesondere im Blick auf die spätere kirchenmusikalische Restauration; vgl. Hartung, *Reichardt*, 118.

38 Vgl. Magazin der Musik I,1, 30.

Tonkunst erscheine als „mächtige, unwiderstehliche Seelenlenkerin", die ihren höchsten Effekt in der Kirchenmusik erreiche, oder, mit anderen Worten: „ächte" Kirchenmusik ist der „höchste Zweck der Tonkunst". Darauf folgt ein längeres Lavater-Zitat:

> „O ihr Erfinder, Beförderer und Liebhaber der schönen Wissenschaften der edelsten Künste, vom schöpferischen Genie bis zu den [sic] Reichen, der sich mit Ankauf eurer Werke verdient macht – höret die wichtige Lehre: Ihr wollet alles verschönern? Gut, dies danken wir euch, und das Schönste unter allen, den Menschen wollet ihr häßlich machen? – Das wollet ihr doch nicht? – so hindert es nicht, daß er gut werde; so seyd nicht gleichgültig, ob ers sey oder werde! so braucht die göttlichen Kräfte, die in euren Künsten liegen, den Menschen gut zu machen und er wird auch schön werden. Die Harmonie des Guten und Schönen, des Bösen und Häßlichen, ist ein grosses, allweites, herrliches Feld für eure Künste! denket nicht den Menschen zu verschönern ohne ihn zu verbesern. So bald ihr ihn verschönern wollt, ohne auf seine moralische Güte Rücksicht zu nehmen: so bald ihr den Geschmack bilden wollt auf Unkosten des Herzens: – so wird er verschlimmert; und denn macht, was ihr wollt, er wird gewiß auch verhäßlicht, und der Sohn und der Enkel, wie's so fortgeht, wird's noch mehr, und wie sehr habt ihr dann gegen euren Zweck gearbeitet! Tändelt ihr ewig mit dem Menschen ihr schönen Künstler? was heißt das? Es heißt, ihr wollt ein prächtiges Haus bauen und wollt den Bau durch Rahmenschnitzler und Vergolder ausführen!"[39]

Offenbar war der Text Lavaters ursprünglich auf die Künste allgemein bezogen, er wird aber von Reichardt im engeren Sinne auf die Kirchenmusik fixiert. Daß der Beitrag darüber hinaus keine neuen Inhalte vorträgt, sondern wesentlich traditionelle Vorbehalte gegen die Veräußerlichung der Kunst wiederholt, bestärkt die Vorstellung, daß Reichardt seinen kirchenmusikalischen Ideen vor allem eine entsprechende lavaterisch geistig-religiöse Färbung hat verleihen wollen. Die substantielle Konzentration auf Lavatersche Ideen impliziert zugleich, gemäß der Polarisierung der Ideenwelten Nicolais und Lavaters, den Gegensatz des Reichardtschen Kirchenmusikideals zu den Vorstellungen der Berliner Spätaufklärung.[40] Geradezu programmatisch in das Zentrum seiner Abhandlung gerückt, bringt der Text nicht nur einen wichtigen Gesichtspunkt der allgemeinen Kunstauffassung Lavaters zum Ausdruck, sondern, sich davon herleitend, auch einen Hauptzug des Reichardtschen Kirchenmusikbegriffs: den hierin angelegten, auf sittlich-moralische „Verbesserung" gerichteten, gewissermaßen als geistiges Fundament verstandenen volkserzieherischen Anspruch.[41]

39 Kunstmagazin I, 179.

40 Betont antiaufklärerisch hatte sich Reichardt auch mit Blick auf die zeitgenössische politische Situation geäußert: „Unser izige, brave, herzgute König ist in allem, was Religion und Publizität über Religionssachen betrifft, ganz Gegentheil von dem vorigen. Er äußert sich darüber frey und öffentlich wie ein braver Mann und Du kannst dir denken, wie die egoistischen politisch oekonomischen Geistesaufklärer zittern und beben, daß ihr Reich zu Ende geht [...]"; Brief Reichardts an Lavater vom 6. November 1786; vgl. Salmen, *Reichardt*, 65.

41 Ein pathetisches, die „Tugendhaftigkeit" des Tonkünstlers beschwörendes Gedicht des Königsberger Professors Kreuzfeld zielt mit der Kritik an der tändelnden, verweltlichten Praxis in die gleiche Richtung wie Lavaters Beitrag; vgl. Kunstmagazin I, 119.

Reichardt bezieht das Lavater-Zitat auf eine gattungs- und konfessionsübergreifende, funktional und stilistisch kaum einheitlich zu fassende, im weitesten Rahmen religiöse, teilweise jegliche artifizielle Gestaltung explizit verleugnende Musik, wie an den abgedruckten Beispielsätzen deutlich wird: Neben Leonardo Leos doppelchörigem, weitgehend flächig-akkordischem *Miserere*-Auszug *Cor mundum*, Johann Philipp Kirnbergers Generalbaß-Duett *Schwach und sündlich* sowie Georg Friedrich Händels, als „Wettgesang" betitelter *Messias*-Arie *Er weidet seine Herde* (*He shall feed his Flock like a shepherd*) nimmt den größten Raum die Lavater-Vertonung *Vor dir, o Ewiger* von Johann Abraham Peter Schulz ein.

> Der unter den vier Exempla einzige a-cappella-Satz von Schulz dient in der nachfolgenden Besprechung als Grundlage eines emphatischen Plädoyers für das Simplizitäts-Ideal. Der Text lautet:
>
> „Vor Dir, o Ewiger, tritt unser Chor zusammen
> Vor Dir, der höher ist als aller Engel Namen.
> Wie heilsam ist's, vor Dir empfindungsvoll zu stehn
> Und dich mit einem Mund lobsingend zu erhöhn."
>
> Diktion und Terminologie der knappen Rezension nehmen auf den Originaltext Lavaters bezug, wenn, um ein Beispiel zu nennen, auch dort die oberflächliche „mechanische Künsteley" verworfen wird. Der über weite Strecken homorhythmisch deklamierende, harmonisch einfache Satz weicht von seiner einförmigen Gestalt nur durch ein wenige Takte umfassendes Fugato der Solisten (Baß/Tenor) ab, wonach der Chor wieder in ein beinahe falsobordonehaft-hymnisches Rezitieren zurückfällt: Gerade aber jene Partien sind es, die Reichardt besonders konturiert.[42]

Auch ohne eine umfängliche Analyse der vorgelegten Stücke wird deutlich, daß deren Auswahl nach dem für Reichardts kunstanschauliche Konstruktion wichtigen Komponentenpaar ‚Harmonie – einfacher Gesang' vorgenommen wurde[43]: Unter diesem (Kirnberger, Händel) subsumiert Reichardt den stilistisch „liedermäßigen", der Kirche angemessenen Sologesang, unter jene (Leo, Schulz) bestimmte Simplizitätsvorstellungen in Form „reiner" akkordischer Fortschreitung. Edel, einfach, empfindungsvoll, rührend, rein sind beiden Satzprinzipien zugewiesene Attribute, und so kann Reichardt seine Anschauung auf das Postulat konzentrieren:

---

42 Eine Aufführung in der Berliner Sing-Akademie in Anwesenheit Schulz' am 25. Oktober 1796 ist belegt. Eberle, *Sing-Akademie*, 34, sieht in dem Satz zudem den Idealtypus des von dieser Institution gepflegten Repertoires verkörpert, wonach eine das gesamte Bildungsbürgertum (und nicht bloß die Kirchengemeinde) repräsentierende Chorgemeinschaft ihre Stimme „mit einem Mund" erhebt zu Gott, in der subjektiven, „empfindungsvollen" Frömmigkeit des Pietismus. Vgl. auch die Besprechung des Satzes in: Wiener allgemeine musikalische Zeitung (1813), 2ff.; Schulz sei sonst in Wien gänzlich unbekannt. Ein Manuskript dieses Stückes befindet sich in Dl Mus. 3537-E-502.

43 Auch die im zweiten Teil des Kunstmagazins vorgestellten Kirchenmusiken (unter dem Titel *Merkwürdige Stücke großer Meister*) lassen sich unter diese Kategorien einordnen: Es handelt sich um Palestrinas *Gloria Patri* (bloße Akkordfortschreitungen), Benedetto Marcellos Duette *Il signor* und *Oh qual crudel* (einfacher Gesang) sowie, zugleich Steigerung und Synthese, die akkordische Choreinleitung zu C. Ph. E. Bachs *Heilig*, in der „die kühnste reichhaltigste Harmonie mit edlem einfachen ächten Kirchengesange verbunden" ist. Vgl. Kunstmagazin II, 19ff. und 55ff.

„Drum, liebe Künstler, laßt uns doch überall die schöne edle Einfalt suchen, laßt sie uns nur mit gantzer Seele lieben und für ewige Wahrheit erkennen [...]".[44]

Darüber hinaus läßt sich diese Kategorisierung auf die mehr gattungsspezifischen Termini ‚Figuralmusik – Kirchenlied/Choral' ausweiten; die Präferenz dieser gegensätzlichen Begriffe ist an anderer Stelle durch den Abdruck des Textes *Wichtige Stellen aus Herder* zum Ausdruck gebracht: Er enthält wesentlich hymnologische Gedanken und, in scheinbar paradoxem Gegensatz dazu, Anmerkungen zu Händels *Messias*.[45]

Daß hier im übrigen das zeitgenössische Polaritätsmodell ‚Melodie – Harmonie' wie auch das prinzipielle kunstästhetische Begriffspaar ‚Natur – Kunst' – wenn auch differenziert – anklingt, bestätigt die Einbettung der Reichardtschen Denkweise in allgegenwärtige zeitgenössische Kunsttheorien. Freilich erscheint der Harmoniebegriff bei Reichardt in ambivalenter Gestalt. Einerseits wird er, einer konventionellen zeitgenössischen Auffassung gemäß, im engen Kontext des Kontrapunktverständnisses gebraucht, etwa im Zusammenhang der Besprechung von Johann Sebastian Bachs f-Moll-Fuge (BWV 882)[46], andererseits weist eine Stelle in den Briefen von 1774 in eine andere, mehr kirchenmusikalisch modifizierte Richtung, indem neben „Genie und heiligem Eifer" – in Abgrenzung zum Opernkomponisten – die „Kenntniß der Harmonie" zu den Voraussetzungen des Kirchenkomponisten gezählt wird.[47] Offenbar ist der Harmoniebegriff hier geweitet: Zusammen mit der Forderung nach einem „guten und rührenden Gesang", dem „äusserst richtigen Gefühl" und dem „guten und geläuterten Geschmack" zählt die „Harmonie" zu den vier Komponenten eines ernsthaften, gleichwohl kaum präzise konturierten Kirchenstils. Eine weitere Deutung findet sich schließlich in der Besprechung der Berliner *Judas-Maccabäus*-Aufführung ebenfalls von 1774:[48] Hier war sie als vor allem psycholo-

---

44 Kunstmagazin I, 193.

45 Kunstmagazin I, 206f.; zu Herder siehe unten. Auf die Einordnung ‚Volkslied – Kirchenmusik' zu „historischen und ästhetischen Polen" hat bereits Günter Hartung verwiesen; Hartung, *Reichardt*, 73f. Danach repräsentiere der einstimmige Volksgesang eine natürliche, unverfälschte, nicht im eigentlichen Sinne kunstsinnige Ausdrucksform, während die Kirchenmusik Produkt der Weiterentwicklung und Veredelung sei. Eine ähnliche Anschauung vertrat auch Goethe; vgl. Salmen, *Herder und Reichardt*, 105f.

46 Kunstmagazin I, 196ff. Für vergleichbare, auf Johann Sebastian Bach beinahe topisch bezugnehmende Belege siehe Dok III; zu nennen wären etwa die Aussagen Friedrich Wilhelm Marpurgs (Nr. 648 von 1752; Nr. 713 von 1761), Carl Philipp Emanuel Bachs (Nr. 666 von 1754), Johann Friedrich Agricolas (Nr. 733 von 1766; Nr. 796 von 1774), Johann Philipp Kirnbergers/Johann Abraham Peter Schulz' (Nr. 781 von 1773), Johann Adam Hillers (Nr. 895 von 1784) und Carl Friedrich Cramers (Nr. 875 von 1786). Vgl sodann: Ludwig Finscher, *Bach in the eighteenth century*, in: Don O. Franklin (Hrsg.), Bach Studies, Cambridge 1989, 292.

47 Briefe (1774), Nr. 2; Wiederabdruck als Replik an Z. N. E. in: Deutsches Museum II, 1781, 354f. Die Initialen der Adressaten der Reisebriefe sind aufgeschlüsselt in: Max Faller, *Johann Friedrich Reichardt und die Anfänge der musikalischen Journalistik* (= Königsberger Studien zur Musikwissenschaft, Bd. 7), Kassel 1929, 19f. und 25.

48 Briefe (1774), Nr. 4.

gisch wirksame, Empfindungen und Affekte erzeugende Kategorie aufgefaßt worden. Reichardt war „begeistert“ von den immer wieder beschworenen „Händelischen Harmonien“, die „gewaltigen“ Harmonien erfüllten „die Seelen der Zuhörer mit Furcht vor nahem Donner“, und im Vergleich mit den „mehresten unserer jetzigen Harmoniker“ drangen diese „auch ins Herz“.[49] Die bereits zeitgenössische Rezeption des Reichardtschen Harmonieverständnisses ist durch eine – später gedruckte – Vorlesung belegt, die Johann Friedrich Freiherr Hugo von Dalberg in der Erfurter Akademie nützlicher Wissenschaften hielt: Reichardts Entwurf bildete den Schlußpunkt einer Mittelalter und Antike einbeziehenden Skizze.[50]

5.3. Geistliche Lieder und Choralbegriff

Reichardts kirchenmusikalisches Bekenntnis zu Lavater erschöpfte sich allerdings nicht in der Präsentation von stilistisch den Vorstellungen des Zürchers konformen Beispielsätzen: Auch eigene Vertonungen von Lavater-Vorlagen liegen vor, und zwar vor allem als geistliche Lieder.[51] Darüber hinaus hat sich Reichardt auch um Lavatersche Kantatentexte für den Dessauer Hof bemüht, deren Komposition allerdings, so weit zu sehen, unterblieben ist.[52] Und schließlich ist das von Reichardt begeistert beschriebene Erlebnis des Zürcher reformierten Gottesdienstes (mit mehrstimmigem Gemeindegesang sowie einer Predigt Lavaters) aufschlußreich, weil hier die für die eigene Kirchenmusikanschauung in Anspruch genommene Gedankenwelt Lavaters in einen unmittelbaren gottesdienstlich-praktischen Zusammenhang gestellt wird.[53]

---

49 Den „Harmoniker“ Händel exponiert etwas später auch Johann Adam Hiller, vgl. die *Lebensbeschreibungen berühmter Musikgelehrten und Tonkünstler neuerer Zeit* von 1784, 126f.; siehe dazu Walther Siegmund-Schultze, *Die Musik Georg Friedrich Händels im Urteil der deutschen Klassik*, in: Händel-Jb 4 (1958), 42. Johann Mattheson hatte dagegen diesen Zug des Händelschen Personalstils durchaus kritisch beurteilt; vgl. dazu Harald Kümmerling, *„Difficile est satyram non scribere“ oder: „Über eine gewisse Passion eines so genannten weltberühmten Mannes“*, in: Rainer Cadenbach/Helmut Loos (Hrsg.), Beiträge zur Geschichte des Oratoriums seit Händel. Festschrift Günther Massenkeil zum 60. Geburtstag, Bonn 1986, 57f.: Instruktiv für Matthesons Anschauung ist der darin diskutierte Abschnitt aus: Critica Musica, P. V, 6ff. (1725). Zum Harmoniebegriff um 1800 vgl. zudem Justin Heinrich Knechts große sechsteilige Abhandlung *Ueber die Harmonie*, in: AMZ 1 (1798/99), 129ff., 161ff., 321ff., 527ff., 561ff. und 593ff.

50 Vgl. die Rezension in AMZ 3 (1800), 196ff. Die Publikation Dalbergs hat den Titel: *Untersuchungen über den Ursprung der Harmonie und ihre allmählige Ausbildung*, Erfurt 1800.

51 Vgl. vor allem: *Geistliche Gesänge von Lavater*, Winterthur 1790. Im Kunstmagazin I, 173f., finden sich die Vertonungen *Gottes Nähe* und *Ermunterung*. Es handelt sich durchweg um einfache akkordische Sätze, ausdrücklich auch für den Chor bestimmt; *Ermunterung* ist ein acappella-Stück.

52 Möglicherweise spielt hier eine Rolle, daß sich mit der Vertonung nichtbiblischer „schöngereimter“ Textvorlagen zwangsläufig eine Kollision mit der Haltung Herders ergeben mußte, der die Kantaten ablehnte. Vgl. *Wichtige Stellen aus Herder*, in: Kunstmagazin I, 206f.

53 Kunstmagazin II, 16.

Tatsächlich wird die Predigt – sie war „so groß durchdacht, tiefgefühlt, wahr ausgedruckt, so zweckmäßig im Ganzen“ – mit ähnlichen Merkmalen beschrieben, die auch zur Charakterisierung ‚wahrer‘ Kirchenmusik dienen; überdies erscheint der vierstimmige reformierte Kirchengesang in „Würde und Kühnheit“ unter Verwendung von „Psalmmelodien in den alten Tonarten“ als kirchenmusikalisches Äquivalent zu den religiösen Ideen Lavaters:

> „Nie hat mich etwas mehr durchdrungen, als hier der vierstimmige Gesang. [...] Ich war wirklich in einem ganz neuen Zustande, mir war das Herz so voll und doch die Brust so enge, mir war so wohl und ich weinte die hellen Thränen. [...] Sie gehören unter die seligsten Stunden meines Lebens, die ich da in der lieben Kirche verlebte!“

Im Grunde ist der Zürcher Bericht mit seiner emphatischen Schilderung einer konkreten gottesdienstlichen Handlung ein Gegenstück zur römischen *Miserere*-Rezeption, mit dem Unterschied, daß hier der Vorgang in den Wirkungsbereich des protestantisch-reformierten Kultus gerückt ist. Sodann repräsentiert der Text eine typologische Anlehnung an Lavaters, wie oben gezeigt, heftig kritisiertes Gedicht *Empfindungen eines Protestanten*: Beiden Beiträgen – wie übrigens auch den italienischen Reisebeschreibungen – ist die individuelle Ergriffenheit durch eine unbekannte religiöse Handlung eigen, beide atmen den Geist inniger unkritischer Frömmigkeit und humaner Toleranz; beiden Anschauungen gemeinsam ist schließlich auch die weitgehende Aufgabe konfessioneller Normen.

Gleichzeitig ist durch Reichardts Bericht eine besondere Affinität zum Choral ausgesprochen. Erscheinungen, die traditionell zum Kern protestantischen Kirchenmusikverständnisses zählen, gehen auf diese Weise mit Phänomenen des zeitgenössischen religiösen Lebens eine eigenartige Synthese ein; zudem überlagern sich lutherische und reformierte Auffassungen. Einerseits ist Reichardts Choralbegriff aus dem verklärt-idealisierenden Zürcher gottesdienstlichen Gebrauch wie auch demjenigen der Herrnhuter Brüdergemeine abgeleitet, wobei sich Lavatersche und Herrnhutische Ideale geistig nahestehen und durchdringen.[54]

> Reichardts Mutter war ergriffene Herrnhuterin. Wie seine Autobiographie ausweist, hat den Knaben die mütterliche Religiosität, namentlich im Blick auf das geistliche Lied, nachhaltig geprägt: „Herzliche gefühlvolle Lieder mit angenehmen Melodien, deren die Herrnhuter so viele haben, wurden oft von ihnen gesungen, und mit der innigsten Theilnahme genossen. Klei-

---

54 Weigelt, *Lavater und die Stillen*, 73ff. Auch herrnhutische und philanthropische Ideen sind in einzelnen Erscheinungen verwandt. Wie Christian Gotthilf Salzmann ausführt, geht die Praxis, in den Dessauer „Gottesverehrungen“ Musik, Gebete und Vorträge in angemessener Kürze abzuhandeln, unmittelbar auf Basedow zurück, der diese Anregung seinerseits „von der Brudergemeine entlehnt“ habe; vgl. Christian Gotthilf Salzmann, *Gottesverehrungen gehalten im Betsale des Dessauischen Philanthropins*, 1.-4. Slg., Dessau 1781-83; hier Vorrede (1781), xxviii. Zur herrnhutischen Musikpflege und -anschauung in der ersten Hälfte des 18. Jahrhunderts siehe: Anja Wehrend, *Musikanschauung, Musikpraxis und Kantatenkompositionen in der Herrnhuter Brüdergemeine* (= Europäische Hochschulschriften, Reihe XXXVI, Bd. 123), Frankfurt/M. 1995.

ne Büchelchen voll guter Sprüche und Wünsche im kindlichen Tone, die sie Losungen nennen, machten ihre Leseübungen angenehmer und nützlicher. Freundliche Liebesmahle, wie der vereinigte Genuß von Thee mit Kuchen, bei frommem Gesange, von ihnen benannt wird, am Weihnachtsabend mit gefälliger Beleuchtung von kleinen Wachskerzen, erheiterten und erweiterten den engen Kreis, in welchen sonst ihre frühen Gefühle und Ideen eingeschlossen geblieben wären. Manches schöne, herzliche Lied von Zinzendorf aus jener stillen Jugendzeit mit heitrer Melodie, wie es die Herrnhutische ohne Ausnahme sind, schwebt jetzt noch oft dem Manne vor der Seele, und zaubert ihn in stillen Augenblicken an die Seite der liebevollen Mutter."[55] In der verklärten Erinnerung an kindliche Erlebnisse im Zusammenhang mit der mütterlichen Hinwendung zur Brüdergemeine klingen geradezu romantisch-nazarenische Visionen an; dies belegt eindrucksvoll die Schilderung eines Marientraums: Der Knabe Reichardt erblickte, in den Armen der Mutter ruhend, gleichsam im Traum, „ein lebensgrosses Bild der Mutter Maria, mit dem sehr lieblichen Jesuskinde im Arme, in so lebhaften Farben und in so bestimmten Umrissen, als hätt' er damals schon die herrlichen Gemählde Raphaels oft gesehen gehabt."[56]

Andererseits findet sich vor diesem Hintergrund schon bei Reichardt jene Idealisierung der aus dem Umkreis Luthers hervorgehenden frühreformatorischen Choralpraxis angedeutet, wie sie eigentlich erst in den hymnologischen Bemühungen des frühen 19. Jahrhunderts zum Durchbruch gelangen sollte. Besonders weit entwickelt sind diese Überlegungen in den *Tischgesprächen über Kirchenmusik* des Jahres 1795:[57] Schon in der Benennung dieses dialogisch angelegten, auf Mißstände der zeitgenössischen Gottesdienstpraxis abzielenden Entwurfs unter dem Haupttitel *Wanderungen und Träumereien im Gebiete der Tonkunst* ist klar der Bezug auf Martin Luther hergestellt. In der eigentlichen Darstellung vermag der Gesprächsfüh-

---

55 Berlinische Musikalische Zeitung I (1805), 256f. Laut Hartung, *Reichardt*, 11, haben sich spätere Besuche in Herrnhut nachhaltig auf das Verhältnis zu Klopstock ausgewirkt.

56 Berlinische Musikalische Zeitung I (1805), 256. Zur künstlerischen und psychologischen Identifikation von realen Mutter-Sohn-Verhältnissen mit der Jungfrau Maria-Christus-Vorstellung, besonders vor dem Hintergrund der zeitgenössischen *Stabat-mater*-Rezeption, vgl. Lubkoll, *Mythos*, 149ff.; dort weitere Literatur. Herrnhutische Ideale werden schließlich auch in Reichardts Replik an Z. N. E. angeführt, siehe Deutsches Museum II, Oktober 1781, 352: In Herrnhut sei der Sitz der „wahren, herzlichen Andacht", hier finde man die „vollkommenste" und „edelste Simplizität". Vgl. ferner: *August Gottlieb Spangenbergs kurzgefaßte historische Nachricht von der gegenwärtigen Verfassung der evangelischen Brüderunität augspurgscher Confession* [...], Berlin 1786. Siehe insbesondere § 18, wonach der Choralgesang in den Brüderversammlungen „etwas sehr liebliches [habe], weil er sich von dem sonst gewöhnlichen lauten Schreien der Lieder sehr entfernt und desto andächtiger und harmonischer wird." Ein größerer Auszug aus Spangenbergs Text in: Herbst, *Evangelischer Gottesdienst*, 153-157.

57 Berlinisches Archiv der Zeit und ihres Geschmacks 1795, I, 584ff. und II, 355ff. Vgl. dazu: Günter Schulz, *Das Berlinische Archiv der Zeit und ihres Geschmacks* (= Bremer Beiträge zur Freien Volksbildung, Heft 10), Bremen 1966. Kritisch zum volkserzieherischen und sittlichen Anspruch des Archivs haben sich indes Schiller und Goethe in den Xenien des Musenalmanachs von 1795 geäußert; etwa heißt es unter dem Titel *Archiv der Zeit**:

„Unglückselige Zeit! Wenn aus diesem Archiv dich die Nachwelt
Schätzet, wie bettelhaft stehst du, wie hektisch vor ihr."

Einen anderen Beitrag Reichardts im Archiv, die Lebensbeschreibung *Ernst Wilhelm Wolff, Herzoglich-Weimarischer Capellmeister* (Jg. 1795, 1. Bd., 162ff. und 273ff.), hatte Goethe ziemlich respektlos und abschätzig kommentiert: „Wie ungefähr ein Schuster seine Lebensgeschichte schreiben könnte." Vgl. Schulz, a. a. O., 11f.

rer – natürlich Reichardt selbst in Gestalt des „Wanderers“ – als einzig positives, „zuerst und allein, den tiefen heiligen Eindruck“ erweckendes Musikerlebnis einer im übrigen niederschmetternden kirchenmusikalischen Darbietung das Absingen eines Chorals am Schluß des Gottesdienstes zu erkennen, und zwar in bemerkenswert deutlich konfessionellem Bezug auf die Praxis des 16. Jahrhunderts.[58] Auffällig werden Dichtung und Melodienerfindung der „von heiligem Eifer beseelten Männer der ersten Zeit der Reformation“ idealisiert – der Choral stammt gar „von Doktor Luther selbst [...] oder doch von einem seiner treuen eifrigen Gefährten im Reformationswerke“ –, wobei der im 19. Jahrhundert zum terminus classicus avancierte Begriff der „kräftigen“[59] Liederdichtungen Luthers hier bereits ausgesprochen ist. Der Choral gilt als „höchstes Werk deutscher Kunst“ schlechthin[60], er ist „bis itzt das Schönste und Größte so wir Deutsche in der Kunst [nicht bloß Musik! J. H.] aufzuweisen haben“.[61] Erstaunlich ist nicht nur, daß im engeren Sinne hymnologische Kriterien zu Reichardts Orientierung am „alten vortrefflichen Luther“ führen, sondern auch, daß sich die frühreformatorischen Choräle ohne weiteres in den „ächten Kirchenstyl“ einfügen: Der Rekurs auf die ‚wahre‘ Kirchenmusik durchzieht die Tischgespräche wie ein roter Faden.

Die zusätzliche Überlegung, daß vor allem die Orgel in der Kirchenmusik ihren Platz habe und sonstige Instrumente allenfalls für die Gemeinde unsichtbar zum Einsatz gelangen sollten[62], führt zu einem modifizierten, zugleich variablen protestantischen a-cappella-Ideal.[63]

In Reichardts Bezug auf die Choralpraxis des 16. Jahrhunderts ist der eingeschränkte, auf liturgisch-gottesdienstliche Kirchenmusik bezogene und nicht religiös ‚geweitete‘ Begriff gemeint, also eine Verengung gegenüber dem *Kirchenmusik*-Entwurf des Kunstmagazins von 1782. Doch galt schon Reichardts Antwort auf einen Beitrag im Deutschen Museum von 1781 explizit der ‚Musik im Gottesdienst‘.

---

58 Berlinisches Archiv der Zeit und ihres Geschmacks 1795, I, 593.

59 Vgl. mit ähnlicher Terminologie auch schon Spazier, *Freymüthige Gedanken*, 239 und 271, sowie Doles, *Choralbuch*, Vorrede.

60 Kunstmagazin I, 51.

61 An anderer Stelle schreibt Reichardt über die Choräle in Grauns *Tod Jesu*: „Das bleibt doch immer die wahrhafteste Kirchenmusik.“ Kunstmagazin II, 55f.

62 Das erinnert an die Aufführungspraxis am Hofe des Herzogs von Mecklenburg in Schwerin. Siehe August Gottlieb Meißner, *Bruchstücke zur Biographie J. G. Naumanns*, in: A. G. Meißners sämtliche Werke, Bd. 30, Wien 1814, 300; vgl. Seils, *Reichardt*, 70f. Sodann: Dies., *Kirchenmusik am Hofe Herzog Friedrichs des Frommen (1717-1785) in Ludwigslust*, in: Studien zur lokalen und territorialen Musikgeschichte Mecklenburgs und Pommerns, Bd. 1 (1995), 54-61. Herder hat diese Aufführungspraxis in *Caecilia* so begründet, daß die Kirchenmusik ein „theatralisches Gewand“ anlege, wenn sie sich sichtbar präsentiere: Die Unsichtbarkeit der Ausführenden wird demzufolge als „heilige Stimme“, als „Gottes Stimme und nicht der Menschen“ gedeutet; zitiert nach Seils, *Reichardt*, 71.

63 Entsprechend modifiziert greift Reichardt die seit Einführung der Kirchenkantate zu Anfang des Jahrhunderts zuweilen stark in den Vordergrund tretende Kritik am Gebrauch von (Koloratur-) Arien und Rezitativen auf.

Die Ausführungen eines mit Z. N. E. zeichnenden Autors reflektieren breit die Einbindung der Kirchenmusik in die geläufigen Kategorien „Simplizität", „Zweckmäßigkeit" und „Erbauung". Zugleich aber verleiht der Verfasser seinem *Von Kirchenmusiken* betitelten Aufsatz vom Oktober 1780[64] eigenständiges Profil. Denn auch hier wird eine klare Unterscheidung von gottesdienstlicher und außergottesdienstlicher Kirchenmusik vorgenommen, die konsequent zur Kritik an solchen Werken führt, bei denen die Gefahr einer gegenseitigen Durchdringung besteht; als Beispiele werden drei berühmte, den aktuellen Konzertbetrieb prägende und auch für die Kirchenmusikästhetik maßgebliche Werke genannt: Pergolesis *Stabat Mater*[65], Grauns *Tod Jesu* und Rolles *Abraham auf Moria.*[66] Der Autor lehnt diese Stücke mit der Begründung ab, daß dem Gottesdienst vorrangig ein sozialer Auftrag zufalle: der Nutzen für die unteren Gesellschaftsschichten bestehe maßgeblich in der Hinleitung zur Erbauung. Dazu gänzlich ungeeignet seien aber die benannten Texte, denen zu große „Künstlichkeit" anhafte.[67] Die Vorstellung einer christozentrischen Beschaffenheit von Kirchenmusiktexten, die „[...] der Religion Jesu würdige Gedanken und Empfindungen mit rührender Annehmlichkeit ausdrücken [...]" müssen, zwingt den Anonymus zu einer kritischen Beurteilung der herkömmlichen Kantatenpraxis.[68] Die sich in der Konsequenz auf eine andere Polarisierung, nämlich ‚Simplizität – Kenner' zuspitzende Argumentation gipfelt in der Forderung, vor allem den Choral in der Kirchenmusikpraxis stärker zu beachten: Vorgeschlagen wird ein mit der Gemeinde alternierender Choralvortrag (Beteiligung der Instrumente colla parte).

Reichardt nutzt die Replik auf diesen Artikel, um eigene, verstreut publizierte Beiträge nochmals gebündelt im Sinne eines konzentrierten kirchenmusikalischen Plädoyers in Erinnerung zu bringen[69]; seine Ausführungen gipfeln, in Übereinstimmung mit Z. N. E., in der verpflichtenden These, den Choral bis „in alle Ewigkeit" als „einzig wahre Kirchenmusik" zu begreifen.[70]

---

64 Deutsches Museum II, Oktober 1780, 368ff.

65 Zur kunstanschaulichen Bewertung in Deutschland vgl. Kap. 2.5.

66 Zur Einbeziehung von Stücken aus gerade diesen beiden Werken in die Musikpraxis der philanthropischen Gottesverehrungen siehe Kap. 5.4.

67 Die Kritik richtet sich damit ausdrücklich gegen die zeitgenössischen Autoren Karl Wilhelm Ramler und August Hermann Niemeyer sowie den (katholischen) *Stabat-mater*-Text. Freilich hatte Niemeyer ausdrücklich erklärt, daß seine „musikalischen Dramen" für den gemeinen „Hauffen" nicht taugten. Mit anderem Bezug war die Volksbildung Niemeyer gleichwohl ein wichtiges Anliegen; vgl. August Hermann Niemeyer, *Ueber Dichtkunst und Musick in Verbindung mit der Religion*, in: August Hermann Niemeyers Gedichte, Leipzig 1778, 25.

68 Im Zusammenhang mit der Benennung von Kriterien für eine ‚schlechte' Kirchenmusik (Dominanz des Instrumentalen, Unverständlichkeit des Textes, zu große „Künstlichkeit", Nähe zur Oper, geistliche Kontrafaktur weltlicher Vorlagen) greift der Verfasser vollumfänglich solche Vorbehalte auf, die sich traditionell gegen die Kirchenkantate richteten; vgl. Heidrich, *Meier-Mattheson-Disput*, passim.

69 Deutsches Museum II, Oktober 1781, 351ff. Reichardts Beitrag zitiert beinahe ausnahmslos, vgl.: Briefe (1774), Nr. 2; sodann: ADB 33 (1778), 162ff.; schließlich: Ephemeriden 1777, 11. Stück, 4. Bd., 143ff. Den Text aus ADB verwendet Reichardt insgesamt dreimal, zudem noch als Einleitung zu seiner *Heilig*-Rezension im Kunstmagazin, d. h. er erscheint in je anderem Zusammenhang: a. als Rezension des *Stabat mater*, b. als Reflexion über die ‚wahre' Kirchenmusik, c. als Rezension des *Heilig*. Es spricht nicht eben für ein kritisches Bewußtsein, auf verschiedene Untersuchungsgegenstände stets denselben Text zu adaptieren.

70 Deutsches Museum II, 1781, 358. Eine mehr äußere Bestärkung dieser Forderung kommt in der umfangreichen und detaillierten Rezension von Johann Christoph Kühnaus *Vierstimmige alte und neue Choralgesänge* zum Ausdruck. Kunstmagazin II, 30ff.

Die Bedeutung des Chorals für Reichardts Anschauung wird schließlich auch durch die Rezeption Herderscher Ideen bestätigt. Zentrales Dokument dafür ist der Beitrag *Wichtige Stellen aus Herder*, der den sechsundvierzigsten Brief aus den *Briefe*[n], *das Studium der Theologie betreffend* des Weimarer Superintendenten vom Jahre 1780/81 in Auszügen wiedergibt.[71] Wie angedeutet, wurde Herders Vorlage von der Forschung gelegentlich als zentrale Programmschrift für die Erneuerung der Kirchenmusik verstanden.[72] Allerdings erweist sich der Text als ambivalent-zweiteilig und in der Disposition merkwürdig disparat, indem er zunächst allgemeine hymnologische Überlegungen zu Wesen und Gestalt des Kirchenlieds formuliert und anschließend – zum Vorgehenden beinahe beziehungslos – im Geiste glühender Verehrung Beschreibungen von Einzelsätzen aus Händels *Messias* aneinanderreiht. Aufschlußreich ist, welche Textauswahl und Änderungen Reichardt gegenüber dem Original vorgenommen hat: Durch eine starke Verkürzung des hymnologischen Teils wird eine Gleichgewichtung mit dem *Messias*-Abschnitt erreicht, somit eine anschauliche Gegenüberstellung der für Reichardt wichtigen, als „einfacher Gesang“ und „Harmonie“ bezeichneten Komponenten. Bemerkenswert ist sodann, daß die konfessionelle Betonung und Berufung auf bis zu Luther zurückreichende Kirchenliedtraditionen durch Herder (zum Zwecke etwa der Ablehnung des pietistischen Liedschaffens) von Reichardt weitgehend ausgespart wird. Die terminologische Modifizierung von „Ode“ in „Lehrgedicht“[73] schließlich dürfte geschehen sein, um die offensichtlich gegen Klopstock gerichtete Tendenz des Originaltextes zu unterdrücken: Bekanntlich lehnte Herder den Klopstockschen *Messias* als „sauersüßen Mißbrauch der Sprache Luthers“ ab; Reichardt hingegen war unbedingter Klopstockverehrer und sogar mit der Planung und Komposition eines *Messias*-Oratoriums befaßt.[74] Somit verleiht Reichardt seinem eigenen, zuvor entwickel-

---

71 Kunstmagazin I, 206f.; Edition des originalen Herder-Textes in: Herder, Sämmtliche Werke 11, 65ff. In einem Brief, offenbar vom Herbst 1780, empfiehlt Herder die Lektüre der *Briefe, das Studium der Theologie betreffend* Reichardt ausdrücklich; vgl. Georg Schünemann, *Reichardts Briefwechsel mit Herder*, in: Festschrift Max Schneider zum 60. Geburtstag, Halle 1935, 112.

72 Müller-Blattau, *Idee*, 156 und 158. Neben den einschlägigen Abschnitten in Hartung, *Reichardt*, und Salmen, *Reichardt*, ist noch auf folgende, zum Komplex ‚Herder, Reichardt und die Kirchenmusik‘ bezugnehmende Arbeiten zu verweisen: Müller-Blattau, *Hamann und Herder*, bes. 26ff. Ferdinand van Ingen, *Johann Gottfried Herders kirchenmusikalische Anschauungen*, in: Musik und Kirche 33 (1963), 193ff. Kurt Hoffmann, *Herder und die evangelische Kirchenmusik*, in: Musik und Kirche 7 (1935), 121ff.: Die hier vertretene, ebenso undifferenzierte wie unhaltbare Anschauung, Herder sei der „Ahnherr unserer kirchenmusikalischen Erneuerungsbewegung“, ja, der „Ahnherr der umfassenden und tiefgreifenden ‚Deutschen Bewegung‘, die die Selbstbestimmung des deutschen Geistes und damit die Erneuerung unseres gesamten völkischen Lebens vorbereiten und begründen sollte“, erweist sich weitgehend der seinerzeitigen (1935) Rassenideologie verpflichtet. Siehe sodann: Salmen, *Herder und Reichardt*, bes. 103ff. Wiora, *Herders Ideen*, passim. Jung Sing, *Geistliche Vokalkomposition*, passim.

73 Der Originaltext lautet: „Was das geistliche Lied betrifft, so ist der Gebrauch davon, wie ich ein andermal bereits bemerkt habe, dem popularen, praktischen Theologen noch ungleich nützlicher, als die erhabenste Ode.“

74 Vgl. Düntzer/Herder, *Von und an Herder*, Bd. 1, 198; Salmen, *Herder und Reichardt*, 107.

ten Choralbegriff vor allem im Hinblick auf erzieherische Absichten Nachdruck, weil der Textausschnitt Volksnähe und Gottesdienstbezogenheit des Kirchenliedes in das Zentrum stellt:[75]

> „Das Gesangbuch ist die belebte [bei Herder: „versificirte"] Bibel des gemeinen Christen, sein Trost, sein Lehrer, seine Zuflucht und Ergötzung zu Hause. [...] Der Kirchengesang ist für die Menge; also auch für die Bedürfnisse derselben, für ihre Denk- und Sehart, für ihre Situation und Sprache."

5.4. Philanthropismus und Kirchenmusik

Das Anliegen der Volksbildung unter Einsatz des Choralgesangs ist eine zentrale Idee der zeitgenössischen Kirchenmusikanschauung.[76] Reichardts diesbezügliche Motive sind wesentlich durch Lavater geprägt: Während im Lavater-Text des Musikalischen Kunstmagazins[77] die pädagogische Zielsetzung deutlich ausgesprochen ist, wird durch das emphatische Erlebnis des Zürcher Gottesdienstgesangs die Bedeutung des Chorals anschaulich.[78] Beide Vorsätze münden in einen visionären ‚erziehungspolitischen' Entwurf, der als Kern des Reichardtschen Kirchenmusikbegriffs gelten kann.[79] Ziel dieser Haltung ist nicht, konfessionelles oder christliches Bekenntnis abzulegen, sondern die Volksaufklärung und das Streben nach Humanität zu fördern.[80] Damit erscheint allerdings die gelegentlich postulierte Behauptung kaum vereinbar, daß Reichardt wesentliche theozentrische Vorstellungen entwickelt habe.[81]

---

75 Kunstmagazin I, 206f. Auch Johann Friedrich Doles hat offenbar die didaktischen Möglichkeiten des Chorals im Gottesdienst erkannt; vgl. Hans Joachim Schulze, *Über den Endzweck der Kirchenmusik in Leipzig nach 1750*, in: BJ 1995, 191ff. In die gleiche Richtung zielt schließlich auch das Vorwort von Johann Christian Kittels *Vierstimmige Choräle mit Vorspielen*, Altona 1803.

76 Siehe etwa auch die Überlegungen zu diesem Thema bei Karl Spazier, *Freymüthige Gedanken*, 237f., oder, später, bei Johann Nikolaus Forkel, *Allgemeine Geschichte* II, § 16f., auch §§ 39 und 60. In den weiteren Zusammenhang gehört auch Johann Abraham Peter Schulz' Abhandlung *Gedanken über den Einfluss der Musik auf die Bildung eines Volkes*, Kopenhagen 1790.

77 Vgl. Kap. 5.2.

78 Vgl. oben und die Replik an Z. N. E., in: Deutsches Museum II, Oktober 1781, 352f. Zur Stellung Lavaters zur Brüdergemeine vgl. Weigelt, *Lavater*, 73ff. bes. 95ff.

79 Vgl. dazu grundlegend: Salmen, *Reichardt*, 225ff. Zu Reichardts Vorstellung einer religiös-aufklärerischen Wirkung der Musik: Hartung, *Reichardt*, 70ff. bes. 75.

80 Vgl. etwa die programmatische Einleitung zum zweiten Teil des Kunstmagazins. Doch fällt die eingeschränkte eigene Choralproduktion traditionellen Zuschnitts auf: Abgesehen von den wenigen Einlagen in den Oratorien wäre vor allem auf die *Weihnachts-Cantilene* zu verweisen. Eine gewisse Nähe zu dieser Gattung, freilich in eher allgemein religiöser Dimension, behauptet das Genre des geistlichen Liedes, vgl. etwa die Lavater-Vertonungen *Gottes Nähe* und *Ermunterung* im Kunstmagazin I, 173, sodann vier eigene, weitgehend akkordisch gearbeitete a-cappella-Kompositionen auf Texte von Caroline Rudolphi, ebd., 120, schließlich die Sammlung *Geistliche Lieder von Lavater*.

81 Zurückweisung dieser älteren Forschungsmeinung schon bei Hartung, *Reichardt*, 81f.

Tatsächlich spielt das Kunstmagazin auch für die pädagogischen Visionen Reichardts eine wichtige Rolle. Die Absicht der Volksaufklärung und -besserung wird geradezu als dessen „inneres Zentrum“ (Hartung) begriffen: Die Musik hat den höchsten Beitrag zur „Verdedelung“ des Menschen zu leisten.[82] Dazu dringt Reichardt wiederholt und mit Nachdruck auf die Einrichtung von „Singechören“ und „wohleingerichteten Singeschulen“, in denen die musikalische Elementarausbildung auf der Grundlage eben des Choralgesangs erfolgen müsse[83]; Ziel sei die Verbesserung vor allem des Gemeindegesangs.[84]

Ein Jahr nach dem Erscheinen des ersten Teils des Kunstmagazins hatte auch Ernst Wilhelm Wolf vergleichbare Ideen formuliert, und zwar ausdrücklich im Blick auf ‚wahre‘ (Kirchen-) Musik. Vor dem Hintergrund eines untauglichen öffentlichen Gesangsunterrichts in den Schulen forderte Wolf dessen „Verbesserung“ sowie die „Aufmunterung“ der Tonsetzer: Nur auf diese Weise könne „zur Beförderung guter Sitten, zur Verbesserung des moralischen Charakters, zu tugendhaften Handlungen, und zur Verherrlichung des Schöpfers ewiger Harmonien und ewiger Urschönheit, wahre Musik durch schönen und wahren Gesang bey uns teutschen durchgehends erhalten werden.“ Zweifellos ist die Kirchenmusik angesprochen, zumal an anderer Stelle „die menschliche Sprache zur Ausübung wahrer Musik [als] nothwendig“ erachtet wird.[85]

---

82 Vgl dazu insgesamt die Beiträge: *An junge Künstler* (das Kunstmagazin I eröffnend), ebd., 1ff. *Hermenfried oder über die Künstlererziehung*, Kunstmagazin I, 105ff. bes. 107f. *Singechöre*, Kunstmagazin I, 118ff. *Ueber die häusliche Erbauung durch Musik*, Kunstmagazin I, 172. *Über die Anwendung der Musik bei der frühen Erziehung* (mit Abdruck des Vorworts *An die Jugend* aus *Lieder für Kinder*, Zweyter Theil, Hamburg 1781), Kunstmagazin I, 175. *Wichtigkeit ächter Musikanstalten*, Kunstmagazin II, 5. Rezension von: Johann Christoph Kühnau, *Vierstimmige alte und neue Choralgesänge mit Provinzial-Abweichungen*, Kunstmagazin II, 30ff. Dazu treten eigene, gesondert veröffentlichte Liedersammlungen: *Lieder für Kinder*, Tle. I/II, Hamburg 1781; Tl. III, 1787; Tl. IV, Braunschweig 1790; vgl. auch Kunstmagazin I, 177f. Vgl. zudem: Hartung, *Händel und seine Werke*, 151f.

83 Ausdrückliches Vorbild ist die Dresdner Kreuzschule unter ihrem „Vorsteher“ Homilius; vgl. Kunstmagazin I, 118f.

84 Vgl. etwa Deutsches Museum II, Oktober 1781. Siehe auch noch Berlinische Musikalische Zeitung II (1806), 2ff. Klagen über die darniederliegende Gesangserziehung in Deutschland waren sodann schon im zweiten der *Briefe eines aufmerksamen Reisenden* von 1774 vernehmbar, bereits hier mit der Forderung, daß die Zielsetzung der Singeschulen zugleich diejenige der Kirchenmusik sein müsse. Wiederabdruck desselben Textes in der Replik an Z. N. E. im Deutschen Museum 1780. Dem neuen, heftig diskutierten Berliner Gesangbuch von Spalding/Teller/Diterich hat Reichardt übrigens uneingeschränkt zugestimmt; vgl. die Ausführungen in: *Tischgespräche über Kirchenmusik*, in: Berlinisches Archiv der Zeit und ihres Geschmacks 1795, II, 366. Siehe ferner: Deutsches Museum I, 1781, 345ff. Zur Auseinandersetzung um dessen Einführung vgl. insgesamt Bachmann, *Geschichte*, 208ff.

85 Ernst Wilhelm Wolf, *Was ist wahre Musik? und Wie erhält man sie?* In: Der Teutsche Merkur, März 1783, 235 und 238. In ganzer Breite, gewissermaßen die Erfahrungen, auch Mißstände der letzten Jahrzehnte des 18. Jahrhunderts zusammenfassend, hat später (1800) Johann Nikolaus Forkel Überlegungen zur allgemeinen Verbesserung des Gesangs auf der Grundlage institutioneller Erneuerung der Singechöre und Kantorate angestellt; vgl. *Allgemeine Geschichte* II, §§ 26-39 und 55-64. Forkels große Abhandlung dürfte im Zusammenhang einer umfänglichen Diskussion über Ziel und Funktion der Singechöre kurz vor 1800 stehen; vgl. etwa noch Horstigs *Vorschläge zu besserer Einrichtung der Singschulen in Deutschland* (in: AMZ 1

Nach 1800 erhalten diese Überlegungen eine zwar bloß vordergründig-plakative, doch ausgesprochen konfessionelle Prägung. Reichardt propagiert die Errichtung eines Lutherdenkmals in Halle, und zwar in Form einer „musterhaften Singeanstalt für die Kirche".[86] Wiederum also ist das Wirken des Reformators für Reichardt unmittelbar mit der Idee der „Vervollkommnung des Chorgesanges" verknüpft: Weil die Musik diejenige Kunstform gewesen sei, in der sich Luther „am eifrigsten übte" und die er „am meisten schätzte", sei die beispielhafte Gründung einer Kirchenmusikschule die adäquate Form, sein Andenken zu pflegen; bemerkenswerter noch ist Reichardts Idee, durch eine solche Institution im „ächten Lutherschen Geiste" zugleich Händel(!) angemessen zu würdigen. Die hier konstruierte, unverhüllt nationalpatriotisch und konfessionell motivierte geistige Verwandschaft Luthers und Händels – dieser wird als „Patriarch ächt deutscher [nicht ‚wahrer' (!)] Kirchenmusik" apostrophiert[87] – erscheint insofern folgerichtig, als diese förmlich auf dem Boden des „Chorgesangs" als dem „größten und wichtigsten Theil der heiligen Musik" zum Ausdruck kommen solle.[88]

[1798/99], 166ff., 185ff., 197ff. und 214ff.) und Kleins *Vorschläge zur Verbesserung der gewöhnlichen Singschulen in Deutschland* (ebd., 465ff.).

86 Berlinische Musikalische Zeitung II (1806), 2f.

87 Berlinische Musikalische Zeitung I (1805), 72. Die Formulierung findet sich, freilich mit anderem Adressaten, schon in Heinses *Hildegard von Hohenthal*: Der Verfasser läßt dort einen Chor den Satz *Fratres, ego enim accepi a Domino* von Palestrina, dem „Patriarchen der Kirchenmusik", einstudieren; *Hildegard von Hohenthal* I, 70ff.

88 Reichardt hatte namentlich Händels *Messias* in seine volkserzieherischen Vorstellungen einbezogen, indem er – in Verkennung der historischen Situation Englands zur Händelzeit – unterstellt, Händels Oratorium sei zu einer Zeit entstanden, „als die Kunst in hohen Kunstschulen und von strengen Meistern auch wirklich als Kunst gelehrt und geübt wurde." Diese, einen deutlichen Wandel gegenüber der früheren Haltung markierende Äußerung (vgl. dagegen die sämtliche Konstanten der ‚wahren' Kirchenmusik konsequent vermeidende Besprechung des *Judas Maccabaeus* von 1774) fällt offenbar in die Zeit einer allgemein nicht vorbehaltlosen Händelrezeption; vgl. Hartung, *Händel und seine Werke*, 179 Fußnote 85. Weitere Nachweise für diese Haltung in Berlinische Musikalische Zeitung I (1805), 5f. Siehe ferner den Kommentar dazu in: Hartung, *Händel und seine Werke*, 178ff. bes. 180. Die Parallelisierung Händels mit Luther dürfte indes eine deutliche Frucht bereits der Herder-Lektüre Reichardts (46. Brief) sein; dort war, im Hinblick auf Luthers Vorstellung, die Musik als „zweite Theologie" und der *Messias* als „wahre christliche Epopee in Tönen" aufgefaßt worden. Vgl. *Wichtige Stellen aus Herder*, Kunstmagazin I, 207; als „Musikheiliger" war Händel sodann auch in Musikalisches Wochenblatt, 130, dargestellt worden. Vgl. Hartung, *Händel und seine Werke*, 179. Zur Konturierung Händels als betont „deutschen" Meister siehe Reichardts Schrift *Händels Jugend*, die vor allem die deutsche Zeit akzentuiert, damit ebenfalls patriotische Töne anschlägt (Neudruck in: Händel-Jb 1959). Im gleichen Sinne äußerte sich Herder in *Adrastea* (= Herder, Sämmtliche Werke 23, 556ff.); vgl. dazu Siegmund-Schultze, *Urteil*, 45. Die deutlichsten Bestrebungen, die Händel-Rezeption durch nationale Motive zu bestimmen, finden sich indes bei Hiller: Vgl. Hiller, *Lebensbeschreibungen*, 99ff., wo ebenfalls die deutsche Zeit hervorgehoben ist, sodann Hiller/Hasse, *Beyträge*, 11, wonach Händels Werk „von ächter deutscher Art" sei, schließlich Hiller, *Fragmente*, 3: Händels Schaffen sei „der Erguß eines wahren, ächten, deutschen Geistes". Patriotische Töne hat schließlich auch Johann Joachim Eschenburg angeschlagen, vgl. Siegmund-Schultze, *Urteil*, 69f.

Zweifellos stehen diese Intentionen Reichardts im weitesten Sinne jenem Prinzip der allgemeinen Menschenbesserung nahe, wie es der Philanthropismus in seinem ideologischen Kern und praktisch als Hauptanliegen forderte. Tatsächlich hat Reichardt zeitweilig, besonders in den Jahren nach 1778/79, enge Verbindungen zum Dessauer Hof wie auch zum Basedowschen Philanthropin unterhalten[89], also zur gleichen Zeit seiner engen Freundschaft mit Lavater.[90] Gemeinsam hatten beide das Dessauer Fürstenpaar Leopold Friedrich Franz von Anhalt-Dessau[91] und seine Frau Luise aufgesucht, und namentlich zur Fürstin pflegte Reichardt eine bis 1795 andauernde herzliche Bindung.[92] Die innige geistige Anlehnung ist auch dadurch belegt, daß Reichardt an Lavaters „Seelsorge-Verhältnis zum Dessauer Fürstenpaar gefühlvollen Anteil" nehmen konnte, also bis in die privateste Sphäre hinein ins Vertrauen gezogen wurde.[93]

Die philanthropische Beeinflussung Reichardts ist ohne weiteres bis in die Terminologie seiner Schriften hinein zu verfolgen, etwa, wenn von der „Nützlichkeit" eines „Bethauses" für die „Gottesverehrung" die Rede ist. Und selbst im Kontext der durch gänzlich andere konfessionelle und historische Faktoren bestimmten Musik Palestrinas spricht Reichardt, in Anlehnung an das philanthropische Vokabular, von „religiösen Zusammenkünften", deren Zweck es sei, das „hohe Gefühl der unvorgeahndeten Erhebung über uns selbst" zu wecken: Eine solche Anleitung zur anthropozentrischen Selbstreflexion – auch dieser Vorgang steht philanthropischen Denkweisen nahe – biete das Hörerlebnis der überraschenden Harmoniefolgen Palestrinas. Der von Reichardt als Kern des Kirchenmusikbegriffs formulierte sittlich-religiöse, volkserzieherische Anspruch ist weitgehend deckungsgleich mit der philanthropischen Religionsübung und erinnert zumal an die Dessauer Praxis. Möglicherweise hat die persönliche Bekanntschaft mit dem dort als Aufseher tätigen Karl Spazier (1761-1805) die Verbindung mit diesem Institut befördert:[94] Durch ihn

89 Vgl. dazu Hartung, *Reichardt*, 82, 184, 187. Ergänzende Literatur zum Philanthropismus: Johannes Ferdinand Bessler, *Unterricht und Übung in der Religion am Philanthropin zu Dessau*, Niederlössnitz 1900. Rainer Lachmann, *Der Religionsunterricht Christian Gottfried Salzmanns*, Bern und Frankfurt 1974. Kurt Meiers, *Der Religionsunterricht bei Johann Bernhard Basedow*, Bad Heilbrunn 1971. Wilhelm Schwab, *Die Religiosität des Christian Gottfried Salzmann*, Berlin 1941. Gerhardt Petrat, *Schulunterricht. Seine Sozialgeschichte in Deutschland 1750-1850*, München 1979

90 Vgl. Wilhelm Hosäus, *Johann Kaspar Lavater in seinen Beziehungen zu Herzog Franz und Herzogin Luise von Anhalt-Dessau*, in: Mitteilungen des Vereins für Anhaltische Geschichte und Landeskunde, 5. Bd., 201ff.

91 Drei Briefe sind aus der Korrespondenz Reichardts mit Leopold Friedrich Franz von Anhalt-Dessau erhalten, vgl. Pröpper, *Reichardt* II, 34 und 58.

92 Hartung, *Reichardt*, 187. Den erwähnten Kantatentext hat Reichardt übrigens für Luise von Anhalt-Dessau von Lavater erbeten. Brief an Lavater vom 20. Januar 1785; vgl. ebd., 196.

93 Hartung, *Reichardt*, 195. Übrigens wurde auf dem Höhepunkt des Proselytenstreits auch die – freilich unzutreffende – Meldung kolportiert, daß die Dessauer Fürstin unter Lavaters Anleitung zum Katholizismus übergetreten sei; vgl. Berlinische Monatsschrift 1788, 11. Bd., 65-88.

94 Musikhistorisch von Bedeutung sind dessen *Zwanzig vierstimmige Chöre im philanthropinischen Betsaale gesungen*; siehe nachfolgend. Zu Spazier vgl. sodann: Hartung, *Reichardt*, 82f.

hatte Reichardt jedenfalls seinen 65. Psalm, also eine kirchenmusikalische Komposition, an das Philanthropin übermitteln lassen, und die wohlmeinende Anzeige von Spaziers Programmschrift *Freymüthige Gedanken über die Gottesverehrung der Protestanten* von 1788[95] dokumentiert ebenfalls eine enge geistige Nähe zu philanthropischem Ideengut, auch zur dortigen Musikpraxis; kaum zu übersehen ist jedenfalls, daß die beständige Neigung zum Belehren und Verbesssern ein charakterlicher Hauptzug Reichardts ist.[96]

Spazier, ein begeisterter Anhänger des zunächst in Dessau, später in seiner Schnepfenthaler Neugründung wirkenden Pädagogen Christian Gotthilf Salzmann, berichtet 1786 in seinen *Bemerkungen über deutsche Schulen*[97], daß keinesfalls eine Anlehnung an ein „kirchliches System" gesucht, sondern die „natürliche Religion" angestrebt werde; das Christentum werde „ohne Hinsicht auf einzelne Sekten" [= Konfessionen] und ohne „dogmatische Glaubensartikel" aufgefaßt; der „Catechismusunterricht" hingegen werde als dem „Zwekke der gesamten Einrichtung entgegen" abgelehnt. Danach zielt die philanthropische Religionsübung als Teil einer Verhaltenslehre wesentlich auf die „Tugendhaftigkeit" des Menschen, ohne im eigentlichen Sinne biblisch oder gar christlich zu sein; das Religiöse erscheint als erzieherisches Mittel, als pädagogische Kategorie einer rein anthropozentrischen, vernunftorientierten Tugendlehre[98] mit dem Ziel diesseitiger „Glückseligkeit".[99]

Der philanthropische Gottesdienst, die sogenannten „Gottesverehrungen" oder „Verehrungen Jesu" (Salzmann), suchte jede dogmatische oder formale Festlegung zu vermeiden. Wie etwa aus den publizierten und so tatsächlich abgehaltenen *Verehrungen* Salzmanns deutlich wird[100], waren die einzelnen, durch Chor, Gesang der „Gemeine" und Belehrungen des Erziehers ge-

---

95 Kunstmagazin II, 61. Auch hier werden „Singechöre" besonders hervorgehoben. Spazier hatte sich gleichfalls uneingeschränkt zu Luther bekannt; vgl. *Freymüthige Gedanken*, 30, v. a. 47f. und 177ff.

96 Daß diese und andere Charaktereigenschaften Reichardts von den Zeitgenossen mitunter als aufdringlich empfunden wurden, belegen Rezensionen des Kunstmagazins durch Daniel Gottlob Türk, in: ADB 53 (1783), 141ff. (Identifizierung des Verfassers nach Hartung, *Reichardt*, 117) bzw. Carl Friedrich Cramer, in: Magazin der Musik I,1, 30.

97 Karl Spazier, *Einige Bemerkungen über deutsche Schulen, besonders das Erziehungs-Institut in Dessau*, Leipzig 1786, 86ff.

98 Siehe die Vorrede zu Salzmann, *Gottesverehrungen* 1781, iii.

99 Vgl. dazu Werner Schütz, *Die Kanzel als Katheder der Aufklärung*, in: Wolfenbütteler Studien zur Aufklärung, Bd. 1, 137-171. Daß die Religion als erzieherische Kategorie gleichwohl unverzichtbar erschien, wird schon durch die Titel etlicher theoretischer Abhandlungen zum Philanthropismus deutlich; vgl. etwa: Johann Bernhard Basedow, *Methodischer Unterricht der Jugend in der Religion und Sittenlehre der Vernunft*, Altona 1764. Joachim Heinrich Campe, *Versuch eines Leitfadens beim christlichen Religionsunterricht für die sorgfältiger gebildete Jugend*, Braunschweig 1791. Christian Gotthilf Salzmann, *Über die wirksamsten Mittel Kindern Religion beizubringen*, Leipzig 1780.

100 Vgl. unter anderen: Christian Gotthilf Salzmann, *Verehrungen Jesu, gehalten im Betsale des Dessauischen Philanthropins*, Leipzig 1784; sodann ders., *Gottesverehrungen*, 1.-4. Slg., Dessau 1781-83, sowie ders., *Beyträge zur Verbesserung des öffentlichen Gottesdienstes der Christen*, 2 Bde., Leipzig 1785-88.

stalteten Zusammenkünfte je variabel, wobei entweder eine Bibelstelle oder eine von allgemeiner Humanität bestimmte Thematik (z. B. „Ueber die Anstalten Gottes, die menschliche Natur zu veredeln“) zur Grundlage der sehr didaktisch angelegten Unterrichtsabschnitte diente. Bestimmte traditionelle Gottesdienstformen wie das Alternieren zwischen „Liturge“ und „Gemeine“ oder Chor und „Gemeine“ wurden gleichwohl beibehalten.[101]

Der Gebrauch biblischer und christlicher Termini, so haben neuere Untersuchungen gezeigt, ist als notwendiges „Zugeständnis“ mit Blick auf das allgemeine religiöse Empfinden zu deuten.[102] Die praktische Durchführung der Religionsübung geschah in dem schon von Basedow eingerichteten „Betsaal“, wobei eine „schöne Simplicität im Aeusserlichen der Liturgie“ zu walten hatte.[103] „Erweckliche Choräle und Chöre“[104] und „simpler, herrlicher Kirchengesang“ unterbrachen den „erbaulichen religiösen Vortrag“, in dem das sonst noch vielerorts anzutreffende „Leere, man möchte fast sagen, das Gothische und Mönchischfrostige“ längst überwunden war.[105]

Die an den belehrenden Vortrag gestellten Forderungen erscheinen beinahe deckungsgleich mit den an die Kirchenmusik gerichteten: In den Vortrag „bey der Gottesverehrung“ gehören nur Wahrheiten, „die in dem menschlichen Erkenntniskreise liegen, und die die mehreste Kraft besitzen, Herzen zum Guten zu ändern, und zu beruhigen, daß diese so faßlich als möglich gemacht, daß sie in zwar ungekünsteltem, aber doch gut gewähltem, die Empfindung solcher Zuhörer, die ihren Geschmack gebildet haben, nicht beleidigenden Ausdrückken vorgetragen, und wo möglich, durch sinnliche Gegenstände und Exempel erläutert werden, daß Ton, Geberde und Anstand des Redners Theilnehmung des Herzens an den vorgetragenen Wahrheiten, ausdrückken müssen.“[106]

Über die eigentlichen musikalischen Einlagen des philanthropischen Gottesdienstes unterrichtet eine andere Publikation Spaziers, seine Edition *Zwanzig vierstimmige Chöre, im philanthropinischen Betsale gesungen* von 1785.[107] Im Vorwort exponiert

---

101 Siehe zum gesamten Komplex: Alfred Ehrensperger, *Die Theorie des Gottesdienstes in der späten Aufklärung 1770-1815*, Zürich 1971.

102 Marlies Jansen, *Religionsunterricht und Sittenlehre philanthropischer Pädagogen (Basedow – Campe – Salzmann) als Konsequenz ihrer theologisch-anthropologischen Standorte*, Diss. Duisburg 1978, passim, bes. 302ff.

103 Spazier, *Bemerkungen*, 89f.

104 Eine konfessionell wenig festgelegte Haltung ist ferner auch belegt durch: Johann Bernhard Basedow, *Allgemeines christliches Gesangbuch für alle Kirchen und Sekten* von 1781. Wenigstens erwähnt sei, daß auch katholische Gesangbücher für die Zeitgenossen eine entsprechende Tendenz repräsentierten: Zu nennen wäre hier markant das *Gesangbuch nebst angehängtem öffentlichen Gebete zum Gebrauch der Herzogl. Wirtembergischen katholischen Hofkapelle*, Stuttgart 1784. Im Vorwort ist angesprochen, daß nur solche Gesänge aufgenommen seien, „die das practische Christentum empfehlen und von allen Christen unsers Vaterlands mitgesungen werden können, ohne daß sie in ihrer Andacht durch Stellen gestört würden, die ihrer inneren Überzeugung Gewalt antun.“ Vgl. Bäumker, *Kirchenlied* III, 146ff. Das Gesangbuch enthält, als Ausdruck ‚überkonfessionellen Geistes‘, in der Mehrzahl protestantische Lieder, darunter auch Lavaters „Toleranzlied“; vgl. Gotzen, *Kirchenlied*, 76f.

105 Spazier, *Zwanzig vierstimmige Chöre*, Vorrede.

106 Salzmann, *Gottesverehrungen* 1781, xivf.

107 Die Kompositionen, ursprünglich für die sonntäglichen Dessauer „Gottesverehrungen“ be-

der Verfasser die anthropozentrische Ausrichtung der „Gottesverehrung“: Danach handelt es sich um „jede gute Empfindung, Entschließung und Haltung [...] wodurch ich dem Herrn meines Daseins gefalle und mich und andere beglücke.“ Stilistisch entsprechen die Kompositionen den Vorstellungen Reichardts: Es sind einfache akkordische Sätze. Bemerkenswert ist, daß Spazier, anders als Reichardt, das Repertoire auch des zeitgenössischen populären Oratorienschaffens in seinen Musikbegriff einbezieht. Der Text der Alt-Arie *Ihr weichgeschafnen Seelen* (in der Vertonung Spaziers) aus Ramlers *Tod Jesu* erscheint ebenso in der Sammlung wie ein Abschnitt aus August Hermann Niemeyers *Abraham auf Moria.*[108] Eine Rezension der Publikation Spaziers äußert unter dem Titel *Ein schätzbarer Beytrag zur Verbesserung der Kirchenmusik* lebhafte Zustimmung und formuliert demgegenüber nochmals Kritik an den Erscheinungsformen herkömmlicher Kirchenmusikpraxis, zu denen „opernmäßige Vorspiele“, „ermüdende Länge“, ein „oft lächerlicher Inhalt“, eine „bis zum Ekel“ getriebene Wiederholung, schließlich der Widerspruch zwischen dem Inhalt der Kirchenmusik und der Predigt gehörten.[109] Gerade gegen die letzte Beschwerde richten sich etliche Maßnahmen der Philanthropisten. Die Forderung nach individueller, nicht formelhafter Anlage des Gottesdienstes gilt als Hauptanliegen philanthropischen Gottesdienstverständnisses. Dazu hat der Prediger die Musik nach Maßgabe seines Vortrags so auszuwählen, daß die „Hauptabsicht“ der Zusammenkunft begünstigt und die „vorgetragene Wahrheit durch angenehme Empfindungen“ zu den „Herzen der Versammlung“ geleitet wird.[110] Die Gesänge sind folglich auf den Hauptgegenstand der Gottesverehrung unmittelbar zu beziehen; als unangemessen werden deshalb Mehrfachvertonungen etwa derselben Choralmelodie angesehen, zumal, wenn die Inhalte stark divergieren.[111] Ausdrücklich wird schließlich die Kategorie des Sinnlichen in die philanthropische Gottesdienstlehre einbezogen: „Der Katholik hat daher so sehr recht, als man haben kann, in seinem Grundsatz, dass die öffentliche Gottesverehrung sinnlich seyn müsse [...]“[112]; freilich aber müssen „sinnliche Handlungen und Erinerungsmittel [sic] [...] so einfältig, natürlich und mit der Sache selbst zusammenhängend seyn, als möglich.“

---

stimmt, sollten, analog zum weitgefaßten Religionsbegriff, in verschiedenster Weise zum Vortrag kommen: in der Familie, in „Gesellschaft religiöser Freunde“, von „Singe-Chören auf Straßen“, ja selbst in der „gottesdienstlichen Versammlung einer ehrwürdigen Freimäurer-Gesellschaft“; vgl. die Vorrede.

108 Übrigens exemplifiziert auch Salzmann seine Vorstellung, vermittels der Kraft der Musik „die Wahrheit empfindbar zu machen“, an einer Arie aus Ramler/Grauns *Tod Jesu*: *Ihr thränenlosen Sünder, bebet*. Salzmann, *Gottesverehrungen* 1781, xixf.

109 Johann August Hermes/Gottlob Nathanael Fischer/Christian Gotthilf Salzmann, *Beytraege zur Verbesserung des oeffentlichen Gottesdienstes der Christen*, 2 Bde., Leipzig 1785-88; hier: 2. Bd., 2. Stck., 244ff.

110 Salzmann, *Gottesverehrungen* 1781, xxi.

111 Ebd., xviif. Die Kirchenmusiktexte sollen an die Teilnehmer vorab ausgeteilt werden; ebd., xxi.

112 Hermes/Fischer/Salzmann, *Beytraege*, 1. Bd., 2. Stck., 33ff.

Folglich darf sich „in dem Sinnlichen nichts finden, was der Aufmerksamkeit eine falsche Richtung giebt, oder widrige sinnliche Eindrücke macht.“[113]

Reichardts Kirchenmusikbegriff ist eng an die Vorstellungen des philanthropischen Religionsbegriffs angelehnt und zwar in Konzentration auf einen kleinen Ausschnitt aus dem Spektrum philanthropischer Sittenlehre, nämlich die musikalische Form der religiösen Zusammenkünfte. Wie der Religionsbegriff des Philanthropismus, berührt auch das Reichardtsche Kirchenmusikverständnis nicht im eigentlichen Sinne christliche, auf das Jenseits gerichtete Glaubensfragen, sondern es verfolgt ausschließlich zweckgebundene, „nützliche“ und sittlich-moralische Ziele. Das musikalische Simplizitätsideal steht sicherlich der philanthropischen Gedankenwelt und Unterrichtslehre nahe[114]; gleiches gilt für den Choral, der als Gesang der „Gemeine“ bei den „Gottesverehrungen“ eine wesentliche Rolle spielt, freilich dort niemals als kirchenmusikalischer Kern der protestantischen Konfession verstanden wird, sondern als Erziehungsmittel.[115]

5.5. Klopstock

Mit Klopstock ist neben Lavater der für die Kirchenmusikanschauung Reichardts zweite wichtige Anreger benannt. Hatte Reichardt aus der allgemeinreligiösen geistigen Inspiration durch Lavater vor allem für seine Vorstellungen zur Choralpraxis und zur Menschenveredelung Anregungen beziehen können, so ist die Wirkung Klopstocks vor allem für Reichardts poetologische Ideen wichtig.

Während Reichardts Hamburger Zeit dürften die meisten direkten Begegnungen mit Klopstock, dem eine „himmlische Heiterkeit“ verströmenden „jugendlichen Alten“ stattgefunden haben[116]; besonders eng war die geistige Bindung während der späten siebziger und frühen achtziger Jahre:[117] „Klopstocken hat er sich ganz ergeben“, schreibt Herder am 9. September 1780 an Hamann über Reichardt und konstatiert zugleich, daß in dessen Kompositionen ein „Klopstockischer Geist“ wehe.[118]

Wie bestimmend die Orientierung an Klopstock für Reichardt um das Jahr 1780 gewesen sein muß, wird daran ersichtlich, daß die ersten beiden Stücke des Musikalischen Kunstmagazins von 1782, damit jener Teil, der die programmatische Tendenz des neuen Periodikums markierte, durch Texte Klopstocks sowie durch die breite Präsentation entsprechenden Ideenguts regelrecht beherrscht werden. Neben kommentierenden Anmerkungen zur Messiade und zu einzelnen Oden veröffent-

113 Ebd., 35.

114 Salzmann, *Gottesverehrungen* 1781, xxv: Reinlichkeit und Simplizität sind hier ausdrücklich als äußere „Verzierungen des Betsales“ genannt.

115 Vgl. noch: Wilhelm Voigt, *Die Musikpädagogik des Philanthropismus*, Phil. Diss., Halle 1923.

116 Instruktiv ist Reichardts Hinweis auf die nur geringen musikalischen Kenntnisse Klopstocks; vgl. AMZ 16 (1814), 21-34; Auszüge in Schletterer, *Reichardt*, 156-168.

117 Klopstock, *Werke und Briefe*, Bd. VII/2, 679.

118 Ebd.

lichte Reichardt auch eine Auswahl eigener hymnischer Vertonungen einschlägiger Texte:[119] Die Klopstockschen Oden waren im Verständnis Reichardts „ein höherer Gesang als selbst sein feierlichstes Kirchenlied".[120]

Im Zentrum der Auseinandersetzung mit Klopstock steht für Reichardt die Frage nach der formal-textlichen wie auch funktionalen Anlage des Oratoriums: Klopstocks Dichtungen repräsentieren für ihn gleichsam das Textideal ‚wahrer' Kirchenmusik. Namentlich an der Messiade rühmt Reichardt nicht nur, daß sie „aller unlyrischen Exposizionen überhoben" sei – was eine deutliche Stellungnahme gegen das dramatische Handlungsoratorium bedeutet –, sondern er vermag in der Dichtung auch das Volksmäßige, „die edelste höchste Symplizität" auf der Grundlage eines ausdrucksvollen „mahlerischen" Versbaus zu erkennen: „alles macht diese Gesänge zum Ideal musikalischer Poesie für wahre Musik."[121]

Es fällt schwer, bei aller Variabilität der stilistischen Kategorien ‚wahrer' Kirchenmusik, die Forderung nach einer höchst einfachen – um nicht zu sagen: anspruchslosen – musikalisch-harmonischen Faktur als kongruent mit der sublimen Dichtung Klopstocks zu begreifen; auch die Zeitgenossen haben diese Diskrepanz bisweilen kritisch beurteilt.[122] In der Kombination von hochartifizieller, verstechnisch organisierter Poesie und einfach strukturierter Musik erinnert der Vorgang zugleich an das Vertonungsmodell der sogenannten Humanistenode des frühen 16. Jahrhunderts.

---

119 Kunstmagazin I, 8ff. und 53ff. An Odenkompositionen liegen vor: *Die Gestirne*, *Der Jüngling*, *An Cidli* (späterer Titel: *Gegenwart der Abwesenden*), *Die höchste Glückseligkeit* (späterer Titel: *Der Selige*), *Schlachtgesang*, *Bardale*; auffällig ist die gelegentliche Wahl entfernter b-Tonarten. *Die Gestirne* und *Die höchste Glückseligkeit* liegen in zwei Fassungen vor, als Klavierlied sowie – offensichtlich in Anlehnung an Klopstocks hymnisches Chorideal – als vierstimmiger Chorsatz mit Orgelbegleitung; vgl. ebd., I, 22f. und 62ff.

120 Kunstmagazin I, 22f. Von sonstigen Klopstock-Vertonungen Reichardts sind bekannt: die frühen Oden-Kompositionen (etwa 1774) *Die frühen Gräber* und *Lyda* (späterer Titel: *Edone*), das *Vaterlandslied* (1773); aus der Sammlung *Oden und Lieder* (1779): *Selmar und Selma*, *An Cidli* (späterer Titel: *An Sie*); aus der Sammlung *Frohe Lieder für deutsche Männer* (1781): *Wir und Sie*. Verschollen sind zwei Stücke, *Hermann und Thusnelda* sowie *Der Zürchersee*, die Reichardt 1780 an Herder verschickte; vgl. Schünemann, *Reichardts Briefwechsel*, 110ff.; gleiches gilt für die Vertonung eines *Messias*-Auszuges *Edler Jüngling*, den Reichardt nach einem Briefzeugnis Johann Erich Biester vorgetragen hat; vgl. oben. Sodann sind unveröffentlichte größer besetzte kantatenhafte Kompositionen zu nennen: *Dem Unendlichen* und *Das neue Jahrhundert*, deren Aufführungen 1807 bzw. 1814 in Berlin belegt sind. Ferner: *Die Genesung des Königs* für den Kronprinzen Friedrich Wilhelm von Preußen von 1789, bestehend aus fünf Chören, vermischt mit Solosätzen (Abdruck in *Caecilia* II); Christian Gottlieb Thomas führte das Stück übrigens am 12. Oktober 1794 in einer „großen religiösen Musik" auf, zusammen mit dem *Miserere* Allegris, Benevolis *Sanctus* u. a. Schließlich: *Trauerode auf den Tod der Großfürstin Helena, Erbprinzessin von Mecklenburg-Schwerin*, gedruckt 1805. Vgl. dazu im ganzen: Klopstock, *Werke und Briefe*, Bd. VII/2, 678. Reichardt gilt als derjenige zeitgenössische Komponist, der sich am intensivsten der Vertonung Klopstockscher Texte zugewandt hatte; Schletterer, *Reichardt*, 165 Anmerkung 1.

121 Kunstmagazin I, 8ff. Übrigens existiert auch von Lavater – Beleg für die gleiche geistige Gesinnung – eine Messias-Dichtung: *Jesus Messias oder die Evangelien und Apostelgeschichte in Gesängen*, 4 Bde., Zürich 1783-86.

122 Vgl. etwa auch die Kritik an Klopstocks *Stabat-mater*-Umdichtung; siehe Kap. 2.5.2.

Allerdings steht der Philanthropismus Klopstockschen Texten mit Blick auf eine kirchenmusikalische Verwendung reserviert gegenüber: „Eine so vermischte Versammlung, wie die sind, die in den gewöhnlichen Kirchen zur Gottesverehrung sich vereinigen, lauter Klopstockische, oder ähnliche Gesänge aufdringen wollen, ist so unbillig, als lauter Lieder in Hans Sachsens Manier bey ihr einführen.“[123] Und in dieselbe Richtung hymnologisch motivierter Kritik zielt die anläßlich der Einführung des neuen Hamburgischen Gesangbuchs vorgetragene Ansicht, daß „einige Lieder, besonders ein paar von Klopstock, wohl für den gemeinen Christen nicht verständlich genug seyn“ [möchten].[124] Das bedeutet allerdings nicht, daß nicht an anderer Stelle Klopstocksche Texte von den Philanthropisten rezipiert worden wären. Bei Überlegungen zur Neuordnung der philanthropischen Liturgie wird eine *Litaney, welche von der Gemeine gesungen, oder auch statt eines andern Gebets, von der Kanzel oder vor dem Altar abgelesen werden kann* vorgestellt. Nach Angabe der Herausgeber stammt der Text aus der 1783 erschienenen Sammlung *Thimotheus. Zur Erweckung und Beförderung der Andacht nachdenkender Christen*; deren Verfasser August Hermann Niemeyer erklärt die Zusammenstellung aus eigenen und Klopstockschen Texten.

Reichardts Vorstellung eines christlich-aufklärerischen Volksoratoriums[125], das, wie an anderer Stelle[126] ausgeführt, durchdrungen sein muß von der zentralen Kloptockschen Kategorie der „heiligen Poesie“, die dem „ganzen Volke verständlich“ und ihm schon vorab „im Herzen heilig“ sei, mündet in den Plan eines eigenen Messiasoratoriums nach ausgewählten Abschnitten aus Klopstocks Messiade.[127] Wie Bemerkungen aus Briefen Klopstocks und Biesters nahelegen, hat die Komposition in Teilen bereits vorgelegen; sie ist aber heute verschollen, so daß über deren

---

123 Salzmann, *Gottesverehrungen* 1781, xvif.

124 Hermes/Fischer/Salzmann, *Beytraege*, 2. Bd., 2. Stck., 246.

125 Übrigens hat sich Reichardt im Zugriff auf die populären Ramler-Texte und das protestantische Christus-Oratorium durchaus auch dem Hauptstrom der Oratorienkomposition angeschlossen; vgl. etwa: *Die Hirten bei der Krippe* (Ramler, 1782), *Der Sieg des Messias* (Tode, 1784), *Auferstehung und Himmelfahrt* (Ramler, 1785).

126 Replik an Z. N. E., Deutsches Museum II, Oktober 1781, 356.

127 Verwiesen sei noch auf Klopstocks programmatischen Text *Von der heiligen Poesie* (1755). Die Texte entnahm Reichardt dem ersten, zweiten und fünften Gesang des *Messias*, wobei er teilweise die Reihenfolge änderte; vgl. den Abdruck im Kunstmagazin I, 9ff. und 53ff. Offenbar war Telemann der erste (1758/59), der sich an Klopstocks Messiade versucht hat; vgl. Godehardt, *Telemanns ‚Messias‘*, 139ff. Telemann wählte die Verse 1-41 des ersten und die Verse 472-515 des zehnten Gesangs aus, damit solche Textpartien, die deutlich den Erlösungsgedanken konturieren; Godehardt, *Telemanns ‚Messias‘*, 143; vgl. dazu Kap. 6.3.2.3. Die in MGG, Art. *Klopstock*, erwähnten drei Bände anonym überlieferter handschriftlicher Kompositionen zum *Messias* („Fasz. 60“) existieren nicht: Es handelt sich dabei um ein Kopistenexemplar der von Klopstock und Ebeling verfaßten deutschen Übersetzung von Händels *Messiah* in der Bearbeitung Schwenckes; vgl. Händel-Handbuch II, 193. Die Handschrift weicht allerdings in einzelnen Punkten von der Druckausgabe ab. Für die Mitteilung danke ich Herrn Dr. Riege von der Klopstock-Arbeitsstelle der Staats- und Universitätsbibliothek Hamburg, Carl von Ossietzky.

musikalische Gestalt nur Vermutungen angestellt werden können.[128] Anhand der sonstigen Odenkompositionen ist vorstellbar, mit welchen musikalischen Mitteln Reichardt die Messiadenauszüge zu vertonen gedachte. Klopstock jedenfalls hat dessen Bemühungen ausdrücklich gebilligt, ja offenbar überaus geschätzt.[129] Vor allem Klopstocks Epos also, und nicht so sehr Jennens/Händels *Messias*-Konzeption, nimmt in Reichardts Oratorienbegriff die zentrale Position ein. Offensichtlich ist der Widerspruch zur Vorstellung Herders, der sich in seinen Gedanken zur Textproblematik zwar ebenfalls auf Klopstock beruft und den „goldenen Traum" einer andächtigen, durch dessen Chorideal geprägten Kirchenmusik beschwört[130],

---

128 Klopstock an Reichardt vom 30. März 1779; Klopstock an Voß vom 12. Juni 1780; Biester an Klopstock vom 13. Oktober 1778, in: Klopstock, *Werke und Briefe* VII/1, Nr. 97, 151 und 91.

129 Daß Reichardts Projekt nicht ohne Wirkung geblieben ist, belegt die Vertonung dieses Textes von Andreas Romberg; vgl. Karl Spaziers Berlinische Musikalische Zeitung (1793), 150. Eine enge Bindung an Klopstocks *Messias* weist auch Reichardts Oratorium *Der Sieg des Messias* von 1784 auf, das für Schwerin komponiert wurde. Der Text stammt von Heinrich Julius Tode; vgl. Seils, *Reichardt*, 69, und Arnold Schering, *Geschichte des Oratoriums* (= Kleine Handbücher der Musikgeschichte, Bd. 3), Leipzig 1911, 376. Zu Klopstocks Händel/*Messias*-Begeisterung und Übersetzung vgl. ferner: Jacobi in einem Brief an Heinse vom 20. Oktober 1780; siehe: Werner Rackwitz, *Zum Händel-Bild deutscher England-Reisender in der zweiten Hälfte des 18. Jahrhunderts*, in: Händel-Jb 12 (1966), 115f. Anmerkung 26.

130 Herder nimmt damit auf die 1767 entstandene Ode *Die Chöre* bezug; dort heißt es:

„Goldener Traum, du, den ich nie nicht erfüllt seh,
Strahlengestalt, wie der Tag schön, wenn er aufwacht,
Kom du dennoch zurück, und schwebe
Mir vor dem trunkenen Blick!
[...]
Groß ist dein Werk! jetzo mein Wunsch. O es weiß der
Nicht, was es ist, sich verlieren in der Wonne!
Wer die Religion, begleitet
Von der geweihten Musik,

Und von des Psalms heiligem Flug, nicht gefühlt hat!
Sanft nicht gebebt, wenn die Schaaren in dem Tempel
Feyrend sangen! und, ward dieß Meer still,
Chöre vom Himmel herab!

Täusche mich lang, seliger Traum! Ach ich höre
Christengesang! Welch ein Volkheer ist versammelt!
So sah Kephas vordem fünf Tausend
Jesus auf Einmal sich weihn.
[...]
Oben beginnt jetzo der Psalm, den die Chöre
Singen, Musik, als ob kunstlos aus der Seele
Schnell sie ströme! So leiten Meister
Sie, doch in Ufern, daher.
[...]"

Zitiert nach: Franz Muncker/Jaro Pawel (Hrsg.), *Friedrich Gottlieb Klopstocks Oden*, 2 Bde., Stuttgart 1889; hier: Bd. 1, 191ff. Bereits in diesem knappen Ausschnitt sind beinahe sämtliche Epitheta der späteren Kirchenmusikdiskussion programmatisch vorweggenommen: der wirkungsästhetisch-psychologisierende Aspekt der Darbietung, der ernsthafte, gleichwohl rührende

der aber im übrigen den *Messias* Händels mit seinem aus der Bibel gewonnenen Libretto[131] favorisiert und sich eindeutig gegen den Typus der „schön-gereimte[n] Cantate" ausspricht; die erhabene Dichtung Klopstock konnte deshalb kaum im Sinne Herders sein.

Klopstocks dominierende Stellung in der deutschen Literatur hat sich auch auf die zeitgenössische Kirchenmusikanschauung wesentlich ausgewirkt:[132] Weit über den Reichardtschen *Messias*-Entwurf hinaus spielte Klopstock als Librettist und Textdichter, als Übersetzer und Anreger eine wichtige Rolle. Erinnert sei hier nur an die ausschnitthaften *Messias*-Vertonungen Telemanns (1758/59)[133] und Rolles (1764)[134], auch an solche Texte, die im weitesten Sinne eine „freireligiöse" Diktion verraten: Gemeint sind von Klopstock selbst geschaffene oder doch von ihm beeinflußte Textvorlagen, wie das von Johann Gottlieb Naumann vertonte *Vater unser* (Klopstock), sodann Friedrich Ludwig Aemilius Kunzens Oratorium *Das große Hallelujah* (Text von Jens Baggesen, doch offensichtlich auf eine Klopstock-Dichtung zurückgehend) oder auch das Trauerspiel *Der Tod Adams* (Klopstock), das von Samuel Patzke als Vorlage für sein dramatisches Libretto *Abels Tod* herangezogen und von Michael Haydn um 1778 vertont wurde.[135] Daß sich die Ausstrahlung Klopstockscher Texte in der zeitgenössischen Oratoriendiskussion auf beide Pole,

---

Charakter, die Kunstlosigkeit („Simplizität") des Satzes, die Bedeutung des Psalms als Textgrundlage, schließlich auch das grundsätzlich Visionär-Utopische dieser Ideen. Reichardts und Herders spätere Vorstellungen dürften wesentlich auf diesen Entwurf zurückgehen. Die Wirkung dieser Ode ist schließlich auch dadurch belegt, daß Forkel seine Ideen zur Erneuerung mit Auszügen daraus schließt; Forkel, *Allgemeine Geschichte* II, § 73.

131 Zudem hatte Herder in Georg Forster, der mit dem Vorwurf hervortrat, der *Messias* Händels sei eine bloß aus Bibelstellen „zusammengeflickte" geistliche Kantate, einen scharfen Kritiker dieser Auffassung; vgl. Rackwitz, *Händel-Bild*, 138f.; zu Forster siehe auch Michael Schäfer, *Eine Londoner „Messiah"-Aufführung des Jahres 1790*, in: Händel und die englische Tradition (= Programmbuch der Göttinger Händelfestspiele 1995), Göttingen 1995, 53-57. Die Verbindung dieser Oratorientextvorstellung auf der Grundlage des Bibeltextes mit volksaufklärerischen, ja geradezu sozialrevolutionären Ideen findet sich in einem Libretto *Die Einnahme der Bastille*, das die Vorgänge am Vorabend der französischen Revolution behandelt. Der fast nur aus Bibelstellen kompilierte Text schildert zunächst Elend und Unterdrückung der Völker, sodann die – göttlich legitimierte – Ermunterung zum Widerstand, schließlich, mit Hilfe göttlichen Beistandes, das glückliche Ende der Erhebung. Musikalische Monathsschrift 1792, 64f. Das beschriebene Prinzip der Librettogestaltung ist hier dazu verfremdet, die revolutionären Vorgänge durch die Autorität des Bibeltextes zu rechtfertigen: Die über Herder – im Rekurs auf Jennens/Händels *Messias* – vermittelten geistlichen, sogar christologischen Oratorientextkonstruktionen dienen der Apologie radikalen gesellschaftlichen Wandels.

132 Auf die nach wie vor bestehenden Defizite der Erforschung des Klopstockschen Einflusses auf die Oratorientextdichtung verweist Howard Smither, *A History of the Oratorio*, 3 Bde., Chapel Hill 1977 (Bde. 1 und 2)/Oxford 1987 (Bd. 3); hier: Bd. 3, 361; einen knappen Ansatz bietet König, *Studien*, 73ff. Sodann Koller, *Klopstockstudien*, passim, und Schering, *Oratorium*, 362.

133 *Zween Auszüge aus dem Gedichte: der Messias*; vgl. Godehardt, *Telemanns ‚Messias'*, 139ff.

134 Rolle vertonte in seinen Oratorien noch weitere Klopstock-Texte, darunter *David und Jonathan* (1766) oder *Der leidende Jesu* (1771).

135 Zusammenstellung von Klopstock-Vertonungen in: Koller, *Klopstockstudien*, 51ff.

also die lyrische wie dramatische Libretto-Gestaltung in gleicher Weise erstreckte, ist nicht nur durch diese Umgestaltung Patzkes belegt: Erinnert sei auch daran, daß *Eva's Klagen* von Dalberg, konzipiert als melodramatische Passionsszene, ein Klopstock-Text (aus dem *Messias*, achter Gesang) zugrunde liegt. Und schließlich ist darauf zu verweisen, daß August Hermann Niemeyer, obschon in seinen drei wichtigsten Oratoriendichtungen den Gegenpol zum „lyrischen" Libretto repräsentierend, dennoch Bekenntnis zu Klopstock ablegte: Die Gedichte von 1778 sind Klopstock „zugeeignet" und verraten in der Diktion ihre poetische Abhängigkeit; die den Band einleitenden Verse sprechen eine klare Sprache:

> „Wem sonst als Dir?
> Auf dessen hohes unerreichtes Lied,
> Dem Knabenauge schon die Thrän' entfloß!
> Wem weiht' ich sonst
> Der Lieder ersten Laut?"[136]

Schließlich sei noch die Wirksamkeit als Übersetzer in Erinnerung gebracht: Durch seine wichtige, für die Ausbreitung der Komposition in Deutschland zentrale *Stabatmater*-Übersetzung hat Klopstock auf die Rezeption italienischer Kirchenmusik entschieden Einfluß genommen, und durch die zusammen mit Christoph Daniel Ebeling verfaßte Übertragung des *Messiah*-Librettos wurde der deutschen Händel-Wiederentdeckung im späteren 18. Jahrhundert der Weg geebnet.[137]

5.6. Reichardts Händelbild

Reichardts Beschäftigung mit Händel ist von der Forschung – mit unterschiedlichen Fragestellungen – relativ häufig dargestellt worden, wobei allerdings den Auswirkungen auf die Kirchenmusikanschauung des Berliners nur am Rande Aufmerksamkeit zuteil wurde.[138] In der Folge soll der Versuch unternommen werden, bestimmte,

---

136 Vgl. dazu Kap. 6.2.2. Zeugnis der Wertschätzung Niemeyers für Klopstock legt auch ein Brief vom 6. Februar 1777 an den Hamburger ab. Vgl. Klopstock, *Werke und Briefe*, Bd. VII/2, 66f. Über eine Hamburger Begegnung Niemeyers und Klopstocks im Jahre 1776 unterrichtet Karl Menne, *August Hermann Niemeyer. Sein Leben und Wirken* (= Beiträge zur Geschichte der Universität Halle-Wittenberg, 1. Heft), Halle/S. 1928, 9ff.

137 Siehe zudem: Hans Joachim Kreutzer, *Von Händels Messiah zum deutschen Messias*, in: Ulrich Prinz (Hrsg.), Zwischen Bach und Mozart (= Schriftenreihe der internationalen Bachakademie Stuttgart, Bd. 4), Kassel etc. 1994, 120-149.

138 Vgl. dazu: Hartung, *Reichardt*, passim; ders., *Händel, Mozart und Johann Friedrich Reichardt*, in: Wissenschaftliche Beiträge der Martin-Luther-Universität Halle-Wittenberg, Bd. 39 (1977), 128-140; ders., *Händels Nachleben in Deutschland 1766-1806*, in: Bericht über die internationale wissenschaftliche Konferenz „Georg Friedrich Händel – Persönlichkeit, Werk, Nachleben", Leipzig 1987, 201-207; ders., *Händel und seine Werke*, 139-183; Siegmund-Schultze, *Urteil*, 32-70; Rackwitz, *Händel-Bild*, 109-140; ders., *Johann Friedrich Reichardt und das Händelfest 1785 in London*, in: Wissenschaftliche Zeitschrift der Martin-Luther-Universität Halle. Gesellschafts- und Sprachwissenschaftliche Reihe IX, 4 (1960), 507-515; ders., *Ge-*

bisher weniger in das Blickfeld gerückte Nuancen dieses Händel-Interesses zu akzentuieren.

Eine Untersuchung dieses Rezeptionsvorgangs hat von der Frage nach Reichardts Kenntnis des Händelschen Œuvres auszugehen. Der Blick zunächst auf Reichardts Nachlaßverzeichnis verdeutlicht[139], daß es in der überwiegenden Mehrzahl weltliche Kompositionen waren, die Reichardt selbst besessen hat. Von den „kirchenmusikalischen" Werken Händels werden bloß die Oratorien *Judas Maccabaeus*, *Israel in Egypt*, *Messiah* (fragmentarisch), sodann die *Brockes-Passion* und das *Funeral Anthem*, schließlich „Der errettete Daniel" (vielleicht *Belshazzar*?) genannt.[140] Die Fixierung auf das weltliche Schaffen Händels findet in den Werkbesprechungen des Musikalischen Kunstmagazins eine klare Entsprechung:[141] Außer der für die Entwicklung seiner kirchenmusikalischen Idealvorstellung herangezogenen *Messias*-Arie *Er weidet seine Herde* (siehe oben) als exemplum classicum für das „kirchenmäßige" des „schönen edlen einfachen Gesanges" kommentiert bzw. ediert Reichardt nur ‚weltliche' Stücke.[142] Und wenn als Schlüsselerlebnis für die

---

schichte und Gegenwart der hallischen Händel-Renaissance (1803-1829), 1. Teil (= Schriften des Händel-Hauses in Halle, Bd. 1), Halle 1977; Günter Fleischhauer, *Johann Friedrich Reichardt als Komponist und Musikschriftsteller*, in: Wissenschaftliche Beiträge der Martin-Luther-Universität Halle-Wittenberg 20 (1986), 65-71; Wolf Hobohm, *Eschenburg, Nicolai und die Berliner Judas Maccabaeus-Aufführung 1774*, in: Bericht über die internationale wissenschaftliche Konferenz „Georg Friedrich Händel – Persönlichkeit, Werk, Nachleben", Leipzig 1987, 209-214; Undine Wagner, *Zur Händel-Rezeption Johann Friedrich Reichardts*, in: Schriften des Händel-Hauses in Halle, Bd. 8, 95-101; Theophil Antonicek, *Zur Pflege Händelscher Musik in der 2. Hälfte des 18. Jahrhunderts*, in: Sitzungsberichte der Österreichischen Akademie der Wissenschaften, Phil.-hist. Kl., 250. Bd., Wien 1966.

139 *Verzeichnis der von dem zu Giebichenstein bei Halle verstorbenem Kapellmeister Reichardt hinterlassenen Bücher und Musikalien, welche den 29sten April und in den darauffolgenden Tagen nachmittags um 2 Uhr zu Halle an den Meistbietenden verkauft werden sollen*, Halle 1815. Vielleicht hat Reichardt auch noch das *Utrechter Te Deum* gekannt; vgl. Siegmund-Schultze, *Urteil*, 50.

140 Vgl. die auszugsweise Wiedergabe in Wagner, *Händel-Rezeption*, 96 Anmerkung 232.

141 Die Vorstellung, daß Händel auch als Opernkomponist Geltung habe, ist in der Zeit ziemlich singulär, vielleicht nur noch bei Burney spürbar, der ebenfalls die Opern sehr hoch einschätzte, vgl. *A General History of Music*, 4 Bde., London 1776; hier: Bd. 4, 222-436. Vgl. zu Reichardts Händel-Bild: Hartung, *Reichardt*, 86ff., auch ders., *Händel und seine Werke*, 157f. Es scheint, als sei mit Blick auf die Händelrezeption das Fazit möglich, daß Reichardt eine Trennung von weltlicher und geistlicher Musik kaum bewußt vollzogen habe, daß vielmehr auch hier eine Vermischung der Gattungen betrieben wurde; vgl. Hartung, *Reichardt*, 158.

142 *Töne sanft, du lydisch Brautlied/ Softly Sweet in Lydian Measures* aus *Alexander's Feast*; *Occhi belli voi sol siete* aus *Il pastor fido*; *Brich die Bande seines Schlummers/ Break his bands of Sleep* aus *Alexander's Feast*; *Folle sei lo consenti/ How unwary is conceding* aus *Tamerlano*; *Piangero la forte mia* aus *Giulio Cesare in Egitto*; *Fatemi o Ciel, almen veder l'amato* aus *Radamisto*. Die letzten drei Stücke, publiziert im sechsten bis achten Stück des Kunstmagazins, sind der Sammlung *Apollo's Feast or The Harmony of the Opera Stage* entnommen, einer umfangreichen Edition von Arien u. a. aus mehr als einem Dutzend Händel-Opern; vgl. RISM A/1/4 H 1051-1061. Reichardt empfiehlt die gesamte, in London erschienene Sammlung nachdrücklich. Vgl. Kunstmagazin II, 95f.

Hinwendung zu Händel mit Recht die Londoner Zentenarfeier von 1785 genannt wird[143], so ist auch in diesem Zusammenhang darauf zu verweisen, daß Reichardt befriedigende und eindrucksvolle Aufführungen besonders von weltlichen Kompositionen miterlebt hat.[144] Schließlich führt auch Reichardts erster großer Händel-Aufsatz, die emphatische Besprechung der Berliner *Judas-Maccabaeus*-Aufführung von 1774 (in der deutschen Übersetzung Johann Joachim Eschenburgs)[145] kaum zur Einbeziehung Händels in den Kirchenmusikbegriff, denn selbst dieser Text reflektiert vor allem den ‚weltlichen' Händel: Reichardt verzichtet darauf, *Judas Maccabaeus* als ‚kirchengemäß' zu deuten, der Begriff „Kirchenmusik" ist ebenso vermieden wie die gebräuchlichen Epitheta „wahr", „heilig", „religiös" o. ä.: Für Reichardt steht Händels alttestamentlich-dramatisches Oratorium außerhalb des Kategoriensystems ‚wahrer' Kirchenmusik, ihm kommt eine allein ästhetisch-historische, vor allem wirkungspsychologische Bedeutung zu, nicht aber eine kirchenmusikalische Vorbildfunktion.[146] Zu bedenken ist freilich, daß Reichardts Mitteilungen vor dem Hintergrund einer noch nicht allgemein etablierten Händel-Verehrung erfolgten, denn bekanntlich hatten erst zwei Jahre zuvor in bescheidenem Rahmen die beiden Hamburger Erstaufführungen des *Messias* stattgefunden, und bis zur großen, breit wirksamen Berliner *Messias*-Aufführung Hillers sollte noch mehr als ein Jahrzehnt vergehen.[147]

Die kirchenmusikalisch ausgerichtete Händelrezeption Reichardts steht also insgesamt auf der Grundlage einer nur schmalen, zudem einseitigen Werkkenntnis, und wie der Kommentar der genannten *Messias*-Arie im Kunstmagazin lehrt, finden nur einzelne Kategorien Händelscher Musik in die Kirchenmusikanschauung Eingang: das Liedmäßige, der schöne, edle, einfache Gesang.[148] Nur durch diese gezielte Einschränkung war für Reichardt der offensichtliche Widerspruch zwischen den eigenen kirchenmusikalisch-stilistischen Idealvorstellungen und der Tonsprache Händels zu lösen.

Es bietet sich an, an dieser Stelle weiter auszuholen und das kompositorische Werk Reichardts in den Blick zu nehmen. Ein Urteil, in welcher Weise Reichardts eigenes kirchenmusikalisches Schaffen an seinen Ideen zur ‚wahren' Kirchenmusik

143 Zum Kontext vgl. Rackwitz, *Händelfest*, 507ff.

144 An Londoner Händel-Aufführungen hat Reichardt lt. Rackwitz gehört: *Samson* (schlechte Aufführung); *Saul*: *How excellent thy name, o Lord* (schlechte Aufführung); *Giulio Cesare in Egitto*: *Alma del gran Pompeo* (ausgezeichnet); *Ottone*: *Affani del pensier un sol momento* (ausgezeichnet); *Radamisto*: *Parmi che giunta in porto* (gut); Anthem: *O come, let us sing unto the Lord* (keine Information); *Messiah* (gut).

145 Briefe (1774), Nr. 4. Vgl. dazu: Hobohm, *Eschenburg*, 209ff.

146 Gut fügt sich dazu, daß Reichardt im zweiten der Briefe von 1774, im Zusammenhang der Besprechung einer Aufführung von Grauns *Tod Jesu*, dessen Schöpfer als den im Vergleich mit Händel angemesseneren Kirchenkomponisten begreift.

147 Zur späteren *Messias*-Pflege Reichardts auf Giebichenstein siehe Salmen, *Reichardt*, 109.

148 Freilich finden sich auch diese Charakteristika nicht durchgängig: Im zweiten Brief von 1774 hatte Reichardt noch kritisiert, daß es Händel „an rührendem und natürlichem Gesange nicht selten fehlet".

ausgerichtet sei, fällt eindeutig aus: So wie die theoretischen Überlegungen im publizistischen Wirken insgesamt zwar musikgeschichtlich bedeutend sind, an Umfang aber – gemessen an Sonstigem – eher eine Randstellung einnehmen, so stehen auch die geistlichen, respektive religiösen Kompositionen eher abseits der hauptsächlichen künstlerischen Entwicklung: Reichardt war in erster Linie Lieder- und Opernkomponist. Auffällig ist zudem, daß die in den kunsttheoretischen Visionen formulierten Anforderungen an das Kirchenmusik-Ideal in den einschlägigen eigenen Kompositionen beinahe durchgängig fehlen: Weder finden sich etwa am Vorbild eines Leonardo Leo stilistisch ausgerichtete, damit den früheren Entwurf *Kirchenmusik* reflektierende Stücke ‚altitalienischen' Zuschnitts, noch ist die Choralproduktion quantitativ auffällig. Für Reichardt charakteristisch ist vielmehr die großbesetzte, konfessionell indifferente, in Anlage und Stil gattungsübergreifende, dabei das ‚Allgemeinreligiöse' repräsentierende Komposition: Erinnert sei an den *Cantus lugubris* (Lucchesini, 1786) oder *Miltons Morgengesang* (1808), an verschiedene Psalm-Vertonungen, unter denen diejenige des 65. Psalms hervorragt, sodann an kantatenhafte Werke, darunter die *Cantata in the Prise* [sic] *of Handel* (Lockman, 1785) und die *Weihnachts-Cantilene* (Claudius, 1786), schließlich an die Oratorien und *Te-Deum*-Vertonungen; etliche dieser Stücke sind kasual gebunden. Auffällig ist immerhin der enge zeitliche Rahmen dieser, wie auch der übrigen, hier nicht weiter besprochenen geistlichen bzw. religiösen Kompositionen, die alle um die Mitte der achtziger Jahre entstanden sind[149] und damit in enger zeitlicher Nähe zur Kirchenmusikdiskussion stehen. Um so mehr verwundert, wie wenig sich Reichardt insgesamt an seinen Visionen orientiert und offensichtlich die glanzvoll besetzten, auf äußere Wirkung angelegten Gattungen bevorzugt hat: Plausibel erscheint vor diesem Hintergrund vor allem eine Orientierung am Werk Händels. Ein wichtiger Anstoß dazu war sicher der überwältigende Eindruck der riesenhaft besetzten Londoner Aufführungen, und es sei daran erinnert, daß Reichardt eine entsprechende Besetzung auch für das als „wahres Muster für ächte hohe Kirchenmusik" apostrophierte *Heilig* von Bach vorgeschlagen und auf diese Weise eindeutig Traditionen der Händelrezeption in die eigene Kirchenmusikanschauung einbezogen hatte.[150]

Doch nicht nur äußere, aufführungspraktische Verfahren hat Reichardt rezipiert, sondern auch werkimmanent-musikalische. Diese sind zunächst in einer weltlichen Komposition zu fassen, eben in der *Cantata in the Prise of Handel*[151] für Sopran, Chor und Orchester. Die Komposition ist noch während Reichardts London-

149 Vgl. dazu Hartung, *Reichardt*, 72; auch Johann Friedrich Reichardt, *Caecilia*, 4 Bde., Berlin 179-95; hier; Bd. 1, Vorbericht: „Es war eine Zeit, da ich mich einige Jahre hindurch ganz mit der Kirchenmusik beschäftigte." Bezeichnend ist die Auswahl der ausdrücklich kirchenmusikalischen Sammlung, u. a. Ausschnitte aus dem 65. Psalm, dem Metastasio-Oratorium *La Passione de Gesù Cristo*, dem *Cantus lugubris*, dem *Te Deum*, der *Cantata in the Prise of Handel*, der Ode auf die Genesung des Prinzen von Preußen etc.

150 Kunstmagazin II, 18.

151 Ausführliche Untersuchung und Textabdruck in Rackwitz, *Händelfest*. Hier wird zudem an konkreten musikalischen Beispielen der Händelsche Einfluss nachgewiesen.

Aufenthalt anläßlich der Händelfeiern entstanden und legt einen Text John Lockmans zugrunde; deutlich steht das Werk in der Tradition der glanzvollen Kasualkompositionen Händels, beispielsweise der *Coronation Anthems*. Reichardts Bekenntnis zum „Händelschen Styl"[152] drückt sich schon in der äußeren formalen Anlage seiner Kantate aus, sodann aber auch in direkten musikalischen Bezügen.[153] Für die spätere deutsche Rezeption dieses Stücks im kirchenmusikalischen Umfeld ist vor allem bedeutsam, daß Reichardt seine *Cantata* schon bald mit einer deutschen geistlichen Parodie versehen hat, unter Verwendung des fünften Psalms nach der Übersetzung Moses Mendelssohns:[154] Die zunächst als ‚weltliches' Ehrengedächtnis „To the Manes of Mr. Handel" konzipierte Komposition ist somit, unter Einbeziehung einer gänzlich anderen Textaussage, förmlich als Kirchenmusik ausgewiesen und als Beleg für die kirchenmusikalische Anschauung Reichardts relevant, wobei die Herdersche Kritik an der „schön-gereimten Cantate" dadurch umgangen wird, daß die Parodie reinen Bibeltext verwendet: Gewissermaßen wird durch diesen Vorgang ‚Händels Geist aus Reichardts Feder' der zeitgenössischen protestantischen Kirchenmusik dienstbar gemacht.

Im weiteren sind es dann aber vor allem kirchliche oder religiöse eigene Werke, in denen sich – nach Reichardts Aussage – „Spuren eines neuen Geistes" finden[155]; dies bemerkte auch die zeitgenössische Kunstkritik.

> Ein anonymer Berichterstatter beurteilt die für den Schweriner Hof verfaßte Komposition des 65. Psalms in einem Brief vom 4. Januar 1785 wie folgt: „Sie wissen es, daß der Capellmeister Reichardt in unsers lieben Claudius Wohnung einen Mendelssohnschen Psalm für unsern Hof geschrieben hat. Dieser ist schon sehr oft mit dem grössesten Beifall aufgeführt, und wird mit Recht unter die ersten Stücke dieser Art gezählt. Eine edle Simplizität herrscht durchs Ganze, und der Geist eines Händels belebt darin die Feder Reichardts. – Es ist, deucht mir, das größeste Lob, was ich meinem Zeitgenoß geben kann, wenn ich bemerke, wie sehr er sucht, sich durch den Kunstdampf durchzuarbeiten, und nun den Schritten eines seiner Vorgänger folgt, dessen Harmonien von den Engländern sowohl, als seinen Landsleuten mit Recht vergöttert werden. – Damit ist Reichardt kein Ausschreiber. Er macht es nicht so, wie manche andre Componisten, die aus Hasses Oratorien von Metastasio ganze Chöre, ganze Arien, ja sogar Recitative unter ihre aufgegebenen deutsche Texte legen, und sie nun unter ihrem Namen aufführen." Die Anspielung auf Hillers Parodie-Praxis ist deutlich.[156]

Daß eine solche Affinität zum Schaffen Händels von den Zeitgenossen andererseits auch kritisch aufgefaßt wurde, belegt Ernst Wilhelm Wolfs Rezension einer Berliner

152 Brief Reichardts vom 7. Oktober 1786 an Herder; vgl. Rackwitz, *Händelfest*, 513.

153 Vgl. Salmen, *Reichardt*, 290f., besonders Rackwitz, *Händelfest*, 513ff.

154 Exemplar, mit leichten Veränderungen gegenüber der englischen Originalfassung, in SWl Mus. ms. 4408.

155 Der Begriff fällt im Brief Reichardts vom 24. Juni 1785 aus London an den Kronprinzen von Preußen, den späteren König Friedrich Wilhelm II.; Auszug in Rackwitz, *Händelfest*, 513, vollständig in: Salmen, *Reichardt*, 58f.

156 Magazin der Musik II,1, 349ff.

Aufführung des Reichardtschen *Te Deum.*[157] In dem Text, der freilich durch Reserven gegen das Berliner Musikleben voreingenommen ist, wird nicht eben positiv vermerkt, daß die Musik im „Händelschen Geschmack" gehalten sei und nicht im Stile der ‚modernen' Kirchenmusik Johann Adolf Hasses oder Carl Heinrich Grauns: Das Stück weise „weder Harmonie noch kraftvolle Melodie, weder Kenntniß von Kirchenmusik, noch Kirchentonarten" auf. Wolfs bissige Kritik, die sich auf die ungenügende Handhabung retrospektiver Stil- und Satzprinzipien richtet, erstreckt sich bis in elementare kompositorische Vorgänge:

> „Die Ouverture war einer schlechten Biersinfonie im Ditterschen Geschmack ähnlich; die Singstimmen singen das Te Deum allein mit alter Kirchenmelodie, ohne durch alte Harmonie unterstützt zu seyn, an. Auch sogar eine Fuge hatte der Herr Capellmeister gewagt hinein zu bringen, wovon aber schon der Eintritt des Gefährten ganz wider den Fugensatz war; viel weniger was nun noch die besonderen Eigenschaften einer jeden Fuge sind, also z. B. die Modulation [...]".[158]

Mit ähnlicher Distanz, im ganzen aber freundlicher bespricht Wolf auch die Aufführung von Reichardts *Cantus lugubris* aus Anlaß der Beisetzung Friedrichs des Großen in der Garnisonkirche (1786): Kritische Anmerkungen gelten hier mehr aufführungspraktischen Umständen als der Komposition selbst.[159] Eine Beziehung zu Händel erkennt Wolf vor allem in der vergleichbar imposanten Besetzung der Berliner *Messias*-Aufführung desselben Jahres. Zu erwägen wäre aber, ob nicht noch weitere formale und kompositorische Sachverhalte eine direkte Anlehnung an Händel nahelegen: Als Vergleichsmaterial käme vor allem das Funeral Anthem *The Ways of Zion do mourn* (HWV 264) in Betracht.

> Wie das Nachlaßverzeichnis von 1814 ausweist, hat Reichardt eine Abschrift dieses Werks besessen. Ähnlich ist nicht nur der äußere Anlaß der Kompositionen, sondern auch die formale Anlage: Das ausdrücklich als „Kantate" bezeichnete Stück Reichardts ist, wie auch das *Funeral Anthem*, nicht in der üblichen Folge von Chören, Arien und Rezitativen vertont, sondern es handelt sich um die durchkomponierte Form einer 16strophigen Ode des Marquis Lucchesini (deutsche Übertragung von K. W. Ramler) für Soli, Chor und Orchester, bei überwiegend homorhythmischer Behandlung der Singstimmen. Die außergewöhnliche formale Anlage der

---

157 [Ernst Wilhelm Wolf], *Bemerkungen eines Reisenden über die zu Berlin vom September 1787 bis Ende Januar 1788 gegebene öffentliche Musiken*, 9f. Für die Zuschreibung des anonymen Textes siehe: Hans-Günter Ottenberg, *C. P. E. Bach and Carl Friedrich Zelter*, in: Stephen L. Clark (Hrsg.), C. P. E. Bach Studies, Oxford 1988, 190 Anmerkung 34.

158 Ebd. Vgl. außerdem: Stellungnahme von Christian Gottlieb Thomas im Zusammenhang mit der Berliner Aufführung seines 117. Psalms in: AMZ 4 (1802), Intelligenz-Blatt XVII. Enttäuscht hat sich übrigens später auch Theodor Körner über eine Dresdner Aufführung des *Te Deum* geäußert; Brief vom 1. Dezember 1809 an seinen Vater; vgl. Salmen, *Reichardt*, 343 Anmerkung 1117.

159 Neben der schwachen Leistung der Solisten und des ungünstig plazierten Orchesters bemängelt Wolf vor allem, daß – auf Veranlassung Reichardts – der Flügel gefehlt habe. Der Effekt in der Einleitung des Schlußsatzes mit Pauken und Waldhörnern habe – laut Wolf – sein Vorbild allerdings in der *Passionskantate* (H 776) C. Ph. E. Bachs; [Wolf], *Bemerkungen*, 5.

Komposition haben schon die Zeitgenossen wohlwollend kommentiert[160], und auch Reichardt selbst hat den *Cantus* offenbar hoch eingeschätzt, denn er hat dazu noch nach Jahren anhand von Verlaufsbeschreibungen und Tonartenplan seine ‚poetische' Idee formuliert.[161] Zweifellos wurde die Komposition förmlich als Kirchenmusik aufgefaßt und entsprechend bewertet, und so zieht etwa Johann Karl Friedrich Rellstab am Ende seiner detaillierten, zugleich kleinlichen, dabei Reichardt wohlwollenden Analyse, die zudem als Replik auf Wolfs Einlassungen gedacht war, das Fazit: „Das Ganze dieser Music ist edel, groß, und der wahren Form einer herz- und seelerhebenden Kirchenmusic angemessen, der Styl bleibt durchgängig gleich, und an Haltung ist es ein vorzügliches Ganzes."[162] Kritische Anmerkungen gelten der ambivalenten und inkonsequenten Haltung im Blick auf das eigene Kirchenmusikideal: Es ist bezeichnend, daß Reichardt der Verwendung eben jener Elemente (Tanzrhythmen) überführt wird, die er selbst – im Zusammenhang seines Lavater-Zitats – als unwürdig kritisiert hatte.

Während mit Blick auf Händel offenbar ein umfassender Aneignungsprozeß von der – unter kirchenmusikalischen Gesichtspunkten – reservierten Besprechung des *Judas Maccabäus* (1774) bis hin zur Beurteilung als „Patriarch ächt deutscher Kirchenmusik" (1805) erfolgte[163], sei abschließend darauf verwiesen, daß Reichardt zum kirchenmusikalischen Schaffen Johann Sebastian Bachs keinen Zugang gefunden hat.[164] Das Reichardtsche ‚Münster-Erlebnis' jedenfalls ist ausschließlich auf Bachs Instrumentalmusik bezogen: In gleicher Weise wie Goethe für ein historisch unvoreingenommenes Kunstverständnis eintretend, hatte Reichardt im Zusammenhang mit dem Abdruck der f-Moll-Fuge aus dem zweiten Band des *Wohltemperierten Klaviers* dessen berühmte Schilderung des Straßburger Münsters eingerückt.[165] Obschon hierdurch eine Wertschätzung Bachs (gleichwohl unter historistischer Akzentuierung) angedeutet ist, mutet eigenartig an, daß trotz der emphatisch angekündigten Choraledition Philipp Emanuels[166], trotz der nachmaligen Choralpflege auf Giebichenstein[167] auch später keine Einbeziehung – etwa der Choralkantaten – in die Kirchenmusikanschauung erfolgte. Der Tenor seines Bach-Verständnisses lautet: Bachs „Singesachen" enthalten „höchste Arbeit", es herrsche jedoch ein „zu großer Mangel an ächtem guten Geschmack, an Kenntniß der Sprache und der Dicht-

160 Johann Karl Friedrich Rellstab, *Ueber die Bemerkungen eines Reisenden, die Berlinischen Kirchenmusiken, Concerte, Oper und die Königliche Kammermusik betreffend*, Berlin 1789, 5ff. Die Komposition erschien schon bald danach im Druck als *Cantus lugubris in obitum Friderici Magni Borussorum Regis*, Berlin 1787/88.

161 Vgl. z. B.: Musikalisches Kunstmagazin II, 64.

162 Rellstab, *Bemerkungen*, 16. Vielleicht nicht zufällig ist hier ein für Reichardt zentrales ästhetisches Ideal, der Skopus des „Ganzen", angesprochen; vgl. dazu die Kritik zu Glucks *Alceste* in: ADB 33 (1778), 307ff., sowie deren wörtliche Übernahme in die *Thirza*-Rezension im Kunstmagazin I, 82ff. Hartung, *Händel und seine Werke*, 155f. Carl Friedrich Cramer hat die entsprechenden Ausführungen Reichardts als das „allerunbestimmteste theoretische Gerede von der Welt" bezeichnet und die mangelnde Präzision kritisiert. Magazin der Musik I,1, 51.

163 Vgl. die Ausführungen zur philanthropischen Beeinflussung Reichardts in Kap. 5.4.

164 Vgl. dazu die Zusammenstellung des Materials in Dok III. Gleiches gilt übrigens auch im Hinblick auf Telemann; vgl. Salmen, *Reichardt*, 208.

165 Kunstmagazin I, 196f.

166 Kunstmagazin I, 51.

167 Salmen, *Reichardt*, 109.

kunst".[168] Noch im Jahre 1806 spricht Reichardt mit Verachtung von den Kirchenkantaten:[169] Bachs Kirchenmusik blieb ihm zeitlebens verschlossen. Denn zu den musikalisch-stilistischen Vorbehalten traten prinzipielle, aus der geistigen Enge des protestantischen Amts sich herleitende. Die Händel-Renaissance hatte sich auf „genuin protestantischer", aber auch „genuin aufklärerischer Grundlage" (Hartung) vollzogen.[170] Weil indes das aufklärerisch nutzbare und in diesem Sinne auch stilistisch adaptierbare Element in Bachs Vokalwerk hinter der streng christozentrischen bzw. liturgisch-dogmatischen Prägung zurücktritt, ist eine vergleichbare Annäherung unterblieben. Zu konstatieren ist in der Reichardtschen Kirchenmusikanschauung eine ausgesprochene Polarität ‚Bach – Händel', freilich in genau entgegengesetzter Akzentuierung der seit dem späteren 19. Jahrhundert stabilen Vorstellung.

---

168 Reichardt, Almanach 1796; zitiert nach Salmen, *Reichardt*, 209.

169 Berlinische Musikalische Zeitung II (1806), Musikbeilage Nr. 51. Zur ‚Abschreckung' zitiert Reichardt die Kantaten BWV 135, 20 und 99; zum Bachbild insgesamt: Salmen, *Reichardt*, 209f.

170 Hartung, *Händel, Mozart und Reichardt*, 128ff.

6. Oratorientheorie um 1780

6.1. Terminologische Probleme

Nicht die musikalisch-stilistische Auseinandersetzung, sondern das Ringen um die angemessene Librettogestaltung stand im Zentrum der Oratorientheorie um 1780. Diese war geprägt durch eine vielfältige Diskussion: Traditionelle Vorstellungen, wie etwa die Beibehaltung oder Abschaffung biblischer Historie als Textgrundlage bzw. die Anwendung oder Zurückweisung opernhaft dramatischer Formelemente kollidierten mit solchen Ideen, die auf der Grundlage von „Simplizität", „Erbauung", „Empfindung" die Bereitstellung geeigneter ‚zeitgemäßer' Libretti verlangten. Längst nicht entschieden ist freilich, welches eigentlich um 1780 die Implikationen der Pole ‚traditionell' und ‚modern' sind, in welcher Weise vor dem Hintergrund der Überlegungen zur ‚wahren' Kirchenmusik die Erscheinungsformen zu bewerten sind.

Zweifellos also haben die Zeitgenossen im späteren 18. Jahrhundert das Oratorium vorrangig als Textproblem verstanden[1]; terminologisch eindeutige Verhältnisse haben sie freilich nicht schaffen können. Die zahlreichen Vesuche, eben die Textgestalt zu charakterisieren und zu spezifizieren, belegen vielmehr eine flexible Handhabung innerhalb des angedeuteten vielschichtigen Spektrums. Neben den häufig synonym gebrauchten Bezeichnungen „Oratorium" und „Kantate"[2] begegnen etwa solche Benennungen wie „biblisches Gemälde" (Herder/J. Chr. F. Bach), „biblische Geschichte" (Herder/J. Chr. F. Bach), „lyrisches Drama" (Sulzer), „geistliches Drama" (Schicht), „geistliches Singgedicht" (Königslöw), „musikalisches Drama" (Rolle), „religiöses Drama" (Niemeyer) oder auch einfach „Singstück" (Kühnau). Die Musikforschung hat diese terminologische Unsicherheit übernommen. Kategorisierungen wie „sentimentales Oratorium", „Idyllenoratorium", „Messiasoratorium", „lyrisches Oratorium" oder „dramatisches Handlungsoratorium" sind zwar einerseits um Akzentuierung wirkungsästhetischer, sujetbezogener oder handlungsspezifischer Momente bemüht, vermögen aber andererseits Überschneidungen nicht auszuschließen. Prinzipiell diskussionsbedürftig und kritisch zu prüfen ist namentlich der von Arnold Schering 1911 konstruierte Begriff des „Idyllenoratoriums", somit die Verbindung einer spezifisch literarisch-poetischen Gattung mit im weitesten Sinne musikalischen Phänomenen.

> Scherings Definition lautet wie folgt: „Ferner [...] schleicht sich die Vorliebe für Idyllen ins Herz der Oratorienverfasser, damit einen Ausgleich schaffend zu den gewaltigen Erregungen

---

1 Der von Kirnberger verfaßte Artikel *Oratorium* in Johann Georg Sulzers *Allgemeine Theorie der schönen Künste* etwa weist die Gattung sowohl der Poesie als auch der Musik zu.

2 Vgl. zum Versuch der Abgrenzung unten. Bezeichnend ist, daß im Zusammenhang mit Grauns *Tod Jesu*, immerhin exemplum classicum für das Denkmodell in polaren Kategorien, die Begriffe ‚Kantate' und ‚Oratorium' wechseln. Vgl. auch König, *Studien*, 96f.

der Passions- und Weltgerichtsdramen.[3] Es zeigt sich endlich, verbunden damit, eine unbegrenzte Liebe zur Schilderung der Natur, sei es von ihrer furchtbaren Seite mit Erscheinungen von Gewittern, reißenden Strömen, Stürmen, Felsstürzen, Flammenmeeren, sei es von der lieblichen Seite mit Morgen- und Abendstimmungen, Sonnen- und Mondaufgängen, Bachesrauschen, Vogelsang. Und gerade hierin, im detaillierten Ausmalen feiner und feinster Naturstimmungen – am liebsten im begleiteten Rezitativ – liegt einer der anziehendsten Punkte der in Frage stehenden Oratorienliteratur, liegt dasjenige, was uns, die wir mit Haydn's Oratorien vertraut sind, am leichtesten ihren Pulsschlag nachfühlen läßt."[4]

Schering läßt sich wesentlich von den in den Libretti nach 1750 auch vorkommenden Naturschilderungen leiten. Freilich sind Einwände gegen diese Benennung vorzubringen und ist die nur einen Teilaspekt des zeitgenössischen Idyllenbegriffs abdeckende Fixierung bloß auf Naturerscheinungen wie auch die unzureichende Reflexion des Begriffs zu kritisieren. Untrennbar mit diesem im 18. Jahrhundert verbunden ist aber neben der Schilderung freilich vor allem sanfter, lieblicher Naturszenen sowie der Erweckung entsprechender, aus dem Schönheitsideal der Natur gewonnener Empfindungen, auch stets der Entwurf einer pastoralen, also dem Hirtenleben zuzurechnenden Lebensform: Idylle meint Schäferdichtung, sie sei in Versen oder in Prosa gestaltet. Der folgende charakteristische Ausschnitt aus *Daphnis* (1756) von Salomon Gessner, dem wohl bedeutendsten Zürcher Idyllendichter, sei eingerückt, um Diktion und Ausdruckswelt der Idylle beispielhaft in Erinnerung zu rufen:

„Aristus (so hieß der Greis aus Croton) war indeß auch aus der Hütte gegangen, die Gegend zu besehen, er bestieg einen nahe gelegenen Hügel, und sah da eine ausgebreitete Gegend im Morgenlicht, strauchichte Hügel, ferne blaue Berge, weite ebene Felder und Wiesen voll fruchttragender Bäume, und zerstreute Wälder von geraden Tannen und schlanken Eichen und Fichten. Fernher rauschte der Flus, zwischen Feldern und Hügeln und Hainen, und Felswänden, mit majestätischem Getöse, nahe Bäche lispelten durch das Gras, oder rauschten in kleinen Fällen, sanft in das Getöse, und ein Heer von schwärmenden Vögeln sang froh auf bethauten Aesten oder hoch in glanzvoller Luft ein mannigfaltiges Gesang, untermischt von den Flöten der Hirten, und dem Gesang der Mädchen, die gesellschaftlich auf fernen und nahen Hügeln oder ebnen Wiesen die Herden weideten. [...] Welche Seligkeit! hub er itzt an, welche Ströme von Wollust! Ach! Kaum faßt sie mein wallendes Herz! Ach Natur! Natur! wie schön bist du! wie schön in unschuldiger Schönheit, wo dich die Kunst unzufriedener Menschen nicht verunstaltet! Wie glücklich ist der Hirt, wie glücklich der Weise, der dem grossen Pöbel unbekannt, in lachenden Gefilden, solche Wollust genießt, und Weisheit sammelt, und unbemerkt grössere Thaten thut, als der Eroberer und der angegaffete Fürst! O sey mir gegrüßt, stilles Thal! Seyt mir gegrüßt, fruchtbare Hügel! und ihr, ihr rieselnden Bäche! ihr Fluren, und ihr, ihr Haine, festliche Tempel des stillen Entzückens und der ernsten Betrachtung, seyd mir gegrüßt! Wie lieblich lachet ihr mir im Morgenlichte entgegen! Süsse Freude und Unschuld lachen mir von allen Hügeln, von allen Fluren zu; Ruhe und Zufriedenheit sind die frohen Bewohner der Hütten, die auf den Hügeln oder an schlängelnden Bächen in sanften Schatten fruchttragender Bäume zerstreut stehn; kleine bequemliche Hütten! Wie wenig mißt ihr, ihr Hirten! wie nahe seyd ihr dem Glück!"[5]

Und Johann Georg Sulzer beispielsweise druckt in *Allgemeine Theorie der schönen Künste* von 1792 Christoph Martin Wielands programmatische *Gedanken über die Idille* ab, wonach

---

3 Gemeint sind hier solche, zunächst besonders in Hamburg verbreitete, teilweise durch drastischen Realismus geprägte Textvorwürfe wie etwa in Händels *Brockes-Passion* (nach Libretto von Barthold Hinrich Brockes) oder in Telemanns *Der Tag des Gerichts* (Dichtung von Christian Wilhelm Alers).

4 Schering, *Oratorium*, 363.

5 [Salomon Gessner], *Daphnis*, o. O., 1756, 62ff. Zitiert nach: Walther Killy (Hrsg.), *Die Deutsche Literatur. Texte und Zeugnisse*, Bd. IV/1 (= 18. Jahrhundert, 1. Tlbd.), München 1983, 413.

diese verstanden wird als „Gemählde aus der unverdorbenen Natur, [wo die] Sitten und Empfindungen der Hirten von allem gereinigt seyn müssen, was den polizirten Völkern unter dem Namen der Gebräuche, des Wolstands, der Politesse und dergleichen, die freyen Würkungen der Natur hindert."[6]

Gegenstand der Idyllen sei, was „in der leblosen, in der thierischen und sittlichen Natur den meisten Reiz hat." Wichtig ist, daß die Verwurzelung des Schäfergedichts in der griechischen und römischen Antike im Bewußtsein des 18. Jahrhunderts ebenso gegenwärtig war, wie die Affinität zu solchen naturgegebenen Voraussetzungen, die vor allem im Süden Europas, in ‚Arkadien' anzutreffen sind.

Mit Blick auf die musikalische Gestaltung der Idylle hat sich vor allem Johann Friedrich Reichardt geäußert.[7] Auch er faßt den Begriff ausgesprochen eng und wendet ihn allein auf das Schäfersujet an; die Begriffe „Idylle", „Pastorale" und „Schäfergedicht" werden von ihm synonym verwendet. Deren musikalische Haupteigenschaft sei das Sanft-Stimmungshafte, die einfache harmonische Fortschreitung, der unauffällige rhythmische Verlauf: Alles zielt also auf Einheitlichkeit und Ausgeglichenheit ab: „Alles Starke, alles Heftige liegt ausser dem Gebiete der Idylle."[8] Arien und Rezitative, vor allem in der unmittelbaren Folge, werden als ungünstig für die Idyllenvertonung angesehen, weil der hierin implizierte deklamatorische Kontrast die Einheit der Empfindung des Schäfergesangs störe. Interessant sind Reichardts Vorschläge zur instrumentalen Gestaltung: Um der Idyllenkomposition ein individuelles Klangbild zuzueignen, sei ein allein aus Bläsern (Oboen, Flöten, Hörner, Fagotte) zusammengesetztes Instrumentarium ideal. Formal eigne sich das Rondeau besonders gut zur musikalischen Darstellung, weil sich hier das Streben nach einheitlicher musikalischer Gestalt am besten verwirklichen lasse: Die Anlage mit je wiederkehrendem Refrain und eingeschobenen Couplets biete gleichzeitig die Möglichkeit zur Variierung bzw. zur Vermeidung eintöniger Verläufe.

Selbst wenn man in Rechnung stellt, daß Reichardts Idyllen-Begriff als bloßer Entwurf intendiert war, sich hier also keine prinzipiellen, in der Praxis der Zeit allge-

---

6 Sulzer, *Allgemeine Theorie* II, 584. In diesem Sinne dürfte die – soweit zu sehen – singuläre Bezeichnung der Schlüsselstelle aus Klopstocks Messiade (der *Wechselgesang der Mirjam und Debora* im zehnten Gesang) durch Carl Friedrich Cramer als „Traueridyll" kaum gattungstheoretische Relevanz beanspruchen; vgl. Godehardt, *Telemanns ‚Messias'*, 143.

7 *Ueber die musikalische Idylle*, in: Kunstmagazin I, 167ff. *Ueber die musikalische Komposition des Schäfergedichts*, in: Deutsches Museum II, 1777, 270-288. Siehe auch: Palent, *„Weihnachts- Cantilene"*, 78f., und Günter Fleischhauer, *Johann Friedrich Reichardts Vertonung der Idylle „Der May" von Karl Wilhelm Ramler*, in: Studien zur Berliner Musikgeschichte, Berlin 1989, 82-100. Vgl. ferner gattungstheoretisch zur Idylle: Renate Böschenstein-Schäfer, *Idylle* (= Sammlung Metzeler, Bd. 63), Stuttgart [2]1977. Gerhard Hämmerling, *Die Idyllen von Geßner bis Voß. Theorie, Kritik und allgemeine geschichtliche Bedeutung* (= Europäische Hochschulschriften I/398), Frankfurt/M. 1981. Heidemarie Kesselmann, *Die Idyllen Salomon Geßners im Beziehungsfeld von Ästhetik und Geschichte im 18. Jahrhundert* (= Hochschulschriften Literaturwissenschaft, Bd. 18), Kronberg/Ts. 1976. Klaus Bernhard, *Idylle. Theorie, Geschichte, Darstellung in der Malerei, 1750-1850* (= Dissertationen zur Kunstgeschichte 4), Köln-Wien 1977. Bernhard weist darauf hin, daß erst „seit der Deklarierung der Familie zum idyllischen Gegenstand (nach 1790, etwa durch Voß oder Goethe) [...] eine religiöse Idylle im Sinne der heiligen Familie möglich" ist; ebd., 60. Weiterhin: „Jedes religiöse Thema, das im idyllischen Profanbereich kein Äquivalent findet, kann keine Idylle sein, da es einen zu starken Jenseitsverweis hätte." Helmut J. Schneider, *Deutsche Idyllentheorien im 18. Jahrhundert* (= Deutsche TextBibliothek 1), Tübingen 1988. Hingewiesen sei zudem auf den informativen Ausstellungskatalog *Maler und Dichter der Idylle. Salomon Gessner 1730-1788* (= Ausstellungskataloge der Herzog August Bibliothek, Nr. 30), Wolfenbüttel [2]1982.

8 Reichardt, *Komposition des Schäfergedichts*, 270.

meingültigen musikalischen Richtlinien widerspiegeln, wird aus den hier und von Sulzer genannten Idyllen-Kriterien ohne weiteres deutlich, daß diese für den größten Teil der Oratorienliteratur kaum zutreffen. Skeptisch macht auch, daß Reichardts Abhandlung die Oratorien nicht mit einschließt, und auch in der sonstigen zeitgenössischen Diskussion um den Oratorienbegriff findet sich – soweit zu sehen – nirgends eine Forderung nach der programmatischen Miteinbeziehung von Idyllen-Sujets. Folglich lautet ein weiterer Einwand gegen Scherings Bezeichnung, daß hier allenfalls ein Nebenschauplatz der zeitgenössischen Oratorienpraxis eine unangemessene Exponierung erfahre. Denn es ist offensichtlich, daß, sofern solche idyllischen Momente in den Libretti überhaupt erscheinen, ihnen häufig nur periphere inhaltliche Bedeutung zukommt. Eine Sonderstellung nehmen indes die Weihnachtsoratorien ein, bei denen allerdings bereits das Sujet – und nicht erst die Librettogestaltung – einen ausgesprochenen Hang zum Idyllischen aufweist. Doch ist auch hier Vorsicht geboten, denn das gelegentlich breiter entwickelte Hirtenszenario ist funktional eindeutig in heilsgeschichtliche Verläufe eingebunden: die „freyen Würkungen der Natur“ (Wieland) um ihrer selbst willen sind deshalb nur bedingt relevant.[9]

6.2. Pole der Librettogestaltung

6.2.1. Lyrische Anlage: der Entwurf in Forkels Almanach von 1783

Die gattungstheoretischen und textbezogenen Überlegungen entzündeten sich maßgeblich an der Frage, ob sich ein Oratorientext im „lyrischen“ oder „dramatischen“ Zuschnitt zu präsentieren habe. Angemessen scheint, in einem markanten Beispiel der historischen Diskussion zu folgen, und so bietet sich an, den wichtigen anonymen Artikel in Johann Nikolaus Forkels Musikalischem Almanach von 1783 *Ueber die Beschaffenheit der musikalischen Oratorien, nebst Vorschlägen zur veränderten Einrichtung derselben* zum Ausgangspunkt zu nehmen.[10]

Als Verfasser dieses für die Oratorientheorie um 1780 überaus wichtigen Textes ist auch Johann Nikolaus Forkel selbst, als Herausgeber des Almanachs, in Betracht gezogen worden. Aufgrund eines eigenen alttestamentlichen *Hiskias*-Oratoriums, das schon äußerlich den hier verhandelten Grundsätzen zu widersprechen schien, wurde er aus dem Kreis der möglichen Kandidaten jedoch wieder ausgeschieden.[11] Immerhin aber hat man festgestellt, daß der Ent-

---

9 In diesem Sinne gleichfalls kritisch hatte sich Herder zu Ramlers *Hirten bey der Krippe*, dem wohl populärsten zeitgenössischen Weihnachtsoratorium, ausgsprochen: „Idylleneindruck, wo lauter Schäferbilder und Worte und von Anfang bis zu Ende kein Zug und Hauch einer Hirtenseele ist! bloß eine Maske Jesaias, Virgils und Pope in Schäferkleidern! –“ *Von deutscher Art und Kunst* (= Herder, Sämmtliche Werke 5, 207).

10 Forkel, Almanach 1783, 166ff.

11 Schering, *Oratorium*, 365. Waldemar Kawerau, *Aus Magdeburgs Vergangenheit. Beiträge zur Litteratur- und Culturgeschichte des achtzehnten Jahrhunderts*, Halle 1886, 257, weist den Text ohne weitere Begründung Forkel zu; Barbara Wiermann, *Werkgeschichte als Gattungsge-*

wurf im Almanach vorzüglich mit Forkels Kirchenmusikanschauung in seiner Musikgeschichte[12] übereinstimmt; hinzuweisen wäre noch darauf, daß der Komplex ‚Oratorium' darin ausgespart geblieben ist, sich beide Texte also gut ergänzen. Ein weiteres Argument für die Autorschaft Forkels liefert vielleicht eine genauere Untersuchung des *Hiskias*.[13] Das nach Jesaja, Kap. 38, von Joachim Christian Blum (1737-1790) gedichtete und zweiteilig angelegte, bisweilen stark an den Bibeltext angelehnte Libretto hat keine eigentliche Handlung: Der erste Teil enthält zahlreiche Reflexionen über Tod und Vergänglichkeit, sodann Gottes Ankündigung des bevorstehenden Todes Hiskias', schließlich Klagen von König und Volk. Im zweiten Teil kommt es zur undramatischen Errettung mit anschließenden Freuden- und Dankbezeugungen. Zugrunde liegt die von den Zeitgenossen bevorzugte, in Oratoriensujets häufig anzutreffende Auferstehungs- und Erlösungsthematik: Neben der traditionellen, unmittelbar auf die christliche Heilsgeschichte bezogenen Passion ist in diesem Zusammenhang auch auf alt- und neutestamentliche Stoffe zu verweisen, die eine vergleichbare exegetische Behandlung gestatten und in dichterischer Umsetzung etwa in Herders und Niemeyers *Lazarus* oder der Darstellung des Isaac-Stoffes durch Metastasio bzw. ebenfalls Niemeyer vorliegen. Mit nur knappen dialogischen Partien handelt es sich bei *Hiskias* um ein kontemplativ-betrachend-lyrisches Libretto, das den im Almanach ausgesprochenen Forderungen durchaus gerecht wird.[14]

Der Verfasser leitet seine explizite Gegenüberstellung lyrisch/dramatisch von der Überlegung ab, daß sich in der Oratoriengeschichte ein Funktionswandel vollzogen habe: Ursprünglich als öffentliches „theatralisches" Schauspiel konzipiert, durch das die „Mönche" das Volk „zu leiten und zu lenken" vermochten, habe sich eine Entwicklung vollzogen, die eine Aufführung ausschließlich im Konzertsaal vorsehe. Vor dem Hintergrund der gewandelten Aufführungsbedingungen also – und nicht

---

schichte: „Die Auferstehung und Himmelfahrt Jesu" von Carl Philipp Emanuel Bach, in: BJ 1997, 132, läßt die Verfasserschaft offen.

12 Forkel, *Allgemeine Geschichte* II, 1ff.

13 B Mus. ms. autogr. J. N. Forkel 5.

14 Das Oratorium ließe sich allenfalls dem von Köpken/Michaelis später so bezeichneten „lyrisch-dramatischen" Typus zuordnen; vgl. Kap. 6.2.3. Das autographe Manuskript ist datiert „Göttingen im Februar 1789", doch muß die Komposition früher entstanden sein, wie das Angebot schon im Supplement XIV des thematischen Breitkopf-Katalogs von 1781 bezeugt; vgl. Barry S. Brook, *The Breitkopf Thematic Catalogue*, New York 1966, 758. Von Forkel existiert außerdem das Weihnachtsoratorium *Die Hirten bey der Krippe* nach Ramlers Text, das an gleicher Stelle offeriert wird und Forkels Präferenz für den lyrischen Oratorientyp unterstreicht. Die *Hiskias*-Dichtung Blums geht übrigens ebenso auf Anregungen und Vorstudien Anna Amalias zurück, wie das Libretto zu Ramlers *Tod Jesu*; vgl. B Am. B. 604.12 und den Artikel *Blum*, in: Schlichtegroll, *Necrologe 1790* II, 198-224. Auch dieser Umstand der gewissermaßen gleichen geistigen Urheberschaft mit dem ‚Prototyp' lyrischer Behandlung deutet an, daß mit dem *Hiskias* kaum eine poetologisch dem anderen Pol der Oratoriendichtung zuzurechnende Schöpfung vorliegt. Die Prinzessin hatte sich übrigens im Zusammenhang ihres *Hiskias*-Entwurfs diverse theoretische Leitsätze notiert, wonach das Oratorium seinem Gattungsverständnis nach eine „Erzählung" bedeute, „welche (ob zwar von verschiedenen Stimmen abgesungen wird) dennoch keine Handlung ist." Vgl. B Am. B. 604.13. Dem *Hiskias*-Stoff hat sich ferner Christian Ehregott Weinlig zugewandt, dessen Oratorium 1796 in Danzig aufgeführt wurde; vgl. Rauschning, *Danzig*, 47; erinnert sei schließlich an Johann Kuhnaus *Biblische Sonaten*, in denen die Hiskias-Thematik ebenfalls behandelt ist, und an Martin Geck, *Deutsche Oratorien 1800-1840. Verzeichnis der Quellen und Aufführungen* (= Quellenkataloge zur Musikgeschichte, Bd. 4), Wilhelmshaven 1971, 27f., der über ein – unechtes – *Hiskias*-Oratorium Johann Peter Salomons berichtet.

primär durch textbezogene oder musikimmanente Kriterien – definiert der Verfasser das Gegensatzpaar dramatisch/lyrisch: Wie die dramatische (theatralische) Behandlung den seinerzeitigen Intentionen angemessen gewesen sei, könne heute nur die lyrische angewandt werden. Der moderne Aufführungsort sei kein Theater, demnach sei hier keine Musik möglich, die eine eigentliche Szene bzw. Bühneneffekte verlange, die zu viele Dialoge enthalte und die in der Wahl alttestamentlicher Sujets Stoffe behandele, deren fehlende Aktualität und Bezug zum zeitgenössischen Leben keine „fruchtbringenden Empfindungen" erzeuge.

Unter diesen Bedingungen sei die gegenwärtig zu beobachtende Hinwendung zum dramatischen Oratorientyp „beynahe ganz in ihrer alten unveränderten Gestalt" unverständlich: Wie aus etlichen beispielhaften Bezugnahmen deutlich wird, sind es namentlich die außerordentlich erfolgreichen „musikalischen Dramen" Johann Heinrich Rolles, denen der Autor eine unzweckmäßige „Beschaffenheit" vorwirft, sodann auch einzelne alttestamentliche Oratorien Händels (*Deborah*, *Esther*, *Samson*, *Saul*; genannt ist auch *Judas Maccabaeus*).[15]

> Tatsächlich spiegelt eine solche Auffassung ein älteres Gattungsverständnis wider. Johann Gottfried Walther[16] nennt das Oratorium „eine geistliche Opera, oder musicalische Vorstellung einer geistlichen Historie" unter Betonung der römischen Herkunft wie auch – im klaren Gegensatz zum späteren Simplizitätsideal – des ausgesprochenen Kunstcharakters: „Die musicalische Composition muß reich an allen seyn, was nur die Kunst sinnreiches und gesuchtes aufzubringen vermag." Weitere Autoren schließen sich dieser Auffassung an, wobei der Akzent auf die „dramatische" Gestaltung gelegt ist: „Ein Oratorium ist also nichts anders, als ein Sing-Gedicht, welches eine gewisse Handlung oder tugendhaffte Begebenheit auf dramatische Art vorstellet."[17] Ausdrücklich eingeschlossen sind in diese Definition biblische Passionsvertonungen, wenngleich diesen wegen ihrer dramatischen, zugleich auch epischen Beschaffenheit ein Sonderstatus zukomme.[18] Das Merkmal „dramatischer" Gestaltung begegnet beinahe durchgängig, wobei „dramatisch" im weitesten Sinne als ‚dialogisch' aufgefaßt wird; am weitesten geht Scheibe in seiner Bestimmung, wenn er die Oratorien für „wirkliche theatralische Stücke" hält, „denen nichts mehr als die Auszierung der Schaubühne und die Verkleidung der Sänger mangelt."[19]

---

15 Kritisch, unter Berufung auf Sulzer, *Allgemeine Theorie*, Art. *Oratorium*, wird die Dialogpraxis in den dramatischen Oratorien beurteilt, etwa in Rolles *Der Tod Abels*; in dessen Komposition *Thirza und ihre Söhne* sei das Prinzip sogar noch weiter getrieben, indem nicht nur gehäuft knappe rezitativische „wechselsweise An- und Ausrufungen mehrerer Personen hinter einander" – man könnte von einem ‚Sturm-und-Drang-Gestus' sprechen – zu finden seien, sondern der Vorgang erscheint noch gesteigert dadurch, daß solche Partien auch in Arien begegneten.

16 Johann Gottfried Walther, *Musicalisches Lexicon oder Musicalische Bibliothec*, Leipzig 1732, Art. *Oratorio*. Hinzuweisen ist an dieser Stelle auf die hilfreiche Zusammenstellung zahlreicher Belegstellen durch Erich Reimer in HMT, Art. *Oratorium*.

17 Johann Mattheson, *Der Vollkommene Capellmeister* [...], Hamburg 1739, 220f.; beinahe identisch in der Aussage: Scheibe, *Critischer Musicus*, 188.

18 Bemerkenswert ist, daß die Beteiligung eines Evangelisten – ungeachtet der sonst dramatisch-oratorienhaften Anlage – sogleich den eigentlichen „Kirchen-Styl" der Kantaten erforderlich macht, somit den gottesdienstlichen Gebrauch ermöglicht. Scheibe, *Critischer Musicus*, 211.

19 Scheibe, *Critischer Musicus*, 188; im Anschluß daran, in beinahe wörtlicher Übernahme: Christian Gottfried Krause, *Von der Musikalischen Poesie*, Berlin 1753, 470.

Die Forderungen „zur veränderten Einrichtung“ faßt der Anonymus in zwei zentralen „Regeln“ zusammen; es sei zu berücksichtigen:

> „1) daß die Begebenheit, welche zum Stoff eines Singstücks dienen soll, allgemein wichtig sey, und durch ihre Einwirkung auf unsere christliche oder moralische Tugenden die ganze Menschheit interessiere; 2) daß die Begebenheit nicht förmlich erzählt, sondern durch kurze lyrische Schilderungen und Erzählungen nur gleichsam in Erinnerung gebracht werde.“

Wichtige Stoffe sind danach jene, die sich aus der christlichen Heilsgeschichte herleiten, mehr aber noch solche, die nicht so sehr geistliche als vielmehr moralische Begriffe zum Inhalt haben; die Tendenz zu moralischen, humanen, die sittliche oder patriotische Gesinnung behandelnden Stoffen verweist deutlich auf philantropisches Ideengut. Der nationale Aspekt spielt ebenfalls eine Rolle: analog zur griechischen und römischen Mythologie seien geeignete Themen aus der „vaterländischen Geschichte oder Götterlehre“ heranzuziehen. Die Darstellung des Materials hat sich nicht in einer fortlaufend-narrativen sondern lyrischen Weise zu vollziehen: Ausschweifende umständliche Erzählungen seien ungeeignet, sie erzeugten allenfalls eine „kalte Moral“, während die lyrische Schilderung eine „empfundene Moral“, daher „nichts anders, als eine aus der vorhergehenden rührenden Schilderung entstehende concentrirte Empfindung selbst“ ist. Karl Wilhelm Ramlers populäre Libretti seien Vorbild und Maß.

Es fehlt die allfällige Kritik an „theatralischer“ musikalischer Gestaltung. Der Autor gestattet sogar ausdrücklich die Verwendung opernhafter Formen, etwa des Rezitativs[20], gleichwohl mit dem Hinweis auf die Notwendigkeit lyrischer Behandlung.[21] Darüber hinaus sind differenzierte Anmerkungen zur Musik selbst, etwa auch eine Stellungnahme zu Grauns Vertonung des *Tod Jesu* von Ramler, vermieden.

In der Argumentation ist der anonyme Verfasser beinahe einig mit dem Artikel *Oratorium* in Sulzers *Allgemeine Theorie*, dessen Autorschaft unklar ist.[22] Folgende Unterschiede sind allerdings hervorzuheben: Vorausgesetzt wird durch Sulzer der tatsächlich gottesdienstliche Gebrauch des Oratoriums, sodann lautet das eigentliche terminologische Gegensatzpaar lyrisch/erzählend (wichtig für die Einbeziehung der episch-dramatischen oratorischen Passion in die Diskussion), und schließlich wird die Gestaltung der Beteiligten in der Weise präzisiert, daß gegensätzliche Charaktere „gerührter“ Personen herauszubilden seien, die, „von einem erhabenen Gegenstand der Religion“ ergriffen, ihre Empfindungen „auf eine sehr nachdrückliche Weise äußern.“ Anders als der Anonymus des Almanachs erkennt allerdings der Sulzer-Artikel den *Tod Jesu* Ramlers (respektive Grauns) nicht als unbedingtes Vorbild an, im Gegenteil: diverse Arientexte seien dem behandelten Gegenstand nicht angemessen. Gravierender ist aber

---

20 Siehe aber die gleiche Wortwahl im Blick auf die Vermeidung der „frostigen“ Rezitative wie in: Hiller/Hasse, *Beyträge*, 4f.

21 Der Text beruft sich hier vor allem auf Krause, *Poesie*, wie überhaupt bei der poetischen Charakterisierung der einzelnen Bestandteile des Oratoriums.

22 Neben Johann Georg Sulzer selbst und Johann Philipp Kirnberger wurde auch Johann Friedrich Agricola als Verfasser erwogen; vgl. Wiermann, *Werkgeschichte*, 133. Laut Schering, *Oratorium*, 368, ist Johann Abraham Peter Schulz der alleinige Autor.

noch die Kritik an der musikalischen Gestaltung: hier fänden sich „schwere Fehler", sodann der „wollüstige Putz der Melodien", bisweilen sei die Musik tändelnd, „opernhaft", voller „Spielereyen, die die Empfindung toedten." Sulzer verlangt Beschränkung der musikalischen Mittel.[23]

Im Blick auf den *Tod Jesu* wird jedenfalls eine klare Trennung vorgenommen: Die Konzeption (lyrische Gestalt) ist im Prinzip gelungen, die praktische Umsetzung weniger. Eine Auseinandersetzung mit dem ‚modernen' Niemeyer/Rolle-Typus fehlt überraschenderweise in dem Text völlig.

Praktisch wird eine Orientierung an Wesen und Form der Kantate vorgeschlagen.[24] Eine solche Ausrichtung ist aus Sicht des Verfassers folgerichtig, weil diese vor allem als reflektierende, nicht-dramatische Gattung gilt:[25] Christian Gottfried Krause etwa war im Jahre 1753, damit kurz vor der Uraufführung von Grauns *Tod Jesu* und der Etablierung eines neuen, das traditionelle Verständnis schließlich in Frage stellenden Oratorienprinzips, noch sicher:

> „Diejenigen Stücke kann man nicht Oratorien nennen, welche nur aus einigen Sprüchen, Arien und Gesängen zusammen gesetzet sind, ohne etwas dramatisches, die wesentliche Eigenschaft der Oratorien, zu haben. Das nennt man Kirchencantaten oder Kirchenstücke schlechtweg."[26]

Notwendig führt also die Konstruktion des Anonymus zum Vorgang der Vermischung (zugleich Auflösung) der Gattungen[27], denn eben das dramatisch-erzählende Moment galt ursprünglich als das entscheidende Abgrenzungskriterium des Oratoriums gegenüber der Kantate. Der Verfasser vereinigt demnach in seinen Überlegungen die lyrische Behandlung der – aus dem vormaligen Kontext zu lösenden, eigentlich gottesdientlichen – Kantate mit den konzertanten Aufführungsbedingungen des Oratoriums bei gleichzeitiger Indifferenz gegenüber dem Postulat eines eigenen musikalischen Kirchenstils. Unter diesen terminologisch verwirrenden Vorausset-

---

23 Desgleichen Heinrich Christoph Koch, *Musikalisches Lexikon*, 2 Bde., Frankfurt/M. 1802, Art. *Oratorium*, wo die Aufgabe der „hohen Simplicität" zugunsten der „Opernmusik" beklagt wird.

24 Auch die Besetzung soll sich in Rücksicht auf eingeschränkte Möglichkeiten in kleineren Städten an der Kantate ausrichten; Großbesetzungen, insbesondere Mehrfachbesetzungen sind zu vermeiden.

25 Vgl. bereits Scheibe, *Critischer Musicus*, 188.

26 Krause, *Poesie*, 470. Auch Grauns *Tod Jesu* heißt im Original *Cantate*. Eine Rezension der Vertonung eines anderen Ramler-Textes, C. Ph. E. Bachs *Auferstehung und Himmelfahrt Jesu*, im Hamburgischen unpartheyischen Correspondenten, Nr. 109 vom 9. Juli 1784, legt jedenfalls Wert auf Differenzierung: „endlich aber hat er [Bach] sich entschlossen, diese vortreffliche Ramlersche Cantate (sie ist kein Oratorium) in einer vollständigen Partitur, so wie die Israeliten, mit Breitkopfschen Notendruck herauszugeben." Bach, *Briefe und Dokumente*, 1167. Vgl. zu Komposition und Entstehungsgeschichte jetzt: Wiermann, *Werkgeschichte*, 117-144.

27 Erinnert sei freilich daran, daß solche Tendenzen bereits das Entstehen des Neumeisterschen Kantatentyps begleiteten: Neumeister selbst nennt um 1704 seine Dichtungen im Vorwort der *Geistliche Cantaten statt einer Kirchen-Music* auch *Poetische Oratorien*. Und auch die alte Forderung, daß eine an sich episch-dramatische Passionsvertonung ungeachtet ihrer möglichen ‚kantatenhaft'-lyrischen oder ‚oratorienhaft'-dramatischen Textinterpolationen wegen ihrer gottesdienstlichen Bestimmung im Kirchenstil gehalten sein muß, macht eine Vermischung der Gattungen unausweichlich.

zungen erscheint die ambivalente Benennung etwa von Grauns *Tod Jesu* wechselweise als „Kantate" und „Oratorium" geradezu zwangsläufig.

Zum Zeitpunkt der Abfassung des Textes sind allerdings die diskutierten Typen längst ausgeprägt: Vor dem Hintergrund des enormen Erfolgs der Rolleschen Kompositionen[28] handelt es sich um den Versuch, aktuelle Entwicklungen zu kommentieren, zu bewerten und zu beeinflussen, auch die Polarität dramatisch/lyrisch gattungstheoretisch nochmals zu kodifizieren. Dabei stellt sich die paradoxe Situation ein, daß der Verfasser für jenen „älteren", seit Mitte der fünfziger Jahre etablierten und um 1780 bereits als „traditionell" anzusehenden Ramlerschen lyrischen Typus Partei ergreift, der insbesondere durch Grauns *Tod Jesu* repräsentiert wird. Zugleich bezieht er Stellung gegen das wegen seiner aktuellen Popularität vergleichsweise wieder „moderne" dramatische Oratorium Rollescher Prägung, dessen vermeintliche Wurzeln bis in die Frühzeit der Gattung zurückreichen und jenen „Schauspielen" ähneln, derer sich die „Mönche" entweder „zur Ausbreitung der Religion, oder auch zur Erweiterung eines gewissen Ansehens" bedienten.

Die vor allem gegen die von Rolle vertonten Libretti Niemeyers vorgebrachten Einwände sind freilich kritisch zu prüfen: Zwar handelt es sich um Textvorwürfe dramatischen Zuschnitts, doch der Vorwurf, die Texte seien per se aufgrund ihrer zum Teil alttestamentlichen Sujets ungeeignet, ist zu relativieren. Denn insbesondere *Abraham auf Moria* und *Lazarus* sind keineswegs jener „gleichgültigen Streiferey, welche ein Haufen indianischer Wilden in ihre benachbarten Gegenden macht"[29], vergleichbar, mit denen der anonyme Autor pauschal Stoffe aus dem Alten Testament verurteilt. Beide Themen sind durchaus von der geforderten heilsgeschichtlichen, ja christologischen Dimension: Denn im *Abraham* ist, einer alten Tradition gemäß, die Opferung Isaacs durch den Vater typologisch als Vorausnahme von Christi Opfertod am Kreuz zu deuten[30], während im *Lazarus* die Auferstehungsthematik, als ebenfalls zentraler

---

28 Die alttestamentlichen Oratorien Händels spielten – entgegen Schering, *Oratorium*, 366 – in der deutschen praktischen Händel-Rezeption um 1780 noch keine entscheidende Rolle; freilich wird gelegentlich im historischen Schrifttum auf entsprechende Werke verwiesen; vgl. etwa Historisch-kritische Beyträge IV, 47ff., oder auch schon Mainwaring/Mattheson, *Händel*, 104ff. bes. 117f. Eine Ausnahme ist der auf Apokryphen des Alten Testaments zurückgehende *Judas Maccabaeus*, vgl. die Beschreibung der frühen Berliner Aufführung im Nicolai-Bendaischen Liebhaber-Konzert durch Reichardt im vierten der *Briefe eines aufmerksamen Reisenden* von 1774. Hartung, *Händel und seine Werke*, 140ff. Hobohm, *Eschenburg*, passim. Zur Beliebtheit der Oratorien Rolles vgl. Hortschansky, *Pränumerations- und Subskriptionslisten*, 161f.: Danach können *Abraham auf Moria*, *Thirza* und *Lazarus* mit 746, 696 bzw. 666 pränumerierten Exemplaren als ausgesprochene „Best-Seller" gelten.

29 Forkel, Almanach 1783, 184.

30 Niemeyer selbst war diese Vorstellung sowohl in seiner eigenen, als auch in der älteren, aus Italien stammenden Bearbeitung des Sujets etwa durch Metastasio als *Isaaco del redentore* bewußt, ja, man merke Metastasios Dichtung geradewegs den „Zwang" an, „Isaak durchaus als Christus Vorbild zu betrachten"; dies bedeutet übrigens schon der Titel. August Hermann Niemeyer, *Ueber das religioese Drama so fern es für die Musick bestimmt ist*, in: August Hermann Niemeyers Gedichte, Leipzig 1778, 43. Die Diktion der Intervention Gottes kurz vor der Opferung Isaacs in Niemeyers Text ist ebenfalls eindeutig:

„Herr, Herr, sieh, ich befehle dir meinen Isaac!
Ganz sey er dein, und komm aus Vaterhand in Vaterhand!"

Begriff der Heilsgeschichte, behandelt ist. Auch die Zeitgenossen haben das Werk so gedeutet: Im *Lazarus* wurde das „Auferstehungsgefühl Ahndende" geradewegs als durchgängiges Leitmotiv aufgefaßt.[31] Daß zudem, vor dem Hintergrund freilich eher indifferenter stilistischer Vorstellungen, die rührende – nicht „frostige" – Musik durchaus den zeitgemäßen ästhetischen Anforderungen entsprach, bestätigt Niemeyer selbst: „Rollens Arbeit ist ganz für das Herz."[32]

Zu bedenken ist allerdings, daß in bestimmten Traditionsräumen das alttestamentliche dramatische Oratorium nahezu ununterbrochen wirksam geblieben ist, man denke nur an die seit Anfang des Jahrhunderts offensichtlich kontinuierliche Praxis der Lübecker Abendmusiken, die über die Vertonungen Adolph Carl Kunzens, beispielsweise *Israels Abgötterey in der Wüsten* (1758), *Judith* (1759), *Absalon* (1761) oder *Goliath* (1762) bis zu den Beiträgen Johann Wilhelm Cornelius von Königslöws in den achtziger Jahren, etwa *Des jungen Tobias Verheiratung* (1781), *Die Zuhausekunft des jungen Tobias* (1782), *Sara Ankunft bey Tobias* (1783), *Esther* (1787), *Die Rettung des Kindes Mose* (1788) reicht.[33] In jedem Fall trägt die Berufung auf das Ramler/Graunsche Modell weniger programmatisch-visionäre als vor allem konservativ-kategorisierende Züge. Damit argumentiert der Text des Almanach ebenso anhand historischen Repertoires, wie jene zeitgenössische Vorstellung,

---

Etwas später:

„Tödt ihn nicht! – Dein Glaube hat ihn mir den Einzigen gegeben,
Er soll, nun wieder dein, zum Heil der Völker leben! –"

Zitiert nach: *August Hermann Niemeyers Gedichte*, 75. Zu Metastasios Text siehe sodann: Smither, *History* III, 53ff. und 650, wo noch weitere Vertonungen dieses Stoffes genannt sind.

31 Deutsches Museum I, 1777, 181. Niemeyer selbst spricht von den „drey wichtigen Erwartungen, die wir Menschen haben – Tod, Grab, Auferstehung." *Religioese Drama*, 44. Sodann steht auch *Thirza und ihre Söhne* mit der moralisierenden Explikation unbedingten christlichen Bekenntnisses bis hin zum Märtyrertod diesem Stoffbereich nahe. Und schließlich ist auch in einem anderen populären zeitgenössischen alttestamentlichen Oratorium, den *Israeliten in der Wüste* von Daniel Schiebeler (vertont von C. Ph. E. Bach) die Hauptfigur christologisch gedeutet: Moses wird als „typologischer" Vorläufer Christi verstanden. Vgl. Ludwig Finscher, *Bemerkungen zu den Oratorien Carl Philipp Emanuel Bachs*, in: Hans Joachim Marx (Hrsg.), Carl Philipp Emanuel Bach und die europäische Musikkultur des mittleren 18. Jahrhunderts (= Veröffentlichung der Joachim Jungius-Gesellschaft der Wissenschaften in Hamburg, Nr. 62), Göttingen 1990, 317ff., wo dieses Werk geradezu als „typologisches Gattungsmodell" verstanden wird. Mit aus der sonstigen Argumentation verständlicher Reserve hatte schon der Anonymus in Forkels Almanach die *Israeliten* – ebenso wie den *Judas Maccabaeus* Händels – als Muster empfohlen, für den Fall, daß „aber der erwähnten Vortheile ohngeachtet, die diese Cantatenmäßige Einrichtung hat, doch noch handelndes Oratorium beybehalten werden" sollte. Forkel, Almanach 1783, 199f.

32 Deutsches Museum I, 1777, 153ff. Überhaupt sieht Niemeyer seine musikalischen Vorstellungen durch Rolle in idealer Weise realisiert. Die enge Zusammenarbeit Niemeyer/Rolle wurde gelegentlich auch ironisch karikiert: „Niemeyers Travestist, scheint sich hauptsächlich an die Graunische Manier zu binden", heißt es in: Junker, Almanach 1782, 46. In ähnlicher Weise äußert sich: Der Teutsche Merkur 1787, II, 223ff. Zur Wirkungsgeschichte von Niemeyers *Lazarus* auch im katholischen Gebiet vgl. jetzt: Christine Blanken, *Franz Schuberts ‚Lazarus' und das Wiener Oratorium zu Beginn des 19. Jahrhunderts*, Diss. Göttingen 1999.

33 Smither, *History* III, 358f. Georg Karstädt, Art. *Kunzen* und *Königslöw*, in: MGG 7, 1904ff. und 1282f. Schering, *Oratorium*, 345ff.

die, mit anderen textbezogenen Prämissen, Jennens/Händels *Messias* als Oratorientextvorbild profilierte:[34] Die breite Diskussion um die angemessene Gestalt des Oratorienlibrettos um 1780 war in wichtigen Punkten unverkennbar retrospektiv ausgerichtet.[35]

6.2.2. Dramatische Anlage: August Hermann Niemeyers „religiöses Drama“

Der Grund für die Einlassungen in Forkels Almanach dürfte freilich nicht in der peripheren Lübecker Sondertradition zu suchen sein, sondern tatsächlich in der um 1780 massiven publizistischen Parteinahme für den erfolgreichen[36] Niemeyer/Rolle-Oratorientypus. Der Text reagiert auf verschiedene apologetische Veröffentlichungen, darunter emphatische Konzert- und Werkkritiken.[37]

---

34 So geschehen durch Herder und Reichardt.

35 Erinnert sei auch daran, daß der aufwendig geführte Meier-Mattheson-Disput um die Neumeistersche Kantatenform mit einer Verspätung von einem Vierteljahrhundert ausbricht. Heidrich, *Meier-Mattheson-Disput*, passim.

36 Es hat den Anschein, als habe dieser Erfolg, zusammen mit dem großen Eindruck, den Schiebeler/Bachs *Israeliten in der Wüste* hinterließen, die Neukomposition entsprechender alttestamentlicher Sujets neu entfacht; in der Folge entstehen etwa Kirnbergers *Der Fall des ersten Menschen*, Forkels *Hiskias*, Schwenckes *Davids Sieg im Eichthale*, Schichts *Die Gesetzgebung oder Moses auf Sinai*, Gablers *Die Pilger am Jordan* u. a. Vgl. Schering, *Oratorium*, 355f. Smither, *History* III, 358ff. Der von Finscher, *Bemerkungen*, 315ff., herausgearbeitete Bezug der *Israeliten* Bachs von 1769 auf den Hamburger Vorläufer *Das befreite Israel* von Zachariä/Telemann (1759) wäre noch um den Hinweis zu ergänzen, daß Rolle in Magdeburg Zachariäs Libretto zwischenzeitlich (1764) ebenfalls vertont hatte.

37 Zu erwähnen wären die anläßlich der Uraufführung vom 30. November 1776 verfaßte begeisterte Stellungnahme Niemeyers, abgedruckt als *Schreiben das musikalische Drama Abraham auf Moria betreffend*, in: Deutsches Museum I, 1777, 147-158, sowie der anonyme, in der Diktion noch überschwenglichere Beitrag in: Der Teutsche Merkur 1777, I, 185ff.: *Ueber Herrn Music-Director Rollens neuestes Drama: Abraham auf Moria. An einen Freund.* Der zweite Text äußert sich freilich ausschließlich zur musikalischen Komposition: „Jeder Ton war Gebet!“ Ebd., 189. Verfasser ist offenbar Johann Gottlieb Schummel; vgl. Kawerau, *Magdeburg*, 233, und Menne, *Niemeyer*, 98. Ein anderer Rolle-Anhänger kritisiert den großen publizistischen Aufwand um den *Abraham* („Weit hinaus tönte der Fama Trompete den Ruhm des Tonkünstlers [...]“) mit dem Hinweis auf poetische und musikalische Schwächen des Werks (den bisweilen „wässerigen“ Ausdruck sowie den „falsche[n] Deklamator“) – um dann desto emphatischer den *Lazarus* zu preisen, der „so weit alles aus derselben Hand bisher hervorgegangene übertrift“. Deutsches Museum 1780, I, 178ff. Der letztgenannte Text schließt übrigens mit der Aufforderung, dem vergessenen kirchenmusikalischen Schaffen eines anderen berühmten Magdeburgers, nämlich Telemanns(!), wieder mehr Aufmerksamkeit zu schenken und regt eine Auswahlausgabe an. Sodann hatte auch der sonst eher bissig urteilende Joseph Martin Kraus den *Abraham* als „wahrschön“ gelobt. *Etwas von und über Musik*, 98. Sehr subjektiv die eigenen Empfindungen schildernd, dabei allerdings auch Kritik formulierend, ist ein anonymer *Auszug eines Schreibens aus Magdeburg, Rollens Komposition des Niemeyerschen Lazarus betreffend* gehalten, in: Miscellaneen artistischen Inhalts 1779, I, 53ff. Und noch postum bricht ein anderer Anonymus eine Lanze für Rolle, indem er auf eine barsche Kritik in der Allgemeinen Deutschen Bibliothek reagiert und in einer glühenden *Antikritik* den Vorwurf zurückweist, in Rolles Chören herrschten „Schlendriane“, die Arien näherten sich dem „gewöhnlichen Opern-

Die substantiell und gattungstheoretisch wichtigsten Beiträge stammen von Rolles Librettisten August Hermann Niemeyer selbst, dessen musikalische Dramen *Abraham auf Moria, Lazarus, oder die Feyer der Auferstehung* sowie *Thirza und ihre Söhne* vor allem im Mittelpunkt der Diskussion standen.[38] Der Almanach-Text ist somit der Versuch, in gleich anspruchsvoller Weise zu den umfänglichen poetologischen Überlegungen Stellung zu beziehen, die Niemeyer der Edition seiner Gedichte beigegeben hatte.[39] Es handelt sich um die drei Abhandlungen *Gedanken über die Vereinigung der Religion, Poesie und Musick*[40], sodann *Ueber Dichtkunst und Musick in Verbindung mit der Religion*, schließlich *Ueber das religioese Drama so fern es für die Musick bestimmt ist*; besonders der letztgenannte Text ist für Niemeyers Oratorientheorie von Bedeutung.

Die Berechtigung des „religiösen Dramas" leitet Niemeyer aus dessen Stellung in der Dichtkunst ab, womit eine alte, im 18. Jahrhundert freilich zum Teil schon modifizierte Hierarchie angesprochen ist: das Drama sei nach dem Epos die wichtigste literarische Gattung überhaupt. Die von ihm zur musikalischen Vertonung konzipierte neue Textform habe kaum Vorgänger, folglich existiere auch keine entsprechende Dichtungstheorie.[41] Niemeyer verfaßte seine Libretti durchaus in dem Bewußtsein, Neues zu schaffen, nicht jedoch in der Absicht an ältere, möglicherweise nur verschüttete Traditionen anzuknüpfen. Damit ist hinfällig, eine historisierende Anlehnung an Händels alttestamentliche Oratorien zu unterstellen, wie es der Kritiker des Almanach später unternahm: Niemeyers Dichtungen stehen nicht im Zusammenhang mit der gleichzeitig in Deutschland erst anbrechenden Händel-Renaissance.[42]

---

gesang" und die Rezitative seien „wegen der Naktheit der Begleitung und der kaltblütigen oft falschen Declamation, herzlich mager und elend." Musikalische Real-Zeitung 1790, 17f. Übrigens hat auch Christian Gottlieb Thomas Rolles dramatische Oratorien in seine Konzertprogramme aufgenommen, darunter *Saul* und *Lazarus*; seine Aufführung von *Thirza und ihre Söhne* (1785) war aber ein Mißerfolg: „aus Verdruß über die Einbuße [...] wegen eines so fürtreflichen Stücks, wie Rollens Thyrza ist, und das allhier noch nie gehört worden war" verließ Thomas in der Folge Leipzig. Vgl. dazu die Programme der Grand Concerts spirituels zu Leipzig im Saal des Thomäischen Hauses vom 19. März 1797 (*Saul*) und vom 16. April 1797 (*Lazarus*); siehe sodann Thomas, *Nachtrag*.

38 Die Zusammenarbeit zwischen Rolle und Niemeyer geht auf das Jahr 1776 zurück; vgl. Der Teutsche Merkur 1787, II, 230.

39 *Abraham auf Moria, Lazarus, oder die Feyer der Auferstehung* und *Thirza und ihre Söhne* sind in dieser Sammlung ebenfalls enthalten.

40 Auch im Vorwort einer Einzelveröffentlichung des *Abraham* von 1777.

41 Ausnahmen seien: Patzkes *Der Tod Abels* und Schiebelers *Die Israeliten in der Wüste*. Zur Konstituierung eines neuen Gattungsbewußtseins siehe Finscher, *Bemerkungen*, 315ff.

42 Offensichtlich ist die Vorstellung, daß in den „religiösen Dramen" der Geist der alttestamentlichen Oratorien Händels wehe, erst im Zusammenhang mit der musikalischen Umsetzung durch Rolle entstanden; der Nachruf *Ueber den verstorbenen Musikdirektor Herrn Johann Heinrich Rolle zu Magdeburg* charakterisiert dessen Personalstil als Verbindung aus „Grauns singbarer und gefälliger Musik" und „Händels Kraft und Pathos." Der Teutsche Merkur 1787, II, 223ff. Der Verfasser ist, lt. NGroveD 16, 115, F[riedrich] v[on] K[öpken].

Die fraglichen Texte sind indes durch drei wichtige Eigenschaften geprägt, die dem Genre „religiöses Drama", somit einem gewichtigen Bereich des zeitgenössischen Oratorienschaffens, einen eigenständigen Platz in der Kirchenmusikdiskussion zuweisen: Sie sind (1.) prinzipiell nicht für die Kirche bestimmt, sie eignen sich (2.) vor allem für die Gebildeten, weshalb (3.) die „Nothwendigkeit der durchgängigen Simplicität" entfällt.[43] Der Kirchenmusikbegriff hatte demgegenüber die Schaffung eines spezifischen Kirchenstils, die volksbildnerische Intention[44] sowie das Simplizitätsideal als zentrale Elemente konturiert. Niemeyers Anschauung zeichnet sich durch eine im sonstigen Verständnis nicht immer selbstverständliche Differenzierung der Begriffe ‚kirchlich' und ‚religiös' aus: Kirchenmusik ist im eingeschränkten Sinne gottesdienstliche, in der Kirche tatsächlich zu verwendende Musik. Sie muß mit Rücksicht auf das Volk simpel sein, ohne eigentlichen poetischen Anspruch:

> „Da wir überdis durch das Idealisiren doch nie zum Zweck kommen, so müssen wir auch das Volk nehmen wie es ist, nicht wie es seyn solte."[45]

„Religiöse" Dichtung und Musik stehen dagegen außerhalb gottesdienstlicher Funktionalität, sie sind nicht für den „Hauffen", und somit fordert Niemeyer eine größere poetisch-artifizielle Freiheit des Dichters; sein originelles Plädoyer liest sich wie ein dezidiertes Manifest des Widerstands gegen die allgegenwärtige Simplizitätsvorstellung:

> „So wahr es auch ist, was von der zu beobachtenden Einfalt des Gesanges und der Melodie [sc. der förmlichen Kirchenmusik] gesagt ward, so möcht' es doch nicht ohne Ausnahme seyn. Giebt es denn nicht eine Kunst, die sich unter der Natur verbirgt? Kann es nicht der Natur erlaubt seyn, auch die Kunst zu Hülfe zu rufen, wenn sie sich nicht allein stark genug fühlt, gewisse Wirkungen hervorzubringen? Kommt nicht auch oft viel auf den Reitz der Neuheit an? Verdient nicht der grosse Hauffe derer, welche nun einmahl für die oft zu einfache Sprache der Natur kein Ohr mehr haben, doch einige Rücksicht? Und ist nicht endlich der ganze Begriff von Kunst und Natur bey iedem ein andrer, und genau nach dem Verhältniß der iedesmaligen Empfindung verschieden?"[46]

---

43 Niemeyer, *Religioese Drama*, 31.

44 Gegen eine zu offensichtliche didaktische Intention hatte sich bereits Krause, *Poesie*, 473, ausgesprochen: „Ich halte aber dafür, daß ein jedes Singstück, und sonderlich ein Oratorium nicht sehr gefallen werde, dessen vornehmster Zweck nur die Belehrung ist." Und noch Michaelis urteilte rund ein halbes Jahrhundert später (1805) mit Blick auf die geistliche Kantate und Bezug nehmend auf Krause: „Die Kantate darf aber keine didaktische Form haben. Das Belehrende derselben muss im Lyrischen verborgen seyn. Die Wahrheiten dürfen nicht nakt, nicht in ihrer abgezognen Allgemeinheit, sondern nur auf Anlass des affektvollen Herzens, also in pathetischer Einkleidung, hervortreten. [...] Kurz, das Didaktische darf nicht als Dogma theoretisch, sondern nur als Maxime oder moralische Ueberzeugung praktisch erscheinen [...]." AMZ 7 (1805), 498.

45 Niemeyer, *Dichtkunst und Musick*, 18.

46 Ebd., 19f.

Im Vergleich etwa mit Herder und auch Forkel, die allenfalls einen differenzierten Simplizitätsbegriff forderten, argumentiert Niemeyer in diesem Punkt noch rigoroser.[47]

An dieser Stelle rekurriert Niemeyer ebenfalls auf ältere Vorstellungen: Bereits Scheibe[48] hatte konstatiert, daß die Oratorien „in vielen Eigenschaften des ordentlichen Kirchenstyls abweichen" und sich folglich der Komponist „einer größern Freyheit" bedienen darf.[49] Folgerichtig wendet sich Niemeyer gegen das von Reichardt und später Herder vertretene „Chorideal", indem er die Vorstellung, Arien seien für die Kirche ungeeignet, zurückweist; dies geschieht mit Bezug auf Reichardts *Stabat-mater*-Rezension.[50] Niemeyer fordert eine pragmatische Sichtweise im Sinne eines größtmöglichen „rührenden" Effekts: „Laßt uns immer iedes Mittel gebrauchen, das Herz – das so sehr an geistlosen Schatten hangende Herz der Meisten – auf irgend eine Art, auf die höhern Wahrheiten aufmerksam zu machen; gesetzt auch, es wäre erst mehr die Süßigkeit und der Reitz der Melodie oder des Sängers."[51] Zu dieser Haltung paßt übrigens ein aus der *Miserere*-Rezeption abgeleiteter Vorschlag, die für die außerordentliche Wirkung (sc. Rührung der Zuhörer) verantwortlichen römischen Interpretations- und Aufführungsverhältnisse auch auf das Oratorium zu übertragen.[52]

Zwar ist das „religiöse Drama" in klarer poetologischer Abgrenzung von der Oper (auf der Grundlage von Sulzers Opern-Artikel) konzipiert, doch bestehen gleichwohl in der Wahl der musikalischen Mittel keine Unterschiede: Hierin mit dem Almanach von 1783 übereinstimmend, unterbleibt die Differenzierung eines spezifischen „Kirchenstyls".[53]

Auf der Grundlage der Kategorien „Schicklichkeit", „Wahrscheinlichkeit", „Interesse"[54] richten sich die Überlegungen Niemeyers auf den Umgang mit der biblischen Vorlage. Erwogen wird, in welchem Maße „Eingriffe" des Dichters statthaft seien bzw. ob die als Folge der Überlieferung stabile und ausgeformte „Geschichte" Modifikationen überflüssig mache. Dieser zweite Fall betrifft nach Niemeyers Vorstellung insbesondere das Neue Testament, das mehr „Außerordentliches und Göttliches" enthalte, da „meistentheils sehr erhabne Menschen handeln". Respekt vor der Heiligkeit des Neuen Testaments ist die zentrale Begründung für dessen Ablehnung als Textgrundlage. Die Reserve insbesondere gegenüber christologischen Stoffen kommt in der ausdrücklichen Weigerung zum Ausdruck, den Heiland poetisch-musikalisch darzustellen[55]; gleichzeitig wird offene Kritik an der traditio-

---

47 Vgl. Kap. 5.3.

48 Scheibe, *Critischer Musicus*, 211.

49 Johann Adolph Scheibe, *Compendium musices theoretico-practicum, das ist Kurzer Begriff derer nötigsten Compositions-Regeln* (hrsg. von Peter Benary), 79. Vgl. auch Walther, *Lexicon*, Art. *Oratorio.*

50 ADB 33 (1778), 162ff.

51 Niemeyer, *Dichtkunst und Musick*, 19.

52 Vgl. Junker, Almanach 1784, 104.

53 Niemeyer, *Religioese Drama*, 38f.

54 Ebd., 33. Vgl. dazu Forkel, der eben diese Forderung auch aufstellt.

55 Im *Lazarus* etwa wird Christi Wirken in der Weise dargestellt, daß Martha durch indirekte Rede das Geschehen referiert. Vgl. Niemeyer, *Gedichte*, 102ff.

nellen Oratorien- und Passionspraxis und der Beibehaltung einer förmlichen Christus-Partie geübt:

> „Die Person des Erlösers ist viel zu Heilig, als daß man sie von einem Sänger, unter denen man so wenig wählen kann, und bey welchen die gute Stimme oft das einzige Gute ist, könnte vorstellen lassen."[56]

Zu strukturellen Vorbehalten tritt also noch die Ungewißheit einer aufführungspraktisch angemessenen und würdigen Darbietung; gleichwohl wird auch aus den Ausführungen Niemeyers deutlich, daß das Oratorienproblem ein primär literarisches ist.[57]

Für eine dramatisch-poetisierende Darstellung eigneten sich demzufolge vor allem Stoffe des Alten Testaments, auch Heiligenlegenden, und zwar wegen ihrer „allgemeineren" Begebenheiten, da hier „viel häufiger Schwache, oft nur allzu Schwache handeln"[58]; übrigens diskutiert Niemeyer durchaus die Möglichkeit einer szenischen Darbietung. Besonders im Alten Testament seien Eingriffe zur Realisierung der kontrastierenden Personencharakterisierung möglich, wie von Sulzer gefordert: Mit Blick auf eine effektvolle musikalische Umsetzung sind Textmanipulationen und Ausschmückungen denkbar, etwa die Einführung neuer Personen oder Personengruppen (z. B. das Auftreten der Pilger in *Abraham auf Moria* – offenbar geht diese Idee auf eine Anregung Klopstocks zurück).[59] Auch der Vorgang, außerbiblische poetische Namen – wie in *Thirza und ihre Söhne* – zu verwenden (die in

---

56 Niemeyer, *Religioese Drama*, 35. Daß sich diese Argumentation mit voller Wucht vor allem gegen die Tradition der oratorischen Passionsvertonung richtet, versteht sich von selbst; vgl. in diesem Sinne auch das wichtige, etwas spätere (1789) Hamburger Gutachten; siehe unten. Ähnlich wie im *Lazarus* ist etwa auch in Berger/Weinligs Oratorium *Der Christ am Grabe Jesu* wörtliche Rede des Heilands mittelbar realisiert, nämlich durch eine jeglichen Verdacht der unmittelbaren Identifikation ausschließende Sopranstimme. Offenbar wurde Niemeyers Intention der diskreten Christusbehandlung von den Zeitgenossen nicht durchgängig so aufgefaßt, denn der Vorwurf, daß Jesus im *Lazarus* „singend eingeführt" wird, war trotz allem ziemlich verbreitet, wie aus einer originellen Rechtfertigung Christian Friedrich Daniel Schubarts hervorgeht: „Nur haben es die Hyperkrittler tadeln wollen, dass er [Rolle] Jesum singend eingeführt hat. Allein fürs erste musste er hier dem Dichter folgen; und zweytens, ist aus der Geschichte gewiss, dass Jesus in seinem Leben wirklich gesungen hat." Vgl. *Ideen zu einer Ästhetik der Tonkunst*, Wien 1806, 117; zitiert nach: Rudolf Kaestner, *Johann Heinrich Rolle: Untersuchungen zu Leben und Werk* (= Königsberger Studien zur Musikwissenschaft, Bd. 13), Kassel 1932, 55f. Übrigens wurde in den wenigen Lübecker Abendmusiken, die auf neutestamentlichen Texten basieren, die Figur des Heilands mit viel weniger Sensibilität behandelt: In Königslöws *Der Jüngling zu Nain* trägt Christus sogar Arien vor; Smither, *History* III, 359.

57 Das belegt schließlich auch die Entwicklung und Ausformung der beiden zeitgenössischen Typen in sogenannten „literarischen Zirkeln": Ramler hat wichtige Anregungen aus dem Gleim-Umfeld bezogen und war „Wortführer des poetischen Geschmacks in Berlin" (König), während Niemeyer Mitglied des Magdeburger Gelehrten Clubbs sowie der Literarischen Gesellschaft war. Vgl. König, *Studien*, 76ff., und Smither, *History* III, 464ff.

58 Niemeyer, *Religioese Drama*, 33.

59 Kawerau, *Magdeburg*, 229.

diesem Fall ebenfalls aus Klopstocks Messiade übernommen sind[60]), erscheint praktikabel. Im Neuen Testament seien diese Eingriffe nicht angebracht: „wir kennen den Ton iener Zeit genauer, und haben auch wahrlich nicht nöthig ihn zu verbessern."[61] Nach Niemeyers Auffassung bilden dramatische und lyrische Textbehandlung keine unvereinbaren Gegensätze.[62]

Nicht Tendenz zur Verweltlichung, nicht die Einbeziehung dramatischer Elemente sind danach die Motive Niemeyers, nicht der historisierende Rekurs auf überwunden geglaubte, mit aktuellen Entwicklungen nicht mehr vereinbare Sujets des Alten Testaments, sondern respektvolle Selbstbeschränkung aus Furcht vor Profanierung christologischer Themen sowie die Transformation des traditionell hohen Gattungsanspruchs des literarischen Dramas auf das Oratorium.[63]

6.2.3. Lyrisch-dramatischer Mischtyp

So wie sich der Text aus Forkels Almanach gegen die Produktionen Niemeyers und Rolles richtete, so wandte er sich auch gegen Herders Vorstellungen. Allerdings vermieden die Ausführungen eine detaillierte Stellungnahme zu jenem Prinzip, das sich zwar weitgehend der lyrischen Gestaltung bedient, zugleich aber eine dialogische Anlage nicht zwangsläufig ausschließt; der Almanach-Entwurf hatte eher unbestimmt gefordert:

> „Diese Beobachtungen oder Aeusserungen können zwar von mehrern Personen wechselsweise, oder auch bisweilen durch Duette oder Chöre zugleich hervorgebracht werden; es muß aber, im Fall es an mehrern Personen fehlt, auch ohne Uebelstand nur von wenigen geschehen können. Wenigstens muß dieses nicht durch Dialogen oder förmliche Handlung unmöglich gemacht werden [...]."[64]

Die einzelnen Solopartien sind demnach, in Anlehnung an Ramler/Grauns *Tod Jesu*, zur Differenzierung einzelner Betrachtungsebenen bzw. -perspektiven statthaft, nicht aber als Mittel konkreter Personendarstellung.

---

60 Niemeyer, *Religioese Drama*, 45. Vgl. in diesem Sinne auch schon Patzkes *Tod Abels.*

61 Ebd., 34.

62 Ebd., 39: „Am meisten ist die kalte Betrachtung der Arie anstößig, denn die Arien und Chöre machen ja eigentlich den lyrischen Theil des Gedichts aus [...]."

63 Freilich herrschte in der Praxis nicht jene dogmatische Starre, wie sie die Diskussion vielleicht vermittelt: Häufiger trifft man eine Orientierung der Komponisten nach beiden Seiten an: Johann Christoph Friedrich Bach etwa wandte sich neben der Ramler-Trilogie auch dem alttestamentlichen Stoff *Mosis Mutter* (Text von Gottlieb Daniel Stille) zu, und Rolle selbst berücksichtigte in der Vertonung etlicher Klopstock-Libretti auch den lyrischen Typus, vgl. etwa *Der leidende Jesu* (1771), *David und Jonathan* (1766) oder *Messias* (1764). Zur Bedeutung Klopstocks für Rolle vgl. Kawerau, *Magdeburg*, 204. Überhaupt haben sich die Oratorientextlieferanten aus dem Kreise des Magdeburger Gelehrten Clubbs beiden Typen gewidmet. Vgl. Smither, *History* III, 466. Niemeyer hat jedenfalls den *Tod Jesu* sehr geschätzt; vgl. Kawerau, *Magdeburg*, 253.

64 Forkel, Almanach 1783, 180.

Tatsächlich existierte durchaus die Praxis lyrisch-reflektierender Textbehandlung bei dialogischer Anlage mit präziser Rollenverteilung; erinnert sei, um einige wenige prominente Beispiele anzuführen, an die Oratoriendichtungen Herders (*Die Kindheit Jesu*, *Die Auferweckung Lazarus*), Ewalds (*Maria og Johannes*) oder auch schon Christian Wilhelm Alers' (*Der Tag des Gerichts*) mit reicher, teilweise allegorischer Personenausgestaltung. Namentlich Herder hatte sich nach 1773 gegen das Unbestimmte der lyrischen Darstellung Ramlers gewandt:

> „Wer spricht? wer singt? Ist es der Dichter selbst: woher die Veranlassung zu Duetten, Chören, und zu der nöthigen Mannigfaltigkeit in den Singeparthieen? sind es aber eingemischte erzählende Personen: woher bey diesen der Ausbruch in den stärkeren Affekt und dessen musikalische Darstellung?"[65]

Folglich finden sich in Herders etwa gleichzeitig (Ende 1772) entstandenen Libretti klare Personenzuweisungen. Und auch das in seinem Sujet eigenwillige, eine bestimmte Position der mitleidvollen Betrachtung von Gottesmutter und Lieblingsjünger/Sohnesnachfolger konturierende Oratorium *Maria og Johannes* Ewalds kommt trotz durchweg lyrischer Grundhaltung ohne dialogische Elemente nicht aus: Obschon aufgrund der besonderen individuellen Beteiligung der Hauptprotagonisten eine ‚gesteigerte' Reflexion der Empfindungen vorliegt, bedürfen diese dennoch des vermittelnden ‚Gesprächs'.[66]

Hinzuweisen wäre schließlich auf eine terminologische Unschärfe: Den mit Blick auf diese Phänomene scheinbaren begrifflichen Widerspruch des von Sulzer verwendeten, mißverständlich auf Ramlers Dichtungen bezogenen Terminus „lyrisches Drama"[67] versucht, gleichsam retrospektiv, erst Christian Friedrich Michaelis im frühen 19. Jahrhundert (1805) zu klären. Dies geschieht im Kommentar zu Friedrich von Köpkens Kantatentext *Hymne auf Gott*; Michaelis' Entwurf ist überschrieben *Einige Bemerkungen über die Kirchenkantate und das Oratorium.*[68]

Der Verfasser bezeichnet, im Bemühen um klare terminologische Verhältnisse, zugleich den Terminus Köpkens aufgreifend, das Herdersche Prinzip als „lyrisch-dramatisch". Doch wird Herders Kritik an der indifferenten, nicht personengebundenen lyrischen Behandlung dezidiert widersprochen:

> „Mich dünkt, wenn die Kantate als ein in sich vollendetes lyrisches Kunstwerk betrachtet wird, so bedarf der ästhetische Genuss desselben gar nicht der Frage nach dem Urheber, nach der Person, welche spricht oder singt. [...] Bey der Situation, in die er und der Komponist uns setzen, vergessen wir uns (als bestimmte Individuen) ganz in dem poetisch-musikalischen Ausdruck der religiösen Begeisterung oder in den ausgesprochenen Gefühlen, und verlieren uns

65 Zitiert nach Michaelis' verkürzt-pointiertem Wiederabdruck in AMZ 7 (1805), 463; zur Originalfassung Herders siehe unten, Fußnote 119. Vgl. *Von deutscher Art und Kunst. Einige fliegende Blätter* (= Herder, Sämmtliche Werke 5, 206f.).

66 Deutscher Textabdruck zu *Maria og Johannes* in: Carl Friedrich Cramer, *Musik* (1789), 152.

67 Sulzer, *Allgemeine Theorie*, Art. *Oratorium.*

68 AMZ 7 (1805), 461ff. und 493ff.

durch Sympathie in denselben. Gerade das äusserlich Beziehungslose, das unsichtbare Eintreten der heiligen Gesänge, das freye Ertönen erhabener Wahrheiten und schöner Gefühle, ohne Zurückbeziehung auf beschränkte Individualitäten, scheint den Chören, Arien, u. a. Gesängen der religiösen Tonkunst einen eigenen hohen Reiz, eine grosse Gewalt über unser Herz zu geben."[69]

Michaelis' Zuneigung gilt danach jenem (Ramlerschen) Typus, der aufgrund „vollendeter" lyrischer Anlage Personenspezifizierungen überflüssig macht und sich nicht der Gefahr aussetzt, durch den Rekurs auf störende „Individualitäten" eine Versenkung in das „Allgemein-Menschliche" bzw. das „Ideale und Göttliche" zu behindern. In der Argumentation geht Michaelis sodann auch über Niemeyer hinaus: Die „Ehrfurcht, die wir vor den heiligen Personen aus der jüdischen oder christlichen Geschichte hegen, kann sich mit einer konkreten Darstellung durch Menschen der gegenwärtigen Zeit, wobey dem Ideal in unserm Geiste unvermeidlich immer Abbruch geschieht, nicht recht aussöhnen [...]."[70] Anders als Niemeyer, der vor allem einer Profanierung des „Erlösers" entgegentrat, führt er die grundsätzlich „idealische" Befindlichkeit biblischer Figuren ins Feld:

„Unsre Einbildungskraft wird hier durch Individualitäten gebunden, welche ihrem Ideal widersprechen [...]."

Zugestanden wird allenfalls die mittelbare Deutung:

„Die blose Kantate, oder das Oratorium, welches nicht die heiligen Personen selbst, sondern nur Andere, als Zeugen oder Erzähler ihrer Thaten, als Theilnehmer ihrer Handlungen und Empfindungen einführt, scheint mir aus den gegebenen Gründen einen Vorzug vor den Singestücken zu behaupten, in welchen die Personen der h. Geschichte selbst redend vorgestellt sind."[71]

Michaelis formuliert eine Präzisierung des Begriffspaares lyrisch/dramatisch: Seine Kategorien der Oratorienlibrettogestaltung sind geprägt durch die Pole ‚abstrakte Vergegenwärtigung des „Idealischen"' versus ‚dramatische Darstellung vermittels „Individualitäten"'.

Exkurs: Der Oratorienbegriff Johann Friedrich Reichardts

Kaum zu beantworten ist die Frage nach dem Oratorienbegriff Johann Friedrich Reichardts, jenes zeitgenössischen Autors, der sich etwa ab 1780 besonders konzentriert zur Kirchenmusikanschauung äußerte; dessen Aussagen sind auf dem Felde des Oratoriums ebenso flexibel und mehrdeutig wie diffus und widersprüchlich: Sie werden nicht als schlüssige Oratorientheorie faßbar und sind deshalb auch nicht in die diskutierten Pole einzuordnen.[72]

---

69 Ebd., 463f.
70 Ebd., 466.
71 Ebd., 467.
72 Vgl. dazu ergänzend Kap. 5.5.

Erinnert sei zunächst an den unter großem publizistischem Aufwand propagierten Plan eines „Volksoratoriums“; diesem sollten ausgewählte Passagen aus Klopstocks *Messias* zugrunde gelegt werden. Abgesehen von dem kaum zu realisierenden volkserzieherischen Anspruch birgt dieses Projekt den unlösbaren Konflikt, sublime Dichtung und Reichardts musikalisches Simplizitätsideal vereinigen zu müssen. Ein zusätzlicher Widerspruch besteht zwischen der (durch Reichardt an exponierter Stelle lancierten) Forderung Herders nach reinem Bibeltext als Textgrundlage und des hier und an anderer Stelle favorisierten förmlichen Oratorienlibrettos.

Doch auch zu Fragen der stilistischen Gestaltung sind die Aussagen kaum eindeutig: Reichardt sieht den Anspruch der ‚wahren‘ Kirchenmusik unter anderem auch in Leonardo Leos opernhaft-dramatischem Oratorium *La morte di Abele* erfüllt:

> Man kann sich fast nichts einfacheres und doch edlers und kräftigers für die Kirche denken, als dieses erste Chor.“[73]

Die Argumentation entzieht sich mit der Apologie eines theatralisch-dramatischen Oratoriums der Händel-Zeit nicht nur einer sensiblen funktionalen und textbezogenen Differenzierung, wie etwa von Niemeyer vorgetragen, sondern es wird darüber hinaus – ohne Sicht auf die Gattungsproblematik – eine Einordnung in kirchenmusikalische Kategorien vollzogen. Wenn auch in diesem Falle eine stoffliche Kollision mit der Forderung nach christologischen Sujets nicht zwangsläufig vorliegt[74], so ist doch das Oratorienverständnis allein durch abstrakte, zu anderen Aussagen widersprüchliche musikalisch-stilistische Kriterien bestimmt, ohne nähere Reflexion des Textes nach poetologischen Prinzipien.

In gleicher Weise ambivalent verhält sich Reichardt im Rahmen der eigenen Kompositionspraxis, namentlich im Sinne lyrischer Textbehandlung: Einerseits erweist er sich in der Vertonung etwa des populären Ramlerschen Librettos *Die Hirten bey der Krippe* (1782) dem Hauptstrom des zeitgenössischen norddeutschen Oratorienschaffens in seiner lyrischen Ausprägung verpflichtet, andererseits sind die engeren Grenzen dieses Gattungsverständnisses durch die fast gleichzeitige Metastasio-Vertonung *La Passione de Gesù Cristo* (1783) weit überschritten: Offenbar ist also die von Reichardt wiederholt geforderte lyrische Gestaltung[75] im eigenen Schaffen beliebig behandelt. Reichardts Haltung zum Rolleschen Oratorium ist

73 Magazin der Musik I,1, 572.

74 Die Titelfigur, der gute Hirte Abel, ist auch in Metastasios Text christologisch gedeutet; Smither, *History* III, 89.

75 In diesem Zusammenhang wäre neben der Hinwendung zum *Messias* Klopstocks und der allgemeinen Kritik an „unlyrischen Exposizionen“ (Kunstmagazin I, 8) auch der Abdruck eines knappen, beinahe kantatenhaften, ebenfalls nur aus lyrischen Betrachtungen sich formierenden Librettos *Die Erscheinungen Jesu, oder die Jünger am Grabe des Auferstandenen* des Königsberger Professors Kreuzfeldt zu nennen. Kunstmagazin I, 128.

ebenfalls unklar: Der bereits erwähnten *Thirza*-Kritik steht eine verhaltene Zustimmung zum *Tod Abels* gegenüber, freilich auch hier ohne grundsätzliche theoretische Beleuchtung: Kritik trifft vor allem die musikalische Gestaltung (falsch deklamierte Rezitative, tonmalerische Effekte), ohne daß gattungsspezifische Fragen berührt würden.[76]

*

Die religiösen Dramen des erst zweiundzwanzigjährigen Niemeyer sind eingebettet in das konfessionelle und geistige Umfeld des noch immer wirksamen Hallischen Pietismus, dem Niemeyer durch seine Herkunft besonders nahestand: Er war Urenkel August Hermann Franckes und verbrachte den größten Teil seiner Jugendjahre als Zögling der von diesem gegründeten Franckeschen Stiftungen[77]; 1771 nahm er in Halle das Studium der Theologie auf. Niemeyers Dichtungen sind das Produkt einer umfassenden religiösen Erziehung; allerdings entwickelten sich schon bald breitere philologische und pädagogische Neigungen. Ab 1784 war Niemeyer ordentlicher Professor für Theologie, ab 1785 Direktor der Franckeschen Stiftungen.[78]

Das Interesse Niemeyers am „religiösen Drama", damit an einer zunächst ‚religiösen', sodann aber auch ausdrücklich ‚dramatischen' Gattung ist noch vor einem anderen bildungs- und religionsgeschichtlichen Hintergrund zu sehen. Bemerkenswert ist, daß dieses in einem geistigen Umfeld entstand, das sich gegen jedwede Form ‚theatralischer' Präsentation vehement und mit religiösen Argumenten sperrte: In Halle bestand aufgrund der strengen pietistischen Haltung ein faktisches Theaterverbot.[79] Wohl nirgendwo sonst in Deutschland sind vergleichbar starke Widerstände gegen die Errichtung eines Theaters, ja schon gegen die Anwesenheit durchziehender Wanderbühnen vorgebracht worden, wie in Halle.[80] Zahlreiche Gutachten und Eingaben, vor allem auch aus Kreisen der Theologischen Fakultät nahmen seit dem späten 17. Jahrhundert zu diesem Problem Stellung:

---

76 Vgl. den fünften der *Briefe eines aufmerksamen Reisenden* von 1776. Im ganzen dürfte Reichardt den Vertonungen Rolles aber eher kritisch begegnet sein; Hartung, *Händel und seine Werke*, 172. Zur Durchdringung und Überlagerung dieser insgesamt disparaten Vorstellung mit einem in ganz bestimmter Weise konturierten Händelbild siehe Kap. 5.6.

77 Übrigens hat auch Karl Wilhelm Ramler dort seine erste Ausbildung erhalten.

78 Die umfassende geistige Orientierung und vielseitige Gelehrsamkeit hat sich in einer großen Zahl von Publikationen niedergeschlagen, darunter sind einige wichtige: *Pädagogisches Handbuch für Schulmänner und Privaterzieher* (1790), das nicht unumstrittene *Handbuch für christliche Religionslehrer* (1790/92), sodann das *Lehrbuch für die oberen Religionsclassen in Gelehrtenschulen* (1801), das 1843 seine 18. Auflage(!) erreichte. Eine Liste mit Niemeyers Schriften in Menne, *Niemeyer*, 121ff.

79 Walter Serauky, *Musikgeschichte der Stadt Halle*, 2 Bde. (= Beiträge zur Musikforschung, Bde. 1 und 6-9), Halle/S. 1935-43; hier: Bd. 2,2, 566. J. Opel, *Der Kampf der Universität gegen das Theater*, Beiblatt zur Magdeburgischen Zeitung 1881, Nr. 19-32.

80 Vgl. zu diesem Komplex ausführlich Waldemar Kawerau, *Aus Halles Litteraturleben* (= Culturbilder aus dem Zeitalter der Aufklärung II), Halle 1888, 284ff.; die folgenden Quellenzitate sind sämtlich dieser Darstellung entnommen.

„Bei der Universität sind wir bald innen worden, was durch die Komoedianten und dergleichen Volk bei unserer studirenden Jugend für gross Unheil angerichtet werde, daher wir denn auch einige mal erhalten, dass dieselben nicht agiren dürfen."

Im Verlauf des 18. Jahrhunderts kam es immer wieder zu Konfrontationen und Ausweisungen von reisenden Theatertruppen wie etwa der Schuchschen und der Schönemannschen Gesellschaften. Phasen der Liberalisierung, wie nach einer unmittelbaren Intervention Friedrichs des Großen (1745), folgten wieder Zeiten der Repression: 1771 wurde eine förmliche Rüge der Theatergesellschaft Karl Doebbelins durch die Hallenser Theologen ausgesprochen; es entbrannte ein „Theaterkrieg" (Kawerau) mit der wiederholten Forderung, „dass in Halle eine Komödie nicht allein entbehrlich, sondern auch, wie die Erfahrung zeugt, von wenigem Nutzen sey".

Zu diskutieren ist immerhin, ob die „religiösen Dramen" Niemeyers als individuelle künstlerische Form der Umgehung des Theaterverbots gelten können. Wenn auch aus der Aufführungsgeschichte der Rolleschen Dramen eine szenische Realisierung zumindest in Magdeburg nicht belegt ist, so ist doch immerhin auf die ‚ideelle' szenisch-theatralische Gestaltung der Dramen Niemeyers zu verweisen; dies belegen auch die häufigen Szenenanweisungen. Eine Affinität Niemeyers zum Theater spricht jedenfalls daraus, daß er das Theater in Lauchstädt besonders schätzte und zu Zeiten des Theaterverbots besuchte. Im Jahre 1802 übersetzte er sogar für Goethes Weimarer Bühne die Terenz-Komödie *Andria.*[81]

Die publizistischen Stellungnahmen für und wider den Niemeyerschen Libretto-Typ machen jedenfalls deutlich, daß hier dem traditionellen „lyrischen" Ramlerschen Modell eine offenbar ernstzunehmende Konkurrenz entgegentrat. Die weitere Oratoriengeschichte bestätigt, daß – ohne konfessionelle Fixierung – auch im 19. Jahrhundert Niemeyers Texte durchaus noch vertont wurden, und zwar in etwa derselben Häufigkeit wie diejenigen Ramlers.[82] Und daß zudem die aufblühende Hän-

81 Menne, *Niemeyer*, 39ff. Gemeinsame Theaterbesuche mit Goethe in Weimar im Sommer 1802 sind belegt. Ein Briefdokument erhellt sodann, daß Gespräche über „dramatische[n] Arbeiten" einen gewissen Raum beanspruchten; ebd., 44f. Vgl. ferner: Götz Traxdorf, *Kanzler Niemeyers musische Neigungen*, in: Händel-Hausmitteilungen 2 (1994), 44.

82 Zu nennen wären die Vertonungen Bernhard Breuers (*Lazarus* /Niemeyer?), Franz Danzis (*Abraham auf Moria*, 1808), Johann Georg Frechs (*Abraham auf Moria* /Niemeyer?), Gottfried Riegers (*Thirza und ihre sieben Söhne* /Niemeyer?, zwischen 1805/08), Friedrich Schneiders (*Die Totenfeier*, 1821) und Franz Schuberts (*Lazarus*, 1820). Ramlers Libretti haben vertont: August Eduard Grell (*Auferstehung*, 1822/23), Friedrich Wilhelm Grund (*Auferstehung*, 1823), Georg Valentin Röder (*Messiade*, 1831), C. P. Schobacher (*Tod Jesu*, um 1830), Franz Stanislaus Spindler (*Hirten bey der Krippe*, 1818), Karl Friedrich Zelter (*Auferstehung*, 1807). Vgl. Geck, *Oratorien*, passim. Freilich ist nach Gecks Angabe nicht immer eindeutig, ob Ramler bzw. Niemeyer tatsächlich die Librettisten waren: *Der Tod Abels* etwa wurde, um ein Beispiel zu nennen, von Konrad Kocher nach einer anderen Dichtung von Krebs vertont; vgl. Geck, *Oratorien*, 18; ähnliches gilt für eine gleichnamige Komposition von Joseph Martin Kraus, siehe Bertil van Boer, *Der Tod Jesu von Joseph Martin Kraus – ein Oratorium der Sturm und Drang-Bewegung*, in: Friedrich Wilhelm Riedel (Hrsg.), Joseph Martin Kraus in seiner Zeit, München-Salzburg 1982, 65ff.

del-Renaissance mit der Präsenz auch der dramatisch-alttestamentlichen Oratorien vor allem nach 1800 dem lyrischen Typus zunehmend das Terrain streitig machte, belegt beispielhaft die Rezension von Grauns *Tod Jesu* durch einen katholischen(!) Berichterstatter:[83] Freilich macht der insgesamt nicht ausgesprochen konfessionell argumentierende Verfasser weniger die jeweiligen Gattungsmodelle zum Ziel seiner Beurteilung, als die kompositorische Gestalt, wenn er Grauns Komposition nicht „als ein genialisches Produkt für alle Zeit" zu beurteilen vermag sondern Händel den Vorzug gibt und damit, geradezu symptomatisch, den Ausklang des ‚empfindsamen' Stilideals anspricht:

> „Wo finden Sie die Kraft, die Freyheit, die unvergängliche Form bey Graun, die uns bey Händel so mächtig anzieht?"

6.3. Tendenzen der Passionsvertonung

Wegen der Durchdringung des aus dem Gegensatz lyrisch/dramatisch sich konstituierenden oratorischen Gattungsbegriffs mit gottesdientlich-liturgischen Traditionen ist die Betrachtung der Passionsvertonungen typologisch von besonderem Interesse. Denn die Diskussion lyrisch/dramatisch erfährt in diesem Genre eine Bereicherung und Zuspitzung durch die Frage der Bindung oder Loslösung vom Evangelienbericht, womit vor allem das Problem der Überlagerung dieser beiden Pole durch epische Elemente angesprochen ist. Nach Übereinkunft der Forschung sind die je nach Grad der Durchdringung davon abgeleiteten Benennungen „oratorische Passion", „Passionsoratorium" und „Passionskantate" als hauptsächliche Erscheinungsformen wie folgt zu skizzieren: Die oratorische Passion ist, auf der Grundlage des Evangelistenberichts, in der Anlage episch, möglich ist die Hinzufügung freier, betrachtender Texte in Form von Rezitativen, Arien und Chorälen. Das Passionsoratorium exponiert die in der oratorischen Passion enthaltenen dramatischen Elemente unter Eliminierung der Evangelistenpartie, während die Passionskantate die in der oratorischen Passion wie auch im Passionsoratorium fakultativ enthaltenen betrachtenden Anteile in lyrischer-reflektierender Haltung besonders profiliert und in das Zentrum rückt.[84]

Vor dem Hintergrund der Oratorientheorie um 1750 liegt nahe, den Polen lyrisch/dramatisch methodisch analog zunächst die Gattungen Passionskantate/Passionsoratorium zuzuordnen; gleichwohl sind die terminologischen Verhältnisse nicht eindeutig. Die Entscheidung für oder gegen eine dieser Varianten war zugleich eine Entscheidung, die maßgeblich in liturgisch-traditionelle Verhältnisse eingriff, damit eine Auseinandersetzung um künstlerische Freiheit und institutionelle

83 AMZ 7 (1805), 795ff.

84 Vgl. zusammenfassend: Elke Axmacher, *„Aus Liebe will mein Heyland sterben." Untersuchungen zum Wandel des Passionsverständnisses im frühen 18. Jahrhundert* (= Beiträge zur theologischen Bachforschung, Bd. 2), Neuhausen-Stuttgart 1982, 103f.

Anpassung provozierte; denn mit unterschiedlicher lokaler Wirksamkeit hatte die Geistlichkeit seit jeher Widerstand eben gegen die Aufgabe des Evangelistenberichts artikuliert, als Vorbehalte gegen die „Veroperung" durch „dergleichen Attentatis".[85]

Obschon beispielsweise in Hamburg bereits in der ersten Jahrhunderthälfte die Praxis des Passionsoratoriums belegt ist, setzte sich erst mit dem Rambach-Gutachten, also nach C. Ph. E. Bachs Tod im Jahre 1789, das Hamburger Collegium Scholarchale explizit für die Eliminierung des epischen biblischen Anteils und die Einführung des lyrischen Typs ein, wonach „unser Erlöser nicht redend eingeführt werden" dürfe und ausdrücklich „Musiken nach Art der berühmten Compositionen von Graun, Homilius, Wolf, u. a." gefordert werden; der Vorgang erinnert unmittelbar an Niemeyers frühere, gegen Profanierungstendenzen gerichtete Forderung.[86] In Leipzig hatte dagegen diese Neuorientierung etwas früher eingesetzt: Offenbar etablierte Harrer während seines Thomaskantorats (1750-55) diese Praxis endgültig; diskutiert wird gleichwohl, ob nicht schon Johann Sebastian Bach Passionsoratorien aufführte.[87]

Im letzten Jahrhundertviertel dominiert in der Kunstbetrachtung und -produktion eindeutig das Passionsoratorium, was beispielsweise in Gestalt regelrechter Serien

---

85 Hunold – mit Blick auf die Wurzeln seines Oratorienverständnisses – argwöhnte, daß „mancher alles verwirfft/ was in Geistlichen Sachen nur einen Italiänischen Nahmen oder Uhrsprung führet/ gleichsam/ als ob in den blossen Wörtern/ als *Cantata* und *Oratorio*, eine solche Ketzerey stecke/ die den Innhalt der allereinsten und geistreichsten Sachen aus der Schrifft vergifften könne." *Theatralische, Galante und Geistliche Gedichte*, Hamburg 1706. Und Mattheson beklagte 1739, daß „vermuthlich auf Veranlassung der Clerisey" die „Passiones [die] poetisch abgefaßt, und nach der rechten oratorischen Weise" ausgeführt seien, wieder in den Hintergrund rückten zugunsten der „blossen Dialogis". Mattheson, *Capellmeister*, 220 (zitiert nach Reimer, Art. *Oratorium* in HMT, 5). Siehe sodann Axmacher, *Untersuchungen*, 105ff., bes. 113ff. Hans Hörner, *Georg Philipp Telemanns Passionsmusiken: Ein Beitrag zur Geschichte der Passionsmusik in Hamburg*, Diss. Kiel, Borna und Leipzig 1933, 29ff. Zu den Verhältnissen in Hamburg zur Zeit Telemanns und Carl Philipp Emanuel Bachs, insbesondere auch zur Aufführungstradition der Gattung ‚Passionsoratorium' vgl. Norbert Bolin, *In rechter Ordnung lerne Jesu Passion. C. Ph. E. Bachs „Spinnhaus-Passion" (H 776) Hamburg 1768?* In: Augsburger Jahrbuch für Musikwissenschaft 5 (1988), 67f.

86 Zitiert nach dem Abdruck in: Clark, *Occasional Choral Works*, 343. Vgl. auch von Zahn, *Musikpflege*, 122ff. Übrigens sind vergleichbare Reserven nicht nur für die figural auskomponierte Passionsvertonung nachweisbar, sondern auch für die liturgisch einstimmige Lesung der Passion im Gottesdienst; ein Dokument aus Leipzig schon vom Jahre 1766 bestätigt, daß, weil „die Absingung der Passion durch die Persohn eines Jesus, Evangelisten, Petrus, einer Magd etc. zu theatralisch wäre, diesselbe abgeschafft" worden sei; statt dessen wurde der Choral *Jesu Leiden, Pein und Tod* angestimmt. Zitiert nach Schering, *Leipzig* III, 362. Auch Christian Carl Rolle, sonst Befürworter einer möglichst evangeliennahen Librettogestaltung unter Einsatz förmlicher Personenrollen, äußerte sich, freilich wegen aufführungsbezogener Mängel, abfällig: „Von dem in vielen Oertern und Kirchen noch gebräuchlichen Absingen der Episteln, Evangelien, Gebete und Responsorien, auch wohl der ganzen Passions-Geschichte [...] möchte man sämmtliche Prediger lieber gar entlassen." Vgl. *Neue Wahrnehmungen zur Aufnahme und weitern Ausbreitung der Musik*, Berlin 1784, 42f. Siehe zudem Werner Braun, *Die mitteldeutsche Choralpassion im 18. Jahrhundert*, Berlin 1960, 211ff.

87 Ulrich Leisinger, *Hasses „I Pellegrini al Sepolcro" als Leipziger Passionsmusik*, in: Leipziger Beiträge zur Bach-Forschung, Bd. 1, Leipzig 1995, 81ff., auch Beißwenger, *Bachs Notenbibliothek*, 100. Zur Praxis der Passionsaufführung in Leipzig nach Bachs Tod vgl. Schering, *Leipzig* III, 362.

von Rezensionen und Berichten deutlich wird[88]; im Œuvre einzelner Komponisten erlangt die Gattung zentrale Bedeutung.[89]

Daß von den christologischen Oratoriensujets das Geschehen um Christi Leiden und Sterben bevorzugt behandelt wurde, ist indes ein Allgemeinplatz. Grund für diese Dominanz ist die lange, in ihrem äußeren Erscheinungsbild sich freilich wandelnde Tradition der Passionsvertonung, die gegenüber sonstigen christologischen Stoffen wie Geburt oder Auferstehung stets im Vordergrund gestanden hat.[90]

Die traditionelle Einbindung in die gottesdienstlich-liturgische Praxis beruht auf der nach lutherisch-protestantischem Verständnis zentralen heilsgeschichtlichen Bedeutung der Passion Christi: Wie Elke Axmacher gezeigt hat, war die „reformatorische Passionstheologie" als „Polemik gegen das römische Passionsverständnis" gerichtet. Dazu hatte Luther zwei zunächst unvereinbar scheinende gedankliche Vorstellungen entwickelt: einerseits den „inklusiven Charakter" des Passionsgeschehens, die Deutung der compassio als analoge Selbsterfahrung und -beteiligung des Menschen, andererseits den „exklusiven" Vorgang von Christi Sühneleiden, somit die prinzipielle Unfähigkeit menschlicher Teilnahme, eben die Unmöglichkeit gleichgerichteter Partizipation. Der Hauptgedanke von Luthers Passionspredigt beruhe auf dem dreifachen Nutzen der Passion: der „Sündenerkenntnis", der „Tröstung des Gewissens", schließlich der Einsicht in das Exemplarische des Passionsgeschehens.[91] Nach der Mitte des 18. Jahrhunderts sind neue ideengeschichtliche und mentalitätsspezifische Aspekte wichtig: Das Passionsgeschehen kommt in besonderem Maße dem Bedürfnis des zeitgenössischen ‚Empfindungsmenschen' und seiner Bereitschaft zum – auch äußerlich wahrnehmbaren – Mit-Leiden entgegen, womit ein gegenüber der ursprünglichen lutherischen Anschauung gewandeltes geistig-theologisches Verständnis angesprochen ist:[92] Nicht zufällig gehören die popu-

---

88 So finden sich etwa in Musikalisches Wochenblatt/Musikalische Monathsschrift von 1792 etliche Besprechungen und „Nachrichten aus Briefen"; genannt sind im Wochenblatt u. a.: Schulz, *Maria und Johannes* (92f./99f.), Dalberg, *Eva's Klagen* (101f.), Rosetti, *Jesus in Gethsemane* (173), C. Ph. E. Bach, *Passionskantate* (188ff.); in der Monathsschrift: Schulz, *Christi Tod* (50), Rosetti, *Der sterbende Jesus auf Golgatha* (53), Kellner, *Empfindungen bei dem Tode des Erlösers* (50), Weinlig, *Der Christ am Grabe Jesu* (54ff.).

89 So etwa im Schaffen Christian Ehregott Weinligs; von ihm stammen: *Der Christ am Grabe Jesu* (1786), *Jesus Christus leidend und sterbend* (1787), *Die Feyer des Todes Jesu* (1789), *Empfindungen am Sterbetage Jesu* (1791), *Der Christ am Kreuze Jesu* (1793), *Die Erlösten auf Golgatha* (1796), *Der Versöhnungstod Jesu* (1798), *Der Erlöser* (1801) u. a.

90 Vgl. etwa den noch immer lesenswerten historischen Entwurf von Walter Lott, *Zur Geschichte der Passionskomposition von 1650-1800*, in: AfMw 3 (1921), 285-320. Eher visionäre Skizzenhaftigkeit als Nachzeichnung historischer Verläufe liefert dagegen Kurt von Fischer, *Die Passion. Musik zwischen Kunst und Kirche*, Kassel etc. 1997.

91 Axmacher, *Untersuchungen*, 13ff.

92 Wie Schering formulierte, seien es die Passionsvertonungen, „in denen die sentimentale Saite der Zeit am stärksten vorklingt." Schering, *Oratorium*, 371. Das Bild ist zeitgenössisch und begegnet bei Herder und Klopstock ebenso wie bei Schubart: „Eine Saite meines Herzens, von keinem Finger noch berührt, tönte da zuerst und klang überlaut." Vgl. zum musikmetaphorischen Kontext: Küster, *Melodrama*, 94ff.

lären Texte des *Stabat mater* und des *Miserere* der gleichen, durch Passion und Buße geprägten Demutshaltung an, und vordergründig wird diese, die eigenen Empfindungen ansprechende Einstellung anhand solcher Passionsvertonungen deutlich, die über die implizite Mitteilung gefühlsmäßiger Anteilnahme und des Mitleidens der eingeführten Personen – was im Idealfall zur ‚Rührung' auch der Zuhörer führt – schon im Titel diesen Aspekt konturieren: Erinnert sei nur an Johann Peter Kellners *Empfindungen beim Tode des Erlösers*, an Christian Ehregott Weinligs *Empfindungen am Sterbetage Jesu*, an Johann Andreas Gleichmanns *Empfindungen am Grabe Jesu*, einer Parodie von Händels Funeral Anthem *The Ways of Zion do mourn* (HWV 264)[93], an die *Empfindungen bey dem Kreuze des Erlösers*, einer deutschen Parodie zu Haydns *Stabat mater*[94], schließlich auch an Doles' Parodie von Hasses *Il Cantico dei tre fanciulli* als *Empfindungen bey der Kreuzigung des Erlösers*.[95] Bemerkenswert ist, daß diese Bezeichnung besonders häufig bei Parodien erscheint: Offensichtlich war den Bearbeitern wichtig, genau diesen, gegenüber den Originalfassungen veränderten mentalitätsspezifischen Akzent zu setzen.

6.3.1. Ramler/Grauns *Tod Jesu* als Gattungsmodell

Das Passionsoratorium steht also in der zweiten Jahrhunderthälfte in hoher Blüte. Der Entwicklung namentlich des lyrischen Typus zugute kam, daß mit Ramler/Grauns *Tod Jesu* schon relativ bald ein stilbildendes Exempel nachhaltige Wirkung entfaltete – anders als etwa bei den Weihnachtsoratorien, unter denen, von der dogmatisch anders akzentuierten Stoffwahl einmal abgesehen, kein wirkungsgeschichtlich und ideologisch vergleichbar herausragendes Werk erkennbar ist.[96]

---

93 Die Verurteilung dieses Vorgangs durch Friedrich Chrysander ist bezeichnend für die historiographische, durch völliges Unverständnis gegenüber den zeittypischen geistigen Strömungen der zweiten Hälfte des 18. Jahrhunderts geprägte Einschätzung um 1870: „Aber die schmachvollste Verunstaltung desselben [sc. des *Funeral Anthems*] war den Deutschen vorbehalten, welche in der matten rationalistischen Zeit sich daraus ein Passionsoratorium zurecht machten, und nun mit Händel's unveränderten Noten den guten Jesus besangen." Zitiert nach: Reinhold Bernhardt, *Drucklegung und Aufführung von Händels Trauerhymne als Passionsoratorium in Leipzig 1805*, in: Monatsschrift für Gottesdienst und kirchliche Kunst 34 (1929), 76-80.

94 Smither, *History* III, 350. Libretto in LEm, PT 1221.

95 Leisinger, *Pellegrini*, 81.

96 Türks weit verbreitetes Weihnachtsoratorium *Die Hirten bey der Krippe zu Bethlehem* (Ramler) etwa war kaum denselben Rezeptionskategorien und theologischen Grundsatzdiskussionen unterworfen wie Grauns *Tod Jesu*; Vergleichbares gilt etwa auch für das bekannteste Auferstehungsoratorium, C. Ph. E. Bachs *Auferstehung und Himmelfahrt*. Bekannt ist allerdings Forkels Einschätzung als „Opus artificiosum et divinum"; vgl. Almanach 1789, 31f. Dem widersprach einmal mehr Hans Joachim Moser, *Evangelische Kirchenmusik*, 210, und lieferte zugleich ein skurriles Bonmot: „Auch in den Unisonowirkungen des Schlußchors ‚Der Herr ist König' scheint sich das Monumentalmodell des ‚Messias' bereits zu spiegeln. Aber daß die Endfuge im 6/8-Takt geht, hat schon etwas von vormärzlicher Gemütlichkeit, die Georg Friedrich und Joh. Sebastian bis zum Perückenwerfen – und mit Recht – geärgert haben würde." Vgl. dazu jetzt: Wiermann, *Werkgeschichte*, 117ff.

Die Ausbildung des Ramler/Graunschen Prototyps vollzog sich unter konkreten ideengeschichtlichen Voraussetzungen: Berlin entwickelte sich nach dem Regierungsantritt Friedrichs des Großen im Jahre 1740 zum Zentrum der deutschen Aufklärung; bekanntlich gestattete der König umfängliche konfessionelle Freiheiten bei freilich gleichzeitiger eigener Ablehnung aller religiösen, erst recht christlichen Ideen.[97] Dieser radikal atheistischen Haltung standen aufklärungstheologische Positionen der Berliner Geistlichkeit gegenüber, die aus höchsten Kreisen des Königshauses, namentlich von der Königin Elisabeth Christine und der Prinzessin Anna Amalia Unterstützung erhielten.[98] Vor allem die Forderungen und Ideen des Hofpredigers und Neologen August Friedrich Wilhelm Sack scheinen in Ramlers *Tod Jesu* besonders klar eingelöst, insbesondere im Hinblick auf das gegenüber der traditionellen Auffassung gewandelte Passionsverständnis:[99] War die Passion nach orthodoxer Anschauung als zentraler Vorgang der Erlösung der Welt und des Menschen „durch das stellvertretende Leiden des Gottessohnes [nach „inklusivem" wie „exklusivem" Verständnis; J. H.] und die im Kreuzestod Christi vollendete Versöhnung der Menschheit mit Gott"[100] verstanden worden, so geschah nunmehr eine Relativierung dieser Anschauung zugunsten einer anderen Christusvorstellung. Demzufolge rückte das menschennahe „irdische Schicksal und dessen Bewältigung" (König)[101] ins Zentrum, unter Akzentuierung der gefühlsmäßig wirkungsvollen passiven Duldsamkeit und der – philantropisch nutzbaren – vorbildlichen Tugendhaftigkeit: Christus wird im anthropologischen Sinne als „Bester aller Menschenkinder" verstanden.[102]

Nachdrücklich belegt ein Abschnitt aus einem Brief Ramlers an Gleim (vom 27. Oktober 1754), daß tatsächlich die Miteinbeziehung des Versöhnungsgedankens der Passion Christi zentrales konzeptionelles Problem und zugleich Diskussionsgegenstand in weiteren theologischen Kreisen gewesen ist. Die Kontroverse von dogmatischer und neologischer Position ist klar ausgesprochen, außerdem sind bestimmte Traditionen der Volksfrömmigkeit benannt, die offenbar einen ‚populären' Kompromiß erzwungen haben: „Herr Bergius [= Hofrat Johann Wilhelm Bergius] will in meiner Paßion den Gedanken: daß Christus uns durch sein Leiden eigentlich mit Gott ausgesöhnt habe, deutlich ausgedrückt wißen. Es wäre nicht genug an der Stelle: Ach seht er sinckt, belastet mit den Mißethaten von einer gantzen Welt; und an der Stelle: der seinen ewigen Gesetzen des Todes Siegel aufgedrückt. Ich habe aber allerley Wendungen gebraucht um dieser neuen Arbeit auszubeugen. Hat Herr Sack [= August Friedrich Wilhelm Sack] nichts hiewider einzuwenden, so müßten die Layen wol zufrieden seyn. Sulzer [= Johann Georg Sulzer] wolte die Stelle: ach seht er sinckt, belastet mit den Mißethaten p. nicht einmal leiden, und Herr Bergius wünscht deren noch etliche. Ich bin ehe Sulzers Meinung als Bergius Meinung. Aber ich darf sie eben deswegen nicht ausstreichen, weil ich sehe wie wichtig sie den meisten

97 Literatur dazu: Walter Wendland, *Siebenhundert Jahre Kirchengeschichte Berlins*, Berlin-Leipzig 1930. Axmacher, *Untersuchungen*, 206ff. Besonders kritisch zu lesen ist: [Mathilde Ludendorff], *Friedrichs des Großen Gedanken über Religion*, München 1940.

98 Zu dem hier nur stichwortartig – soweit zum Verständnis nötig – referierten Komplex ausführlich: König, *Studien*, 42ff. und 76ff.

99 Umfänglich dazu: König, *Studien*, 59ff. Vgl. überdies: Gericke, *Wöllner*, 97ff.

100 König, *Studien*, 47.

101 Ebd., 50f.

102 Vgl. diese Formulierung im Rezitativ Nr. 3 des *Tod Jesu*.

Lesern dünckt. Sonst hätte ich große Lust so zu setzen: Ach seht! er sinckt, der Held! – Sein Hertz in Arbeit pp. Entscheiden Sie doch diesen Kampf der Orthodoxie und der Wahrheit oder Wahrscheinlichkeit."[103]

Eine andere Voraussetzung für die enorme Popularität des Ramler/Graunschen Modells lag sodann in der Person des Librettisten selbst: Ramler galt als „deutscher Metastasio"[104], und als Folge seiner zahlreichen Oden auf Friedrich den Großen genoß er als ‚patriotischer Nationaldichter' große Beliebtheit.[105] Der Umstand, daß der Auftrag zum *Tod Jesu* unmittelbar von der Prinzessin Anna Amalia erteilt wurde und die Dichtung auf deren Vorarbeiten zurückging, belegt nicht nur die enge Ver-

---

103 Zitiert nach König, *Studien*, 58f. Wie König nachweist, findet sich nur an den im Brief diskutierten Textpartien (= Rezitativ Nr. 3 und Schlußchor) das traditionelle Passionsverständnis. Ebd., 47f. Von den Ramler/Graunschen Epigonen weist etwa das Passionsoratorium Johann Ernst Bachs die gleiche aufklärungstheologische Ausrichtung auf. Es bedarf keines weiteren Belegs als die oben zitierte Briefstelle, um die jüngst formulierte These zurückzuweisen, Ramlers Intentionen im Blick auf den *Tod Jesu* seien nicht primär theologisch gewesen; vgl. Laurenz Lütteken, *Das Monologische als Denkform in der Musik zwischen 1760 und 1785*, Tübingen 1998, 372ff.

Übrigens hatte sich Graun ein Jahr vor der Uraufführung des *Tod Jesu* nochmals seiner älteren, um 1730 in Braunschweig entstandenen Passionskantate *Ein Lämmlein geht und trägt die Schuld* zugewandt: Am Gründonnerstag 1754 wurde sie in der Berliner Domkirche unter dem Titel *Das Versöhnungs-Leiden Jesu* aufgeführt. Borchmann, *Briefe*, 254f. Der Text dieser Kantate orientiert sich freilich, wie schon der Zweittitel verrät, noch weitgehend an den traditionellen theologischen Positionen (Axmacher). Ob dieser Umstand von den Berliner Theologen um Sack und Ramler als degoutant und der „gantz neuen" Religion (Ramler) nicht angemessen beurteilt wurde und deshalb der *Tod Jesu* im Folgejahr zur Uraufführung gelangte, ist immerhin zu erwägen. Passen würde zu dieser Vorstellung, daß sich die Prinzessin Anna Amalia, auf die ja die Anregung der später durch Ramler vollendeten Dichtung zurückgeht, im ersten Halbjahr des Jahres 1754 mit dem Stoff beschäftigt haben muß; vgl. den Hinweis in einem Schreiben Ramlers an Gleim vom 18. Juni 1754; Carl Schüddekopf, *Briefwechsel zwischen Gleim und Ramler*, 2 Bde. (= Bibliothek des litterarischen Vereins in Stuttgart, Bde. 242 und 244), Tübingen 1906/07; hier: Bd. 1, 299, und Bd. 2, 111, sowie König, *Studien*, 45 Anmerkung 4. Schließlich scheint es, als habe sich die beschriebene theologische Position Ramlers in einer zweiten Fassung seines *Tod Jesu* (1760) noch verstärkt, wie der folgende Textausschnitt nahelegt:

1. Fassung:	2. Fassung:
„Der Held, auf den die Köcher	„Held! auf den der Tod den Köcher
Des Todes ausgeleert,	Ausgeleert,
Du hörest den, der schwächer	Hör am Grabe den, der schwächer,
Am Grabe Trost begehrt.	Trost begehrt.
Du willst, du kannst sein Schutzgott sein."	Gottmensch, nimm dich seiner an."

Friedrich Nicolai kritisierte an der zweiten Fassung, freilich ohne konkrete Bezugnahme auf mögliche nuancierte theologische Aussagen, vor allem kleinere sprachliche Umstellungen. Vgl. *Briefe, die neueste Litteratur betreffend. Hundert und zwey und vierzigster Brief*, vom 29. Januar/5. Februar 1761 (= Nicolai, Sämtliche Werke 4, 99ff.).

104 Bibliothek der schönen Wissenschaften 1761, 1. Stck., 194. Vgl. König, *Studien*, 31f.

105 Freilich war Ramler die entsprechende Anerkennung durch den König versagt geblieben. Vgl. Theodor Heinsius, *Versuch einer biographischen Skizze Ramlers* [...], in: Denkwürdigkeiten und Tagesgeschichte der Mark Brandenburg, 10. Stück (1798), 1168-1201.

bindung zum Königshaus, sondern dürfte auch ein gewisses Wohlwollen und gezielte Förderung zur Folge gehabt haben, womit dem Text von vornherein eine gewichtige nationale Implikation beigelegt war: Ohnehin galt Anna Amalia als Förderin einer deutschen „Nationalliteratur“.[106] Ramlers Dichtungen erschienen mehrfach in zeitgenössischen Ausgaben und waren allgemein verbreitete geistliche Lektüre: Obschon auf anderen geistigen Grundlagen stehend und in Dimension und poetischer Ausformung prinzipiell unterschiedlich[107], ist Ramlers Messias-Trilogie durchaus als populäres Gegenstück zu Klopstocks Messiade aufzufassen.[108]

Schließlich dürfte der Aspekt der „tugendhaften“ Christusdarstellung im *Tod Jesu* dazu beigetragen haben, daß sich der Text, wenigstens in Teilen, einer anderen wichtigen geistigen Strömung zugänglich zeigte: dem Philantropismus. Einzelne Stücke aus dem *Tod Jesu* erschienen jedenfalls für die pädagogische Verwendung im „philantropinischen Betsaale“ geeignet und wurden damit von einer Bewegung rezipiert, die in gewissem Sinne das zeitgenössische Erziehungsideal repräsentierte, zugleich mit bestimmten Vorstellungen auf den Begriff der ‚wahren‘ Kirchenmusik Einfluß nahm: Der *Tod Jesu* mit allen seinen geistigen und freireligiösen Implikationen wurde auf diese Weise zum elementaren Bildungsgut.[109]

Der bei Scheibe angedeutete Kunstcharakter des Oratoriums war spätestens seit Grauns *Tod Jesu* publizistisch und kunstästhetisch relevant, und zwar im Sinne eines gattungstheoretischen exemplum classicum; die vielschichtigen Facetten der Diskussion belegen dies: Der *Tod Jesu* ist ein „Meisterstück“[110], er erscheint vorbildhaft für die Trennung von theatralischer und wirklicher Kirchenmusik[111], auch als Lösung des textspezifischen Problems der Eliminierung von Bibelprosa aus Passionsvertonungen[112], überhaupt als Ideal der Vereinigung von Religion, Dichtkunst und Musik.[113] Gegen die Vorstellung, ausschließlich Chorsätze zur Kirchenmusik zuzu-

---

106 König, *Studien*, 45.

107 Ebd., 73ff.

108 Gemeint sind damit Ramlers *Hirten bey der Krippe*, *Der Tod Jesu* sowie *Die Auferstehung und Himmelfahrt Jesu*. Förmlich als „Messiade“ wird Ramlers Trilogie aufgefaßt durch Georg Valentin Röder in seinem alle drei Teile einbeziehenden Oratorium von 1831; vgl. Geck, *Oratorien*, 27.

109 König, *Studien*, 29: Zumindest die Arie *Ihr weichgeschafnen Seelen* wurde von Karl Spazier für diesen Zweck neu vertont; vgl. Spazier, *Zwanzig vierstimmige Chöre*, 7ff. Die Sammlung enthält übrigens auch einen Textausschnitt aus Niemeyers *Abraham auf Moria*, was wegen der volkserzieherischen Ideen Niemeyers nicht verwundert.

110 Kraus, *Etwas von und über Musik*, 98.

111 Fiedler, *Zufällige Gedanken*, 8.

112 Musikalische Korrespondenz 1792, 85ff.

113 J. von Boguslawski (Magdeburg) hatte dies poetisch wie folgt zum Ausdruck gebracht (Berlinische Monatsschrift, April 1796, 386):

„Einst sagte die Religion:
‚Mit Wehmut seh ich lange schon
Daß viele Menschen sich vor meinem Ernste scheuen,
Als wär ich stets mit wahrer Lust im Krieg,
Als wäre nicht mein Zweck die Herzen zu erfreuen.

lassen (Reichardt), auch im Blick auf die Akzeptanz einer maßvollen sinnlichen Qualität kirchenmusikalischer Kompositionen, werden exemplarisch Grauns Arien ins Feld geführt[114], und schließlich wird, im Vergleich mit einer anderen für die Kirchenmusikanschauung wichtigen Komposition, nämlich Allegris *Miserere*, der *Tod Jesu* hinsichtlich der kompositorischen Qualität als überlegen angesehen: „Grauns Tod Jesu ist gewiß besser gearbeitet, und weit mehr werth."[115]

Alle diese Faktoren haben zur herausragenden Beliebtheit der Komposition in großen Teilen Deutschlands bis weit ins 19. Jahrhundert beigetragen[116]; es kam nicht nur zu alljährlich wiederkehrenden, regelrecht institutionalisierten Aufführungen, sondern auch dazu, daß Grauns Komposition außermusikalische Konnotationen als „Nationalmusik"[117], ja, als „heiliges Nationaleigenthum"[118] beigelegt wurden. Kritische Stimmen sind im 18. Jahrhundert noch selten; sie betreffen vor allem die musikalische Komposition, wobei vor allem die vermeintlich fehlerhafte Deklamation und eine zu opernhafte Handhabung der Arien gerügt werden.[119]

So kommt dann, Dichtkunst und Musik.
Kommt Freudegeberinnen! lasst uns Hand in Hand
Vom Sitz der Engel niedersteigen,
Uns im vertrauten Band den Sterblichen zu zeigen!'
Geschlossen ward der Bund, durch ihn entstand
Das hohe Himmelslied, das jedes Herz durchdrungen,
Von Ramler und von Graun gesungen."

114 Musikalische Korrespondenz 1791, 365f.: In einer Rezension der kirchenmusikalischen Ideen des Kunstmagazins, also mit direktem Bezug auf Reichardt, heißt es: „[...] wir möchten die einzelne Arie, die nicht in dem üppigen Opernstil, sondern mit aller dem Kirchenstil eigenthümlichen Würde geschrieben ist, deswegen nicht aus der Kirchen verbannen, weil sie uns, zumal von einer reizenden Stimme vorgetragen, vergnügt." Als Beispiel ist genannt: *Ihr weichgeschafnen Seelen.* Siehe zum Aspekt des Sinnlichen auch das oben abgedruckte Gedicht von Boguslawski sowie unten die Stellungnahme Niemeyers zu dieser Frage.

115 Forkel, Almanach 1782, 124; steht auch in Magazin der Musik I,1, 157ff.

116 Vgl. die Zusammenstellung zur Aufführungsgeschichte in König, *Studien*, 5ff. Siehe auch: Susanne Oschmann, *Die Bach-Pflege der Sing-Akademie*, in: Michael Heinemann/Hans-Joachim Hinrichsen (Hrsg.), Bach und die Nachwelt, Bd. 1, Laaber 1997, 313f. Beschreibung musikalischer Sachverhalte in: Smither, *History* III, 401ff.

117 AMZ 4 (1802), 556f.

118 AMZ 6 (1804), 482ff.

119 Reichardt, im zweiten der *Briefe eines aufmerksamen Reisenden* von 1774, 59ff. Johann Karl Friedrich Rellstab, *Versuch über die Vereinigung der musikalischen und oratorischen Declamation*, Berlin 1786, 41 (Anmerkung). Sulzer, *Allgemeine Theorie*, Art. *Oratorium.* Georg Joseph Vogler freilich spricht Graun nicht nur die Fähigkeit des Choralsatzes ab, sondern auch jegliche Fugentechnik (bezogen auf den Eingangschoral sowie den Chor *Christus hat uns ein Vorbild gelassen*). AMZ 3 (1800), 132f. Der Versuch eines Anonymus einer rückschauenden kunstanschaulichen Gesamtbeurteilung der gesamten Epoche bezieht, wenn nicht den *Tod Jesu*, so doch Graun mit ein; er erhebt den Vorwurf der fehlenden „Einheit" und spricht den fraglichen Kompositionen den Kunstcharakter schlichtweg ab: „Mit einer gewissen Beklemmung muß man auf das Zeitalter der Bach, Graun, Hiller, Dittersdorf und anderer hinsehen, wo die Musik noch zu wenig Kunst war; mehr eine Fertigkeit nach mechanischen Gesetzen regelrecht zu componieren"; freilich verdiene auch die gegenwärtige Berliner Komponistengeneration nur begrenzte Aufmerksamkeit. Apollon, 3. Heft (1803), 204ff. und 209. Prinzipielle Kritik an der

6.3.1.1. Epigonen

Etliche Folgekompositionen orientierten sich an diesem Exemplum. Hingewiesen sei zunächst auf bloße Parallelvertonungen desselben Ramlerschen Textes[120], die man etwa von Johann Christoph Friedrich Bach (1769)[121], Christian Ernst Graf (1780?) und Silvester Julius Krauß (1800) kennt.[122]

Wie sehr allerdings der *Tod Jesu* Grauns als unerreichbares, gleichsam sakrosanktes Meisterwerk angesehen wurde, beweist der Umstand, daß trotz der zeitgenössischen Bevorzugung des Passionssujets relativ am wenigsten Parallelvertonungen dieses Textes vorliegen, hingegen die beiden anderen Teile der Ramlerschen Trilogie, die *Hirten bey der Krippe* und die *Auferstehung und Himmelfahrt*, wesentlich häufiger herangezogen wurden; insbesondere für das ‚Weihnachtsoratorium' sind schon bis 1800 rund ein Dutzend Vertonungen nachweisbar.[123] Jede weitere kompositorische Beschäftigung mit dem *Tod Jesu* Ramlers war offenbar sogleich dem Risiko ausgesetzt, zum eigenen Nachteil mit Grauns „Nationalmusik" verglichen zu werden und dessen stabilen Rezeptions- und Bewertungskategorien zum Opfer zu fallen.

---

indifferenten Textanlage hatte Herder nach 1773 geäußert: „Unsere eigentliche Kirchenmusiken haben noch eine erbärmlichere Gestalt. Das Erste, das berühmteste von Allen, Ramlers Tod Jesu, als Werk des Genies, der Seele, des Herzens, auch nur des Menschenverstandes, (s. v. v.) welch ein Werk! Wer spricht? wer singt? erzählt sich Etwas in den Recitativen – so kalt! so scholastisch! als kaum jener Simon von Kana würde gethan haben, da er vom Felde kam, und vorbei zu streichen Lust hatte. Uns nun zwischen inne in Arien, im Choral, in Chören – wer spricht? wer singt? Auf einmal eine nützliche Lehre aus der biblischen Geschichte gezogen, locus communis in der besten Gestalt! und dazu beinahe in allen Personen und Dichtungen des Lebens! und von einer zur andern mit den sonderbarsten Sprüngen! Durchs Ganze kein Standpunkt! kein fortgehender Faden der Empfindung, des Plans, des Zwecks – R. Tod Jesu ist ein erbauliches, nützliches Werk, das ich in solchem Betracht tausendmal beneidet habe! Jede Arie ist fast ein schönes Ganze! Viele Recitative auch – aber als Poetisches Werk des Genies – für die Musik! – Hr. R. hat selbst ein viel zu feines Gefühl, als daß er das nicht weit inniger bemerke." *Von Deutscher Art und Kunst* (= Herder, Sämmtliche Werke 5, 206f.).

120 Die Erstvertonung des Ramlerschen *Tod Jesu* stammt von Telemann; seine Komposition, die freilich weitgehend wirkungslos geblieben ist, wurde nur wenige Tage vor der Graunschen in Hamburg uraufgeführt; vgl. jetzt: Herbert Lölkes, *„Der Tod Jesu" in den Vertonungen von Graun und Telemann: Kontext – Werkgestalt – Rezeption* (= Marburger Beiträge zur Musikwissenschaft, Bd. 8), Kassel etc. 1999; sodann: König, *Studien*, 34ff.

121 Vgl. Ulrich Leisinger, *Die geistlichen Vokalwerke von Johann Christoph Friedrich Bach – Aspekte der Entstehungs- und Überlieferungsgeschichte*, in: BJ 1995, 115-143, bes. 125ff.

122 Nach König, *Studien*, 37ff. Eine späte, stark gekürzte Vertonung stammt von C. P. Schobacher (1830); Haydn bediente sich des Textes in Ausschnitten für *Die sieben letzten Worte*. Joseph Martin Kraus verwendete hingegen – unter gleichem Titel – eine andere Vorlage; vgl. van Boer, *Der Tod Jesu*, 65ff., dort auch Bemerkungen zur Abhängigkeit des Librettos von Ramler bzw. Klopstock. Schließlich ist auch die Praxis nachweisbar, ‚unbetitelte' Passionsvertonungen nach dem berühmten Vorbild Ramler/Grauns als *Tod Jesu* zu bezeichnen; vgl. etwa ein gedrucktes Textbuch zu einer Breslauer Aufführung von C. Ph. E. Bachs *Passionskantate* (H 776): *Der Tod Jesu/ Ein Paßions-Oratorium/ nach folgendem/ Text/ in Musik gebracht/ von/ Herrn C. P. E. Bach* [...]. Zitiert nach Anette Nagel, *Studien zur Passionskantate von Carl Philipp Emanuel Bach* (= Europäische Hochschulschriften, Reihe XXXVI, Bd. 146), Frankfurt/M. etc. 1995, 231.

123 Vgl. Schering, *Oratorium*, 372ff. und 378ff. Smither, *History* III, 362.

Die neben Grauns Vertonung stärkste publizistische Beachtung fand im 18. Jahrhundert eine Komposition des kurfürstlich-mainzerischen Konzertmeisters Georg Anton Kreusser, also die Vertonung eines Katholiken. Interessant sind die Modifikationen gegenüber Grauns Komposition: Beinahe sämtliche Choräle sind weggelassen.[124] Statt des Chorals Nr. 1 *Du, dessen Augen flossen* steht am Anfang eine Ouvertüre.[125] Ob Kreussers eigene Begründung, Choräle seien für die Aufführung in der Kirche, nicht aber im Konzertsaal geeignet, den Kern trifft, oder ob nicht vielleicht doch mit der gezielten Eliminierung der im eigentlichen Sinne protestantisch-konfessionellen Elemente ein ‚katholischer Zuschnitt' angestrebt werden sollte, ist nicht zu entscheiden:[126] Tatsächlich sind gerade die Choräle in Ramlers *Tod Jesu* durch eine starke individuell-reflektierende, dabei betont konfessionelle Haltung geprägt. Verschiedene Rezensenten sodann urteilten durchaus wohlwollend über Kreussers Beitrag, vermißten jedoch gelegentlich das „rührende, herzangreifende Gefühl"; konstatiert wurde zuweilen eine Orientierung an Grauns Komposition, in einzelnen Abschnitten wurde die Vertonung Kreussers sogar besser bewertet als die Vorgängerin.[127]

Daneben entstanden etliche freiere, doch deutliche Anleihen nehmende Nachbildungen, unter denen das Passionsoratorium Johann Ernst Bachs zu den bekanntesten zählt; die einzige, heute verlorene Quelle trug die Jahreszahl 1764.[128] Von den zahlreichen Anlehnungen an das Libretto Ramlers sei vor allem auf die Gestaltung der Schlußpartie hingewiesen: Jenen Moment des Übergangs zwischen Hoffnungslosigkeit einerseits und Überwindung des Todes andererseits hatten Ramler/Graun so gestaltet, daß Choralstrophen klagenden Inhalts mit immer dem gleichen Bibelwort tröstenden Zuspruchs bei wechselnder musikalischer Besetzung dreifach alternieren; der unbekannte Verfasser der Bachschen Textvorlage hält sich nicht nur in formaler, sondern auch in inhaltlicher Gestaltung eng an sein Vorbild:

---

124 Einzig den vom Solo-Baß durch die Interpolation *Weinet nicht, es hat überwunden der Löwe* unterbrochenen und weitgehend durch die Solisten exekutierten Choral Nr. 24 *Ihr Augen weint!* hat Kreusser beibehalten. Wie unten deutlich wird, hat offenbar gerade die Gestaltung dieser Szene besonders attraktiv auf Grauns Epigonen gewirkt; freilich handelt es sich neben dem Eingangssatz um den zweiten von Ramler neu verfaßten Choral: Beide haben, im Vergleich mit den stark konfessionell geprägten übrigen Chorälen, ein auffällig modernes Gepräge. Zählung der Sätze nach König, *Studien*, 150ff. Siehe auch unten zum Passionsoratorium Johann Ernst Bachs.

125 Anschließend folgt der Chor Nr. 10 *Unsre Seele ist gebeuget*, im übrigen ist die Reihenfolge beibehalten.

126 Wie Aufführungen in Oldenburg und Schwerin belegen, hat Kreussers *Tod Jesu* auch im protestantischen Norddeutschland eine gewisse Rezeption erfahren. Vgl. Magazin der Musik, II,1, 349ff. und 731. Übrigens waren in den beiden anderen Ramler-Texten *Auferstehung und Himmelfahrt* und *Hirten bey der Krippe* von Anfang an keine Choräle vorgesehen. So strukturbildend also einerseits die Choräle gewesen sind, so unübersehbar sind andererseits Tendenzen, diese zu reduzieren oder sogar ganz zu eliminieren; vgl. auch nachfolgend.

127 Magazin der Musik, I,2, 1350ff. Zu Kreusser vgl. insgesamt: Edith Peters, *Georg Anton Kreusser: ein Mainzer Instrumentalkomponist der Klassik*, München-Salzburg 1975.

128 Edition in DDT 48 (1914).

	Ramler/Graun:	Bach:
Choral:	„Ihr Augen weint! Der Menschenfreund Verlässt sein theures Leben: Künftig wird sein Mund uns nicht Lehren Gottes geben.	„Rollt, Zähren, mild die Brust hinab. Schon müdes Auge, laß' nicht ab! O, wüsche deine laue Flut Das heil'ge Blut Von den gequälten Wunden ab!
Einlage:	Weinet nicht! Es hat überwunden der Löwe vom Stamm Juda!"	Jammre nicht, schmachtendes Auge, Du weinst die Wunden des Siegers!"

(Es folgen jeweils die Strophen zwei und drei mit der identischen Einfügung.)

Die Analogien sind unverkennbar. Und noch aus einem anderen Beispiel der Graun-Epigonen erhellt, wie nachdrücklich gerade die Gestaltung dieser Schlußszene, die Darstellung der Ambivalenz von Verzweiflung und Verheißung, auf die Zeitgenossen gewirkt haben muß: In Ernst Wilhelm Wolfs Passionsoratorium *Jesu, deine Passion* finden sich die genau gleichen strukturellen Übereinstimmungen: Der Choral beginnt hier „Mein Jesus stirbt, ihr Augen weint", während der Solo-Baß – hierin Grauns Vorlage noch näherstehend als die in der Besetzung wechselnden Einwürfe bei Johann Ernst Bach – die tröstenden Worte „Seid getrost, ihr Weinenden" einrückt.[129]

6.3.2. Passionsoratorium und oratorische Passion: Formen der Durchdringung

Auf der anderen Seite des Spektrums der Textgestaltung steht die traditionelle oratorische Passion, die in konservativem Umfeld noch lange in der zweiten Jahrhunderthälfte praktiziert wurde. Etwa noch Carl Philipp Emanuel Bach führte diese Gattung auf, wenn auch ohne großes Engagement[130] und unter Verwendung immer der glei-

129 Zu weiteren, vor allem auch zahlreichen musikalischen Gemeinsamkeiten zwischen Grauns und Wolfs Kompositionen siehe Peter Wollny, *Eine apokryphe Bachsche Passionsmusik in der Handschrift Johann Christoph Altnickols*, in: Leipziger Beiträge zur Bach-Forschung, Bd. 1, Leipzig 1995, 65ff.; hier findet sich auch ein direkter Beleg für Wolfs Wertschätzung der Graunschen Vertonung aus Schlichtegrolls Nekrologen wiedergegeben. Die von Wollny vermutete Entstehung um 1756 noch in Jena läßt sich durch die von Johann Friedrich Reichardt veröffentlichte Autobiographie Wolfs stützen; in diesem Selbstzeugnis aus der Weimarer Zeit (nach 1761) heißt es über eine Karfreitagsaufführung: „Jetzt gings gegen die Fasten. Ich hatte noch ein Passionsoratorium von Jena bei mir, und sprach davon, daß ich es wohl aufführen möchte. Dieses wurde der Herzogin gesagt, und den andern Tag bekam ich Befehl, das Oratorium aufzuführen. [...] Ich erhielt den Beifall Ihrer Durchlaucht, und blieb in Weimar." Berlinisches Archiv der Zeit und ihres Geschmacks 1795, I, 162ff. sowie 273ff., hier 280f.

130 Man vgl. dazu den bekannten, vor Antritt des Hamburger Amtes an Georg Michael Telemann gerichteten Informationsbrief; siehe Bach, *Briefe und Dokumente*, 132ff.; ferner: Winterfeld, *Kirchengesang* III, 465, und Hans Joachim Schulze, *Carl Philipp Emanuel Bachs Hamburger Passionsmusiken und ihr gattungsgeschichtlicher Kontext*, in: Hans Joachim Marx (Hrsg.), Carl Philipp Emanuel Bach und die europäische Musikkultur des mittleren 18. Jahrhunderts (= Veröffentlichung der Joachim Jungius-Gesellschaft der Wissenschaften in Hamburg, Nr. 62), Göttingen 1990, 333ff. Auch von Homilius kennt man entsprechende Werke noch; vgl. etwa das *Passions-Oratorium* (nach Matthäus), LEm PM 5171, mit förmlichem Evangelisten, Solilo-

chen Vorlagen bei möglichst rationeller Arbeitsweise.[131] Diesen späten Beiträgen zur oratorischen Passion kam folglich kaum ein ästhetischer Eigenwert zu: Sie spielten – im Gegensatz zum Passionsoratorium – in der kunstanschaulichen Diskussion praktisch keine Rolle. Obschon Kirchenmusik im eigentlichen Sinne, waren sie in der gattungstheoretischen Auseinandersetzung allenfalls im Sinne einer überkommenen, negativ verstandenen Praxis präsent.[132]

Das Passionsoratorium bot dagegen mannigfache Möglichkeiten der Variation und Disposition, die Freiheit lyrischer Gestaltung ebenso wie die Option, nicht nur die Evangelistenpartie sondern auch sonstige ältere strukturbildende Gattungsmerkmale aufzugeben. Interessant ist, die Zwischenstufen zu beobachten, die fließenden Übergänge, das Ringen um die fortschrittliche Form des Passionsoratoriums, wobei zugleich Traditionen der oratorischen Passion wirksam blieben.

Die prinzipielle Ausbildung des Passionsoratoriums geschah bekanntlich im frühen 18. Jahrhundert, Markstein ist Christian Friedrich Hunolds (Menantes') Beitrag *Der Blutige und Sterbende Jesus* (1704). Ohne daß die von Elke Axmacher detailliert dargestellten dogmatisch-poetologischen Verhältnisse hier im einzelnen ausgebreitet werden müßten, läßt sich die gattungstheoretische Neuerung konzentriert als Tendenz zur durchgängigen Dramatisierung fassen, damit als Aufgabe des episch-dramatischen Charakters zugunsten des rein dramatischen.[133] Prinzipien der neuen Passionsgestaltung waren neben der Eliminierung des Evangelisten bzw. des Evangelientextes, die (dramatisch motivierte) Zufügung weiterer Personen, freilich auch das Interpolieren traditioneller lyrisch-betrachtender Textelemente (etwa aus dem Hohenlied).

---

quenten und Turbae; trotz der Bezeichnung auf dem Deckblatt liegt eine oratorische Passion vor.

131 Vgl. dazu Nagel, *Studien*, 19ff., und Bolin, *Spinnhaus-Passion*, 72ff.

132 Bemerkenswert ist, daß ein anonymer Rektor und Organist B. seine Gedanken ausgerechnet bei „Gelegenheit der Einführung des Tods Jesu von Graun in der Kirche zu L." entwickelte. Seine vernunftbezogene, dogmatische Traditionen gänzlich ausklammernde Argumentation zielt in erster Linie auf musikalische und poetologische, auch interdisziplinäre kunstanschauliche Sachverhalte: „gewöhnliche Paßionen" hält er demnach für unpassend, weil „Prosa und Tonkunst" nur in den wenigsten Fällen „wirkliche Schwestern" seien. Der Verfasser befürwortet also aus Gründen der künstlerischen Einheit ein durchgehend gedichtetes (gereimtes?) Libretto, auch deshalb, weil die „abgestorbene Sprache der kernichten Bibelprosa" weder zeitgemäß sei noch Abwechslung und Nachdruck beim Vortrag gestatte; hinzu käme noch die körperliche Strapaze einer langen Evangelistenpartie. Emphatisch, indem die modernen Passionslibretti gleichsam in den Rang kanonisierter Texte erhoben werden, schließt der Autor: „Dank sey es euch, geistreichen Dichtern, die ihr uns täglich mit neuen vernunft- und schriftmäßigen Psalmen, nach so mancher herrlicher Kirchenmusik gedichtet, beschenkt." Musikalische Korrespondenz 1792, 85ff. Die Propagierung gereimter Texte steht freilich in starkem Widerspruch zu anderen zeitgenössischen Anschauungen; vgl. etwa Herders Einlassungen gegen die „schöngereimte Cantate" (Kunstmagazin I, 207) oder auch Hillers Vorstellungen, wonach in seinen Parodien, nach Metastasios Vorbild, Prosatext angebracht sei; Hiller/Hasse, *Beyträge*, 4ff. Erinnert sei in diesem Zusammenhang schließlich auch daran, daß im Blick auf die personifizierte Darstellung Christi von Anhängern beider Oratorientypen Reserven ausgesprochen wurden.

133 Das Vorgehen Hunolds hat sowohl Widerspruch als auch Zustimmung ausgelöst: Vorbehalten von Seiten der Geistlichkeit folgten apologetische Äußerungen Matthesons, Trillers, natürlich auch Hunolds; vgl. dazu ausführlich Axmacher, *Untersuchungen*, 109ff.

Der Ausgangspunkt der Argumentation Hunolds ist letztlich ein wirkungsästhetischer: „Allein so hat man gemeinet/ dieses Leiden/ welches wir ohne diß nicht lebhafft gnung in unsere Herzten bilden können/ bey dieser heiligen Zeit nachdrücklicher vorzustellen/ wenn man es durchaus in Versen und sonder Evangelisten/ gleich wie die Italiänische so genannte Oratorien, abfaste/ so daß alles auf einander aus sich selber fliesset. Ein vortreflicher Mann in Weissenfels hat durch seine heraus gegebene geistliche Cantaten gewiesen/ wie unvergleichlich man seine Poesie in der Schrifft anwenden könne [...]".[134] Bemerkenswert ist, daß Hunold sich auf zwei Einflüsse bzw. Anreger beruft: auf das per se dramatisch angelegte italienische Oratorium sowie auf die Kantate des Neumeisterschen Typs.

6.3.2.1. Retrospektive narrative Elemente

Bereits in der Frühzeit, gewissermaßen in den Prototypen des Passionsoratoriums war jenes ambivalente Verhältnis zur oratorischen Passion angelegt, das für die weitere Entwicklung der Gattung prägend werden sollte: Denn während Hunold in radikaler, zugleich exemplarischer Weise die Abwendung vom Evangelium vollzog, unternahm Barthold Hinrich Brockes in seinem weitverbreiteten und oft vertonten Libretto *Der für die Sünde der Welt Gemarterte und Sterbende Jesus* von 1712 wieder einen Rückschritt, im Sinne eines Beharrens auf dem Evangelienbericht, wenn auch in poetisierter Gestalt.[135] In Brockes' Dichtung, die als beispielhafte dichterische Umformung des Evangelientextes gelten kann, findet sich demnach die Aufgabe des förmlichen biblischen Evangelistentextes, nicht aber die konsequente Eliminierung der Testo-Partie.

Ein dieser Tendenz vergleichbares interessantes Phänomen ist etwa am Passionspasticcio[136] *Wer ist der, so von Edom kömmt* auch um die Jahrhundertmitte be-

---

134 *Theatralische, Galante und Geistliche Gedichte*, 4f.; zitiert nach Axmacher, *Untersuchungen*, 106.

135 Axmacher entschied sich demzufolge in plausibler Bewertung der Gewichtung von biblischer Verserzählung und Passionsbetrachtung dafür, die *Brockes-Passion* – entgegen der älteren Lehrmeinung – systematisch dem Typus der oratorischen Passion zuzurechnen. Axmacher, *Untersuchungen*, 121. Theologische Überlegungen zum Verhältnis von oratorischer Passion und Passionsoratorium in: Meinrad Walter, *Oratorische Passion und Passions-Oratorium aus theologischer Sicht*, in: Leipziger Beiträge zur Bach-Forschung, Bd. 1, Leipzig 1995, 13ff.

136 Das Pasticcio-Verfahren als solches kann im weitesten Sinne als das übergeordnete technische Prinzip in allen typologischen Ausprägungen der Passionskomposition angesehen werden. Von den verschiedenartigen Phänomenen des Umgangs mit präexistentem Material sei hier nur an die Kompilation von reinen Bibeltexten (Evangelienharmonie) bzw. die beliebige Untermischung von betrachtenden und kommentierenden Texten (frei gedichtet oder biblisch) entweder in den biblischen Passionsbericht oder ein neugeschriebenes Libretto erinnert; nichtbiblisches Textmaterial kann eigens konzipiert sein oder aus anderem Kontext stammen. Sodann ist die Einfügung von (Gemeinde-) Chorälen, schließlich die Überlagerung dieser textbezogenen Vorgänge mit musikalischem Material unterschiedlichster Herkunft und Gestalt zu nennen. Selbst so konzeptionell schlüssige Werke wie beispielsweise Johann Sebastian Bachs *Johannes-Passion* oder Ramler/Grauns *Tod Jesu* bewegen sich letztlich auf der Grundlage der Pasticcio-Praxis. So ist auch Ramlers Libretto ein überaus heterogenes Gebilde, kompiliert aus:
a. Alttestamentlichen Bibeltexten in den Chören (mit Ausnahme des von Ramler gedichteten Schlußchors)

legbar.[137] Zu der von Carl Heinrich Graun schon um 1730 komponierten Passionskantate *Ein Lämmlein geht und trägt die Schuld*, die das Gerüst des Pasticcios bildet, gruppieren sich Kompositionen von Telemann und Johann Sebastian Bach; Johann Christoph Altnickol wird als Bearbeiter, vor allem aber als Kompilator in Betracht gezogen. Der lyrisch-betrachtende Charakter der Graunschen Kernkomposition, der schon durch seine ursprüngliche Herkunft aus der Kantate nahegelegt ist, steht außer Frage: Es gibt keine expliziten Personen-Rollen, die Rezitative sind auf sämtliche Solistenpartien verteilt, und das Passionsgeschehen wird – häufig auch in den Rezitativen – in Form von kommentierenden Reflexionen dargestellt.[138] Der Kompilator hat nun durch Einfügung narrativer Elemente vor allem in den hinteren Teil der Kantate eine prinzipielle Umgestaltung bewirkt: Der gesamte Vorgang ist typologisch nichts anderes, als die Umformung der geringer dimensionierten Passionskantate zu einem Passionsoratorium mit erzählenden Abschnitten, damit das retrospektive Bemühen, der durchweg lyrischen Anlage ein episches Moment hinzuzufügen. Originell ist, daß die gegenüber dem Evangelientext stark verkürzten Erzählmomente nicht als Rezitative in Gestalt eines Testo, sondern durch Choräle, durch Einfügung von Michael Weisses ‚Liedpassion' *Christus, der uns selig macht* zum

---

b. Neutestamentlichem Text im Chor Nr. 14 *Christus hat uns ein Vorbild gelassen*

c. Neutestamentlichen Bibeltexten als wörtliche Rede in den Rezitativen

d. Chorälen auffällig älterer Provenienz, dem „Zeitalter des Konfessionalismus" (Blume) entstammend, von Simon Dach (1648, Nr. 5), Luise Henriette von Brandenburg (1653, Nr. 11), Johann Heermann (1630, Nr. 15) und Ahasverus Fritsch (1668, Nr. 21). Tendenz dieser Choral-Konstruktion ist die Ichbezogenheit der Aussage

e. Dichtungen Ramlers: Arien, Rezitative (mit Ausnahme der wörtlichen Rede aus der Bibel), Eingangschoral *Du dessen Augen flossen*, Choral Nr. 24 *Ihr Augen weint!*, Schlußchor *Hier liegen wir gerührte Sünder* (Angaben nach König, *Studien*, 150ff.).

Daß als Folge dieses beinahe unbeschränkten, etwa durch liturgische, künstlerische, aufführungspraktische, frömmigkeits- oder gemeindebezogene Faktoren motivierten Manipulierens mit Versatzstücken die Gefahr des Verlusts der inneren Einheit bestand, liegt auf der Hand. Der innere Zerfall eines Passionspasticcios Georg Michael Telemanns von 1803/04 als Folge der Zusammenstellung von Stücken aus Knechts *Mirjam und Debora*, Georg Philipp Telemanns(!) *Tod Jesu*, Rolles *Tod Abels*, Haydns *Stabat mater* sowie eigenen Chorälen nach dem Rigaer Gesangbuch erscheint geradezu zwangsläufig. Vgl. B Mus. ms. 21694; siehe: Joachim Jaenicke (Bearb.), *Georg Philipp Telemann. Autographe und Abschriften* (= Staatsbibliothek zu Berlin. Preussischer Kulturbesitz. Kataloge der Musikabteilung I:7), München 1993, 129f.: dort genaue Auflistung der einzelnen ‚Bausteine'; vgl. sodann Lott, *Passionskomposition*, 311f.

137 Edition in: DMB II:1, hrsg. von Peter Wollny und Andreas Glöckner, Leipzig 1997. Sonstige Literatur zu Werk und Kontext: Carl Heinrich Bitter, *Beiträge zur Geschichte des Oratoriums*, Berlin 1872. John W. Grubbs, *Ein Passionspasticcio des 18. Jahrhunderts*, in: BJ 1965, 10ff.; Wollny, *Apokryphe Bachsche Passionsmusik*, 61ff.; Leisinger, *Pellegrini*, 71ff.; Andreas Glöckner, *Johann Sebastian Bachs Aufführungen zeitgenössischer Passionsmusiken*, in: BJ 1977, 75ff.; Diethard Hellmann, *Eine Kuhnau-Bearbeitung Joh. Seb. Bachs?* In: BJ 1967, 93ff.; Beißwenger, *Bachs Notenbibliothek*, 89ff.

138 Vgl. Nr. 22 (Alt): „Die Macht, so meinen Heiland leiden läßt,/ Rührt nicht von dieser Welt,/ Nein, nur von oben her;/ Wie kräftig ist nicht diese Macht!/ Mit welcher Weisheit wird sie nicht geführet,/ Durch reine Triebe wird sie nicht gerühret!/ Sie hat durch Jesu Urteilsspruch/ auf mich des Lebens Wort gebracht."

Ausdruck kommen.[139] Es handelt sich damit um eine der Erzählpartie in der *Brokkes-Passion* durchaus vergleichbare poetisch-künstlerische Bearbeitung des Evangelientextes. Das geschieht allerdings auf eine inhaltlich nicht immer schlüssige Weise, in Teilen sogar anachronistisch und dem narrativen Prinzip stringenter Abfolge widerprechend: Im Choral Nr. 30 (eingefügtes erzählendes Element) wird Christi Tod geschildert: „[...] Da gab er auf seinen Geist,/ Und die Erd erbebet,/ Des Tempels Vorhang zerreißt,/ Und manch Fels klebet." In dem drei Nummern später folgenden (originalen) Tenor-Rezitativ Nr. 33 ist Christus dagegen noch am Leben: „Jedoch mein Glaube stärkt sich wieder,/ Da Jesus sterbend ruft: Es ist vollbracht." Ungeachtet des zugefügten epischen Elements bleibt das Pasticcio seinem Charakter nach lyrisch: Nach zeitgenössischem Verständnis (gemeint ist das Gattungsverständnis um 1750, also bevor die um 1780 faßbaren ‚Vermischungstendenzen' relevant werden) liegt eine Kantate vor.

Der prinzipielle Vorgang, Choräle einzufügen, geschah hier nicht allein, um die Komposition „kirchenfähig" zu machen:[140] Aufgrund der narrativen Qualität und der geschlossenen Konzeption des Eingefügten handelt es sich hier tatsächlich um eine typologisch eigenständige Variante. Das wird besonders deutlich anhand einer von Johann Wilhelm Cunis nach 1757 erstellten zweiten, sogenannten Frankenhausener Fassung des gleichen Pasticcios[141], die zum Zwecke einer neuen, jetzt siebenteiligen (und ebenfalls retrospektiven) Disposition völlig andere Choräle mit neuer funktionaler Absicht einfügt: Offensichtlich steht hier die auf altkirchliche Vorstellungen zurückgehende formale Einteilung des Passionsgeschehens in entsprechende „Actus" im Hintergrund.[142] Es scheint, als sei durch vergleichsweise unkomplizierte Einfügung von Chorälen häufiger eine solche dispositionelle Gewichtsverschiebung angestrebt worden.[143]

Differenziert sind in diesem Zusammenhang die Ausführungen Christian Carl Rolles in seiner 1784 in Berlin erschienenen Handleitung *Neue Wahrnehmungen zur Aufnahme und weitern Ausbreitung der Musik* zu sehen. Die von der älteren Forschung (Schering) im Blick auf den dramatischen Oratorientyp rundheraus unterstellte apologetische Haltung trifft nur bedingt zu; in dem einschlägigen Abschnitt heißt es: „Jedes Oratorium verlieret doch, wenn die Rollen

139 Textbuch in: Gs 8 Cod. Ms. Philos. 84e Graun 3.

140 So Wollny/Glöckner, vgl. DMB II:1, viii, Vorwort.

141 Vgl. dazu Beißwenger, *Bachs Notenbibliothek*, 90ff. bes. 95ff.

142 „Hortus, Pontifices, Pilatus, cruxque, sepulchrum." Vgl. Axmacher, *Untersuchungen*, 54. Zu Choralinterpolationen in eine Gothaer Hunold-Passion Reinhard Keisers, die aber keiner erkennbaren dispositionellen Absicht folgen, siehe: Andreas Glöckner, *Neue Spuren zu Bachs „Weimarer Passion"*, in: Leipziger Beiträge zur Bach-Forschung, Bd. 1, Leipzig 1995, 45.

143 Erinnert sei in diesem Zusammenhang auch an die deutsche Parodie Enderleins zu Hasses, im katholischen Bereich stark verbreiteten Oratorium *I Pellegrini al sepolcro*; vgl. Leisinger, *Pellegrini*, 76ff., bes. 85. In die für den Protestantismus adaptierte deutsche Fassung eingefügt sind Choräle von Johann Friedrich Doles mit eindeutig gliedernder Absicht, nämlich „festgefügte Szenen" nach dem sich immer wiederholenden Ablauf „Rezitativ – Arie – Choral" zu bilden (Leisinger); wie in *Wer ist der, so von Edom kömmt* liegt auch hier ein „Leitchoral" zugrunde: *Wenn meine Sünd' mich kränken.*

nicht besetzt und eingetheilt werden können. Man wird doch nicht glauben, daß diese übliche Absingung der Worte des Evangelisten und derer damit durchwebten sämmtlichen Personen, welche in der Leidensgeschichte vorkommen, deswegen verwerflich sey, weil eine neuere Einrichtung dergleichen zu verdrängen scheint; nach welcher das, nach oratorischer Art, eingerichtete nicht mehr statt findet. Wir können doch eigentlich keine andere Aufsätze machen, wenn wir nichts weglassen wollen, als was die Evangelisten gesagt haben. Betrachtungen und Nutzanwendungen sind immer schon mit untermischt worden."[144] Wesentlich sind für Rolle nicht primär musikalische Kriterien bzw. die formale Entscheidung zwischen lyrischer oder dramatischer Behandlung: Maßgeblich ist die Autorität des Evangelistenberichts.

Vergleichbare Versuche, der Wiederherstellung eines wenigstens vordergründigen Erzählrahmens finden sich öfter im Umfeld bzw. in Abhängigkeit solcher Kompositionen, die zum modellhaften *Tod Jesu* von Ramler/Graun in Beziehung stehen. In der späten Vertonung des Ramlerschen Librettos durch Silvester Julius Krauß sind sämtliche Rezitative, sonst allen Stimmen gleichmäßig anvertraut, allein dem Tenor zugewiesen:[145] Zweifellos handelt es sich um den, strukturell gleichwohl oberflächlichen Versuch, die Beteiligung eines Testo zu suggerieren. In vergleichbarer Weise verfährt Ernst Wilhelm Wolfs Passionsvertonung *Jesu, deine Passion*[146] nach einem Text des Jenaer Juristen Achazius Ludwig Karl Schmidt; das Werk ist in der Gesamtdisposition (z. B. Plazierung der Arien), auch in der spezifischen Textgestalt (zum Teil wörtliche Übernahmen), schließlich in der musikalischen Komposition so deutlich von Ramler/Grauns Vorlage abhängig, daß das Stück unmittelbar an dieser „entlangkomponiert" scheint.[147] Ohne daß die textlichen und musikalischen Verbindungen hier im einzelnen vorgeführt werden müßten, ist jedenfalls die Rolle eines „latenten" Testo dadurch suggeriert, daß – entgegen der Vorlage – beinahe ausnahmslos der Tenor die Rezitative übernimmt: Es gibt also um die Jahrhundertmitte durchaus Versuche, im Sinne eines „lyrisch-epischen" Mischtyps ältere Elemente der oratorischen Passion zu bewahren.

6.3.2.2. Eliminierung narrativer Elemente als Ausdruck von Modernität

Ebenso begegnet der typologisch prägnante umgekehrte Vorgang, nämlich durch Entfernung des Evangelienberichts eine oratorische Passion in ein Passionsoratorium zu verwandeln. Die Vorbereitung dieses Prozesses im Zuge einer Umkleidung der biblischen Vorlage durch solche Texte, die sich auch nach der Eliminierung der epischen Partien als schlüssig und sinnhaft, zumal einheitlich in der lyrischen Substanz darstellen, dürfte im Hinblick auf die Konzeption als Idealfall gelten; zugleich

---

144 Rolle, *Wahrnehmungen*, 80f.

145 Die Berliner Quelle ist auf das Jahr 1800 datiert: vgl. König, *Studien*, 38f.

146 Es erscheint plausibel, das Passionsoratorium nach dem Textbeginn des ersten Chorals zu benennen, wie dies Wollny, *Apokryphe Bachsche Passionsmusik*, passim, getan hat, entgegen Johannes Brockt, *Ernst Wilhelm Wolf. Leben und Werk*, Breslau 1927, 35, der die Komposition nach dem ersten Rezitativ *O, welch ein kläglich Bild* (= Nr. 2 des Passionsoratoriums) betitelte.

147 Wollny, *Apokryphe Bachsche Passionsmusik*, 65f.

wäre damit auf die von Anfang an nur noch akzessorische Bedeutung des Bibelworts hingewiesen.

Zumindest in der gedanklichen Konzeption, nicht aber in der – letztlich dramatischen – Exekution folgt auch Niemeyer/Rolles Passionsoratorium *Die Feyer des Todes Jesu* (1783) dieser Vorstellung. Das Sujet ist originell: Johannes, Petrus, Jacobus, Maria und Maria Magdalena haben sich zum Anniversarium des Todes Christi zusammengefunden, um, zeitlich vom eigentlichen Kreuzigungsgeschehen abstrahiert, Betrachtungen über dessen Opfertod anzustellen. Unter gleichen situativen Bedingungen ermöglicht diese Konstruktion, als Folge des völligen Verzichts auf das narrative Element der eigentlichen Kreuzeshandlung, eine gewissermaßen potenzierte Reflexion des Geschehenen. In die gleiche Richtung geht auch Christian Ehregott Weinligs Oratorium *Der Christ am Grabe Jesu* (Libretto von Berger): Auch hier ist die eigentliche Handlung bereits vorüber, vorgetragen werden heilsgeschichtliche Konsequenzen.

Besonders klar sind entsprechende Verfahren an der sogenannten *Passionskantate* (H 776) Carl Philipp Emanuel Bachs zu beobachten, die auch als „Spinnhaus-Passion" bezeichnet wird.[148] Zugrunde liegt eine oratorische Matthäus-Passion vom Jahre 1769[149], die durch Eliminierung der Rezitative und Turbae (diese stammten vor allem aus der Matthäus-Passion des Vaters) in die *Passionskantate* umgestaltet wurde. Allerdings wurden erhebliche zusätzliche Veränderungen erforderlich. Um die Handlung zusammenzuhalten, mußte der biblische Evangelistenbericht durch neue, von Christoph Daniel Ebeling gedichtete Rezitative ersetzt werden: Die lyrisch-betrachtenden Abschnitte kommen also nicht gänzlich ohne narrative Vermittlung aus. Obschon der Kerntext[150] im gleichen Berliner geistigen Umfeld entstanden ist, wie Ramler/Grauns *Tod Jesu*, bestehen gewichtige inhaltliche Unterschiede, die sich in der Umarbeitung zur *Passionskantate* fortsetzen. Anders als in Ramlers Text findet sich bei Bach von Anfang an eine stärkere Berücksichtigung üblicher narrativer Elemente in präziser chronologischer Abfolge, bisweilen sogar Reminiszenzen an den biblischen Evangelienbericht in Gestalt wörtlicher Rede, die freilich nicht durch reale Figuren sondern in mittelbarer Wiedergabe erfolgt.[151]

Es scheint, als habe sich das Passionsoratorium als Gattung insgesamt in dieser Form des Einsatzes wörtlicher Rede einen Rest des alten Evangelienberichts bewahrt, und zwar im Sinne autoritativer Legitimierung insbesondere der Jesusworte. Ramler/Grauns modellhafter *Tod Jesu*

---

148 Vgl. dazu insgesamt: Bolin, *Spinnhaus-Passion*, 61-82. Finscher, *Bemerkungen*, 309-333. Nagel, *Studien*, passim. Clark, *Occasional Choral Works*, passsim. Ders., *C. P. E. Bach and the Tradition of Passion Music in Hamburg*, in: Early Music 16 (1988), 533-541. Johann Friedrich Reichardt, *Briefe* (1774), Nr. 6.

149 Zur Diskussion der Entstehungszeit der Kantate vgl. Nagel, *Studien*, 30ff., und Finscher, *Bemerkungen*, 312ff.

150 Die aus der Matthäus-Passion beibehaltenen Texte stammen überwiegend von Anna Luise Karsch, der „Karschin"; Arie Nr. X dichtete Johann Joachim Eschenburg. Vgl. Nagel, *Studien*, 27ff. Zählung und Textwiedergaben hier und in der Folge nach dem Textabdruck ebd., 224ff.

151 In einzelnen Details der neuen Ebelingschen Rezitative ist die Anlehnung an die Matthäus-Passion noch deutlich erkennbar (vgl. die Judas-Szene, Rezitativ Nr. XI), während Ramler diese Spuren bewußt verwischt.

verwendete durchweg – teilweise paraphrasierte – neutestamentliche Bibeltexte als wörtliche Rede in den Rezitativen; diese konsequente Haltung weicht in der Folge textlicher und inhaltlicher Modifikationen auf, doch ist auffällig, daß häufig auch jene Kompositionen, die den Anspruch durchgängig lyrischer Gestaltung erheben, das ‚dramatische Element' des – wenn auch mittelbar wiedergegebenen – Zitats verwenden. In Johann Ernst Bachs Passionsoratorium etwa wird dieses Relikt der episch-dramatischen oratorischen Passion, in Kombination mit betrachtenden Partien, besonders augenscheinlich, vgl. etwa das Bass-Rezitativ Nr. 12:

„Und nun sieht der verhöhnte Held
Auch keine Träne mehr, die, ihn zu trösten, fällt.
Man ruft: ‚Zum Pontius.' Er gehet
Ihn forscht der Richter und gestehet:
‚Ich finde keine Schuld an ihm.'
Sein Palast aber hallt mit Ungestüm:
‚Er sterb' am Kreuz, er sterbe!'
Wüschest du die Hand,
Pilatus, nicht umsonst!
Auf Rache wüst entbrannt,
Ruft, Engeln zum Entsetzen, froh die Wut der Sünder:
‚Sein Blut komm' über uns, und über unsre Kinder.'"[152]

Dieses Verfahren des mittelbaren Berichts weist Berührungspunkte mit jener Vorstellung auf, die August Hermann Niemeyer in seiner Oratorientheorie vertrat und im *Lazarus* umsetzte: Auch hier tritt ja Christus nicht als unmittelbar redende und handelnde Person auf, denn das Wunder der Auferstehung wird allein über den Bericht Marthas, dabei ebenfalls Christusworte zitierend, wiedergegeben: „Ich bin der Auferwecker, ich – das Leben! wer an mich glaubt, wird, – ob er stürbe, doch ewig nicht im Tode bleiben, unsterbliches Leben ist des Glaubens Lohn."[153]

Schließlich gibt die *Passionskantate* Bachs das strukturell-poetische Gestaltungselement der Choräle praktisch auf, bis auf eine, freilich doppelt gewichtige Ausnahme (Nr. 24): Im Sinne einer förmlichen Rückwendung zum traditionellen gemeindebezogenen, eschatologisch bedeutsamen „*Miserere*-Verständnis" ist hier eine Vorstellung gegenwärtig, die in der anthropologischen Tendenz des *Tod Jesu*

152 Zitiert nach der Edition in: DDT 48 (1914).

153 Noch in einem anderen Punkt scheint Bach Niemeyers späteren Vorstellungen zu entsprechen: Offensichtlich hat die zeitgenössische Kritik das Werk nicht so sehr als dem Simplizitätsideal verpflichtet eingeschätzt, sondern als Beispiel exponierter, eitler Artifizialität: Ein Rezensent betont sogar das „Ungeheuerschwere" der Komposition und beurteilt das Stück als „kolossalische Masse", die „ein großer Künstler seinem eigenen Geiste als ein grosses Denkmal dessen, was er mit dem Apparat seiner Kenntnisse vermöchte, hinwarf, um auf dasselbe um so erhabneren Schrittes der ihm längst gebührenden Unsterblichkeit entgegen zu schreiten." Musikalisches Wochenblatt, 188. Ungeachtet dieses Eindrucks hat die *Passionskantate* offensichtlich besonders wegen ihrer originellen Instrumentierung anregend gewirkt: der Einsatz dreier Waldhörner habe „mächtigen Succeß" gehabt. Wie Ernst Wilhelm Wolf urteilt, hat dieser Effekt Johann Friedrich Reichardt zur Gestaltung des Schlußsatzes seines *Cantus lugubris* angeregt; Journal des Luxus und der Moden 1793, 339f., und Wolf, *Bemerkungen*, 5. Johann Karl Friedrich Rellstab schließlich zitiert einzelne Stellen der *Passionskantate* als Beispiel für geglückte Textbehandlung, insbesondere Wortwiederholung (z. B. in der Arie *Wie ruhig bleibt dein Angesicht*); Rellstab, *Versuch*, 21ff.

undenkbar wäre.[154] Somit wird eine andere Funktion des Chorals deutlich: nicht Medium zum Transport epischen Materials, nicht gliedernde oder kommentierende Absicht, sondern essentieller Kern des Ganzen im Zuge einer teleologischen Disposition.[155] Nicht zufällig ist dieser Choral unmittelbar vor dem ‚Sterberezitativ' eingefügt: „Er ruft: Es ist vollbracht! und stirbt. Er stirbt." Christi letzte Worte als Antwort auf die Bitte um Erbarmen verheißen Heilsgewißheit.[156]

6.3.2.3. Theologische Gegenpositionen zu Ramlers *Tod Jesu*

Bemerkenswert an der Ebeling/Bachschen Rezitativanlage ist ein weiterer Umstand: der funktionale Wandel vom bloßen Handlungsträger zum interpretierenden, heilsgeschichtlich relevante Inhalte vermittelnden Medium. Während bei Ramler der Versöhnungs- und Erlösungsgedanke zweitrangig erschien, findet sich bei Bach nicht allein dessen Beibehaltung, sondern sogar die besondere Akzentuierung eben durch die Hinzunahme der Ebelingschen Rezitative; besonders klar wird dieses Verständnis schon zu Beginn, wo die dreifache Frage des Eröffnungsrezitativs nach dem ‚Warum?' von Jesu Passion durch den Chor Nr. II in dem angedeuteten Sinne nach Jesaja, Kap. 53,4-6 beantwortet wird: „Aber er ist um unsrer Missetat willen verwundet, und um unsrer Sünde willen zerschlagen. Die Strafe lieget auf ihm, und mein Geist freuet sich Gottes meines Heilandes." Und auch in der Folge klingt dieser Gedanke immer wieder an: Christus übernimmt „feierlich der Sünde Strafen" (Rezitativ Nr. III), er denkt „voll Ernst den Folgen der ewigen Versöhnung nach" (Rezitativ Nr. XIII) und „durch des Messias Glauben durch den von Gott verheißnen Tod" hat die Welt „Heil und Seelen Ruh gefunden" (Rezitativ Nr. XVII).[157]

Die *Passionskantate* vertritt in diesem Punkt also eine entschieden konservative Haltung, die im Gegensatz zur radikalen Auffassung der neologischen Theologie Sacks und Ramlers steht; auch in anderen Kompositionen ist dieser Widerspruch zum ‚Berliner Modell' erkennbar, ja, es scheint sich überhaupt eine ausgesprochen gegenläufige Tendenz im Passionsoratorienschaffen abzuzeichnen: Eine Rezension

---

154 In diesem Phänomen scheint sich überdies eine breitere Tendenz der Choralreduktion im zeitgenössischen Passionsoratorium abzuzeichnen; an vergleichbaren Beispielen wären etwa zu nennen: Kreusser, *Der Tod Jesu* (ein Choral); C. Ph. E. Bach, *Passionskantate* (ein Choral); Rosetti, *Der sterbende Jesus* (zwei Choräle); Ch. E. Weinlig, *Der Christ am Grabe Jesu* (drei Choräle, darunter der „Matthäus-Passions-Choral" *O Lamm Gottes unschuldig*); Schicht, *Feyer der Christen* (ohne Choräle); Schulz, *Maria og Johannes* (ohne Choräle).

155 Der Text des Chorals lautet: „Heiliger Schöpfer, Gott!/ Heiliger Mittler, Gott!/ Heiliger, barmherziger Tröster!/ Du ewiger Gott!/ Um dieses Todes willen,/ Hilf uns in der letzten Not;/ Erbarm dich unser!" Offenbar handelt es sich um eine Neufassung des auf Luther und Johann Walter zurückgehenden Kirchenliedes *Mitten wir im Leben sind*, das sich seinerseits auf die Antiphon *Media vita sumus* gründet.

156 Zur zeitgenössischen Rezeption vgl. den langen Artikel in: Musikalisches Wochenblatt, 188ff. Für Weiteres siehe Bach, *Westphal*, bes. 61f., 176f., 217f. und 225f.

157 Deutlich in diese Richtung weisen auch einzelne Textstellen in der Folge, siehe besonders Nr. XVIII, XIX, XXVII. Vgl. Nagel, *Studien*, 228ff.

zu Johann Abraham Peter Schulz' *Maria und Johannes* (*Maria og Johannes*) von 1787/88 auf eine Dichtung Johann Ewalds etwa hebt ausdrücklich hervor, daß der Text „frei von Dogmatik“ sei und hierin besser als die Ramlerschen Libretti.[158] Sodann findet sich die Betonung des Versöhnungsgedankens nicht nur in Telemanns *Messias*[159], einer Komposition, die aufgrund ihrer zeitlichen Nähe (entstanden 1758/59) zum *Tod Jesu* vielleicht sogar als Reaktion auf diesen verstanden werden kann, sondern auch in Christian Ehregott Weinligs Passionsoratorien wird schon äußerlich der Versöhnungs- und Erlösungsgedanke geradezu exponiert, wie aus etlichen Titeln erkennbar ist.[160] Ferner ist selbst in der Graun-Nachfolge dieses Phänomen faßbar: Auch Ernst Wilhelm Wolfs Passionskantate *Jesu, meine Passion* (Schmidt)[161], eine, wie Peter Wollny gezeigt hat, auf den *Tod Jesu* rekurrierende Schöpfung, betreibt die Eliminierung der Versöhnungsvorstellung nicht mit der gleichen Konsequenz wie die Vorlage: Namentlich durch die Texte in den Chören wird die ursprüngliche ‚anti-orthodoxe‘ Haltung Ramlers verwässert, man vergleiche beispielsweise Nr. 10 *Er ist um unser Missetat willen* oder Nr. 19 *Versöhner, heilges Gotteslamm.* Und ein weitverbreitetes späteres, von der Kritik hochgerühmtes[162] Passionsoratorium Wolfs *Die letzten Stunden des leidenden Erlösers am Creutze* (wohl um 1783, Text vom Eisenacher Generalsuperintendenten Schneider) scheint in jedem einzelnen seiner Elemente den Erlösungsgedanken zu betonen:

„Du trägst den Fluch für deine Knechte.
Für mich – wie blutet mir mein Herz!– –
Für mich, und für die Welt der Sünder,
Für deine abgewichnen Kinder,
Mein Jesu! leidest du,
Und leidest unverdienten Schmerz

158 Cramer, *Musik*, 152. Dort auch Textabdruck und detaillierte Beschreibung; vgl. sodann die ausführliche Rezension in: Musikalisches Wochenblatt, 92f. und 99f. Nur am Rande sei erwähnt, daß die Partitur von *Maria og Johannes* in „Chiffern“, also einer Art Tabulatur erschien. Wie erwähnt, hatte auch Herder Ramlers Text als „so kalt! so scholastisch!“ bezeichnet. *Von Deutscher Art und Kunst* (= Herder, Sämmtliche Werke 5, 206).

159 Vgl. Godehardt, *Telemanns ‚Messias‘*, 143: Zentrales Thema der Verse 1-41 des ersten sowie 472-515 des zehnten Gesangs sei die Erlösungstat Christi.

160 Zu erwähnen wären etwa: *Die Erlösten auf Golgatha, Der Versöhnungstod Jesu, Der Erlöser, Die Erlösung, Der Versöhner*, schließlich *Jesus Christus, der Welterlöser.*

161 Ein Brüsseler Textbuch führt den Titel *Der sterbende Heyland*; vgl. Wollny, *Apokryphe Bachsche Passionsmusik*, 68.

162 Johann Abraham Peter Schulz etwa hielt die Komposition für ein „Meisterstück“. Magazin der Musik, II,1, 349. Das gleiche Periodikum hatte an anderer Stelle eine ausführliche Besprechung eingerückt und zur Pränumeration aufgerufen: „Reichthum an Gedanken ohne Verschwendung, Ernst ohne Trockenheit, Richtigkeit ohne Pedanterey, Ausdruck ohne Schwärmerey, Hoheit ohne Schwulst, natürlicher, edler, herzeindringender Gesang, der sich nie dem Opernstil nähert, kräftige Begleitung, neue harmonische und melodische Schönheiten, alle Eigenschaften finden sich im ganzen Stück ausgebreitet“ [...]. Magazin der Musik I,2, 984 und II,1, 263f. Außer dieser allgemeinen Charakterisierung besteht die große Rezension nur noch aus Textauszügen mit knappen Kommentaren: Offenbar hat tatsächlich die spezifische Textgestalt Aufsehen erregt.

[...]
Verzaget nicht, ihr Fehlenden bey euren Sünden!
Bey Jesu könnt ihr Trost und Rettung finden.–
Verbannt die Todesfurcht aus euren Herzen,
Gerührte Sünder, weil der Mann der Schmerzen,
Weil Jesus selbst für Euch zu Gott um Gnade spricht
[...]
Ich Sterblicher bin nicht mehr des Todes Raub!
Mein Geist ist ewig, und mein Staub
Wird sich dereinst zu Gott erheben;
Mit Jesu werd ich ewig leben!
[...]
Zerrissen sind des Todes Banden.
Mein Geist eilt seinem Vaterlande;
Der ofnen Wohnung stolzer Ruh
Mit Sehnsucht und Gewißheit zu
[...]
Erwürgtes Lamm! vor dir zerfließen wir in stillen Schmerzen,
Durch deiner Liebe Macht, beschämt, durch unsre Missethat gebeugt.
Empfang von uns das Opfer reuerfüllter Herzen!
Das bis zu dir, Versöhner unsrer Sünde steigt.
Hier weihn wir dir der Reue und der Liebe Zähre,
Da wir gerührt bey deinem Kreutze stehn.
Dort singen wir: Herr du bist würdig zu empfangen Preiß und Ehre,
Wenn wir dich auf dem Throne sehn."

Textpartien, wie die vorstehenden, prägen Wolfs Passionsoratorium nachhaltig. Sie machen in ihrem klaren Jenseitsbezug, der ausdrücklichen Abwendung von jeglicher vordergründig-empfindsamen ‚mit-leidenden' Betrachtung den Unterschied zu Ramlers *Tod Jesu* deutlich und werfen überhaupt die Frage nach einem prinzipiellen und uneingeschränkten Wandel des Passionsverständnisses im Sinne einer „aufs höchste gesteigerten, ja übersteigerten Menschlichkeit, die als Göttlichkeit bezeichnet wird" auf. Weder findet sich durchgängig eine konsequent anthropologische Haltung, noch sind ausschließlich Symptome der Zersetzung einer „verselbständigte[n] Christologie" gegenwärtig.[163]

6.3.2.4. Dramatische Konzeptionen

Parallel zur allgemeinen Entwicklung des Oratorienschaffens lassen sich vergleichbare Tendenzen der Etablierung spezifisch dramatischer Kompositionen auch im Blick auf das Passionssujet nachweisen. Erinnert sei hier nur an ein Beispiel, die im

163 Axmacher, *Untersuchungen*, 206f. Der vorstehende Text ist dem Auszug in Magazin der Musik I,2, 983ff. entnommen. Der fugierte Einleitungssatz, der die „Zuhörer zu der großen tragischen Handlung vorbereitet", ist übrigens, altertümlich und für das späte 18. Jahrhundert ungewöhnlich, als *Intrada* bezeichnet; vgl. dazu die erste *Weissagung* Christian Gotthilf Tags nach Jesaja Kap. 9,1-6 in B Mus. ms. 21600, die ebenfalls mit einer fünfzehntaktigen *Intrada* beginnt und schließt(!).

Halle/Magdeburger Umfeld entstandene Vertonung Johann Heinrich Rolles *Die Leiden Jesu* (Eingangschoral: *Der du, voll Blut und Wunden*) von 1776.[164] Das frei gedichtete Libretto stammt von Samuel Patzke; durch ein Textbuch sind die Intentionen dieser Schöpfung gut dokumentiert, denn im Vorbericht findet sich eine förmliche Rechtfertigung der dramatischen Gestaltung, die sich aus der Absicht herleite, einen Gegensatz zu den (lyrischen) „Cantaten" zu bilden, die ihrerseits die vormals üblichen, freilich erst recht „geschmacklosen" Passionen verdrängt hätten.[165]

Die zuvor beschriebenen Versuche zur Wiedereinführung narrativer Elemente auf der Grundlage älterer Traditionen erscheinen kaum plausibel im Sinne einer klar zielgerichteten Entwicklung der Gattungsgeschichte. Doch erst recht erstaunlich ist, daß sich lyrische Passionslibretti auch in regelrecht dramatisierendem Kontext wiederfinden können. Der von den Theoretikern (Sulzer) bisweilen so aufgefaßte Gegensatz lyrisch/erzählend war durch eine adäquate Textgestaltung der narrativen Partien befriedigend zu lösen: Widerspruch hingegen provozierte, die Pole lyrisch/dramatisch zu vereinen.[166] Gleichwohl hat es, wenn auch in nur vereinzelten peripheren Phänomenen, auch solche praktischen Versuche gegeben.

In Bremen wurde häufiger das Experiment unternommen, beliebte Oratorien zu modifizieren und mit neuen, und zwar gesprochenen Rezitativen aufzuführen; die Benennung dieses Ersatzes als „Erzählung" weist auf dessen narrativen, zugleich dramatischen Charakter. Wie die Textbücher belegen, führte der Bremer Domkantor Wilhelm Christian Müller 1785 den *Tod Jesu* in eben dieser Gestalt auf.[167] Karl Spazier kritisierte, daß „der Kantor am Dom es dahin zu bringen gewust hat, daß er in Kirchencantaten, die Recitative vom Chore herunter nicht absingt, sondern – wörtlich herdeklamirt."[168] Auch an anderen Orten hat man bisweilen die Rezitative gesprochen.[169] Und die Tendenz scheint sich zum Ende des Jahrhunderts noch zu verstärken, denn ein anonymer Text von 1806 hält fest:

> „Von den Recitativen aber, welche die Abwechselung befördern und zur Arie oder zum Chor vorbereiten sollen, hat man in neuerer Zeit verlangt, daß sie ohne alle Begleitung bloß vom Chor herab gesprochen oder vielmehr deklamiert werden sollen".[170]

---

164 Vgl. LEm PM 3211; dort modifizierter Titel: *Jesus, leidend. Ein Oratorium in die Music gesetzt von Johann Heinrich Rolle*. Auf dem Umschlag: „1793". Als „Singende Personen" treten auf: „Ein Fremdling. Blindgebohrener. Judas. Petrus. Nicodemus. Joseph. Johannes. Pilatus. Caiphas. Der Hauptmann. Maria. Maria Magdalena. Chöre des Volcks. Chöre der Freunde Jesu. Chöre der Priester. Chöre der Freundinnen Jesu." Besprechung in Kawerau, *Magdeburg*, 267ff.

165 Nach Kawerau, *Magdeburg*, 269.

166 Vgl. Sulzers singuläre Begriffsbildung „lyrisches Drama", die freilich den Ramlerschen Texttypus bezeichnet; erinnert sei dagegen an Michaelis' spätere Klassifizierung, nach der *Eva's Klagen* dem „lyrisch-dramatischen" Mischtyp zuzuordnen wäre; vgl. nachfolgend.

167 Vgl. König, *Studien*, 10.

168 Spazier, *Freymüthige Gedanken*, 97, Abdruck auch in König, *Studien*, 10.

169 Vergleichbare Vorgänge schon zur Zeit Telemanns erwähnt Hermann Kretzschmar, *Führer durch den Conzertsaal*, II. Abtheilung, Erster Theil: Kirchliche Werke, Leipzig ^{2}1895, 57.

170 Lott, *Passionskomposition*, 312.

Auffällig ist, daß beide Zeugnisse das „Deklamieren“ vom Chor „herab“ betonen: Ob hier die Vorstellung der unsichtbaren göttlichen Stimme (Herder) oder des ‚belehrenden‘ Kanzelredners wirksam war, ist kaum zu entscheiden.

Handelte es sich in diesen Fällen um Versuche, ohne größere substantielle Eingriffe in die Textgestalt, gewissermaßen unter Entzug der musikalischen Komponente, der Aufführung nachträglich einen dramatischen Akzent zu verleihen, so wurde eine andere Komposition, *Eva's Klagen bei dem Anblik des sterbenden Messias. Eine Deklamazion mit musikalischer Begleitung* (um 1783) von Johann Friedrich Freiherr von Dalberg, so konzipiert, daß ein lyrisches Passionslibretto in Anlehnung an eine ihrem Wesen nach prinzipiell dramatische Gattung vertont wurde: Gemeint ist das um 1780 aktuelle Melodrama.[171]

Dalbergs Passionsmusik[172] legt einen Text aus Klopstocks Messiade (achter Gesang) zugrunde; obschon von einem Katholiken verfaßt, rechtfertigt der Rückgriff auf Klopstocks Epos[173], das bekanntlich in der Oratorientheorie um 1780 eine wichtige Rolle spielte, die Einbeziehung auch dieses Werks in die vorliegende Untersuchung.[174] Wenn auch das hier zu behandelnde Phänomen von der Gattungskritik wegen der nachträglichen Umgestaltung einer „nichtlibrettistischen, das heißt: für die Mitwirkung der Musik nicht vorgesehenen“ Dichtung unter „nichtdramatische Formen“ bzw. „lyrische Deklamation“ als Nebenentwicklung klassifiziert wurde, ist doch eine Affinität zu den Prinzipien des Melodramas in seinen Hauptzügen unbestritten.[175] Gattungsgrenzen überschreitet *Eva's Klagen* zweifach: diejenigen des

---

171 Eine zeitgenössische Zusammenstellung des Repertoires liegt vor in: Christian Heinrich Schmid, *Verzeichniß von Melodramen (Monodramen, Duodramen) in verschiedenen Sprachen, und von denen über diese Art von Schauspielen erschienenen Abhandlungen*, in: Monatsschrift für Deutsche 1800, I, 68ff.; eine moderne, wissenschaftlich aufbereitete Bibliographie liefert: Wolfgang Schimpf, *Lyrisches Theater. Das Melodrama des 18. Jahrhunderts* (= Palaestra, Bd. 282), Göttingen 1988, 200ff. Sonstige gattungsspezifische Literatur (Auswahl): Ulrike Küster, *Das Melodrama. Zum ästhetikgeschichtlichen Zusammenhang von Dichtung und Musik im 18. Jahrhundert* (= Europäische Aufklärung in Literatur und Sprache, Bd. 7), Frankfurt/M. 1994. Sybille Demmer, *Untersuchungen zu Form und Geschichte des Monodramas* (= Kölner germanistische Studien, Bd. 16), Köln 1982. Peter Gülke (Hrsg.), *Jean-Jacques Rousseau: Musik und Sprache*, Leipzig 1989. Edgar Istel, *Die Entstehung des deutschen Melodramas*, Berlin/Leipzig 1906.

172 Ein weiterer Gattungsbeitrag Dalbergs, das ebenfalls einen *Messias*-Auszug heranziehende spätere Melodrama *Jesus auf Golgatha* (um 1810/12) mag hier außer Betracht bleiben.

173 Es handelt sich um den Schluß des VIII. Gesangs, Vers 566ff.; vgl. Klopstock, *Werke und Briefe*, Bd. IV/1, 176ff. Zu *Eva's Klagen* siehe beschreibend: Embach/Godwin, *Dalberg*, 458ff.

174 Ein anderer Text Klopstocks, *Die Frühlingsfeier*, wurde 1777 in Stuttgart durch Johann Rudolf Zumsteeg vertont. Neben dieser Komposition gilt *Eva's Klagen* als vergleichbar früher Beitrag des erst im 19. Jahrhundert sich zu eigentlicher Geltung entwickelnden sogenannten Konzertmelodramas, einer Untergattung, die nicht die eigentliche Bühnenaufführung voraussetzte sondern die konzertante Darbietung.

175 Schimpf, *Lyrisches Theater*, 72f. Eine knappe Rezension Karl Spaziers in Musikalisches Wochenblatt, 101, betont diesen Umstand auch: „Es herrscht darin sprechende und empfindungsvolle Melodie, und Kraft und Reinheit der Harmonie. Was es übrigens mit dieser Rousseau-Bendaischen Form der Musik auf sich habe, ist Künstlern bekannt.“

Melodramas dadurch, daß statt der üblicherweise in der Frühzeit bevorzugten antikisierenden tragischen Sujets das biblische Passionsgeschehen gewählt wurde, diejenigen des Oratoriums natürlich infolge der prinzipiell melodramatischen Anlage.[176] Bemerkenswert ist die Wahl des Textausschnittes aus Klopstocks *Messias*: Die Betrachtungen, Empfindungen und Reflexionen über den am Kreuz sterbenden Heiland sind hier nicht in einer gewissermaßen durch die zeitgenössischen Oratorienlibretti weithin etablierten Form zum Ausdruck gebracht, indem sich entweder anonyme Betrachter (wie z. B. im *Tod Jesu*), in ihrer gemeinschaftlichen Anonymität ebenfalls nicht näher bestimmbare „Pilgrimme" (z. B. Zachariäs *Pilgrimme auf Golgatha*) oder Figuren aus dem neuen Testament, wie z. B. Maria und Johannes im gleichnamigen Oratorium Johann Abraham Peter Schulz' artikulieren: *Eva's Klagen* demonstriert vielmehr den heilsgeschichtlich bedeutsamen Vorgang der Zusammenführung des Alten und Neuen Bundes, indem, zudem mehr anthropologisch akzentuiert, eben nicht die Mutter Gottes den sterbenden Heiland beweint, sondern Eva, die aus dem Jenseits anteilnehmende „Mutter des Menschengeschlechts."[177] In Klopstock/Dalbergs Konstruktion ist somit auf den exegetischen Gegensatz Eva/Maria Bezug genommen: „Das Versagen der ersteren in der ihr zugewiesenen heilsgeschichtlichen Stellung wird überreich ausgeglichen durch letztere: Eva causa mortis, Maria causa salutis."[178]

Die Passionsszene ist zu einem förmlichen Monodrama gestaltet, das gleichwohl in der Zuhilfenahme einer Einleitung durch einen regelrechten Testo durchaus Anklänge an die Tradition der Passionsvertonung evoziert.

Die einleitenden Worte des „Erzählers" verweisen eindeutig auf die erwähnten heilsgeschichtlichen Dimensionen:

„– – – So unzählbar sie standen, so war doch
Unter allen Augen voll Wehmuth kein Auge, wie deins war,
Kein Unsterblicher so in heiße Schmerzen zerflossen,
Als du, Mutter des Menschengeschlechts, der Todten Mutter!
Siehe, sie senkt ihr entschimmertes Haupt zur Erde, dem Grabe
Ihrer Kinder, und breitet die hohen Arme gen Himmel.
Nun berührt der traurenden Stirne den Staub, nun falten
Vor der umnachteten Stirn die gerungnen Hände sich bang zu.
Halb erhebt sie sich, sinket wieder, erhebet sich blicket
Starr umher. Es dämmert um sie. Sie ist bey Gebeinen,
Irgendwo unter Todtengebeinen; zwar jenseits am Grabe;
Aber am Grabe doch! Endlich begann die gebrochnere Stimme,
Und der Unsterblichen Harmonieen zerflossen in Seufzer."[179]

---

176 Soweit zu sehen, existiert mit dem 1779 entstandenen Melodrama *Abels Tod* (Text von Johann Christoph von Zabuesnig, Musik von Franz Stanislaus Spindler) nur noch ein weiterer Gattungsbeitrag mit biblischer Stoffwahl.

177 Vgl. diesen Begriff in der Einleitung des Melodramas.

178 Vgl. LThK 3, 1215f. In der christlichen Ikonographie wird übrigens der durch die Stammeseltern verursachte und durch Christus überwundene Tod häufig dargestellt; vgl. LThK 1, 130.

179 Zitiert nach Klopstock, *Werke und Briefe*, Bd. IV/1.

In ihrer kompositorischen Anlage orientiert sich Dalbergs Schöpfung im Gebrauch von gesprochenem, „deklamirtem“ Text und teilweise alternierender, teilweise synchroner musikalischer Begleitung durchaus an den üblichen Gestaltungsprinzipien des Melodramas. Sicherlich handelt es sich um eine exponierte Erscheinung der Passionsoratorienkomposition mit einem gesteigerten Hang zur Vermengung kaum zu vereinbarender Gattungen und Phänomene. Denn bekanntlich wurde bereits dem Melodrama an sich von der zeitgenössischen Kritik die Unzulässigkeit einer solchen Verfahrensweise vorgehalten und die Fähigkeit der Vermischung von Worten und Tönen bestritten; Johann Gottfried Herder notierte:

> „Diese Gattung ist also ein Mischspiel, das sich nicht mischt, ein Tanz, dem die Musik hintennach, eine Rede, der die Töne spähend auf die Verse treten.–“[180]

Bemerkenswerterweise entwickelt Herder seine Gattungskritik des Melodramas eben aus der Gegenüberstellung mit dem Oratorium, denn dieses gilt ihm als „reine Kunstgattung, vom Ton- und Gebehrdenstreit sowohl, als von der Oper gesondert.“[181] Indes fügt sich das Passions-Sujet[182] vorzüglich in die vom Melodrama bevorzugte tragische, meist unmittelbar aus dem Umfeld der klassischen Tragödie gewonnene Stoffwahl auch dadurch ein, daß in beiden ein lieto fine ausbleibt: Im Gegensatz zu den auf mythologische oder antike Stoffe sich gründenden Operntypen gilt das Melodrama als diejenige Gattung, in der sich zuerst die tragische Schlußgestaltung herausgebildet hat.[183] Das Prinzip des Melodramas, auf der Grundlage einer eigentlich monologischen Anlage einen relevanten Handlungsausschnitt, oft den Höhepunkt dramatischen Geschehens, zu behandeln[184], wird auch in *Eva's Klagen* verfolgt. Ebenso lassen sich wesentliche Elemente der „melodramatischen Motivik“, unmittelbar auf die Passion Christi beziehen; dazu gehört der „Schrecken des Todes“, der „locus terribilis“, die „schreckliche Finsternis“, sodann aber auch die Vorstellung des „Todes als Erretter“.[185] Und selbst „Kontrastmotive aus der Ästhetik des Schönen“ (Küster) lassen sich in der Kreuzigungsszene wiederfinden: Das Motiv der „zärtlichen Mutter“, mehr oder weniger deutlich in zahllosen Beispielen der

---

180 Herder, *Adrastea* (= Herder, Sämmtliche Werke 23, 559f.). Gleichwohl hat Herder in seinem *Brutus* ebenfalls mit der Gattung des Melodramas experimentiert; vgl. Küster, *Melodrama*, 151. Zeitgenössische Kritik im Blick auf die „Mißhelligkeiten zwischen den Mitteln des Ausdrucks“ von gesprochener Deklamation und musikalischer Begleitung formulierte auch Johann August Eberhard, *Über das Melodrama*, in: Vermischte Schriften, Halle 1788, 1-22. Eberhard bezieht die „Mißhelligkeit der Sinnlichkeit und Schönheit“, die das Melodrama „ästhetisch unmöglich“ mache, unmittelbar auf vergleichbare Vorstellungen des „lyrischen Dramas“; ebd., 22.

181 Ebd. Zur Beziehung des Melodramas zur Kantate siehe: Schimpf, *Lyrisches Theater*, 98ff.

182 Daß mit *Eva's Klagen* ein ziemlich frühes Beispiel eines sogenannten Konzertmelodramas vorliegt, unterstreicht die Bindung von Dalbergs Schöpfung an das – ebenfalls konzertant aufzuführende – Oratorium.

183 Küster, *Melodrama*, 141.

184 Ebd., 133f.

185 Ebd., 153ff.

dogmatischen und literarischen Behandlung der Gestalt Mariens auf Golgatha gegenwärtig, behauptet, zumal im empfindsamen Oratorienlibretto, eine wichtige Position; auch in *Eva's Klagen* ist dieses Element greifbar: „Du Versöhner! du Opfer! des Todes Opfer! mein Mittler! Wundenvoller! Geliebter! o du Geliebter! du Liebe! du verzeihest!“[186] Aktualität, Gestus, Gattungsanspruchs des Melodramas, auch der Tragödie, werden in *Eva's Klagen* auf die Passionsvertonung übertragen und erweitern die zeitgenössische Ausprägung der Gattung um eine originelle dramatische Variante.

186 Die sprachliche Gestaltung der Textpartie erinnert an den im Melodrama des 18. Jahrhunderts häufiger anzutreffenden sogenannten ‚Sturm und Drang‘-Gestus.

7. Was ist ,wahre' Kirchenmusik?

Mannigfache Phänomene ,wahrer' Kirchenmusik sind in den bisherigen Kapiteln dargestellt worden. Das in vielerlei Hinsicht Disparate und Uneinheitliche, auch Kontroverse dieses Befundes wirft abschließend spezifisch terminologische Fragen auf und zwingt zu einer über die im engeren Sinne kirchenmusikästhetischen Verhältnisse hinausgehenden Analyse. Zu prüfen ist, ob das breite Spektrum ,wahrer' Kirchenmusik aus der unklaren terminologischen Verwendung innerhalb der Kirchenmusikanschauung resultierte – und somit ein Verständigungsdefizit bedeutete –, oder ob außermusikalische, im engeren Sinne begriffsbezogene Voraussetzungen einer entsprechend vielfältigen Verwendung den Boden bereitet haben.[1]

Mit dem Kirchenmusikbegriff wird der Terminus ,wahr' vermehrt in der zweiten Hälfte des 18. Jahrhunderts in Verbindung gebracht. Mit E. T. A. Hoffmanns, in der Kritik an den Verhältnissen des 18. Jahrhunderts retrospektivem Aufsatz *Alte und neue Kirchenmusik* von 1814 läßt sich die ungebrochene, ja gesteigerte Aktualität und Präsenz des Begriffes demonstrieren, zugleich die Vielschichtigkeit seiner Bedeutung schon innerhalb der Kirchenmusikanschauung aufzeigen. Die konzentrierte Anreicherung der Sprache ist jedenfalls erstaunlich: Da klagen zunächst „die wahren Musikverständigen, daß die neuere Zeit arm an Werken für die Kirche blieb, denn der Mensch wurde abtrünnig allem Höheren, Wahrhaftigen, Heiligen":[2] Nur aus der Glut im Innern [des] Menschen steigt das „wahre Kunstwerk in unvergänglichem Feuer" empor.[3] Mit Blick auf das Religiöse wird sodann nur die Musik als „wahrer Kultus" verstanden, und in Bezug auf die Meister der altitalienischen Vokalpolyphonie heißt es: „in wahrhafter, heiliger Begeisterung strömten aus ihrem Innern ihre unsterblichen, unnachahmlichen Gesänge"[4], die zudem nur danach trachteten, „in frommer Einfalt wahrhaftig zu sein"; an anderer Stelle[5] lautet es zum selben Gegenstand: sie [nämlich die Gesänge] tragen das „Gepräge der Wahrhaftigkeit".[6] Die Rettung der Kirchenmusik durch Papst Marcellus – nachdem er „wahre Musik" in Gestalt der Missa *Papae Marcelli* gehört hatte – bedeutete den Sieg „der ewigen Wahrheit über das Unwahre".[7] Überhaupt ist Palestrinas Musik „wahrhafte

---

1 Aus der vielfältigen Literatur zum ,Wahrheits-Begriff' seien hier nur einige wenige Titel in Auswahl genannt: Käte Hamburger, *Wahrheit und ästhetische Wahrheit*, Stuttgart 1979, bes. 48ff. Richard und Gertrud Koebner, *Vom Schönen und seiner Wahrheit*, Berlin 1957, 110ff., bes. 116f. Winfried Franzen, *Die Bedeutung von „wahr" und „Wahrheit": Analysen zum Wahrheitsbegriff und zu einigen neueren Wahrheitstheorien*, Freiburg etc. 1982. Wolfgang Fey, *Christologie und Wahrheitsbegriff: Akzente einer theologischen Begriffsannäherung*, Diss. Bonn 192.

2 Hoffmann, *Alte und neue Kirchenmusik*, 219f.

3 Ebd., 220.

4 Ebd., 224.

5 Ebd., 227.

6 Ebd., 228.

7 Ebd., 224.

Musik aus einer andern Welt“[8], geprägt durch den „wahrhaften, würdigen Ausdruck“; er selbst ist „einfach, wahrhaft, kindlich, fromm, stark und mächtig“, und die Kirche ist seine „wahre, einzige Heimat“.[9] Eine Messe Alessandro Scarlattis ist ein Muster des „wahren, mächtigen Kirchenstils“[10], im Werk Händels „lebt der Geist der Frömmigkeit und Wahrhaftigkeit“[11], aber auch die Oper *Démophon* von Johann Christoph Vogel wird als „wahrhaft tragisch“ und erhaben bezeichnet.[12] Indes vermögen nur noch wenige der neueren Meister – darunter Carl Fasch – das „fromme Gemüt wahrhaft“ zu erheben[13], weil das Eindringen des Theatralischen wohl der „Anlaß zum Verfall des wahren Kirchenstils“ war.[14]

Geradezu hypertroph erscheint das Epitheton in der die individuellen charakterlichen Voraussetzungen des Kirchenkomponisten konturierenden Textpartie:

> „Dem jungen Komponisten, der zu wissen begehrte, wie er es denn anfangen solle, wahre, würdige Kirchenmusik zu setzen, könnte man nur antworten, daß er sein Inneres wohl erforschen möge, ob der Geist der Wahrheit und der Frömmigkeit in ihm wohne, und ob dieser Geist ihn antreibe, Gott zu preisen und von den Wundern des himmlischen Reiches in den wunderbaren Tönen der Musik zu reden; ja, ob sein Komponieren nur das Aufschreiben der heiligen Gesänge sei, die, wie in andächtiger Entzückung, aus seinem Innern strömten. Nur wenn dieses ist, werden seine Kirchengesänge fromm und wahrhaft sein. Jede äußere Anregung, jedes kleinliche Bemühen um irdischen Zweck, jedes eitle Trachten nach Bewunderung und Beifall, jedes leichtsinnige Prunken mit erworbener Kenntnis führt zum Falschen, zum Unwürdigen. Nur in dem wahrhaft frommen, von der Religion entzündeten Gemüt wohnen die heiligen Gesänge, die mit unwiderstehlicher Macht die Gemeinde zur Andacht entflammen.“

Folglich scheitere der „nicht wahrhafte“ Komponist an der „Erfindung echtkirchlicher Melodien.“[15] Nachdem überwiegend katholische Phänomene zur Diskussion gestanden hatten, vollzieht Hoffmann gegen Ende einen auffälligen, gleichwohl gekünstelt anmutenden Schwenk zur protestantischen Kirchenmusik:

> „Es ist richtig, daß der evangelische Kultus eigentlich dem wahrhaft Musikalischen entgegenstrebt: aber mit dem Wiederaufblühen wahrer Kirchenmusik würde der Zeitgeist hier auch das Herrliche, Erfreuliche bilden, und die heilige Musik auch wieder eindringen in den Kultus der evangelischen Gemeinden.“

Und noch ein zweiter Umstand ist auffällig: die offenbar gezielt für den Schluß aufgesparte, konzentrierte Formulierung „wahre Kirchenmusik“, wonach für den „echten Verehrer der wahren Kirchenmusik“ nichts erfreulicher wäre, als die Wiederent-

8 Ebd., 225.
9 Ebd., 226.
10 Ebd., 228.
11 Ebd., 237.
12 Ebd., 220.
13 Ebd., 228.
14 Ebd., 234.
15 Ebd., 242f.

deckung und Veröffentlichung der alten, zuvor behandelten Meister, da „ihn [den Verehrer] erst jene Werke über die wahre Kirchenmusik aufklären.“[16]

Durch die maßlose Anhäufung der Adjektive ‚wahr‘ bzw. ‚wahrhaft‘ sowie der davon abgeleiteten Subjektive in Hoffmanns Text, zumal als Folge der breiten, oft wechselnden, nicht immer ausdrücklich auf den Kirchenmusikbegriff bezogenen Verwendung ist freilich dem Begriff jegliche Prägnanz, jeder spezifische Zuschnitt verlorengegangen. Schon hierdurch ist angedeutet, daß der Begriff des ‚Wahren‘, der dem Musikhistoriker gern und vor allem in engem Bezug auf die Kirchenmusik vor Augen steht, in allgemeinere ideengeschichtliche und kunstanschauliche Zusammenhänge eingebunden ist. Dessen Ausprägung zum musikanschaulichen Terminus war folglich kein individuelles ästhetisches Phänomen der Kirchenmusik, sondern geschah geradezu zwangsläufig zu einer Zeit, die – nicht nur in politischer Hinsicht – ihre Ideale auf die „Fahne der Wahrheit und Schönheit“ geschrieben hatte.[17] Anhand einer insbesondere kunstanschaulich motivierten Auswahl aus den facettenreichen, beinahe unüberschaubaren Verwendungsmöglichkeiten[18] soll nicht nur aufgezeigt werden, welche Bedeutungsnuancen sich eröffnen, sondern es ist darüber hinaus zu demonstrieren, daß dem locus classicus ‚wahre‘ Kirchenmusik etliche dieser allgemeinen Implikationen ebenfalls beizulegen sind.[19]

Zunächst ist jene weit verbreitete und grundsätzliche, dabei jeder weiteren kunstanschaulichen Implikation zunächst entbehrenden Bedeutung des attributiven ‚wahr‘ festzuhalten, die „von personen, dingen oder abstracten aussagt, dasz sie in wirklichkeit das sind, als was sie angesehen oder für was sie ausgegeben werden“ bzw. in welcher der Begriff gebraucht wird, um diese „als wirklich das zu bezeichnen, was sie nach richtiger bestimmung sein sollen.“[20] Insbesondere diese zweite Variante, die, bisweilen unausgesprochen, den Gegensatz zu ‚falsch‘ oder ‚unwahr‘ impliziert, scheint für die Begriffsbildung ‚wahre‘ Kirchenmusik naheliegend. Man kennt, im Blick auf Empfindungen und Eigenschaften, „wahre Freundschaft“, „wahre Hochachtung“, „wahres Mitgefühl“, „wahren Dank“, „wahren Schmerz“, „wahre Trauer“, „wahre Güte“, „wahre Männlichkeit“, „wahre Tugend“ etc., sodann an „abstracten“ Begriffen neben der „wahren Kirchenmusik“, der „wahren Musik“[21], dem „wahren Komponisten“[22], der „wahren Sonate“[23], der „wahre[n] Art das Clavier zu

---

16 Ebd., 246.

17 Friedrich Schiller in der Ankündigung zu den *Horen* (Sämtliche Werke V, 870). Vgl. auch Victor Lange, *Das klassische Zeitalter der deutschen Literatur*, 195ff.

18 Eine ergiebige Quelle ist die systematische Zusammenstellung von Quellen und Belegstellen in: Jacob und Wilhelm Grimm, *Deutsches Wörterbuch*, Bd. 27, Art. *Wahr* (II, 1-10).

19 Nicht weiter zu verfolgen ist hier die Bedeutung des Begriffs ‚wahr‘ in der Rechtssprache (entsprechend dem lateinischen „verus“). Ebd., (II,1), 690ff.

20 Ebd., (II,5), 715 und 721.

21 Wolf, *Was ist wahre Musik?*, 231-240.

22 Forkel, Almanach 1782, 122.

23 Daniel Gottlob Türk, *Clavierschule, oder Anweisung zum Clavierspielen für Lehrer und Lernende*, Leipzig und Halle 1789, 390.

spielen“[24] oder dem „wahren Wesen“ der Musik[25] ein unübersehbares Spektrum geistes- und ideengeschichtlicher Verbindungen: „wahre Wissenschaft“, „wahre Kunst“, „wahre Philosophie“, „wahre Poesie“, „wahren Geschmack“, „wahre Schönheit“, „wahre Erhabenheit“, „wahre Freiheit“, „wahre Vernunft“, „wahre Religion“ und dergleichen Begriffsbildungen mehr.[26]

Für die vorliegende Untersuchung von größerem Interesse sind jene Modifikationen des Begriffs, die eine zusätzliche ästhetische Akzentuierung aufweisen.

7.1. Gegensatz des „Naturwahren“ und „Kunstwahren“

Eine solche Nuancierung liegt dort vor, wo der Begriff ‚wahr' absichtsvoll eine mit dem zeitgenössischen Naturbegriff in Beziehung stehende Bedeutung annimmt; zwei Belege von Goethe mögen diese Verbindung veranschaulichen. So heißt es etwa in seiner Autobiographie:

> „Die Richtung meines Dichtens, das ich nur um desto eifriger trieb, als die Abschrift schöner und sorgfältiger vorrückte, neigte sich nunmehr gänzlich zum Natürlichen, zum Wahren.“[27]

Und ein vergleichbar paralleles Verständnis setzt auch ein Aphorismus über die Aufgabe des Malers im Kommentar zu *Diderots Versuch über die Malerei* voraus:

> „Der Künstler soll nicht so wahr, so gewissenhaft gegen die Natur, er soll gewissenhaft gegen die Kunst sein.“[28]

Unmittelbarer noch formuliert Schiller:

> „Alle romantische Luftschlösser fallen ein, und nur was wahr und natürlich ist, bleibt stehen.“[29]

Nicht zu verwundern braucht, daß diese dem Begriff ‚wahr' anhaftende Bedeutung des „Natürlichen“ auch in die Kirchenmusikanschauung Eingang gefunden hat, denn Vorstellungen, wonach sich jede künstlerische – damit auch musikalische – Artikulation am zeitgenössischen Naturbegriff zu orientieren habe, waren seit den Schriften Batteux', Rousseaus und anderer zum ästhetischen Allgemeinplatz geworden. Die von der zeitgenössischen Musikästhetik häufig ausgesprochene Forderung nach Natürlichkeit, dem natürlichen Gesang, der einfachen Stimme usw., häufig auch verborgen in den sinngemäß verstandenen Begriffen Einheit, Einfalt, Simplizität,

---

24 Carl Philipp Emanuel Bach, *Versuch über die wahre Art das Clavier zu spielen*, Berlin 1753.
25 Forkel, *Allgemeine Geschichte* II, § 12.
26 Grimm, *Deutsches Wörterbuch*, ebd., (II,5), 721ff.; dort weitere Belege.
27 Johann Wolfgang von Goethe, *Aus meinem Leben*, 2. Tl., 7. Buch (= Goethe, Sämmtliche Werke 6, 219).
28 Ders., *Diderots Versuch über die Malerei* (= Sämmtliche Werke 8, 754).
29 Schiller, *Briefwechsel mit Körner. Von 1784 bis zum Tode Schillers*, 2 Tle., Berlin 1847; hier: Tl. 2, 54 (Brief aus Weimar vom 9. März 1789).

Deutlichkeit, Klarheit[30] etc. erstreckte sich auch auf die Kirchenmusik; der Vorgang bedarf hier keiner weiteren Begründung, auch keines weiteren Belegs.

Eine Verfeinerung dieses Gedankens findet sich beispielhaft in Goethes Abhandlung *Über Wahrheit und Wahrscheinlichkeit der Kunstwerke*, indem – unter Einbeziehung des ‚Kunst‘-Begriffs – die Dichotomie des ‚Wahren‘ betont wird:

> „Sollte nun nicht daraus folgen, daß das Kunstwahre und das Naturwahre völlig verschieden sei, und daß der Künstler keineswegs streben sollte noch dürfe, daß sein Werk eigentlich als ein Naturwerk erscheine?“[31]

Ohne daß das weitverzweigte Problem einer um das Verhältnis von Natur und Kunst ringenden Anschauung im späteren 18. Jahrhundert hier weiter verfolgt werden müßte[32], sei darauf verwiesen, daß dieses nach Goethe prinzipiell Widerspruch hervorrufende Begriffspaar[33] in der ‚wahren‘ Kirchenmusik ebenfalls von Bedeutung ist. Zwar ist Karl Spaziers allgemeiner Hinweis auf den „wahren Kunstgeist“ als Gegenentwurf zum zeitgenössischen Erscheinungsbild, das durch „Flüchtigkeit“, „Ohrenkitzel“ und „üppigen Modegeschmack“ geprägt sei, vor dem Hintergrund des eigenen rigorosen Urteils, wonach protestantische Kirchenmusik auch in der Vergangenheit niemals „etwas Erhebliches zu bedeuten gehabt hätte“, eher unbestimmt und kaum verwertbar[34]; vergleichbare Äußerungen begegnen auch bei anderen Autoren. Zu verweisen ist aber darauf, daß in der Musikanschauung der zweiten Jahrhunderthälfte zum Ideal des ‚Natürlichen‘, in der Kirchenmusik zumal länger als in den übrigen Genres weiterwirkend, in Gestalt des ‚künstlichen‘ polyphonen Satzes ein konkreter Gegenpol existierte, behaftet mit einem Bündel meist negativer Attribute. Der „Fugenstyl“ wird als unangemessen, veraltet, künstlich, gesucht und verworren angesehen: Fugen taugen nicht „fürs Herz“[35], sie gehören „nicht in die Kirche“[36], sie verfehlen den „wahren hohen Kirchenstil“ und repräsentieren das „zu künstliche mit orthodoxem Angstschweisse Gesuchte der vorigen Zeiten.“[37]

Eher im Sinne Goethes erscheint dagegen die Apologie des ‚künstlichen‘ Fugenstils, damit des Kunstcharakters schlechthin; auch sie trifft man, wenn auch sel-

30 Reichardt bezieht beinahe sämtliche Begriffe auf Faschs Messe; vgl. Kunstmagazin II, 123.

31 *Über Wahrheit und Wahrscheinlichkeit der Kunstwerke* (= Goethe, Sämmtliche Werke 9, 59).

32 Vgl. das Kapitel *Allgemeine Theorie des Schönen in der Kunst*, in: August Hermann Korff, *Geist der Goethezeit*, 5 Bde., Leipzig 1923-1957; hier: Bd. 2, 404ff., mit etlichen Quellenschriften; sodann: Gerhard Schulz, *Die deutsche Literatur zwischen Französischer Revolution und Restauration* (= Geschichte der deutschen Literatur von den Anfängen bis zur Gegenwart, Bd. 7), München 1989.

33 Goethe hatte sich gegen Diderots Versuch gewandt, „Natur und Kunst zu konfundieren, Natur und Kunst völlig zu amalgamieren.“ Korff, *Geist der Goethezeit* II, 419.

34 Spazier, *Freymüthige Gedanken*, 295ff.

35 Kraus, *Etwas von und über Musik*, 97f.

36 Johann Friedrich Doles, Kantate *Ich komme vor dein Angesicht*, Vorerinnerung (vgl. unten).

37 Anonyme Rezension der Osterkantate von Ernst Wilhelm Wolf, in: Magazin der Musik I,1, 460ff.

tener und kaum mit gleicher ideologischer Vehemenz, im Umfeld solcher Phänomene an, die als Exempla für ‚wahre' Kirchenmusik galten:[38] Die geradezu programmatische Vertonung des 23. Psalms durch Justin Heinrich Knechts wäre hier beispielhaft anzuführen.[39] Knechts auf den Ideen Voglers und Reichardts fußendes Kirchenmusikverständnis ist gleichsam auf zwei, je einen bestimmten Aspekt des kontrapunktischen Satzes betreffende Prinzipien reduziert:

> „Das wahre Wesen der Kirchenmusik bestehet vorzüglich 1.) in einem wesentlich vier- oder mehrstimmigen Satze, d. i. darinnen, daß eine jede Stimme einen eigenen fließenden Gesang, eine natürliche Bewegung und einen eigenen charakteristischen Gang haben muß, wie oben schon etwas davon berühret woreden ist, 2.) meistens im gebundenen Stile, im Contrapunct und in der Kunst, Canonen, welche blos Nachahmungen, und Fugen, welche Nachahmungen der Harmonie und Melodie sind, zu schreiben."[40]

Den zentralen Vorwurf, daß der komplexe polyphone Satz mit seinen allenfalls „intellektuellen Schönheiten" (Doles) den „ungeübten Ohren"[41] der Kirchgänger unzugänglich sei, suchen die Befürworter bisweilen mit dem Hinweis auf die ‚Affektfähigkeit' auch polyphoner Sätze zu entkräften: Schon Friedrich Wilhelm Marpurg hatte mit Blick auf ältere Musik konstatiert (1759):

> „Wenn es eine ausgemachte Sache vom Salinas ist, daß er schon vor zweyhundert Jahren die Affekten seiner Zuhörer nach Belieben zu erregen gewußt hat: so ist dieses ein neuer Beweiß, daß Zuhörer auch durch Fugen oder Fugenähnliche Compositionen gerühret werden können [...]."[42]

Und bei Wilhelm Heinse, einem in die spätere Diskussion um die ‚wahre' Kirchenmusik unmittelbar eingebundenen Autor, stellt sich der wichtigste Endzweck ‚wahrer' Kirchenmusik tatsächlich im Kontext einer Fuge aus Georg Friedrich Händels *Messias* ein:[43]

> „Alle Gefühle der Religion wallten nach und nach mit hohem Leben in die Herzen der Zuhörer; die bitteren Dolchstöße des Leidens verstärkten die Süßigkeit der Erlösung, und den Vorgeschmack ewiger Wonne; und bey der Fuge Preis und Anbetung und Ehre und Macht sey ihm, der da sitzet auf seinem Thron, wollten Alle mit singen, wenn sie nur gekonnt hätten."

---

38 Vgl. auch die überschwengliche Bewertung der Fuge in C. Ph. E. Bachs *Heilig* (z. B. Kunstmagazin II, 57) oder die Vertonung des 149. Psalms durch Christian Gottlieb Thomas im vierfachen Kontrapunkt. Thomas hatte diese Komposition anläßlich seiner Hamburger Bewerbung um die Amtsnachfolge Philipp Emanuel Bachs angefertigt. Siehe sodann Feder, *Verfall*, 224f.

39 Justin Heinrich Knecht, *Neue Kirchenmusik, bestehend in dem drey und zwanzigsten Psalm, mit vier Singstimmen, Orgel und einer willkührlichen Begleitung von verschiedenen Instrumenten*, Leipzig o. J. [1783].

40 Ebd., Einleitung.

41 Kittel, *Vierstimmige Choräle*, Vorrede.

42 Kritische Briefe I (1759), 384.

43 Heinse, *Hildegard von Hohenthal* I, 146f.

Gefühlsästhetische Kategorien sind danach zentraler Bestandteil ‚wahrer‘ Kirchenmusik.[44] Johann Friedrich Doles, Thomaskantor von 1755 bis 1789, beantwortete die selbst gestellte Frage „Wie muß nun wahre Kirchenmusik beschaffen seyn, was ist ihr Zweck?“ in der „Vorerinnerung“ der Druckausgabe seiner Kantate *Ich komme vor dein Angesicht*[45] mit dem vielfach so oder modifiziert anzutreffenden Hinweis auf die Erzeugung angemessener Affekte und Wirkungen:

> „Die Kirchenmusik muß Liebe, Vertrauen, freudige Dankbarkeit gegen Gott, Mitleid, sanftes Wohlwollen gegen andere Menschen, Freude über ihre Glückseligkeit, tiefe Traurigkeit über unsere moralischen Vergehungen, süße Ruhe und innige Wonne über das Wohlgefallen des höchstens Wesens, begeisterndes Entzücken über die frohen Aussichten in die Ewigkeit etc. ausdrücken und erwecken.“

Doles forderte, daß sich die Kirchenmusik die „leichte Faßlichkeit und Folge der Rhythmen, die simple und kräftige Harmonie, und die herzschmelzende Melodie, die man oft, besonders in den neuern Opern antrifft“ aneignen solle, weil in diesem Genre die zum Erreichen dieses Ziels am besten geeigneten Mittel bereitstünden.[46] Diese vor allem in den 1780er Jahren vertretene Anschauung bringt das Phänomen der ‚wahren‘ Kirchenmusik unmittelbar mit der ‚theatralischen‘ Gattung Oper in Verbindung und aktualisiert damit eine alte, zunächst auf die Kantate des Neumeisterschen Typs sich beziehende Kontroverse:[47] Offenbar wurden solche Ideen vor allem im Umkreis des Leipziger Thomaskantorats vertreten. Denn noch stärker hatte Doles’ Amtsnachfolger Johann Adam Hiller die Verknüpfung von opernhaften Elementen und ‚wahrer‘ Kirchenmusik gefordert. Bekanntlich trat dieser in seinem nur wenig später (1791) publizierten Entwurf *Beyträge zu wahrer Kirchenmusik*, offensichtlich an Doles’ Vorgang inhaltlich anschließend, nicht nur für die stilistische Adaption ‚theatralischer‘ Elemente ein, sondern sogar für die direkte geistliche Parodie von Sätzen aus Opern Johann Adolf Hasses.[48] ‚Wahre‘ Kirchenmusik wird von Doles als reines Affektproblem verstanden, ohne weiterreichende Dimensionen zu berühren, etwa Textfragen, historisierende Satzstile oder konfessionelle bzw. liturgi-

---

44 Vgl. dazu grundsätzlich: Walter Serauky, *Die musikalische Nachahmungsästhetik im Zeitraum von 1700 bis 1850* (= Universitas-Archiv, Bd. 17), Münster 1929, bes. 98ff.

45 Der Text des Titelblatts lautet: *Kantate/ über das Lied des seel. Gellert:/ Ich komme vor dein Angesicht u. s. w./ für 2 Hörner, 2 Hoboen, 1 Klarinette, 1 Fagott, 2 Violinen, 1 Bratsche,/ 4 Singestimmen, Instrumentalbässe, Orgel und Klavierauszug/ verfertiget/ und/ zween seiner würdigsten Gönner und Freunde/ Herrn Mozart/ Kaiserlichem Kapellmeister in Wien/ und/ Herrn Naumann/ Churfürstlich-Sächsischem Ober-Kapellmeister in Dreßden/ aus vorzüglicher Hochachtung/ zugeeignet/ von/ Johann Friedrich Doles/ Kantor und Musikdirektor an den beiden Hauptkirchen zu Leipzig*, Leipzig 1790.

46 Doles’ Kantate *Ich komme vor dein Angesicht* versteht sich in dieser Hinsicht als Exemplum. Daß, wie bereits angedeutet, im Gegenzug die Fuge zur „Belustigung des Verstandes“ dient, daß sie nach Doles’ Verständnis als unfähig zur Erweckung „leidenschaftlicher Empfindungen“, angesehen wird, erscheint zwangsläufig.

47 Krummacher, *Kulmination und Verfall*, 108ff. Heidrich, *Meier-Mattheson-Disput*, passim.

48 Vgl. dazu den ersten Exkurs in Kap. 2.

sche Sachverhalte.[49] Solche hierdurch charakterisierte Rezeptionsvorgänge sind auch außerhalb der Kirchenmusikästhetik relevant; Schiller bemerkte:

> „Eine Vorstellung also, welche wir mit unsrer Form, zu denken und zu empfinden, übereinstimmend finden, welche mit unsrer eigenen Gedankenreihe schon in gewisser Verwandschaft steht, welche von unserm Gemüt mit Leichtigkeit aufgefaßt wird, nennen wir wahr."[50]

Es handelt sich um eine etwa vergleichbare, die individuelle Vorstellungsebene miteinbeziehende und die Gleichrichtung vor allem des eigenen Empfindens unterstellende Bedeutung des Begriffs ‚wahr'.

Der Kategorisierung ‚künstlich/natürlich' weitgehend entzogen ist die Vorstellung ‚wahrer' Kirchenmusik, wenn sie sich auf das einstimmige Kirchenlied bezieht. Die hymnologischen Ideen beispielsweise Johann Gottfried Herders sind in mancherlei Hinsicht vom Geist der ‚wahren' Kirchenmusik inspiriert (ohne den Begriff ausdrücklich zu nennen) und bedienen sich eines Begriffsapparats, der zunächst der figuralen Kirchenmusik entstammt: Es „sollen Gesänge und die Töne, die sie begleiten, wie aufschwingender Aether, wie erquickende Himmelsluft seyn, die Seelen der Versammleten zu vereinigen und zu erheben. Was hiezu die Musik, insonderheit die höchste von allen, heilige Musik, thun kann, läßt sich nicht beschreiben, sondern empfinden. Sie rührt durch ihre Einfalt, sie erhebt durch ihre Würde. [...] Der Kirchengesang geht langsam und feierlich daher; was sollen ihm Sprünge? Der Kirchengesang ist für die Menge, also auch für die Bedürfnisse derselben; für ihre Denk- und Sehart, für ihre Situation und Sprache."[51]

7.2. Implikationen des „Schönen", „Guten", „Wahren"

Das späte 18. Jahrhundert gilt als eben jenes Zeitalter, das ideengeschichtlich im Zeichen auch der Sehnsucht nach dem Schönen, Guten und Wahren gestanden hatte. Anhand einiger weniger der unübersehbar zahlreichen Belege ist herzuleiten, welche Implikationen von ‚wahr' aus diesen Begriffsbildungen für die Kirchenmusikästhetik bedeutsam waren.[52] In Charles Batteux' epochemachender Schrift *Les beaux arts réduites à un même principe* (1747), die neben anderen Karl Wilhelm Ramler unter dem Titel *Einleitung in die schönen Wissenschaften* ins Deutsche übersetzt hatte, findet sich eine beziehungsreich auf den Titel selbst bezogene, gleichgerichtete Kombination:

> „Sie [die schöne Natur] ist nicht das Wahre, was wirklich ist, sondern das Wahre, was seyn kann, das schöne Wahre, vorgestellt, als ob es existirte, und mit allen Vollkommenheiten ge-

---

49 Beinahe identisch hatte auch Hiller argumentiert, vgl. dessen Beitrag *Kirchenmusik*. Siehe sodann: Schulze, *Endzweck der Kirchenmusik*, 191-193.

50 Friedrich Schiller, *Über die tragische Kunst* (= Schiller, Sämtliche Werke V, 384).

51 *Briefe, das Studium der Theologie betreffend* (= Herder, Sämmtliche Werke 11, 63-73).

52 Zur ‚Ästhetik des Wahren' (in Abgrenzung zur ‚Ästhetik des Schönen') siehe: Carl Dahlhaus, *Musikalischer Realismus*, München 1982.

schmückt, die es annehmen kann. Dieses verhindert nicht, daß nicht auch das Wirkliche und Wahre den Künsten zum Stoffe dienen könnte."[53]

Die Kombination von ‚gut' und ‚wahr' verwendet etwa Caroline Herder in einem Brief an Gleim; in diesem Zusammenhang kommen auch musikalische Dinge zur Sprache:

„Ihre Volkslieder werden in jedem Herzen wiedertönen, das ungekünstelt das Wahre und Gute liebt."[54]

Dieser Parallelität von ‚wahr' und ‚gut' (bei gleichzeitigem Gegensatz des ‚Künstlichen') setzt indes Schiller eine klare Differenzierung entgegen:

„Das Gute beschäftigt unsre Vernunft, das Wahre und Vollkommene den Verstand."[55]

Die hier hervorgehobene Verstandeskomponente des Begriffs ‚wahr' ist noch in anderem Zusammenhang von Schiller ausgesprochen:

„Das Schöne tut seine Wirkung schon bei der bloßen Betrachtung, das Wahre will Studium."[56]

Auch Goethe hat sich entsprechend geäußert, wonach wir „Schönheit auch als einen farbigen Abglanz der Wahrheit in einem faßlichen Gegenstande, d. h. in leicht faßlicher Form bezeichnen."[57] Und vergleichbar überträgt Ramler einen entsprechenden Absatz Batteux', zugleich, als höchsten Steigerungsgrad, die Verknüpfung aller drei Begriffe, nämlich des ‚Schönen', des ‚Guten' und des ‚Wahren', präsentierend:

„Die Wissenschaften haben das Wahre zum Gegenstande, die Künste das Gute und das Schöne; zwey Wörter, die fast einerley Bedeutung haben, wenn man sie in der Nähe ansieht."

Zugleich ist hierdurch die Gegensätzlichkeit von verstandesmäßig-objektiver und sinnlich-subjektiver Kunstauffassung betont, denn anschließend heißt es:

„Der Verstand betrachtet die Gegenstände an sich selbst, nach ihrem Wesen, ohne die geringste Beziehung auf uns. Der Geschmack hingegen beschäftiget sich nur mit diesen Gegenständen in Absicht auf uns selbst."[58]

---

53 Karl Wilhelm Ramler, *Einleitung in die Schönen Wissenschaften. Nach dem Französischen des Herrn Batteux, mit Zusätzen vermehrt*, 4 Bde., Leipzig ^{3}1769; hier: Bd. 1, 31.

54 Düntzer, *Von und an Herder* I, 286 (Brief aus Weimar vom 22. Dezember 1800).

55 *Über den Grund des Vergnügens an tragischen Gegenständen* (= Schiller, Sämtliche Werke V, 361).

56 *Über die notwendigen Grenzen beim Gebrauch schöner Formen* (= Schiller, Sämtliche Werke V, 686). Vgl. in dieser Bedeutung auch die nachfolgenden Belege von Schiller und Riedel. Eine anregende Reflexion der beiden Begriffe in: Hamburger, *Wahrheit*, 48ff.

57 Korff, *Geist der Goethezeit* II, 425.

58 Ramler, *Einleitung* I, 56.

Den Zusammenhang ebenfalls aller drei Termini leitet Friedrich Just Riedel wie folgt her:

> „Der Mensch hat dreyerley Endzwecke, die seiner geistigen Vollkommenheit nachgeordnet sind, das Wahre, das Gute und das Schöne; für jeden hat ihm die Natur eine besondere Grundkraft verliehen, für das Wahre den sensus communis, für das Gute das Gewissen und für das Schöne den Geschmack."[59]

Bei Herder liest sich das, freilich mit den gleichen Implikationen, wie folgt: „Maas sey unser stilles Zeichen; das Wahre, Gute, Schöne, ungetrennt und unzertrennlich sey unsre Losung"[60], wobei derselbe Autor an anderer Stelle eine individuellere Gewichtung wählt, wenn er behauptet:

> „Die Guten aller Zeiten bestrebten sich, das Schöne als eine Darstellung des Wahren und Guten anschaubar zu machen, und durch seinen Reiz das Rein-Sittliche zu fördern."[61]

Vor allem zwei Motive lassen sich aus diesen Belegen in der Kirchenmusikanschauung wiederfinden: Erstens ist der mit dem oben explizierten Begriff des ,Wahren' unmittelbar in Beziehung gebrachte Gelehrsamkeitsanspruch – in verschiedener Akzentuierung – auch in der ,wahren' Kirchenmusik nachweisbar. Ist diese Vorstellung bei Forkel als Folge der stereotypen Synonyme eher implizit vorhanden, indem der Kirchenstil als „Quelle alles wahren Schönen, Großen, Erhabenen und Edeln"[62] bezeichnet wird, so fügte etwa Hiller dem beinahe identischen Begriffskanon[63] den ausdrücklichen Hinweis an, daß die Kirchenmusik trotz der „edelsten Simplizität" nicht kunstlos zu sein brauche: „Man muß auch dem Genie, selbst in der Kirche, nicht Gränzen setzen."[64] Auch Knecht hatte zugleich „edle Einfalt" und die „Kunst", Kanons und Fugen zuschreiben, als das „wahre Wesen der Kirchenmusik" definiert.[65] Anhand etlicher zeitgenössischer Beurteilungen von Philipp Emanuel Bachs

59 Friedrich Just Riedel, *Theorie der schönen Künste und Wissenschaften*, 6. In der zweiten Auflage von 1774 modifizierte der Verfasser diesen Passus und stellte die verstandesmäßige Implikation des Begriffs ,wahr' in den Vordergrund, indem er formulierte, daß „der Mensch drey Gegenstände seines Denkens, Handelns und Empfindens hat: das Wahre, das Gute, das Schöne." Friedrich Just Riedel, *Theorie der schönen Künste und Wissenschaften. Ein Auszug aus den Werken verschiedener Schriftsteller*, Jena ²1774, 7.

60 *Kalligone* (= Herder, Sämmtliche Werke 22, 11).

61 Ebd., 9.

62 Forkel, *Allgemeine Geschichte* II, § 52.

63 Hiller, *Kirchenmusik*, passim.

64 Ebd.

65 Knecht, *Neue Kirchenmusik*, Einleitung. Präziser noch heißt es bei Forkel, *Allgemeine Geschichte* II, § 64: „Es ist mit Einem Worte die Simplicität des Styls, welcher jede Art von Musik, also auch der Kirchenmusik die allgemeinste Wirkung verschafft. Man muß aber unter dieser Simplicität des Styls nicht jene Simplicität verstehen, welche aus Mangel an hinlänglicher Kunstkenntnis entsteht, und eigentlich nichts als leere, niedrige Armseligkeit ist, sondern jene Simplicität, welche nur eine Frucht der höchsten Cultur in der musikalischen Kunst seyn kann. Nur diese höchste Cultur kann lehren, alles zwecklose, allen leeren Prunk aus einer Musik zu

Litaneyen[66] wird dieser Gedanke noch vertieft, zugleich modifiziert: Es handelt sich bei dieser Komposition um „wahre Kunst", um ein Beispiel für die „tiefsten Einsichten in alle Geheimnisse der Harmonie".[67] Daß einerseits nach 1780 die „Harmonie" geradewegs synonym für Kirchenmusik stehen kann, belegt der nur geistliche Musik einbeziehende *Lobgesang auf die Harmonie* Christoph Daniel Ebelings[68]; andererseits repräsentiert die Kenntnis der „Harmonie" im Sinne kontrapunktischer Satzbilder (unabhängig von der Zustimmung oder Ablehnung durch die Kunstkritik) traditionell auch den Anspruch musikalischer Gelehrsamkeit.[69] Dies ist vor allem anhand der kontroversen Rezeption der Choräle Johann Sebastian Bachs begründbar: Waren Choräle schlechthin von Reichardt als „einzig wahre Kirchenmusik"[70] bezeichnet worden, zugleich als „höchstes Werk deutscher Kunst"[71] so kritisierte Johann Abraham Peter Schulz an den Sätzen Bachs, des „größte[n] Harmoniker[s] aller Zeiten und Völker"[72], den Mangel an „Simplicität", den „Prunk von Gelehrsamkeit".[73]

Das zweite Motiv ist die Miteinbeziehung ethischer Ideale in den Begriff des ‚Wahren' nach Herderschem Verständnis, und zwar vor allem im Hinblick auf sittlich-volkserzieherische Vorstellungen; in vergleichbarer Weise dem Streben nach dem ‚Schönen', ‚Guten', ‚Wahren' ist, um zur Verdeutlichung nur noch ein weiteres außermusikalisches Beispiel zu benennen, auch das Erziehungsideal Rousseaus verpflichtet, das freilich seinerseits platonisches Ideengut rezipiert.[74] An solche Gedan-

---

entfernen, und sie gedanken- und ausdrucksvoll zu machen." Vgl. sodann: Niemeyer, *Dichtkunst und Musick*, 19f.

66 Wie Ute Ringhandt gezeigt hat, stehen diese Stücke auch formal in der Tradition des Lehrgedichts.

67 Bach selbst hatte auf dem Autograph der Litaneien angemerkt, daß sein gewissermaßen intellektuelles Ziel sei, „einen Gesang, der ein Paar hundertmahl keine andere als nur zweyerley Modulationen hat, so zu bearbeiten, daß man zufrieden seyn kann und nicht leicht befürchten darf, bey der Durchsicht und Ausführung derselben einzuschlafen oder gar einen Eckel zu bekommen." Abdruck in: Ausstellungskatalog, *Bach*, 78.

68 Vgl. das Vorwort.

69 Vgl. vorstehend.

70 Deutsches Museum II, Oktober 1781, 358.

71 Kunstmagazin I, 51.

72 Ebd.

73 Dok III, Nr. 951. Auch der anonyme Rezensent [..zr.] (= Karl Spazier?) von Anton Heinrich Pustkuchens *Sammlung leichter Arien, Duette und Chöre* beurteilt das schulmäßig Gelehrte, wie etliche andere, negativ: „Die wahre, ächte Kirchenmusik [ist] nicht in blos dürrem, steif und schulgerecht an einander gereihetem Tonschwalle [...] und gleichsam nach kontrapunktischen Würfeln wohl oder übel zuammengeworfen", vgl. AMZ 1 (1799), 278. Daß über diesen begrenzten Rahmen hinaus die ‚Berlinische Musik' prinzipiell „den Verstand beschäfftigt" und, anders als etwa die eher für Liebhaber geeignete Mannheimer Instrumentalmusik, dem „gelehrten Kenner vorzüglich gefällt" ist übrigens um 1780 weitverbreitete Meinung; vgl. beispielsweise Kunstmagazin I, 84.

74 Vgl. dazu neuerdings: Esther Elisabeth Burkert-Wepfer, *Die Sehnsucht nach dem Schönen, Guten und Wahren oder platonische Reminiszenzen in Rousseaus Menschenbild und Erziehungslehre*, Bern 1994, bes. 250.

ken anschließend hatte etwa Ernst Wilhelm Wolf konstatiert, daß „wahre Musik" nur solche Leidenschaften erwecken dürfe, die tugendhaften Handlungen förderlich seien.[75] Und in eine ähnliche, ebenfalls die Tugendhaftigkeit betonende Richtung zielt grundsätzlich – auf der Grundlage einer geeigneten Auswahl simpler akkordischer, eben dem Ideal ‚wahrer' Kirchenmusik konformer Sätze – die philantropische Kirchenmusikanschauung.[76] Vor allem aber ist Reichardts Vorstellung ‚wahrer' Kirchenmusik beinahe durchgängig durch das Motiv der Menschenbesserung geprägt: „So braucht die göttlichen Kräfte, die in euren Künsten liegen, den Menschen gut zu machen" hatte er mit Lavaters Worten dem „Kirchendichter und Kirchenkomponisten" emphatisch zugerufen.[77] Nicht nur Reichardt hatte in diesem „Veredelungsprozeß" den Choral als das maßgebliche Erziehungsmedium bezeichnet: Herder nannte das Gesangbuch die „versificirte" Bibel, und der mit Z. N. E. zeichnende Autor hatte den Alternatim-Vortrag der von Instrumenten dezent begleiteten Choräle vorgeschlagen; Zweck sei, „die Seele zu einem hohen Grade der Empfindlichkeit des Wahren und Schönen der Religion [zu] erheben." Dazu müsse die Kirchenmusik so eingerichtet werden, daß auch „dem geringsten Handwerksmanne – mit seinem schlichten Verstande" Erbauung zuteil werde.[78]

7.3. „Idealischer" Zustand des „Wahren"

An Gedanken Schillers und Batteux' knüpft eine Bemerkung Christian Ludwig von Hagedorns an. Nicht nur ist darin die Vorstellung von der ‚Vollkommenheit' im Wahren ausgesprochen, sondern auch dessen zusammengesetzter Charakter nochmals vertieft; explizit ist die interdisziplinäre Wirksamkeit betont:

> „Das edelste idealische Wahre ist blos dichterisch. Es wählet und verknüpfet getheilte Vollkommenheiten, die ordentlicher Weise, oder in der gemeinen Natur, nicht beysammen anzutreffen sind. Es will also, um solche Vollkommenheiten zur Wirklichkeit zu bringen, mit dem sogenannten einfältigen Wahren, das seine ohne besondere Sorgfalt gewählte Vorwürfe treulich und fast zum Täuschen nachahmet, ausdrücklich verbunden seyn. Jenes übernimmt bey diesem die Mühe der Wahl, und giebt gleichsam an, was dieses nachahmen soll: und aus dieser vereinigten feinen Wahl und treuen Nachbildung entstehet allererst das zusammengesetzte und vollkommene Wahre, dasjenige Kleinod, um welches jeder Künstler ringen soll. Diese Verbindung des idealischen und des einfältigen Wahren ist in den allereinfältigsten und in den erhabensten Gegenständen gleich nothwendig. Nicht nur in der Mahlerey, sondern in allen schönen Künsten."[79]

Und Friedrich Just Riedel bezieht sich in der Konstruktion der Begriffe ‚Wahrheit' und ‚Vollkommenheit' aus Einzelelementen explizit auf Batteux:

---

75 Wolf, *Was ist wahre Musik?*, 234.

76 Vgl. Kap. 5.4.

77 Kunstmagazin I, 179.

78 Deutsches Museum II, Oktober 1780, 371 und 378.

79 Christian Ludwig von Hagedorn, *Betrachtungen über die Mahlerey*, Bd. 1, Leipzig 1762, 89.

„[...] die Wahrheit in den schönen Künsten und Wissenschaften bestehet in einer so vollkommenen sinnlichen Uebereinstimmung unter den Theilen einer künstlichen Vorstellung, vermöge deren wir das Ganze, entweder auf einmahl, oder nacheinander, sinnlich und anschauend ohne Ungereimtheit, in unserer Phantasie eben so nachbilden können, wie der Artist es uns vorgebildet hat. Dies ist das, was Herr Schlegel die idealische Wahrheit nennet.“[80]

Damit sind prinzipielle Eigenschaften des Mimesis-Begriffs des 18. Jahrhunderts angesprochen, die, zunächst für die Malerei maßgeblich, durch Analogiekonstrukte auf die Musik übertragen wurden.[81] Der Begriff ‚wahr‘ fordert demzufolge in einem zusätzlichen Sinne die Verknüpfung sonst nicht unbedingt zusammengehöriger positiver Ideen bzw. Eigenschaften, nach Schlegel also die Anreicherung mit „idealischen“ Komponenten. Dazu kann – im abstrakten Verständnis – die zuvor benannte, übergeordnete volkserzieherische Intention ‚wahrer‘ Kirchenmusik gehören, ferner auch Reichardts ästhetisch eher unkonturierte Vorstellung des „musikalische[n] Ganze[n]“, die „in der genauesten Beobachtung des Ganges der Leidenschaft und in der genauesten Bestimmung und Ausführung der Charaktere“ besteht.[82] Im engeren Sinne dürfte aber besonders die Kombination konkreter musikalischer Elemente gemeint sein: Erst die Verbindung von „kühnste[r], reichhaltigste[r] Harmonie mit edlem einfachen ächten Kirchengesange, und mit starker würdiger Instrumentalbegleitung“ macht Philipp Emanuel Bachs *Heilig* zum Exemplum ‚wahrer‘ Kirchenmusik:

„Von allen neuen Componisten hat wohl keiner so zusammengedrängt alle jene Mittel so groß und meisterhaft gebraucht.“[83]

Ernst Wilhelm Wolf hatte diese Beschaffenheit eines musikalischen Kunstwerks metaphorisch umschrieben:

„Das Urwesen der Musik ist also: harmonische Zusammenstimmung, Theil des Abdruks ewig nothwendiger himmlischer Harmonie, ewig nothwendiger Urschönheit.–“[84]

Selbstverständlich zielt ‚wahre‘, den Vollkommenheitsanspruch einlösende Kirchenmusik auch auf die geeignete Auswahl der Texte sowie eine der Textvorlage angemessene musikalische Komposition im Sinne einer „wahre[n] Vereinigung der

---

80 Friedrich Just Riedel, *Theorie* (1767), 182. Riedel bezieht sich auf die Batteux-Übersetzung Johann Adolf Schlegels: *Batteux' Einschränkung der schönen Künste auf einen einzigen Grundsatz*, Leipzig 1751 und ^{2}1759.

81 Siehe dazu etwa: Karl Ludwig Junker, *Betrachtungen über Mahlerey, Ton- und Bildhauerkunst*, Basel 1778. Johann Jacob Engel, *Ueber die musicalische Mahlerey. An den königlichen Capellmeister Herrn Reichardt*, Berlin 1780. Vgl. zusammenfassend: Heidrich, *Pergolese und Correggio*, 420-449.

82 Kunstmagazin I, 82. Johann Karl Friedrich Rellstab hatte Reichardts *Cantus lugubris* genau jene Qualitäten attestiert; vgl. Rellstab, *Bemerkungen*, 16f.

83 Kunstmagazin II, 57.

84 Wolf, *Was ist wahre Musik?*, 233.

edlen Dichtkunst und der edlen Tonkunst zu ihrem größten Nuzen, zu ihrem höchsten Zwekke."[85]

7.4. „Historische" Wirklichkeit als Gegensatz des „Wahren"

Eine prinzipielle Erkenntnis der Kunstanschauung des 18. Jahrhunderts ist schließlich, daß der künstlerisch motivierte Begriff des ‚Wahren' in der Dichtung in Gegensatz treten kann zur ‚historischen' Wirklichkeit:[86] So heißt es in Johann Georg Jacobis Abhandlung *Von der poetischen Wahrheit* (1774):

> „Die Personen des Gemähldes sind aus der Geschichte genommen. Ihr Beysammenseyn im Grabmahl; die Handlung, der Ausdruck einer ieden, der Umstand mit dem Knaben ist gedichtet. Aber nichts widerprechendes ist darinn. Wir sehen, und glauben. Für unser Gefühl ist es wahr."[87]

Präziser noch wird in dieser Frage wiederum Schiller:

> „In einem Gedicht muß alles wahre Natur sein, denn die Einbildungskraft gehorcht keinem andern Gesetze und erträgt keinen andern Zwang, als den die Natur der Dinge ihr vorschreibt; in einem Gedicht darf aber nichts wirkliche (historische) Natur sein, denn alle Wirklichkeit ist mehr oder weniger Beschränkung jener allgemeinen Naturwahrheit."[88]

Vielleicht im weitesten Sinne mit diesen nach dem Ahistorischen, auch nach Irrationalität bzw. dem Unwirklichen strebenden Ideen vergleichbar ist die in der zeitgenössischen Diskussion um 1780 aktuelle, jedoch keinesfalls dominierende Vorstellung, das Ideal ‚wahrer' Kirchenmusik als ‚Rückgriff auf altitalienische Meister' aufzufassen und in diesem, sich der konfessionellen und historischen ‚Wirklichkeit' widersetzenden Vorgang gewissermaßen eine Überwindung der als unzulänglich empfundenen „Beschränkung" zu erkennen. Namentlich die Wirkungsgeschichte des romantischen Kirchenmusikverständnisses E. T. A. Hoffmanns – der freilich Ideen Reichardts tradierte – hat zu dieser bis heute wirksamen und vor allem populären Sichtweise beigetragen.[89] Zwar hatte etwa Reichardt in Abwandlung des *Miserere*-Kults ältere, instrumental begleitete italienische Vertonungen des Bußpsalms in

---

85 Deutsches Museum II, Oktober 1781, 356. Daß für Reichardt namentlich die Ton- und Dichtkunst ‚idealisches' Zusammenwirken hervorbringen, wird auch anhand seiner Beurteilung von Textvorlagen Klopstocks deutlich. Damit in gewisser Weise in Zusammenhang, wenn auch im Blick auf die poetische Qualität modifiziert, steht Herders, von Reichardt weitervermittelte Idee der Bibel als ‚wahrer' Textgrundlage. Herder, *Briefe, das Studium der Theologie betreffend* (= Herder, Sämmtliche Werke 11, 65ff.).

86 Vgl. in diesem Sinne auch den bereits genannten Beleg in: Ramler, *Einleitung* I, 31.

87 Johann Georg Jacobi, *Dichtkunst. Von der Poetischen Wahrheit*, in: Iris I (1774), 14. Vgl. ähnlich die Vorrede Wielands zu *Agathon*; siehe Wolfgang Kayser, *Die Wahrheit der Dichter*, Hamburg 1959, 18ff.

88 *Über Matthissons Gedichte* (= Schiller, Sämtliche Werke V, 996).

89 Erinnert sei an die frühe Aufnahme dieses Gedankens in Tiecks *Phantasus*.

seinen Konzerten zur Aufführung gebracht, sodann auch a-cappella-Musik Palestrinas als „erhabnen feierlichen Kirchenstil“ gerühmt[90], doch ist ein vergleichbarer Vorgang auch in Gestalt der Rückbesinnung auf nicht-italienische ältere Phänomene, namentlich die konfessionell begründete Choraltradition faßbar. Forkel klagte, sicher mit Blick auf älteres deutsches, eben protestantisches Repertoire:

> „Alles wahre Schöne, Ernsthafte, Feyerliche, Große und Erhabene, wird jetzt als veraltert angesehen und verachtet.“

In der Folge ist eigens auf die Kunst Grauns und Händels verwiesen.[91] So wie der Begriff der ‚wahren‘ Kirchenmusik ‚natürliche‘ und kontrapunktisch-‚künstliche‘ Phänomene als gegensätzlich erfaßt, subsumiert er also in gleicherweise kontrovers die Rezeption italienischer, überhaupt diejenige alter Musik[92]; daß in diesem Zusammenhang die Diskussion um die ‚wahre‘ Kirchenmusik nicht selten durch national-patriotische Argumente beeinflußt wurde, ist mehrfach hervorgehoben worden.

Ein Resümee der terminologischen Betrachtung muß wie folgt lauten: Der Begriff ‚wahr‘ besitzt in der allgemeinen Kunstanschauung des 18. Jahrhunderts – also nicht allein in der Musik, schon gar nicht bloß in der Kirchenmusik – zahlreiche, zum Teil sich sogar widersprechende Nebenbedeutungen: ‚Wahr‘ kann den Sinn von ‚natürlich‘, ‚künstlich‘, ‚affektbezogen‘, ‚theatralisch‘, ‚idealisch‘, ‚tugendhaft‘ annehmen, der Begriff kann den Gelehrsamkeitsanspruch, den Kunstcharakter, die Vollkommenheit des Kunstwerks betonen, er kann sich in der Kirchenmusik gattungsübergreifend auf so unterschiedliche Felder wie das großbesetzte Oratorium oder den einstimmigen Choral beziehen, er kann sittlich-volkserzieherische Vorstellungen beinhalten oder, in Abkehr von der historischen Wirklichkeit, Ideale der Vergangenheit heraufbeschwören; schließlich kann er nationale und konfessionelle Implikationen akzentuieren oder verleugnen.

Die zahlreichen Konnotationen legitimieren folglich die weite inhaltliche Vielfalt ‚wahrer‘ Kirchenmusik: So disparat der Begriff ‚wahr‘ erscheint, so stilistisch uneinheitlich präsentieren sich auch die durch die ‚wahre‘ Kirchenmusik erfaßten Kompositionen und Phänomene. Die allgemeine ideengeschichtliche Reflexion des Schönen, Wahren, Guten hat in diesem Sinne auch die Kirchenmusikästhetik erfaßt: ‚Wahre‘ Kirchenmusik ist daher ein Nebenprodukt übergeordneter, damit auch nichtmusikalischer ästhetischer Tendenzen. Nicht nur in der Beliebigkeit seiner äußeren Anwendung ist der Begriff also variabel, sondern auch in seiner konkreten inhaltlichen Bestimmung weitgehend formbar: Keinesfalls ist er vor 1800 jener terminus technicus, zu dem ihn die spätere Forschung – dann freilich in enger Begrenzung auf Ausschnitte des Bedeutungsspektrums – reduzierte.

---

90 Kunstmagazin II, 55.

91 Forkel, *Allgemeine Geschichte* II, § 52.

92 Vgl. dazu die o. a. Bemerkungen Spaziers und Wolfs, in: *Freymüthige Gedanken*, 295, und Magazin der Musik I,1, 460ff.

Literaturverzeichnis

Wird ein Titel in den Fußnoten das erste Mal erwähnt, so erscheint er mit vollständiger bibliographischer Angabe; eventuelle Wiederholungen verwenden Kurztitel.

1. Quellen: Älteres Schrifttum und Musikalien bis 1850 (ggf. auch Neuausgaben)

Adami, *Philosophischmusikalische Betrachtung* – Ernst David Adami, *Philosophischmusikalische Betrachtung über das göttlich Schöne der Gesangsweise in geistlichen Liedern bei öffentlichem Gottesdienste*, Breslau 1755.

Adlung, *Anleitung* – Johann Jacob Adlung, *Anleitung zu der musikalischen Gelahrtheit*, Erfurt 1758.

[anon.], *An die Herren Herausgeber* – [anon./„Katholicus Fuldensis"], *An die Herren Herausgeber der Berlinischen Monatsschrift*, in: Berlinische Monatsschrift 1788, 12. Bd., 378-392.

[anon.], *Angenehme Hofnungen* – [anon.], *Angenehme Hofnungen der Jesuiten. Eine Rede im Jesuitenkollegio zu M. am 23. Sept. 1786 vom Pater Hilario gehalten den Protestanten zur Warnung herausgegeben*, in: Deutsches Museum 1786, I, 563-580.

[anon.], *Auszug* – [anon.], *Auszug eines Schreibens aus Magdeburg, Rollens Komposition des Niemeyerschen Lazarus betreffend*, in: Miscellaneen artistischen Inhalts 1779, I, 53-58.

[anon.], *Beitrag zur Geschichte* – [anon.], *Beitrag zur Geschichte itziger geheimer Proselytenmacherei*, in: Berlinische Monatsschrift 1785, 5. Bd., 59-80.

[anon.], *Geglaubte Neigung* – [anon.], *Geglaubte Neigung der Protestanten zum Katholizismus*, in: Berlinische Monatsschrift 1786, 8. Bd., 183f.

[anon.], *Kirchen-Geist* – [anon.], *Der Kirchen-Geist des jetzigen Protestantismus. In der Rede des Herrn Superintendenten V. bei der Ordination des Hrn. R. im Jahre 1779*, Berlin 1780.

[anon.], *Lavaters drey Lobgedichte* – [anon.], *Lavaters drey Lobgedichte auf den kathol. Gottesdienst und auf die Klosterandachten, mit Anmerkungen zweyer Protestanten*, Leipzig 1787.

[anon.], *Luther über Tonkunst* – [anon.], *Luther über Tonkunst*, in: AMZ 6 (1804), 497-503 und 629-633.

[anon.], *Noch über den Beitrag* – [anon.], *Noch über den Beitrag zur Geschichte itziger geheimer Proselytenmacherei*, in: Berlinische Monatsschrift 1785, 6. Bd., 104-164.

[anon.], *Parodie* – [anon.], *Noch eine Parodie eines Protestanten auf Lavaters Empfindungen in einer katholischen Kirche, nebst einem Anhange*, Berlin-Leipzig 1787.

[anon.], *Proselytenmacherei im Jahre 1782* – [anon.], *Proselytenmacherei im Jahre 1782*, in: Stats-Anzeigen 1784, 6. Bd., 484f.

[anon.], *Proselytenmacherei in der Pfalz* – [anon.], *Proselytenmacherei in der Pfalz*, in: Stats-Anzeigen 1782, 1. Bd., 187-90.

[anon.], *Ueber das Kunstgefühl* – [anon.], *Ueber das Kunstgefühl. Ursachen seines Mangels und seiner Verstimmung*, in: Miscellaneen artistischen Inhalts 1779, III, 3-18.

[anon.], *Ueber den Werth* – [anon.], *Ueber den Werth der Mendelssohnschen Psalmübersetzung*, in: Deutsches Museum 1788, I, 442-450.

[anon.], *Ueber den wesentlichen Unterschied* – [anon.], *Ueber den wesentlichen Unterschied des Protestantismus und Katholicismus*, in: Braunschweigisches Journal 1788, 3. Bd., 8-18, 129-140 und 152-172.

[anon.], *Ueber die Verbreitung* – [anon.], *Ueber die Verbreitung des Katholizismus und den Einfluß der Jesuiten in die Gesellschaften der Protestanten*, in: Deutsches Museum 1787, II, 66-86.

[anon.], *Ueber Protestantismus* – [anon.], *Ueber Protestantismus*, in: Deutsche Monatsschrift 1790, 1. Bd., 355-369.

[anon.], *Ursprung des Namens, Protestanten* – [anon.], *Ursprung des Namens, Protestanten*, in: Bunzlauische Monatsschrift zum Nutzen und Vergnügen, 7. Jg. 1780, 144f.

[anon.], *Wahrheiten* – [anon./Ernst Wilhelm Wolf?], *Wahrheiten die Musik betreffend, gerade herausgesagt von einem teutschen Biedermann*, Frankfurt/M. 1777.

d'Antoine, *Kirchenmusik* – Ferdinand d'Antoine, *Wie muß die Kirchenmusik beschaffen seyn, wenn sie zur Andacht erheben soll?* In: Beiträge zur Ausbreitung nützlicher Kenntnisse, 41. Stück, Bonn 1785.

Anton, *Luthers Zeitverkürzungen* – Johann Nikolaus Anton, *D. Martin Luthers Zeitverkürzungen*, Leipzig 1804.

Archenholtz, *England und Italien* – Johann Wilhelm von Archenholtz, *England und Italien*, Tle. 1-5, Leipzig 1787.

Arndt, *Von dem Wort* – Ernst Moritz Arndt, *Von dem Wort und dem Kirchenliede*, Bonn 1819.

Bach, *Briefe und Dokumente* – *Carl Philipp Emanuel Bach. Briefe und Dokumente. Kritische Gesamtausgabe*, hrsg. von Ernst Suchalla (= Veröffentlichung der Joachim Jungius-Gesellschaft der Wissenschaften Hamburg, Nr. 80), 2 Bde., Göttingen 1994.

Bach, *Litaneyen* – Ders., *Zwei Litaneyen aus dem Schleswig=Holsteinschen Gesangbuche mit ihrer bekannten Melodie für Acht Singstimmen in Zwei Chören, und dem dazu gehörigen Fundament in Partitur gesezt und zum Nutzen und Vergnügen Lehrebegieriger in der Harmonie bearbeitet von Carl Philipp Emanuel Bach*, Kopenhagen 1786.

Bach, *Versuch* – Ders., *Versuch über die wahre Art das Clavier zu spielen*, Berlin 1753.

Bach, *Westphal* – Ernst Suchalla (Hrsg.), *Carl Philipp Emanuel Bach im Spiegel seiner Zeit. Die Dokumentensammlung Johann Jacob Heinrich Westphals* (= Studien und Materialien zur Musikwissenschaft, Bd. 8), Hildesheim etc. 1993.

Bach, *Choralgesänge* – *Johann Sebastian Bachs vierstimmige Choralgesänge*, 2 Tle., Berlin und Leipzig 1765 und 1769 (Birnstiel); revidierte Ausgabe: 4 Tle., Leipzig 1784-1787 (Breitkopf).

Basedow, *Allgemeines christliches Gesangbuch* – Johann Bernhard Basedow, *Allgemeines christliches Gesangbuch für alle Kirchen und Sekten*, Riga-Altona 1781.

Basedow, *Methodischer Unterricht* – Ders., *Methodischer Unterricht der Jugend in der Religion und Sittenlehre der Vernunft*, Altona 1764.

Baumstark, *Thibaut* – Eduard Baumstark, *Ant. Friedr. Justus Thibaut. Blätter der Erinnerung für seine Verehrer und für die Freunde der reinen Tonkunst*, Leipzig 1841.

Bekuhrs, *Kirchen-Melodien* – Gottlob Friedrich Wilhelm Bekuhrs, *Ueber die Kirchen-Melodien. Einem hochwürdigen Oberconsistorio zu Berlin und dem zu Halberstadt unterthänigst zugeeignet*, Halle 1796.

Benevoli, *Opera Omnia* – *Orazio Benevoli. Opera Omnia* (= Monumenta liturgiae polychoralis sanctae ecclesiae romanae), hrsg. von Laurence Feininger, Trient 1966ff.

Berlinische Musikalische Zeitung – Berlinische Musikalische Zeitung, Jg. I/II, hrsg. von Johann Friedrich Reichardt, Berlin 1805/06.

Biester, *Gegenbild* – Johann Erich Biester, *Gegenbild der lutherischen Gefälligkeit in Einräumung der Kirchen*, in: Berlinische Monatsschrift 1786, 7. Bd., 265-270.

Biester, *Missionsanstalten* – Ders., *Von den Päpstlichen Missionsanstalten und Vikariaten in Protestantischen Ländern*, in: Berlinische Monatsschrift 1793, 21. Bd., 9-62.

Biester, *Vereinigungsplan* – Ders., *Ein Vereinigungsplan, aus dem Anfang des Jahrhunderts*, in: Berlinische Monatsschrift 1792, 19. Bd., 30-36.

Biester, *Vertheidigung* – Ders., *Ueber die Vertheidigung der katholischen Messe von einem protestantischen Theologen und Mitgliede der Gesellschaft der reinen Lehre*, in: Berlinische Monatsschrift 1786, 7. Bd., 324-339.

[Biester/Gedike], *Entscheidung* – [Johann Erich Biester/Friedrich Gedike], *Entscheidung des K. Gerichts in Berlin in Sachen des D. Starck wider Gedicke und Biester*, Berlin 1787.

Biester/Gedike, *Gegenerklärung* – Dies., *Noethige Gegenerklärung gegen des Oberhofprediger Stark öffentliche Erklärung. Von den Herausgebern der Berl. Monatsschrift*, in: Berlinische Monatsschrift 1787, 9. Bd., 87-99.

[Biester/Gedike], *Process* – [Dies.], *Process ueber den Verdacht des heimlichen Katholicismus zwischen dem Darmstaedtischen Oberhofprediger D. Stark als Klaeger, und den Herausgebern der Berlinischen Monatsschrift, Oberkonsistorialrath Gedike und Bibliothekar D. Biester als Be-*

klagten/ vollstaendig nebst der Sentenz aus den Akten herausgegeben von den losgesprochenen Beklagten, Berlin 1780.

Biester/Gedike, *Starcks neueste Erklärung* – Dies., *Ueber Hrn. Oberhofprediger Starcks neueste Erklärung in drei Zeitungen. Von den Herausgeb. der Berl. Monatsschrift*, in: Berlinische Monatsschrift 1787, 9. Bd., 395-408.

Biester/Gedike, *Streiten* – Dies., *Ueber das itzige Streiten mancher Schriftsteller, besonders Lavaters, gegen die Berliner*, in: Berlinische Monatsschrift 1787, 9. Bd., 353-395.

Biester/Gedike, *Vertheidigung* – Dies., *Noch etwas über die Vertheidigung der katholischen Messe von einem protestantischen Theologen. Von den Herausgebern*, in: Berlinische Monatsschrift 1787, 10. Bd., 281-288.

Borchmann, *Briefe* – Johann Friedrich Borchmann, *Briefe zur Erinnerung an merkwürdige Zeiten, und rühmliche Personen, aus dem wichtigen Zeitlaufe, von 1740, bis 1778*, Berlin 1778.

Breitkopf, *Verzeichnis* – *Verzeichniss Musicalischer Werke, allein zur Praxis, sowohl zum Singen, als für alle Instrumente, welche nicht durch den Druck bekannt gemacht worden, in ihre gehörige Classen ordentlich eingetheilet; welche in richtigen Abschriften bey Joh. Gottlob Immanuel Breitkopf* [...] *zu bekommen sind*, Leipzig 1761 (I), 1764 (II), 1770 (III), 1780 (IV).

Brun, *Tagebuch* – Friederike Brun, *Tagebuch über Rom*, 2 Tle., Zürich 1800-01.

Burmann, *Kirchenmelodien* – G. W. Burmann, *Luthers Kirchenmelodien betreffend*, in: Wochenschrift für Litteratur und Herz 1775, 35. Stück.

Burney, *General History* – Charles Burney, *A General History of Music*, 4 Bde., London 1776 [R Baden-Baden 1958].

Burney, *Tagebuch* – *Carl Burney's der Musik Doctors Tagebuch einer Musikalischen Reise durch Frankreich und Italien welche er unternommen hat um zu einer allgemeinen Geschichte der Musik Materialien zu sammlen. Aus dem Englischen übersetzt von C. D. Ebeling*, Hamburg 1772. Faksimile-Nachdruck als Documenta Musicologica XIX, Kassel etc. 1959.

Busby, *Geschichte* – Thomas Busby, *Allgemeine Geschichte der Musik von den frühesten bis auf die gegenwärtigen Zeiten*, 2 Bde., Leipzig 1821f.

Campe, *Versuch* – Joachim Heinrich Campe, *Versuch eines Leitfadens beim christlichen Religionsunterricht für die sorgfältiger gebildete Jugend*, Braunschweig 1791.

Claudius, *Ueber die Musik* – Matthias Claudius, *Ueber die Musik*; als Anhang zu: Johann Gottfried Herder, *Geist der Ebräischen Poesie* (= Herder, Sämmtliche Werke 12, 251-253).

Corrodi, *Lavaters Geist* – Heinrich Corrodi, *Lavaters Geist, aus dessen eigenen Schriften gezogen*, Berlin 1786.

Cramer, *Musik* – Carl Friedrich Cramer, *Musik*, Kopenhagen 1789.

Dalberg, *Blicke* – Johann Freiherr Hugo von Dalberg, *Blicke eines Tonkünstlers in die Musik der Geister*, Mannheim 1787.

Dalberg, *Eva's Klagen* – Ders., *Eva's Klagen bei dem Anblik des sterbenden Messias. Eine Deklamazion mit musikalischer Begleitung*, Speyer 1784/85.

Dalberg, *Untersuchungen* – Ders., *Untersuchungen über den Ursprung der Harmonie und ihre allmählige Ausbildung*, Erfurt 1800.

Deutschland – Deutschland. Monatsschrift, hrsg. von Johann Friedrich Reichardt und Friedrich Schlegel, 12 Stücke, Berlin 1796.

Döring, *Berichtigung* – Johann Friedrich Samuel Döring, *Etwas zur Berichtigung des Urtheils über die musikalischen Singe-Chöre auf den gelehrten protestantischen Schulen Deutschlands*, Görlitz 1801.

Doles, *Choralbuch* – Johann Friedrich Doles, *Vierstimmiges Choralbuch oder harmonische Melodiensammlung* [...], Leipzig 1785.

Doles, *Choralvorspiele* – Ders., *Singbare und leichte Choralvorspiele für Lehrer und Organisten auf dem Lande und in den Städten*, 5 Hefte, Leipzig 1795-1797.

Doles, *Ich komme vor dein Angesicht* – Ders., *Kantate/ über das Lied des seel. Gellert:/ Ich komme vor dein Angesicht u. s. w./ für 2 Hörner, 2 Hoboen, 1 Klarinette, 1 Fagott, 2 Violinen, 1 Bratsche,/ 4 Singestimmen, Instrumentalbässe, Orgel und Klavierauszug/ verfertiget/ und/ zween seiner würdigsten Gönner und Freunde/ Herrn Mozart/ Kaiserlichem Kapellmeister in Wien/ und/ Herrn Naumann/ Churfürstlich-Sächsischem Ober-Kapellmeister in Dreßden/ aus vorzüglicher Hochachtung/ zugeeignet/ von/ Johann Friedrich Doles/ Kantor und Musikdirektor an den beiden Hauptkirchen zu Leipzig*, Leipzig 1790.

Dressel, *Beytrag* – Johann Christian Gottfried Dressel, *Neuer Beytrag zur Geschichte der geheimen Proselytenmacherei in protestantischen Ländern*, 2 Bde., Berlin 1788.

Dreykorn, *Messe* – Johann Dreykorn, *Die römisch-katholische Messe, lateinisch und deutsch, mit Bemerkung der dabei vorkommenden Ceremonien, nebst der an vielen Orten eingeführten Meßliedern, nach dem evangelischen Sinn der ersten christlichen Kirche, unparteyisch und freimüthig erläutert*, Nürnberg und Sulzbach 1785.

Dreykorn, *Vertheidigung* – Ders., *Ueber und für die Vertheidigung der katholischen Messe von einem protestantischen Theologen und Mitgliede der Gesellschaft der reinen Lehre. Replik und Duplik*, in: Berlinische Monatsschrift 1787, 9. Bd., 57-86.

Eberhardt, *Melodrama* – Johann August Eberhardt, *Über das Melodrama*, in: Vermischte Schriften, Halle 1784, 1-22.

Eichholz, *Briefe* – Johann Heinrich Eichholz, *Neue Briefe über Italien (Oder Schilderung der Einwohner von Venedig, Rom, Neapel und Florenz, in Hinsicht auf Charakter, Cultur des Geistes und Industrie derselben; nebst beigefügten Bemerkungen über Alterthümer und Kunst)*, 4 Bde., Zürich 1806-1811.

Engel, *Mahlerey* – Johann Jacob Engel, *Ueber die musicalische Mahlerey. An den königlichen Capellmeister Herrn Reichardt*, Berlin 1780.

Ephemeriden – Ephemeriden der Menscheit, oder Bibliothek der Sittenlehre, der Politik und der Gesetzgebung, Basel 1776-1778, Leipzig 1780-1784 und 1786.

Fasch, *Briefe* – Rüdiger Pfeiffer (Hrsg.), *Johann Friedrich Fasch (1688-1758). Eine Briefauswahl* (= Dokumente und Reprints, hrsg. von der Kultur- und Forschungsstätte Michaelstein, Institut für alte Musik), Blankenburg 1988.

Fasch, *Sämmtliche Werke* – *Sämmtliche Werke von Karl Christian Friedrich Fasch, herausgegeben von der Singakademie in Berlin*, 7 Lieferungen, Berlin 1837-1839.

Fernow, *Sittengemälde* – Carl Ludwig Fernow, *Sitten- und Kulturgemälde von Rom*, Gotha 1802.

Fiedler, *Zufällige Gedanken* – Samuel Christlieb Fiedler, *Zufällige Gedanken über den wahren Werth* [...] *einer harmonischen und zweckmässigen Kirchenmusik* [...], Friedrichstadt 1790.

Forkel, *Allgemeine Geschichte* – Johann Nikolaus Forkel, *Allgemeine Geschichte der Musik*, 2 Bde., Leipzig 1788/1801.

Forkel, Almanach – Musikalischer Almanach für Deutschland, hrsg. von Johann Nikolaus Forkel, 1782-84 und 1789.

Forkel, *Arteaga's Geschichte* – Ders. (Übers.), *Stephan Arteaga's* [...] *Geschichte der italiänischen Oper von ihrem ersten Ursprung an bis auf gegenwärtige Zeiten*, 2 Bde., Leipzig 1789.

Forkel, *Bach* – Ders., *Ueber Johann Sebastian Bachs Leben, Kunst und Kunstwerke*, Leipzig 1802.

[Forkel], *Beschaffenheit* – [Johann Nikolaus Forkel?], *Ueber die Beschaffenheit der musikalischen Oratorien nebst Vorschlägen zur veränderten Einrichtung derselben*, in: Forkel, Almanach 1783, 166-206.

F...z, *Geschichte* – F...z, *Eine Geschichte aus der Mitte Frankens vom Jahr 1791*, in: Journal von und für Franken, 1792, 4. Bd., 341-350.

Garve, *Besorgnisse* – Christian Garve, *Ueber die Besorgnisse der Protestanten in Ansehung der Verbreitung des Katholicismus*, in: Berlinische Monatsschrift 1785, 6. Bd., 19-67 und 488-529.

Garve, *Schreiben an Nicolai* – Ders., *Schreiben an Herrn F. Nicolai* [...] *ueber einige Aeusserungen des ersten in seiner Schrift, betitelt: Untersuchungen der Beschuldigungen des P. G. gegen meine Reisebeschreibung/ von Christian Garve*, Breslau 1786.

Gedike, *Ueber den starkischen Prozeß* – Friedrich Gedike, *Ueber den starkischen Prozeß gegen die Herausgeber der Berlinischen Monatsschrift*, Berlinische Monatsschrift 1787, 10. Bd., 365.

Gessner, *Lavaters Lebensbeschreibung* – Georg Gessner, *Johann Kaspar Lavaters Lebensbeschreibung von seinem Tochtermann Georg Gessner*, 2 Bde., Winterthur 1802.

[Gessner], *Daphnis* – [Salomon Gessner], *Daphnis*, o. O., 1756.
Goethe, *Aus meinem Leben* – Johann Wolfgang von Goethe, *Aus meinem Leben* (= Goethe, Sämmtliche Werke 6, 1-577).
Goethe, *Diderots Versuch* – Ders., *Diderots Versuch über die Malerei* (= Goethe, Sämmtliche Werke 8, 739-770).
Goethe, Sämmtliche Werke – Johann Wolfgang von Goethe. Sämmtliche Werke. Vollständige Ausgabe in zehn Bänden, hrsg. von Karl Goedeke, Stuttgart 1885.
Goethe, *Über Wahrheit und Wahrscheinlichkeit* – Ders., *Über Wahrheit und Wahrscheinlichkeit der Kunstwerke* (= Goethe, Sämmtliche Werke 9, 56-61).
Goethe, Weimarer Ausgabe – Goethes Werke. Herausgegeben im Auftrage der Grossherzogin Sophie von Sachsen, Weimar 1887ff.
Goeze, *Vorschläge* – Johann August Ephraim Goeze, *Einige Vorschläge zur Verbesserung des öffentlichen Gottesdienstes*, in: Hermes/Fischer/Salzmann, *Beyträge* 1786, 1. Bd. 2. Stck., 130-132.
Göz, *Beitrag* – Christian Gottlieb Göz, *M. Christian Gottlieb Göz* [...] *Beitrag zur Geschichte der Kirchenlieder*, Stuttgart 1784.
Grosheim, *Verfall* – Georg Christoph Grosheim, *Ueber den Verfall der Tonkunst*, Göttingen 1805.
Hagedorn, *Betrachtungen* – Christian Ludwig von Hagedorn, *Betrachtungen über die Mahlerey*, 2 Bde., Leipzig 1762.
Haller, *Reisebeschreibungen* – Albrecht von Haller, *Vom Nutzen der Reisebeschreibungen*, in: Ders., *Tagebuch seiner Beobachtungen über Schriftsteller und über sich selbst*, Theil 2, Bern 1787, 133-139.
Haller, *Restauration der Staats-Wissenschaft* – Carl Ludwig von Haller, *Restauration der Staats-Wissenschaft oder Theorie des natürlich-geselligen Zustands; der Chimäre des künstlich-bürgerlichen entgegengesetzt*, 6 Bde., Winterthur 1816-1834.
Hamann, *Klaggedicht* – Johann Georg Hamann, *Klaggedicht in Gestalt eines Sendschreibens über die Kirchenmusik an ein geistreiches Frauenzimmer ausser Landes* (= Hamann, Sämtliche Werke 2, 144-149).
Hamann, Sämtliche Werke – Johann Georg Hamann. Sämtliche Werke, hrsg. von Josef Nadler, 6 Bde., Wien 1949-57.
Harms, *Schriften* – *Claus Harms. Ausgewählte Schriften und Predigten*, hrsg. von Peter Meinhold, 2 Bde., Flensburg 1955.
Heinse, *Ardinghello* – Wilhelm Heinse, *Ardinghello und die glückseeligen Inseln* (= Sämmtliche Werke 4).
Heinse, *Hildegard von Hohenthal* – Ders., *Hildegard von Hohenthal*, 2 Bde., Berlin 1795/96.
Heinse, Sämmtliche Werke – Wilhelm Heinse. Sämmtliche Werke, hrsg. von Carl Schüddekopf, 10 Bde., Leipzig 1902-25.
Heinsius, *Versuch* – [Otto Friedrich] Th[eodor] Heinsius, *Versuch einer biographischen Skizze Ramlers* [...], in: Denkwürdigkeiten und Tagesgeschichte der Mark Brandenburg (1798), 10. Stück, 1168-1201.
Herder, *Adrastea* – Johann Gottfried Herder, *Adrastea* (= Herder, Sämmtliche Werke 23, 17-587).
Herder, *Briefe, das Studium der Theologie betreffend* (46. Brief) – Ders., *Briefe, das Studium der Theologie betreffend* (= Herder, Sämmtliche Werke 11, 63-73).
Herder, *Caecilia* – Ders., *Caecilia* (= Herder, Sämmtliche Werke 16, 253-272).
Herder, *Kalligone* – Ders., *Kalligone* (= Herder, Sämmtliche Werke 22, 1-332).
Herder, Sämmtliche Werke – Herders Sämmtliche Werke, hrsg. von Bernhard Suphan, 33 Bde., Berlin 1877-1913.
Herder, *Von Deutscher Art und Kunst* – Ders., *Von Deutscher Art und Kunst. Einige fliegende Blätter* (= Herder, Sämmtliche Werke 5, 159-257).
Hermes/Fischer/Salzmann, *Beytraege* – Johann August Hermes/Gottlob Nathanael Fischer/Christian Gotthilf Salzmann, *Beytraege zur Verbesserung des oeffentlichen Gottesdienstes der Christen*, 2 Bde., Leipzig 1785-88.

Hertel, *Autobiographie* – Erich Schenk (Hrsg.), *Johann Wilhelm Hertel. Autobiographie* (= Wiener Musikwissenschaftliche Beiträge, Bd. 3), Graz-Köln 1957.

Heyne, *Nachweis* – Christian Gottlob Heyne, *Nachweis des verderblichen Einflusses der Currende in Göttingen*, in: Reichs-Anzeiger 1798, Nr. 217.

Hiller, *Choralmelodien* – Johann Adam Hiller, *Fünf und zwanzig neue Choralmelodien zu Liedern von Gellert*, Leipzig 1792.

Hiller, *Choral-Melodienbuch* – Ders., *Allgemeines Choral-Melodienbuch für Kirchen und Schulen, auch zum Privatgebrauche, in vier Stimmen gesetzt* [...], Leipzig [1793].

Hiller, *Davidde penitente* – Ders. (Hrsg.), *Cantata Davidde penitente, con l'Orchestra composta da W. A. Mozart. Parte I. Partitura. Osterkantate mit einer Parodie von J. A. Hiller, komponiert von W. A. Mozart*, Leipzig 1791.

Hiller, *Fragmente* – Ders., *Fragmente aus Händels Messias. Nebst Betrachtungen über die Aufführung Händelscher Singcompositionen*, Leipzig [1787].

[Hiller], *Geistliche Musiktexte* – [Ders.], *Erstes* [*Zweytes, Drittes*] *Jahr der geistlichen Musiktexte in der Thomaskirche zu Leipzig*, Leipzig 1789ff. [vorhanden in: D LEm I B 41-c].

Hiller, *Händels Te Deum* – Ders. (Hrsg.), *Georg Friedrich Händels Te Deum laudamus zur Utrechter Friedensfeyer ehemals in Engländischer Sprache componiert, und nun mit dem bekannten lateinischen Texte herausgegeben*, Leipzig 1780.

Hiller, *Kirchenmusik* – Ders., *Kirchenmusik* (= Vorrede zu: *Erstes Jahr der geistlichen Musiktexte in der Thomas-Kirche zu Leipzig*), Leipzig 1789 [veränderter Wiederabdruck in: Berlinische Musikalische Zeitung II (1806), Nr. 48].

Hiller, *Lebensbeschreibungen* – Johann Adam Hiller, *Lebensbeschreibungen berühmter Musikgelehrten und Tonkünstler neuerer Zeit*, Leipzig 1784 [R Leipzig 1975].

Hiller, *Meisterstücke* – Ders., *Meisterstücke des italienischen Gesangs*, Leipzig 1791.

Hiller, *Melodien* – Ders., *Drei Melodien zu: Wir glauben all'*, Leipzig o. J.

Hiller, *Messias* – Ders. (Hrsg.), *Der Messias, nach den Worten der heiligen Schrift, in Musik gesetzt von George Friederich Händel. Nebst angehängten Betrachtungen darüber*, Leipzig 1787.

Hiller, *Nachricht* – Ders., *Nachricht von der Aufführung des Händelschen Messias, in der Domkirche zu Berlin, den 19. May 1786*, Berlin 1786.

Hiller, *Stabat Mater* – Ders. (Hrsg.), *Des Herrn J. Haydns Passionsmusik des Stabat Mater mit einer deutschen Parodie*, Leipzig 1781.

Hiller, *Tag des Gerichts* – Ders. (Hrsg.), *Der Tag des Gerichts. Parodie des Requiem von Herrn Kapellmeister Hiller in Leipzig, als Anhang zu W. A. Mozarti Missa pro defunctis. Requiem. W. A. Mozarts Seelenmesse mit unterlegtem deutschen Texte*, Leipzig o. J.

[Hiller], *Texte zur Musik* – [Ders.], *Texte zur Musik in der Universitätskirche zu Leipzig auf das Kirchenjahr 1780*, [Leipzig 1780].

Hiller, *Ueber Alt und Neu* – Ders., *Ueber Alt und Neu in der Musik. Nebst Anmerkungen zu Händels grossen Te Deum, und einem andern von Jomelli*, Leipzig [1787].

Hiller, *Vierstimmige Chor-Arien* – Ders., *Vierstimmige Chor-Arien* [...] *nebst vier lateinischen Sanctus zu den Präfationen*, Leipzig 1794.

Hiller/Hasse, *Beyträge* – Johann Adam Hiller/Johann Adolf Hasse, *Beyträge zu wahrer Kirchenmusik. Zweyte vermehrte Auflage*, Leipzig 1791.

Historisch-kritische Beyträge – Historisch-kritische Beyträge zur Aufnahme der Musik, hrsg. von Friedrich Wilhelm Marpurg, I.-V. Bd., 1754-62 und 1778.

Hoffmann, *Alte und neue Kirchenmusik* – E. T. A. Hoffmann, *Alte und neue Kirchenmusik*, in: Gesammelte Werke in Einzelausgaben, Bd. 9 (= Schriften zur Musik/Singspiele), hrsg. von Hans-Joachim Kruse, Berlin-Weimar 1988, 219-247.

Hoffmann von Fallersleben, *Geschichte* – Hoffmann von Fallersleben, *Geschichte des deutschen Kirchenliedes bis auf Luthers Zeit*, Breslau 1832.

[Hottinger/Meister/Steinbrüchel], *Sendschreiben* – [Johann Jacob Hottinger/Leonhard Meister/Johann Jacob Steinbrüchel], *Sendschreiben an den Verfasser der Nachrichten von den Zürcherischen Gelehrten*, Berlin-Leipzig [Zürich] 1775.

Hunold, *Gedichte* – Christian Friedrich Hunold (Menantes), *Theatralische, Galante und Geistliche Gedichte*, Hamburg 1706.

Jacobi, *Briefe* – Georg Arnold Jacobi, *Briefe aus der Schweiz und Italien*, Lübeck-Leipzig 1796/97.

Jacobi, *Von der Poetischen Wahrheit* – Johann Georg Jacobi, *Dichtkunst. Von der Poetischen Wahrheit*, in: Iris I (1774), 1-21.

Jaspis, Gottfried Siegmund, siehe: Wolf, Gottlob Jacob.

Junker, Almanach – Musikalischer Almanach auf das Jahr 1782 [1784], hrsg. von Carl Ludwig Junker, Alethinopel/Freyburg 1782/84.

Junker, *Betrachtungen* – Carl Ludwig Junker, *Betrachtungen über Mahlerey, Ton- und Bildhauerkunst*, Basel 1778.

Junker, Taschenbuch – Musikalisches Taschenbuch auf das Jahr 1782 [1784] (= Anhang zu Musikalischer Almanach auf das Jahr 1782 [1784]).

Kiesewetter, *Geschichte* – Raphael Georg Kiesewetter, *Geschichte der europäisch-abendländischen oder unsrer heutigen Musik*, Leipzig 1834.

Kittel, *Vierstimmige Choräle* – Johann Christian Kittel, *Vierstimmige Choräle mit Vorspielen*, Altona 1803.

Knecht, *Harmonie* – Justin Heinrich Knecht, *Ueber die Harmonie*, in: AMZ 1 (1798/99), 129ff., 161ff., 321ff., 527ff., 561ff. und 593ff.

Knecht, *Neue Kirchenmusik* – Ders., *Neue Kirchenmusik, bestehend in dem drey und zwanzigsten Psalm, mit vier Singestimmen, Orgel und einer willkührlichen Begleitung von verschiedenen Instrumenten*, Leipzig o. J. [1783].

Koch, *Lexikon* – Heinrich Christoph Koch, *Musikalisches Lexikon*, 2 Bde., Frankfurt/M. 1802 [R Hildesheim 1964].

K[öpken], *Rolle* – F[riedrich] v[on] K[öpken], *Ueber den verstorbenen Musikdirektor Herrn Johann Heinrich Rolle zu Magdeburg*, in: Der Teutsche Merkur 1787, II, 223-237.

Klopstock, *Werke und Briefe – Friedrich Gottlieb Klopstock. Werke und Briefe*. Historisch-kritische Ausgabe. Hrsg. von Horst Gronemeyer, Elisabeth Höpker-Herberg, Klaus Hurlebusch und Rose-Maria Hurlebusch, Berlin und New York 1974ff.

[Knüppeln], *Büsten* – [Julius Friedrich Knüppeln], *Büsten berlinischer Gelehrter und Künstler*, Berlin 1787.

Kraus, *Etwas von und über Musik* – Joseph Martin Kraus, *Etwas von und über Musik fürs Jahr 1777*, Frankfurt/M. 1778.

Krause, *Poesie* – Christian Gottfried Krause, *Von der Musikalischen Poesie*, Berlin 1753 [R Leipzig 1973].

Kritische Briefe – Kritische Briefe über die Tonkunst, hrsg. von Friedrich Wilhelm Marpurg, I.-III. Bd., 1759-63.

Kühnau, *Choralgesänge* – Johann Christoph Kühnau, *Vierstimmige alte und neue Choralgesänge mit Provinzial-Abweichungen*, Berlin 1786.

Kunstmagazin I/II – Musikalisches Kunstmagazin, hrsg. von Johann Friedrich Reichardt, 2 Bde., Berlin 1782 und 1791.

Landshuter Gesangbuch – Franz Seraph Edler von Kohlbrenner, *Der heilige Gesang zum Gottesdienste in der römisch-katholischen Kirche*, Landshut 1777.

Lavater, *Jesus Messias* – Johann Kaspar Lavater, *Jesus Messias oder die Evangelien und Apostelgeschichte in Gesängen*, 4 Bde., Zürich 1783-86.

Lavater, *Rechenschaft* – Ders., *Rechenschaft an meine Freunde. Zweytes Blat. Ueber Jesuitismus und Catholizismus an Hern Professor Meiners in Göttingen*, Winterthur 1786.

Lavater, *Vermischte Gedichte* – Ders., *Johann Caspar Lavater's vermischte Gereimte Gedichte vom Jahr 1766 bis 1785. Für Freunde des Verfassers*, Winterthur 1785.

[Lichtenstein], *Geschichte* – [Heinrich Lichtenstein], *Zur Geschichte der Sing-Akademie in Berlin*, Berlin 1843.

Lyceum der schönen Künste – Lyceum der schönen Künste, Monatsschrift hrsg. von Friedrich Schlegel und Johann Friedrich Reichardt, 2 Tle., Berlin 1791.

Magazin der Musik – Magazin der Musik, hrsg. von Carl Friedrich Cramer, 1783-86.

Mainwaring/Mattheson, *Händel* – *Georg Friderich Händels Lebensbeschreibung, nebst einem Verzeichnisse seiner Ausübungswerke und deren Beurtheilung; übersetzet, auch mit einigen Anmerkungen, absonderlich über den hamburgischen Artikel, versehen vom Legations-Rath Mattheson*, Hamburg 1761 [Neuausgabe von Bernhard Paumgartner, München ^{2}1987].

Mattheson, *Capellmeister* – Johann Mattheson, *Der Vollkommene Capellmeister* [...], Hamburg 1739.

Mattheson, *Grundlage* – Ders., *Grundlage einer Ehren-Pforte*, Hamburg 1740.

Meißner, *Biographie J. G. Naumanns* – August Gottlieb Meißner, *Bruchstücke zur Biographie J. G. Naumanns*, in: A. G. Meißners sämtliche Werke, Bd. 30, Wien 1814.

Metastasio, *Lettere* – Pietro Metastasio, *Lettere dell'Abate Pietro Metastasio*, Bd.1, Triest 1795.

Michaelis, *Bemerkungen* – Christian Friedrich Michaelis, *Einige Bemerkungen über die Kirchenkantate und das Oratorium*, in: AMZ 7 (1805), 461-468 und 493-500.

Mirabeau, *Lettre* – Honoré Gabriel Victor Riqueti, Comte de Mirabeau, *Lettre du Comte de Mirabeau à *** sur M. M. de Cagliostro et Lavater a Berlin* [...], 1786.

Möser, *Schreiben* – Justus Möser, *Schreiben an den V. J. K. in W... über die künftige Vereinigung der evangelischen und katholischen Kirche*, in: Berlinische Monatsschrift 1786, 7. Bd., 489-503.

Moritz, *Reisen* – Karl Philipp Moritz, *Reisen eines Deutschen in Italien in den Jahren 1786 bis 1788*, 3 Tle., Berlin 1792/93.

Mosewius, *Bach* – Johann Theodor Mosewius, *Johann Sebastian Bach in seinen Kirchen-Cantaten und Choralgesängen*, Berlin 1845.

Musenalmanach 1776 – Musenalmanach für das Jahr 1776. Von den Verfassern des bish. Götting. Musenalm. herausgegeben von I. H. Voss (= Poetische Blumenlese. Für das Jahr 1776. Von den Verfassern der bisherigen Göttinger Blumenlese, nebst einem Anhange die Freymaurerey betreffend), Lauenburg o. J. [1776].

Musikalische Korrespondenz – Musikalische Korrespondenz der deutschen Filarmonischen Gesellschaft, hrsg. von Heinrich Philipp Carl Bossler, Speyer 1790-1792 (Fortsetzung von Musikalische Realzeitung).

Musikalische Monathsschrift – siehe: Studien für Tonkünstler und Musikfreunde.

Musikalische Real-Zeitung – Musikalische Real-Zeitung, hrsg. von Heinrich Philipp Carl Bossler, Speyer 1788-90.

Musikalisches Wochenblatt – siehe: Studien für Tonkünstler und Musikfreunde.

Neumeister, *Geistliche Cantaten* – Erdmann Neumeister, *Geistliche Cantaten statt einer Kirchen-Music*, Weißenfels ^{2}1704.

Nicolai, *Anhang* – Friedrich Nicolai, *Anhang zu Friedrich Schillers Musen-Almanach für das Jahr 1797*, Berlin-Stettin o. J. [1797].

Nicolai, *Anmerkungen* – Ders., *Anmerkungen über das zweyte Blatt von Herrn J. C. Lavaters Rechenschaft an seine Freunde, und über Herrn P. J. M. Sailers zu Dillingen Märchen*, in: Nicolai, Beschreibung VIII, Berlin und Stettin 1787 (Anhang).

Nicolai, *Beschreibung* – Ders., *Beschreibung einer Reise durch Deutschland und die Schweiz im Jahre 1781*, 12 Bde., Berlin-Stettin, 1783ff. Fotomechanischer Nachdruck in: Friedrich Nicolai. Gesammelte Werke. Hrsg. von Bernhard Fabian und Marie-Luise Spiekermann, Hildesheim 1994.

Nicolai, *Beschreibung der königlichen Residenzstädte* – Ders., *Beschreibung der königlichen Residenzstädte Berlin und Potsdam*, Berlin 1779 (= Nicolai, Sämtliche Werke 8/I,II), Bern u. a. 1995.

Nicolai, *Briefe* – Ders., *Briefe, die neueste Litteratur betreffend* (= Nicolai, Sämtliche Werke 4, 29-307).

Nicolai, *Letzte Erklaerung* – Ders., *Letzte Erklaerung ueber einige neue Unbilligkeiten und Zunoethigungen in dem den Herrn Oberhofprediger Stark betreffenden Streit*, Stettin 1790.

Nicolai, *Oeffentliche Erklaerung* – Ders., *Oeffentliche Erklaerung ueber seine geheime Verbindung mit dem Illuminatenorden, - Nebst beiläufigen Digressionen betreffend Joh. Aug. Starck und Joh. Kasp. Lavater*, Berlin 1788.

Nicolai, Sämtliche Werke – Friedrich Nicolai. Sämtliche Werke, Briefe, Dokumente. Kritische Ausgabe mit Kommentar, hrsg. von P. M. Mitchell, Berlin (u. a.) 1991ff.

Nicolai, *Untersuchung* – Ders., *Eine Untersuchung der Beschuldigungen, die Herr Prof. Garve wider diese Reisebeschreibung vorgebracht hat*, Berlin 1786.

Niemeyer, *Dichtkunst und Musick* – August Hermann Niemeyer, *Ueber Dichtkunst und Musick in Verbindung mit der Religion*, in: August Hermann Niemeyers Gedichte, Leipzig 1778, 1-28.

Niemeyer, *Gedichte* – Ders., *August Hermann Niemeyers Gedichte*, Leipzig 1778.

Niemeyer, *Religioese Drama* – Ders., *Ueber das religioese Drama so fern es für die Musick bestimmt ist*, in: August Hermann Niemeyers Gedichte, Leipzig 1778, 29-46.

Niemeyer, *Schreiben* – Ders., *Schreiben das musikalische Drama Abraham auf Moria betreffend*, in: Deutsches Museum 1777, I, 147-158.

Pfeffel, *Kirchenvereinigung* – Gottlieb Conrad Pfeffel, *Die Kirchenvereinigung. Eine Fabel. Vom Herrn Hofrath Pfeffel*, in: Berlinische Monatsschrift 1786, 8. Bd., 330.

Pfenninger, *Zirkelbriefe* – Johann Konrad Pfenninger, *Die bedenklichen Zirkelbriefe des Protestanten Joh. Konrad Pfenningers in Natura. Mit nöthigen Vor- und Nacherinnerungen*, Breslau 1787.

Posselt, *Apodemik* – Franz Posselt, *Apodemik oder die Kunst zu reisen*, 2 Bde., Leipzig 1795.

Rambach, *Kirchengesang* – August Jacob Rambach, *Über D. Martin Luthers Verdienst um den Kirchengesang*, Hamburg 1813.

Ramler, *Einleitung* – Karl Wilhelm Ramler, *Einleitung in die Schönen Wissenschaften. Nach dem Französischen des Herrn Batteux, mit Zusätzen vermehrt*, 4 Bde., Leipzig [3]1769.

Recke, *Etwas ueber Starcks Vertheidigung* – Elisa von der Recke, *Etwas ueber Starcks Vertheidigung*, Berlin 1788.

Recke, *Tagebuch* – Dies., *Tagebuch einer Reise durch einen Theil Deutschlands und durch Italien, in den Jahren 1804 bis 1806*, 4 Bde., Berlin 1815-1817.

Reichardt, Almanach – Musikalischer Almanach, hrsg. von Johann Friedrich Reichardt, Berlin 1796.

Reichardt, *An junge Künstler* – Johann Friedrich Reichardt, *An junge Künstler*, in: Kunstmagazin I, 1-7.

Reichardt, *Anmerkungen* – Ders., *Einige Anmerkungen zu den merkwürdigen Stücken verschiedener Meister*, in: Kunstmagazin II, 122f.

Reichardt, *Autobiographie* – Ders., *Bruchstücke aus Reichardt's Autobiographie*, in: AMZ 15 (1813), 601ff., 633ff., 665ff. sowie AMZ 16 (1814), 21ff. [Titel: *Noch ein Bruchstück aus J. F. Reichardt's Autobiographie*].

Reichardt, *Briefe* (1774)/(1776) – Ders., *Briefe eines aufmerksamen Reisenden die Musik betreffend. An seine Freunde geschrieben*, Frankfurt-Leipzig, Tl. I (1774)/Tl. II (1776).

Reichardt, *Briefe aus Rom* – Ders., *Briefe aus Rom*, in: Musikalisches Wochenblatt, 34f., 66f., 75ff., 83f. und 106ff.

Reichardt, *Caecilia* – Ders., *Caecilia*, 4 Bde., Berlin 1790-1795.

Reichardt, *Geistliche Gesänge von Lavater* – Ders., *Geistliche Gesänge von Lavater*, Winterthur 1790.

Reichardt, *Händel's Jugend* – Ders., *Georg Friedrich Händel's Jugend*, Berlin 1785 [Neudruck in: Händel-Jb 1959].

Reichardt, *Hermenfried* – Ders., *Hermenfried oder über die Künstlererziehung*, in: Kunstmagazin I, 105-117.

Reichardt, *Idylle* – Ders., *Ueber die musikalische Idylle*, in: Kunstmagazin I, 167-171.

Reichardt, *Kant und Hamann* – Ders., *Kant und Hamann*, in: Urania. Taschenbuch für Damen auf das Jahr 1812, 257-266.

Reichardt, *Kirchenmusik* – Ders., *Kirchenmusik*, in: Kunstmagazin I, 179.

Reichardt, *Komposition des Schäfergedichts* – Ders., *Ueber die musikalische Komposition des Schäfergedichts*, in: Deutsches Museum 1777, II, 270-288.

Reichardt, *Kühnaus Choralgesänge* – Ders., Johann Christoph Kühnau, *Vierstimmige alte und neue Choralgesänge mit Provinzial-Abweichungen* (Rezension), in: Kunstmagazin II, 30-34.

Reichardt, *Lieder für Kinder* – Ders., *Lieder für Kinder*, Tle. I/II, Hamburg 1781; Tl. III. ebd. 1787; Tl. IV, Braunschweig 1790.

Reichardt, *Nachlaß-Verzeichnis* – *Verzeichnis der von dem zu Giebichenstein bei Halle verstorbenem Kapellmeister Reichardt hinterlassenen Bücher und Musikalien, welche den 29sten April und in den darauffolgenden Tagen nachmittags um 2 Uhr zu Halle an den Meistbietenden verkauft werden sollen*, Halle 1815.

Reichardt, *Replik an Z. N. E.* – Ders., *An den Verfasser des Aufsazes über Kirchenmusiken im deutschen Museum, Oktober 1780*, in: Deutsches Museum 1781, II, 351-359.

Reichardt, *Schreiben an den Grafen Mirabeau* – Ders., *Schreiben an den Grafen Mirabeau, von Johann Friedrich Reichardt, Königl. Preuss. Capellmeister Lavater betreffend*, Berlin 1786.

Reichardt, *Singechöre* – Ders., *Singechöre*, in: Kunstmagazin I, 118-127.

Reichardt, *Stabat mater* – Ders., *Joh. Bapt. Pergolesi Stabat mater* (Rezension), in: ADB 33 (1778), 162-165.

Reichardt, *Tischgespräch über Kirchenmusik* – Ders., *Wanderungen und Träumereien im Gebiete der Tonkunst. Tischgespräch über Kirchenmusik*, in: Berlinisches Archiv der Zeit und ihres Geschmacks 1795, I, 584-593 und II, 355-369.

Reichardt, *Über die Anwendung der Musik* – Ders., *Über die Anwendung der Musik bei der frühen Erziehung* (mit Abdruck des Vorworts „An die Jugend" aus *Lieder für Kinder, Zweyter Theil*, Hamburg 1781), in: Kunstmagazin I, 175-178.

Reichardt, *Ueber die häusliche Erbauung* – Ders., *Ueber die häusliche Erbauung durch Musik*, in: Kunstmagazin I, 172-174.

Reichardt, *Wichtige Stellen aus Herder* – Ders., *Wichtige Stellen aus Herder*, in: Kunstmagazin I, 206f.

Reichardt, *Wichtigkeit* – Ders., *Wichtigkeit ächter Musikanstalten*, in: Kunstmagazin II, 5.

Reichardt, *Wolff* – Ders., *Ernst Wilhelm Wolff, Herzoglich-Weimarischer Capellmeister*, in: Berlinisches Archiv der Zeit und ihres Geschmacks, 1795, I, 162-170 und 273-283.

Reichardt/Hottinger, *Gegenseitige Erklärung* – Johann Friedrich Reichardt/Johann Jacob Hottinger, *Erklärung und Gegenerklärung der Herren Reichardt und Hottinger*, in: Berlinische Monatsschrift 1787, 9. Bd., 191-194.

Rellstab, *Bemerkungen* – Johann Karl Friedrich Rellstab, *Über die Bemerkungen eines Reisenden die Berlinischen Kirchenmusiken, Concerte, Oper und Königliche Kammermusik betreffend*, Berlin 1789.

Rellstab, *Versuch* – Ders., *Versuch über die Vereinigung der musikalischen und oratorischen Declamation*, Berlin 1786.

Riedel, *Theorie* – Friedrich Just Riedel, *Theorie der schönen Künste und Wissenschaften. Ein Auszug aus den Werken verschiedener Schriftsteller*, Jena 1767 und [2]1774.

Riederer, *Abhandlung* – Johann Bartholomaeus Riederer, *D. Joh. Bartholomaeus Riederers Abhandlung von Einführung des teutschen Gesangs in die evangelischlutherische Kirche*, Nürnberg 1759.

Riepke, *Hoffnung der Protestanten* – Johann David Riepke, *Die angenehme Hoffnung der Protestanten, daß sie Gott nicht werde in den Schoß der römischen Kirche zurückführen lassen. Eine Predigt zum Reformationstage über die Epistel am 22ten Sonntag Trinitatis 1787, gehalten von M. J. David Riepke, Diakonus an der Stadtkirche zu Schleußingen*, Schleusingen 1787.

Röckl, *Reise* – Joseph Röckl, *Pädagogische Reise durch Deutschland*, Dillingen 1805.

Rolle, *Wahrnehmungen* – Christian Carl Rolle, *Neue Wahrnehmungen zur Aufnahme und weitern Ausbreitung der Musik*, Berlin 1784.

Rosenmüller, *Protestanten* – Georg Rosenmüller, *Warum nennen wir uns Protestanten?* Leipzig 1790.

Sailer, *Gebetbuch* – Johann Michael Sailer, *Vollständiges Lese- und Gebetbuch für katholische Christen*, 2 Tle., München 1783.

Sailer, *Märchen* – Ders., *Das einzige Märchen in seiner Art: Eine Denkschrift an Freunde der Wahrheit für das Jahr 1786*, München 1787.

Salzmann, *Beyträge zur Verbesserung* – Christian Gotthilf Salzmann, *Beyträge zur Verbesserung des öffentlichen Gottesdienstes der Christen*, 2 Bde., Leipzig 1785-88.

Salzmann, *Gottesverehrungen* – Ders., *Gottesverehrungen gehalten im Betsale des Dessauischen Philantropins*, 1.-4. Slg., Dessau 1781-83.

Salzmann, *Über die wirksamsten Mittel* – Ders., *Über die wirksamsten Mittel Kindern Religion beizubringen*, Leipzig 1780.

Salzmann, *Verehrungen Jesu* – Ders., *Verehrungen Jesu, gehalten im Betsale des Dessauischen Philantropins*, Leipzig 1784.

Salzmann/Andre/Guths-Muths, *Reisen* – Christian Gotthilf Salzmann/Christian Carl Andre/Johann Christoph Friedrich Guths-Muths, *Reisen der Salzmannischen Zöglinge*, 6 Bde., Leipzig 1784-1793.

Salzmann/Ansfeld, *Reisen der Zöglinge* – Christian Gotthilf Salzmann/Johann Wilhelm Ansfeld, *Reisen der Zöglinge zu Schnepfenthal*, Schnepfenthal 1799/1803.

Schadow, *Kunstwerke* – Götz Eckardt (Hrsg.), *Johann Gottfried Schadow. Kunstwerke und Kunstansichten. Ein Quellenwerk zur Berliner Kunst- und Kulturgeschichte zwischen 1780 und 1845*, 3 Bde., Berlin 1987.

Scheibe, *Compendium* – Johann Adolph Scheibe, *Compendium musices theoretico-practicum, das ist Kurzer Begriff derer nötigsten Compositions-Regeln*, Leipzig, um 1730 [Edition in: Peter Benary, Die deutsche Kompositionslehre des 18. Jahrhunderts, Leipzig 1961].

Scheibe, *Critischer Musicus* – Ders., *Der Critische Musicus*, 2 Bde., Hamburg 1738/1740; neue vermehrte und verbesserte Auflage, 1.-4. Tl., Leipzig 1745 [R Hildesheim 1970].

Schiller, *Ankündigung. Die Horen* – Friedrich Schiller, *Ankündigung. Die Horen, eine Monatsschrift, von einer Gesellschaft verfaßt und herausgegeben von Schiller* (= Schiller, Sämtliche Werke V, 870-873).

Schiller, *Briefwechsel mit Körner* – *Schillers Briefwechsel mit Körner. Von 1784 bis zum Tode Schillers*, 2 Tle., Berlin 1847.

Schiller, Nationalausgabe – Schillers Werke: Nationalausgabe, begründet von Julius Petersen. Fortgeführt von Lieselotte Blumenthal. Hrsg. im Auftrag der Stiftung Weimarer Klassik und des Schiller-Natinalmuseums in Marbach von Norbert Oellers, Weimar 1949ff.

Schiller, Sämtliche Werke – Ders., Sämtliche Werke, 5 Bde., hrsg. von Gerhard Fricke und Herbert G. Göpfert, München [9]1993.

Schiller, *Über den Grund* – Ders., *Über den Grund des Vergnügens an tragischen Gegenständen* (= Schiller, Sämtliche Werke V, 358-372).

Schiller, *Über die notwendigen Grenzen* – Ders., *Über die notwendigen Grenzen beim Gebrauch schöner Formen* (= Schiller, Sämtliche Werke V, 670-693).

Schiller, *Über die tragische Kunst* – Ders., *Über die tragische Kunst* (= Schiller, Sämtliche Werke V, 372-393).

Schiller, *Über Matthissons Gedichte* – Ders., *Über Matthissons Gedichte* (= Schiller, Sämtliche Werke V, 992-1011).

Schlegel, *Batteux' Einschränkung* – Johann Adolf Schlegel, *Batteux' Einschränkung der schönen Künste auf einen einzigen Grundsatz*, Leipzig 1751 und [2]1759.

Schleiermacher, *Über die Religion* – Friedrich Schleiermacher, *Über die Religion. Reden an die Gebildeten unter ihren Verächtern*, hrsg. von H.-J. Rothert (= Philosophische Bibliothek, Bd. 255), Hamburg 1958.

Schlichtegroll, *Necrologe* – *Necrologe, gesammelt von Friedrich Schlichtegroll, auf das Jahr* [1790ff.].

Schmid, *Verzeichniß von Melodramen* – Christian Heinrich Schmid, *Verzeichniß von Melodramen (Monodramen, Duodramen) in verschiedenen Sprachen, und von denen über diese Art von Schauspielen erschienenen Abhandlungen*, in: Monatsschrift für Deutsche 1800, I, 68-76.

Schröter, *Einrichtung der Kirchenmusik* – Johann Samuel Schröter, *Von der vortheilhaften Einrichtung der Kirchenmusik*, in: Mannigfaltigkeiten. Eine gemeinnützige Wochenschrift, 3. Jg. (1771/72), 314-319 und 328-335.

Schubart, *Ideen* – Christian Friedrich Daniel Schubart, *Ideen zu einer Ästhetik der Tonkunst* [1784], hrsg. von Ludwig Schubart, Wien 1806.

Schubart, *Leben* – Ders., *Schubart's Leben und Gesinnungen. Von ihm selbst, im Kerker aufgesezt*, Stuttgart 1791-93.

Schulz, *Gedanken* – Johann Abraham Peter Schulz, *Gedanken über den Einfluss der Musik auf die Bildung eines Volkes*, Kopenhagen 1790.

[Schummel], *Rollens neuestes Drama* – [Johann Gottlieb Schummel], *Ueber Herrn Music-Director Rollens neuestes Drama: Abraham auf Moria. An einen Freund*, in: Der Teutsche Merkur 1777, I, 185-192.

Schwager, *Protestanten* – Johann Moritz Schwager, *Warum die Protestanten so wenig Proseliten machen*, in: Deutsches Museum 1786, I, 460-471.

Schwencke, *Verzeichnis* – *Verzeichniss der von dem verstorbenen Herrn Musikdirektor C. F. G. Schwencke hinterlassenen Sammlung von Musikalien aus allen Fächern der Tonkunst,* [...] *welche am 30sten August und folgende Tage im Kramer-Amthause* [...] *öffentlich verkauft werden soll*, Hamburg 1824.

Seume, *Spaziergang* – Johann Gottfried Seume, *Der Spaziergang nach Syrakus*, Braunschweig-Leipzig 1803.

Spangenberg, *Nachricht* – August Gottlieb Spangenberg, *Kurzgefaßte historische Nachricht von der gegenwärtigen Verfassung der evangelischen Brüderunität augspurgscher Confession*, [...], Berlin 1786.

Spazier, *Bemerkungen* – Karl Spazier, *Einige Bemerkungen über deutsche Schulen, besonders das Erziehungs-Institut in Dessau*, Leipzig 1786.

Spazier, *Freymüthige Gedanken* – Ders., *Freymüthige Gedanken über die Gottesverehrungen der Protestanten*, Gotha 1788.

Spazier, *Rechtfertigung Marpurgs* – Ders., *Einige Worte zur Rechtfertigung Marpurgs, und zur Erinnerung an seine Verdienste*, in: AMZ 2 (1800), 553-560, 569-578 und 593-600.

Spazier, *Zwanzig vierstimmige Chöre* – Ders., *Zwanzig vierstimmige Chöre im philantropinischen Betsale gesungen. In Musik gesezt und in Partitur mit unterlegtem Klavierauszuge herausgegeben von Karl Spazier, Lehrer und Aufseher am Dessauer Erziehungs-Institute*, Leipzig 1785.

Starck, *Apologie* – Johann August Starck, *Apologie des Ordens der Frey Maurer*, Königsberg 1770, Berlin ^{2}1783.

Starck, *Auch Etwas* – Ders., *Auch Etwas: wider das Etwas der Frau von der Recke ueber des Oberhofprediger Starcks Vertheidigungsschrift*, Leipzig 1788.

Starck, *Krypto-Katholicismus* – Ders., *Ueber Krypto-Katholicismus, Proselytenmacherey, Jesuitismus, geheime Gesellschaften: und besonders die ihm selbst von den Verfassern der Berliner Monatsschrift gemachte Beschuldigungen mit Acten-Stuecken belegt*, Frankfurt 1787 (ein Nachtrag erschien 1788).

Steinberg, *Betrachtungen* – Christian Gottlieb Steinberg, *Betrachtungen über die Kirchen-Music und heiligen Gesänge derer Rechtgläubigen und ihrem Nutzen*, Breslau-Leipzig 1766.

Stoepel, *Geschichte* – Franz Stoepel, *Grundzüge der Geschichte der modernen Musik*, Berlin 1821.

Stolberg, *Reise* – Friedrich Leopold Graf zu Stolberg, *Reise in Deutschland, der Schweiz, Italien und Sizilien*, 4 Bde., Königsberg 1794.

Studien für Tonkünstler und Musikfreunde – Studien für Tonkünstler und Musikfreunde. Eine historisch-kritische Zeitschrift mit neun und dreissig Musikstücken von verschiedenen Meistern fürs Jahr 1792, hrsg. von Friedrich Ludwig Aemilius Kunzen und Johann Friedrich Reichardt, Berlin 1793 [R Hildesheim 1992]. [Nebentitel von Teil I: Musikalisches Wochenblatt; Nebentitel von Teil II: Musikalische Monathsschrift].

Sulzer, *Allgemeine Theorie* – Johann Georg Sulzer, *Allgemeine Theorie der schönen Künste*, 2 Tle., Leipzig 1771 und 1774; zweite vermehrte Auflage: Leipzig 1792-1794 [R Hildesheim 1994].

von Sydow, *Schreiben* – *Schreiben von Verbesserung des Kirchengesangs, an den Herrn *** vom Herrn S. von Sydow*, in: Historisch-kritische Beyträge IV, 289-312.

Thibaut, *Reinheit* – Anton Friedrich Justus Thibaut, *Ueber Reinheit der Tonkunst*, Heidelberg 1825 (erschienen bereits 1824).

Thomas, *Nachtrag* – Christian Gottfried Thomas, *Nachtrag der Texte zur großen religiösen Musik in der Universitäts-Kirche zu Leipzig, 12. Oktober 1794*, Leipzig 1794.

Tieck, *Phantasus* – Ludwig Tieck, *Phantasus*, in: Tieck, Schriften, Bd. VI, Frankfurt/M. 1985.

Tieck, Schriften – Ludwig Tieck. Schriften in zwölf Bänden. Hrsg. von Manfred Frank, Frankfurt/M. 1985ff. (= Bibliothek deutscher Klassiker).

Triesch, *Einräumung* – *Einräumung einer katholischen Kirche zum Gottesdienste der Protestanten. Vom Herrn Prediger Triesch in Xanten*, in: Berlinische Monatsschrift 1786, 7. Bd., 511-522.

Triest, *Bemerkungen* – Johann Karl Friedrich Triest, *Bemerkungen über die Ausbildung der Tonkunst in Deutschland im achtzehnten Jahrhundert*, in: AMZ 3 (1801), 225-235, 241-249, 257-264, 273-286, 297-308, 321-331, 369-379, 389-401, 405-410, 421-432, 437-445.

[Trost], *Nachricht* – [Karl Friedrich Trost], *Nachricht von der wahren Beschaffenheit des Instituts der Jesuiten*, Berlin-Stettin 1785.

Türk, *Klavierschule* – Daniel Gottlob Türk, *Clavierschule, oder Anweisung zum Clavierspielen für Lehrer und Lernende*, Leipzig und Halle 1789.

[Twardy], *Beitrag* – [Paul Twardy?], *Ueber den Beitrag zur Geschichte itziger geheimer Proselytenmacherei*, in: Berlinische Monatsschrift 1785, 5. Bd., 316-391 (mit Vorrede und Stellungnahme von Johann Erich Biester).

Vogler, *Kuhrpfälzische Tonschule* – Georg Joseph Vogler, *Kuhrpfälzische Tonschule*, Mannheim 1778.

Vogler, *Tonschule* – *Betrachtungen der Mannheimer Tonschule*, 4 Bde., hrsg. von Georg Joseph Vogler, 1778-1781.

Vogler, *Utile dulci* – Ders., *Utile dulci. Davids Buss-Psalm. Nach Moses Mendelssohns Übersetzung im Choral-Styl zu vier wesentlichen und selbständigen Singstimmen, doch willkührlichem Tenor*, München 1807.

Volkmann, *Nachrichten* – Johann Jacob Volkmann, *Historisch-kritische Nachrichten von Italien, welche eine genaue Beschreibung dieses Landes, der Sitten und Gebäude, der Regierungsform, Handlung, Oekonomie, des Zustands der Wissenschaften, und insonderheit der Werke der Kunst nebst einer Beurtheilung derselben enthalten*, 3 Bde., Leipzig 1770/71.

Wackenroder, Sämtliche Werke – Wilhelm Heinrich Wackenroder. Sämtliche Werke und Briefe. Historisch-kritische Ausgabe, hrsg. von Silvio Vietta und Richard Littlejohns, 2 Bde., Heidelberg 1991.

Wackernagel, *Kirchenlied* – Philipp Wackernagel, *Das Deutsche Kirchenlied von Martin Luther bis auf Nicolaus Herman und Ambrosius Blaurer*, Stuttgart 1841.

Walch, *Ueber den religiösen Gesang* – Albrecht Georg Walch, *Ueber den religiösen Gesang der Christen*, Schleusingen 1800.

Walch, *Einleitung* – Johann Georg Walch, *Historische und theologische Einleitung in die Religions-Streitigkeiten der Evangelisch-Lutherischen Kirchen*, 5 Bde., Jena 1733-39.

Walther, *Lexicon* – Johann Gottfried Walther, *Musicalisches Lexicon oder Musicalische Bibliothec*, Leipzig 1732 [Faksimile-Nachdruck in: Documenta Musicologica, Bd. 3, hrsg. von Richard Schaal, Kassel etc. [5]1993].

Weissbeck, *Protestationsschrift* – Johann Michael Weissbeck, *Protestationsschrift oder exemplarische Widerlegung einiger Stellen und Perioden der Kapellmeister Voglerischen Tonwissenschaft*, Erlangen 1783.

Wieland, *Kirchengesang* – Christoph Martin Wieland, *Der alte Kirchengesang: Stabat mater*, in: Der Teutsche Merkur 1781, I, 97-106.

Wieland, *Rechte und Pflichten* – Ders., *Ueber die Rechte und Pflichten der Schriftsteller, in Absicht ihrer Nachrichten, Bemerkungen, und Urtheile über Nationen, Regierungen, und andere politische Gegenstände*, in: Der Teutsche Merkur 1785, III, 193-207.

Winkler, *Arcanum Regium* – Johann Josef Winkler, *Arcanum Regium: das ist ein königlich Geheimniß für einen regierenden Landesherrn, darinnen Ihm entdeckt wird, wie er sich bey seinen über die Religion zertheilten Unterthanen nach Gottes Willen zu verhalten hat, damit Er eine Gott wohlgefällige Vereinigung bei seinem Volke unvermerket stifte* [...], Magdeburg 1703.

Winterfeld, *Fasch's geistliche Gesangwerke* – Carl von Winterfeld, *Über K. Chr. Fr. Fasch's geistliche Gesangwerke*, Berlin 1839 (= Vorwort zur Gesamtausgabe der Sing-Akademie).

Winterfeld, *Gabrieli* – Ders., *Johannes Gabrieli und sein Zeitalter*, 2 Tle., Berlin 1834.

Winterfeld, *Kirchengesang* – Ders., *Der evangelische Kirchengesang und sein Verhältnis zur Kunst des Tonsatzes*, 3 Bde., Leipzig 1843-47.

Winterfeld, *Marpurgs Melodien* – Ders., *Marpurgs Melodien zu Gellerts Liedern*, in: Zur Geschichte heiliger Tonkunst, Leipzig 1850, 137-139.

Wöchentliche Nachrichten und Anmerkungen – Wöchentliche Nachrichten und Anmerkungen die Musik betreffend, hrsg. von Johann Adam Hiller, Leipzig 1766-69.

[Wolf], *Bemerkungen* – [Ernst Wilhelm Wolf], *Bemerkungen eines Reisenden über die zu Berlin vom September 1787 bis Ende Januar 1788 gegebene öffentliche Musiken, Kirchenmusik, Oper, Concerte und Königliche Kammermusik betreffend*, Halle 1788.

Wolf, *Was ist wahre Musik?* – Ders., *Was ist wahre Musik? und Wie erhält man sie?* In: Der Teutsche Merkur, 1783, I, 231-240.

Wolf/Jaspis, *Kritik* – Gottlob Jacob Wolf/Gottfried Siegmund Jaspis, *Kritik der neuen Liedersammlung für die Stadtkirchen in Leipzig nebst allgemeinen Winken für künftige Sammler kirchlicher Gesänge*, Dresden 1797 [lt. RISM von Jaspis, dort nachgewiesen nur in D Cl; in D B ebenfalls vorhanden, jedoch unter dem Verfasser Wolf verzeichnet].

Württembergisches Gesangbuch – *Gesangbuch nebst angehängtem öffentlichen Gebete zum Gebrauch der Herzogl. Wirtembergischen katholischen Hofkapelle*, Stuttgart 1784.

[Zahorowsky], *Darstellung* – [Hieronim Zahorowsky], *Vorlaeufige Darstellung des heutigen Jesuitismus, der Rosenkreuzerey, Proselytenmacherei und Religionsvereinigung*, Deutschland[!] 1786.

Zelter, *Fasch* – Karl Friedrich Zelter, *Karl Friedrich Christian Fasch*, Berlin 1801 [Faksimileausgabe in: Studien zur Aufführungspraxis und Interpretation von Instrumentalmusik des 18. Jahrhunderts, Heft 21, Blankenburg/Harz 1983].

Z. N. E., *Von Kirchenmusiken* – Z. N. E., *Von Kirchenmusiken*, in: Deutsches Museum 1780, II, 368-379.

2. Forschungsliteratur

Albert, *Enthusiasmus und Kunstgrammatik* – Claudia Albert, *Zwischen Enthusiasmus und Kunstgrammatik: Pergolesi als Modell für Wackenroders Berglinger Erzählung*, in: Gabriele Brandstetter (Hrsg.), Ton-Sprache. Komponisten in der deutschen Literatur (= Facetten der Literatur. St. Galler Studien, Bd. 5, 1995), 5-27.

Albrecht, *Kritik* – Wolfgang Albrecht (Hrsg.), *„Kritik ist überall, zumal in Deutschland, nötig." Friedrich Nicolai. Satiren und Schriften zur Literatur*, München 1987.

Alexander/Fritsche, *Religion* – Gerhard Alexander/Johannes Fritsche, *„Religion" und „Religiosität" im 18. Jahrhundert. Eine Skizze zur Wortgeschichte*, in: Karlfried Gründer/Karl Heinrich Rengstorf (Hrsg.), Religionskritik und Religiosität in der deutschen Aufklärung (= Wolfenbütteler Studien zur Aufklärung, Bd. 11), Heidelberg 1989, 145-195.

Amann, *Abwandlungen* – Julius Amann, *Allegris Miserere und seine Abwandlungen*, in: Musica Sacra 63 (1933), 189ff.

Amann, *Allegris Miserere* – Ders., *Allegris Miserere und die Aufführungspraxis in der Sixtina nach Reiseberichten und Musikhandschriften* (= Freiburger Studien zur Musikwissenschaft, Bd. 4), Regensburg 1935.

Aner, *Aufklärer* – Karl Aner, *Der Aufklärer Friedrich Nicolai* (= Studien zur Geschichte des neueren Protestantismus, Bd. 6), Gießen 1912.

Antonicek, *Pflege Händelscher Musik* – Theophil Antonicek, *Zur Pflege Händelscher Musik in der 2. Hälfte des 18. Jahrhunderts*, in: Sitzungsberichte der Österreichischen Akademie der Wissenschaften, Phil.-hist. Kl., 250. Bd., Wien 1966.

Ausstellungskatalog, *Bach – „Er ist Original!" Carl Philipp Emanuel Bach.* Ausstellung in Berlin zum 200. Todestag des Komponisten (= Staatsbibliothek Preußischer Kulturbesitz, Austellungskataloge, Bd. 34), Wiesbaden 1988.

Ausstellungskatalog, *Gessner – Maler und Dichter der Idylle. Salomon Gessner 1730-1788* (= Ausstellungskataloge der Herzog August Bibliothek, Nr. 30), Wolfenbüttel ²1982.

Axmacher, *Untersuchungen* – Elke Axmacher, *„Aus Liebe will mein Heyland sterben". Untersuchungen zum Wandel des Passionsverständnisses im frühen 18. Jahrhundert* (= Beiträge zur theologischen Bachforschung, Bd. 2), Neuhausen-Stuttgart 1982.

Bachmann, *Geschichte* – Johann Friedrich Bachmann, *Zur Geschichte der Berliner Gesangbücher*, Berlin 1856.

Baecker, *Palestrina-Bild* – Carlernst Baecker, *Zum Palestrina-Bild in den deutschsprachigen Musikgeschichten um 1800*, in: Winfried Kirsch (Hrsg.), Palestrina und die Kirchenmusik im 19. Jahrhundert, Bd. 1, Regensburg 1989, 55-65.

Bäumker, *Kirchenlied* – Wilhelm Bäumker, *Das katholische deutsche Kirchenlied in seinen Singweisen*, 4 Bde., Freiburg/Br. 1886-1911.

Banning, *Doles* – Helmut Banning, *Johann Friedrich Doles. Leben und Werke*, Leipzig 1929. [Das in der Publikation enthaltene Werkverzeichnis wird zitiert als: Banning (Nr.)].

Bauer, *Kulturgeschichte* – Hans Bauer, *Wenn einer eine Reise tut. Eine Kulturgeschichte des Reisens von Homer bis Baedeker*, Leipzig 1973.

Beck, *Krise* – Dorothea Beck, *Krise und Verfall der protestantischen Kirchenmusik im 18. Jahrhundert*, Diss. (masch.-schr.), Halle 1951.

Becker, *Nicolai-Katalog* – Peter Jörg Becker/Tilo Brandis/Ingeborg Stolzenberg (Bearb.), *Friedrich Nicolai. Leben und Werk.* Ausstellung zum 250. Geburtstag, 7. Dezember 1983 - 4. Februar 1984 (= Staatsbibliothek Preußischer Kulturbesitz, Ausstellungskataloge, Bd. 21), Berlin 1983.

Beißwenger, *Bachs Notenbibliothek* – Kirsten Beißwenger, *Johann Sebastian Bachs Notenbibliothek* (= Catalogus musicus, Bd. 13), Kassel etc. 1992.

Bernhard, *Idylle* – Klaus Bernhard, *Idylle. Theorie, Geschichte, Darstellung in der Malerei, 1750-1850* (= Dissertationen zur Kunstgeschichte, Bd. 4), Köln-Wien 1977.

Besseler, *Musik des Mittelalters* – Heinrich Besseler, *Die Musik des Mittelalters und der Renaissance* (= Handbuch der Musikwissenschaft), Potsdam 1931.

Besser, *Brendel* – Johannes Besser, *Die Beziehungen Franz Brendels zur Hegelschen Philosophie. Ein Beitrag zur Musikanschauung des Schumann-Kreises*, in: H.-J. Moser/E. Rebling (Hrsg.), Robert Schumann. Aus Anlaß seines 100. Todestags, Leipzig 1956, 84-91.

Bessler, *Unterricht und Übung* – Johannes Ferdinand Bessler, *Unterricht und Übung in der Religion am Philantropin zu Dessau*, Niederlössnitz 1900.

Bitter, *Oratorium* – Carl Heinrich Bitter, *Beiträge zur Geschichte des Oratoriums*, Berlin 1872.

Bitter, *Stabat mater* – Ders., *Eine Studie zum Stabat mater*, Leipzig 1883.

Blanken, *Lazarus* – Christine Blanken, *Franz Schuberts ‚Lazarus' und das Wiener Oratorium zu Beginn des 19. Jahrhunderts*, Diss. Göttingen 1999.

Blankenburg, *Entstehung* – Walter Blankenburg, *Entstehung, Wesen und Ausprägung der Restauration im 19. Jahrhundert*, in: Traditionen und Reformen in der Kirchenmusik. Festschrift für Konrad Ameln zum 75. Geburtstag, Kassel 1974, 25-40.

Blankenburg, *Spannungsfeld* – Ders., *Das Spannungsfeld zwischen Gottesdienst und Kunst im Zeitalter der Restauration*, in: Bericht über den Internationalen musikwissenschaftlichen Kongreß Bayreuth 1981, Kassel 1984, 243-248.

Blechschmidt, *Amalien-Bibliothek* – Eva Renate Blechschmidt, *Die Amalien-Bibliothek. Musikbibliothek der Prinzessin Anna Amalia von Preußen (1723-1787)* (= Berliner Studien zur Musikwissenschaft, Bd. 8), Berlin 1965.

Blume, *Evangelische Kirchenmusik* – Friedrich Blume, *Die evangelische Kirchenmusik* (= Handbuch der Musikwissenschaft), Potsdam 1931.

Blume, *Geschichte* – Ders., *Geschichte der evangelischen Kirchenmusik*, Kassel etc. ²1965.

Blume, *Ach, neige, Schmerzensreiche* – Jürgen Blume, *Ach, neige, Schmerzensreiche... Pergolesis Stabat mater und seine Bearbeitungen*, in: NZfM 145 (1984), H. 10, 4-8.

Blume, *Stabat-mater-Vertonungen* – Ders., *Geschichte der mehrstimmigen Stabat-mater-Vertonungen* (= Musikwissenschaftliche Schriften, Bd. 23), 2 Bde., München-Salzburg 1992.

Blumner, *Sing-Akademie* – Martin Blumner, *Geschichte der Sing-Akademie zu Berlin*, Berlin 1891.

van Boer, *Der Tod Jesu* – Bertil van Boer, *Der Tod Jesu von Joseph Martin Kraus - ein Oratorium der Sturm und Drang-Bewegung*, in: Friedrich Wilhelm Riedel (Hrsg.), Joseph Martin Kraus in seiner Zeit, München-Salzburg 1982, 65-82.

Böcker, *Eccard* – Christine Böcker, *Johann Eccard. Leben und Werk* (= Berliner musikwissenschaftliche Arbeiten, Bd. 17), München-Salzburg 1980.

Bödeker, *Reisebeschreibungen* – Hans Erich Bödeker, *Reisebeschreibungen im historischen Diskurs der Aufklärung*, in: Ders. u. a. (Hrsg.), Aufklärung und Geschichte. Studien zur deutschen Geschichtswissenschaft im 18. Jahrhundert, Göttingen 1986, 276-298.

Bödeker, *Reisen* – Ders., *Reisen – Bedeutung und Funktion für die deutsche Aufklärungsgesellschaft*, in: Wolfgang Griep/Hans-Wolf Jäger (Hrsg.), Reisen im 18. Jahrhundert (= Neue Bremer Beiträge, Bd. 3), Heidelberg 1986, 91-110.

Bödeker, *Religiosität* – Ders., *Die Religiosität der Gebildeten*, in: Karlfried Gründer/Karl Heinrich Rengstorf (Hrsg.), Religionskritik und Religiosität in der deutschen Aufklärung (= Wolfenbütteler Studien zur Aufklärung, Bd. 11), Heidelberg 1989, 145-195.

Böschenstein-Schäfer, *Idylle* – Renate Böschenstein-Schäfer, *Idylle* (= Sammlung Metzler, Bd. 63), Stuttgart ²1977.

Bolin, *Spinnhaus-Passion* – Norbert Bolin, *„In rechter Ordnung lerne Jesu Passion." C. Ph. E. Bachs „Spinnhaus-Passion" (H 776) Hamburg 1768?* In: Augsburger Jahrbuch für Musikwissenschaft 5 (1988), 61-82.

Bollacher, *Wackenroders Kunst-Religion* – Martin Bollacher, *Wackenroders Kunst-Religion. Überlegungen zur Genesis der frühromantischen Kunstanschauung*, in: Germanisch-romanische Monatsschrift N. F. 30 (1980), H. 4, 377-394.

Bollert, *Sing-Akademie* – Werner Bollert (Hrsg.), *Sing-Akademie zu Berlin*, Berlin 1966.

Bose, *Anna Amalie von Preußen* – Fritz Bose, *Anna Amalie von Preußen und Johann Philipp Kirnberger*, in: Mf 10 (1957), 129-135.

Braun, *Choralpassion* – Werner Braun, *Die mitteldeutsche Choralpassion im 18. Jahrhundert*, Berlin 1960.

Brendel, *Geschichte* – Franz Brendel, *Geschichte der Musik in Italien, Deutschland und Frankreich*, Leipzig ⁵1875.

Brenner, *Reisebericht* – Peter J. Brenner, *Der Reisebericht in der deutschen Literatur* (= Internationales Archiv für Sozialgeschichte der deutschen Literatur, 2. Sonderheft), Tübingen 1990.

Brockt, *Wolf* – Johannes Brockt, *Ernst Wilhelm Wolf. Leben und Werk*, Diss. Breslau 1927; Teildr. Striegau 1927.

Brook, *Breitkopf Thematic Catalogue* – Barry S. Brook, *The Breitkopf Thematic Catalogue*, New York 1966.

Burkert-Wepfer, *Sehnsucht nach dem Schönen* – Esther Elisabeth Burkert-Wepfer, *Die Sehnsucht nach dem Schönen, Guten und Wahren oder platonische Reminiszenzen in Rousseaus Menschenbild und Erziehungslehre*, Bern 1994.

Clark, *Occasional Choral Works* – Stephen Louis Clark, *The Occasional Choral Works of C. P. E. Bach*, Phil. Diss. Princeton 1984.

Clark, *Tradition of Passion Music* – Ders., *C. P. E. Bach and the Tradition of Passion Music in Hamburg*, in: Early Music 16 (1988), 533-541.

Cunz, *Geschichte* – Franz August Cunz, *Geschichte des deutschen Kirchenliedes*, 2 Bde., Leipzig 1855.

Dahlhaus, *Musikästhetik* – Carl Dahlhaus, *Klassische und romantische Musikästhetik*, Laaber 1988.
Dahlhaus, *Musikalischer Realismus* – Ders., *Musikalischer Realismus*, München 1982.
Demmer, *Monodrama* – Sybille Demmer, *Untersuchungen zu Form und Geschichte des Monodramas* (= Kölner germanistische Studien, Bd. 16), Köln 1982.
Dittrich, *Fasch-Quellen* – Raymond Dittrich, *Die Fasch-Quellen in der Bischöflichen Zentralbibliothek Regensburg – zugleich ein Beitrag zur Quellenlage der 16-stimmigen Messe von Carl Fasch*, in: Fasch-Studien, Bd. 7, 217-231.
Dittrich, *Messen* – Ders., *Die Messen von Johann Friedrich Fasch (1688-1758)*, 2 Bde. (= Europäische Hochschulschriften XXXVI/84), Frankfurt/M. 1992.
Doflein, *Historismus* – Erich Doflein, *Historismus in der Musik*, in: Studien zur Musikgeschichte des 19. Jahrhunderts, Bd. 14, Regensburg 1969, 9-40.
Düntzer/Herder, *Von und an Herder* – Heinrich Düntzer/Ferdinand Gottfried von Herder (Hrsg.), *Von und an Herder. Ungedruckte Briefe aus Herders Nachlaß*, 3 Bde., Leipzig 1861-62.
Dürr, *Bachs Pergolesi-Bearbeitung* – Alfred Dürr, *Neues über Bachs Pergolesi-Bearbeitung*, in: BJ 1968, 89-100.
Eberle, *Sing-Akademie* – Gottfried Eberle, *200 Jahre Sing-Akademie zu Berlin. ‚Ein Kunstverein für die heilige Musik'*, Berlin 1991.
Edelhoff, *Forkel* – Heinrich Edelhoff, *Johann Nikolaus Forkel. Ein Beitrag zur Geschichte der Musikwissenschaft*, Göttingen 1935.
Ehmann, *Schicksal* – Wilhelm Ehmann, *Das Schicksal der deutschen Reformationsmusik in der Geschichte der musikalischen Praxis und Forschung*, Göttingen 1935.
Ehmann, *Thibaut-Behagel-Kreis* – Ders., *Der Thibaut-Behagel-Kreis. Ein Beitrag zur Geschichte der musikalischen Restauration im 19. Jahrhundert*, in: AfMw 3 (1938), 428-483, und 4 (1939), 21-67.
Ehrensperger, *Theorie des Gottesdienstes* – Alfred Ehrensperger, *Die Theorie des Gottesdienstes in der späten Aufklärung 1770-1815*, Zürich 1971.
Elkar, *Reisen* – Rainer S. Elkar, *Reisen bildet. Überlegungen zur Sozial- und Bildungsgeschichte des Reisens während des 18. und 19. Jahrhunderts*, in: A. Krasnobaev/G. Robel/H. Zeman (Hrsg.): Reisen und Reisebeschreibungen im 18. und 19. Jahrhundert als Quellen der Kulturbeziehungsforschung, Berlin 1980.
Embach/Godwin, *Dalberg* – Michael Embach/Jocelyn Godwin, *Johann Friedrich Hugo von Dalberg (1760-1812). Schriftsteller – Musiker – Domherr* (= Quellen und Abhandlungen zur mittelrheinischen Kirchengeschichte, Bd. 82), Mainz 1998.
Engel, *Deutschland und Italien* – Hans Engel, *Deutschland und Italien in ihren musikgeschichtlichen Beziehungen*, Regensburg 1944.
Erne, *Sozietäten* – Emil Erne, *Die schweizerischen Sozietäten. Lexikalische Darstellung der Reformgesellschaften des 18. Jahrhunderts in der Schweiz*, Zürich 1988.
Falck, *Friedemann* – Martin Falck, *Wilhelm Friedemann Bach* (= Studien zur Musikgeschichte, Bd. 1), Leipzig 1913.
Falck, *Parody* – Robert Falck, *Parody and Contrafactum. A Terminological Classification*, in: MQ 65 (1979), 1ff.
Faller, *Reichardt* – Max Faller, *Johann Friedrich Reichardt und die Anfänge der musikalischen Journalistik* (= Königsberger Studien zur Musikwissenschaft, Bd. 7), Kassel 1929.
Faulstich, *Musikaliensammlung* – Bettina Faulstich, *Die Musikaliensammlung der Familie von Voß: Ein Beitrag zur Berliner Musikgeschichte um 1800* (= Catalogus musicus, Bd. 16), Kassel etc. 1997.
Fechner, *Claudius* – Jörg-Ulrich Fechner, *Claudius – Bach – Reichardt – Schlabrendorf: Zur Notwendigkeit einer wissenschaftlichen Ausgabe der Briefe von und an Matthias Claudius*, in: Friedhelm Debus (Hrsg.), Matthias Claudius. 250 Jahre Werk und Wirkung (= Veröffentlichung der Joachim Jungius-Gesellschaft in Hamburg, Nr. 66), Göttingen 1991, 121-142.
Feder, *Verfall* – Georg Feder, *Verfall und Restauration*, in: Friedrich Blume (Hrsg.), Geschichte der evangelischen Kirchenmusik, Kassel etc. [2]1965, 215-269.

Fellerer, *Geschichte* – Karl Gustav Fellerer, *Geschichte der katholischen Kirchenmusik*, 2 Bde., Kassel etc. 1976.

Fellerer, *Singmesse* – Ders., *Zur deutschen Singmesse um die Wende des 18./19. Jahrhunderts*, in: KmJb 33 (1939), 87-94.

Fertig, *Hofmeister* – Ludwig Fertig, *Die Hofmeister. Ein Beitrag zur Geschichte des Lehrerstandes und der bürgerlichen Intelligenz*, Stuttgart 1979.

Fey, *Wahrheitsbegriff* – Wolfgang Fey, *Christologie und Wahrheitsbegriff: Akzente einer theologischen Begriffsannäherung*, Diss. Bonn 1992.

Finscher, *Bach in the eighteenth century* – Ludwig Finscher, *Bach in the eighteenth century*, in: Don O. Franklin (Hrsg.), Bach Studies, Cambridge 1989, 281-296.

Finscher, *Bemerkungen* – Ders., *Bemerkungen zu den Oratorien Carl Philipp Emanuel Bachs*, in: Hans Joachim Marx (Hrsg.), Carl Philipp Emanuel Bach und die europäische Musikkultur des mittleren 18. Jahrhunderts (= Veröffentlichung der Joachim Jungius-Gesellschaft der Wissenschaften Hamburg, Nr. 62), Göttingen 1990, 309-332.

Fischer, *Psalmkompositionen* – Klaus Fischer, *Die Psalmkompositionen in Rom um 1600 (ca. 1570-1630)* (= Kölner Beiträge zur Musikforschung, Bd. 98), Regensburg 1979.

von Fischer, *Passion* – Kurt von Fischer, *Die Passion. Musik zwischen Kunst und Kirche*, Kassel etc. 1997.

Fleischhauer, *Annotationen* – Günter Fleischhauer, *Annotationen zu Werken Telemanns in den Katalogen des Verlagshauses Breitkopf in Leipzig*, in: Georg Philipp Telemann – Werküberlieferung, Editions- und Interpretationsfragen. Bericht über die Internationale Wissenschaftliche Konferenz anläßlich der 9. Telemann-Festtage der DDR, Magdeburg, 12. bis 14. März 1987, Köln 1991, Tl. 1, 49-56.

Fleischhauer, *Reichardt als Komponist* – Ders., *Johann Friedrich Reichardt als Komponist und Musikschriftsteller*, in: Wissenschaftliche Beiträge der Martin-Luther-Universität Halle-Wittenberg 20 (1986), 65-71.

Fleischhauer, *Reichardts Vertonung* – Ders., *Johann Friedrich Reichardts Vertonung der Idylle „Der May" von Karl Wilhelm Ramler*, in: Studien zur Berliner Musikgeschichte: Vom 18. Jahrhundert bis zur Gegenwart, Berlin 1989, 82-100.

Franzen, *Bedeutung* – Winfried Franzen, *Die Bedeutung von „wahr" und „Wahrheit": Analysen zum Wahrheitsbegriff und zu einigen neueren Wahrheitstheorien*, Freiburg etc. 1982.

Freitag, *Begriff der historischen Entwicklung* – Werner D. Freitag, *Der Begriff der historischen Entwicklung am Beispiel der Musikgeschichte*, in: Musik und Bildung 11 (1979), 20-25.

Freitag, *Entwicklungsbegriff* – Ders., *Der Entwicklungsbegriff in der Musikgeschichtsschreibung* (= Taschenbücher zur Musikwissenschaft, Bd. 30), Wilhelmshaven 1979.

Fuhrmann, *Fasch* – Roderich Fuhrmann, *Carl Friedrich Christian Fasch. Ein Komponist zwischen Rokoko und Historismus (1736-1800)*, in: Fasch und die Musik im Europa des 18. Jahrhunderts (= Fasch-Studien, Bd. 4), Weimar-Köln-Wien 1995, 151-216.

Geck, *Oratorien* – Martin Geck, *Deutsche Oratorien 1800 bis 1840. Verzeichnis der Quellen und Aufführungen* (= Quellenkataloge zur Musikgeschichte, Bd. 4), Wilhelmshaven 1971.

Geiger, *Berlin 1688-1840* – Ludwig Geiger, *Berlin 1688-1840. Geschichte des geistigen Lebens der preußischen Hauptstadt*, 2 Bde., Berlin 1893-95.

Geiringer, *Bach* – Karl Geiringer, *Die Musikerfamilie Bach*, München 1958.

Gericke, *Wöllner* – Wolfgang Gericke, *Von Friedrich II. zu Wöllner*, in: Günther Wirth (Hrsg.), Beiträge zur Berliner Kirchengeschichte, Berlin 1987, 87-105.

Gilg-Ludwig, *Hildegard von Hohenthal* – Ruth Gilg-Ludwig, *Heinses ‚Hildegard von Hohenthal'*, Diss. Zürich 1951.

Glöckner, *Aufführungen* – Andreas Glöckner, *Johann Sebastian Bachs Aufführungen zeitgenössischer Passionsmusiken*, in: BJ 1977, 75-119.

Glöckner, *Handschriftliche Musikalien* – Ders., *Handschriftliche Musikalien aus den Nachlässen von Carl Gotthelf Gerlach und Gottlob Harrer in den Verlagsangeboten des Hauses Breitkopf*, in: BJ 1984, 107-116.

Glöckner, *Neukirche* – Ders., *Die Musikpflege an der Leipziger Neukirche zur Zeit Johann Sebastian Bachs* (= Beiträge zur Bach-Forschung, Bd. 8), Leipzig 1990.

Glöckner, *Telemann-Quellen* – Ders., *Frühe Leipziger Telemann-Quellen*, in: Georg Philipp Telemann – Werküberlieferung, Editions- und Interpretationsfragen. Bericht über die Internationale Wissenschaftliche Konferenz anläßlich der 9. Telemann-Festtage der DDR, Magdeburg, 12. bis 14. März 1987, Köln 1991, Tl. 1, 57-71.

Glöckner, *Weimarer Passion* – Ders., *Neue Spuren zu Bachs „Weimarer" Passion*, in: Leipziger Beiträge zur Bach-Forschung, Bd. 1, Leipzig 1995, 33-46.

Godehardt, *Telemanns ‚Messias'* – Günther Godehardt, *Telemanns ‚Messias'*, in: Mf 14 (1961), 139-155.

Gotzen, *Kirchenlied* – Josef Gotzen, *Das katholische Kirchenlied im 18. Jahrhundert, insbesondere in der Aufklärungszeit*, in: KmJb 40 (1956), 63-86.

Graff, *Geschichte der Auflösung* – Paul Graff, *Geschichte der Auflösung der gottesdienstlichen Formen in der evangelischen Kirche Deutschlands*, 2 Bde., Göttingen 1921/39.

Grave, *Voglers' Revision* – Floyd K. Grave, *Abbe Voglers' Revision*, in: JAMS 30 (1977), 43-71.

Griep, *Zöglinge* – Wolfgang Griep, *Die lieben Zöglinge unterwegs. Über Schulreisen am Ende des 18. Jahrhunderts*, in: Wolfgang Griep/Hans-Wolf Jäger (Hrsg.), Reisen im 18. Jahrhundert (= Neue Bremer Beiträge, Bd. 3), Heidelberg 1986, 152-180.

Griep/Jäger, *Reise* – Wolfgang Griep/Hans-Wolf Jäger (Hrsg.), *Reise und soziale Realität am Ende des 18. Jahrhunderts* (= Neue Bremer Beiträge, Bd. 1), Heidelberg 1983.

Griep/Jäger, *Reisen im 18. Jahrhundert* – Wolfgang Griep/Hans-Wolf Jäger (Hrsg.), *Reisen im 18. Jahrhundert* (= Neue Bremer Beiträge, Bd. 3), Heidelberg 1986.

Grimm, Deutsches Wörterbuch – Jacob und Wilhelm Grimm, Deutsches Wörterbuch, 33 Bde. Fotomechanischer Nachdruck der Erstausgabe (dort 16 Bde., 1854-1971), München 1984.

Grubbs, *Passionspasticcio* – John W. Grubbs, *Ein Passionspasticcio des 18. Jahrhunderts*, in: BJ 1965, 10-42.

Gülke, *Rousseau* – Peter Gülke (Hrsg.), *Jean-Jacques Rousseau: Musik und Sprache*, Leipzig 1989.

Gurlitt, *Riemann und die Musikgeschichte* – Wilibald Gurlitt, *Hugo Riemann und die Musikgeschichte*, in: ZfMw 1 (1918/19), 571-587.

Hacker, *Singmesse* – J. Hacker, *Die Singmesse der Aufklärungszeit*, in: Musik und Altar 9 (1956).

Hamburger, *Wahrheit* – Käte Hamburger, *Wahrheit und ästhetische Wahrheit*, Stuttgart 1979.

Hämmerling, *Idylle* – Gerhard Hämmerling, *Die Idylle von Geßner bis Voß. Theorie, Kritik und allgemeine geschichtliche Bedeutung* (= Europäische Hochschulschriften I/398), Frankfurt/M. 1981.

Händel-Handbuch – Walter Eisen/Margret Eisen (Hrsg.), Händel-Handbuch, Bde. 1-4, Kassel etc. 1978-1986.

Häußling, *Missale* – Angelus Albert Häußling OSB, *Das Missale deutsch* (= Liturgiewissenschaftliche Quellen und Forschungen, Bd. 66), Münster 1984.

Hammitt, *Sacred Music* – Jackson Lewis Hammitt, *Sacred Music in Berlin 1740 to 1786*, Diss. University of Michigan 1970.

Hartmann, *Kunst und Religion* – Hans Hartmann, *Kunst und Religion bei Wackenroder, Tieck und Solger*, Diss. Erlangen 1916.

Hartung, *Händel, Mozart und Reichardt* – Günter Hartung, *Händel, Mozart und Johann Friedrich Reichardt*, in: Wissenschaftliche Beiträge der Martin-Luther-Universität Halle-Wittenberg 39 (1977), 128-140.

Hartung, *Händel und seine Werke* – Ders., *Händel und seine Werke im musikalischen Denken Johann Friedrich Reichardts*, in: Händel-Jb 10/11 (1964/65), 139-183.

Hartung, *Händels Nachleben* – Ders., *Händels Nachleben in Deutschland 1766-1806*, in: Bericht über die internationale wissenschaftliche Konferenz „Georg Friedrich Händel – Persönlichkeit, Werk, Nachleben" anläßlich der 34. Händelfestspiele der Deutschen Demokratischen Republik in Halle (Saale) vom 25. bis 27. Februar 1985, Leipzig 1987, 201-207.

Hartung, *Reichardt* – Ders., *Johann Friedrich Reichardt (1752-1814) als Schriftsteller und Publizist*, Diss. (masch.-schr.), Halle 1964.

Heidrich, *Berlin um 1785* - Jürgen Heidrich, *Berlin um 1785: Zum ideengeschichtlichen Umfeld der sechzehnstimmigen Messe von Carl Fasch*, in: *Carl Friedrich Christian Fasch (1736-1800) und das Berliner Musikleben seiner Zeit* (= Fasch-Studien, Bd. 7), 208-216.

Heidrich, *Händels Funeral Anthem* – Ders., *Georg Friedrich Händels Funeral Anthem ‚The ways of Zion do mourn' und Heinrich Schütz. Zur Rezeptionsgeschichte einer Trauermusik*, in: NMwJb 3 (1994), 65-80.

Heidrich, *Meier-Mattheson-Disput* – Ders., *Der Meier-Mattheson-Disput. Eine Polemik zur deutschen protestantischen Kirchenkantate in der ersten Hälfte des 18. Jahrhunderts* (= Nachrichten der Akademie der Wissenschaften in Göttingen. I. Philologisch-Historische Klasse, Jg. 1995, Nr. 3), Göttingen 1995.

Heidrich, *Pergolese und Correggio* – Ders., *‚Zwischen Pergolese und Correggio, welche Familien Aehnlichkeit!-' Zur Verbindung von Musik und Malerei im kunsttheoretischen Schrifttum des 18. Jahrhunderts*, in: Johann Dominicus Fiorillo. Kunstgeschichte und die romantische Bewegung um 1800, hrsg. von Antje Middeldorf Kosegarten, Göttingen 1997, 420-449.

Hellmann, *Kuhnau-Bearbeitung* – Diethard Hellmann, *Eine Kuhnau-Bearbeitung Joh. Seb. Bachs?* In: BJ 1967, 93-99.

Herbst, *Evangelischer Gottesdienst* – Wolfgang Herbst (Hrsg.), *Evangelischer Gottesdienst. Quellen zu seiner Geschichte*, Göttingen [2]1992.

Hess, *Theologie und Religion* – Hans-Eberhard Hess, *Theologie und Religion bei Johann Salomo Semler. Ein Beitrag zur Theologiegeschichte des 18. Jahrhunderts*, Diss. Berlin 1974.

Heuler, *Reinheit* – Raimund Heuler (Hrsg.), *Über Reinheit der Tonkunst. Durch eine Biographie Thibauts sowie zahlreiche Erläuterungen und Zusätze vermehrt*, Paderborn 1907.

Hinrichsen, *Forkel* – Hans Joachim Hinrichsen, *Johann Nikolaus Forkel und die Anfänge der Bach-Forschung*, in: Ders./Michael Heinemann (Hrsg.), Bach und die Nachwelt. Band 1: 1750-1850, Laaber 1997, 193-254.

Hinske, *Was ist Aufklärung?* – Norbert Hinske (Hrsg.), *Was ist Aufklärung? Beiträge aus der Berlinischen Monatsschrift*, Darmstadt 1973.

Hobohm, *Eschenburg* – Wolf Hobohm, *Eschenburg, Nicolai und die Berliner Judas Maccabaeus-Aufführung 1774*, in: Bericht über die internationale wissenschaftliche Konferenz „Georg Friedrich Händel – Persönlichkeit, Werk, Nachleben" anläßlich der 34. Händelfestspiele der Deutschen Demokratischen Republik in Halle (Saale) vom 25. bis 27. Februar 1985, Leipzig 1987, 209-214.

Hochstein, *Jommelli* – Wolfgang Hochstein, *Die Kirchenmusik von Niccolò Jommelli (1714-1774)* (= Studien zur Musikwissenschaft, Bd. 1), 2 Bde., Hildesheim etc. 1984.

Hörner, *Telemanns Passionsmusiken* – Hans Hörner, *Georg Philipp Telemanns Passionsmusiken: Ein Beitrag zur Geschichte der Passionsmusik in Hamburg*, Diss. Kiel, Borna und Leipzig 1933.

Hoffmann, *Herder und die evangelische Kirchenmusik* – Kurt Hoffmann, *Herder und die evangelische Kirchenmusik*, in: Musik und Kirche 7 (1935), 121-127.

Horn, *Hofkirchenmusik* – Wolfgang Horn, *Die Dresdner Hofkirchenmusik 1720-1745. Studien zu ihren Voraussetzungen und ihrem Repertoire*, Kassel etc. 1987.

Hortschansky, *Pränumerations- und Subskriptionslisten* – Klaus Hortschansky, *Pränumerations- und Subskriptionslisten in Notendrucken deutscher Musiker des 18. Jahrhunderts*, in: AMl 40 (1968), 154-174.

Hosäus, *Lavater in seinen Beziehungen* – Wilhelm Hosäus, *Johann Kaspar Lavater in seinen Beziehungen zu Herzog Franz und Herzogin Luise von Anhalt-Dessau*, in: Mitteilungen des Vereins für Anhaltische Geschichte und Landeskunde, 5. Bd., 1887.

Hucke, *Pergolesi in der Musikgeschichte* – Helmut Hucke, *Pergolesi in der Musikgeschichte oder: Wie groß war Pergolesi?* In: Studi Pergolesiani/Pergolesi Studies 2, Scandicci/Firenze 1988, 7-19.

Hucke, *Vivaldi* – Ders., *Vivaldi und die vokale Kirchenmusik des Settecento*, in: Antonio Vivaldi. Teatro musicale, cultura e societa (= Studi di musica veneta quaderni vivaldiani, Bd. 2,1), Florenz 1982, 191-206.

Ingamells, *Dictionary* – John Ingamells (Hrsg.), *A Dictionary of British an Irish Travellers in Italy. 1701-1800*, New Haven-London 1997.

van Ingen, *Herders kirchenmusikalische Anschauungen* – Ferdinand van Ingen, *Johann Gottfried Herders kirchenmusikalische Anschauungen*, in: Musik und Kirche 33 (1963), 193-201.

Ischreyt, *Die beiden Nicolai* – Heinz Ischreyt (Hrsg.), *Die beiden Nicolai: Der Briefwechsel zwischen Ludwig Heinrich Nicolay in St. Petersburg und Friedrich Nicolai in Berlin (1776-1811)* (= Schriftenreihe Nordost-Archiv, Bd. 28), Lüneburg 1989.

Istel, *Melodrama* – Edgar Istel, *Die Entstehung des deutschen Melodramas*, Berlin/Leipzig 1906.

Jaenicke, *Telemann* – Joachim Jaenicke (Bearb.), *Georg Philipp Telemann, Autographe und Abschriften* (= Staatsbibliothek zu Berlin Preussischer Kulturbesitz. Kataloge der Musikabteilung I:7), München 1993.

Jansen, *Religionsunterricht* – Marlies Jansen, *Religionsunterricht und Sittenlehre philantropischer Pädagogen (Basedow – Campe – Salzmann) als Konsequenz ihrer theologisch-anthropologischen Standorte*, Diss. Duisburg 1978.

Jessen, *Claudius-Briefe* – Hans Jessen/Ernst Schröder (Hrsg.), Matthias Claudius. Briefe an Freunde, 2 Bde., Berlin 1938.

John, *Homilius* – Hans John, *Der Dresdner Kreuzkantor und Bachschüler Gottfried August Homilius: Ein Beitrag zur Musikgeschichte Dresdens im 18. Jahrhundert*, Tutzing 1980.

Jung, *Vogler* – Hermann Jung, *„Der pedantisch geniale Abt Vogler". Musiktheorie und Werkanalyse in der zweiten Hälfte des 18. Jahrhunderts*, in: Musiktheorie 3 (1988), 99-115.

Jung Sing, *Geistliche Vokalkomposition* – Beverly Jung Sing, *Geistliche Vokalkomposition zwischen Barock und Klassik. Studien zu den Kantatendichtungen Johann Gottfried Herders in den Vertonungen Johann Christoph Friedrich Bachs* (= Sammlung musikwissenschaftlicher Abhandlungen, Bd. 83), Baden-Baden 1992.

Kaeber, *Geistige Strömungen* – Ernst Kaeber, *Geistige Strömungen in Berlin zur Zeit Friedrichs des Großen*, in: Forschungen zur Brandenburgischen und Preußischen Geschichte 54 (1943), 257-303.

Kaestner, *Rolle* – Rudolf Kaestner, *Johann Heinrich Rolle: Untersuchungen zu Leben und Werk* (= Königsberger Studien zur Musikwissenschaft, Bd. 13), Kassel 1932.

Kahl, *Reichardt* – Willi Kahl, *Johann Friedrich Reichardt und die Idee der „wahren Kirchenmusik"*, in: Zeitschrift für Kirchenmusik 21 (1951), 64-67.

Kawerau, *Halle* – Waldemar Kawerau, *Aus Halles Litteraturleben* (= Culturbilder aus dem Zeitalter der Aufklärung II), Halle 1888.

Kawerau, *Magdeburg* – Ders., *Aus Magdeburgs Vergangenheit. Beiträge zur Litteratur- und Culturgeschichte des achtzehnten Jahrhunderts*, Halle 1886.

Kayser, *Wahrheit* – Wolfgang Kayser, *Die Wahrheit der Dichter*, Hamburg 1959.

Keil, *Beethovens Klaviersonaten* – Werner Keil, *Beethovens Klaviersonaten als Demonstrationsobjekte musikalischer Analysen*, in: Augsburger Jahrbuch für Musikwissenschaft 1987, 173-192.

Keil, *Dissonanz und Verstimmung* – Ders., *Dissonanz und Verstimmung. E. T. A. Hoffmanns Beitrag zur Entstehung der musikalischen Romantik*, in: E. T. A. Hoffmann-Jb, Bd. 1, Berlin 1993, 119-132.

Kesselmann, *Idyllen* – Heidemarie Kesselmann, *Die Idyllen Salomon Geßners im Beziehungsfeld von Ästhetik und Geschichte im 18. Jahrhundert* (= Hochschulschriften Literaturwissenschaft, Bd. 18), Kronberg/Ts. 1976.

Kier, *Kiesewetter* – Herfrid Kier, *Raphael Georg Kiesewetter (1773-1850). Wegbereiter des musikalischen Historismus* (= Studien zur Musikgeschichte des 19. Jahrhunderts, Bd. 13), Regensburg 1968.

Killy, *Deutsche Literatur* – Walther Killy (Hrsg.), *Die Deutsche Literatur. Texte und Zeugnisse*, Bd. IV/1 (= 18. Jahrhundert, 1. Tlbd.), München 1983.

Kindermann, *Romantische Aspekte* – *Jürgen Kindermann, Romantische Aspekte in E. T. A. Hoffmanns Musikanschauung*, in: Beiträge zur Geschichte der Musikanschauung im 19. Jahrhundert, Regensburg 1965, 51-59.

Kirsch, *Nazarener* – Winfried Kirsch, *„Nazarener in der Musik" oder „Der Caecilianismus in der Bildenden Kunst"*, in: Hubert Unverricht (Hrsg.), Der Caecilianismus. Anfänge – Grundlagen – Wirkungen, Tutzing 1988, 35-74.

Kirsch, *Palestrina und die Kirchenmusik* – Ders. (Hrsg.), *Palestrina und die Kirchenmusik im 19. Jahrhundert*, 3 Bde., Regensburg 1989/99.

Kneif, *Erforschung mittelalterlicher Musik* – Tibor Kneif, *Die Erforschung mittelalterlicher Musik in der Romantik*, in: AMl 36 (1964), 123-136.

Kneif, *Forkel und die Geschichtsphilosophie* – Ders., *Forkel und die Geschichtsphilosophie des ausgehenden 18. Jahrhunderts. Ein Beitrag zu den Begriffen „Entwicklung" und „Verfall" in der Musikgeschichte*, in: Mf 16 (1963), 224-237.

Koebner, *Wahrheit* – Richard und Gertrud Koebner, *Vom Schönen und seiner Wahrheit*, Berlin 1957.

Köhler, *Poetischer Text* – Rita Köhler, *Poetischer Text und Kunstbegriff bei Wilhelm Heinrich Wakkenroder. Eine Untersuchung zu den „Herzensergießungen eines kunstliebenden Klosterbruders" und den „Phantasien über die Kunst"*, Frankfurt/M. etc. 1990.

König, *Studien* – Ingeborg König, *Studien zum Libretto des „Tod Jesu" von Karl Wilhelm Ramler und Karl Heinrich Graun* (= Schriften zur Musik, Bd. 21), München 1972.

Koller, *Darstellung* – Manfred Koller, *Die poetische Darstellung der Musik im Werk Wilhelm Heinses*, Diss. Graz 1968.

Koller, *Klopstockstudien* – Oswald Koller, *Klopstockstudien*, Schulprogramm Kremsier 1889.

Konrad, *Beitrag* – Ulrich Konrad, *Der Beitrag evangelischer Komponisten zur Messenkomposition im 19. Jahrhundert*, in: KmJb 71 (1987), 65-92.

Korff, *Geist der Goethezeit* – August Hermann Korff, *Geist der Goethezeit*, 5 Bde., Leipzig 1923-1957.

Kretzschmar, *Führer* – Hermann Kretzschmar, *Führer durch den Concertsaal, II. Abtheilung, Erster Theil: Kirchliche Werke*, Leipzig [2]1895.

Kreutzer, *Messiah* – Hans Joachim Kreutzer, *Von Händels Messiah zum deutschen Messias*, in: Ulrich Prinz (Hrsg.), Zwischen Bach und Mozart (= Schriftenreihe der internationalen Bachakademie Stuttgart, Bd. 4), Kassel etc. 1994, 120-149.

Krombach, *Aufführungen* – Gabriela Krombach, *Aufführungen von Werken Palestrinas am Wiener Hof in der zweiten Hälfte des 19. Jahrhunderts*, in: Palestrina und die Kirchenmusik im 19. Jahrhundert, Bd. 1, Regensburg 1989, 199-214.

Kropfinger, *Klassik-Rezeption* – Klaus Kropfinger, *Klassik-Rezeption in Berlin (1800-1830)*, in: Studien zur Musikgeschichte des 19. Jahrhunderts, Bd. 56, Regensburg 1980, 301-380.

Kroyer, *A-cappella-Ideal* – Theodor Kroyer, *Das A-cappella-Ideal*, in: AMl 6 (1934), 152-169.

Krüger, *Entwicklungsbegriff* – Walther Krüger, *Der Entwicklungsbegriff in der Musikgeschichte*, in: Mf 8 (1955), 129-138.

Krummacher, *Kulmination und Verfall* – Friedhelm Krummacher, *Kulmination und Verfall der protestantischen Kirchenmusik*, in: NHdb 5, Laaber 1985, 108-121.

Krummacher, *Kunstreligion* – Ders., *Kunstreligion und religiöse Musik im 19. Jahrhundert. Zur ästhetischen Problematik geistlicher Musik*, in: Mf 32 (1979), 365-393.

Kümmerling, *Difficile est satyram* – Harald Kümmerling, *„Difficile est satyram non scribere" oder: „Über eine gewisse Passion eines so genannten weltberühmten Mannes"*, in: Rainer Cadenbach/Helmut Loos (Hrsg.), Beiträge zur Geschichte des Oratoriums seit Händel. Festschrift Günther Massenkeil zum 60. Geburtstag, Bonn 1986, 57-69.

Küster, *Melodrama* – Ulrike Küster, *Das Melodrama. Zum ästhetikgeschichtlichen Zusammenhang von Dichtung und Musik im 18. Jahrhundert* (= Europäische Aufklärung in Literatur und Sprache, Bd. 7), Frankfurt/M. 1994.

Kurthen, *Singmesse* – Wilhelm Kurthen, *Zur Geschichte der deutschen Singmesse*, in: KmJb 26 (1931), 76-110.

Lachmann, *Religionsunterricht Salzmanns* – Rainer Lachmann, *Der Religionsunterricht Christian Gottfried Salzmanns*, Bern und Frankfurt 1974.

Lange, *Zeitalter* – Victor Lange, *Das klassische Zeitalter der deutschen Literatur 1740-1815*, München 1983.

Lederer, *Untersuchungen* – Franz Lederer, *Untersuchungen zur formalen Struktur instrumentalbegleiteter Ordinarium-Missae-Vertonungen süddeutscher Komponisten des 18. Jahrhunderts*, in: KmJb 71 (1987), 23-54.

Leisinger, *Michaelismusiken* – Ulrich Leisinger, *„Es erhub sich ein Streit" (BWV 19). Carl Philipp Emanuel Bachs Aufführungen im Kontext der Hamburger Michaelismusiken*, in: BJ 1999, 105-126.

Leisinger, *Johann Christoph Friedrich Bach* – Ders. (Bearb.), *Johann Christoph Friedrich Bach (1732-1795). Ein Komponist zwischen Barock und Klassik* (= Veröffentlichungen der niedersächsischen Archivverwaltung. Inventare und kleinere Schriften des Staatsarchivs in Bückeburg 4), Bückeburg 1995.

Leisinger, *Pellegrini* – Ders., *Hasses „I Pellegrini al Sepolcro" als Leipziger Passionsmusik*, in: Leipziger Beiträge zur Bach-Forschung, Bd. 1, Leipzig 1995, 71-85.

Leisinger, *Vokalwerke* – Ders., *Die geistlichen Vokalwerke von Johann Christoph Friedrich Bach. Aspekte der Entstehungs- und Überlieferungsgeschichte*, in: BJ 1995, 115-143.

Leisinger/Wollny, *Bach-Quellen Brüssel* – Ulrich Leisinger/Peter Wollny, *Die Bach-Quellen der Bibliotheken in Brüssel* (= Leipziger Beiträge zur Bach-Forschung, Bd. 2), Hildesheim etc. 1997.

Leupold, *Gesänge* – Ulrich Leupold, *Die liturgischen Gesänge der evangelischen Kirche im Zeitalter der Aufklärung und der Romantik*, Würzburg 1933.

Lichtenfeld, *Geschichte* – Monika Lichtenfeld, *Zur Geschichte, Idee und Ästhetik des historischen Konzerts*, in: Studien zur Musikgeschichte des 19. Jahrhunderts, Bd. 14, Regensburg 1969, 41-55.

Lichtenhahn, *Über einen Ausspruch Hoffmanns* – Ernst Lichtenhahn, *Über einen Ausspruch Hoffmanns und über das Romantische in der Musik*, in: Musik und Musikgeschichte. Leo Schrade zum sechzigsten Geburtstag, Köln 1963, 178-198.

Lölkes, *Tod Jesu* – Herbert Lölkes, *„Der Tod Jesu" in den Vertonungen von Graun und Telemann: Kontext – Werkgestalt – Rezeption* (= Marburger Beiträge zur Musikwissenschaft, Bd. 8), Kassel etc. 1999.

Lott, *Passionskomposition* – Walter Lott, *Zur Geschichte der Passionskomposition von 1650-1800*, in: AfMw 3 (1921), 285-320.

Lubkoll, *Mythos Musik* – Christine Lubkoll, *Mythos Musik: poetische Entwürfe des Musikalischen in der Literatur um 1800* (= Rombach Wissenschaft: Reihe Litterae, Bd. 32), Freiburg/Br. 1995.

[Ludendorff], *Gedanken über Religion* – [Mathilde Ludendorff], *Friedrichs des Großen Gedanken über Religion*, München 1940.

Lütteken, *Das Monologische als Denkform* – Laurenz Lütteken, *Das Monologische als Denkform in der Musik zwischen 1760 und 1785* (= Wolfenbütteler Studien zur Aufklärung, Bd. 24), Tübingen 1998.

Lüttig, *Palestrina-Bild* – Peter Lüttig, *Das Palestrina-Bild bei Hawkins und Burney*, in: Winfried Kirsch (Hrsg.), Palestrina und die Kirchenmusik im 19. Jahrhundert, Bd. 1, Regensburg 1989, 65-76.

Lüttig, *Palestrina-Stil* – Ders., *Der Palestrina-Stil als Satzideal in der Musiktheorie zwischen 1750 und 1900* (= Frankfurter Beiträge zur Musikwissenschaft, Bd. 23), Tutzing 1994.

Luin, *Pergolesi* – Elisabet J. Luin, *Fortuna e influenza della musica di Pergolesi in Europa* (= Quaderni dell' Accademia Chigiana, Bd. 6), Siena 1943.

Mackowsky, *Bildwerke* – Hans Mackowsky, *Die Bildwerke Gottfried Schadows*, Berlin 1951.

Martens, *Einschätzung des Reisens* – Wolfgang Martens, *Zur Einschätzung des Reisens von Bürgersöhnen in der frühen Aufklärung (am Beispiel des Hamburger „Patrioten" 1724-26)*, in: Wolfgang Griep/Hans-Wolf Jäger (Hrsg.), Reisen im 18. Jahrhundert (Neue Bremer Beiträge, Bd. 3), Heidelberg 1986, 34-49.

Marx-Weber, *Neapolitanische und venezianische Miserere-Vertonungen* – Magda Marx-Weber, *Neapolitanische und venezianische Miserere-Vertonungen des 18. und 19. Jahrhunderts*, in: AfMw 43 (1986), 17-45 und 136-163.

Marx-Weber, *Parodie* – Dies., *Parodie als Beispiel dichterischer Anpassung an Musik. Klopstocks deutscher Text zu Pergolesis „Stabat mater"*, in: G. Busch/A. J. Harper (Hrsg.), Studien zum deutschen weltlichen Kunstlied des 17. und 18. Jahrhunderts (= Cloe, Bd. 1), Amsterdam-Atlanta 1992, 269-286.

Marx-Weber, *Römische Vertonungen* – Dies., *Römische Vertonungen des Psalms „Miserere" im 18. und 19. Jahrhundert*, in: Hamburger Jahrbuch für Musikwissenschaft, Bd. 8, Laaber 1985, 7-44.

Marx-Weber, *Text* – Magda Marx-Weber/Hans Joachim Marx, *Der deutsche Text zu Händels Messias in der Fassung von Klopstock und Ebeling*, in: Rainer Cadenbach/Helmut Loos (Hrsg.), Beiträge zur Geschichte des Oratoriums seit Händel. Festschrift Günther Massenkeil zum 60. Geburtstag, Bonn 1986, 29-56.

Meier, *Musikhistoriographie* – Bernhard Meier, *Zur Musikhistoriographie des 19. Jahrhunderts*, in: Studien zur Musikgeschichte des 19. Jahrhunderts, Bd. 14, Regensburg 1969, 169-208.

Meier/Vollmer, *Italienische Reise* – Albert Meier/Heide Vollmer (Hrsg.), *Johann Gottfried Herder. Italienische Reise*, München 1988.

Meiers, *Religionsunterricht bei Basedow* – Kurt Meiers, *Der Religionsunterricht bei Johann Bernhard Basedow*, Bad Heilbrunn 1971.

Meinecke, *Historismus* – Friedrich Meinecke, *Die Entstehung des Historismus*, München [2]1946.

Menke, *Verzeichnis* – Werner Menke, *Thematisches Verzeichnis der Vokalwerke von Georg Philipp Telemann*, 2 Bde., Frankfurt/M. 1982f.

Menne, *Niemeyer* – Karl Menne, *August Hermann Niemeyer. Sein Leben und Wirken* (= Beiträge zur Geschichte der Universität Halle-Wittenberg, 1. Heft), Halle/S. 1928.

Meschkowski, *Berliner Geistesleben* – Hubert Meschkowski, *Jeder nach seiner Façon. Berliner Geistesleben 1700-1810*, München 1986.

Mies, *Stabat mater* (I) – Paul Mies, *Stabat mater dolorosa. Das Verhältnis von textlicher und musikalischer Struktur im Wandel der Zeiten*, in: KmJb 28 (1933), 35-76.

Mies, *Stabat mater* (II) – Ders., *Stabat mater dolorosa. Probleme und Grundlagen für eine Untersuchung über das Verhältnis von textlicher und musikalischer Struktur*, in: KmJb 27 (1932), 146-153.

Miesner, *Emanuel Bach* – Heinrich Miesner, *Philipp Emanuel Bach in Hamburg. Beiträge zu seiner Biographie und zur Musikgeschichte seiner Zeit*, Leipzig 1929.

Milz, *Ästhetik* – Friedemann Milz, *Zur Ästhetik der Berliner Sing-Akademie*, in: Werner Bollert (Hrsg.), Sing-Akademie zu Berlin. Festschrift zum 175jährigen Bestehen, Berlin 1966, 50-60.

Mittner, *GALATEA* – Ladislao Mittner, *GALATEA. Die Romantisierung der italienischen Renaissance-Kunst und -dichtung in der deutschen Frühromantik*, in: DVjs 27 (1953), 556-581.

Möller, *Aufklärung* – Horst Möller, *Aufklärung in Preussen. Der Verleger, Publizist und Geschichtsschreiber Friedrich Nicolai*, Berlin 1974.

Möller, *Gold- und Rosenkreuzer* – Ders., *Die Gold- und Rosenkreuzer. Struktur, Zielsetzung und Wirkung einer antiaufklärerischen Geheimgesellschaft*, in: Peter Christian Ludz (Hrsg.), Geheime Gesellschaften (= Wolfenbütteler Studien zur Aufklärung, Bd.V/1), Heidelberg 1979, 153-202.

Moser, *Evangelische Kirchenmusik* – Hans Joachim Moser, *Die evangelische Kirchenmusik in Deutschland*, Berlin-Darmstadt 1954.

Müller, *Erzählte Töne* – Ruth E. Müller, *Erzählte Töne. Studien zur Musikästhetik im späten 18. Jahrhundert* (= Archiv für Musikwissenschaft, Beihefte Bd. 30), Stuttgart 1989.

Müller-Blattau, *Hamann und Herder* – Josef [sic] Müller-Blattau, *Hamann und Herder in ihren Beziehungen zur Musik* (= Schriften der Königlichen Deutschen Gesellschaft zu Königsberg/Pr., Heft 6), Königsberg 1931.

Müller-Blattau, *Idee* – Joseph Maria Müller-Blattau, *Die Idee der „wahren Kirchenmusik" in der Erneuerungsbewegung der Goethezeit*, in: Musik und Kirche 2 (1930), 155-160 und 199-204.

Muncker/Pawel, *Klopstock* – Franz Muncker/Jaro Pawel (Hrsg.), *Friedrich Gottlieb Klopstocks Oden*, 2 Bde., Stuttgart 1889.

Nagel, *Studien* – Anette Nagel, *Studien zur Passionskantate von Carl Philipp Emanuel Bach* (= Europäische Hochschulschriften, Reihe XXXVI, Bd. 146), Frankfurt/M. etc. 1995.

Nipperdey, *Romantischer Nationalismus* – Thomas Nipperdey, *Auf der Suche nach der Identität: Romantischer Nationalismus. Nachdenken über die deutsche Geschichte. Essays*, München 1990.

Noack, *Deutsches Leben in Rom* – Friedrich Noack, *Deutsches Leben in Rom. 1700 bis 1900*, Stuttgart/Berlin 1907.

Nowak, *Johannes Eccards Ernennung* – Adolf Nowak, *Johannes Eccards Ernennung zum preußischen Palestrina durch Obertribunalrat von Winterfeld*, in: Studien zur Musikgeschichte des 19. Jahrhunderts, Bd. 56, Regensburg 1980, 293-300.

Opel, *Kampf der Universität* – J. Opel, *Der Kampf der Universität gegen das Theater*, in: Beiblatt zur Magdeburgischen Zeitung 1881, Nr. 19-32.

Oschmann, *Bach-Pflege* – Susanne Oschmann, *Die Bach-Pflege der Singakademie*, in: Michael Heinemann/Hans-Joachim Hinrichsen (Hrsg.), Bach und die Nachwelt, Bd. 1, Laaber 1997, 305-347.

Oschmann, Bibliographie – Dies., *Bibliographie des Schrifttums zu Carl Friedrich Fasch (1736-1800)*, Internationale Fasch-Gesellschaft, Zerbst 1999.

Ottenberg, *Bach and Zelter* – Hans-Günter Ottenberg, *C. P. E. Bach and Carl Friedrich Zelter*, in: Stephen L. Clark (Hrsg.), C. P. E. Bach Studies, Oxford 1988, 185-216.

Palent, *„Weihnachts-Cantilene"* – Andrea Palent, *Johann Friedrich Reichardts „Weihnachts-Cantilene" von 1784 – Eine werkgeschichtliche, analytisch-ästhetische Standortbestimmung*, in: Johann Friedrich Reichardt (1752-1814). Komponist und Schriftsteller der Revolutionszeit (= Schriften des Händel-Hauses in Halle, Bd. 8), Halle/S. 1992, 71-83.

Paymer, *Catalogue* – Marvin E. Paymer, *Giovanni Battista Pergolesi. A Thematic Catalogue of the Opera Omnia*, New York 1977.

Pestalozzi/Weigelt, *Antlitz Gottes* – Karl Pestalozzi/Horst Weigelt (Hrsg.), *Das Antlitz Gottes im Antlitz des Menschen* (= Arbeiten zur Geschichte des Pietismus, Bd. 31), Göttingen 1994.

Peters, *Kreusser* – Edith Peters, *Georg Anton Kreusser: ein Mainzer Instrumentalkomponist der Klassik*, München-Salzburg 1975.

Petrat, *Schulunterricht* – Gerhardt Petrat, *Schulunterricht. Seine Sozialgeschichte in Deutschland 1750-1850*, München 1979.

Pfeilschmidt, *Nicolais Briefwechsel* – Georg Pfeilschmidt, *Friedrich Nicolais Briefwechsel mit St. Blasien. Ein Beitrag zu seiner Beurteilung des Katholizismus auf Grund seiner süddeutschen Reise von 1781* (= Sitzungsberichte der Bayerischen Akademie der Wissenschaften, Phil.-Hist. Abt., Jg. 1935, Heft 2), München 1935.

Platen, *Pergolesi-Bearbeitung* – Emil Platen, *Eine Pergolesi-Bearbeitung Bachs*, in: BJ 1961, 35-51.

Polley, *Thibaut* – Rainer Polley, *Anton Friedrich Justus Thibaut (AD 1772-1840) in seinen Selbstzeugnissen und Briefen* (= Rechtshistorische Reihe, Bd. 13), 3 Bde., Frankfurt/M. und Bern 1982.

Poos, *Choralsatz* – Heinrich Poos, *Johann Sebastian Bach. Der Choralsatz als musikalisches Kunstwerk* (= Musik-Konzepte, Bd. 87), München 1995.

Probst, *Gottesdienst* – Manfred Probst, *Gottesdienst in Geist und Wahrheit: Die liturgischen Ansichten und Bestrebungen J. M. Sailers*, Regensburg 1976.

Pröpper, *Reichardt* – Rolf Pröpper, *Die Bühnenwerke Johann Friedrich Reichardts*, 2 Bde., Göttingen 1961.

Rackwitz, *Händel-Bild* – Werner Rackwitz, *Zum Händel-Bild deutscher England-Reisender in der zweiten Hälfte des 18. Jahrhunderts*, in: Händel-Jb 12 (1966), 109-140.

Rackwitz, *Händelfest* – Ders., *Johann Friedrich Reichardt und das Händelfest 1785 in London*, in: Wissenschaftliche Zeitschrift der Martin-Luther-Universität Halle. Gesellschafts- und Sprachwissenschaftliche Reihe IX,4 (1960), 507-515.

Rackwitz, *Händel-Renaissance* – Ders., *Geschichte und Gegenwart der hallischen Händel-Renaissance (1803-1829)*, 1. Teil (= Schriften des Händelhauses, Bd. 1), Halle 1977.

Rauschning, *Danzig* – Hermann Rauschning, *Geschichte der Musik und Musikpflege in Danzig. Von den Anfängen bis zur Auflösung der Kirchenkapellen* (= Quellen und Darstellungen zur Geschichte Westpreußens, Bd. 15), Danzig 1931.

Reul, *Beitrag* – Barbara Reul, *„Die mit Thränen säen" und „Harre auf Gott" – ein Beitrag zu den frühen Kantaten Carl Friedrich Christian Faschs*, in: *Carl Friedrich Christian Fasch (1736-1800) und das Berliner Musikleben seiner Zeit* (= Fasch-Studien, Bd. 7), 49-71.

Riedel, *Musikgeschichtliche Beziehungen* – Friedrich Wilhelm Riedel, *Musikgeschichtliche Beziehungen zwischen Johann Joseph Fux und Johann Sebastian Bach*, in: Festschrift Friedrich Blume zum 70. Geburtstag, Kassel etc. 1963, 290-304.

Riedel, *Palestrina in der kirchenmusikalischen Praxis* – Ders., *Hat Palestrina in der kirchenmusikalischen Praxis des 19. Jahrhunderts eine Rolle gespielt?* In: Winfried Kirsch (Hrsg.), Palestrina und die Kirchenmusik im 19. Jahrhundert, Bd. 1, Regensburg 1989, 195-198.

Rieger, *Archenholtz* – Ute Rieger, *Johann Wilhelm von Archenholtz als ‚Zeitbürger'. Eine historisch-analytische Untersuchung zur Aufklärung in Deutschland* (= Quellen und Forschungen zur Brandenburgischen und Preußischen Geschichte, Bd. 4), Berlin 1994.

Riethmüller, *Palestrinas Platz in der Geschichte* – Albrecht Riethmüller, *Zu den Bemühungen im 19. Jahrhundert um Palestrinas Platz in der Geschichte*, in: Winfried Kirsch (Hrsg.), Palestrina und die Kirchenmusik im 19. Jahrhundert, Bd. 1, Regensburg 1989, 43-52.

Ringhandt, *Litaneien* – Ute Ringhandt, *Die Litaneien C. P. E. Bachs als „musikalische Lehrgedichte"*, in: Studien zur Aufführungspraxis und Interpretation der Musik des 18. Jahrhunderts, H. 39, Michaelstein/Blankenburg 1989, 64-77.

Rößer, *Vergesellschaftung* – Hans-Otto Rößer, *Bürgerliche Vergesellschaftung und kulturelle Reform. Studien zur Theorie der Prosa bei Johann Gottfried Herder und Christian Garve* (= Gießener Arbeiten zur Neueren Deutschen Literatur und Literaturwissenschaft, Bd. 9), Frankfurt/M. 1986.

Rogalla von Bieberstein, *Verschwörung* – Johannes Rogalla von Bieberstein, *Die These von der Verschwörung 1776-1945: Philosophen, Freimaurer, Juden, Liberale und Sozialisten als Verschwörer gegen die Sozialordnung*, Frankfurt/M. 1978.

de Ruiter, *Wahre Kirchenmusik* – Jacob de Ruiter, *Wahre Kirchenmusik oder Heuchelei? Zur Rezeption des „Stabat mater" von Pergolesi in Deutschland bis 1820*, in: Mf 43 (1990), 1-15.

Salmen, *Herder und Reichardt* – Walter Salmen, *Herder und Reichardt*, in: Herder-Studien (= Marburger Ostforschungen, Bd. 10), Würzburg 1960, 95-108.

Salmen, *Reichardt* – Ders., *Johann Friedrich Reichardt. Komponist, Schriftsteller, Kapellmeister und Verwaltungsbeamter der Goethezeit*, Freiburg/Br.-Zürich 1963.

Sauder, *Sternes „Sentimental Journey"* – Gerhard Sauder, *Sternes „Sentimental Journey" und die „empfindsame Reise" in Deutschland*, in: Wolfgang Griep/Hans-Wolf Jäger (Hrsg.), Reise und soziale Realität am Ende des 18. Jahrhunderts (= Neue Bremer Beiträge, Bd. 1), Heidelberg 1983, 302-319.

Schäfer, *Londoner „Messiah"-Aufführung* – Michael Schäfer, *Eine Londoner „Messiah"-Aufführung des Jahres 1790*, in: Händel und die englische Tradition (= Programmbuch der Göttinger Händelfestspiele 1995), Göttingen 1995, 53-57.

Schelle, *Sängerschule* – Eduard Schelle, *Die päpstliche Sängerschule in Rom*, Wien 1872.

Schering, *Kirnberger als Herausgeber* – Arnold Schering, *Joh. Phil. Kirnberger als Herausgeber Bachscher Choräle*, in: BJ 15 (1918), 141-150.

Schering, *Oratorium* – Ders., *Geschichte des Oratoriums* (= Kleine Handbücher der Musikgeschichte III), Leipzig 1911.

Schering, *Leipzig* III – Ders., *Johann Sebastian Bach und das Musikleben Leipzigs im 18. Jahrhundert* (= Musikgeschichte Leipzigs, Bd. III: Das Zeitalter Johann Sebastian Bachs und Johann Adam Hillers [von 1725 bis 1800]), Leipzig 1941.
Schiel, *Sailers Briefe* – Hubert Schiel, *Johann Michael Sailers Briefe*, Regenburg 1952.
Schiel, *Sailer und Lavater* – Ders., *Sailer und Lavater* (= Görres-Gesellschaft zur Pflege der Wissenschaft im katholischen Deutschland 1928/I), Köln 1928.
Schild, *Messenkomposition* – Emilie Schild, *Geschichte der protestantischen Messenkomposition im 17. und 18. Jahrhundert*, Wuppertal-Elberfeld 1934.
Schimpf, *Lyrisches Theater* – Wolfgang Schimpf, *Lyrisches Theater. Das Melodrama des 18. Jahrhunderts* (= Palaestra, Bd. 282), Göttingen 1988.
Schlager, *Kirchenmusik in romantischer Sicht* – Karlheinz Schlager, *Kirchenmusik in romantischer Sicht: Zeugnisse des Musikjournalisten und des Komponisten E. T. A. Hoffmann* (= Eichstätter Hochschulreden, Bd. 87), Regensburg 1993.
Schlager, *Wege zur Restauration* – Ders., *Wege zur Restauration*, in: Traditionen und Reformen in der Kirchenmusik. Festschrift für Konrad Ameln zum 75. Geburtstag, Kassel 1974, 9-24.
Schletterer, *Reichardt* – Hans Michael Schletterer, *Johann Friedrich Reichardt. Sein Leben und seine musikalische Tätigkeit*, Augsburg 1865.
Schmidt-Biggemann, *Nicolai* – Wilhelm Schmidt-Biggemann, *Nicolai oder vom Altern der Wahrheit*, in: Bernhard Fabian (Hrsg.), Friedrich Nicolai 1733-1811. Essays zu seinem 250. Geburtstag, Berlin 1983, 198-256.
Schnabel, *Deutsche Geschichte* – Franz Schnabel, *Deutsche Geschichte im 19. Jahrhundert*, 4 Bde., Freiburg/Br. 1929-1937.
Schneider, *Idyllentheorien* – Helmut J. Schneider, *Deutsche Idyllentheorien im 18. Jahrhundert* (= Deutsche TextBibliothek 1), Tübingen 1988.
Schochow, *Schubert-Texte* – Maximilian und Lilly Schochow, *Franz Schubert. Die Texte seiner einstimmig komponierten Lieder und ihre Dichter*, 2 Bde., Hildesheim etc. 1974.
Scholtz, *Briefe* – Harald Scholtz, *Friedrich Gedike: Über Berlin. Briefe „Von einem Fremden" in der Berlinischen Monatsschrift 1783-1785* (= Wissenschaft und Stadt – Publikationen der Freien Universität Berlin aus Anlaß der 750-Jahr-Feier Berlins, Bd. 4), Berlin 1987.
Scholtz, *Friedrich Gedike* – Ders., *Friedrich Gedike (1754-1803). Ein Wegbereiter der preußischen Reform des Bildungswesens*, in: Jahrbuch für die Geschichte Mittel- und Ostdeutschlands, Bd. 13/14 (1965).
Schudt, *Italienreisen* – Ludwig Schudt, *Italienreisen im 17. und 18. Jahrhundert* (= Römische Forschungen der Bibliotheca Hertziana, Bd. 15), Wien-München 1959.
Schüddekopf, *Briefwechsel* – *Briefwechsel zwischen Gleim und Ramler*, hrsg. von Carl Schüddekopf, 2 Bde. (= Bibliothek des litterarischen Vereins in Stuttgart, Bde. 242 und 244), Tübingen 1906/07.
Schünemann, *Reichardts Briefwechsel* – Georg Schünemann, *Reichardts Briefwechsel mit Herder*, in: Festschrift Max Schneider zum 60. Geburtstag, Halle 1935, 110-117.
Schünemann, *Sing-Akademie* – Ders., *Die Sing-Akademie zu Berlin*, Regensburg 1941.
Schürk, *Übertragungen* – Ingrid Schürk, *Deutsche Übertragungen mittellateinischer Hymnen im 17. und 18. Jahrhundert*, Tübingen 1963.
Schütz, *Kanzel als Katheder* – Werner Schütz, *Die Kanzel als Katheder der Aufklärung*, in: Wolfenbütteler Studien zur Aufklärung, Bd. 1, Bremen/Wolfenbüttel 1974, 137-171.
Schuler, *Palestrina-Pflege im Kloster Einsiedeln* – Manfred Schuler, *Zur Palestrina-Pflege im Kloster Einsiedeln*, in: Winfried Kirsch (Hrsg.), Palestrina und die Kirchenmusik im 19. Jahrhundert, Bd. 1, Regensburg 1989, 227-230.
Schulz, *Deutsche Literatur* – Gerhard Schulz, *Die deutsche Literatur zwischen Französischer Revolution und Restauration* (= Geschichte der deutschen Literatur von den Anfängen bis zur Gegenwart, Bd. 7), München 1989.
Schulz, *Berlinische Archiv* – Günter Schulz, *Das Berlinische Archiv der Zeit und ihres Geschmacks* (= Bremer Beiträge zur Freien Volksbildung, Heft 10), Bremen 1966.

Schulz, *Garve* – Ders., *Christian Garve im Briefwechsel mit Friedrich Nicolai und Elisa von der Recke*, in: Wolfenbütteler Studien zur Aufklärung, Bd. 1, Bremen/Wolfenbüttel 1974, 222-305.

Schulz, *Berlinische Monatsschrift* – Ursula Schulz, *Die Berlinische Monatsschrift (1783-1796) – Eine Bibliographie* (= Bremer Beiträge zur freien Volksbildung, Bd. 11, zugl. Bibliographien zur Zeit- und Kulturgeschichte, Bd. 3), Bremen 1968.

Schulze, *„150 Stück von den Bachischen Erben“* – Hans-Joachim Schulze, *„150 Stück von den Bachischen Erben“. Zur Überlieferung der vierstimmigen Choräle Johann Sebastian Bachs*, in: BJ 69 (1983), 81-100.

Schulze, *Endzweck der Kirchenmusik* – Ders., *Über den Endzweck der Kirchenmusik in Leipzig nach 1750*, in: BJ 1995, 191-193.

Schulze, *Hamburger Passionsmusiken* – Ders., *Carl Philipp Emanuel Bachs Hamburger Passionsmusiken und ihr gattungsgeschichtlicher Kontext*, in: Hans Joachim Marx (Hrsg.), Carl Philipp Emanuel Bach und die europäische Musikkultur des mittleren 18. Jahrhunderts (= Veröffentlichung der Joachim Jungius-Gesellschaft der Wissenschaften in Hamburg, Nr. 62), Göttingen 1990, 333-343.

Schumacher, *Versuch* – Gerhard Schumacher, *Versuch über Tradition, Restauration und Erneuerung*, in: Traditionen und Reformen in der Kirchenmusik. Festschrift für Konrad Ameln zum 75. Geburtstag, Kassel 1974, 67-77.

Schwab, *Religiosität* – Wilhelm Schwab, *Die Religiosität des Christian Gottfried Salzmann*, Berlin 1941.

Schwindt-Gross, *Parodie* – Nicole Schwindt-Gross, *Parodie um 1800 – Zu den Quellen im deutschsprachigen Raum und ihrer Problematik im Zeitalter des künstlerischen Autonomie-Gedankens*, in: Mf 41 (1988), 16-45.

Seidel, *Absolute Musik* – Wilhelm Seidel, *Absolute Musik und Kunstreligion um 1800*, in: Helga de la Motte-Haber (Hrsg.), Musik und Religion, Laaber 1995, 90-114.

Seils, *Reichardt* – Franziska Seils, *Johann Friedrich Reichardt und das Ideal von der „wahren Kirchenmusik“*, in: Johann Friedrich Reichardt (1752-1814). Komponist und Schriftsteller der Revolutionszeit (= Schriften des Händel-Hauses in Halle, Bd. 8), Halle 1992, 67-71.

Seils, *Kirchenmusik* – Dies., *Kirchenmusik am Hofe Herzog Friedrichs des Frommen (1717-1785) in Ludwigslust*, in: Studien zur lokalen und territorialen Musikgeschichte Mecklenburgs und Pommerns, Bd. 1 (1995), 54-61.

Serauky, *Halle* – Walter Serauky, *Musikgeschichte der Stadt Halle*, 2 Bde. (= Beiträge zur Musikforschung, Bde. 1 und 6-9), Halle/S. 1935-1943.

Serauky, *Nachahmungsästhetik* – Ders., *Die musikalische Nachahmungsästhetik im Zeitraum von 1700 bis 1850* (= Universitas-Archiv, Bd. 17), Münster 1929.

Siegele, *Bach* – Ulrich Siegele, *Johann Sebastian Bach – ‚Deutschlands größter Kirchenkomponist‘. Zur Entstehung und Kritik einer Identifikationsfigur*, in: Gattungen der Musik und ihre Klassiker (= Publikationen der Hochschule für Musik und Theater Hannover, Bd. 1), Laaber 1988, 59-86.

Siegmund-Schultze, *Urteil* – Walther Siegmund-Schultze, *Die Musik Georg Friedrich Händels im Urteil der deutschen Klassik*, in: Händel-Jb 4 (1958), 32-70.

Smend, *Sammlungen* – Friedrich Smend, *Zu den ältesten Sammlungen der vierstimmigen Choräle J. S. Bachs*, in: BJ 52 (1966), 5-40.

Smend, *Gottesdienst* – Julius Smend, *Der evangelische Gottesdienst*, Göttingen 1904.

Smend, *Was ist Kirchenmusik?* – Ders., *Was ist Kirchenmusik?* In: Vorträge und Aufsätze zur Liturgik, Hymnologie und Kirchenmusik, Gütersloh 1925, 131-140.

Smither, *History* – Howard Smither, *A History of the Oratorio*, 3 Bde., Chapel Hill 1977 (Bde. 1/2), Oxford 1987 (Bd. 3).

Spiekermann, *Nicolai-Bibliographie* – Marie-Luise Spiekermann, *Bibliographie der Werke Friedrich Nicolais*, in: Bernhard Fabian (Hrsg.), Friedrich Nicolai 1733-1811. Essays zu seinem 250. Geburtstag, Berlin 1983, 257-304.

Spitta, *Wiederbelebung* – Philipp Spitta, *Die Wiederbelebung protestantischer Kirchenmusik auf geschichtlicher Grundlage*, in: Zur Musik. Sechzehn Aufsätze, Berlin 1892.
Staehelin, *Christentumsgesellschaft* – Ernst Staehelin, *Die Christentumsgesellschaft in der Zeit der Aufklärung und der beginnenden Erweckung. Texte aus Briefen, Protokollen und Publikationen* (= Theologische Zeitschrift, Sonderband II), Basel 1970.
Staehelin, *Forkel* – Martin Staehelin, *Musikalische Wissenschaft und musikalische Praxis bei Johann Nikolaus Forkel*, in: Musikwissenschaft und Musikpflege an der Georg-August-Universität Göttingen (= Göttinger Universitätsschriften, Ser. A/3), Göttingen 1987, 9-26.
Staehelin, *Mozart und Raffael* – Ders., *Mozart und Raffael. Zum Mozartbild des 19. Jahrhunderts*, in: Schweizerische Musikzeitung 117 (1977), 322-330.
Staehelin, *Thibaut* – Ders., *Anton Friedrich Justus Thibaut und die Musikgeschichte*, in: Heidelberger Jahrbücher 34 (1990), 37-52.
Stagl, *Apodemiken* – Justin Stagl, *Apodemiken. Eine räsonnierte Bibliographie der reisetheoretischen Literatur des 16., 17. und 18. Jahrhunderts*, Paderborn 1983.
Stahl, *Geschichtliche Entwicklung* – Wilhelm Stahl, *Geschichtliche Entwicklung der evangelischen Kirchenmusik*, Berlin 1920.
Steinecke, *Parodie* – Wolfgang Steinecke, *Die Parodie in der Musik*, Wolfenbüttel-Berlin 1934.
Stewart, *Reisebeschreibung* – William E. Stewart, *Die Reisebeschreibung und ihre Theorie im Deutschland des 18. Jahrhunderts*, Bonn 1978.
Stockmann, *Bach im Urteil Carl v. Winterfelds* – Bernhard Stockmann, *Bach im Urteil Carl v. Winterfelds*, in: Mf 13 (1960), 417-426.
Stockmann, *Generalbaß* – Ders., *Der bezifferte Generalbaß von C. Ph. E. Bach zum Credo der h-Moll-Messe J. S. Bachs*, in: Hans Joachim Marx (Hrsg.), Carl Philipp Emanuel Bach und die europäische Musikkultur des mittleren 18. Jahrhunderts (= Veröffentlichung der Joachim Jungius-Gesellschaft der Wissenschaften in Hamburg, Nr. 62), Göttingen 1990, 451-458.
Stockmann, *Winterfeld* – Ders., *Carl von Winterfeld*, Diss. Kiel 1957.
Traxdorf, *Niemeyers musische Neigungen* – Götz Traxdorf, *Kanzler Niemeyers musische Neigungen*, in: Händel-Hausmitteilungen 2 (1994), 42-45.
Tresoldi, *Viaggiatori tedeschi* – Lucia Tresoldi, *Viaggiatori tedeschi in Italia 1452-1870*, 2 Bde., Rom 1975.
Treue, *Kulturgeschichte* – Wilhelm Treue, *Illustrierte Kulturgeschichte des Alltags*, München 1952.
Veit, *Voglers „Verbesserungen"* – Joachim Veit, *Abt Voglers „Verbesserungen" Bachscher Choräle*, in: Alte Musik als ästhetische Gegenwart. Bach – Händel – Schütz. Bericht über den internationalen musikwissenschaftlichen Kongreß Stuttgart 1985, hrsg. von Dietrich Berke und Dorothee Hanemann, Kassel etc. 1987, 500-512.
Vierhaus, *Nicolai und die Berliner Gesellschaft* – Rudolf Vierhaus, *Friedrich Nicolai und die Berliner Gesellschaft*, in: Bernhard Fabian (Hrsg.), Friedrich Nicolai 1733-1811. Essays zu seinem 250. Geburtstag, Berlin 1983, 87-98.
Voigt, *Musikpädagogik* – Wilhelm Voigt, *Die Musikpädagogik des Philantropismus*, Phil. Diss., Halle 1923.
Wachowski, *Choräle* – Gerd Wachowski, *Die vierstimmigen Choräle Johann Sebastian Bachs. Untersuchungen zu den Druckausgaben von 1765 bis 1932 und zur Frage der Authentizität*, in: BJ 69 (1983), 57-79.
Wagner, *Bach-Rezeption* – Günther Wagner, *Die Bach-Rezeption im 18. Jahrhundert im Spannungsfeld zwischen strengem und freiem Stil*, in: SIM-Jb 1985/86, Berlin 1989, 221-238.
Wagner, *Instrumental-vokal als Problem* – Ders., *Instrumental-vokal als Problem der Bach-Bewertung im 18. Jahrhundert*, in: BJ 73 (1987), 7-17.
Wagner, *Scheibe – Bach* – Ders., *J. A. Scheibe – J. S. Bach: Versuch einer Bewertung*, in: BJ 68 (1982), 33-49.
Wagner, *Händel-Rezeption* – Undine Wagner, *Zur Händel-Rezeption Johann Friedrich Reichardts*, in: Johann Friedrich Reichardt (1752-1824). Komponist und Schriftsteller der Revolutionszeit (= Schriften des Händel-Hauses in Halle, Bd. 8), Halle/S. 1992, 95-101.

Walter, *Oratorische Passion* – Meinrad Walter, *Oratorische Passion und Passions-Oratorium aus theologischer Sicht*, in: Leipziger Beiträge zur Bach-Forschung, Bd. 1, Leipzig 1995, 13-21.

Wehrend, *Musikanschauung* – Anja Wehrend, *Musikanschauung, Musikpraxis und Kantatenkompositionen in der Herrnhuter Brüdergemeine* (= Europäische Hochschulschriften, Reihe XXXVI, Bd. 123), Frankfurt/M. 1995.

Weigelt, *Lavater* – Horst Weigelt, *Johann Kaspar Lavater. Leben, Werk und Wirkung*, Göttingen 1991.

Weigelt, *Lavater und die Stillen* – Ders., *Lavater und die Stillen im Lande – Distanz und Nähe: die Beziehungen Lavaters zu Frömmigkeitsbewegungen im 18. Jahrhundert*, Göttingen 1988.

Welter, *Musikbibliothek* – Friedrich Welter, *Die Musikbibliothek der Sing-Akademie*, in: Werner Bollert (Hrsg.), Sing-Akademie zu Berlin. Festschrift zum 175jährigen Bestehen, Berlin 1966, 33-47.

Wendland, *Kirchengeschichte Berlins* – Walter Wendland, *Siebenhundert Jahre Kirchengeschichte Berlins*, Berlin-Leipzig 1930.

Werner, *Vier Jahrhunderte* – Arno Werner, *Vier Jahrhunderte im Dienste der Kirchenmusik*, Leipzig 1933.

Wernle, *Protestantismus* – Paul Wernle, *Der schweizerische Protestantismus im 18. Jahrhundert*, 3 Bde., Tübingen 1923-25.

Weyer, *Natorp* – Reinhold Weyer, *Bernhard Christoph Ludwig Natorp* (= Beiträge zur Geschichte der Musikpädagogik, Bd. 3), Frankfurt/M. 1995.

Wiermann, *Werkgeschichte* – Barbara Wiermann, *Werkgeschichte als Gattungsgeschichte: „Die Auferstehung und Himmelfahrt Jesu" von Carl Philipp Emanuel Bach*, in: BJ 1997, 117-143.

Winter, *Goethe erlebt Kirchenmusik* – Paul Winter, *Goethe erlebt Kirchenmusik in Italien*, Hamburg 1949.

Wiora, *Herders Ideen* – Walter Wiora, *Herders Ideen zur Geschichte der Musik*, in: Im Geiste Herders (= Marburger Oststudien, Bd. 1), Kitzingen 1953, 73-128.

Wolff, *Choräle* – Christoph Wolff, *Bachs vierstimmige Choräle. Geschichtliche Perspektiven im 18. Jahrhundert*, in: SIM-Jb 1985/86, Berlin 1989, 257-263.

Wollny, *Apokryphe Bachsche Passionsmusik* – Peter Wollny, *Eine apokryphe Bachsche Passionsmusik in der Handschrift Johann Christoph Altnickols*, in: Leipziger Beiträge zur Bach-Forschung, Bd. 1, Leipzig 1995, 55-70.

Wollny, *Friedemann* – Ders., *Studies in the Music of Wilhelm Friedemann Bach: Sources and Style*, Diss. (masch.-schr.), Harvard University 1993.

von Zahn, *Musikpflege* – Robert von Zahn, *Musikpflege in Hamburg um 1800* (= Beiträge zur Geschichte Hamburgs, Bd. 41), Hamburg 1991.

Zeilinger, *Wort und Ton* – Roman Zeilinger, *Wort und Ton im deutschen „Stabat mater"*, Diss. (masch.-schr.), Wien 1961.

*

Personenregister

Autoren von Primär- und Forschungsliteratur in rein bibliographischem Kontext (Fußnoten) sind nicht aufgeführt.